うかる！

行政書士

2024年度版
総合問題集

伊藤塾編

JN018021

日本経済新聞出版

目　　次

民　法

ガイダンス

Chapter

1 本書の使い方

1 本書の特長

　本書はあらゆる行政書士試験受験者を対象にしています。発売中のテキスト『うかる！ 行政書士 総合テキスト』（日本経済新聞出版）で学習した内容を十分に理解しているかどうかの確認をしたり、試験直前の実力診断や弱点チェック等、実践的な使い方ができます。

　収録したのは、過去に実際に出題された問題に加えて、伊藤塾の行政書士試験専門の講師陣が作ったオリジナル問題で、出題傾向をジャンル別に整理して並べています。合格に必要と考えられる重要問題ばかりです。テキストの該当箇所へのリンク情報を付けてありますので、誤りが多かったり、不得意な項目については、テキストを参照して復習する等、組み合わせて使ってください。

1 問題ページの見方

　初めて本書を使う場合は、以下のポイントを理解してから、問題を解き始めると効果的です。

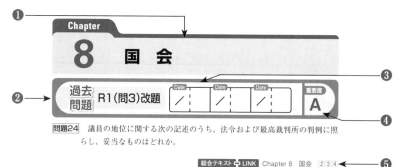

　❶法令等科目については、学習分野ごとに Chapter で分け、項目名を記しました。『総合テキスト』と同じ名称です。テキストで学習した後、同じ項目の問題を解く際に役立ててください。❷過去に出た本試験問題は「過去問題」と表

し、「R1（問3）」なら、令和元（2019）年度の問題3という意味です。なお、法改正等に対応させて内容を改変した場合には、出題年番号の後に「改題」と付しています。「伊藤塾オリジナル問題」は、行政書士試験専門の講師が伊藤塾の講座で使ってきた実践的な問題です。❸問題を3回は解いてみるように、日付欄と、その右に空欄を作りました。記憶すべきポイントなどを記入して使いましょう。❹重要度のレベルを、高いほうからA、B、Cで表しています。まずはレベル「A」の問題が全問正解できるように学習を進めましょう。❺『うかる！行政書士 総合テキスト』の該当Chapterを示しています。問題や解説の内容を理解したり、誤った場合に復習するなど、テキストとあわせて学習をすれば、さらに効果が上がります。

② 解説ページの見方

各選択肢や正誤の理由などの解説を、どう理解するかで学習の効果が違ってきます。それぞれ意味を理解してから本書を使ってください。

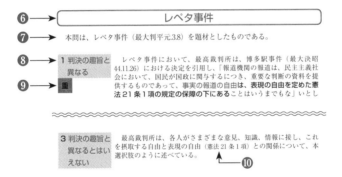

❻この問題で問われている中心となる**項目名**を記しています。❼この問題では、何が問われているのか、その**基本を簡潔**に説明しています。❽各選択肢又は記述ごとに、解答と説明があります。問題を解く際に、正解や選択肢ごとの正誤等が見えないように、付属の赤シートで、**解説ページを隠し**利用すると効果的です。❾問題のランクとは別に各選択肢等に勉強の指針となるマーク（次頁の表参照）が付いています。復習時には、特にこの部分を利用して効率よく学習してください。❿この問題で問われている条文を記しています。初出の条文は、法律名まで記していますが、後記掲載の選択肢又は記述で同一の法律が問われている場合には、条文番号のみとしています。なお、各選択肢又は記述に複数の法律が登場する場合、初出の条文があるときであっても法律名も記しています。

超	超重要	特に正確に記憶しておくべきもの
重	重要	試験対策上、重要なもの
捨	捨て問	合格者でも正答が困難なもの
予	予想問題	2024年度の試験に出題される可能性が高いもの
	空欄	基本知識を問うもの。正しく理解できている必要がある

3 Festina lente とは？

フェスティナ レンテ
Festina lente とは、ラテン語でゆっくり、急げという意味です。
主に発売中の『うかる！ 行政書士 総合テキスト』で使用しています。

行政書士試験のための勉強は、じっくりと腰を据えて取り組む必要がありますが、いくらでも時間があるというわけではないのです。つまり Festina lente とは、時間を有効に使って、効率的に学習する、その取り組み方を表したものです。

2 有効な活用法

1 本書の効果的活用法

1 鉄 則

問題集の使用方法の鉄則として、**復習をしっかりと行う**ことを忘れないようにしてください。えてして問題を解くと、その問題が正解であったか、不正解であったかということに注意がいきがちですが、問題を解けたか解けなかったかということ自体に、実はそれほど意味がありません。

学習の目標は、「行政書士試験の合格」ということにあるのですから、実際の本試験で問題が解けるのであれば、それでよいのです。

むしろ、学習段階で問題を解くという行為がなぜ大切なのかというと、問題を解いた時点での**自分の弱点等を把握する**というところにあります。

したがって、問題を解いた後は、しっかりと復習をして自分がなぜその問題が解けなかったのかということを分析するようにしてください。

2 復習の仕方——情報の一元化

具体的な復習方法として必ず行ってほしいことは、**テキストに返る**ということです。しばしば、受験生の中に、問題集の解説にもすき間なくマーカーを引いている方を見受けます。解説にマーカーを引くこと自体を否定するつもりはありませんが、それで終わってはいけません。そもそも、知識はテキストから学んだものなのですから、知識が足りなかった点については、テキストに返ってその部分

をしっかりと復習しなければなりません。

　つまり、復習をするのであれば、①解説を読み、②テキストに返り、テキストの該当箇所をもう一度学習し、覚えるべきことは覚えるようにしましょう。

　なお、テキストに返った際に、出題された知識の該当箇所が掲載されていないということもあるかもしれません。そのときは、テキストの最もふさわしいと思われる箇所に**自分でその知識を書き込む**ようにしてください。

Festina lente

　　本試験の当日、最終チェックをするためのテキストを普段の学習で作っているのだというイメージをもって学習をするようにしてね。

　このように問題等で得た新しい知識を自分の使用している1冊のテキストに集約していくことを**情報の一元化**といいます。

　なお、本書の巻末には、2023（令和5）年度行政書士試験の問題を、実際に出題されたものと全く同じ形式で掲載しています。なるべく早い段階で、本試験と同じ3時間で解いてみてください。その時点における自分の足りないものが確認できますから、足りない部分を克服できるように本書を活用してください。

2 本書の構成

1 本書の内容

　本書は、以下のような問題数で構成されています。

科 目		総問題数	過去問題			伊藤塾オリジナル問題	
			択一式	記述式	多肢選択式	択一式	記述式
法令等科目 （全243問）	憲 法	36	26		4	6	
	民 法	84	52	7		8	17
	商 法	20	18			2	
	行政法	95	74	6	6		9
	基礎法学	8	7			1	
基礎知識科目 （全53問）	行政書士法	4	4				
	戸籍法	2	2				
	住民基本台帳法	2	2				
	政 治	9	9				
	経 済	8	8				
	社 会	8	8				
	情報通信・ 個人情報保護	10	10				
	文章理解	10	10				

2 出題分野一覧

過去の本試験出題分野の一覧は、以下のとおりです。なお、数字は本試験の年度を表しています。

		09	10	11	12	13	14	15	16	17	18	19	20	21	22	23
	憲　　　　　法															
憲法総論	憲　　　　　法									●						
	法　の　支　配															
	日本国憲法の基本原理										●					
人権総論	人　権　の　分　類															
	人　権　享　有　主　体　性							●		●						
	基　本　的　人　権　の　限　界		●			●		●					●			
包括的基本権と法の下の平等	生命・自由・幸福追求権			●			●		●					●		
	法　の　下　の　平　等		●		●	●	●		●			●				
精神的自由①	思　想　・　良　心　の　自　由	●				●										
	信　教　の　自　由	●							●					●		
	学　問　の　自　由	●									●					
精神的自由②（表現の自由）	表　現　の　自　由　の　意　味		●													
	表　現　の　自　由　の　内　容			●			●								●	●
	表　現　の　自　由　の　限　界			●				●	●	●		●	●			
経済的自由・人身の自由	経　済　的　自　由	●					●			●				●	●	
	人　身　の　自　由												●	●		
参政権・受益権・社会権	受　　益　　権															●
	社　　会　　権				●			●				●				
	参　　政　　権			●								●	●			
国会	国　会　の　地　位				●									●		
	国　会　の　組　織　と　活　動	●							●							
	国　会　議　員　の　特　権											●				
	国会の権能と議院の権能	●	●			●	●						●			●
内閣	行　政　権　と　内　閣			●	●	●							●			
	内　閣　の　組　織	●				●		●		●	●					●
	内閣の権能と内閣総理大臣の権能														●	
裁判所	司　　法　　権							●	●						●	
	裁　判　所　の　組　織　と　権　能						●								●	
	司　法　権　の　独　立								●			●				
	違　憲　審　査　権							●					●			
天皇	天　皇　の　地　位　と　性　格															
	天　皇　の　権　能										●					
	皇　室　経　費															

		09	10	11	12	13	14	15	16	17	18	19	20	21	22	23
財政	財政の基本原則		●		●			●								
	財政監督の方式				●			●		●						●
地　方　自　治																
憲法改正	憲法改正の手続													●		
	憲法改正の限界															
民　　法																
全　体　構　造																
私　権　の　行　使																
権　利　の　主　体		●	●	●	●		●	●		●	●			●	●	
権　利　の　客　体（物）										●						
法　律　行　為											●					
意　思　表　示			●	●		●	●	●		●	●			●	●	
無　効　と　取　消　し				●			●									
代　　理		●		●	●				●		●	●			●	
条　件・期　限・期　間											●					
時　　効		●	●	●		●			●	●		●				●
物　権　法　総　論														●	●	
物　権　変　動						●		●			●	●		●		●
占　有　権		●						●					●		●	
所　有　権			●	●	●		●	●	●		●					
用　益　物　権						●		●				●				
担　保　物　権　総　説																
留　置　権		●				●		●		●				●		
先　取　特　権						●	●		●	●						
質　　権												●				
抵　当　権		●	●	●			●		●		●		●			
債　権　法　総　説												●				
債　権　の　目　的																
債　権　の　効　力		●						●	●					●	●	●
責　任　財　産　の　保　全						●	●		●							
多数当事者の債権・債務		●	●	●			●			●						●
債　権　譲　渡											●		●			
債　権　の　消　滅			●			●	●	●		●		●				●
契　約　の　意　義・成　立																
契約の効力・契約上の地位の移転						●						●	●			
契　約　の　解　除				●		●									●	●
典　型　契　約　の　類　型																
財　産　移　転　型　契　約		●		●	●		●	●			●			●		
貸　借　型　契　約		●			●	●			●	●	●	●	●		●	●
労　務　提　供　型　契　約その他		●	●	●	●				●		●	●	●			●

	09	10	11	12	13	14	15	16	17	18	19	20	21	22	23
事 務 管 理		●	●						●		●				
不 当 利 得		●							●						
不 法 行 為	●			●		●	●	●	●	●	●		●	●	
親 族 法 総 説															
夫 婦 関 係					●		●	●		●					
親 子 関 係			●				●	●				●			
相 続 法 総 説	●			●										●	
遺 言	●			●					●						●
配 偶 者 居 住 権													●		
遺 留 分															
商 法															
商 法 総 則・商 行 為	●	●	●	●	●	●	●	●	●	●	●	●	●	●	●
会 社 法 総 論															
持 分 会 社		●						●							
株 式 会 社 総 論												●			
株 式	●		●		●	●	●	●	●		●	●	●	●	●
機 関	●	●	●	●	●	●	●	●	●	●	●	●	●	●	●
設 立			●	●		●	●		●		●		●		●
資 金 調 達		●			●										
組 織 再 編	●			●											
計 算 そ の 他			●				●			●			●		
行 政 法															
行政法の一般的な法理論 — 行 政 法 総 論	●	●	●		●		●		●		●	●	●	●	
行政法の一般的な法理論 — 行 政 組 織 法 等	●	●			●		●	●		●	●		●		
行政法の一般的な法理論 — 行 政 作 用 法	●	●	●	●	●	●	●	●	●	●	●		●	●	●
行 政 手 続 法	●	●	●	●	●	●	●	●	●	●	●	●	●	●	●
行政救済法 — 行 政 不 服 審 査 法	●	●	●	●	●	●	●	●	●	●	●	●	●	●	●
行政救済法 — 行 政 事 件 訴 訟 法	●	●	●	●	●	●	●	●	●	●	●	●	●	●	●
行政救済法 — 国 家 賠 償 法	●	●	●	●	●	●	●	●	●	●	●	●	●	●	●
行政救済法 — 損 失 補 償 制 度	●	●	●		●		●		●		●		●		
地方自治法 — 地 方 自 治 総 論	●	●		●						●			●	●	●
地方自治法 — 住 民 の 直 接 参 政 制 度	●	●			●	●	●					●	●		●
地方自治法 — 地 方 公 共 団 体 の 機 関			●	●		●			●		●				
地方自治法 — 地 方 公 共 団 体 の 権 能	●	●	●	●	●	●	●	●	●	●	●	●	●	●	●
地方自治法 — 国と地方公共団体及び地方公共団体相互の関係				●						●				●	●
基 礎 法 学															
法学概論 — 法 の 効 力			●										●		●
法学概論 — 法 の 分 類	●	●								●					
法学概論 — 法 の 解 釈				●	●										
法学概論 — 基 本 原 理	●	●				●	●	●	●			●	●	●	●

	09	10	11	12	13	14	15	16	17	18	19	20	21	22	23
一般　知　識　等															
政　　　　　　治	●	●	●	●	●	●	●	●	●	●	●	●	●	●	●
経　　　　　　済	●	●	●	●	●	●	●	●	●	●	●	●	●	●	●
社　　　　　　会	●	●	●	●	●	●	●	●	●	●	●	●	●	●	●
情報通信・個人情報保護	●	●	●	●	●	●	●	●	●	●	●	●	●	●	●
文　章　理　解	●	●	●	●	●	●	●	●	●	●	●	●	●	●	●

最新の試験対策は、伊藤塾のホームページやメルマガにて配信中

Festina lente

　　本書と『うかる！ 行政書士 総合テキスト』は、復習をしやすいように項目をリンクさせてあるよ。時間の制約がある受験生には、テキストの該当箇所を探す時間も惜しいよね。2冊を利用して、効率よく学習してね。

　　思うように正解できないときは、『うかる！ 行政書士 民法・行政法 解法スキル完全マスター』と『うかる！ 行政書士 憲法・商法・一般知識等 解法スキル完全マスター』（日本経済新聞出版）を活用して、問題の解き方を学ぶといいよ。そして、試験直前期には『うかる！ 行政書士 新・必修項目115』（日本経済新聞出版）を利用して、知識の総整理を図るのがお勧めだよ。

　　最後に、法律の勉強方法について、不安がある、どのようにすればよいかわからないという場合は、『伊藤塾式　人生を変える勉強法』（日本経済新聞出版）を読んでみるといいよ。この本は、長年の受験指導を通して培ってきた伊藤塾の勉強法の集大成なんだ。受験経験、環境を問わず、自分のゴール（試験の合格や合格後の姿）と現時点の自分とを結ぶ「勉強法の王道」がきっと見つかるはずだよ。

　　もし、いきなり『うかる！ 行政書士 総合テキスト』で勉強するのは少し自信がない場合は、『うかる！ 行政書士 入門ゼミ』（日本経済新聞出版）もあるから、ここから始めてごらん。法律の核となる部分がわかるから、その後の学習がスムーズに進むよ。

　　それから、本書は、2024年度の受験生に向けて、問題の出題意図に反しない範囲で、最新の法改正や新情報に沿った修正を加えてあるから、安心して利用できるよ。

本書の法令は、2023年12月15日までに公布され、かつ2024年4月1日までに施行が見込まれるものに準じて掲載しています。
刊行後の試験に関わる法改正・判例変更などの新情報は、伊藤塾ホームページ上に掲載いたします。
https://www.itojuku.co.jp/shiken/gyosei/index.html

1 行政書士試験概要

1 受験者数・合格者数・合格率の推移

試験実施年度	受験者数	合格者数	合格率
2006（平成 18）年度	70,713 人	3,385 人	4.79%
2007（平成 19）年度	65,157 人	5,631 人	8.64%
2008（平成 20）年度	63,907 人	4,133 人	6.47%
2009（平成 21）年度	67,348 人	6,095 人	9.05%
2010（平成 22）年度	70,586 人	4,662 人	6.60%
2011（平成 23）年度	66,297 人	5,337 人	8.05%
2012（平成 24）年度	59,948 人	5,508 人	9.19%
2013（平成 25）年度	55,436 人	5,597 人	10.10%
2014（平成 26）年度	48,869 人	4,043 人	8.27%
2015（平成 27）年度	44,366 人	5,820 人	13.12%
2016（平成 28）年度	41,053 人	4,084 人	9.95%
2017（平成 29）年度	40,449 人	6,360 人	15.72%
2018（平成 30）年度	39,105 人	4,968 人	12.70%
2019（令和元）年度	39,821 人	4,571 人	11.48%
2020（令和 2）年度	41,681 人	4,470 人	10.72%
2021（令和 3）年度	47,870 人	5,353 人	11.18%
2022（令和 4）年度	47,850 人	5,802 人	12.13%
2023（令和 5）年度	発表後、伊藤塾ホームページに掲載		

2 試験概要（令和 5 年度）

1 受験資格

　年齢、学歴、国籍等に関係なく、誰でも受験することができます。

2 受験手数料

10,400 円

3 試験日・試験時間

11 月の第 2 日曜日　　午後 1 時〜午後 4 時（3 時間）

4 試験科目と出題形式

試験は、筆記試験によって行います。

試 験 科 目	内 　 容 　 等	出題形式
行政書士の業務に関し必要な法令等 （出題数 46 題）	憲法、行政法（行政法の一般的な法理論、行政手続法、行政不服審査法、行政事件訴訟法、国家賠償法及び地方自治法を中心とする）、民法、商法（※）及び基礎法学の中からそれぞれ出題 ※商法については、会社法を含みます。	5 肢択一式 多肢選択式 記述式
行政書士の業務に関連する一般知識等 （出題数 14 題）	政治・経済・社会、情報通信・個人情報保護、文章理解	5 肢択一式

　法令については、令和 5 年 4 月 1 日現在施行されている法令に関して出題されました。

5 合格基準点

　次の要件のいずれをも満たした者を合格とします。

ア　行政書士の業務に関し必要な法令等科目の得点が、満点の 50％以上である者

イ　行政書士の業務に関連する一般知識等科目の得点が、満点の 40％以上である者

ウ　試験全体の得点が、満点の 60％以上である者

（注）合格基準については、問題の難易度を評価し、補正的措置を加えることもあります。

Festina lente

「インターネットによる受験申込み」方式や、全盲等重度の視覚障害の受験者にも対応できるよう点字試験も導入されているよ。

3 合格発表

　試験を実施する日の属する年度の 1 月の第 5 週に属する日に、一般財団法人行政書士試験研究センターの掲示板とホームページに、合格者の受験番号が掲示さ

れます。また、掲示後、受験者全員に合否通知書が、その後合格者には合格証書
が郵送されます。

4 試験委員情報

　行政書士試験の問題作成は、試験委員によって行われます。その結果、試験委
員が研究している分野について問題が作成されることが多いようです。

　伊藤塾では、各試験委員がどのような分野を研究対象としているのかについて
情報を収集、分析し、その結果に基づいてテキストや問題集を制作しています。

■ 2023（令和5）年度試験委員 （担当科目は伊藤塾分析）

氏　名	職　業	担当科目
只野　雅人	一橋大学教授	憲　法
林　　知更	東京大学教授	
山田　　洋	獨協大学教授	行政法
神橋　一彦	立教大学教授	
野口貴公美	一橋大学教授	
下井　康史	千葉大学教授	
高橋　信行	國學院大學教授	
府川　繭子	青山学院大学准教授	
鎌野　邦樹	早稲田大学教授	民　法
武川　幸嗣	慶應義塾大学教授	
舟橋　　哲	立正大学教授	
大木　　満	明治学院大学教授	
山部　俊文	明治大学教授	商　法
中曽根玲子	國學院大學教授	
沼尾　波子	東洋大学教授	政治・経済・社会 基礎法学 情報通信・個人情報保護
金井　利之	東京大学教授	
寺田　麻佑	一橋大学教授	
指宿　　信	成城大学教授	
山本　薫子	東京都立大学准教授	
石塚　　修	筑波大学教授	文章理解

5 2024（令和6）年度の試験

　2024（令和6）年度の試験より、試験科目が改正されます。一般知識等科目が
基礎知識科目に変わりますが、本書制作時点（2023年12月）では、詳細は確定

していません。科目ごとの出題数や内訳に大きな変化はないと思われますが、改正の詳細がわかり次第、伊藤塾ホームページにて掲載しますので、ご覧ください。

2 試験分析

　ここでは、これまでの試験の特徴を分析していきます。

1 特徴その① 行政法

　過去18回の法令等科目の出題数は、次のとおりです。

〈法令等科目の出題問題数〉

（内容）＼（形式）	択一式問題	多肢選択式問題	記述式問題	計
基礎法学	2	0	0	2
憲　法	5	1	0	6
行政法	19	2	1	22
民　法	9	0	2	11
商　法	5	0	0	5
合　計	40	3	3	46

　これを見てわかると思いますが、まず、最も大切な出題科目は行政法です。

　法令等科目全46問中、その22問が行政法からの出題ですから、法令等科目の約半分が行政法からの出題ということになります。

　ただし、行政法と一言でいっても、この科目は複数の法律等から構成されています。もう少し具体的に見ると、次頁のようになります。

　ここでわかる大きな特徴は、まず、第1に択一式問題では、2023（令和5）年度は行政手続法が3題、行政不服審査法が3題、行政事件訴訟法は3題出題となっている点です。過去の本試験では、行政手続法が最も重視される傾向にあったのですが、これらがほぼ均等な配分での出題となりました。

　第2の特徴としては、例年、地方自治法の択一式問題が3題出題されている点です。2000（平成12）年度の試験制度改正以来、地方自治法は重視される傾向にありました。これが現行の試験制度でも引き継がれたといえます。地方自治法は、行政法の内容のひとつとして考えられているため、独立した出題科目である憲法や商法と比べて、その重要性が見えにくいのですが、実質的には、同じくらい重要な内容として学習したほうがよいでしょう。

〈令和5年度の行政法出題問題数〉

(内容) ＼ (形式)	択一式問題	多肢選択式問題	記述式問題	計
行政法の一般的な法理論	3	1	0	4
行 政 手 続 法	3	0	0	3
行政不服審査法	3	0	0	3
行政事件訴訟法	3	1	1	5
国家賠償法・損失補償	2	0	0	2
地 方 自 治 法	3	0	0	3
総 合 問 題	2	0	0	2
合 計	19	2	1	22

2 特徴その② 多肢選択式

　内容面では択一式の出題のときと実質的な違いはなく、従来の記述式をより簡単にした（以前は、穴埋め部分を自分で言葉を考えて埋めなければならなかったのに対して、選択式の場合は、語句群から適当な言葉を選択して埋めればよい）形式となっています。

3 特徴その③ 記述式

　40字程度で解答を記述させる問題が、現行試験制度から出題されるようになりました。過去18回とも、民法から2題、行政法から1題が出されています。

　行政法は、行政事件訴訟法や行政手続法の具体的な手続の流れや訴訟要件を問う問題が多く出題されていますので、手続の流れや訴訟要件を意識した学習をされている方にとっては、比較的やさしい問題といえます。

　一方、民法は、要件・効果の「要件」や民法の大原則の例外を問う問題が出題されています。また、判例について問う問題も出題されています。2023（令和5）年度に出題された民法の2問は、いずれも事例を挙げてその法律関係を問う問題でした。法的思考力等を意識した学習をしてきているかが問われているのかもしれません。

　いずれにせよ記述式については、問題と解答を暗記するだけの学習ではなく、択一式の学習と同様に、日頃から、定義、要件・効果、原則・例外を意識した学習が要求されているといえます。

4 特徴その④　基礎知識

　2024（令和6）年度の試験より、従来の試験科目のうち、「行政書士の業務に関連する一般知識等」（一般知識等）が「行政書士の業務に関し必要な基礎知識」（基礎知識）と改められ、当該基礎知識に含まれる範囲が以下のように整理されます。

　① 従来の試験において「一般知識等」の範囲内で出題し得るとされていた**行政書士法、戸籍法、住民基本台帳法等の行政書士の業務に必要な諸法令**を「**行政書士法等行政書士業務と密接に関連する諸法令**」とする。

　② 「**行政書士法等行政書士業務と密接に関連する諸法令**」、「**一般知識**」、「**情報通信・個人情報保護**」及び「**文章理解**」の各分野から1題以上出題する。

　③ 従来の試験の「一般知識等」の「政治・経済・社会」は、改正後の「一般知識」の分野において出題し得る。

従来の試験（～2023年度）	改正後の試験（2024年度～）
「一般知識等科目」 ① 政治・経済・社会 ② 情報通信・個人情報保護 ③ 文章理解	「基礎知識科目」 ① 行政書士法等行政書士業務と密接に関連する諸法令（※1） ② 一般知識（※2） ③ 情報通信・個人情報保護 ④ 文章理解

※1 「行政書士法等行政書士業務と密接に関連する諸法令」については、以下の法令が出題され得る。
　→「行政書士法」「戸籍法」「住民基本台帳法」等
※2 従来の「政治・経済・社会」の分野は、「一般知識」の分野において出題され得る。

　これは、近年の行政書士法改正や行政書士に期待される役割の拡大等を踏まえた改正であり、**実務家登用試験**としての性質がより強くなったといえるでしょう。

3　学習上のポイント

　行政書士試験は、現行の試験制度によって、**高次の法律専門家登用試験**となりました。一見すると、法律初学者にとっては、合格しづらくなったように思われがちですが、決してそうではありません。**きちんとしたカリキュラムで学習を進めていけば、必ず合格を勝ち取れる試験です。**そして、現行試験制度の下で合格できる能力があるということは、**法律的素養が身についている**ということであり、他の法律系資格試験を受験する際の有利な武器となり、また、晴れて行政書士として実務に携わることになったときの財産となります。

では、試験に向けてどのような点がポイントとなるのでしょうか。

1 法的思考力

　現行試験制度において出題される問題やその配分を分析すると、法令などの理解力・思考力が重視されていることがわかります。今日、社会の要請として、**真の法律的素養を身につけた行政書士**が必要となっています。そこで、単なる知識を問うのではなく、法律専門家として必要な**真の理解力・思考力を問う**ため、試験制度の改正が2005（平成17）年になされました。もっとも、いかに法的思考力等が問われるからといって、考える勉強だけをやればよいかといえばそうではありません。知識が不足している状態では、いくら考えて問題を解こうと思っても、考えるための素材がないので正解を導くことはなかなか難しいでしょう。

　したがって、まず法的知識を確実に身につけていく学習から始め、本試験のときには**法的知識＋法的思考力**が身についている状態になるよう、学習計画を立ててください。

　次から各試験科目を学習するうえでのポイントをお話しします。配点が高い行政法と民法は、行政書士の実務においても特に身につけておく必要がある科目です。

2 行政法

　行政法の問題は、**行政法の一般的な法理論、行政手続法、行政不服審査法、行政事件訴訟法、国家賠償法、地方自治法**に分かれています。

　行政法の学習のポイントは、「行政法の一般的な法理論」に関しては、抽象的な用語の定義や基本原理が出てきますから、それらを具体例とあわせて覚えていくとよいでしょう。他の行政法の分野に関しては、条文・判例中心の学習を心掛けてください。そして、**手続の流れや訴訟要件**を意識した学習は、記述対策にも効果的です。

3 民　法

　民法の学習を本格的に始めると、ある**一定の法律効果を生じさせる**ためにはどのような**要件**が必要か、ということを学ぶことになります。ですから、民法を学ぶときには、**要件・効果**をしっかり意識して学習してください。このような学習の進め方は、択一式の問題を解く知識となるとともに、そのまま記述式問題の対策ともなり、効率のよいレベルアップにつながります。

4 基礎知識

　基礎知識科目では、「行政書士法等行政書士業務と密接に関連する諸法令」、「一般知識」、「情報通信・個人情報保護」及び「文章理解」の各分野から出題されます。合格するためには、基礎知識科目で4割以上（基準点）を得点しなければなりません。

　上記の分野の中で、一般知識は出題テーマを予想することが難しいのに対し、諸法令と情報通信・個人情報保護は、**行政書士法**や**個人情報保護法**の出題が想定されます。加えて、法令であれば、法令等科目と同様に、条文上の出題ポイントもある程度予測することができます。そのため、試験戦略上、これらの分野はポイントを絞った対策を十分に立てておく必要があるでしょう。

　一般知識については、**時事問題**やそれに関連したテーマから出題される場合がありますので、普段からニュースに目を通しておきましょう。また、従来の一般知識等科目の政治・経済・社会の過去問題を解いて、傾向や難易度を把握しておくことも有効です。

　文章理解については、過去問題を解いて出題方式に慣れておくことが大切です。基準点突破のために、ぜひ得点源にしたい分野です。

5 合理的学習

　行政書士試験で合格点を取るためには、**バランスよく得点する**ことが必要です。**得点計画を立てる**ことで、どの科目にどの程度の時間をかけるべきかが明確になり、バランスよく効率的に学習を進めることができます。

　2024年の新制度においても、これまでのものを参考にすると、まず、得点計画を立てる際は、基礎知識科目は合否判定基準をギリギリ満たした（最低6題得点）と仮定した上で、法令等科目のことを考えるとよいでしょう。次に、全体の合否判定基準は180点以上ですから、法令等科目の得点目標としては、180 − 24 = 156点以上となります。最後に、この156点をどのような内訳で得点すればよいかを考えてみましょう。姉妹編の『うかる！ 行政書士 総合テキスト』に、**得点計画表**や**学習モデルプラン**を掲載しています。学習の計画がなかなか立てられない場合は、参考にしてみてください。

6 試験出題科目及び分野

平成30年度から令和5年度までの出題項目は次のようになっています。

1 憲　法

		平成30年度	令和元年度	令和2年度	令和3年度	令和4年度	令和5年度
択一式	1	百里基地訴訟	議員の地位	被拘禁者の閲読の自由	国家賠償・損失補償	表現の自由	基本的人権の間接的、付随的な制約
	2	学問の自由	家族・婚姻	表現の自由の規制	捜査とプライバシー	職業選択の自由	国務請求権
	3	生存権	選挙権・選挙制度	議院自律権	政教分離	適正手続	罷免・解職
	4	選挙の性質	教科書検定制度の合憲性	衆議院の解散	唯一の立法機関	内閣の権限	国政調査権の限界
	5	恩　赦	裁判官の身分保障等	違憲性の主張適格	国民投票制	裁判の公開	財　政
多肢選択式		公務員の政治的自由	放送と表現の自由	労働組合の統制権	裁判員制度	法律上の争訟	北方ジャーナル事件

2 行政法

		平成30年度	令和元年度	令和2年度	令和3年度	令和4年度	令和5年度
択一式	1	一般的法理論行政代執行法	一般的法理論行政上の義務の履行確保	一般的法理論公表の処分性	一般的法理論法の一般原則	一般的法理論公法上の権利の一身専属性	一般的法理論行政行為の瑕疵
	2	一般的法理論行政上の法律関係	一般的法理論内閣法及び国家行政組織法	一般的法理論行政行為（処分）	一般的法理論行政裁量	一般的法理論行政契約	一般的法理論行政上の法律関係
	3	一般的法理論行政処分の無効と取消し	一般的法理論公有水面埋立訴訟	一般的法理論普通地方公共団体の契約の締結	一般的法理論行政立法	一般的法理論行政調査	一般的法理論行政裁量　マクリーン事件
	4	行手法申請に対する処分及び不利益処分	行手法行政指導	行手法用　語	行手法意見公募手続	行手法申請に対する処分	行手法総　合
	5	行手法行政指導	行手法聴　聞	行手法聴聞と弁明の機会の付与	行手法理由の提示	行手法不利益処分	行手法聴　聞
	6	行手法意見公募手続	行手法総　合	行手法申請の取扱い	行手法行政指導	行手法届　出	行手法行政庁等の義務
	7	行審法不作為についての審査請求	行審法裁決及び決定	行審法審査請求	行審法執行停止	行審法総　合	行審法不作為についての審査請求
	8	行審法審査請求	行審法審査請求の手続等	行審法再審査請求	行審法再調査の請求	行審法審理員	行審法審査請求の裁決
	9	行審法総　合	行審法総　合	行審法不作為についての審査請求	行審法審査請求	行審法教　示	行審法審査請求の手続
	10	行訴法取消訴訟の判決の効力	行訴法執行停止	行訴法狭義の訴えの利益	行訴法条　文	行訴法総　合	行訴法取消訴訟
	11	行訴法民衆訴訟と機関訴訟	行訴法行政庁の訴訟上の地位	行訴法出訴期間	行訴法処分取消訴訟	行訴法抗告訴訟の対象	行訴法行訴法の準用規定
	12	行訴法差止訴訟	行訴法抗告訴訟	行訴法義務付け訴訟	行訴法取消訴訟の原告適格	行訴法処分無効確認訴訟	行訴法抗告訴訟の対象

	13	国賠法 1条	損失補償 都市計画法上の建築制限	国賠法 1条	国賠法 公務員の失火	国賠法 1条1項	国賠法 道路をめぐる国家賠償
	14	道路用地の収用に係る損失補償	国賠法 2条1項	国賠法 1条	国賠法 規制権限の不行使	国賠法 2条1項	国賠法 1条2項に基づく求償権の性質
	15	特別区	普通地方公共団体の議会	住民	公の施設	条例	普通地方公共団体
	16	条例と規則	公の施設	自治事務と法定受託事務	普通地方公共団体に適用される法令等	住民監査請求及び住民訴訟	直接請求
	17	都道府県の事務	監査委員	住民訴訟	長と議会の関係	都道府県の事務	事務の共同処理
	18	道路等	上水道	情報公開をめぐる判例	通達	国家行政組織法	空港や航空関連施設をめぐる裁判
	19	行政法 総合	行政法 総合	自動車の運転免許	公立学校に関する判例	国籍と住民	地方公共団体に対する法律の適用
多肢選択式	1	行訴法 取消しの理由の制限	行訴法 狭義の訴えの利益	行手法 行政指導	一般的法理論 行政上の義務履行確保・行政罰	情報公開法	一般的法理論 公法と私法の適用関係
	2	一般的法理論 地方公共団体の施策の変更	行訴法 訴訟類型	普通地方公共団体の議会の議員に対する懲罰等と国家賠償	行手法 不利益処分の理由の提示	国家補償制度の谷間	行訴法 総合
記述式		行訴法 申請型義務付け訴訟	行手法 処分等の求め	行訴法 無効等確認の訴え	行訴法 行政指導の中止等の求め	行訴法 義務付けの訴え	行訴法 差止めの訴え

※ 行政法の一般的な法理論は一般的法理論と、行政手続法は行手法と、行政不服審査法は行審法と、行政事件訴訟法は行訴法と、国家賠償法は国賠法と表記する。

3 民 法

		平成30年度	令和元年度	令和2年度	令和3年度	令和4年度	令和5年度
択一式	1	公序良俗及び強行法規等の違反	時効の援用	制限行為能力者	意思表示	虚偽表示の無効を対抗できない善意の第三者	消滅時効
	2	条件・期限	代理	占有改定等	不在者財産管理人・失踪宣告	占有権	取得時効
	3	民法　総合	動産物権変動	根抵当権	物権的請求権	根抵当権	譲渡担保
	4	抵当権の効力	用益物権等	選択債権	留置権	債務不履行	連帯債務
	5	弁済	質権	債務引受	債務不履行に基づく損害賠償	債務不履行を理由とする契約の解除	相殺
	6	使用貸借契約及び賃貸借契約	転貸借	同時履行の抗弁権	債権者代位権	賃貸人たる地位の移転	受領遅滞等
	7	使用者責任及び共同不法行為責任	事務管理及び委任契約	賃貸借契約	危険負担・契約不適合責任	法定利率	契約の解除等
	8	離婚	不法行為	医療契約に基づく医師の患者に対する義務	不法行為	不法行為	損益相殺・損益相殺的調整
	9	後見	氏	特別養子制度	配偶者居住権等	相続	遺言
記述式	1	制限行為能力者	共有物に関する法律行為	意思表示	債権譲渡	無権代理の本人相続	物上代位
	2	贈与契約	第三者のためにする契約	不動産物権変動	土地工作物責任	債権者代位・賃貸借	契約不適合責任

4　商　法

	平成30年度	令和元年度	令和2年度	令和3年度	令和4年度	令和5年度
1	商人又は商行為	商行為の代理	運送契約における高価品の特則	絶対的商行為	営業譲渡	商行為・総則
2	設立における発起人等の責任等	設立における出資の履行等	株式会社の設立等	株式会社の設立に係る責任等	発行可能株式総数	設立時取締役
3	譲渡制限株式	公開会社の株主の権利	自己株式	株式の質入れ	特別支配株主の売渡請求	種類株式
4	社外取締役	取締役会	株主総会	社外取締役及び社外監査役の設置	公開会社における株主総会	役員等の責任
5	剰余金の配当	取締役会を設置していない株式会社	公開会社・大会社	剰余金の配当	会計参与	会計参与・会計監査人

5　基礎法学

	平成30年度	令和元年度	令和2年度	令和3年度	令和4年度	令和5年度
1	<法>の歴史	法律史	紛争解決手段	刑罰論	裁判（少数意見制）	民事裁判と刑事裁判
2	「法」に関する用語	裁判の審級制度等	簡易裁判所	法令の効力	法律用語	法人等

6　一般知識等科目

(1)　政　治

	平成30年度	令和元年度	令和2年度	令和3年度	令和4年度	令和5年度
1	専門資格に関する事務をつかさどる省庁	日中関係	普通選挙	近代オリンピック大会と政治	ロシア・旧ソ連の外交・軍事	G7サミット（主要国首脳会議）
2		女性の政治参加	フランス人権宣言	新型コロナウイルス感染症対策と政治	ヨーロッパの国際組織	日本のテロ（テロリズム）対策
3		国の行政改革の取組み		公的役職の任命	軍備縮小（軍縮）	1960年代以降の東南アジア

(2)　経　済

	平成30年度	令和元年度	令和2年度	令和3年度	令和4年度	令和5年度
1	近年の日本の貿易及び対外直接投資	経済用語	日本のバブル経済とその崩壊	ふるさと納税	GDP	日本の法人課税
2			日本の国債制度とその運用	国際収支		日本の金融政策

(3) 社　会

	平成30年度	令和元年度	令和2年度	令和3年度	令和4年度	令和5年度
1	外国人技能実習制度	日本の雇用・労働	日本の子ども・子育て政策	エネルギー需給動向・エネルギー政策	郵便局	日本における平等と差別
2	戦後日本の消費生活協同組合	元号制定の手続	新しい消費の形態	先住民族	日本の森林・林業	日本の社会保障、社会福祉
3	日本の墓地・埋葬等に関する法律	日本の廃棄物処理	地域再生・地域活性化等の政策や事業	ジェンダー・セクシュアリティ	アメリカ合衆国における平等と差別	
4	地方自治体の住民等		日本の人口動態		地球環境問題に関する国際的協力体制	
5	風適法による許可又は届出の対象					

(4) 情報通信・個人情報保護

	平成30年度	令和元年度	令和2年度	令和3年度	令和4年度	令和5年度
1	防犯カメラ	情報や通信に関する用語	インターネット通信で用いられる略称	顔認識・顔認証システム	人工知能（AI）	日本における行政のデジタル化
2	欧州データ保護規則	通信の秘密	行政機関個人情報保護法	車両の自動運転化の水準	情報通信に関する用語	情報通信用語
3	個人情報保護法総　合	放送又は通信の手法	個人情報保護法	国の行政機関の個人情報保護制度	個人情報保護制度	インターネットと広告
4	個人情報保護法2条2項	個人情報保護委員会				個人情報

(5) 文章理解

	平成30年度	令和元年度	令和2年度	令和3年度	令和4年度	令和5年度
1	短文挿入	短文挿入	短文挿入	短文挿入	文章整序	短文挿入
2	短文挿入	空欄補充	文章整序	空欄補充	短文挿入	空欄補充
3	空欄補充	短文挿入	空欄補充	短文挿入	空欄補充	短文挿入

1 　**行政書士とは**

　行政書士は、「行政書士法」という法律でその存在が定められている国家資格です。この法律では、行政書士は、他人の依頼を受け報酬を得て、

①官公署に提出する書類その他権利義務又は事実証明に関する書類の作成

②官公署提出書類の提出手続の代理、聴聞手続・弁明手続の代理

③行政書士が作成した官公署に提出する書類にかかる許認可等に関する不服申立ての手続について代理等

④契約書等の書類作成

⑤書類の作成に関する相談業務

を行うと定められています。

　また、行政書士の業務は、弁護士の業務と重なり合っている部分がかなり多いのが特徴です。それは、行政書士法の中で、行政書士が「権利義務又は事実証明に関する」書類作成（の代理）及びその相談業務ができると規定されているからです。

　現行の「行政書士法」は、これまで何度か改正が行われました。中でも 1980 年の改正によって、「提出代行権」とともに「相談業務」を行うことができるようになったこと、また、2002 年の改正により「代理権」が与えられたことが有名です。そして、2003 年の改正における行政書士法人制度、使用人行政書士制度の創設、2006 年の行政書士法施行規則の改正によって行政書士が労働者派遣業を行えるようになったことは、行政書士の業務等に大きな影響を与えることになりました。

　さらに、2014 年に行政書士法が改正され、新たに行政書士の業務として、行政書士が作成した官公署に提出する書類にかかる許認可等に関する不服申立ての手続について代理、及びその手続について官公署に提出する書類を作成することが追加されました。従来は、行政に対する不服申立てを依頼者に代わって行うことができるのは弁護士だけでしたが、特定行政書士法定研修を受講し、研修の最後に実施される考査試験に合格した行政書士（特定行政書士）も、一定の行政に対する不服申立てについては、依頼者に代わって行うことができるようになりました。

2 　**行政書士の魅力**

　行政書士の仕事は、皆さんの生活にも密接に関係するものです。

　福祉行政が重視され、国民と行政が多くの面で関連を持つことになった現代では、国民が官公署に書類を提出する機会も多くなっています。加えて、行政の複

雑化・高度化に伴い、その作成に高度の知識を要する書類も増加しています。

　このように、行政書士は、依頼者の相談に応じ、膨大な種類の書類作成をすることができるため、業務の範囲がとても広く、「法廷に立たない弁護士」とさえいわれています。

　また、行政書士は、法律で相談業務を行うことが認められており、「代理権」も与えられたことから、新しい時代の行政書士業務として「法務コンサルタント」としての可能性が広がっています。法務コンサルタントとしての行政書士の仕事は、紛争を未然に防ぐことや、仮に紛争となった場合でも訴訟の前に早期解決に導くことが中心となります。

　これは予防法務と呼ばれ、非常に重要です。なぜなら、裁判になれば勝てるというようなトラブルであっても、多くの人にとっては、裁判をすること自体が大変なエネルギーを必要とするからです。無意味な紛争を防ぎ、企業経営や市民生活が円滑に営めるようにすることが、行政書士の仕事となります。

３ 未来の行政書士へ

　現在、行政書士は、社会のニーズに対応し、その活躍の範囲を大きく広げています。従来からの官公庁に提出する書類の作成に加えて、新しい分野として注目を集めている「著作権業務」や、悪徳商法などから市民の権利を守る「市民法務」があります。また、国際化に伴い近年取扱い件数の増加している「国際業務」は、外国人の帰化申請や在留資格の取得を通じて外国人の人権擁護に寄与しています。

　このように、現在の行政書士は、相談したいときに相談できる、まさに「市民に一番身近な法律家」といえます。

　行政書士という仕事は、あなたにとって一生ものの資格となることでしょう。

合格のための５つの法則

1　最後まで諦めない気持ち
2　繰り返しの復習
3　問題演習の重視
4　手を広げない
5　謙虚・感謝の気持ち

もっと**合格力**をつけたい人のための
学習ガイド

1 ▶ 合格に役立つ講義を聴いてみよう!

▶ YouTube 伊藤塾チャンネル

　科目別の学習テクニックや重要な論点の解説、本試験の出題ポイントなど、定期的に伊藤塾講師陣が合格に役立つ講義を配信しています。また、伊藤塾出身の合格者や行政書士実務家のインタビューを多数掲載していますので、受験期間中のモチベーションアップやその維持にもお役立ていただけます。知識補充、理解力の向上、モチベーションコントロールのために、どうぞ有効活用してください。

▶ 2024（令和6）年度
行政書士試験改正に対応

　令和6年度試験より、従来の一般知識等科目が基礎知識科目へ変更され、出題内容が見直されることになりました。

　伊藤塾ではこの試験改正についてもいち早く対応し、最新の情報を随時動画などで公開します。

今すぐチェック ▶ ▶ ▶

2 合格に役立つ情報を手に入れよう!

➤ 伊藤塾行政書士試験科 公式メールマガジン「かなえ～る」

　全国の行政書士試験受験生の夢を "かなえる" ために "エール" を贈る。それが、メールマガジン「かなえ～る」です。

　毎回、伊藤塾講師陣が、合格に役立つ学習テクニックや弱点克服法、問題の解き方から科目別対策、勉強のやり方まで、持てるノウハウを出し惜しみせずお届けしています。

　合格者や受験生から大変好評をいただいているメールマガジンです。登録は無料です。どうぞ、この機会にご登録ください。

随時配信

今すぐチェック ▶▶▶

➤ X（旧Twitter）

　X（旧Twitter）でも、学習に役立つ内容から試験情報、イベント情報など、役立つ情報を随時発信しています。本書で学習を開始したら、ぜひフォローしてください！

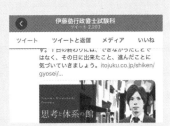

今すぐチェック ▶▶▶

➤ note

　noteにも行政書士試験の有益な情報をアップしています。随時新しい情報を更新していますので、活用してください！

今すぐチェック ▶▶▶

➤ Instagram

　Instagramでは、講師の普段見られない素顔や試験の各種情報を、動画をメインにお届けしています。

今すぐチェック ▶▶▶

3 ▶ 行政書士試験対策の無料イベントを体験してみよう!

➤ **無料公開講座等**

伊藤塾では、その時期に応じたガイダンスや公開講座等を、YouTube Live等で随時開催し、行政書士受験生の学習をサポートしています。最新情報を手に入れて、学習に弾みをつけましょう!

2023 年実施の無料公開イベントの一例	
随時	オンライン質問会
9月	行政書士試験突破! 必勝講義
11月	行政書士本試験速報会、分析会
随時	明日の行政書士講座 (活躍中の実務家による "行政書士の今" を伝える講演会)

今すぐチェック ▶▶▶

4 ▶ あなたに合った合格プランを相談しよう!

➤ **講師カウンセリング制度**

伊藤塾は、良質な講義に加えて、一人ひとりの学習進度に合わせて行う個別指導を大切にしています。

その1つとして、講師によるカウンセリング制度があります。あなたの学習環境や可処分時間に合わせて具体的で明確な解決方法を提案しています。

受講生以外(※)でもご利用いただけますので、勉強方法などお悩みのときはお気軽にご活用ください。

※受講生以外の方のご利用は1回となります。

今すぐチェック ▶▶▶

伊藤塾 Web サイトをチェック
https://www.itojuku.co.jp/

伊藤塾 行政書士	🔍 検索

法 令 等 科 目

憲 法

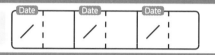

過去問題 H29（問7）　重要度 **B**

問題1　憲法の概念に関する次の記述のうち、妥当なものはどれか。

1　通常の法律より改正手続が困難な憲法を硬性憲法、法律と同等の手続で改正できる憲法を軟性憲法という。ドイツやフランスの場合のように頻繁に改正される憲法は、法律より改正が困難であっても軟性憲法に分類される。

2　憲法の定義をめぐっては、成文の憲法典という法形式だけでなく、国家統治の基本形態など規定内容に着目する場合があり、後者は実質的意味の憲法と呼ばれる。実質的意味の憲法は、成文の憲法典以外の形式をとって存在することもある。

3　憲法は、公権力担当者を拘束する規範であると同時に、主権者が自らを拘束する規範でもある。日本国憲法においても、公務員のみならず国民もまた、憲法を尊重し擁護する義務を負うと明文で規定されている。

4　憲法には最高法規として、国内の法秩序において最上位の強い効力が認められることも多い。日本国憲法も最高法規としての性格を備えるが、判例によれば、国際協調主義がとられているため、条約は国内法として憲法より強い効力を有する。

5　憲法には通常前文が付されるが、その内容・性格は憲法によって様々に異なっている。日本国憲法の前文の場合は、政治的宣言にすぎず、法規範性を有しないと一般に解されている。

総合テキスト **LINK** Chapter 1　憲法総論

憲法の概念

1 妥当でない　　　憲法改正に法律の制定よりも困難な手続を定める憲法を「硬性憲法」といい、通常の立法手続で改正することができる憲法を「軟性憲法」という。この分類は、**憲法改正の手続が通常の立法手続と同じであるか、それよりも困難な手続であるか**という点を基準とするものであり、頻繁に改正される憲法が軟性憲法に分類されるというわけではない。

2 妥当である　　　「実質的意味の憲法」の意義については、本記述のとおりである。これに対して、「形式的意味の憲法」とは、憲法の存在「形式」に着目したものであり、**憲法典という「法形式」**をとって存在している憲法を指す。

3 妥当でない
　　　99条は、「天皇又は摂政及び国務大臣、国会議員、裁判官その他の公務員は、この憲法を尊重し擁護する義務を負ふ。」と規定しており、**「国民」が憲法尊重擁護義務を負うことは規定していない**。

4 妥当でない
　　　98条1項は、「この憲法は、国の最高法規であつて、その条規に反する法律、命令、詔勅及び国務に関するその他の行為の全部又は一部は、その効力を有しない。」と規定しているところ、条約については、国際的な法規範であることから、憲法と条約との優劣関係が問題となる。
　　　この点について、条約優位説に立つ場合、条約は違憲審査（81条）の対象とはならないという結論が導かれるところ、旧日米安全保障条約の違憲性が争われた砂川事件において、最高裁判所は、**当該条約が高度の政治性を有すること**を理由として、憲法判断を差し控えている（最大判昭34.12.16）。この判決は、条約であることを理由として憲法判断を差し控えたわけではないため、**条約一般については、違憲審査の対象になり得る**ものと解されている。したがって、最高裁判所の判例によれば、「条約は国内法として憲法より強い効力を有する」とされているわけではない。

5 妥当でない　　　通説的見解によれば、憲法において「前文」は、本文とともに憲法典の一部を構成し、本文と同様に、憲法上の各国家機関やそれらの作用に対して一定の拘束力を持ち、**法規範的性格を有する**ものとされている。

正解　　2

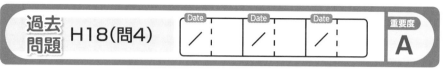
問題2　次のア〜オの記述のうち、憲法上、天皇の国事行為として認められていないものはいくつあるか。

ア　内閣総理大臣の指名

イ　憲法改正、法律、政令及び条約の裁可

ウ　国務大臣の任免

エ　大赦、特赦、減刑、刑の執行の免除及び復権の決定

オ　衆議院の解散

　　1　一つ
　　2　二つ
　　3　三つ
　　4　四つ
　　5　五つ

総合テキスト LINK　Chapter 11　天皇　2

国事行為

ア 認められていない
超

天皇の国事行為として認められているのは、**内閣総理大臣の任命**であって（憲法6条1項）、指名ではない。**指名は国会の権能**である（67条1項）。

イ 認められていない

天皇の国事行為として認められているのは、憲法改正、法律、政令及び条約の**公布**であって（7条1号）、裁可ではない。

ウ 認められていない

天皇の国事行為として認められているのは、国務大臣の任免を認証することである（7条5号）。**国務大臣の任免は内閣総理大臣の権能**である（68条）。

エ 認められていない

天皇の国事行為として認められているのは、大赦、特赦、減刑、刑の執行の免除及び復権を**認証**することであり（7条6号）、決定ではない。
これらの**決定は、内閣の権能**である（73条7号）。

オ 認められている
超

天皇の国事行為として、衆議院の解散が認められている（7条3号）。

正解	4

以上より、認められていないものは、ア・イ・ウ・エの4つである。

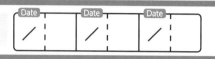

過去問題 H27（問3）

重要度 **A**

問題3 外国人の人権に関する次の文章のうち、最高裁判所の判例の趣旨に照らし、妥当でないものはどれか。

1 国家機関が国民に対して正当な理由なく指紋の押捺を強制することは、憲法13条の趣旨に反するが、この自由の保障はわが国に在留する外国人にまで及ぶものではない。

2 わが国に在留する外国人は、憲法上、外国に一時旅行する自由を保障されているものではない。

3 政治活動の自由は、わが国の政治的意思決定またはその実施に影響を及ぼす活動等、外国人の地位にかんがみこれを認めることが相当でないと解されるものを除き、その保障が及ぶ。

4 国の統治のあり方については国民が最終的な責任を負うべきものである以上、外国人が公権力の行使等を行う地方公務員に就任することはわが国の法体系の想定するところではない。

5 社会保障上の施策において在留外国人をどのように処遇するかについては、国は、特別の条約の存しない限り、その政治的判断によってこれを決定することができる。

外国人の人権

1 妥当でない
超

　個人の私生活上の自由の１つとして、**何人もみだりに指紋の押な**
つを強制されない自由を有するものというべきであり、国家機関が
正当な理由もなく指紋の押なつを強制することは、憲法13条の趣旨
に反して許されず、また、この自由の保障は我が国に在留する外国
人にも等しく及ぶ（最判平7.12.15）。

2 妥当である

　我が国に在留する外国人は、憲法上、外国へ一時旅行する自由を
保障されているものではない（最判平4.11.16）。

3 妥当である
超

　憲法第３章の諸規定による基本的人権の保障は、権利の性質上**日**
本国民のみをその対象としていると解されるものを除き、我が国に
在留する外国人に対しても等しく及ぶものと解すべきであり、政治
活動の自由についても、**我が国の政治的意思決定又はその実施に影**
響を及ぼす活動等外国人の地位にかんがみこれを認めることが相当
でないと解されるものを除き、その保障が及ぶ（最大判昭53.10.4）。

4 妥当である
重

　公権力行使等地方公務員（地方公務員のうち、住民の権利義務を
直接形成し、その範囲を確定するなどの公権力の行使にあたる行為
を行い、若しくは普通地方公共団体の重要な施策に関する決定を行
い、又はこれらに参画することを職務とするもの）の職務の遂行は、
住民の権利義務や法的地位の内容を定め、あるいはこれらに事実上
大きな影響を及ぼすなど、住民の生活に直接間接に重大なかかわり
を有するものである。それゆえ、国民主権の原理に基づき、国及び
普通地方公共団体による統治の在り方については日本国の統治者と
しての国民が最終的な責任を負うべきものであること（１条、15条１
項参照）に照らし、原則として**日本の国籍を有する者**が公権力行使等
地方公務員に就任することが想定されているとみるべきであり、我
が国以外の国家に帰属し、その国家との間でその国民としての権利
義務を有する**外国人が公権力行使等地方公務員に就任することは、**
本来我が国の法体系の想定するところではない（最大判平17.1.26）。

5 妥当である

　社会保障上の施策において在留外国人をどのように処遇するかに
ついては、国は、特別の条約の存しない限り、当該外国人の属する
国との外交関係、変動する国際情勢、国内の政治・経済・社会的諸
事情等に照らしながら、**その政治的判断によりこれを決定すること**
ができる（最判平元.3.2）。

正解	1

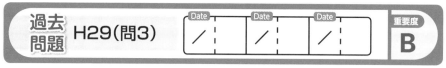

問題4　人権の享有主体性をめぐる最高裁判所の判例に関する次の記述のうち、妥当でないものはどれか。

1　わが国の政治的意思決定またはその実施に影響を及ぼすなど、外国人の地位に照らして認めるのが相当でないと解されるものを除き、外国人にも政治活動の自由の保障が及ぶ。

2　会社は、自然人と同様、国や政党の特定の政策を支持、推進し、または反対するなどの政治的行為をなす自由を有する。

3　公務員は政治的行為を制約されているが、処罰対象となり得る政治的行為は、公務員としての職務遂行の政治的中立性を害するおそれが、実質的に認められるものに限られる。

4　憲法上の象徴としての天皇には民事裁判権は及ばないが、私人としての天皇については当然に民事裁判権が及ぶ。

5　憲法が保障する教育を受ける権利の背後には、子どもは、その学習要求を充足するための教育を施すことを、大人一般に対して要求する権利を有する、との観念がある。

総合テキスト ↩ LINK　Chapter 2　人権総論　3

人権の享有主体性

1 妥当である

判例は、「憲法第3章の諸規定による基本的人権の保障は、権利の性質上日本国民のみをその対象としていると解されるものを除き、**わが国に在留する外国人に対しても等しく及ぶ**ものと解すべきであり、**政治活動の自由**についても、わが国の政治的意思決定又はその実施に影響を及ぼす活動等外国人の地位にかんがみこれを認めることが相当でないと解されるものを除き、その保障が及ぶものと解するのが、相当である」としている（マクリーン事件　最大判昭53.10.4）。

2 妥当である

判例は、「憲法第3章に定める国民の権利および義務の各条項は、性質上可能なかぎり、内国の法人にも適用されるものと解すべきであるから、会社は、自然人たる国民と同様、国や政党の特定の政策を支持、推進しまたは反対するなどの政治的行為をなす自由を有する」としている（八幡製鉄事件　最大判昭45.6.24）。

3 妥当である

国家公務員法102条1項は、「職員は、政党又は政治的目的のために、寄附金その他の利益を求め、若しくは受領し、又は何らの方法を以てするを問わず、これらの行為に関与し、あるいは選挙権の行使を除く外、人事院規則で定める政治的行為をしてはならない。」と規定している。同項にいう「政治的行為」について、判例は、「本法〔国家公務員法〕102条1項の文言、趣旨、目的や規制される政治活動の自由の重要性に加え、同項の規定が刑罰法規の構成要件となることを考慮すると、同項にいう『政治的行為』とは、公務員の職務の遂行の**政治的中立性を損なうおそれ**が、**観念的なものにとどまらず、現実的に起こり得るものとして実質的に認められるものを指**」すとしている（最判平24.12.7）。

4 妥当でない

判例は、「天皇は日本国の象徴であり日本国民統合の象徴であることにかんがみ、**天皇には民事裁判権が及ばない**ものと解するのが相当である」としており（最判平元.11.20）、本記述のように、「私人としての天皇については当然に民事裁判権が及ぶ」とはしていない。

5 妥当である

判例は、教育を受ける権利、教育の義務を定めた憲法26条について、「この規定の背後には、国民各自が、一個の人間として、また、一市民として、成長、発達し、自己の人格を完成、実現するために必要な学習をする固有の権利を有すること、特に、みずから学習することのできない子どもは、**その学習要求を充足するための教育を自己に施すことを大人一般に対して要求する権利を有するとの観念が存在している**と考えられる」としている（旭川学テ事件　最大判昭51.5.21）。

正解	4

問題5　基本的人権の限界に関して、次の文章のような見解が主張されることがある。この見解と個別の人権との関係に関わる次のア〜オの記述のうち、正しいものはいくつあるか。

日本国憲法は、基本的人権に関する総則的規定である13条で、国民の権利については「公共の福祉に反しない限り」国政の上で最大の尊重を必要とすると定めている。これは、それぞれの人権規定において個別的に人権の制約根拠や許される制約の程度を規定するのではなく、「公共の福祉」による制約が存する旨を一般的に定める方式をとったものと理解される。したがって、個別の人権規定が特に制約について規定していない場合でも、「公共の福祉」を理由とした制約が許容される。

ア　憲法36条は、「公務員による拷問及び残虐な刑罰は、絶対にこれを禁ずる」と定めるが、最高裁判例は「公共の福祉」を理由とした例外を許容する立場を明らかにしている。

イ　憲法15条1項は、「公務員を選定し、及びこれを罷免することは、国民固有の権利である」と定めるが、最高裁判例はこれを一切の制限を許さない絶対的権利とする立場を明らかにしている。

ウ　憲法21条1項は、「集会、結社及び言論、出版その他一切の表現の自由は、これを保障する」と定めるが、最高裁判例は「公共の福祉」を理由とした制限を許容する立場を明らかにしている。

エ　憲法21条2項前段は、「検閲は、これをしてはならない」と定めるが、最高裁判例はこれを一切の例外を許さない絶対的禁止とする立場を明らかにしている。

オ　憲法18条は、「何人も、いかなる奴隷的拘束も受けない」と定めるが、最高裁判例は「公共の福祉」を理由とした例外を許容する立場を明らかにしている。

1　一つ
2　二つ
3　三つ
4　四つ
5　五つ

総合テキスト LINK Chapter 2　人権総論　4

基本的人権の限界

ア 誤 り　公務員による拷問及び残虐な刑罰は、絶対的に禁止される。**公務員による拷問及び残虐な刑罰の禁止**（憲法36条）について、公共の福祉を理由とした例外を許容する立場を明らかにした最高裁判所の判例は存しない。

イ 誤 り　**公務員の選定・罷免権**（15条1項）について、これを一切の制限を許さない絶対的権利とする立場を明らかにした最高裁判所の判例は存しない。なお、例えば、公職選挙法は選挙犯罪の処罰者に対する選挙権・被選挙権の停止を規定するが、この点について最高裁判所は、公職の選挙権は国民の最も重要な基本的権利の1つであるが、それだけに選挙の公正はあくまでも厳粛に保持されなければならず、いったんこの公正を阻害し、選挙に関与させることが不適当と認められる者は、しばらく、**被選挙権、選挙権の行使から遠ざけて選挙の公正を確保**するとともに、本人の反省を促すことは相当であるから、これをもって不当に国民の参政権を奪うものとはいえないと判示し、**公職選挙法の当該規定を合憲**としている（最大判昭30.2.9）。

ウ 正しい
重
　最高裁判所は、憲法21条1項にいう**表現の自由**といえども無制限に保障されるものではなく、**公共の福祉による合理的で必要やむを得ない限度の制限を受けることがある**としている（最判平5.3.16）。

エ 正しい
超
　最高裁判所は、**検閲の禁止**を定める21条2項前段の規定について、検閲がその性質上表現の自由に対する最も厳しい制約となるものであることにかんがみ、これについては、**公共の福祉を理由とする例外の許容をも認めない趣旨**を明らかにしたものであるとしている（最大判昭59.12.12）。

オ 誤 り　人を奴隷的拘束に置くことは絶対的に禁止される。**奴隷的拘束からの自由**（18条）について、公共の福祉を理由とした例外を許容する立場を明らかにした最高裁判所の判例は存しない。

正解　2　以上より、正しいものはウ・エの2つである。

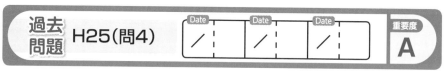

問題6　私法上の法律関係における憲法の効力に関する次の記述のうち、最高裁判所の判例に照らし、正しいものはどれか。

1　私人間においては、一方が他方より優越的地位にある場合には私法の一般規定を通じ憲法の効力を直接及ぼすことができるが、それ以外の場合は、私的自治の原則によって問題の解決が図られるべきである。

2　私立学校は、建学の精神に基づく独自の教育方針を立て、学則を制定することができるが、学生の政治活動を理由に退学処分を行うことは憲法19条に反し許されない。

3　性別による差別を禁止する憲法14条1項の効力は労働関係に直接及ぶことになるので、男女間で定年に差異を設けることについて経営上の合理性が認められるとしても、女性を不利益に扱うことは許されない。

4　自衛隊基地建設に関連して、国が私人と対等な立場で締結する私法上の契約は、実質的に公権力の発動と同視できるような特段の事情がない限り、憲法9条の直接適用を受けない。

5　企業者が、労働者の思想信条を理由に雇い入れを拒むことは、思想信条の自由の重要性に鑑み許されないが、いったん雇い入れた後は、思想信条を理由に不利益な取り扱いがなされてもこれを当然に違法とすることはできない。

総合テキスト LINK　Chapter 2　人権総論　4

私法上の法律関係における憲法の効力

1 誤り
超

最高裁判所は、私法上の法律関係における憲法の効力について、本記述のような判断を示していない。なお、憲法の人権規定が私人間においても直接に適用されるとした場合、私的自治の原則及び契約自由の原則の否定になりかねないなどの問題があることから、通説的見解は間接適用説をとっている。この**間接適用説**は、人権の対国家権力性という伝統的な観念を維持し、私的自治の原則を尊重しながら、人権規定の効力の拡張を図るという観点から、**民法90条等の私法の一般条項を、憲法の趣旨を取り込んで解釈、適用することによって、間接的に私人間の行為を規律しようとする見解**である。そして、最高裁判所の判例も、この間接適用説の立場に立っていると解されている（三菱樹脂事件　最大判昭48.12.12参照）。

2 誤り

最高裁判所の判例によれば、私立学校が伝統ないし校風と教育方針を学則等において具体化し、これを実践することは当然に認められる。そして、実社会の政治的社会的活動にあたる行為を理由として私立学校が退学処分を行うことは、直ちに学生の学問の自由及び教育を受ける権利を侵害し公序良俗に違反するものでなく、また、当該退学処分は学生らの思想、信条を理由とする差別的取扱いではない（昭和女子大事件　最判昭49.7.19）。

3 誤り

性別による差別を禁止する憲法14条1項の効力は労働関係に直接及ぶことになるとした最高裁判所の判例はない。なお、最高裁判所の判例によれば、株式会社の就業規則中、女子の定年年齢を男子より低く定めた部分は、専ら女子であることのみを理由として差別したことに帰着するものであり、性別のみによる不合理な差別を定めたものとして**民法90条の規定により無効**であるとされる（日産自動車事件　最判昭56.3.24）。

4 正しい

最高裁判所の判例によれば、国が行政の主体としてではなく私人と対等の立場に立って、私人との間で個々的に締結する私法上の契約は、当該契約がその成立の経緯及び内容において実質的にみて公権力の発動たる行為と何ら変わりがないといえるような特段の事情のない限り、憲法9条の直接適用を受けない（百里基地訴訟　最判平元.6.20）。

5 誤り
重

最高裁判所の判例によれば、企業者は契約締結の自由を有し、自己の営業のために労働者を雇備するにあたり、いかなる者を雇い入れるか、いかなる条件でこれを雇うかについて、法律その他による特別の制限がない限り、原則として自由にこれを決定することができるのであって、**企業者が特定の思想、信条を有する者をその故をもって雇い入れることを拒んでも、それを当然に違法とすることはできない**（三菱樹脂事件　最大判昭48.12.12）。

正解　4

問題7 プライバシーに関する次の記述のうち、最高裁判所の判例に照らし、妥当なものはどれか。

1 何人も、その承諾なしにみだりに容貌等を撮影されない自由を有するので、犯罪捜査のための警察官による写真撮影は、犯人以外の第三者の容貌が含まれない限度で許される。

2 前科は、個人の名誉や信用に直接関わる事項であるから、事件それ自体を公表することに歴史的または社会的な意義が認められるような場合であっても、事件当事者の実名を明らかにすることは許されない。

3 指紋は、性質上万人不同、終生不変とはいえ、指先の紋様にすぎず、それ自体では個人の私生活や人格、思想等個人の内心に関する情報ではないから、プライバシーとして保護されるものではない。

4 犯罪を犯した少年に関する犯人情報、履歴情報はプライバシーとして保護されるべき情報であるから、当該少年を特定することが可能な記事を掲載した場合には、特段の事情がない限り、不法行為が成立する。

5 いわゆる住基ネットによって管理、利用等される氏名・生年月日・性別・住所からなる本人確認情報は、社会生活上は一定の範囲の他者には当然開示されることが想定され、個人の内面に関わるような秘匿性の高い情報とはいえない。

総合テキスト LINK Chapter 3 包括的基本権と法の下の平等 1
Chapter 5 精神的自由② (表現の自由) 2

プライバシー

1 妥当でない
超

最高裁判所の判例によれば、個人の私生活上の自由の1つとして、**何人も、その承諾なしに、みだりにその容ぼう等を撮影されない自由を有する**が、この自由も、公共の福祉のため必要のある場合には相当の制限を受ける。そして、犯罪を捜査することは、公共の福祉のため警察に与えられた国家作用の1つであり、警察にはこれを遂行すべき責務があるのであるから、警察官が犯罪捜査の必要上写真を撮影する際、その対象の中に犯人のみならず第三者である個人の容ぼう等が含まれても、これが許容される場合があり得る（最大判昭44.12.24）。

2 妥当でない

最高裁判所の判例によれば、ある者の**前科等にかかわる事実は、名誉あるいは信用に直接にかかわる事項である**から、その者は、みだりにこれを公表されないことにつき、法的保護に値する利益を有する。しかし、ある者の前科等にかかわる事実は、他面、それが刑事事件ないし刑事裁判という社会一般の関心あるいは批判の対象となるべき事項にかかわるものであるから、事件それ自体を公表することに歴史的又は社会的な意義が認められるような場合には、事件の当事者についても、その実名を明らかにすることが許されないとはいえない（最判平6.2.8）。

3 妥当でない

最高裁判所の判例によれば、指紋は、指先の紋様であり、それ自体では個人の私生活や人格等、個人の内心に関する情報となるものではないが、性質上万人不同性、終生不変性を持つので、採取された指紋の利用方法次第では個人の私生活あるいは**プライバシー**が侵害される危険性がある。そして、個人の私生活上の自由の1つとして、**何人もみだりに指紋の押なつを強制されない自由を有する**（最判平7.12.15）。

4 妥当でない

最高裁判所の判例によれば、犯行時少年であった者の犯行態様、経歴等を記載した記事がその者の名誉を毀損し、プライバシーを侵害する内容を含むものとしても、当該記事の掲載によって不法行為が成立するか否かは、被侵害利益ごとに違法性阻却事由の有無等を審理し、個別具体的に判断すべきものである（最判平15.3.14）。

5 妥当である
重

最高裁判所の判例によれば、住基ネットによって管理、利用等される氏名、生年月日、性別及び住所からなる**本人確認情報は、人が社会生活を営む上で一定の範囲の他者には当然開示されることが予定されている個人識別情報であり、個人の内面にかかわるような秘**匿性の高い情報とはいえない（最判平20.3.6）。

正解	5

問題8 法の下の平等に関する次の記述のうち、最高裁判所の判例に照らし、妥当でないものはどれか。

1 憲法が条例制定権を認める以上、条例の内容をめぐり地域間で差異が生じることは当然に予期されることであるから、一定の行為の規制につき、ある地域でのみ罰則規定が置かれている場合でも、地域差のゆえに違憲ということはできない。

2 選挙制度を政党本位のものにすることも国会の裁量に含まれるので、衆議院選挙において小選挙区選挙と比例代表選挙に重複立候補できる者を、一定要件を満たした政党等に所属するものに限ることは、憲法に違反しない。

3 法定相続分について嫡出性の有無により差異を設ける規定は、相続時の補充的な規定であることを考慮しても、もはや合理性を有するとはいえず、憲法に違反する。

4 尊属に対する殺人を、高度の社会的非難に当たるものとして一般殺人とは区別して類型化し、法律上刑の加重要件とする規定を設けることは、それ自体が不合理な差別として憲法に違反する。

5 父性の推定の重複を回避し父子関係をめぐる紛争を未然に防止するために、女性にのみ100日を超える再婚禁止期間を設けることは、立法目的との関係で合理性を欠き、憲法に違反する。

総合テキスト LINK Chapter 3 包括的基本権と法の下の平等 [2]

法の下の平等

1 妥当である　判例は、「憲法が各地方公共団体の条例制定権を認める以上、地域によつて差別を生ずることは当然に予期されることであるから、かかる差別は憲法みずから容認するところであると解すべきである。それ故、地方公共団体が売春の取締について各別に条例を制定する結果、その取扱に差別を生ずることがあつても、……**地域差の故をもつて違憲ということはできない**」としている（最大判昭33.10.15）。

2 妥当である　判例は、「政策本位、政党本位の選挙制度というべき比例代表選挙と小選挙区選挙とに重複して立候補することができる者が候補者届出政党の要件と衆議院名簿届出政党等の要件の両方を充足する政党等に所属する者に限定されていることには、相応の合理性が認められるのであって、**不当に立候補の自由や選挙権の行使を制限するとはいえず**、これが国会の裁量権の限界を超えるものとは解されない」としている（最大判平11.11.10）。

3 妥当である
超　判例は、民法900条4号ただし書の規定のうち嫡出でない子の相続分を嫡出子の相続分の2分の1とする部分（以下、この部分を「本件規定」という。）は憲法14条1項に反するものではないとした平成7年大法廷決定は、「本件規定を含む法定相続分の定めが遺言による相続分の指定等がない場合などにおいて補充的に機能する規定であることをも考慮事情としている。しかし、……本件規定が上記のように補充的に機能する規定であることは、その合理性判断において重要性を有しないというべきである。……遅くともAの相続が開始した平成13年7月当時においては、立法府の裁量権を考慮しても、**嫡出子と嫡出でない子の法定相続分を区別する**合理的な根拠**は失われていた**というべきである。したがって、本件規定は、遅くとも平成13年7月当時において、**憲法14条1項に違反していたもの**」としている（最大決平25.9.4）。

4 妥当でない
重　判例は、普通殺に比して尊属殺に重罰を科する旧刑法200条の規定の合憲性が争われた事案において、尊属に対する殺人を、高度の社会的非難にあたるものとして一般殺人とは区別して類型化し、**法律上刑の加重要件とする規定を設けること自体については、憲法14条1項に違反するということはできない**としている（最大判昭48.4.4）。なお、同判例は、同規定について、尊属に対する尊重報恩という道義を保護するという立法目的は合理的であるが、**尊属殺の法定刑を死刑又は無期懲役刑のみに限っている点において**、その立法目的達成のための必要な限度を遥かに超え、普通殺の法定刑に比して著しく不合理な差別的取扱いをするものと認められ、**憲法14条1項に違反する**としている。

5 妥当である
超　判例は、「女性について6箇月の再婚禁止期間を定める民法733条1項の規定……のうち100日超過部分は、……婚姻及び家族に関する事項について国会に認められる合理的な**立法裁量**の範囲を超えるものとして、その立法目的との関連において合理性を欠くものになっていた……、同部分は、**憲法14条1項に違反する**」としている（最大判平27.12.16）。

| 正解 | 4 |

問題9　精神的自由権に関する次の記述のうち、判例の趣旨に照らし、正しいものはどれか。

1　憲法19条の「思想及び良心の自由」は、「信教の自由」（20条1項）の保障対象を宗教以外の世俗的な世界観・人生観等にまで拡大したものであるため、信教の自由の場合と同様に、固有の組織と教義体系を持つ思想・世界観のみが保護される。

2　憲法19条の「思想及び良心の自由」は、国民がいかなる思想を抱いているかについて国家権力が開示を強制することを禁止するものであるため、謝罪広告の強制は、それが事態の真相を告白し陳謝の意を表するに止まる程度であっても許されない。

3　憲法20条1項の「信教の自由」は、公認された宗教に属さない宗教的少数派であった人たちにも、多数派と同等の法的保護を与えるために導入されたものであるため、すべての宗教に平等に適用される法律は違憲となることはない。

4　憲法20条3項は、国が宗教教育のように自ら特定宗教を宣伝する活動を行うことを禁止する趣旨であるため、宗教団体の行う宗教上の祭祀に際して国が公金を支出することが同項に違反することはない。

5　憲法20条3項は、国と宗教とのかかわり合いが、その目的と効果に照らして相当な限度を超えた場合にこれを禁止する趣旨であるため、国公立学校で真摯な宗教的理由から体育実技を履修できない学生に対して代替措置を認めることを一切禁じるものではない。

総合テキスト **LINK** Chapter 4　精神的自由①　1 2

精神的自由権

1 誤り　思想・良心の自由（憲法19条）の保護の対象については、人の内心活動一般であるとする見解（広義説）や、一定の内心活動に限定されるとする見解（狭義説）があるが、いずれの見解においても、固有の組織と教義体系を持つ思想・価値観のみを保護の対象と解するわけではない。

2 誤り
超　判例は、謝罪広告の強制は、それが**単に事態の真相を告白し陳謝の意を表明するにとどまる程度のものであれば、加害者の良心の自由を侵害せず、許される**としている（最大判昭31.7.4）。

3 誤り　憲法20条1項は、前段において信教の自由を保障すると同時に、後段において政教分離原則を定めている。政教分離原則の規定は、**国家と宗教との分離を制度として保障する**ことにより、間接的に信教の自由の保障を確保するものである（最大判昭52.7.13）。したがって、国が特定の宗教に特権を付与することのほか、宗教団体すべてに対して特権を付与することも禁止される。

4 誤り
重　20条3項は、国の宗教的活動を禁止している（政教分離原則）。そして、宗教団体への補助金の支出等、宗教とのかかわり合いをもたらす行為の目的及び効果にかんがみ、**そのかかわり合いが相当とされる限度を超える場合**には、当該行為は同項により禁止される宗教的活動にあたるとされる（最大判昭52.7.13）。

5 正しい
重　判例は、**剣道実技拒否事件**において、本記述のような内容の判示をしている（最判平8.3.8）。

正解　5

問題10　信教の自由・政教分離に関する次の記述のうち、最高裁判所の判例に照らし、最も妥当なものはどれか。

1　憲法が国およびその機関に対し禁ずる宗教的活動とは、その目的・効果が宗教に対する援助、助長、圧迫、干渉に当たるような行為、あるいは宗教と過度のかかわり合いをもつ行為のいずれかをいう。

2　憲法は、宗教と何らかのかかわり合いのある行為を行っている組織ないし団体であれば、これに対する公金の支出を禁じていると解されるが、宗教活動を本来の目的としない組織はこれに該当しない。

3　神社が主催する行事に際し、県が公費から比較的低額の玉串料等を奉納することは、慣習化した社会的儀礼であると見ることができるので、当然に憲法に違反するとはいえない。

4　信仰の自由の保障は私人間にも間接的に及ぶので、自己の信仰上の静謐を他者の宗教上の行為によって害された場合、原則として、かかる宗教上の感情を被侵害利益として損害賠償や差止めを請求するなど、法的救済を求めることができる。

5　解散命令などの宗教法人に関する法的規制が、信者の宗教上の行為を法的に制約する効果を伴わないとしてもそこに何らかの支障を生じさせるならば、信教の自由の重要性に配慮し、規制が憲法上許容されるか慎重に吟味しなければならない。

総合テキスト LINK　Chapter 4　精神的自由① ②

信教の自由・政教分離

1 妥当でない
超

判例は、「憲法20条3項……にいう**宗教的活動**とは、……およそ国及びその機関の活動で宗教とのかかわり合いをもつすべての行為を指すものではなく、そのかかわり合いが右にいう**相当とされる限度を超えるもの**に限られるというべきであつて、当該行為の目的が宗教的意義をもち、その効果が宗教に対する援助、助長、促進又は圧迫、干渉等になるような行為をいうもの」としており（最大判昭52.7.13）、問題文のように宗教と過度のかかわり合いを持つ行為という表現は用いておらず、また問題文のいずれかに該当すれば憲法20条3項の「宗教的活動」にあたるとしているわけではない。

2 妥当でない

判例は、「憲法89条にいう『宗教上の組織若しくは団体』とは、宗教と何らかのかかわり合いのある行為を行っている組織ないし団体のすべてを意味するものではなく、国家が当該組織ないし団体に対し特権を付与したり、また、当該組織ないし団体の使用、便益若しくは維持のため、公金その他の公の財産を支出し又はその利用に供したりすることが、**特定の宗教に対する援助、助長、促進又は圧迫、干渉等になり、憲法上の政教分離原則に反すると解されるもの**をいう」としている（最判平5.2.16）。

3 妥当でない
重

判例は、「玉串料等を奉納することは、……慣習化した社会的儀礼にすぎないものになっているとまでは到底いうことができず、一般人が本件の玉串料等の奉納を社会的儀礼の一つにすぎないと評価しているとは考え難いところである。……県が本件**玉串料**等……神社に前記のとおり奉納したことは、……**憲法20条3項の禁止する宗教的活動に当たる**」としている（最大判平9.4.2）。

4 妥当でない

判例は、「信教の自由の保障は、何人も自己の信仰と相容れない信仰をもつ者の信仰に基づく行為に対して、それが強制や不利益の付与を伴うことにより自己の信教の自由を妨害するものでない限り寛容であることを要請しているものというべきである。……何人かをその信仰の対象とし、あるいは自己の信仰する宗教により何人かを追慕し、その魂の安らぎを求めるなどの宗教的行為をする自由は、誰にでも保障されているからである。原審が宗教上の人格権であるとする静謐な宗教的環境の下で信仰生活を送るべき利益なるものは、これを直ちに法的利益として認めることができない」としている（最大判昭63.6.1）。

5 最も妥当である

判例は、「宗教法人に関する法的規制が、信者の宗教上の行為を法的に制約する効果を伴わないとしても、これに何らかの支障を生じさせることがあるとするならば、憲法の保障する精神的自由の一つとしての信教の自由の重要性に思いを致し、憲法がそのような規制を許容するものであるかどうかを慎重に吟味しなければならない」としている（最決平8.1.30）。

正解　5

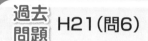

問題11　次の文章は、ある最高裁判所判決の一節である。この文章の趣旨と適合しないものはどれか。

　〔憲法23〕条の学問の自由は、学問的研究の自由とその研究結果の発表の自由とを含むものであって、同条が学問の自由はこれを保障すると規定したのは、一面において、広くすべての国民に対してそれらの自由を保障するとともに、他面において、大学が学術の中心として深く真理を探究することを本質とすることにかんがみて、特に大学におけるそれらの自由を保障することを趣旨としたものである。教育ないし教授の自由は、学問の自由と密接な関係を有するけれども、必ずしもこれに含まれるものではない。しかし、大学については、憲法の右の趣旨と、これに沿って学校教育法52条*が「大学は、学術の中心として、広く知識を授けるとともに、深く専門の学芸を教授研究」することを目的とするとしていることとに基づいて、大学において教授その他の研究者がその専門の研究の結果を教授する自由は、これを保障されると解するのを相当とする。すなわち、教授その他の研究者は、その研究の結果を大学の講義または演習において教授する自由を保障されるのである。そして、以上の自由は、すべて公共の福祉による制限を免れるものではないが、大学における自由は、右のような大学の本質に基づいて、一般の場合よりもある程度で広く認められると解される。

（最大判昭和38年5月22日刑集17巻4号370頁以下）

1　大学における学生の集会は、大学の公認した学内団体であるとか、大学の許可した学内集会であるとかいうことのみによって、特別な自由と自治を享有するものではない。

2　大学の自治は、とくに大学の教授その他の研究者の人事に関して認められ、大学の自主的判断に基づいて教授その他の研究者が選任される。

3　遺伝子技術や医療技術など最新の科学技術に関わる研究の法的規制は、それが大学で行われる研究に関わるものであっても、一定の要件の下で許されうる。

4　学問の自由は、広くすべての国民に対して保障されるものであるため、研究費の配分に当たって大学の研究者を優遇することは許されない。

5　大学の自治は、その施設と学生の管理についてもある程度で保障され、大学に自主的な秩序維持の権能が認められている。

（注）＊　当時。現在の同法83条。

学問の自由

本問の文章は、ポポロ事件における最高裁判所判決（最大判昭 38.5.22）の一節である。同判決は、学問の自由の保障や大学の自治等について判示している。

1 適合しないとはいえない　最高裁判所は、ポポロ事件判決において、本記述の内容について述べている。

2 適合しないとはいえない　最高裁判所は、ポポロ事件判決において、本記述の内容について述べている。

3 適合しないとはいえない　本問の文章は、学問の自由は、「公共の福祉による制限を免れるものではない」と述べており、本記述のような最新の科学技術にかかわる研究については、大学における研究であっても法的規制を受け得ると解される。

4 適合しない　本問の文章は、「大学における自由は、……大学の本質に基づいて、一般の場合よりもある程度で広く認められる」と述べていることから、研究費の配分に当たって大学の研究者を優遇することも許容されると解される。

5 適合しないとはいえない　最高裁判所は、ポポロ事件判決において、本記述の内容について述べている。

| 正解 | 4 |

問題12　表現の自由の保障根拠に関する次の記述のうち、他と異なる考え方に立脚しているものはどれか。

1　広告のような営利的な表現活動もまた、国民一般が消費者として様々な情報を受け取ることの重要性に鑑み、表現の自由の保護が及ぶものの、その場合でも保障の程度は民主主義に不可欠な政治的言論の自由よりも低い、とする説がある。

2　知る権利は、「国家からの自由」という伝統的な自由権であるが、それにとどまらず、参政権（「国家への自由」）的な役割を演ずる。個人は様々な事実や意見を知ることによって、はじめて政治に有効に参加することができるからである。

3　表現の自由を規制する立法の合憲性は、経済的自由を規制する立法の合憲性と同等の基準によって審査されなければならない、とする説が存在するが、その根拠は個人の自律にとっては経済活動も表現活動も同等な重要性を有するためである。

4　名誉毀損的表現であっても、それが公共の利害に関する事実について公益を図る目的でなされた場合には、それが真実であるか、真実であると信じたことに相当の理由があるときは処罰されないが、これは政治的な言論を特に強く保護する趣旨と解される。

5　報道機関の報道の自由は、民主主義社会において、国民が国政に関与するために重要な判断の資料を提供し、国民の知る権利に奉仕するものであり、表現の自由の保障内容に含まれる。

総合テキスト **LINK** Chapter 5　精神的自由②（表現の自由）　①

表現の自由の保障根拠

　表現の自由を支える価値として、①個人が言論活動を通じて自己の人格を発展させるという個人的な価値（自己実現の価値）と、②言論活動によって国民が政治的意思決定に関与するという民主政に資する社会的な価値（自己統治の価値）という2つがあるとされる。本問では、記述3のみが「自己実現の価値」を重視する考え方に立脚しており、それ以外の記述は「自己統治の価値」を重視する考え方に立脚している。

1 他と異なる考え方に立脚しているとはいえない　本記述は、広告のような**営利的な表現活動の保障の程度は、民主主義に不可欠な政治的言論の自由よりも低い**としていることから、自己統治の価値を重視する考え方に立脚しているといえる。

2 他と異なる考え方に立脚しているとはいえない　本記述は、**知る権利が参政権的な役割を担う**と述べていることから、自己統治の価値を重視する考え方に立脚しているといえる。

3 他と異なる考え方に立脚している　本記述は、**個人の自律にとっては経済活動も表現活動も同等な重要性を有する**としていることから、自己実現の価値を重視する考え方に立脚しているといえる。

4 他と異なる考え方に立脚しているとはいえない　本記述は、公益を図る目的でなされた公共の利害に関する事実についての**名誉毀損的表現**が一定の場合には処罰されないのは、**政治的な言論を特に強く保護する趣旨**であるとしていることから、自己統治の価値を重視する考え方に立脚しているといえる。

5 他と異なる考え方に立脚しているとはいえない　本記述は、**報道機関の報道**が表現の自由の保障内容に含まれるのは、それが、**国民が国政に関与するために重要な判断の資料を提供**するものであるからとしている。したがって、本記述は自己統治の価値を重視する考え方に立脚しているといえる。

正解　3

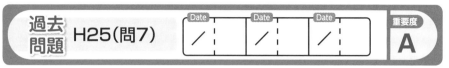
問題13　次の1～5は、法廷内における傍聴人のメモ採取を禁止することが憲法に違反しないかが争われた事件の最高裁判所判決に関する文章である。判決の趣旨と異なるものはどれか。

1　報道機関の取材の自由は憲法21条1項の規定の保障の下にあることはいうまでもないが、この自由は他の国民一般にも平等に保障されるものであり、司法記者クラブ所属の報道機関の記者に対してのみ法廷内でのメモ採取を許可することが許されるかは、それが表現の自由に関わることに鑑みても、法の下の平等との関係で慎重な審査を必要とする。

2　憲法82条1項は、裁判の対審及び判決が公開の法廷で行われるべきことを定めているが、その趣旨は、裁判を一般に公開して裁判が公正に行われることを制度として保障し、ひいては裁判に対する国民の信頼を確保しようとすることにある。

3　憲法21条1項は表現の自由を保障しており、各人が自由にさまざまな意見、知識、情報に接し、これを摂取する機会をもつことは、個人の人格発展にも民主主義社会にとっても必要不可欠であるから、情報を摂取する自由は、右規定の趣旨、目的から、いわばその派生原理として当然に導かれる。

4　さまざまな意見、知識、情報に接し、これを摂取することを補助するものとしてなされる限り、筆記行為の自由は、憲法21条1項の規定の精神に照らして尊重されるべきであるが、これは憲法21条1項の規定によって直接保障される表現の自由そのものとは異なるから、その制限又は禁止には、表現の自由に制約を加える場合に一般に必要とされる厳格な基準が要求されるものではない。

5　傍聴人のメモを取る行為が公正かつ円滑な訴訟の運営を妨げるに至ることは通常はあり得ないのであって、特段の事情のない限り、これを傍聴人の自由に任せるべきであり、それが憲法21条1項の規定の精神に合致する。

総合テキスト ⇔ LINK　Chapter 5　精神的自由②（表現の自由）　2

レペタ事件

本問は、レペタ事件（最大判平元.3.8）を題材としたものである。

1 判決の趣旨と異なる 重

レペタ事件において、最高裁判所は、博多駅事件（最大決昭44.11.26）における決定を引用し、「報道機関の報道は、民主主義社会において、国民が国政に関与するにつき、重要な判断の資料を提供するものであって、**事実の報道の自由は、表現の自由を定めた憲法21条1項の規定の保障の下にある**ことはいうまでもな」いとしたうえで、「このような報道機関の報道が正しい内容をもつためには、**報道のための取材の自由も、憲法21条の規定の精神に照らし、十分尊重に値する**ものである」としている。したがって、報道機関の取材の自由が「憲法21条1項の規定の保障の下にある」とする本記述前段は、最高裁判所の判決の趣旨とは異なっている。

また、最高裁判所は、「報道の公共性、ひいては報道のための取材の自由に対する配慮に基づき、司法記者クラブ所属の報道機関の記者に対してのみ法廷においてメモを取ることを許可することも、合理性を欠く措置ということはできない」としており、司法記者クラブ所属の報道機関の記者に対してのみ法廷においてメモを取ることを許可することと14条1項との関係について、本記述後段のような内容は述べていない。

2 判決の趣旨と異なるとはいえない

最高裁判所は、「裁判の対審**及び**判決は、**公開法廷**でこれを行う。」とする82条1項の趣旨について、本記述のように述べている。

3 判決の趣旨と異なるとはいえない

最高裁判所は、各人がさまざまな意見、知識、情報に接し、これを摂取する自由と表現の自由（憲法21条1項）との関係について、本記述のように述べている。

4 判決の趣旨と異なるとはいえない

最高裁判所は、筆記行為の自由、及びそれを制約する場合における審査基準について、本記述のように述べている。

5 判決の趣旨と異なるとはいえない

最高裁判所は、法廷内における傍聴人のメモ採取について、「公正かつ円滑な訴訟の運営が妨げられるおそれが生ずる場合のあり得ることは否定できない」とする一方で、本記述のように述べている。

正解 1

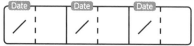
問題14　次の手紙の文中に示された疑問をうけて、これまで類似の規制について最高裁判所が示した判断を説明するア～オの記述のうち、妥当なものの組合せはどれか。

　前略　大変ご無沙汰しております。

　お取り込み中申し訳ありませんが、私の進路選択について、折り入って貴兄にご相談したいことができました。演劇三昧だった学生生活を切り上げて、行政書士をめざして勉強を始めたのですが、最近、自らの職業選択が抱える不条理に、少々悩んでおります。

　行政書士になりたい私が、試験に合格しなければ行政書士になれない、というのは、職業選択の自由という、私のかけがえのない人権の侵害にはあたらないのでしょうか。他方で、もし行政書士になれたとしても、行政書士法1条の2で行政書士の独占業務とされている書類の作成に関する限り、他者の営業の自由を排除しているわけですから、私は、かけがえのない人権であるはずの、他人の職業選択の自由を侵害して生きることになるのでしょうか……。

　拝復　お悩みのご様子ですね。行政書士業を一定の資格要件を具備する者に限定する以上、それ以外の者の開業は禁止されるのですから、あなたのご疑問にはあたっているところもあります。問題はそうした制限を正当化できるかどうかで、この点は意見が分かれます。ご参考までに、最高裁判所がこれまでに示した判断についてだけ申しますと、

ア　医薬品の供給を資格制にすることについては、重要な公共の福祉のために必要かつ合理的な措置ではないとして、違憲判決が出ていますよ。

イ　小売市場の開設経営を都道府県知事の許可にかからしめる法律については、中小企業保護を理由として、合憲判決が出ていましたよね。

ウ　司法書士の業務独占については、登記制度が社会生活上の利益に重大な影響を及ぼすものであることなどを指摘して、合憲判決が出ています。

エ　公衆浴場を開業する場合の適正配置規制については、健全で安定した浴場経営による国民の保健福祉の維持を理由として、合憲とされていますね。

オ　酒販免許制については、職業活動の内容や態様を規制する点で、許可制よりも厳しい規制であるため、適用違憲の判決が下された例があります。

1　ア・イ・ウ
2　ア・イ・エ
3　イ・ウ・エ
4　イ・ウ・オ
5　ウ・エ・オ

総合テキスト ➡ LINK　Chapter 6　経済的自由・人身の自由　1

職業選択の自由

ア 妥当でない　薬事法距離制限違憲判決において、最高裁判所は、供給業者を一定の資格要件を具備する者に限定し、それ以外の者による開業を禁止する許可制を採用したことは、それ自体としては公共の福祉に**適合する目的**のための必要かつ合理的措置として肯認することができると判示した（最大判昭 50.4.30）。なお、同判例は、薬局の開設に適正配置を要求する薬事法の規定については、不良医薬品の供給の防止等の目的のために必要かつ合理的な規制を定めたものということができず、憲法 22 条 1 項に違反し、無効であるとした。

イ 妥当である　小売市場事件において、最高裁判所は、小売市場の許可規制は、国が社会経済の調和的発展を企図するという観点から中小企業保護政策の一方策としてとった措置ということができ、その目的において、一応の合理性を認めることができないわけではなく、また、その規制の手段・態様においても、それが著しく不合理である**ことが明白であるとは認められない**と判示して、小売市場の許可規制を定めた法律の規定は合憲であるとした（最大判昭 47.11.22）。

ウ 妥当である　司法書士の独占業務に関する司法書士法の規定について、最高裁判所は、当該規定は、登記制度が国民の権利義務等、社会生活上の利益に重大な影響を及ぼすものであることなどにかんがみ、法律に別段の定めがある場合を除き、司法書士及び公共嘱託登記司法書士協会以外の者が、他人の嘱託を受けて、登記に関する手続について代理する業務及び登記申請書類を作成する業務を行うことを禁止し、これに違反した者を処罰することにしたものであって、当該規制は、公共の福祉に合致した合理的なものであり、憲法 22 条 1 項に違反するものでないと判示して、当該規定は合憲であるとした（最判平12.2.8）。

エ 妥当である　公衆浴場法による適正配置規制について、最高裁判所は、公衆浴場業者が経営の困難から廃業や転業をすることを防止し、健全で安定した経営を行えるように種々の立法上の手段をとり、国民の保健福祉を維持することは、まさに公共の福祉に適合するところであり、当該適正配置規制及び距離制限も、その手段として十分の必要性と合理性を有していると認められると判示して、公衆浴場の開設に適正配置を要求する公衆浴場法の規定は合憲であるとした（最判平元.1.20）。

オ 妥当でない　酒類販売業の免許制を定めた酒税法の規定について、最高裁判所は、酒税の適正かつ確実な賦課徴収を理由に当該規定を存置するとした立法府の判断が、立法府の政策的・技術的な裁量の範囲を逸脱するもので、著しく不合理であるということはできないと判示して、当該規定は合憲であるとした（最判平 4.12.15）。

正解　3

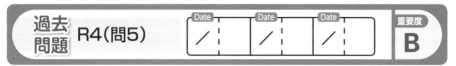
問題15　適正手続に関する次の記述のうち、最高裁判所の判例に照らし、妥当なものはどれか。

1　告知、弁解、防御の機会を与えることなく所有物を没収することは許されないが、貨物の密輸出で有罪となった被告人が、そうした手続的保障がないままに第三者の所有物が没収されたことを理由に、手続の違憲性を主張することはできない。

2　憲法は被疑者に対して弁護人に依頼する権利を保障するが、被疑者が弁護人と接見する機会の保障は捜査権の行使との間で合理的な調整に服さざるを得ないので、憲法は接見交通の機会までも実質的に保障するものとは言えない。

3　審理の著しい遅延の結果、迅速な裁判を受ける被告人の権利が害されたと認められる異常な事態が生じた場合であっても、法令上これに対処すべき具体的規定が存在しなければ、迅速な裁判を受ける権利を根拠に救済手段をとることはできない。

4　不利益供述の強要の禁止に関する憲法の保障は、純然たる刑事手続においてばかりだけでなく、それ以外にも、実質上、刑事責任追及のための資料の取得収集に直接結びつく作用を一般的に有する手続には、等しく及ぶ。

5　不正な方法で課税を免れた行為について、これを犯罪として刑罰を科すだけでなく、追徴税（加算税）を併科することは、刑罰と追徴税の目的の違いを考慮したとしても、実質的な二重処罰にあたり許されない。

総合テキスト ⇄ LINK　Chapter 6　経済的自由・人身の自由　②

適正手続

1 妥当でない　判例は、「第三者の所有物を没収する場合において、その没収に関して当該所有者に対し、**何ら告知、弁解、防禦の機会を与えることなく、その所有権を奪うことは、著しく不合理であつて、憲法の容認しないところである**といわなければならない」としている（第三者所有物没収事件　最大判昭 37.11.28）。

2 妥当でない　判例は、「弁護人等との接見交通権（憲法 34 条前段）は、身体を拘束された被疑者が弁護人の援助を受けることができるための刑事手続上最も重要な基本的権利に属するものであるとともに、弁護人からいえばその固有権の最も重要なものの一つであることはいうまでもない。……弁護人等の接見交通権が前記のように憲法の保障に由来するものであることにかんがみれば、……被疑者が防禦の準備をする権利を不当に制限することは許されるべきではない」としている。したがって、憲法は、**接見交通の機会までも実質的に保障する**ものといえる（杉山事件　最判昭 53.7.10）。

3 妥当でない　判例は、「憲法 37 条 1 項の保障する迅速な裁判をうける権利は、憲法の保障する基本的な人権の一つであり、右条項は、単に迅速な裁判を一般的に保障するために必要な立法上および司法行政上の措置をとるべきことを要請するにとどまらず、さらに個々の刑事事件について、現実に右の保障に明らかに反し、審理の著しい遅延の結果、迅速な裁判をうける被告人の権利が害せられたと認められる異常な事態が生じた場合には、これに対処すべき具体的規定がなくても、もはや当該被告人に対する手続の続行を許さず、**その審理を打ち切るという非常救済手段がとられるべき**ことをも認めている趣旨の規定である」としている（高田事件　最大判昭 47.12.20）。

4 妥当である　判例は、「憲法 38 条 1 項の法意が、**何人も自己の刑事上の責任を問われるおそれのある事項について供述を強要されないことを保障**したものであると解すべき……であるが、右規定による保障は、純然たる刑事手続においてばかりではなく、それ以外の手続においても、**実質上、刑事責任追及のための資料の取得収集に直接結びつく作用を一般的に有する手続には、ひとしく及ぶ**」としている（川崎民商事件　最大判昭 47.11.22）。

5 妥当でない　判例は、「法が追徴税を行政機関の行政手続により租税の形式により課すべきものとしたことは追徴税を課せらるべき納税義務違反者の行為を犯罪とし、これに対する刑罰として、これを課する趣旨でないこと明らかである。追徴税のかような性質にかんがみれば、憲法 39 条の規定は、**刑罰たる罰金と追徴税とを併科することを禁止する趣旨を含むものでない**」としている（法人税額更正決定取消等請求事件　最大判昭 33.4.30）。

正解　4

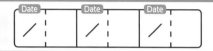

問題16　Aは、日本国籍を有しない外国人であるが、出生以来日本に居住しており、永住資格を取得している。Aは、その居住する地域に密着して暮らす住民であれば、外国人であっても地方自治体の参政権を与えるべきであり、国が立法による参政権付与を怠ってきたのは違憲ではないか、と考えている。Aは、訴訟を起こして裁判所にあらためて憲法判断を求めることができないか、かつて行政書士試験を受けたことのある友人Bに相談したところ、Bは昔の受験勉強の記憶を頼りに、次の1～5の見解を述べた。このうち、最高裁判所の判例に照らし、妥当でないものはどれか。

1　国民の選挙権の制限は、そのような制限なしには選挙の公正を確保しつつ選挙権の行使を認めることが著しく困難であると認められる場合でない限り、憲法上許されず、これは立法の不作為による場合であっても同様であると解されている。

2　国が立法を怠ってきたことの違憲性を裁判所に認定してもらうために、国家賠償法による国への損害賠償請求が行われることがあるが、最高裁はこれまで立法不作為を理由とした国家賠償請求は認容されないという立場をとっている。

3　憲法の基本的人権の保障は、権利の性質上日本国民のみを対象とすると解されるものを除き、外国人にも等しく及ぶものと考えられており、政治活動の自由についても、外国人の地位にかんがみて相当でないものを除き外国人にも保障される。

4　憲法93条2項で地方公共団体の長や議会議員などを選挙することとされた「住民」とは、その地方公共団体に住所を有する日本国民のみを指している。

5　仮に立法によって外国人に対して地方参政権を認めることができるとしても、その実現は基本的に立法裁量の問題である。

総合テキスト ⊔ LINK　Chapter 7　受益権・社会権・参政権　③

参政権

1 妥当である　最高裁判所の判例によれば、国民の選挙権又はその行使を制限するためには、そのような制限をすることがやむを得ないと認められる事由がなければならない。そして、そのような制限をすることなしには選挙の公正を確保しつつ選挙権の行使を認めることが事実上不能ないし著しく困難であると認められる場合でない限り、上記のやむを得ない事由があるとはいえず、このような事由なしに国民の選挙権の行使を制限することは、憲法に違反する。また、このことは、国が国民の選挙権の行使を可能にするための所要の措置を執らないという不作為によって国民が選挙権を行使することができない場合についても、同様であるとされる（最大判平 17.9.14）。

2 妥当でない　最高裁判所の判例によれば、立法の内容又は立法不作為が国民に憲法上保障されている権利を違法に侵害するものであることが明白な場合や、国民に憲法上保障されている権利行使の機会を確保するために所要の立法措置を執ることが必要不可欠であり、それが明白であるにもかかわらず、国会が正当な理由なく長期にわたってこれを怠る場合などには、国会議員の立法行為又は立法不作為は、国家賠償法 1 条 1 項の規定の適用上、違法の評価を受ける。したがって、**違法な立法不作為を理由とする国家賠償請求が認められる場合がある**（最大判平 17.9.14）。

3 妥当である　最高裁判所の判例によれば、憲法第 3 章の諸規定による基本的人権の保障は、権利の性質上日本国民のみをその対象としていると解されるものを除き、我が国に在留する外国人に対しても等しく及ぶものと解すべきであり、政治活動の自由についても、我が国の政治的意思決定又はその実施に影響を及ぼす活動等外国人の地位にかんがみこれを認めることが相当でないと解されるものを除き、その保障が及ぶ（最大判昭 53.10.4）。

4 妥当である　最高裁判所の判例によれば、憲法 93 条 2 項にいう「住民」とは、地方公共団体の区域内に住所を有する日本国民を意味する（最判平 7.2.28）。

5 妥当である　最高裁判所の判例によれば、我が国に在留する外国人のうちでも永住者等であってその居住する区域の地方公共団体と特段に緊密な関係を持つに至ったと認められるものについて、法律をもって、地方公共団体の長、その議会の議員等に対する選挙権を付与する措置を講ずることは、憲法上禁止されているものではないが、このような措置を講ずるか否かは、専ら国の立法政策にかかわる事柄である（最判平 7.2.28）。

正解　2

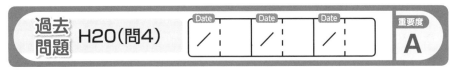
問題17　次の記述のうち、最高裁判所の判例に照らし、誤っているものはどれか。

1　憲法25条の規定の趣旨にこたえて具体的にどのような立法措置を講じるかの選択決定は、立法府の広い裁量にゆだねられている。

2　国は、子ども自身の利益のため、あるいは子どもの成長に対する社会公共の利益と関心にこたえるために、必要かつ相当な範囲で教育の内容について決定する権能を有する。

3　労働基本権に関する憲法上の規定は、国の責務を宣言するもので、個々の国民に直接に具体的権利を付与したものではなく、国の立法措置によってはじめて具体的権利が生じる。

4　労働基本権は、勤労者の経済的地位の向上のための手段として認められたものであって、それ自体が自己目的ではなく、国民全体の共同利益の見地からの制約を受ける。

5　憲法が義務教育を定めるのは、親が本来有している子女を教育する責務をまっとうさせる趣旨によるものであるから、義務教育に要する一切の費用を当然に国が負担しなければならないとは言えない。

社会権

1 正しい　　最高裁判所は、憲法 25 条の規定の趣旨にこたえて具体的にどのような立法措置を講ずるかの選択決定は、**立法府の広い裁量に委ねられている**と判示している（堀木訴訟　最大判昭57.7.7）。

2 正しい　　最高裁判所は、国は、国政の一部として教育政策を樹立、実施し、教育内容についても決定する権能を有すると判示している（旭川学テ事件　最大判昭51.5.21）。

3 誤 り
重　　最高裁判所は 28 条は、いわゆる労働基本権、すなわち、勤労者の**団結する権利**および**団体交渉**その他の**団体行動**をする権利を保障していると判示している（全逓東京中郵事件　最大判昭41.10.26）。

4 正しい　　最高裁判所は、労働基本権は、勤労者の経済的地位の向上のための手段として認められたものであって、それ自体が目的とされる絶対的なものではないから、おのずから勤労者を含めた国民全体の共同利益の見地からする制約を免れないと判示している（全農林警職法事件　最大判昭48.4.25）。

5 正しい　　最高裁判所は、26 条 2 項後段の意味は、授業料を徴収しないことにあり、教科書、学用品その他教育に必要な一切の費用までを無償としなければならないことを定めたものではないと判示している（教科書費国庫負担請求事件　最大判昭39.2.26）。

正解	3

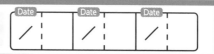

問題18　次の文章の空欄　ア　・　イ　に当てはまる語句の組合せとして、妥当なものはどれか。

　憲法で、国会が国の「唯一の」立法機関であるとされるのは、憲法自身が定める例外を除き、　ア　、かつ、　イ　を意味すると解されている。

	ア	イ
1	内閣の法案提出権を否定し （国会中心立法の原則）	議員立法の活性化を求めること （国会単独立法の原則）
2	国権の最高機関は国会であり （国会中心立法の原則）	内閣の独立命令は禁止されること （国会単独立法の原則）
3	法律は国会の議決のみで成立し （国会単独立法の原則）	天皇による公布を要しないこと （国会中心立法の原則）
4	国会が立法権を独占し （国会中心立法の原則）	法律は国会の議決のみで成立すること （国会単独立法の原則）
5	国権の最高機関は国会であり （国会中心立法の原則）	立法権の委任は禁止されること （国会単独立法の原則）

唯一の立法機関

　憲法41条は、「国会は、国権の最高機関であって、国の唯一の立法機関である。」と定めているところ、本問は「唯一の」についての解釈を問うものである。同条にいう「唯一」とは、(1) 国会中心立法の原則と、(2) 国会単独立法の原則を意味している。

　(1) 国会中心立法の原則とは、憲法で定める例外（各議院規則、裁判所規則）を除いては、**国会以外による立法を認めない**原則である。行政による命令の形での立法を許さない趣旨と考えられるが、個別的・具体的な委任がある委任立法の場合は、国会による民主的コントロールが及ぶため許容されると解されている。

　(2) 国会単独立法の原則とは、憲法で定める例外（95条の住民投票）を除いては、**国会以外の機関が関与することなく、国会の議決だけで法律が成立する**という原則である。**内閣の法案提出権**は立法に対する内閣の関与にみえるが、国会が自由に修正・否決できるため許容されると解されている。

1 妥当でない　　上記の解説より、1は妥当でない。

2 妥当でない　　上記の解説より、2は妥当でない。

3 妥当でない　　上記の解説より、3は妥当でない。

4 妥当である　　上記の解説より、4は妥当である。

5 妥当でない　　上記の解説より、5は妥当でない。

正解	4

問題19 衆議院と参議院に関する記述のうち、正しいものの組合せとして正しいものはどれか。

ア 皇室財産の授受について、参議院で衆議院と異なった議決をした場合に、両院協議会を開いても意見が一致しないときは、衆議院の議決が国会の議決となる。

イ 日本国憲法における衆議院の優越として、権能については予算先議権のみが認められている。

ウ 衆議院と参議院は、独立して議事を行い、議決することが原則である。この原則の例外として、両院協議会を開くことが認められている。

エ 日本国憲法では、同一人が同時に衆議院及び参議院の議員を兼職することは、禁止されていない。

オ 衆議院と参議院は、同時に召集され、開会・閉会するのが原則である。この原則の例外として、参議院の緊急集会が認められている。

1 ア・ウ
2 ア・オ
3 イ・ウ
4 イ・エ
5 ウ・オ

総合テキスト ⤷ LINK Chapter 8 国会 ②④

国会の組織とその活動

ア 誤り
超

　日本国憲法は、議決の効力については、**法律・予算の議決、条約の承認及び内閣総理大臣の指名**について、衆議院の優越を認めている（59条、60条、61条、67条）。しかしながら、**その他の事項**については、日本国憲法は、議決の効力に**優劣の差異を認めておらず**、例えば、皇室の財産授受（8条）については両議院の議決の効力は対等である。したがって、「皇室財産の授受について」も衆議院の優越を認めている点で、記述アは誤っている。

イ 誤り
重

　日本国憲法は、両議院の**権能**については、内閣不信任決議（69条）、**予算先議権**（60条1項）について、**衆議院の優越**を認めている。したがって、「予算先議権のみ」としている点で、記述イは誤っている。

ウ 正しい

　両議院が、**独立して議事**を行い、**議決**することは、二院制の趣旨から当然に導き出される原則である（独立活動の原則）。ただ、この原則の例外として、**両院協議会**が認められている（59条～61条）。

エ 誤り
超

　日本国憲法は、「何人も、同時に両議院の議員たることはできない」と規定し（48条）、両議院の議員の兼職を禁じている。したがって、「同一人が同時に衆議院及び参議院の議員を兼職することは、禁止されていない」としている点で、記述エは誤っている。

オ 正しい

　両議院は、同時に**召集**され、**開会・閉会**するのが原則である（**同時活動の原則**）。この原則については、憲法54条2項以外に明文の根拠はないが、二院制の趣旨から当然に導き出される原則である。ただ、この原則の例外として、**参議院の緊急集会**が認められている（54条2項ただし書）。

正解 　5

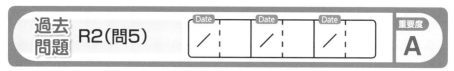
問題20　次の文章の下線部の趣旨に、最も適合しないものはどれか。

　議院が独立的機関であるなら、みずからの権能について、行使・不行使をみずから決定しえなければならない。議院の権能行使は、議院の自律に任せられるを要する。けれども、憲法典は、通常、議院が、このような自律権を有することを明文で規定しない。独立の地位をもつことの、当然の帰結だからである。これに比べれば制度上の意味の限定的な議員の不逮捕特権や免責特権がかえって憲法典に規定されるのは、それが、独立的機関の構成員とされることからする当然の帰結とは考ええないことによる。憲法典に規定されなくても、議院の自律権は、議院の存在理由を確保するために不可欠で、議員特権などより重い意味をもっている。

　しかし、日本国憲法典をじっくり味読するなら、<u>議院に自律権あることを前提とし、これあることを指示する規定がある。</u>

（出典　小嶋和司「憲法学講話」1982 年から）

1　両議院は、各々その会議その他の手続及び内部の規律に関する規則を定めることができる。
2　両議院は、各々国政に関する調査を行い、これに関して、証人の出頭及び証言並びに記録の提出を要求することができる。
3　両議院は、各々その議長その他の役員を選任する。
4　両議院は、各々その議員の資格に関する争訟を裁判する。
5　両議院は、各々院内の秩序をみだした議員を懲罰することができる。

総合テキスト LINK　Chapter 8　国会　3

議院自律権

　問題文記載の文章は、**議院自律権**についての記載である。

　議院自律権は、(1) 内部組織に関する自律権、(2) 運営に関する自律権から成る。

　(1) 内部組織に関する自律権は、①会期前に逮捕された議員の釈放要求権（憲法50条後段）、②議員の資格争訟の裁判権（55条）、③役員選任権（58条1項）などがこれに属する。

　(2) 運営に関する自律権については、④議院規則制定権（58条2項本文前段）、⑤議員懲罰権（同項本文後段）などがこれに属する。

1 適合する　　　　憲法58条2項本文は、「両議院は、各々その会議その他の手続及び内部の規律に関する規則を定め……ることができる。」と規定している。そして、この規定は、(2) ④議院規則制定権について定めた規定であるため、本選択肢は議院自律権についての記載である。

2 適合しない　　　62条は、「両議院は、各々国政に関する調査を行ひ、これに関して、証人の出頭及び証言並びに記録の提出を要求することができる。」と規定している。そして、この規定は、議院の権能の一つである**国政調査権**について定めた規定であるため、本選択肢は議院自律権についての記載ではない。

3 適合する　　　　58条1項は、「両議院は、各々その議長その他の役員を選任する。」と規定している。そして、この規定は、(1) ③**役員選任権**について定めた規定であるため、本選択肢は議院自律権についての記載である。

4 適合する　　　　55条本文は、「両議院は、各々その議員の資格に関する争訟を裁判する。」と規定している。そして、この規定は、(1) ②**議員の資格争訟の裁判権**について定めた規定であるため、本選択肢は議院自律権についての記載である。

5 適合する　　　　58条2項本文は、「両議院は、……院内の秩序をみだした議員を懲罰することができる。」と規定している。そして、この規定は、(2) ⑤の議員懲罰権について定めた規定であるため、本選択肢は議院自律権についての記載である。

正解　　2

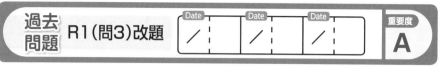
問題21　議員の地位に関する次の記述のうち、法令および最高裁判所の判例に照らし、妥当なものはどれか。

1　衆参両議院の比例代表選出議員に欠員が出た場合、当選順位に従い繰上補充が行われるが、名簿登載者のうち、除名、離党その他の事由により名簿届出政党等に所属する者でなくなった旨の届出がなされているものは、繰上補充の対象とならない。

2　両議院の議員は、国会の会期中逮捕されないとの不逮捕特権が認められ、憲法が定めるところにより、院外における現行犯の場合でも逮捕されない。

3　両議院には憲法上自律権が認められており、所属議員への懲罰については司法審査が及ばないが、除名処分については、一般市民法秩序と関連するため、裁判所は審査を行うことができる。

4　地方議会の自律権は、議院の自律権とは異なり法律上認められたものにすぎないが、地方議会議員に対する出席停止の懲罰については、議会の自律的な権能に基づいてされたものとして、議会に一定の裁量が認められるべきであるから、裁判所は、その適否を判断することができない。

5　地方議会の議員は、住民から直接選挙されるので、国会議員と同様に免責特権が認められ、議会で行った演説、討論又は表決について議会外で責任を問われない。

総合テキスト LINK　Chapter 8　国会　2 3 4

議員の地位

1 妥当である

　衆参両議院の比例代表選出議員に欠員が出た場合について、公職選挙法112条2項、4項で、当選順位に従い繰上補充が行われることが規定されている。そして、同条7項が準用する98条3項前段において、本記述後段の内容が規定されている。

2 妥当でない

重

　憲法50条は、「両議院の議員は、法律の定める場合を除いては、国会の**会期中逮捕されず**、会期前に逮捕された議員は、その議院の要求があれば、**会期中**これを釈放しなければならない。」と規定しており、これを受けて、国会法33条は、「各議院の議員は、院外における現行犯罪の場合を除いては、会期中その院の許諾がなければ逮捕されない。」と規定している。

3 妥当でない

重

　憲法58条2項の懲罰権は、各議院が組織体としての秩序を維持し、その機能の運営を円滑ならしめるために、議院の自律権の一内容として憲法上明文をもって保障されたものであるから、懲罰の種類を問わず、裁判所の**司法審査は及ばない**と解されている。

4 妥当でない

予

　判例は、普通地方公共団体の議会の議員に対する出席停止の懲罰について、「これが科されると、当該議員はその期間、会議及び委員会への出席が停止され、議事に参与して議決に加わるなどの議員としての中核的な活動をすることができず、住民の負託を受けた議員としての責務を十分に果たすことができなくなる。このような出席停止の懲罰の性質や議員活動に対する制約の程度に照らすと、これが議員の権利行使の一時的制限にすぎないものとして、その適否が専ら議会の自主的、自律的な解決に委ねられるべきであるということはできない。そうすると、**出席停止の懲罰は、議会の自律的な権能に基づいてされたものとして、議会に一定の裁量が認められるべきであるものの、裁判所は、常にその適否を判断することができる**というべきである」とし、「普通地方公共団体の議会の議員に対する**出席停止の懲罰の適否は、司法審査の対象となるというべきである**」とした（最大判令2.11.25）。なお、従来の判例は、出席停止の懲罰については、裁判所の審査が及ばないとしていた（最大判昭35.10.19）が、上記判例は、これを変更するものである。

5 妥当でない

　判例は、「憲法上、国権の最高機関たる国会について、広範な議院自律権を認め、ことに、議員の発言について、憲法51条に、いわゆる**免責特権**を与えているからといつて、その理をそのまま直ちに地方議会にあてはめ、地方議会についても、国会と同様の議会自治・議会自律の原則を認め、さらに、地方議会議員の発言についても、いわゆる免責特権を**憲法上保障しているものと解すべき根拠はない**」としている（最大判昭42.5.24）。

正解	1

問題22　内閣の権限に関する次の記述のうち、憲法の規定に照らし、妥当なものはどれか。

1　内閣は、事前に、時宜によっては事後に、国会の承認を経て条約を締結するが、やむを得ない事情があれば、事前または事後の国会の承認なく条約を締結できる。

2　内閣は、国会が閉会中で法律の制定が困難な場合には、事後に国会の承認を得ることを条件に、法律にかわる政令を制定することができる。

3　参議院の緊急集会は、衆議院の解散により国会が閉会している期間に、参議院の総議員の4分の1以上の要求があった場合、内閣によりその召集が決定される。

4　内閣総理大臣が欠けたとき、内閣は総辞職をしなければならないが、この場合の内閣は、あらたに内閣総理大臣が任命されるまで引き続きその職務を行う。

5　新年度開始までに予算が成立せず、しかも暫定予算も成立しない場合、内閣は、新年度予算成立までの間、自らの判断で予備費を設け予算を執行することができる。

総合テキスト LINK　Chapter 9　内閣

内閣の権限

1 妥当でない
超

　憲法73条柱書は、「内閣は、他の一般行政事務の外、左の事務を行ふ。」と規定しており、同条3号は、「条約を締結すること。但し、事前に、時宜によつては事後に、国会の承認を経ることを必要とする。」と規定している。したがって、やむを得ない事情があったとしても、事前又は事後の国会の承認なく条約を締結することはできない。

2 妥当でない

　73条柱書は、「内閣は、他の一般行政事務の外、左の事務を行ふ。」と規定しており、同条6号は、「**この憲法及び法律の規定を実施するために、政令を制定すること。**」と規定している。法律の制定が困難な場合に、法律に代わる政令を制定することができる旨の規定はない。

3 妥当でない
重

　54条2項は、「衆議院が解散されたときは、参議院は、同時に閉会となる。但し、内閣は、国に緊急の必要があるときは、**参議院の緊急集会を求めることができる。**」と規定している。したがって、参議院の総議員の4分の1以上の要求があった場合に、その召集が決定されるわけではない。

4 妥当である
重

　70条は、「**内閣総理大臣が欠けたとき、又は衆議院議員総選挙の後に初めて国会の召集があつたときは、内閣は、総辞職をしなければならない。**」と規定しており、71条は、「前2条の場合には、内閣は、あらたに内閣総理大臣が任命されるまで引き続きその職務を行ふ。」と規定している。

5 妥当でない
重

　87条1項は、「予見し難い予算の不足に充てるため、国会の議決に基いて予備費を設け、**内閣の責任**でこれを支出することができる。」と規定しており、同条2項は、「すべて予備費の支出については、内閣は、事後に国会の承諾を得なければならない。」と規定している。したがって、内閣が自らの判断で予備費を設けることはできない。

| 正解 | 4 |

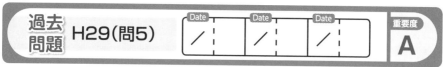
問題23　内閣に関する次の記述のうち、憲法の規定に照らし、妥当なものはどれか。

1　内閣総理大臣は、国会の同意を得て国務大臣を任命するが、その過半数は国会議員でなければならない。

2　憲法は明文で、閣議により内閣が職務を行うべきことを定めているが、閣議の意思決定方法については規定しておらず、慣例により全員一致で閣議決定が行われてきた。

3　内閣の円滑な職務遂行を保障するために、憲法は明文で、国務大臣はその在任中逮捕されず、また在任中は内閣総理大臣の同意がなければ訴追されない、と規定した。

4　法律および政令には、その執行責任を明確にするため、全て主任の国務大臣が署名し、内閣総理大臣が連署することを必要とする。

5　内閣の存立は衆議院の信任に依存するので、内閣は行政権の行使について、参議院に対しては連帯責任を負わない。

総合テキスト LINK　Chapter 9　内閣　1 3

内閣　総合

1 妥当でない
超

　憲法68条1項は、「内閣総理大臣は、**国務大臣**を**任命**する。但し、その過半数は、国会議員の中から選ばれなければならない。」と規定しており、**国務大臣の任命について国会の同意を得ることは必要とされていない**。

2 妥当でない

　憲法上、「閣議により内閣が職務を行うべきこと」は定められておらず、**内閣法**4条1項において、「内閣がその職権を行うのは、**閣議**によるものとする。」と規定されている。なお、閣議の議事に関する原則については、憲法及び法令に規定はなく、慣例に従って運用されており、閣議決定は、**全会一致**をもって行うものとされている。

3 妥当でない

　憲法75条本文は、「国務大臣は、その在任中、内閣総理大臣の同意がなければ、訴追されない。」と規定しているが、憲法上、「国務大臣はその在任中逮捕されない」旨の規定はない。

4 妥当である

　74条は、「法律及び政令には、すべて主任の国務大臣が**署名**し、内閣総理大臣が**連署**することを必要とする。」と規定している。これは、法律の執行や政令の制定・執行について、その責任の所在を明らかにする趣旨であるとされる。

5 妥当でない

　66条3項は、「内閣は、行政権の行使について、国会に対し連帯して責任を負ふ。」と規定している。ここでいう「国会」とは、衆議院及び参議院の両議院を指し、**内閣は各議院に対して責任を負う**ものとされる。

正解	4

伊藤塾
オリジナル問題

Date	Date	Date	重要度
/	/	/	A

問題24　日本国憲法における司法に関する次の記述のうち、正しいものはどれか。

1　日本国憲法は、最高裁判所は、一切の法律、命令、規則又は処分が憲法に適合するかしないかを決定する権限を有する終審裁判所であると規定しているので、下級裁判所は、違憲審査権を行使することはできない。

2　日本国憲法は、特別裁判所の設置を禁止している。しかしながら、特別裁判所である家庭裁判所は、憲法が認めた例外であるので、設置が禁止されていない。

3　行政機関による終審裁判は禁止される。しかしながら、裁判所の裁判の前審として、裁判をすることは禁止されず、そこにおいてなされた事実認定が裁判所を絶対的に拘束したとしても、違憲とはならない。

4　すべての司法権は、最高裁判所及び法律の定めるところにより設置する下級裁判所に属する。そして、裁判所法によって、高等裁判所、地方裁判所、家庭裁判所、労働裁判所、簡易裁判所の5種類の下級裁判所が設置されている。

5　日本国憲法においては、民事事件の裁判権と刑事事件の裁判権のみならず、行政事件の裁判権も含めて、すべての裁判作用が司法権に含まれる。

司法権　総合

1 誤 り
超

　憲法81条の規定から、下級裁判所も違憲審査権を有するかが問題となる。この点に関して、**下級裁判所も違憲審査権の主体である**ということで判例・通説は一致している（最大判昭25.2.1）。したがって、「下級裁判所は、違憲審査権を行使することはできない」としている点で、本記述は誤っている。

2 誤 り
予

　特別裁判所とは、**特定の人間又は事件**について裁判するために、**通常の裁判所の系列**から**独立**して、裁判権を行使する裁判所のことである。家庭裁判所は、特定の人間又は事件について裁判する裁判所ではあるが、**通常の裁判所の系列に属する**ので、特別裁判所ではない。したがって、「特別裁判所である家庭裁判所」としている点で、本記述は誤っている。

3 誤 り

　76条2項後段によって、**行政機関**による終審裁判は禁止される。もっとも、行政機関が、前審として裁判をすることは禁止されない。ここで、行政機関の認定した事実が、裁判所を拘束する場合には、憲法に反するのかが問題となる。例えば、旧独占禁止法において、公正取引委員会の認定した事実は、裁判所を拘束することとされていた（旧独占禁止法80条）。ここで、その判断が、裁判所を絶対的に拘束するならば、憲法76条の趣旨に反することになろうが、公正取引委員会の認定した事実にはそれを立証する実質的な証拠が要求され、しかも、実質的証拠の有無は裁判所が判断することとされているので、違憲とはいえないものと解されていた。したがって、「裁判所を絶対的に拘束したとしても」としている点で、本記述は誤っている。

4 誤 り

　下級裁判所には、高等裁判所、地方裁判所、家庭裁判所、簡易裁判所の4種類がある（裁判所法2条1項）。したがって、「労働裁判所」を含め「5種類」としている点で、本記述は誤っている。

5 正しい
重

　憲法76条1項により、そのとおりである。なお、大日本帝国憲法は、行政事件の裁判権は、司法権に含まれないとしていた（大日本帝国憲法61条）。

正解	5

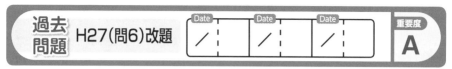
問題25　司法権の限界に関する次のア～オの記述のうち、最高裁判所の判例の趣旨に照らし、妥当でないものの組合せはどれか。

ア　具体的な権利義務ないしは法律関係に関する紛争であっても、信仰対象の価値又は教義に関する判断が前提問題となる場合には、法令の適用による解決には適さず、裁判所の審査は及ばない。

イ　大学による単位授与行為（認定）は、純然たる大学内部の問題として大学の自律的判断にゆだねられるべきものであり、一般市民法秩序と直接の関係を有すると認めるにたる特段の事情がない限り、裁判所の審査は及ばない。

ウ　衆議院の解散は高度の政治性を伴う国家行為であって、その有効無効の判断は法的に不可能であるから、そもそも法律上の争訟の解決という司法権の埒外にあり、裁判所の審査は及ばない。

エ　政党の結社としての自律性からすると、政党の党員に対する処分は原則として自律的運営にゆだねるべきであり、一般市民法秩序と直接の関係を有しない内部的問題にとどまる限りは、裁判所の審査は及ばない。

オ　地方議会議員の出席停止処分は、除名とは異なり議員の権利行使の一時的制約にすぎず、議会の内部規律の問題として自治的措置にゆだねるべきであるから、裁判所の審査は及ばない。

　　1　ア・イ
　　2　ア・エ
　　3　イ・オ
　　4　ウ・エ
　　5　ウ・オ

総合テキスト LINK　Chapter 10　裁判所　1

司法権の限界

ア 妥当である
超

訴訟が具体的な権利義務ないし法律関係に関する紛争の形式をとっており、**信仰の対象の価値ないし宗教上の教義に関する判断**は請求の当否を決するについての前提問題にとどまるものとされていても、それが訴訟の帰すうを左右する必要不可欠のものであり、紛争の核心となっている場合には、その訴訟は、「**法律上の争訟**」にあたらず、裁判所の審判の対象となり得ない（最判昭 56.4.7）。

イ 妥当である

大学による単位授与（認定）行為は、他にそれが一般市民法秩序と直接の関係を有するものであることを肯認するに足りる特段の事情のない限り、純然たる大学内部の問題として**大学の自主的、自律的な判断**に委ねられるべきものであって、裁判所の司法審査の対象にはならない（最判昭 52.3.15）。

ウ 妥当でない
重

いわゆる衆議院の抜き打ち解散の有効性が問題となった事案において、最高裁判所は、**衆議院の解散**のような「**直接国家統治の基本に関する高度に政治性のある国家行為**のごときはたとえそれが法律上の争訟となり、これに対する有効無効の判断が法律上可能である場合であっても、かかる国家行為は裁判所の審査権の外にあ」ると判示しており（最大判昭 35.6.8）、本記述のように、「衆議院の解散……の有効無効の判断は法的に不可能であるから、そもそも法律上の争訟の解決という司法権の埒外にあ」るとはしていない。

エ 妥当である
重

政党が党員に対してした処分は、一般市民法秩序と直接の関係を有しない内部的な問題にとどまる限り、裁判所の審判権は及ばない（最判昭 63.12.20）。

オ 妥当でない
予

判例は、普通地方公共団体の議会の議員に対する出席停止の懲罰について、「出席停止の懲罰の性質や議員活動に対する制約の程度に照らすと、これが議員の権利行使の一時的制限にすぎないものとして、その適否が専ら議会の自主的、自律的な解決に委ねられるべきであるということはできない。そうすると、**出席停止の懲罰は、議会の自律的な権能に基づいてされたものとして、議会に一定の裁量が認められるべきであるものの、裁判所は、常にその適否を判断することができるというべきである**」とし、「**普通地方公共団体の議会の議員に対する出席停止の懲罰の適否は、司法審査の対象となるというべきである**」とした（最大判令 2.11.25）。なお、従来の判例は、地方議会議員に対する「除名処分」については裁判所の審査が及び得るとする一方で、地方議会議員に対する「出席停止の懲罰」については裁判所の審査が及ばないとしていた（最大判昭 35.10.19）が、上記判例は、これを変更するものである。

正解	5

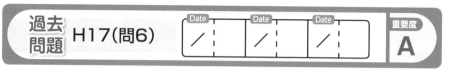
問題26　日本国憲法が定める身分保障に関する次の記述のうち、誤っているものはどれか。

1　いわゆる議員特権の一つとして、両議院の議員は、法律の定めるところにより、国庫から相当額の歳費を受けるものとされている。

2　皇室財産については、憲法上、すべて国に属するものと定められ、皇室の費用も、すべて予算に計上して国会の議決を経なければならないとされている。

3　裁判官の身分保障に関連して、下級裁判所の裁判官の任期は10年であり、仮に再任されたとしても、法律の定める年齢に達したときには退官するものとされている。

4　裁判官の身分保障に関連して、下級裁判所の裁判官は、憲法上、すべて定期に相当額の報酬を受け、在任中、これを減額することができないと定められている。

5　公務員の身分保障の一環として、官吏は、憲法上、すべて定期に相当額の報酬を受けるものと定められている。

総合テキスト LINK　Chapter 8　国会　3 4
Chapter 10　裁判所　3

裁判官の身分保障等

1 正しい

重

議員の勤務に対する報酬として、両議院の議員は、本記述の通り歳費を受ける（憲法49条）。

2 正しい

憲法88条が、「すべて皇室財産は、国に属する。すべて皇室の費用は、予算に計上して国会の議決を経なければならない。」と規定している。よって、皇室財産については、憲法上、すべて国に属するものと定められ、皇室の費用も、すべて予算に計上して国会の議決を経なければならないとされている。

3 正しい
超

80条1項が、「下級裁判所の裁判官は、最高裁判所の指名した者の名簿によつて、内閣でこれを任命する。その裁判官は、任期を10年とし、再任されることができる。但し、法律の定める年齢に達した時には退官する。」と規定している。よって、下級裁判所の裁判官の任期は10年であり、仮に再任されたとしても、法律の定める年齢に達したときには退官するものとされている。

4 正しい

裁判官の職権の独立（76条3項）を図るため、裁判官には厚い身分保障がなされている。その1つとして、本記述のように、下級裁判所の裁判官に対して相当額の報酬が保障され、在任中の減額が禁止されている（80条2項）。

5 誤 り

憲法上、本記述のような規定は設けられていない。

裁判官の身分保障

罷免が限定されること	78条に掲げられた事由（心身の故障、公の弾劾）以外では、裁判官を罷免できない。なお、最高裁判所の裁判官は、国民審査（79条2項〜4項）で罷免される場合もある。
行政による懲戒処分の禁止	懲戒権限は、最高裁と高裁に与えられており、行政機関による懲戒は禁止される（78条後段）。また、立法機関による懲戒も許されないと解されている。
相当額の報酬の保障	裁判官は、定期・相当額の報酬の保障ならびにその減額の禁止が憲法上要請されている（79条6項、80条2項）。

正解　5

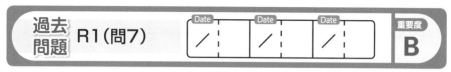
問題27　動物愛護や自然保護に強い関心を持つ裁判官A氏は、毛皮の採取を目的とした野生動物の乱獲を批判するため、休日に仲間と語らって派手なボディペインティングをした風体でデモ行進を行い、その写真をソーシャルメディアに掲載したところ、賛否両論の社会的反響を呼ぶことになった。事態を重く見た裁判所は、A氏に対する懲戒手続を開始した。

　このニュースに関心を持ったBさんは、事件の今後の成り行きを予測するため情報収集を試みたところ、裁判官の懲戒手続一般についてインターネット上で次の1〜5の出所不明の情報を発見した。このうち、法令や最高裁判所の判例に照らし、妥当なものはどれか。

1　裁判官の身分保障を手続的に確保するため、罷免については国会に設置された弾劾裁判所が、懲戒については独立の懲戒委員会が決定を行う。

2　裁判官の懲戒の内容は、職務停止、減給、戒告または過料とされる。

3　司法権を行使する裁判官に対する政治運動禁止の要請は、一般職の国家公務員に対する政治的行為禁止の要請よりも強い。

4　政治運動を理由とした懲戒が憲法21条に違反するか否かは、当該政治運動の目的や効果、裁判官の関わり合いの程度の3点から判断されなければならない。

5　表現の自由の重要性に鑑みれば、裁判官の品位を辱める行状があったと認定される事例は、著しく品位に反する場合のみに限定されなければならない。

裁判官の身分保障等

1 妥当でない

　憲法78条は、「裁判官は……**公の弾劾**によらなければ**罷免**されない。裁判官の懲戒処分は、行政機関がこれを行ふことはできない。」と規定している。そして、64条1項は、「国会は、罷免の訴追を受けた裁判官を裁判するため、両議院の議員で組織する弾劾裁判所を設ける。」と規定しているから、**罷免**については国会に設置された弾劾裁判所が決定を行う。また、裁判所法49条は、「裁判官は、職務上の義務に違反し、若しくは職務を怠り、又は品位を辱める行状があつたときは、別に法律で定めるところにより裁判によつて懲戒される。」と規定している。そして、懲戒を行う実際の裁判手続は裁判官分限法に定められており、**懲戒**については独立の懲戒委員会が決定を行うとはされていない。

2 妥当でない

　裁判官分限法2条は、「裁判官の懲戒は、**戒告**又は1万円以下の**過料**とする。」と規定している。

3 妥当である

　判例は、「裁判所法52条1号が裁判官の積極的な政治運動を禁止しているのは、……裁判官の独立及び中立・公正を確保し、裁判に対する国民の信頼を維持するとともに、三権分立主義の下における司法と立法、行政とのあるべき関係を規律することにその目的があると解されるのであり、右目的の重要性及び裁判官は単独で又は合議体の一員として司法権を行使する主体であることにかんがみれば、**裁判官に対する**政治運動禁止の要請は、一般職の国家公務員に対する**政治的行為禁止の要請より強いものというべきである**」としている（寺西判事補事件　最大決平10.12.1）。

4 妥当でない

　判例は、「裁判官に対し『積極的に政治運動をすること』を禁止することは、必然的に裁判官の表現の自由を一定範囲で制約することにはなるが、右制約が合理的で必要やむを得ない限度にとどまるものである限り、憲法の許容するところであるといわなければならず、右の禁止の**目的が正当**であって、その目的と禁止との間に**合理的関連性**があり、**禁止により得られる利益と失われる利益との均衡を失するものでないなら、憲法21条1項に違反しないというべきである**」としている（寺西判事補事件　最大決平10.12.1）。

5 妥当でない

　判例は、「裁判所法49条……にいう『品位を辱める行状』とは、職務上の行為であると、純然たる私的行為であるとを問わず、およそ裁判官に対する国民の信頼を損ね、又は裁判の公正を疑わせるような言動をいうものと解するのが相当である」としている（最大決平30.10.17）。したがって、裁判官の品位を辱める行状があったと認定される事例は、著しく品位に反する場合のみに限定されなければならないとはされていない。

正解　3

伊藤塾
オリジナル問題

Date	Date	Date
/	/	/

重要度 **B**

問題28 日本国憲法における財政に関する次の記述のうち、正しいものはどれか。

1 予算の提出権は内閣にのみ属するので、国会議員は、予算を伴う法律案を提出することはできない。

2 すべての皇室の費用は、予算に計上して国会の議決を経なければならないわけではない。

3 公金その他の公の財産は、公の支配に属しない慈善、教育若しくは博愛の事業に対し、これを支出してはならない。

4 予見し難い予算の不足に充てるため、国会の議決に基づいて、予備費を設けなくてはならない。

5 国の収入支出の決算は、すべて毎年会計検査院がこれを検査し、会計検査院は、次の年度に、その検査報告とともに、これを国会に提出しなければならない。

財政一般

1 誤 り

予

予算の作成・提出権は、内閣にのみ属する（憲法73条5号、86条）。だからといって、国会議員が、予算を伴う法律案を提出することができないわけではない（国会法56条1項参照）。

2 誤 り

重

天皇及び皇族の活動に要する費用は、すべて、予算に計上して国会の議決を経なければならない（憲法88条後段）。皇室の費用に対する国会のコントロールを強化するために、皇室の費用をすべて国の負担としつつ、国会の議決を経ることとしたのである。

3 正しい

そのとおりである（89条後段）。国又は地方公共団体の所有する公金その他の公の財産は、国民の負担と密接にかかわるので、それが適正に管理され、民主的にコントロールされることが必要である。憲法89条は、その趣旨をあらわすものである。

4 誤 り

予見し難い予算の不足に充てるため、国会の議決に基づいて、予備費を設け、内閣の責任でこれを支出することができる（87条1項）。

大日本帝国憲法下では、予備費の設定は義務であった（大日本帝国憲法69条）が、日本国憲法では、予備費の設定は義務ではない。

5 誤 り

国の収入支出の決算は、すべて毎年会計検査院がこれを検査し、内閣は、次の年度に、その検査報告とともに、これを国会に提出しなければならない（憲法90条1項）。

会計検査院による検査が終わった後、その検査報告書とともに国会に提出するのは、会計検査院ではなく内閣である。

正解 3

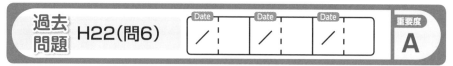
問題29　次のア～エの記述のうち、租税法律主義を定める憲法84条についての最高裁判所の判例の考え方を示すものとして、正しいものの組合せはどれか。

ア　国または地方公共団体が、特別の給付に対する反対給付として徴収する金銭は、その形式を問わず、憲法84条に規定する租税に当たる。

イ　市町村が行う国民健康保険の保険料は、被保険者において保険給付を受け得ることに対する反対給付として徴収されるから、憲法84条は直接適用される。

ウ　国民健康保険税は、目的税であって、反対給付として徴収されるものではあるが形式が税である以上は、憲法84条の規定が適用される。

エ　市町村が行う国民健康保険の保険料は、租税以外の公課ではあるが、賦課徴収の強制の度合いにおいては租税に類似する性質を有するので、憲法84条の趣旨が及ぶ。

　　1　ア・イ
　　2　ア・ウ
　　3　イ・ウ
　　4　イ・エ
　　5　ウ・エ

総合テキスト **LINK** Chapter 12　財政　1

租税法律主義

　本問は、**租税法律主義**に関する憲法 84 条の規定が国民健康保険料にも適用されるかが問題となった事案における、**旭川市国民健康保険条例事件判決**（最大判平 18.3.1）が素材となっている。

ア 誤 り　　同判例は、国又は地方公共団体が、課税権に基づき、その経費に充てるための資金を調達する目的をもって、「特別の給付に対する**反対給付としてでなく**」、一定の要件に該当するすべての者に対して課する金銭給付は、その形式のいかんにかかわらず、84 条に規定する租税に該当するとした。

イ 誤 り　　同判例は、市町村が行う国民健康保険の保険料は、被保険者において**保険給付を受け得ることに対する反対給付として徴収されるもの**であり、また、国民健康保険が強制加入とされ、保険料が強制徴収されるのは、保険給付を受ける被保険者をなるべく保険事故を生ずべき者の全部とし、保険事故により生ずる個人の経済的損害を加入者相互において分担すべきであるとする社会保険としての国民健康保険の**目的及び性質**に由来するものであるとして、保険料に 84 条の規定が**直接**に適用されることはないというべきであるとした。

ウ 正しい　　同判例は、本記述のように判示している。

エ 正しい
重　　同判例は、租税以外の公課であっても、賦課徴収の強制の度合い等の点において**租税に類似する性質**を有するものについては、**84 条の趣旨**が及ぶと解すべきであるが、その場合であっても、租税以外の公課は、租税とその性質が共通する点や異なる点があり、また、賦課徴収の目的に応じて多種多様であるから、**賦課要件が法律又は条例にどの程度明確に定められるべきか**などその規律のあり方については、**当該公課の性質、賦課徴収の目的、その強制の度合い等を総合考慮して判断すべきもの**であるとした。そのうえで同判例は、**市町村が行う国民健康保険**は、保険料を徴収する方式のものであっても、強制加入とされ、保険料が強制徴収され、賦課徴収の強制の度合いにおいては租税に類似する性質を有するものであるから、これについても **84 条の趣旨**が及ぶと解すべきであるとした。

正解　5

Date / ／ ／ Date / ／ ／ Date / ／ ／　　重要度 **A**

問題30　次の規定のうち、地方自治の本旨のうちの住民自治の具体化であるといえる憲法の規定は、いくつあるか。

ア　地方公共団体の長、その議会の議員及び法律の定めるその他の吏員は、その地方公共団体の住民が、直接これを選挙する。

イ　選挙権を有する者は、政令の定めるところにより、所属の選挙区におけるその総数の３分の１以上の者の連署をもって、その代表者から、普通地方公共団体の選挙管理委員会に対し、当該選挙区に属する普通地方公共団体の議会の議員の解職の請求をすることができる。

ウ　地方公共団体は、その財産を管理し、事務を処理し、及び行政を執行する権能を有し、法律の範囲内で条例を制定することができる。

エ　選挙権を有する者は、政令の定めるところにより、その総数の３分の１以上の者の連署をもって、その代表者から、普通地方公共団体の選挙管理委員会に対し、当該普通地方公共団体の長の解職の請求をすることができる。

オ　一の地方公共団体のみに適用される特別法は、法律の定めるところにより、その地方公共団体の住民の投票においてその過半数の同意を得なければ、国会は、これを制定することはできない。

1　一つ
2　二つ
3　三つ
4　四つ
5　五つ

総合テキスト **LINK** Chapter 13　地方自治

地方自治の意義

　地方自治の一般原則である「地方自治の本旨」には、「**住民自治**」と「**団体自治**」の2つの要素がある。住民自治とは、地方自治が住民の意思に基づいて行われるという民主主義的要素であり、団体自治とは、地方自治が**国から独立した団体に委ねられ、団体自らの意思と責任の下でなされる**という自由主義的要素である。

　憲法は、住民自治を具体化するために、地方公共団体の長、議会の議員の直接選挙（93条2項）、地方自治特別法制定のための住民投票（95条）を定めるが、地方自治法は、さらに、①条例の制定・改廃請求（74条～74条の4）、②監査請求（75条）、③議会の解散請求（76条～79条）、④議員、長、役員の解職請求（80条～88条）を設けている。また、団体自治は、憲法94条において具体化されている。すなわち、①財産の管理、②事務の処理、③行政の執行、④条例の制定である。

ア 規定である　　　地方公共団体の長、議会の議員の直接選挙（憲法93条2項）は、住民自治を具体化した憲法の規定である。

イ 規定ではない　　議員の解職請求（地方自治法80条から88条まで）は、地方自治法上の規定であり、憲法の規定ではない。

ウ 規定ではない　　憲法94条は、団体自治を具体化した規定である。

エ 規定ではない　　議員、長、役員の解職請求（地方自治法80条から88条まで）は、地方自治法上の規定であり、憲法の規定ではない。

オ 規定である　　　地方自治特別法制定のための住民投票（憲法95条）は、住民自治を具体化した憲法の規定である。

正解　2　　以上より、住民自治の具体化であるといえる憲法の規定はア・オの2つである。

問題31 日本国憲法が定める憲法改正手続についての次の記述のうち、正しいものはどれか。

1 憲法の改正は国会が発議するが、そのためには、各議院の総議員の3分の2以上の賛成が必要とされる。

2 憲法の改正は国会が発議するが、両議院の意見が一致しない場合には、衆議院の議決が国会の発議となる。

3 各議院の総議員の3分の2以上の賛成により、特別の憲法制定議会が召集され、そこにおける議決をもって憲法改正草案を策定する。

4 憲法の改正について国民の承認を得るには、特別の国民投票においてその3分の2以上の賛成を得ることが必要である。

5 憲法の改正について国民の承認が得られた場合、内閣総理大臣は、直ちにこれを公布しなくてはならない。

 総合テキスト LINK Chapter 8　国会　4
Chapter 14　憲法改正　1

憲法改正の手続

1 正しい
超

憲法 96 条 1 項前段は、「この憲法の改正は、**各議院の**総議員の **3 分の 2 以上**の賛成で、国会が、これを発議し、国民に提案してその承認を経なければならない。」と規定している。

2 誤 り
重

憲法改正の発議について、衆議院の優越は認められていない。

3 誤 り

憲法改正手続において、憲法制定議会の召集などは規定されていない。

4 誤 り

憲法改正について国民の承認を経るには、特別の国民投票又は国会の定める選挙の際に行われる投票において、その**過半数**の賛成を得ればよい（96 条 1 項後段）。

5 誤 り

憲法改正について国民の承認を得たときは、**天皇**は、**国民の名で**、この憲法と一体を成すものとして、直ちにこれを**公布**する（7 条 1 号、96 条 2 項）。天皇が公布するのであって、内閣総理大臣が公布するのではない。

憲法改正手続の流れ

① 国会の発議（96 条 1 項）	国会の発議とは、国民に提案される憲法改正案を国会が決定することであり、議院における原案の提出のことではない。
② 国民の承認（96 条 1 項）	「特別の国民投票又は国会の定める選挙の際行はれる投票」による（96 条 1 項後段）。
③ 天皇の公布（96 条 2 項）	改正権者である国民の意思による改正であるため、「国民の名で」行われる。

正解 　1

問題32 国家機関の権限についての次のア～エの記述のうち、妥当なものをすべて挙げた組合せはどれか。

ア 内閣は、実質的にみて、立法権を行使することがある。

イ 最高裁判所は、実質的にみて、行政権を行使することがある。

ウ 衆議院は、実質的にみて、司法権を行使することがある。

エ 国会は、実質的にみて、司法権を行使することがある。

1 ア・ウ
2 ア・イ・エ
3 ア・ウ・エ
4 イ・ウ・エ
5 ア・イ・ウ・エ

総合テキスト LINK Chapter 8 国会 14
Chapter 9 内閣 3
Chapter 10 裁判所 13

国家機関の権限

ア 妥当である　　内閣は、憲法及び法律の規定を実施するために、政令を制定する（憲法73条6号本文）。これは、実質的にみて、立法権の行使にあたる。

イ 妥当である　　最高裁判所は、司法行政権を有する。例えば、最高裁判所による司法府の人事行政権の行使として、下級裁判所の裁判官は、最高裁判所の指名した者の名簿によって、内閣でこれを任命する（80条1項本文前段）。

ウ 妥当である
重　　両議院は、各々その**議員の資格に関する争訟**を裁判する（55条本文）。すべて司法権は、裁判所に属するとする憲法76条1項の例外である。

エ 妥当である
重　　国会は、罷免の訴追を受けた裁判官を裁判するため、両議院の議員で組織する**弾劾裁判所を設ける**（64条1項）。すべて司法権は、裁判所に属するとする76条1項の例外である。

正解　　5

過去問題 H28(問41)

Date	Date	Date
/	/	/

重要度 **A**

問題33 次の文章は、最高裁判所判決の一節である。空欄 ア ～ エ に当てはまる語句を、枠内の選択肢（1～20）から選びなさい。

憲法二一条二項前段は、「検閲は、これをしてはならない。」と規定する。憲法が、表現の自由につき、広くこれを保障する旨の一般的規定を同条一項に置きながら、別に検閲の禁止についてかような特別の規定を設けたのは、検閲がその性質上表現の自由に対する最も厳しい制約となるものであることにかんがみ、これについては、公共の福祉を理由とする例外の許容（憲法一二条、一三条参照）をも認めない趣旨を明らかにしたものと解すべきである。けだし、諸外国においても、表現を事前に規制する検閲の制度により思想表現の自由が著しく制限されたという歴史的経験があり、また、わが国においても、旧憲法下における出版法（明治二六年法律第一五号）、新聞紙法（明治四二年法律第四一号）により、文書、図画ないし新聞、雑誌等を出版直前ないし発行時に提出させた上、その発売、頒布を禁止する権限が内務大臣に与えられ、その運用を通じて ア な検閲が行われたほか、映画法（昭和一四年法律第六六号）により映画フィルムにつき内務大臣による典型的な検閲が行われる等、思想の自由な発表、交流が妨げられるに至つた経験を有するのであつて、憲法二一条二項前段の規定は、これらの経験に基づいて、検閲の イ を宣言した趣旨と解されるのである。

そして、前記のような沿革に基づき、右の解釈を前提として考究すると、憲法二一条二項にいう「検閲」とは、 ウ が主体となつて、思想内容等の表現物を対象とし、その全部又は一部の発表の禁止を目的として、対象とされる一定の表現物につき エ に、発表前にその内容を審査した上、不適当と認めるものの発表を禁止することを、その特質として備えるものを指すと解すべきである。

（最大判昭和59年12月12日民集38巻12号1308頁）

1	行政権	2	絶対的禁止	3	例外的	4	否定的体験
5	外形的	6	原則的禁止	7	形式的	8	制限的適用
9	抜き打ち的	10	積極的廃止	11	実質的	12	個別的具体的
13	警察権	14	法律的留保的	15	国家	16	網羅的一般的
17	司法権	18	裁量的	19	公権力	20	排他的

総合テキスト LINK Chapter 5 精神的自由②（表現の自由） 3

税関検査事件

ア	11	実質的	イ	2	絶対的禁止
ウ	1	行政権	エ	16	網羅的一般的

　本問は、税関検査の合憲性が争われた「札幌税関検査事件判決」（最大判昭59.12.12）に題材を求めたものである。同判決は、以下のように述べ、憲法21条2項の「検閲」について、検閲の絶対的禁止を説いたうえで、「検閲」の概念を明らかにした。

　判例は、「憲法21条2項前段は、『検閲は、これをしてはならない。』と規定する。憲法が、表現の自由につき、広くこれを保障する旨の一般的規定を同条1項に置きながら、別に検閲の禁止についてかような特別の規定を設けたのは、検閲がその性質上表現の自由に対する最も厳しい制約となるものであることにかんがみ、これについては、**公共の福祉を理由とする例外の許容**（憲法12条、13条参照）**をも認めない趣旨を明らかにしたもの**と解すべきである。けだし、諸外国においても、表現を事前に規制する検閲の制度により思想表現の自由が著しく制限されたという歴史的経験があり、また、わが国においても、旧憲法下における出版法（明治26年法律第15号）、新聞紙法（明治42年法律第41号）により、文書、図画ないし新聞、雑誌等を出版直前ないし発行時に提出させた上、その発売、頒布を禁止する権限が内務大臣に与えられ、その運用を通じて実質的な検閲が行われたほか、映画法（昭和14年法律第66号）により映画フイルムにつき内務大臣による典型的な検閲が行われる等、思想の自由な発表、交流が妨げられるに至つた経験を有するのであつて、憲法21条2項前段の規定は、これらの経験に基づいて、検閲の絶対的禁止を宣言した趣旨と解されるのである。そして、前記のような沿革に基づき、右の解釈を前提として考究すると、憲法21条2項にいう『検閲』とは、**行政権**が主体となつて、**思想内容等の表現物**を対象とし、その全部又は一部の**発表の禁止**を目的として、対象とされる一定の表現物につき**網羅的一般的**に、**発表前にその内容を審査**した上、不適当と認めるものの発表を禁止することを、その特質として備えるものを指すと解すべきである。」としている。

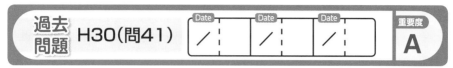
問題34　公務員の政治的自由に関する次の文章の空欄　ア　～　エ　に当てはまる語句を、枠内の選択肢（1～20）から選びなさい。

〔国家公務員法〕102条1項は、公務員の職務の遂行の政治的　ア　性を保持することによって行政の　ア　的運営を確保し、これに対する国民の信頼を維持することを目的とするものと解される。

他方、国民は、憲法上、表現の自由（21条1項）としての政治活動の自由を保障されており、この精神的自由は立憲民主政の政治過程にとって不可欠の基本的人権であって、民主主義社会を基礎付ける重要な権利であることに鑑みると、上記の目的に基づく法令による公務員に対する政治的行為の禁止は、国民としての政治活動の自由に対する必要やむを得ない限度にその範囲が画されるべきものである。

このような〔国家公務員法〕102条1項の文言、趣旨、目的や規制される政治活動の自由の重要性に加え、同項の規定が刑罰法規の構成要件となることを考慮すると、同項にいう「政治的行為」とは、公務員の職務の遂行の政治的　ア　性を損なうおそれが、観念的なものにとどまらず、現実的に起こり得るものとして　イ　的に認められるものを指し、同項はそのような行為の類型の具体的な定めを人事院規則に委任したものと解するのが相当である。……（中略）……。

……本件配布行為は、　ウ　的地位になく、その職務の内容や権限に　エ　の余地のない公務員によって、職務と全く無関係に、公務員により組織される団体の活動としての性格もなく行われたものであり、公務員による行為と認識し得る態様で行われたものでもないから、公務員の職務の遂行の政治的　ア　性を損なうおそれが　イ　的に認められるものとはいえない。そうすると、本件配布行為は本件罰則規定の構成要件に該当しないというべきである。

（最二小判平成24年12月7日刑集66巻12号1337頁）

1	従属	2	平等	3	合法	4	穏健
5	裁量	6	実質	7	潜在	8	顕在
9	抽象	10	一般	11	権力	12	現業
13	経営者	14	指導者	15	管理職	16	違法理
17	濫用	18	逸脱	19	中立	20	強制

総合テキスト　LINK　Chapter 5　精神的自由②（表現の自由）　2

公務員の政治的自由

ア	19	中立	イ	6	実質
ウ	15	管理職	エ	5	裁量

本問は、国家公務員法違反被告事件（最判平 24.12.7）を題材としたものである。

同判決においては、以下のように述べられている。

「本法〔国家公務員法〕102 条 1 項は、**公務員の職務の遂行の政治的中立性を保持**することによって**行政の中立的運営を確保**し、これに対する**国民の信頼**を維持することを目的とするものと解される。他方、国民は、憲法上、表現の自由（〔憲法〕21 条 1 項）としての**政治活動の自由**を保障されており、この精神的自由は**立憲民主政の政治過程にとって不可欠の基本的人権**であって、民主主義社会を基礎付ける重要な権利であることに鑑みると、上記の目的に基づく法令による公務員に対する政治的行為の禁止は、国民としての政治活動の自由に対する必要やむを得ない限度にその範囲が画されるべきものである。このような本法〔国家公務員法〕102 条 1 項の文言、趣旨、目的や規制される政治活動の自由の重要性に加え、同項の規定が刑罰法規の構成要件となることを考慮すると、同項にいう**『政治的行為』**とは、**公務員の職務の遂行の政治的中立性**を損なうおそれが、観念的なものにとどまらず、**現実的に起こり得るものとして実質的に認められるもの**を指し、同項はそのような行為の類型の具体的な定めを人事院規則に委任したものと解するのが相当である。……本件配布行為は、**管理職的地位になく、その職務の内容や権限に裁量の余地のない**公務員によって、職務と全く無関係に、公務員により組織される団体の活動としての性格もなく行われたものであり、公務員による行為と認識し得る態様で行われたものでもないから、**公務員の職務の遂行の政治的中立性を損なうおそれが実質的に認められるものとはいえない。**そうすると、本件配布行為は本件罰則規定の構成要件に該当しないというべきである。」

問題35　次の文章は、ある最高裁判所判決の一節である。空欄　ア　～　エ　に当てはまる語句を、枠内の選択肢（1～20）から選びなさい。

　　ア　は、憲法上、―（中略）―国務大臣の任免権（六八条）、　イ　を代表して　ウ　を指揮監督する職務権限（七二条）を有するなど、　イ　を統率し、　ウ　を統轄調整する地位にあるものである。そして、　イ　法は、　エ　は　ア　が主宰するものと定め（四条）、　ア　は、　エ　にかけて決定した方針に基づいて　ウ　を指揮監督し（六条）、　ウ　の処分又は命令を中止させることができるものとしている（八条）。このように、　ア　が　ウ　に対し指揮監督権を行使するためには、　エ　にかけて決定した方針が存在することを要するが、　エ　にかけて決定した方針が存在しない場合においても、　ア　の右のような地位及び権限に照らすと、流動的で多様な行政需要に遅滞なく対応するため、　ア　は、少なくとも、　イ　の明示の意思に反しない限り、　ウ　に対し、随時、その所掌事務について一定の方向で処理するよう指導、助言等の指示を与える権限を有するものと解するのが相当である。

（最大判平成7年2月22日刑集49巻2号1頁以下）

1	衆議院	2	閣議	3	政府	4	内閣官房長官
5	省庁	6	国民	7	内閣	8	特別会
9	事務次官会議	10	執政	11	国政	12	官僚
13	国会	14	内閣総理大臣	15	参議院	16	日本国
17	行政各部	18	天皇	19	事務	20	常会

内閣総理大臣の権限

ア　14　内閣総理大臣　　イ　7　内閣

　内閣総理大臣は、内閣を代表して行政各部を指揮監督する（憲法 72 条）。この行政各部の指揮監督権は内閣の権限であり、内閣総理大臣は、内閣を代表してその指揮監督を行うことになる。

ウ　17　行政各部　　エ　2　閣議

　これを受けて、内閣法 6 条は、内閣総理大臣は、閣議にかけて決定した方針に基づいて、行政各部を指揮監督すると規定している。したがって、内閣としての方針の決定がない場合において、内閣総理大臣が独自の判断で行政各部の指揮監督をすることは、その職務権限を越えるものであるといえる。

　もっとも、憲法は、内閣の一体性・統一性を確保すべく、内閣総理大臣に内閣の首長としての地位を認め、国務大臣の任免権のほか、対外的に内閣を代表して様々な行為を行う権限を認めている（66 条、68 条、72 条）。

　そこで、これらの規定の趣旨にかんがみ、内閣総理大臣は、閣議にかけて決定した方針が存在しない場合でも、**内閣の明示の意思に反しない限り、行政各部に対し、随時、その所掌事務について一定の方向で処理するよう指導、助言等の指示を与える権限を有する**と解されている（ロッキード事件　最大判平 7.2.22）。

問題36 次の文章の空欄 ア ～ エ に当てはまる語句を、枠内の選択肢（1〜20）から選びなさい。。

ア の争訟は、①当事者間の具体的な権利義務ないし法律関係の存否に関する紛争であって、かつ、②それが法令の適用により終局的に解決することができるものに限られるとする当審の判例（引用略）に照らし、地方議会議員に対する出席停止の懲罰の取消しを求める訴えが、①②の要件を満たす以上、 ア の争訟に当たることは明らかであると思われる。

ア の争訟については、憲法32条により国民に裁判を受ける権利が保障されており、また、 ア の争訟について裁判を行うことは、憲法76条1項により司法権に課せられた義務であるから、本来、司法権を行使しないことは許されないはずであり、司法権に対する イ 制約があるとして司法審査の対象外とするのは、かかる例外を正当化する ウ の根拠がある場合に厳格に限定される必要がある。

国会については、国権の最高機関（憲法41条）としての エ を憲法が尊重していることは明確であり、憲法自身が議員の資格争訟の裁判権を議院に付与し（憲法55条）、議員が議院で行った演説、討論又は表決についての院外での免責規定を設けている（憲法51条）。しかし、地方議会については、憲法55条や51条のような規定は設けられておらず、憲法は、 エ の点において、国会と地方議会を同視していないことは明らかである。

（最大判令和2年11月25日民集74巻8号2229頁、宇賀克也裁判官補足意見）

1	法令上	2	一般的	3	公法上	4	地位
5	自律性	6	訴訟法上	7	外在的	8	必然的
9	公益上	10	法律上	11	独立性	12	社会的
13	慣習法上	14	権能	15	私法上	16	公共性
17	偶然的	18	実体法上	19	判例法上	20	憲法上

総合テキスト LINK Chapter 10 裁判所

法律上の争訟

　本問は、普通地方公共団体の議会の議員に対する出席停止の懲罰と司法審査が問題となった事案における、最高裁判所判決（最大判令2.11.25）の宇賀克也裁判官補足意見を題材としたものである。

　なお、本判例は、普通地方公共団体の議会の議員に対する出席停止の懲罰の適否は、司法審査の対象となる旨を判示し、出席停止の懲罰については裁判所の審査が及ばないとしていた従来の判例（最大判昭35.10.19）を変更した。

ア 10	法律上	**イ** 7	外在的
ウ 20	憲法上	**エ** 5	自律性

　本問の該当箇所の原文（宇賀克也裁判官補足意見）は、以下のとおりである。

1　法律上の争訟

　　法律上の争訟は、①当事者間の具体的な権利義務ないし法律関係の存否に関する紛争であって、かつ、②それが法令の適用により終局的に解決することができるものに限られるとする当審の判例〔中略〕に照らし、**地方議会議員に対する出席停止の懲罰の取消しを求める訴え**が、①②の要件を満たす以上、**法律上の争訟**にあたることは明らかであると思われる。

　　法律上の争訟については、憲法32条により国民に裁判を受ける権利が保障されており、また、法律上の争訟について裁判を行うことは、憲法76条1項により司法権に課せられた義務であるから、本来、司法権を行使しないことは許されないはずであり、司法権に対する**外在的**制約があるとして司法審査の対象外とするのは、かかる例外を正当化する**憲法上**の根拠がある場合に厳格に限定される必要がある。

2　国会との相違

　　国会については、国権の最高機関（憲法41条）としての**自律性**を憲法が尊重していることは明確であり、憲法自身が**議員の資格争訟の裁判権を議院に付与し**（憲法55条）、**議員が議院で行った演説、討論又は表決についての院外での免責規定を設けている**（憲法51条）。しかし、地方議会については、憲法55条や51条のような規定は設けられておらず、憲法は、**自律性**の点において、国会と地方議会を同視していないことは明らかである。

〔以下略〕

民　法

問題1　制限行為能力者と取引をした相手方の保護に関する次の記述のうち、正しいものはどれか。

1　制限行為能力者が自己の行為を取り消したときには、相手方は受け取っていた物を返還しなければならないが、相手方は、制限行為能力を理由とする取消しであることを理由に、現に利益を受けている限度で返還をすれば足りる。

2　制限行為能力者が未成年者の場合、相手方は、未成年者本人に対して、1か月以上の期間を定めてその行為を追認するかどうかを催告することができ、その期間内に確答がなければその行為を追認したものとみなされる。

3　制限行為能力者が成年被後見人であり、相手方が成年被後見人に日用品を売却した場合であっても、成年被後見人は制限行為能力を理由として自己の行為を取り消すことができる。

4　制限行為能力者が被保佐人であり、保佐人の同意を得なければならない行為を被保佐人が保佐人の同意又はそれに代わる家庭裁判所の許可を得ずにした場合において、被保佐人が相手方に対して行為能力者であると信じさせるために詐術を用いたときには、制限行為能力を理由としてこの行為を取り消すことはできない。

5　制限行為能力者が被補助人であり、補助人の同意を得なければならない行為を被補助人が補助人の同意を得てした場合であっても、相手方は、制限行為能力を理由として被補助人の行為を取り消すことができる。

総合テキスト LINK Chapter 3　権利の主体　1

制限行為能力者制度

医
法

1 誤 り　現に利益を受けている限度で返還をすれば足りるのは、**制限行為能力者**である（民法121条の2第3項後段）。相手方について民法121条の2第3項後段の適用はなく、相手方は、121条の2第1項に基づいて**原状に復させる**義務を負う。

2 誤 り
予
　未成年者には催告の受領能力がない（98条の2類推適用）ことから、**未成年者本人に対する催告は無効であり、何らの効力も生じない**。したがって、本問の催告によって、未成年者がその行為を追認したものとみなされることはない。なお、20条1項は、「制限行為能力者が行為能力者……となった後」に適用される条文であるから、本記述での適用はない。

3 誤 り
超
　成年被後見人の法律行為は原則として取り消し得る（9条本文）。もっとも、「**日用品の購入その他日常生活に関する行為**」については、例外的に取り消すことができない（同条ただし書）。したがって、本記述における日用品を売却する行為は、「日用品の購入その他日常生活に関する行為」に含まれるから、取り消すことはできない。

4 正しい
重
　被保佐人が、保佐人の同意を得なければならない行為を、保佐人の同意等を得ずにした場合、原則として取り消すことができる（13条4項）。もっとも、制限行為能力者が行為能力者であることを信じさせるため**詐術を用いたとき**には、取り消すことはできない（21条）。

5 誤 り　補助人の同意を得なければならない行為を被補助人が同意を得てした場合には取り消すことができない（17条4項参照）。また、**制限行為能力者の相手方は取消権者には含まれない**ので、制限行為能力を理由に取り消すことはできない（120条1項）。

正解	4

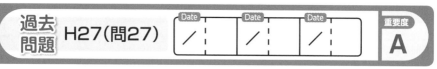
問題2　制限行為能力者に関する次の記述のうち、民法の規定に照らし、正しいものの組合せはどれか。

ア　家庭裁判所が後見開始の審判をするときには、成年被後見人に成年後見人を付するとともに、成年後見人の事務を監督する成年後見監督人を選任しなければならない。

イ　被保佐人がその保佐人の同意を得なければならない行為は、法に定められている行為に限られ、家庭裁判所は、本人や保佐人等の請求があったときでも、被保佐人が法に定められている行為以外の行為をする場合にその保佐人の同意を得なければならない旨の審判をすることはできない。

ウ　家庭裁判所は、本人や保佐人等の請求によって、被保佐人のために特定の法律行為について保佐人に代理権を付与する旨の審判をすることができるが、本人以外の者の請求によってその審判をするには、本人の同意がなければならない。

エ　家庭裁判所は、本人や配偶者等の請求により、補助開始の審判をすることができるが、本人以外の者の請求によって補助開始の審判をするには、本人の同意がなければならない。

オ　後見開始の審判をする場合において、本人が被保佐人または被補助人であるときは、家庭裁判所は、その本人に係る保佐開始または補助開始の審判を取り消す必要はないが、保佐開始の審判をする場合において、本人が成年被後見人であるときは、家庭裁判所は、その本人に係る後見開始の審判を取り消さなければならない。

　　1　ア・イ
　　2　ア・オ
　　3　イ・ウ
　　4　ウ・エ
　　5　エ・オ

総合テキスト LINK　Chapter 3　権利の主体　1

制限行為能力者

ア 誤り　　後見開始の審判を受けた者は、成年被後見人とし、これに成年後見人を付する（民法8条）。そして、家庭裁判所は、**必要があると認めるとき**は、被後見人、その親族若しくは後見人の請求により又は職権で、**後見監督人を選任することができる**（849条）。したがって、成年後見監督人は必ずしも選任されるわけではない。

イ 誤り
重　　家庭裁判所は、本人や保佐人等の請求により、被保佐人が民法13条1項各号に掲げる行為以外の行為をする場合であっても、その保佐人の同意を得なければならない旨の審判をすることができる（13条2項本文）。

ウ 正しい
重　　家庭裁判所は、本人や保佐人等の請求によって、被保佐人のために特定の法律行為について保佐人に**代理権**を付与する旨の審判をすることができる（876条の4第1項）。そして、**本人以外の者の請求**によってこの審判をするには、**本人の同意**がなければならない（同条2項）。

エ 正しい
重　　精神上の障害により事理を弁識する能力が不十分である者については、家庭裁判所は、本人、配偶者、4親等内の親族、後見人、後見監督人、保佐人、保佐監督人又は検察官の請求により、補助開始の審判をすることができる（15条1項本文）。そして、**本人以外の者の請求**により補助開始の審判をするには、**本人の同意**がなければならない（同条2項）。

オ 誤り　　後見開始の審判をする場合において、本人が被保佐人又は被補助人であるときは、家庭裁判所は、その本人にかかる保佐開始又は補助開始の審判を取り消さなければならない（19条1項）。したがって、本記述の前半が誤りである。なお、本記述の後半は正しい（同条2項）。

正解	4

問題3　AがBに対してA所有の動産を譲渡する旨の意思表示をした場合に関する次の記述のうち、民法の規定および判例に照らし、妥当なものはどれか。

1　Aが、精神上の障害により事理を弁識する能力を欠く常況にある場合、Aは当然に成年被後見人であるから、制限行為能力者であることを理由として当該意思表示に基づく譲渡契約を取り消すことができる。

2　Aが、被保佐人であり、当該意思表示に基づく譲渡契約の締結につき保佐人の同意を得ていない場合、Aおよび保佐人は常に譲渡契約を取り消すことができる。

3　この動産が骨董品であり、Aが、鑑定人の故意に行った虚偽の鑑定結果に騙された結果、Bに対して時価よりも相当程度安価で当該動産を譲渡するという意思表示をした場合、Bがこの事情を知っているか否かにかかわらず、Aは当該意思表示を取り消すことができない。

4　Aが、高額な動産を妻に内緒で購入したことをとがめられたため、その場を取り繕うために、その場にたまたま居合わせたBを引き合いに出し、世話になっているBに贈与するつもりで購入したものだと言って、贈与するつもりがないのに「差し上げます」と引き渡した場合、当該意思表示は原則として有効である。

5　Aが、差押えを免れるためにBと謀って動産をBに譲渡したことにしていたところ、Bが事情を知らないCに売却した場合、Cに過失があるときには、Aは、Cに対してA・B間の譲渡契約の無効を主張できる。

総合テキスト ➡ LINK　Chapter 3　権利の主体　①
　　　　　　　　　　Chapter 6　意思表示　②③

意思表示

1 妥当でない
重

　精神上の障害により事理を弁識する能力を欠く常況にある場合でも当然に成年被後見人となるわけではなく、家庭裁判所の後見開始の審判を受ける必要がある（民法7条、838条2号）。したがって、この審判を受けていなければ制限行為能力者であることを理由として契約を取り消すことはできない。

2 妥当でない
重

　保佐人の同意がない場合に取り消すことができる行為は限定されている（13条1項各号）。したがって、本問の動産を譲渡する旨の意思表示に基づく譲渡契約が民法13条に規定する行為でなかった場合は取り消すことができない。

3 妥当でない
重

　相手方に対する意思表示について第三者が詐欺を行った場合においては、**相手方がその事実を知り、又は知ることができたときに**限り、その意思表示を取り消すことができる（96条2項）。したがって、本記述の場合、第三者である鑑定人によりAが騙された事実を相手方であるBが知っている場合又は知ることができた場合に限り、Aは当該意思表示を取り消すことができる。

4 妥当である
超

　意思表示は、表意者がその真意ではないことを知ってしたときであっても、そのためにその効力を妨げられない（93条1項本文）。したがって、Aの意思表示は原則として有効である。

5 妥当でない
超

　虚偽表示による意思表示の無効は、善意の第三者に対抗することができない（94条2項）。虚偽表示による意思表示の無効は、単に善意の第三者に対抗することができないとしているのみであり、第三者には無過失までは要求されない。したがって、第三者Cに過失があるときであっても善意であれば、Aは、Cに対してA・B間の譲渡契約の無効を主張することができない。

正解	4

問題4 Aが自己所有の甲土地をBに売却する旨の契約（以下、「本件売買契約」という。）が締結されたが、Aの意思表示（以下、「本件意思表示」という。）には錯誤があった。この場合に関する次の記述のうち、民法の規定および判例に照らし、妥当なものはどれか。

1 Aが、本件意思表示の取消しを主張するためには、一般取引の通念にかかわりなく、Aのみにとって、法律行為の主要部分につき錯誤がなければ本件意思表示をしなかったであろうということが認められれば足りる。

2 Aの本件意思表示が、法律行為の基礎事情に関するものである場合、Aが本件意思表示の取消しを主張するためには、単にAの法律行為の基礎とした事情がBに表示されただけでは足りず、当該事情に関するAの認識が相手方に示され、かつBに了解されたことにより法律行為の内容となっていたことを要する。

3 本件意思表示について、Aに重過失があるときには、BがAに錯誤があることを知っていたとしても、Aは、錯誤取消しの主張をすることができない。

4 本件意思表示について、Aに重過失があるときには、BがAと同一の錯誤に陥っていたとしても、Aは、錯誤取消しの主張をすることができない。

5 Aは、本件意思表示を取り消したが、本件売買契約を取り消す前に、Bが本件意思表示の事実につき善意有過失のCに甲土地を売却した。この場合、Aは、Cに対して、本件意思表示を取り消したことを主張することができない。

総合テキスト LINK　Chapter 6　意思表示　②③
　　　　　　　　　　Chapter 12　物権変動　①②

錯　誤

1 妥当でない　　錯誤に基づいて取消しを主張するためには、その錯誤が**法律行為の目的及び取引上の社会通念に照らして重要なものである**必要がある（民法95条1項）。これに該当するか否かは、その錯誤が当該法律行為の目的に照らして重要であること、及びその錯誤が一般的にも重要であることが必要である（大判大7.10.3参照）。

2 妥当である　　基礎事情の錯誤に基づく意思表示の取消しは、**その事情が法律行為の基礎とされていることが表示されていたときに限り**、することができる（95条1項2号、2項）。「表示されていた」というためには、表意者の基礎としていた事情が、明示又は黙示に表示されただけではなく、当事者の意思解釈上、法律行為の内容となっていたことを要する（最判平28.1.12参照）。

3 妥当でない
重　　錯誤が**表意者の重大な過失**によるものであった場合には、原則として、意思表示の取消しをすることができない（95条3項）。しかし、**相手方が**表意者に錯誤があること**を知り、又は重大な過失によって知らなかった場合**には、表意者は錯誤による意思表示を取り消すことができる（同項1号）。したがって、Aに重過失があったとしても、BがAに錯誤があることを知っていた場合、Aは、錯誤取消しを主張することができる。

4 妥当でない
重　　錯誤が**表意者の重大な過失**によるものであった場合には、原則として、意思表示の取消しをすることができない（95条3項）。しかし、**相手方が**表意者と同一の錯誤**に陥っていたとき**は、表意者は錯誤による意思表示を取り消すことができる（同項2号）。したがって、Aに重過失があったとしても、BがAと同一の錯誤に陥っていた場合、Aは、錯誤取消しを主張することができる。

5 妥当でない
重　　錯誤に基づく意思表示の取消しは、**善意でかつ過失がない第三者に対抗することができない**（95条4項）。したがって、Aは、「善意有過失」であるCに対して、錯誤に基づく意思表示の取消しを主張することができる。

正解　　2

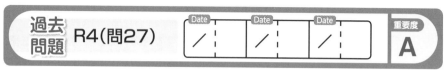
問題5　虚偽表示の無効を対抗できない善意の第三者に関する次の記述のうち、民法の規定および判例に照らし、妥当でないものはどれか。

1　AはBと通謀してA所有の土地をBに仮装譲渡したところ、Bは当該土地上に建物を建築し、これを善意のCに賃貸した。この場合、Aは、虚偽表示の無効をCに対抗できない。

2　AはBと通謀してA所有の土地をBに仮装譲渡したところ、Bが当該土地を悪意のCに譲渡し、さらにCが善意のDに譲渡した。この場合、Aは、虚偽表示の無効をDに対抗できない。

3　AはBと通謀してA所有の土地をBに仮装譲渡したところ、Bは善意の債権者Cのために当該土地に抵当権を設定した。この場合、Aは、虚偽表示の無効をCに対抗できない。

4　AはBと通謀してA所有の土地をBに仮装譲渡したところ、Bの債権者である善意のCが、当該土地に対して差押えを行った。この場合、Aは、虚偽表示の無効をCに対抗できない。

5　AはBと通謀してAのCに対する指名債権をBに仮装譲渡したところ、Bは当該債権を善意のDに譲渡した。この場合、Aは、虚偽表示の無効をDに対抗できない。

虚偽表示の無効を対抗できない善意の第三者

相手方と通じてした虚偽の意思表示は、無効とする（民法94条1項）。もっとも、当該意思表示の無効は、善意の第三者に対抗することができない（同条2項）。「第三者」とは、**虚偽表示の当事者又はその包括承継人以外の者**で、虚偽表示の外形を基礎として、新たな独立の法律上の利害関係を有するに至った者をいう。本問では、この「第三者」の該当性が問われている。

1 妥当でない

判例は、「土地の仮装譲受人が……土地上に建物を建築してこれを他人に賃貸した場合、……**建物賃借人は、仮装譲渡された土地については法律上の利害関係を有するものとは認められないから、民法94条2項所定の第三者にはあたらない**」としている（最判昭57.6.8）。Cは、仮装譲渡された土地上の建物を借りた者であるため、「第三者」に該当しない。したがって、Aは、Cに対して、虚偽表示の無効を対抗することができる。

2 妥当である

判例によれば、**転得者も「第三者」に含まれる**（最判昭45.7.24）。これは、善意の転得者を保護するべき要請は直接の第三者と異ならないためである。したがって、Aは、虚偽表示の無効を土地の転得者である善意のDに対して対抗することができない。

3 妥当である

判例によれば、**仮装譲渡された土地に抵当権の設定を受けた抵当権者**は、虚偽表示の外形を基礎として新たな独立の法律上の利害関係を有するに至ったといえるため「**第三者」にあたる**（大判大4.12.17）。したがって、Aは、虚偽表示の無効をCに対抗することができない。

4 妥当である

判例によれば、**仮装譲渡された土地を差し押さえた譲受人の一般債権者も「第三者」にあたる**（大判昭12.2.9）。したがって、Aは、虚偽表示の無効をCに対抗することができない。

5 妥当である

判例によれば、**仮装譲渡された債権の譲受人**は、独立の経済的利益を有すると評価できるため「**第三者」にあたる**（大判昭13.12.17）。したがって、Aは、虚偽表示の無効をDに対抗できない。

なお、仮装譲渡された債権を取立てのために譲り受けた者は、独立の経済的利益を有しないため「第三者」にあたらない。

正解 1

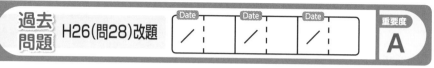
問題6　Aが自己所有の甲土地をBに売却する旨の契約（以下、「本件売買契約」という。）が締結された。この場合に関する次の記述のうち、民法の規定および判例に照らし、妥当なものの組合せはどれか。

ア　AはBの強迫によって本件売買契約を締結したが、その後もBに対する畏怖の状態が続いたので取消しの意思表示をしないまま10年が経過した。このような場合であっても、AはBの強迫を理由として本件売買契約を取り消すことができる。

イ　AがBの詐欺を理由として本件売買契約を取り消したが、甲土地はすでにCに転売されていた。この場合において、CがAに対して甲土地の所有権の取得を主張するためには、Cは、Bの詐欺につき知らず、かつ知らなかったことにつき過失がなく、また、対抗要件を備えていなければならない。

ウ　AがDの強迫によって本件売買契約を締結した場合、この事実をBが知らず、かつ知らなかったことにつき過失がなかったときは、AはDの強迫を理由として本件売買契約を取り消すことができない。

エ　AがEの詐欺によって本件売買契約を締結した場合、この事実をBが知っていたとき、又は知らなかったことにつき過失があったときは、AはEの詐欺を理由として本件売買契約を取り消すことができる。

オ　Aは未成年者であったが、その旨をBに告げずに本件売買契約を締結した場合、制限行為能力者であることの黙秘は詐術にあたるため、Aは未成年者であることを理由として本件売買契約を取り消すことはできない。

1　ア・イ
2　ア・エ
3　イ・エ
4　ウ・オ
5　エ・オ

総合テキスト LINK　Chapter 3　権利の主体　1
Chapter 6　意思表示　3
Chapter 7　無効と取消し　2

意思表示

ア 妥当である　取消権は、**追認をすることができる時から5年間行使しないときは**、時効によって消滅する（民法126条前段）。ここで、「追認をすることができる時」とは、取消しの原因となっていた状況が消滅し、かつ、取消権を有することを知った後であることを意味する（124条1項）。本記述では、Aは畏怖の状態から脱していないため、取消しの原因となっていた状況が消滅したとはいえない。したがって、Aは取消権を行使することができる。

イ 妥当でない　詐欺による意思表示の取消しは、善意かつ無過失の第三者に対抗することができない（96条3項）。また、「第三者」は、対抗要件を備える必要はない（最判昭49.9.26）。

予

ウ 妥当でない　強迫による意思表示は、取り消すことができる（96条1項）。本記述のような限定は特に規定されていない（同条3項参照）。

超

エ 妥当である　相手方に対する意思表示について第三者が詐欺を行った場合においては、**相手方がその事実を知り、又は知ることができたときに限り**その意思表示を取り消すことができる（96条2項）。したがって、相手方Bが、Eの詐欺によってAが意思表示をしたことを知っていたか、又は知らなかったことにつき過失がある場合、Aはその意思表示を取り消すことができる。

オ 妥当でない　制限行為能力者であることを**単に黙秘**していただけでは、詐術に該当しないため、取り消すことができる（21条、最判昭44.2.13）。なお、制限行為能力者の他の言動とあいまって、相手方を誤信させ、又は誤信を強めた場合には、「詐術」に該当する（同判例）。

重

正解	2

Chapter

3 代理

過去問題 H21（問27）

Date ／　／　／

Date ／　／　／

Date ／　／　／

重要度 A

問題7　代理に関する次の記述のうち、民法の規定および判例に照らし、妥当なものはどれか。

1　Aは留守中の財産の管理につき単に妻Bに任せるといって海外へ単身赴任したところ、BがAの現金をA名義の定期預金としたときは、代理権の範囲外の行為に当たり、その効果はAに帰属しない。

2　未成年者Aが相続により建物を取得した後に、Aの法定代理人である母Bが、自分が金融業者Cから金銭を借りる際に、Aを代理して行ったCとの間の当該建物への抵当権設定契約は、自己契約に該当しないので、その効果はAに帰属する。

3　A所有の建物を売却する代理権をAから与えられたBが、自らその買主となった場合に、そのままBが移転登記を済ませてしまったときには、AB間の売買契約について、Aに効果が帰属する。

4　建物を購入する代理権をAから与えられたBが、Cから建物を買った場合に、Bが未成年者であったときでも、Aは、Bの未成年であることを理由にした売買契約の取消しをCに主張することはできない。

5　Aの代理人Bが、Cを騙してC所有の建物を安い値で買った場合、AがBの欺罔行為につき善意無過失であったときには、B自身の欺罔行為なので、CはBの詐欺を理由にした売買契約の取消しをAに主張することはできない。

総合テキスト LINK　Chapter 8　代理　② ③ ⑤

Chapter 40　親子関係　④

代 理

1 妥当でない

　権限の定めのない代理人は、①保存行為、②代理の目的である物の性質**を変えない範囲内**において、その利用又は改良を目的とする行為のみをする権限を有する（民法103条）。そして、現金を預金にする行為は利用行為にあたる。本記述において、BがAの現金をA名義の定期預金とした行為は利用行為にあたるので、代理権の権限内の行為であり、その効果はAに帰属する。

2 妥当でない
重

　親権を行う母とその子との**利益が相反する行為**については、親権を行う母は、その子のために**特別代理人**を選任することを家庭裁判所に請求しなければならない（826条1項）。利益相反行為か否かは行為の外形に照らして**定型的・外形的に判断**され、その際、**代理人の動機・目的を考慮すべきでない**（外形説　最判昭37.10.2、最判昭43.10.8）。利益相反に該当する行為は無権代理行為となる（108条2項本文）。本記述において、母Bの行為は利益相反取引にあたるが、特別代理人を選任せずして利益相反取引を行っているので、無権代理行為となり、本人Aの追認（113条1項）がない本記述においては、Aに効果は帰属しない。なお、本記述のBの行為は、相手方Cの代理人となるものではないので、自己契約には該当しない（108条1項、記述3解説参照）。

3 妥当でない
重

　同一の法律行為については、債務の履行及び本人があらかじめ許諾した行為を除き、相手方の代理人となり（自己契約）、又は当事者双方の代理人となること（双方代理）はできない（108条1項）。このような本条に違反する行為は無権代理行為になる。本記述において、Bは自ら買主になり、相手方Aの代理人となっているので、Bの行為は自己契約として無権代理行為になり、本人Aの追認がない本記述においては、Aに効果は帰属しない（113条1項）。

4 妥当である
重

　制限行為能力者が代理人としてした行為は、**行為能力の制限によっては取り消すことができない**（102条本文）。本記述において、制限行為能力者であるBは代理人としてCから建物を買っているため、本人Aは、これを理由にした売買契約の取消しをCに主張することができない。

5 妥当でない
重

　本記述のように、代理人が代理行為につき、相手方に対して詐欺を行った場合、相手方は、詐欺を理由に代理行為を取り消し得る（96条1項参照）。

正解　4

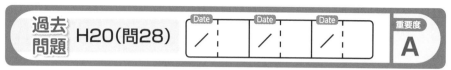

問題8　Aの子Bが、Aに無断でAの代理人としてA所有の土地をCに売却する契約を結んだ。この場合に関する次の記述のうち、民法の規定および判例に照らし、妥当なものはどれか。

1　CはAが追認した後であっても、この売買契約を取り消すことができる。

2　Bが未成年者である場合、Aがこの売買契約の追認を拒絶したならば、CはBに対して履行の請求をすることはできるが、損害賠償の請求をすることはできない。

3　Aがこの売買契約の追認を拒絶した後に死亡した場合、BがAを単独相続したとしても無権代理行為は有効にはならない。

4　Aが追認または追認拒絶をしないまま死亡してBがAを相続した場合、共同相続人の有無にかかわらず、この売買契約は当然に有効となる。

5　Cが相当の期間を定めてこの売買契約を追認するかどうかをAに対して回答するよう催告したが、Aからは期間中に回答がなかった場合、Aは追認を拒絶したものと推定される。

無権代理

1 妥当でない
重

無権代理人がした契約は、**本人が追認をしない間に限り**、相手方が取り消すことができる（民法115条本文）。

2 妥当でない

無権代理人が**行為能力の制限**を受けていたときは、無権代理人は**相手方に対して履行又は損害賠償の責任を負わない**（117条2項3号）。

3 妥当である
重

本人が無権代理行為の追認を拒絶した場合には、その後無権代理人が本人を相続したとしても、無権代理行為は有効にはならない（最判平10.7.17）。

4 妥当でない
重

無権代理人が本人を共同相続した場合には、共同相続人全員が共同して無権代理行為を追認しない限り、無権代理人の相続分に相当する部分においても、無権代理行為は当然には有効とはならない（最判平5.1.21）。

5 妥当でない
重

無権代理人がした契約について、相手方は、本人に対し、相当の期間を定めて、その期間内に追認をするかどうかを確答すべき旨の催告をすることができる（114条前段）。この場合において、本人がその期間内に確答をしないときは、**追認を拒絶したものとみなされる**（同条後段）。本記述は、「推定される」としている点で、妥当でない。

無権代理人が本人を相続した場合	単独相続	相続によって両者の地位が融合して、無権代理行為の瑕疵が治癒され、無権代理行為は当然に有効となる（最判昭40.6.18）。
	共同相続	無権代理人と本人の地位が併存するため、相続により無権代理行為が当然に有効となるわけではない。しかし、他の共同相続人全員が無権代理行為を追認している場合、無権代理人が追認を拒絶することは、**信義則上許されない**（最判平5.1.21）。
本人が無権代理人を相続した場合	単独相続	無権代理行為は相続とともに有効になるわけではなく、本人は追認を拒絶できる。しかし、相手方は無権代理人の責任を追及し得る（最判昭37.4.20）。

正解 3

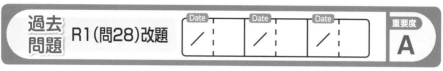
問題9　代理に関する次の記述のうち、民法の規定および判例に照らし、妥当でないものはどれか。

1　代理人が代理行為につき、相手方に対して詐欺を行った場合、本人がその事実を知らなかったときであっても、相手方はその代理行為を取り消すことができる。

2　無権代理行為につき、相手方が本人に対し、相当の期間を定めてその期間内に追認するかどうかを確答すべき旨の催告を行った場合において、本人が確答をしないときは、追認を拒絶したものとみなされる。

3　代理人が本人になりすまして、直接本人の名において権限外の行為を行った場合に、相手方においてその代理人が本人自身であると信じ、かつ、そのように信じたことにつき正当な理由がある場合でも、権限外の行為の表見代理の規定が類推される余地はない。

4　代理人が本人の許諾を得て復代理人を選任した場合において、復代理人が代理行為の履行として相手方から目的物を受領したときは、同人はこれを本人に対して引き渡す義務を負う。

5　無権代理行為につき、相手方はこれを取り消すことができるが、この取消しは本人が追認しない間に行わなければならない。

総合テキスト LINK　Chapter 6　意思表示　②
　　　　　　　　　Chapter 8　代理　④⑤

代 理

1 妥当である

重

　本記述のように、代理人が代理行為につき、相手方に対して詐欺を行った場合、本人が善意であったとしても、相手方は、代理行為を取り消すことができる（民法96条1項参照）。

2 妥当である

超

　無権代理行為につき、相手方は、本人に対し、相当の期間を定めて、その**期間内に追認をするかどうかを確答すべき旨の催告**をすることができる（114条前段）。この場合において、本人がその**期間内に確答をしない**ときは、追認を拒絶したものとみなされる（同条後段）。

3 妥当でない

重

　判例は、「**代理人が本人の名において権限外の行為**をした場合において、**相手方がその行為を本人自身の行為と信じたとき**は、代理人の代理権を信じたものではないが、その信頼が取引上保護に値する点においては、代理人の代理権限を信頼した場合と異なるところはないから、**本人自身の行為であると信じたことについて正当な理由がある場合**にかぎり、民法110条の規定を類推適用して、本人がその責に任ずるものと解するのが相当である」としている（最判昭44.12.19）。

4 妥当である

重

　復代理人は、本人に対して、代理人と同一の義務を負う（106条2項）。したがって、本記述の場合において、復代理人が代理行為の履行として相手方から**目的物を受領**したときは、同人はこれを**本人に対して引き渡す義務**を負う（最判昭51.4.9参照）。

5 妥当である

重

　代理権を有しない者がした契約は、**本人が追認をしない間**は、相手方が取り消すことができる（115条本文）。したがって、無権代理人の相手方は、本人が追認しない間に取消権を行使する必要がある。

正解	3

Chapter

4 時 効

伊藤塾
オリジナル問題

Date	Date	Date	重要度
/	/	/	A

問題10 時効に関する次の記述のうち、民法の規定に照らし、誤っているものはどれか。

1 消滅時効は、保証人、物上保証人、第三取得者その他権利の消滅について正当な利益を有する者を含む当事者が援用しなければ、裁判所がこれによって裁判をすることができない。

2 裁判上の請求の事由があると、当該事由が継続する間は時効の完成が猶予され、裁判手続において、確定判決によって権利が確定したときは、時効は、当該事由が終了した時から新たにその進行を始める。

3 仮差押え又は仮処分の事由があれば、その事由が終了するまでの間は、時効の完成が猶予され、また、仮差押え又は仮処分の事由が終了した時から6か月を経過した時において時効は更新され、時効期間は新たにその進行を始める。

4 権利についての協議を行う旨の合意が書面でされたときは、当該合意が催告によって時効の完成が猶予されている間にされたものでなければ、当該合意により、所定の期間、時効の完成が猶予される。

5 時効の期間の満了の時にあたり、天災その他避けることのできない事変のため裁判上の請求や強制執行等の手続を行うことができないときは、その障害が消滅した時から3か月を経過するまでの間は、時効は、完成しない。

総合テキスト LINK Chapter 10 時効 4 5

時　効

1 正しい

　　民法145条は、「時効は、当事者（消滅時効にあっては、**保証人、物上保証人、第三取得者**その他**権利の消滅について正当な利益を有する者**を含む。）が援用しなければ、裁判所がこれによって裁判をすることができない。」と規定している。

2 正しい

　　147条1項柱書は、「次に掲げる事由がある場合には、その事由が終了する（確定判決又は確定判決と同一の効力を有するものによって権利が確定することなくその事由が終了した場合にあっては、その終了の時から6箇月を経過する）までの間は、時効は、完成しない。」と規定し、同項1号は、その事由の1つとして「**裁判上の請求**」を掲げている。そして、同条2項は、「前項の場合において、**確定判決又は確定判決と同一の効力を有するものによって権利が確定**したときは、時効は、同項各号に掲げる事由が**終了した時から新たにその進行を始める。**」と規定している。

3 誤 り

　　149条は、「次に掲げる事由がある場合には、その事由が終了した時から6箇月を経過するまでの間は、時効は、完成しない。」と規定し、同条1号は「**仮差押え**」を、同条2号は「**仮処分**」を掲げており、仮差押え又は仮処分には時効の更新の効果は認められていない。仮差押えや仮処分は、その権利の確定に至るまで債務者の財産等を保全する暫定的なものにすぎないからである。

4 正しい

　　151条1項柱書は、「権利についての協議を行う旨の合意が**書面で**されたときは、次に掲げる時のいずれか早い時までの間は、時効は、完成しない。」と規定し、同項1号は「その合意があった時から1年を経過した時」を、同項2号は「その合意において当事者が協議を行う期間（1年に満たないものに限る。）を定めたときは、その期間を経過した時」を、同項3号は「当事者の一方から相手方に対して協議の続行を拒絶する旨の通知が書面でされたときは、その通知の時から6箇月を経過した時」を掲げている。また、同条3項前段は、「催告によって時効の完成が猶予されている間にされた第1項の合意は、同項の規定による時効の完成猶予の効力を有しない。」と規定している。

5 正しい

　　161条は、「時効の期間の満了の時に当たり、**天災その他避けることのできない事変**のため第147条第1項各号〔裁判上の請求（1号）等〕又は第148条第1項各号〔強制執行（1号）等〕に掲げる事由に**係る手続を行うことができないとき**は、その障害が消滅した時から3箇月を経過するまでの間は、時効は、完成しない。」と規定している。

正解 　3

問題11　消滅時効の起算点と履行遅滞の起算点に関する次の記述のうち、正しいものはどれか。

1　確定期限のある債権の場合、消滅時効は期限到来時又は期限到来時を知った時から進行するが、履行遅滞となるのは債務者が期限到来を知った時からである。

2　不確定期限がある債務については、債務者が履行期の到来を知った時ではなく、その期限が到来した時から履行遅滞になる。

3　期限の定めのない債権の場合、消滅時効は債権成立時から進行するが、履行遅滞となるのは催告時からである。

4　Aの運転する自動車がAの前方不注意によりBの運転する自動車に追突してBを負傷させ損害を生じさせた。BのAに対する損害賠償請求権は、Bの負傷の程度にかかわりなく、また、症状について現実に認識できなくても、事故により直ちに発生し、3年で消滅時効にかかる。

5　消費貸借については、返還時期の合意がないときには、貸主の請求があれば借主は直ちに返還しなければならない。

総合テキスト ➡ LINK　Chapter 10　時効　③
　　　　　　　　　　　Chapter 23　債権の効力　②

消滅時効

1 誤 り
重

　確定期限のある債権の場合、消滅時効は期限到来時又は期限到来時を知った時から進行する（民法166条1項）。したがって、前段は正しい。しかし、確定期限のある債権が履行遅滞となるのは、期限到来時であり、債務者が期限到来を知った時ではない（412条1項）。したがって、後段は誤っている。

2 誤 り
重

　債務の履行について**不確定期限**があるときは、債務者は、**その期限の到来した後に**履行の請求を受けた時又はその期限の到来したことを知った時の**いずれか早い時**から遅滞の責任を負う（412条2項）。

3 正しい
重

　期限の定めのない債権の場合、消滅時効は債権成立時から進行する。したがって、前段は正しい。そして、期限の定めのない債権が履行遅滞となるのは、催告時からである（412条3項）。したがって、後段も正しい。

4 誤 り
重

　人の生命又は身体を害する不法行為による損害賠償請求権は、**被害者又はその法定代理人が**損害及び加害者を知った時から**5年間行使しない**ときは、時効によって消滅する（724条の2、724条1号）。ここで、損害を知った時とは、損害発生の可能性を知った時ではなく、損害の発生を現実に認識した時をいう（最判平14.1.29）。したがって、BのAに対する損害賠償請求権は、3年で消滅時効にかかるわけではない。

5 誤 り

　消費貸借の返還時期について、返還時期の合意がないときには、貸主は、**相当の期間を定めて返還の催告をすることができる**（591条1項）。したがって、借主は、請求があれば直ちに返還しなければならないというわけではない。

正解　　3

問題12 　A・Bが不動産取引を行ったところ、その後に、Cがこの不動産についてBと新たな取引関係に入った。この場合のCの立場に関する次の記述のうち、判例に照らし、妥当でないものはどれか。

1 　AからBに不動産の売却が行われ、BはこれをさらにCに転売したところ、AがBの詐欺を理由に売買契約を取り消した場合に、Cは善意かつ無過失であれば登記を備えなくても保護される。

2 　AからBに不動産の売却が行われた後に、AがBの詐欺を理由に売買契約を取り消したにもかかわらず、BがこのをCに転売してしまった場合に、Cは善意無過失であっても登記を備えなければ保護されない。

3 　AからBに不動産の売却が行われ、BはこれをさらにCに転売したところ、Bに代金不払いが生じたため、AはBに対し相当の期間を定めて履行を催告したうえで、その売買契約を解除した場合に、Cは善意であれば登記を備えなくても保護される。

4 　AからBに不動産の売却が行われたが、Bに代金不払いが生じたため、AはBに対し相当の期間を定めて履行を催告したうえで、その売買契約を解除した場合に、Bから解除後にその不動産を買い受けたCは、善意であっても登記を備えなければ保護されない。

5 　AからBに不動産の売却が行われ、BはこれをさらにCに転売したところ、A・Bの取引がA・Bにより合意解除された場合に、Cは善意であっても登記を備えなければ保護されない。

総合テキスト LINK Chapter 12 物権変動 2

不動産物権変動

1 妥当である
超

「詐欺による意思表示の取消しは、**善意でかつ過失がない第三者**に対抗することができない。」（民法 96 条 3 項）。「第三者」とは、**取消前**に利害関係に入った者である。また、「善意の第三者」として保護されるには、**登記は不要**である（最判昭49.9.26）。改正後の善意無過失の第三者についても、本判決は妥当する。

2 妥当である
重

被詐欺者と**取消**後の第三者との関係は、対抗関係（177 条）として処理される（大判昭 17.9.30）。

3 妥当でない
重

当事者の一方がその解除権を行使したとき、第三者の権利を害することはできない（545 条 1 項ただし書）。解除前の第三者が保護を受けるためには、当該権利につき対抗要件としての**登記**（177 条）を備えていなければならない（最判昭 33.6.14）。

4 妥当である
重

解除後の第三者が保護を受けるためには、当該権利につき対抗要件としての**登記**（177 条）を備えていなければならない（大判昭 14.7.7）。

5 妥当である
重

合意解除前の第三者が保護を受けるためには、当該権利につき**登記**を備えていなければならない（最判昭 33.6.14）。

正解 3

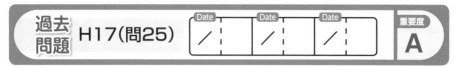
問題13　不動産と登記に関する次の記述のうち、判例の趣旨に照らし妥当なものはどれか。

1　Aの所有する甲土地につきAがBに対して売却した後、Bが甲土地をCに売却したが、いまだに登記がAにある場合に、Bは、甲土地に対する所有権を喪失しているので、Aに対して移転登記を請求することはできない。

2　Aの所有する甲土地につきAがBに対して売却した後、Aが重ねて甲土地を背信的悪意者Cに売却し、さらにCが甲土地を悪意者Dに売却した場合に、第一買主Bは、背信的悪意者Cからの転得者であるDに対して登記をしていなくても所有権の取得を対抗できる。

3　Aの所有する甲土地につきAがBに対して売却し、Bは、その後10年以上にわたり占有を継続して現在に至っているが、Bが占有を開始してから5年が経過したときにAが甲土地をCに売却した場合に、Bは、Cに対して登記をしなくては時効による所有権の取得を対抗することができない。

4　Aの所有する甲土地につきAがBに対して売却したが、同売買契約が解除され、その後に、甲土地がBからCに売却された場合に、Aは、Cに対して、Cの善意悪意を問わず、登記をしなくては所有権の復帰を対抗することはできない。

5　Aの所有する甲土地につきAがBに対して遺贈する旨の遺言をして死亡した後、Aの唯一の相続人Cの債権者DがCを代位してC名義の所有権取得登記を行い、甲土地を差し押さえた場合に、Bは、Dに対して登記をしていなくても遺贈による所有権の取得を対抗できる。

総合テキスト LINK　Chapter 12　物権変動　2

物権変動

1 妥当でない

　買主は、目的不動産を転売した後でも、**売主に対する登記請求権を失わない**。したがって、転売後の買主であるBは、Aに対して移転登記を請求することはできないとする本記述は妥当でない。

2 妥当でない
重

　背信的悪意者からの転得者は、第1の買主に対する関係で転得者自身が背信的悪意者と評価されるのでない限り、登記がなければ物権変動を対抗できない**民法177条の「第三者」に当たる**（最判平8.10.29）。そして、背信的悪意者Cからの転得者Dは、単なる悪意者にすぎないから、「第三者」にあたる。よって、BはDに対して登記をしていなくても所有権の取得を対抗できるとする本記述は妥当でない。

3 妥当でない
重

　まず、取得時効の対象は、条文上**「他人の物」**となっている（162条）が、永続する事実状態の尊重という時効制度の趣旨より、**自己物でもよい**と解されており、甲土地の買主であるBも、取得時効を援用できる（最判昭42.7.21）。また、時効取得者は、**時効完成前の譲受人に対して所有権の取得を対抗するために、登記を必要としない**（最判昭41.11.22）。よって、時効取得者であるBは、時効完成前にAから甲土地を譲り受けたCに対して、登記をしなくては時効による所有権の取得を対抗することはできないとする本記述は妥当でない。

4 妥当である
超

　不動産の売買契約が解除された場合、売主は移転登記を抹消しなければ、**契約解除後において買主から不動産を取得した第三者に対して、所有権の復帰を対抗することはできない**（最判昭35.11.29）。したがって、売主Aは、解除後の第三者であるCに対して、Cの善意悪意を問わず、登記がなければ所有権の復帰を対抗することはできないとする本記述は妥当である。

5 妥当でない

　遺贈による不動産の取得にも、177条は適用される（最判昭39.3.6）。したがって、受遺者であるBは、相続人Cの債権者であるDに対して登記をしていなくても遺贈による所有権の取得を対抗できるとする本記述は妥当でない。

正解　4

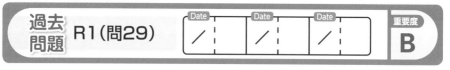

問題14　動産物権変動に関する次の記述のうち、民法等の規定および判例に照らし、妥当でないものはどれか。

1　Aは自己所有の甲機械をBに譲渡したが、その引渡しをしないうちにAの債権者であるCが甲機械に対して差押えを行った。この場合において、Bは、差押えに先立って甲機械の所有権を取得したことを理由として、Cによる強制執行の不許を求めることはできない。

2　Dは自己所有の乙機械をEに賃貸し、Eはその引渡しを受けて使用収益を開始したが、Dは賃貸借期間の途中でFに対して乙機械を譲渡した。FがEに対して所有権に基づいて乙機械の引渡しを求めた場合には、Eは乙機械の動産賃借権をもってFに対抗することができないため、D・F間において乙機械に関する指図による占有移転が行われていなかったとしても、EはFの請求に応じなければならない。

3　Gは自己所有の丙機械をHに寄託し、Hがその引渡しを受けて保管していたところ、GはIに対して丙機械を譲渡した。この場合に、HがGに代って一時丙機械を保管するに過ぎないときには、Hは、G・I間の譲渡を否認するにつき正当な利害関係を有していないので、Iの所有権に基づく引渡しの請求に応じなければならない。

4　Jは、自己所有の丁機械をKに対して負っている貸金債務の担保としてKのために譲渡担保権を設定した。動産に関する譲渡担保権の対抗要件としては占有改定による引渡しで足り、譲渡担保権設定契約の締結後もJが丁機械の直接占有を継続している事実をもって、J・K間で占有改定による引渡しが行われたものと認められる。

5　集合動産譲渡担保が認められる場合において、種類、量的範囲、場所で特定された集合物を譲渡担保の目的とする旨の譲渡担保権設定契約が締結され、占有改定による引渡しが行われたときは、集合物としての同一性が損なわれない限り、後に新たにその構成部分となった動産についても譲渡担保に関する対抗要件の効力が及ぶ。

総合テキスト LINK Chapter 12　物権変動 3

動産物権変動

1 妥当である　動産に関する物権の譲渡は、その動産の引渡しがなければ、第三者に対抗することができない（民法178条）。「**第三者**」とは、当事者及びその包括承継人以外の者で、対抗要件の欠缺を主張するにつき、正当な利益を有する者をいう。本記述において、Bは、甲機械の引渡しを受けていない。また、Aの債権者であるCは、甲機械に対して差押えを行っているため、民法178条の「第三者」に該当する。したがって、Bは、Cに対して甲機械の所有権を対抗することができず、Cによる強制執行の不許を求めることができない。

2 妥当でない　動産の賃借人は、178条の「第三者」に該当する（大判大4.2.2）。そのため、Fは、乙機械の賃借人Eに対して、乙機械の「引渡し」を受けていなければ、その所有権を対抗することができない。したがって、Eは、D・F間において乙機械に関する指図による占有移転（184条）が行われていなければ、Fの請求に応じなくてよい。

3 妥当である　動産の寄託を受け、一時それを保管するにすぎない者は、178条の「第三者」に該当しない（最判昭29.8.31）。したがって、Hは、Iの所有権に基づく引渡しの請求に応じなければならない。

4 妥当である 　譲渡担保の目的物が動産の場合、「**引渡し**」は占有改定で足りる（178条、183条、最判昭30.6.2）。したがって、譲渡担保権設定契約の締結後もJが丁機械の直接占有を継続している事実をもって、J・K間で占有改定による引渡しが行われたものと認められる。

5 妥当である 　判例は、構成部分の変動する集合動産であっても、その**種類、所在場所及び量的範囲を指定**するなどの方法によって**目的物の範囲が特定**される場合には、一個の集合物として**譲渡担保の目的**とすることができるとしている（最判昭54.2.15）。そのうえで、債権者と債務者との間に、集合物を目的とする譲渡担保権設定契約が締結され、債務者がその構成部分である動産の占有を取得したときは債権者が占有改定の方法によってその占有権を取得する旨の合意に基づき、債務者が上記集合物の構成部分として現に存在する動産の占有を取得した場合には、債権者は、当該集合物を目的とする譲渡担保権につき対抗要件を具備するに至ったものということができ、この対抗要件具備の効力は、その後構成部分が変動したとしても、集合物としての同一性が損なわれない限り、新たにその構成部分となった動産を包含する集合物について及ぶとしている（最判昭62.11.10）。

正解　2

問題15　A所有のカメラをBが処分権限なしに占有していたところ、CがBに所有権があると誤信し、かつ、そのように信じたことに過失なくBから同カメラを買い受けた。この場合に関する次のア～エの記述のうち、民法の規定および判例に照らし、妥当でないものをすべて挙げた組合せはどれか。

ア　CがAのカメラを即時取得するのは、Bの占有に公信力が認められるからであり、その結果、Bがカメラの所有者であったとして扱われるので、Cの所有権はBから承継取得したものである。

イ　Cは、カメラの占有を平穏、公然、善意、無過失で始めたときにカメラの所有権を即時取得するが、その要件としての平穏、公然、善意は推定されるのに対して、無過失は推定されないので、Cは無過失の占有であることを自ら立証しなければならない。

ウ　Bは、Cにカメラを売却し、以後Cのために占有する旨の意思表示をし、引き続きカメラを所持していた場合、Cは、一応即時取得によりカメラの所有権を取得するが、現実の引渡しを受けるまでは、その所有権の取得は確定的ではなく、後に現実の引渡しを受けることによって確定的に所有権を取得する。

エ　Bは、Cにカメラを売却する前にカメラをDに寄託していたが、その後、BがCにカメラを売却するに際し、Dに対して以後Cのためにカメラを占有することを命じ、Cがこれを承諾したときは、たとえDがこれを承諾しなくても、Cは即時取得によりカメラの所有権を取得する。

1　ア・イ
2　ア・イ・ウ
3　ア・ウ・エ
4　イ・ウ・エ
5　ウ・エ

総合テキスト LINK Chapter 13　占有権　③

即時取得

ア 妥当でない
重
民法192条に基づく即時取得は、譲渡人の所有権に基づいて取得するものではないから、原始取得であると解されている。

イ 妥当でない
占有者は、所有の意思をもって、善意で、平穏に、かつ、公然と占有をするものと推定される（186条1項）。また、占有者が占有物について行使する権利は、適法に有するものと推定される（188条）から、即時取得者においては、譲渡人である占有者に権利があると信じるについて**無過失であることが推定される**（最判昭41.6.9）。

ウ 妥当でない
重
占有改定の方法による占有取得では外観上の占有状態に変更がないため、即時取得は認められない（最判昭35.2.11）。

エ 妥当である
判例は、本記述と類似の事業において指図による占有移転の方法による占有取得での即時取得を認めている（最判昭57.9.7）。また、指図による占有移転において必要なのは、**譲受人の承諾**であって、占有代理人の承諾ではない（184条）。

即時取得の要件

①	動産であること
②	有効な取引行為が存在すること
③	無権利者、又は無権限者からの取得であること
④	平穏、公然、善意・無過失に占有を取得したこと
⑤	占有を始めたこと

正解 2

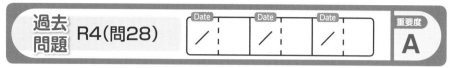

過去問題 R4(問28) Date / / / 重要度 A

問題16 占有権に関する次の記述のうち、民法の規定および判例に照らし、妥当でないものはどれか。

1 Aが所有する動産甲（以下「甲」という。）の保管をAから委ねられ占有しているBが、甲を自己の物と称してCに売却した場合、甲に対するCの即時取得の成立要件について、占有開始におけるCの平穏、公然、善意および無過失は推定される。

2 Aが所有する乙土地（以下「乙」という。）をBが20年以上にわたって占有し、所有権の取得時効の成否が問われる場合、Aが、Bによる乙の占有が他主占有権原に基づくものであることを証明しない限り、Bについての他主占有事情が証明されても、Bの所有の意思が認められる。

3 Aが所有する丙土地（以下「丙」という。）を無権利者であるBがCに売却し、Cが所有権を取得したものと信じて丙の占有を開始した場合、Aから本権の訴えがないときは、Cは、丙を耕作することによって得た収穫物を取得することができる。

4 Aが所有する動産丁（以下「丁」という。）を保管することをBに寄託し、これに基づいてBが丁を占有していたところ、丁をCに盗取された場合、Bは、占有回収の訴えにより、Cに対して丁の返還を請求することができる。

5 Aが所有する動産戊（以下「戊」という。）を保管することをBに寄託し、これをBに引き渡した後、Aは戊をCに譲渡した場合、Aが、Bに対して以後Cの所有物として戊を占有するよう指示し、Cが、これを承諾したときは、戊についてAからCへの引渡しが認められる。

占有権

1 妥当である
重

　民法 186 条 1 項は、「占有者は、**所有の意思をもって、善意で、平穏に、かつ、公然と占有をするものと推定する。**」と規定している。また、188 条は、「占有者が占有物について行使する権利は、**適法に有するものと推定する。**」と規定しているため、即時取得者においては、譲渡人である占有者に権利があると信じるについて無過失であることが推定される（最判昭 41.6.9）。

2 妥当でない

　「占有」は自主占有である必要があるところ、所有の意思は、186 条 1 項によって推定される。そのため、相手方 A が自主占有でないこと（所有の意思がないこと）を主張・立証（証明）する必要がある。もっとも、その際、B の占有が他主占有権原に基づくものであることまでをも証明する必要はなく、他主占有事情を証明することにより自主占有であることを否定できればそれで足りる。本記述は、他主占有事情が証明された場合は、B の所有の意思が否定されるにもかかわらず、B の所有の意思が認められるとしている点が妥当でない。

3 妥当である

　189 条 1 項は、「善意の占有者は、**占有物から生ずる果実を取得する。**」と規定している。丙を耕作することによって得た収穫物は天然果実であるため（88 条 1 項）、善意で丙の占有を始めた C は、当該収穫物を取得することができる。

4 妥当である
重

　他人のために物を占有する者も、**占有回収の訴えにより奪われた物の返還を請求できる**（197 条後段、200 条 1 項）。したがって、A のために丁を保管している B は、占有回収の訴えにより、C に対して丁の返還を請求することができる。

5 妥当である
超

　184 条は、「**代理人によって占有をする場合**において、本人がその代理人に対して以後第三者のためにその物を占有することを命じ、その第三者がこれを承諾したときは、その第三者は、占有権を取得する。」と規定している（指図による占有移転）。**指図による占有移転は、178 条の「引渡し」にあたる。**本問では、A が戊の占有者 B に対し、以後 C のために占有することを命じ、C が承諾しているため、戊について、A から C への指図による占有移転があったといえる。したがって、戊についてA から C への引渡しが認められる。

正解	2

問題17　所有権の原始取得に関する次の記述のうち、妥当なものはどれか。

1　Aは、B所有の土地をBの所有であると知りつつ所有の意思をもって平穏かつ公然に10年間占有した場合に、その土地の所有権を取得する。

2　Aの所有する動産とBの所有する動産が付合して分離することが不可能になった場合において、両動産について主従の区別をすることができないときには、AとBは、当然に相等しい割合でその合成物を共有するものとみなす。

3　BがAの所持する材料に工作を加えて椅子を完成させた場合に、その椅子の所有権は、AとBとの取決めに関係なく、Aに帰属する。

4　Bの所有する動産がAの所有する不動産に従として付合した場合に、AとBは、AとBとの取決めに関係なく、Aの不動産の価格とBの動産の価格の割合に応じてその合成物を共有する。

5　Aは、所有者のいない動産を所有の意思をもって占有を始めた場合に、その動産の所有権を取得する。

総合テキスト ↳ LINK　Chapter 10　時効　2

Chapter 14　所有権　1 2

原始取得

1 妥当でない
超

　所有権を時効取得するためには、所有の意思をもって、平穏かつ公然と他人の物を、「20年間」占有することが必要である（民法162条1項）。そして、「10年間」の占有で時効取得できるのは、占有者が**占有の開始の時に善意無過失のときに限られる**（同条2項）。したがって、本記述Aは、B所有の土地をBの所有であると知りつつ占有しており、悪意であるから、10年間の占有によってその土地の所有権を時効取得することはできない。

2 妥当でない

　付合した動産について主従の区別をすることができないときは、各動産の所有者は、その付合の時における**価格の割合に応じて**その合成物を**共有する**（244条）。したがって、当然に相等しい割合で共有するとはいえない。

3 妥当でない

　他人の動産に工作を加えた者があるときは、その加工物の所有権は、材料の所有者に帰属するのが原則である（246条1項本文）。もっとも、この規定は、**当事者間の特約を排除する趣旨ではない**から、AとBとの取決めがあれば、それに従う。

4 妥当でない

　不動産に従として付合した動産の所有権は、原則として**不動産の所有者が取得する**（242条本文）。もっとも、この規定は所有権の帰属についての**当事者間の特約を排除する趣旨ではない**から、AとBとの取決めがある場合には、それに従う。AとBとの取決めがない場合には、民法242条本文が適用され、AがBの動産の所有権を取得する。

5 妥当である

　所有者のない**動産**は、所有の意思をもって占有することによって、その**所有権を取得**する（239条1項）。

正解	5

問題18　A、BおよびCは費用を出し合って、別荘地である甲土地および同地上に築造された乙建物を購入し、持分割合を均等として共有名義での所有権移転登記を行った。この場合に関する以下の記述のうち、民法の規定および判例に照らし、妥当でないものの組合せはどれか。

ア　甲土地および乙建物にかかる管理費用について、AおよびBはそれぞれの負担部分を支払ったが、資産状況が悪化したCはその負担に応じないため、AおよびBが折半してCの負担部分を支払った。この場合、Cが負担に応ずべき時から1年以内に負担に応じない場合には、AおよびBは、相当の償金を支払ってCの持分を取得することができる。

イ　Cが甲土地および乙建物にかかる自己の持分をDに譲渡し、その旨の登記がなされたが、CD間の譲渡契約は錯誤により取り消された。この場合、AおよびBは、自己の持分が害されているわけではないので、単独でDに対してCD間の移転登記の抹消を求めることはできない。

ウ　甲土地に隣接する丙土地について、甲土地からの観望を損ねるような工作物を築造しないことを内容とする地役権が設定され、登記されていた。この場合、Aは、自己の持分については、単独で同地役権を消滅させることができるが、同地役権の全部を消滅させることはできない。

エ　Cには相続人となるべき者はなく、内縁の妻Eと共に生活していたところ、Cが死亡した。この場合、甲土地および乙建物にかかるCの持分は、特別縁故者にあたるEに分与されないことが確定した後でなければ、他の共有者であるAおよびBに帰属しない。

オ　Cの債務を担保するため、A、BおよびCが、各人の甲土地にかかる持分につき、Cの債権者Fのために共同抵当権を設定していたところ、抵当権が実行され、Gが全ての持分を競落した。この場合には、乙建物のために法定地上権が成立する。

1　ア・イ
2　ア・エ
3　ア・オ
4　イ・ウ
5　ウ・エ

総合テキスト ➡ LINK　Chapter 14　所有権　3
　　　　　　　　　　　Chapter 15　用益物権　3
　　　　　　　　　　　Chapter 20　抵当権　3

共 有

ア 妥当である　　各共有者は、その**持分**に応じ、管理の費用を支払う義務を負う（民法253条1項）。そして、共有者が1年以内に当該義務を履行しないときは、他の共有者は**相当の償金**を支払ってその者の持分を取得することができる（同条2項）。したがって、A及びBは、相当の償金を支払ってCの持分を取得することができる。

イ 妥当でない
重　　　　　　　C・D間の譲渡契約は錯誤により取り消されたため（95条1項）、Dは甲土地及び乙建物について**無権利者**である。したがって、A及びBは、それぞれ単独で、Dに対してC・D間の持分移転登記の抹消を求めることができる（最判昭31.5.10、最判平15.7.11参照）。

ウ 妥当でない　　土地の共有者の1人は、その**持分**につき、その土地のために又はその土地について存する**地役権**を消滅させることができない（282条1項）。したがって、Aは自己の持分につき地役権を消滅させることはできない。

エ 妥当である
予　　　　　　　共有者が死亡した場合の他の共有者への権利帰属を規定する民法255条と特別縁故者への分与の規定である958条の2の規定の優先関係について、判例は、特別縁故者の保護や被相続人の意思との合致の観点から、**958条の2を優先的に適用する**としている（最判平元.11.24）。

オ 妥当である
難　　　　　　　土地と建物の共有者の構成が同じであり、**土地全体あるいは建物全体、ひいてはその全体が売却されるとき**は、同一人が土地・建物を所有している場合と同様であるため、**法定地上権成立を認めてよい**と考えられている。なお、土地と建物の双方が共有でその共有者が1名を除いて異なるような場合、他の共有者らがその持分に基づく土地に対する使用収益権を事実上放棄し、当該土地共有者の処分に委ねていたなどにより法定地上権の成立をあらかじめ容認していたとみることができるような特段の事情がある場合でない限り、共有土地について法定地上権は成立しない（最判平6.12.20）。

正解　　4

問題19　留置権に関する次の記述のうち、民法の規定および判例に照らし、妥当でないものはどれか。

1　Aは自己所有の建物をBに売却し登記をBに移転した上で、建物の引渡しは代金と引換えにすることを約していたが、Bが代金を支払わないうちにCに当該建物を転売し移転登記を済ませてしまった場合、Aは、Cからの建物引渡請求に対して、Bに対する代金債権を保全するために留置権を行使することができる。

2　Aが自己所有の建物をBに売却し引き渡したが、登記をBに移転する前にCに二重に売却しCが先に登記を備えた場合、Bは、Cからの建物引渡請求に対して、Aに対する損害賠償債権を保全するために留置権を行使することができる。

3　AがC所有の建物をBに売却し引き渡したが、Cから所有権を取得して移転することができなかった場合、Bは、Cからの建物引渡請求に対して、Aに対する損害賠償債権を保全するために留置権を行使することはできない。

4　Aが自己所有の建物をBに賃貸したが、Bの賃料不払いがあったため賃貸借契約を解除したところ、その後も建物の占有をBが続け、有益費を支出したときは、Bは、Aからの建物明渡請求に対して、Aに対する有益費償還請求権を保全するために留置権を行使することはできない。

5　Aが自己所有の建物をBに賃貸しBからAへ敷金が交付された場合において、賃貸借契約が終了したときは、Bは、Aからの建物明渡請求に対して、Aに対する敷金返還請求権を保全するために、同時履行の抗弁権を主張することも留置権を行使することもできない。

総合テキスト LINK　Chapter 17　留置権　1 2

留置権

1 妥当である 　A所有の物を買い受けたBが、売買代金を支払わないままこれをCに譲渡した場合には、Aは、Cからの物の引渡請求に対して、未払代金債権を被担保債権とする**留置権を主張すること**ができる（最判昭47.11.16）。

2 妥当でない
重 　不動産の二重譲渡において、第1の買主が登記をする前に、第2の買主が先に登記を備えた場合、第1の買主が売主に対して有する損害賠償請求権に基づいて、第2の買主に対して不動産の留置権を主張することはできない（最判昭43.11.21）。したがって、Bは、Cからの建物引渡請求に対して、Aに対する損害賠償債権を保全するために**留置権を行使することはできない**。

3 妥当である 　他人所有の不動産を売り渡したが、その所有権を取得して移転することができなかった場合、買主の売主に対する損害賠償請求権に基づいて、所有者に対して留置権を主張することはできない（最判昭51.6.17）。したがって、Bは、Cからの建物引渡請求に対して、Aに対する損害賠償債権を保全するために**留置権を行使することはできない**。

4 妥当である
重 　占有開始時には権原があったが、その後に無権原となった者が有益費を支出した場合、民法295条2項を適用ないし類推適用し、悪意有過失の占有者の留置権の主張をすることはできない（大判大10.12.23）。したがって、Bは、Aからの建物明渡請求に対して、Aに対する有益費償還請求権を保全するために**留置権を行使することはできない**。

5 妥当である
予 　賃借人の賃貸人に対する敷金返還請求権は、賃借人が賃借物を返還した時に発生するので、敷金返還請求と賃借物の返還請求とは、**同時履行の関係に立たない**（最判昭49.9.2、622条の2第1項1号）。また、留置権については、賃借物の返還請求が先履行の関係に立つため、賃借人が賃貸人に対して留置権を取得する余地はない（295条1項ただし書）。したがって、Bは、Aからの建物明渡請求に対して、Aに対する敷金返還請求権を保全するために、**同時履行の抗弁権**を主張することも**留置権を主張**することもできない。

正解 　2

問題20 質権に関する次の記述のうち、民法の規定および判例に照らし、妥当でないものはどれか。

1 動産質権者は、継続して質物を占有しなければ、その質権をもって第三者に対抗することができず、また、質物の占有を第三者によって奪われたときは、占有回収の訴えによってのみ、その質物を回復することができる。

2 不動産質権は、目的不動産を債権者に引き渡すことによってその効力を生ずるが、不動産質権者は、質権設定登記をしなければ、その質権をもって第三者に対抗することができない。

3 債務者が他人の所有に属する動産につき質権を設定した場合であっても、債権者は、その動産が債務者の所有物であることについて過失なく信じたときは、質権を即時取得することができる。

4 不動産質権者は、設定者の承諾を得ることを要件として、目的不動産の用法に従ってその使用収益をすることができる。

5 質権は、債権などの財産権の上にこれを設定することができる。

総合テキスト LINK Chapter 19 質権

質　権

1 妥当である　　動産質権者は、**継続して質物を占有**しなければ、その質権を
もって第三者に対抗することができない（民法 352 条）。動産質
権者は、**質物の占有を奪われたとき**は、**占有回収の訴え**によっ
てのみ、その質物を回復することができる（353 条）。

2 妥当である　　質権の設定は、債権者にその目的物を**引き渡す**ことによっ
て、その効力を生ずる（344 条）。**不動産質権者は、質権設定登
記**をしなければ、その質権をもって第三者に対抗することがで
きない（177 条）。

3 妥当である　　取引行為によって、**平穏に、かつ、公然と動産の占有を始め
た者**は、**善意**であり、**かつ、過失がない**ときは、即時にその動
産について行使する権利を取得する（192 条）。「**取引行為**」に
は、**質権設定契約も含まれる**。したがって、債務者が他人の所
有する動産につき質権を設定した場合であっても、債権者は、
その動産が債務者の所有物であることについて過失なく信じた
ときは、質権を即時取得することができる。

4 妥当でない　　**不動産質権者**は、質権の目的である不動産の用法に従い、そ
の**使用**及び**収益**をすることができる（356 条）。この場合、設定
者の承諾を得ることは要件とされていない。

5 妥当である　　質権は、**財産権**をその目的とすることができる（362 条 1 項）。

正解	4

問題21 不動産先取特権に関する次の記述のうち、民法の規定に照らし、誤っているものはどれか。

1 不動産の保存の先取特権は、保存行為を完了後、直ちに登記をしたときはその効力が保存され、同一不動産上に登記された既存の抵当権に優先する。

2 不動産工事の先取特権は、工事によって生じた不動産の価格の増加が現存する場合に限り、その増価額についてのみ存在する。

3 不動産売買の先取特権は、売買契約と同時に、不動産の代価またはその利息の弁済がされていない旨を登記したときでも、同一不動産上に登記された既存の抵当権に優先しない。

4 債権者が不動産先取特権の登記をした後、債務者がその不動産を第三者に売却した場合、不動産先取特権者は、当該第三取得者に対して先取特権を行使することができる。

5 同一の不動産について不動産保存の先取特権と不動産工事の先取特権が互いに競合する場合、各先取特権者は、その債権額の割合に応じて弁済を受ける。

総合テキスト LINK　Chapter 16　担保物件総説　③
Chapter 18　先取特権

不動産先取特権

1 正しい　　　不動産の**保存**の先取特権の効力を保存するためには、保存行為が完了した後直ちに登記をしなければならない（民法337条）。当該登記をした先取特権は、**抵当権に先立って**行使することができる（339条）。したがって、本記述の先取特権は、同一不動産上に登記された既存の抵当権に優先する。

2 正しい　　　不動産工事の先取特権は、工事の設計、施工又は監理をする者が債務者の不動産に関してした**工事の費用**に関し、その不動産について**存在**する（327条1項）。そして、当該先取特権は、工事によって生じた不動産の**価格の増加が現存する場合に限り**、その増価額についてのみ存在する（同条2項）。

3 正しい　　　民法337条、338条の規定に従って登記をした先取特権は、**抵当権に先立って**行使することができる（339条）。この339条の規定は、不動産の**保存**の先取特権・不動産の**工事**の先取特権に限られ、不動産の売買の先取特権と抵当権の優劣は、登記の先後により決する（177条参照）。

4 正しい

　　　不動産上の先取特権と当該不動産を取得した第三者との関係は、**登記の先後により決する**（177条参照）。本記述では、不動産の先取特権の登記が先になされているため、不動産先取特権者は、当該第三取得者に対して先取特権を行使することができる。なお、動産先取特権は、債務者がその目的である動産をその第三取得者に引き渡した後は、その動産について行使することができない（333条）。

5 誤り

　　　同一の不動産について特別の先取特権が互いに競合する場合には、その優先権の順位は、325条各号に掲げる順序（不動産**保存**の先取特権、不動産**工事**の先取特権、不動産**売買**の先取特権の順）に従う（331条1項）。したがって、同一の不動産について不動産の保存の先取特権と不動産工事の先取特権が互いに競合する場合、不動産の保存の先取特権が優先的に弁済を受けることとなる。

正解	5

問題22　A銀行はBに3000万円を融資し、その貸金債権を担保するために、B所有の山林（樹木の生育する山の土地。本件樹木については立木法による登記等の対抗要件を具備していない）に抵当権の設定を受け、その旨の登記を備えたところ、Bは通常の利用の範囲を超えて山林の伐採を行った。この場合に、以下のア～オの記述のうち、次の【考え方】に適合するものをすべて挙げた場合に、妥当なものの組合せはどれか。なお、対抗要件や即時取得については判例の見解に立つことを前提とする。

【考え方】：分離物が第三者に売却されても、抵当不動産と場所的一体性を保っている限り、抵当権の公示の衣に包まれているので、抵当権を第三者に対抗できるが、搬出されてしまうと、抵当権の効力自体は分離物に及ぶが、第三者に対する対抗力は喪失する。

ア　抵当山林上に伐採木材がある段階で木材がBから第三者に売却された場合には、A銀行は第三者への木材の引渡しよりも先に抵当権の登記を備えているので、第三者の搬出行為の禁止を求めることができる。

イ　抵当山林上に伐採木材がある段階で木材がBから第三者に売却され、占有改定による引渡しがなされたとしても、第三者のために即時取得は成立しない。

ウ　Bと取引関係にない第三者によって伐採木材が抵当山林から不当に別の場所に搬出された場合に、A銀行は第三者に対して元の場所へ戻すように請求できる。

エ　Bによって伐採木材が抵当山林から別の場所に搬出された後に、第三者がBから木材を買い引渡しを受けた場合において、当該木材が抵当山林から搬出されたものであることを第三者が知っているときは、当該第三者は木材の取得をA銀行に主張できない。

オ　第三者がA銀行に対する個人的な嫌がらせ目的で、Bをして抵当山林から伐採木材を別の場所に搬出させた後に、Bから木材を買い引渡しを受けた場合において、A銀行は、適切な維持管理をBに期待できないなどの特別の事情のない限り、第三者に対して自己への引渡しを求めることができる。

1　ア・イ・ウ・エ
2　ア・イ・ウ・オ
3　ア・イ・エ
4　ア・ウ・エ
5　イ・ウ・オ

総合テキスト ⇄ LINK　Chapter 20　抵当権　②

抵当権の効力

　本問の【考え方】は、分離物についても抵当権の効力は及ぶが、その抵当権に対抗力が認められるかについては、その物が抵当不動産と**場所的一体性**を保っている場合、抵当権者は第三者にその抵当権を対抗できるが、**場所的一体性**を保っていない場合は対抗できなくなるとしている。

ア 妥当である　　抵当山林上に伐採木材がある段階、すなわち、抵当不動産と分離物の場所的一体性は保たれている状態なので、A銀行は、抵当権を第三者に対抗できる。したがって、第三者の搬出行為の禁止を求めることができる。

イ 妥当である　　判例は、**占有改定による引渡しでは即時取得は成立しない**としている（最判昭35.2.11）。本記述の第三者は、Bから木材について占有改定による引渡しを受けたにすぎないから、即時取得は成立しない。

ウ 妥当である　　取引関係にない第三者は、そもそも民法177条の「**第三者**」にはあたらないので、A銀行は、抵当権に基づき、伐採された木材を元の場所へ戻すように請求できる。

エ 妥当でない　　177条の第三者は善意・悪意を**問わない**。そして、伐採木材が山林から搬出された後、すなわち、抵当権の第三者に対する対抗力が失われた後に、第三者がBから木材を買い、引渡しを受けているから、第三者は木材の取得をA銀行に主張できる。

オ 妥当である　　記述エの解説で述べたとおり、177条の第三者には善意・悪意は問われないが、**背信的悪意者**は、信義則上、第三者にあたらない（最判昭43.8.2）。そこで、本記述の第三者に対して、Aは抵当権の効力を対抗できる。

　しかし、抵当権は非占有担保であるため、当然に分離物の自己への引渡しを求めることができるわけではない。この点、判例は、**抵当権に基づく妨害排除請求**の事案において、抵当不動産の所有者において抵当権に対する侵害が生じないように**抵当不動産を適切に維持管理することが期待できない**場合には、抵当権者は、占有者に対し、**直接自己への抵当不動産の明渡し**を求めることができるものというべきであるとした（最判平17.3.10）。

正解	2

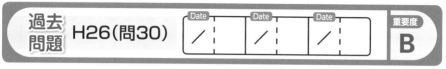

過去問題 H26（問30）

Date / Date / Date / 重要度 B

問題23 物上代位に関する次の記述のうち、民法の規定および判例に照らし、誤っているものはどれか。

1 対抗要件を備えた抵当権者は、物上代位の目的債権が譲渡され、譲受人が第三者に対する対抗要件を備えた後であっても、第三債務者がその譲受人に対して弁済する前であれば、自ら目的債権を差し押さえて物上代位権を行使することができる。

2 対抗要件を備えた抵当権者が、物上代位権の行使として目的債権を差し押さえた場合、第三債務者が債務者に対して反対債権を有していたとしても、それが抵当権設定登記の後に取得したものであるときは、当該第三債務者は、その反対債権を自働債権とする目的債権との相殺をもって、抵当権者に対抗することはできない。

3 動産売買の先取特権に基づく物上代位につき、動産の買主が第三取得者に対して有する転売代金債権が譲渡され、譲受人が第三者に対する対抗要件を備えた場合であっても、当該動産の元来の売主は、第三取得者がその譲受人に転売代金を弁済していない限り、当該転売代金債権を差し押さえて物上代位権を行使することができる。

4 動産売買の先取特権に基づく物上代位につき、買主がその動産を用いて第三者のために請負工事を行った場合であっても、当該動産の請負代金全体に占める価格の割合や請負人（買主）の仕事内容に照らして、請負代金債権の全部または一部をもって転売代金債権と同視するに足りる特段の事情が認められるときは、動産の売主はその請負代金債権を差し押さえて物上代位権を行使することができる。

5 抵当権者は、抵当不動産につき債務者が有する賃料債権に対して物上代位権を行使することができるが、同不動産が転貸された場合は、原則として、賃借人が転借人に対して取得した転貸賃料債権を物上代位の目的とすることはできない。

物上代位

1 正しい

抵当権の設定登記後に、目的不動産についての賃料債権が譲渡され、債権譲渡の対抗要件が具備されたとしても、「払渡し又は引渡し」には**債権譲渡は含まれず**、抵当権者は、自ら目的債権を差し押さえて物上代位権（民法372条・304条）を行使することができる（最判平10.1.30）。

2 正しい

抵当権者が**物上代位権を行使して**賃料債権の**差押えをした後**は、抵当不動産の賃借人（第三債務者）は、抵当権設定登記の**後に賃貸人に対して取得した債権**を自働債権とする賃料債権との相殺をもって、抵当権者に対抗することはできない（最判平13.3.13）。

3 誤り

動産売買の先取特権者は、物上代位の**目的債権が譲渡され、第三者に対する**対抗要件が備えられた後**においては、目的債権を差し押さえて物上代位権を行使することができない（最判平17.2.22）。

4 正しい

請負工事に用いられた動産の売主は、原則として、請負人が注文者に対して有する**請負代金債権**に対して**動産売買の先取特権**に基づく**物上代位権を行使することが**できないが、請負代金全体に占める当該動産価額の割合や請負契約における請負人との債務の内容等に照らして**請負代金の全部又は一部を動産の転売による代金債権と同視**するに足りる特段の事情がある場合には、請負人が注文者に対して有する請負代金債権に対しても、**動産売買先取特権**に基づく**物上代位権の行使が認められる**（最決平10.12.18）。

5 正しい

抵当権者は、抵当不動産の賃借人**を所有者と同視すること**を**相当とする場合**を除き、その賃借人が取得すべき転貸賃料債権について**物上代位権を行使できない**（最決平12.4.14）。

正解 3

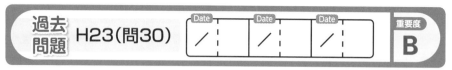
問題24　法定地上権に関する次の記述のうち、民法の規定および判例に照らし、妥当なものはどれか。

1　Aは、自己所有の土地（更地）に抵当権を設定した後に、その土地上に建物を建築したが、抵当権の被担保債権について弁済をすることができなかった。この場合において、抵当権者が抵当権を実行して土地を競売すると、この建物のために法定地上権は成立せず建物は収去されなければならなくなることから、抵当権者は、土地とその上の建物を一括して競売しなければならない。

2　AがBから土地を借りてその土地上に建物を所有している場合において、Bは、その土地上に甲抵当権を設定したが、Aから建物を取得した後に、さらにその土地に乙抵当権を設定した。その後、Bは、甲抵当権の被担保債権について弁済したので甲抵当権は消滅したが、乙抵当権の被担保債権については弁済できなかったので、乙抵当権が実行され、その土地は買受人Cが取得した。この場合、この建物のために法定地上権は成立しない。

3　AがBから土地を借りてその土地上に建物を所有している場合において、Aは、その建物上に甲抵当権を設定したが、Bから土地を取得した後に、さらにその建物に乙抵当権を設定した。その後、Aは、甲抵当権の被担保債権について弁済できなかったので、甲抵当権が実行され、その建物は買受人Cが取得した。この場合、この建物のために法定地上権は成立しない。

4　Aが自己所有の土地と建物に共同抵当権を設定した後、建物が滅失したため、新たに建物を再築した場合において、Aが抵当権の被担保債権について弁済することができなかったので、土地についての抵当権が実行され、その土地は買受人Bが取得した。この場合、再築の時点での土地の抵当権が再築建物について土地の抵当権と同順位の共同抵当権の設定を受けたなどの特段の事由のない限り、再築建物のために法定地上権は成立しない。

5　AとBが建物を共同で所有し、Aがその建物の敷地を単独で所有している場合において、Aがその土地上に抵当権を設定したが、抵当権の被担保債権について弁済できなかったので、その抵当権が実行され、その土地は買受人Cが取得した。この場合、この建物のために法定地上権は成立しない。

総合テキスト 🔗 LINK　Chapter 20　抵当権　3

法定地上権

1 妥当でない　　更地に抵当権を設定した後にその土地の所有者がその上に建物を建てた場合は、**抵当権設定当時に、土地とその上に建物が存在する**という要件を充足せず、法定地上権は成立しない（最判昭36.2.10）。もっとも、抵当権の設定後に抵当地に建物が築造されたときは、抵当権者は、土地とともにその建物を競売することができる（民法389条1項本文）。これは土地の抵当権者にその土地上の建物を土地とともに一括して競売することを権利として認めたものであり、義務ではない。

2 妥当でない
重　　土地を目的とする1番抵当権設定当時は土地と地上建物の所有者が異なり、法定地上権成立の要件が充足されていなかったが、土地と建物が同一人の所有に帰した後に後順位抵当権が設定された場合に、「**土地及びその上に存する建物が同一の所有者に属する**」（388条）という要件を満たすかが問題となる。上記場合について、抵当権の実行により1番抵当権が消滅するときは、上記要件を充足せず、法定地上権は成立しない（最判平2.1.22）。しかしながら、上記場合について、**土地を目的とする先順位の抵当権が消滅した後に後順位の抵当権が実行された場合においては、上記要件を充足し、法定地上権が成立する**（最判平19.7.6）。

3 妥当でない
重　　建物への1番抵当権設定時には**土地と建物の所有者が同一でなかった**が、2番抵当権設定時には**それらの所有者が同一となった場合**には、1番抵当権が実行されたときであっても、**法定地上権は成立する**（大判昭14.7.26）。

4 妥当である
重　　所有者が土地及び地上建物に共同抵当権を設定した後にこの建物が取り壊され、この土地上に新たに建物が建築された場合には、新建物の所有者が**土地の所有者**と同一であり、かつ、新建物が建築された時点での土地の抵当権者が新建物について土地の抵当権と同順位の共同抵当権の設定を受けたなどの特段の事情のない限り、新建物のために法定地上権は成立しない（最判平9.2.14）。

5 妥当でない　　建物の共有者の1人がその敷地を単独で所有する場合において、この土地に設定された抵当権が実行され、第三者がこれを競落したときは、この土地につき、**建物共有者全員のために**、法定地上権が成立する（最判昭46.12.21）。

正解　　4

伊藤塾
オリジナル問題

重要度 **A**

Date / ／ Date / ／ Date / ／

問題25 債務不履行に関する次の記述のうち、正しいものはどれか。

1 Aが、その所有する建物をBに売却する契約を締結したが、その後、引渡しまでの間にAの火の不始末により当該建物が焼失した。Bは、引渡し期日が到来した後でなければ、当該売買契約を解除することができない。

2 Aが、その所有する建物をBに売却する契約を締結したが、その後、引渡し期日が到来してもAはBに建物を引き渡していない。Bが、期間を定めずに催告した場合、Bは改めて相当の期間を定めて催告をしなければ、当該売買契約を解除することはできない。

3 Aが、その所有する土地をBに売却する契約を締結し、その後、Bが、この土地をCに転売した。Bが、代金を支払わないため、Aが、A・B間の売買契約を解除した場合、C名義への移転登記が完了しているか否かにかかわらず、Cは、この土地の所有権を主張することができる。

4 債務不履行責任が発生するためには、常に契約その他の債務の発生原因及び取引上の社会通念に照らして債務者の責めに帰すべき事由が必要である。

5 債務者の債務不履行について、債権者にも過失があった場合には、裁判所は損害賠償額についてこれを斟酌(しんしゃく)しなければならない。

総合テキスト **LINK** Chapter 23 債権の効力 ②

契約の不履行

1 誤 り

履行の全部又は一部が不能となったときは、債権者は、**契約の解除**をすることができる（民法542条1項1号、2項1号）。本記述では、売買の目的物である建物が焼失したことにより、Aの建物引渡債務は履行期前に履行不能になっている。そして、履行不能に基づく解除権は、**履行期の到来を待たずに、履行不能時に発生する**（同条参照）。したがって、本記述の場合、Bは、引渡し期日が到来する前であっても、売買契約を解除することができる。

2 誤 り
重

当事者の一方がその債務を履行しない場合において、相手方が**相当の期間を定めて**その履行の催告をし、その期間内に履行がないときは、相手方は、契約の解除をすることができる（541条本文）。判例によれば、**期間を定めないで催告をした場合であっても、その催告の時から相当な期間を経過した後**であれば、契約の解除をすることができる（大判昭2.2.2）。したがって、本記述の場合、Bの催告の時から相当な期間が経過すれば、Bは、改めて相当の期間を定めて催告をしなくても、売買契約を解除することができる。

3 誤 り
重

当事者の一方がその解除権を行使したときは、各当事者は、その相手方を原状に復させる義務を負う。ただし、**第三者の権利を害することはできない**（545条1項）。判例によれば、545条1項ただし書の「第三者」として保護されるためには、**その権利につき対抗要件を備えている必要がある**（最判昭33.6.14）。したがって、本記述の場合、C名義への移転登記が完了していなければ、Cは土地の所有権を主張することはできない。

4 誤 り
重

金銭の給付を目的とする**債務の不履行**の場合には、**不可抗力であっても債務不履行責任を負い**、債務者の責めに帰すべき事由は不要である（419条3項）。その代わり、損害賠償責任の範囲は利息の額に限定されている（最判昭48.10.11）

5 正しい

不法行為の場合（722条2項）と異なり、債務不履行においては、**過失相殺は必要的斟酌である**（418条）。

正解	5

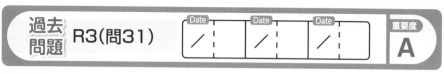

問題26　AとBは、令和3年7月1日にAが所有する絵画をBに1000万円で売却する売買契約を締結した。同契約では、目的物は契約当日引き渡すこと、代金はその半額を目的物と引き換えに現金で、残金は後日、銀行振込の方法で支払うこと等が約定され、Bは、契約当日、約定通りに500万円をAに支払った。この契約に関する次のア～オのうち、民法の規定および判例に照らし、妥当でないものの組合せはどれか。

ア　残代金の支払期限が令和3年10月1日と定められていたところ、Bは正当な理由なく残代金500万円の支払いをしないまま2か月が徒過した。この場合、Aは、Bに対して、2か月分の遅延損害金について損害の証明をしなくとも請求することができる。

イ　残代金の支払期限が令和3年10月1日と定められていたところ、Bは正当な理由なく残代金500万円の支払いをしないまま2か月が徒過した場合、Aは、Bに対して、遅延損害金のほか弁護士費用その他取立てに要した費用等を債務不履行による損害の賠償として請求することができる。

ウ　残代金の支払期限が令和3年10月1日と定められていたところ、Bは残代金500万円の支払いをしないまま2か月が徒過した。Bは支払いの準備をしていたが、同年9月30日に発生した大規模災害の影響で振込システムに障害が発生して振込ができなくなった場合、Aは、Bに対して残代金500万円に加えて2か月分の遅延損害金を請求することができる。

エ　Aの母の葬儀費用にあてられるため、残代金の支払期限が「母の死亡日」と定められていたところ、令和3年10月1日にAの母が死亡した。BがAの母の死亡の事実を知らないまま2か月が徒過した場合、Aは、Bに対して、残代金500万円に加えて2か月分の遅延損害金を請求することができる。

オ　残代金の支払期限について特段の定めがなかったところ、令和3年10月1日にAがBに対して残代金の支払いを請求した。Bが正当な理由なく残代金の支払いをしないまま2か月が徒過した場合、Aは、Bに対して、残代金500万円に加えて2か月分の遅延損害金を請求することができる。

1　ア・イ　　2　ア・オ　　3　イ・エ　　4　ウ・エ　　5　ウ・オ

総合テキスト LINK　Chapter 23　債権の効力　2

債務不履行に基づく損害賠償

ア 妥当である
重

　金銭債務の不履行に基づく損害賠償については、債権者は、損害の証明をすることを要しない（民法419条2項）。したがって、Aは、Bに対して、2か月分の遅延損害金について損害の証明をしなくても請求することができる。

イ 妥当でない

　判例は、「債権者は、金銭債務の不履行による損害賠償として、債務者に対し弁護士費用その他の取立費用を請求することはできない」としている（最判昭48.10.11）。したがって、Aは、Bに対して、遅延損害金のほか弁護士費用その他取立てに要した費用等を債務不履行による損害の賠償として請求することはできない。

ウ 妥当である
超

　金銭債務の不履行に基づく損害賠償については、債務者は、不可抗力をもって抗弁とすることができない（419条3項）。したがって、大規模災害の影響で振込システムに障害が発生して振込ができなくなったというような不可抗力の場合であったとしても、Aは、Bに対して残代金500万円に加えて2か月分の遅延損害金を請求することができる。

エ 妥当でない
超

　「母の死亡日」という支払期限は、不確定期限である。民法412条2項は、「債務の履行について不確定期限があるときは、債務者は、その期限の到来した後に履行の請求を受けた時又はその期限の到来したことを知った時のいずれか早い時から遅滞の責任を負う。」と規定している。本記述において、Bは期限の到来したことを知らず、また、Aは期限の到来から2か月を経過して初めて履行の請求をしているので、Bは未だ履行遅滞の責任を負っていない。したがって、Aは、Bに対して残代金500万円に加えて2か月分の遅延損害金を請求することはできない。

オ 妥当である
超

　412条3項は、「債務の履行について期限を定めなかったときは、債務者は、履行の請求を受けた時から遅滞の責任を負う。」と規定している。本記述では、令和3年10月1日、Aは、Bに対して、残代金の支払請求をしている。そのため、Bは、Aから履行の請求を受けた時から遅滞の責任を負うことになる。したがって、Bが正当な理由なく残代金の支払いをしないまま2か月が徒過した場合、Aは、Bに対して、残代金500万円に加えて2か月分の遅延損害金を請求することができる。

正解 　3

問題27 債権者代位権に関する次の記述のうち、民法の規定に照らし、正しいものはどれか。

1 債権者は、債務者に属する権利(以下「被代位権利」という。)のうち、債務者の取消権については、債務者に代位して行使することはできない。

2 債権者は、債務者の相手方に対する債権の期限が到来していれば、自己の債務者に対する債権の期限が到来していなくても、被代位権利を行使することができる。

3 債権者は、被代位権利を行使する場合において、被代位権利が動産の引渡しを目的とするものであっても、債務者の相手方に対し、その引渡しを自己に対してすることを求めることはできない。

4 債権者が、被代位権利の行使に係る訴えを提起し、遅滞なく債務者に対し訴訟告知をした場合には、債務者は、被代位権利について、自ら取立てその他の処分をすることはできない。

5 債権者が、被代位権利を行使した場合であっても、債務者の相手方は、被代位権利について、債務者に対して履行をすることを妨げられない。

債権者代位権

1 誤り 　**被代位権利**は、「**債務者に属する権利**」（民法 423 条 1 項本文）であれば、原則としてその種類を問わず、**取消権のような形成権でもよい**とされている。

2 誤り
重 　民法 423 条 2 項本文は、「**債権者は、その債権の期限が到来しない間は、被代位権利を行使することができない。**」と規定している。

3 誤り
超 　423 条の 3 前段は、「債権者は、被代位権利を行使する場合において、被代位権利が……動産の引渡しを目的とするものであるときは、相手方に対し、その……引渡しを自己に対してすることを求めることができる。」と規定している。

4 誤り
重 　423 条の 5 前段は、「**債権者が被代位権利を行使した場合であっても、債務者は、被代位権利について、自ら取立てその他の処分をすることを妨げられない。**」と規定している。したがって、本記述の場合でも、債務者は、被代位権利について、自ら取立てその他の処分をすることができる。

5 正しい 　**債権者が被代位権利を行使した場合**であっても、相手方は、被代位権利について、**債務者に対して履行をすることを妨げられない**（423 条の 5 後段）。

正解 5

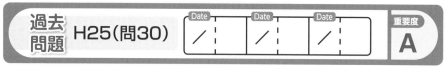
問題28　詐害行為取消権に関する次の記述のうち、民法の規定および判例に照らし、妥当なものはどれか。

1　遺産分割協議は、共同相続人の間で相続財産の帰属を確定させる行為であるが、相続人の意思を尊重すべき身分行為であり、詐害行為取消権の対象となる財産権を目的とする法律行為にはあたらない。

2　相続放棄は、責任財産を積極的に減少させる行為ではなく、消極的にその増加を妨げる行為にすぎず、また、相続放棄は、身分行為であるから、他人の意思によって強制されるべきではないので、詐害行為取消権行使の対象とならない。

3　離婚における財産分与は、身分行為にともなうものではあるが、財産権を目的とする法律行為であるから、財産分与が配偶者の生活維持のためやむをえないと認められるなど特段の事情がない限り、詐害行為取消権の対象となる。

4　詐害行為取消権は、総ての債権者の利益のために債務者の責任財産を保全する目的において行使されるべき権利であるから、債権者が複数存在するときは、取消債権者は、総債権者の総債権額のうち自己が配当により弁済を受けるべき割合額でのみ取り消すことができる。

5　詐害行為取消権は、総ての債権者の利益のために債務者の責任財産を保全する目的において行使されるべき権利であるから、取消しに基づいて返還すべき財産が金銭である場合に、取消債権者は受益者に対して直接自己への引渡しを求めることはできない。

総合テキスト LINK　Chapter 24　責任財産の保全　3

詐害行為取消権

1 妥当でない

　共同相続人の間で成立した遺産分割協議（民法907条1項）は、相続の開始によって共同相続人の共有となった相続財産について、その全部又は一部を、各相続人の単独所有とし、又は新たな共有関係に移行させることによって、相続財産の帰属を確定させるものであり、その性質上、財産権を目的とする行為である。したがって、**遺産分割協議は、詐害行為取消権（424条）行使の対象となる財産権を目的とする行為にあたる**（最判平11.6.11）。

2 妥当である

　詐害行為取消権行使の対象となる行為は、積極的に債務者の財産を減少させる行為であることを要し、消極的にその増加を妨げるにすぎないものを包含しないものと解されるところ、相続の放棄（938条から940条まで）は、既得財産の増加を消極的に妨げる行為にすぎず、かつ、このような身分行為については他人の意思による強制をすべきでないから、**詐害行為取消権行使の対象とならない**（最判昭49.9.20）。

3 妥当でない

　離婚に伴う財産分与として金銭の給付をする旨の合意は、当然には詐害行為取消権行使の対象とはならないが、それが民法768条3項の規定の趣旨に反してその額が不相当に過大であり、財産分与に仮託してされた財産処分であると認めるに足りるような特段の事情があるときは、不相当に過大な部分について、**その限度において詐害行為取消権行使の対象となる**（最判平12.3.9）。

4 妥当でない

　424条の8第1項は、「債権者は、詐害行為取消請求をする場合において、債務者がした行為の目的が可分であるときは、自己の債権の額の限度においてのみ、その行為の取消しを請求することができる。」と規定している。他方で、詐害行為の客体が**不可分の場合**、取消債権者は、**自己の被保全債権額に関係なく**、詐害行為全部を取り消すことができる（最判昭30.10.11）。したがって、総債権者の総債権額のうち自己が配当により弁済を受けるべき割合額でのみ取り消すことができるのではない。

5 妥当でない

　詐害行為取消権に基づいて返還すべき財産が金銭である場合、取消債権者は、受益者に対して**直接自己への引渡し**を求めることができる（424条の9第1項前段）。

| 正解 | 2 |

Chapter

14 多数当事者の債権・債務

伊藤塾
オリジナル問題

| Date | Date | Date |
| / | / | / |

重要度
A

問題29　多数当事者の債権及び債務に関する次のアからオの記述のうち、民法の規定及び判例に照らし正しいものの組合せはどれか。

ア　連帯債務者の１人に対してした債務の免除は、他の連帯債務者との関係においてもその効力を生ずる。また、連帯債権者の１人が債務者にした債務の免除は、他の連帯債権者との関係においてもその効力が生じる。

イ　連帯債務者の１人と債権者との間に更改があったときは、債権は、すべての連帯債務者の利益のために消滅する。また、連帯債権者の１人と債務者との間に更改があったときは、その連帯債権者がその権利を失わなければ分与されるべき利益に係る部分については、他の連帯債権者は、履行を請求することができない。

ウ　連帯債務者の１人が債権者に対して反対債権を有する場合において、その者が相殺を援用しない間は、他の連帯債務者は、反対債権の全額にあたる額について、債権者に対して債務の履行を拒むことができる。また、保証人は、相殺権の行使によって主たる債務者がその債務を免れるべき限度において、債権者に対して債務の履行を拒むことができる。

エ　債権譲渡をした債権者が主たる債務者に対して確定日付によらない通知をした場合には、債権の譲受人は、保証人に対し、債権の譲渡を対抗することができる。また、債権者が保証人に対して確定日付によらない通知をした場合には、保証人に対してのみ、債権の譲渡を対抗することができる。

オ　主たる債務者がした債務の存在の承認による時効の更新の効力は、保証人にも及ぶが、主たる債務者がした時効利益の放棄の効力は、保証人には及ばない。

1　ア・ウ
2　ア・エ
3　イ・ウ
4　イ・オ
5　エ・オ

総合テキスト ➡ LINK　Chapter 25　多数当事者の債権・債務　②

多数当事者の債権・債務

ア 誤 り
【重】
連帯債務者の1人に対して債務の免除がされた場合であっても、他の連帯債務者に対しては、その効力を生じない（**相対的効力の原則**　民法441条本文）。これに対して、連帯債権者の1人と債務者との間に免除があったときは、その連帯債権者がその権利を失わなければ分与されるべき利益にかかる部分については、他の連帯債権者は、履行を請求することができない（433条）。

イ 正しい
【重】
連帯債務者の1人と債権者との間に更改があったときは、債権は、**すべての連帯債務者の利益のために消滅**する（438条）。また、連帯債権者の1人と債務者との間に更改があったときは、その連帯債権者がその権利を失わなければ分与されるべき利益にかかる部分については、他の連帯債権者は、履行を請求することができない（433条）。

ウ 誤 り
【重】
連帯債務者の1人が債権者に対して反対債権を有する場合において、その者が**相殺を援用しない間**は、他の連帯債務者は、反対債権を有する**連帯債務者の負担部分の限度において**、債権者に対して債務の**履行を拒む**ことが**できる**（439条2項）。本記述は、問題文の前段につき、反対債権の全額にあたる額について履行を拒むことができるとしているが、あくまで負担部分の限度において拒むことができるのである。一方、保証人は、相殺権の行使によって主たる債務者がその債務を免れるべき限度において、債権者に対して債務の履行を拒むことができる（457条3項）。

エ 誤 り
債権譲渡の対抗要件としての通知が主たる債務者に対してのみされたときでも、当該通知は、主たる債務者及び保証人に対する対抗要件となるため（大判大6.7.2）、債権譲渡をした債権者が主たる債務者に対して確定日付によらない通知をした場合には、債権の譲受人は、保証人に対し、債権の譲渡を対抗することができる。これに対して、債権譲渡の対抗要件としての通知が保証人に対してのみされても、主たる債務者のみならず、保証人に対しても対抗要件とならない（大判昭9.3.29）。

オ 正しい
【重】
主たる債務者がした債務の存在の承認による時効の更新の効力は、保証人にも及ぶ（457条1項、152条1項）。これに対して、主たる債務者が時効完成後に主たる債務について時効利益の放棄をしても、**保証人に影響を及ぼさない**（大判昭6.6.4）。

正解　4

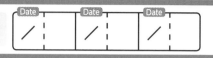

問題30 保証に関する1～5の「相談」のうち、民法の規定および判例に照らし、「可能です」と回答しうるものはどれか。

1 私は、AがBとの間に締結した土地の売買契約につき、売主であるAの土地引渡等の債務につき保証人となりましたが、このたびBがAの債務不履行を理由として売買契約を解除しました。Bは、私に対して、Aが受領した代金の返還について保証債務を履行せよと主張しています。私が保証債務の履行を拒むことは可能でしょうか。

2 私は、AがBから金銭の貸付を受けるにあたり、Aに頼まれて物上保証人となることにし、Bのために私の所有する不動産に抵当権を設定しました。このたびAの債務の期限が到来しましたが、最近資金繰りに窮しているAには債務を履行する様子がみられず、抵当権が実行されるのはほぼ確実です。私はAに資力があるうちにあらかじめ求償権を行使しておきたいのですが、これは可能でしょうか。

3 私の経営する会社甲は、AがBと新たに取引関係を結ぶにあたり、取引開始時から3カ月間の取引に関してAがBに対して負う一切の債務を保証することとし、契約書を作成しましたが、特に極度額を定めていませんでした。このたび、この期間内のA・B間の取引によって、私が想定していた以上の債務をAが負うことになり、Bが甲に対して保証債務の履行を求めてきました。甲が保証債務の履行を拒むことは可能でしょうか。

4 私は、AがB所有のアパートを賃借するにあたりAの保証人となりました。このたびA・B間の契約がAの賃料不払いを理由として解除されたところ、Bは、Aの滞納した賃料だけでなく、Aが立ち退くまでの間に生じた損害の賠償についても保証債務の履行をせよと主張しています。私は保証債務の履行を拒むことは可能でしょうか。

5 私は、AがBから400万円の貸付を受けるにあたり、Aから依頼されてCと共に保証人となりましたが、その際、私およびCは、Aの債務の全額について責任を負うものとする特約を結びました。このたび、私はBから保証債務の履行を求められて400万円全額を弁済しましたが、私は、Cに対して200万円の求償を請求することが可能でしょうか。

総合テキスト LINK Chapter 25 多数当事者の債権・債務 5 6

保　証

1 「可能です」と回答しえない

重

　判例は、特定物の売買契約における売主のための保証人は、**特に反対の意思表示のない限り**、売主の債務不履行により契約が解除された場合における原状回復義務についても、保証の責めに任ずるとしている（最大判昭40.6.30）。したがって、「私」は保証債務の履行を拒むことはできない。

2 「可能です」と回答しえない

重

　物上保証人は、被担保債権の弁済期が到来しても、**あらかじめ求償権を行使することはできない**（最判平2.12.18）。したがって、「私」はＡに資力があるうちにあらかじめ求償権を行使しておくことはできない。

3 「可能です」と回答しえない

　一定の範囲に属する不特定の債務を主たる債務とする保証契約であって保証人が法人でないものを個人根保証契約という（民法465条の2第1項）。そして、個人根保証契約は、極度額を定めなければ、その効力を生じない（同条2項）。もっとも、**法人が保証人であるときには、個人根保証契約に関する規定の適用を受けない**（同条1項参照）。したがって、本記述の場合、極度額の定めがなくとも、保証契約は有効であり、甲が保証債務の履行を拒むことはできない。

4 「可能です」と回答しえない

　賃貸借契約が解除された場合、**賃借人の保証人の責任は、当然に損害賠償義務に及ぶ**（大判昭13.1.31）。したがって、「私」は保証債務の履行を拒むことができない。

5 「可能です」と回答しうる

　本記述において、「私」及びＣは、Ａの債務の全額について責任を負うものとする特約を結び、共に保証人となったとあることから、私及びＣはＡの共同保証人（連帯保証又は保証連帯）となる。そして、私はＢから保証債務の履行を求められて400万円全額を弁済したのだから、**他の共同保証人Ｃに対し、自己の負担部分に応じた額について求償権を行使することができる**（465条1項・442条1項）。

正解　5

問題31　Aは、Bに対して金銭債務（以下、「甲債務」という。）を負っていたが、甲債務をCが引き受ける場合（以下、「本件債務引受」という。）に関する次の記述のうち、民法の規定に照らし、誤っているものはどれか。

1　本件債務引受について、BとCとの契約によって併存的債務引受とすることができる。

2　本件債務引受について、AとCとの契約によって併存的債務引受とすることができ、この場合においては、BがCに対して承諾をした時に、その効力が生ずる。

3　本件債務引受について、BとCとの契約によって免責的債務引受とすることができ、この場合においては、BがAに対してその契約をした旨を通知した時に、その効力が生ずる。

4　本件債務引受について、AとCが契約をし、BがCに対して承諾することによって、免責的債務引受とすることができる。

5　本件債務引受については、それが免責的債務引受である場合には、Cは、Aに対して当然に求償権を取得する。

債務引受

1 正しい
民法 470 条 2 項は、「**併存的債務引受**は、債権者と引受人となる者との契約によってすることができる。」と規定している。

2 正しい
470 条 3 項は、「**併存的債務引受**は、債務者と引受人となる者との契約によってもすることができる。この場合において、併存的債務引受は、債権者が引受人となる者に対して**承諾**をした時に、その効力を生ずる。」と規定している。

3 正しい
472 条 2 項は、「**免責的債務引受**は、債権者と引受人となる者との契約によってすることができる。この場合において、免責的債務引受は、債権者が債務者に対してその契約をした旨を**通知**した時に、その効力を生ずる。」と規定している。

4 正しい
472 条 3 項は、「**免責的債務引受**は、債務者と引受人となる者が契約をし、債権者が引受人となる者に対して**承諾**をすることによってもすることができる。」と規定している。

5 誤 り
472 条の 3 は、「**免責的債務引受**の引受人は、債務者に対して**求償権**を取得しない。」と規定している。

正解 5

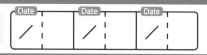
問題32 AのBに対する売買代金債権甲に譲渡禁止の特約がある場合に関する次の記述のうち、民法の規定および判例に照らし、妥当なものはどれか。

1 債権甲を譲り受けたCが譲渡禁止の特約を知らなかったことにつき過失がある場合には、それが重大な過失とはいえないときであっても、Cは、債権甲を取得することができない。

2 Cが譲渡禁止の特約の存在を知りながら債権甲を譲り受けた場合において、CがBに対して相当の期間を定めてCへの履行の催告をしたが、その期間内に履行がないときは、Bは、Cに対し、譲渡禁止を理由として債務の履行を拒むことができない。

3 Bは、債権甲に対する強制執行をした差押債権者Cに対しては、Cが譲渡禁止の意思表示について悪意または重過失であっても、債務の履行を拒むことができない。

4 Aが将来発生すべき債権甲をCに譲渡し、Bに対してその通知をした後、AB間で債権甲につき譲渡禁止の特約をし、その後債権甲が発生した。この場合には、Bは、Cに対し、Cがその特約の存在を知っていたものとみなして、債務の履行を拒むことができる。

5 債権甲について抵当権が設定されているとともに保証人Cがいる場合、Cが弁済による代位により抵当権を実行しようとするときは、Cは、債権甲が自己に移転したことについて債権譲渡の対抗要件を備えなければ、B及びその他の第三者に対抗することができない。

総合テキスト LINK Chapter 26 債権譲渡 1

債権譲渡

1 妥当でない

超

　債権は、譲り渡すことができる（民法466条1項本文）。また、**当事者が債権の譲渡制限の意思表示をしたときであっても、債権の譲渡は、その効力を妨げられない**（同条2項）。したがって、債権の譲受人は、当該債権を取得することができる。

2 妥当でない

　債権の譲渡制限の意思表示がされたことを知り、又は重大な過失によって知らなかった譲受人その他の第三者に対しては、債務者は、その債務の履行を拒むことができる（466条3項前段）。この規定は、**債務者が債務を履行しない場合**において、**当該第三者が相当の期間を定めて譲渡人への履行の催告をし、その期間内に履行がないとき**は、その債務者については、**適用しない**とされる（同条4項）。しかし、本記述において、譲受人Cは、譲渡人であるAへの履行の催告ではなく、C自らへの履行の催告をしていることから、民法466条4項の規定は妥当しない。したがって、同条3項前段により、Bは、悪意の譲受人であるCに対して債務の履行を拒むことができる。

3 妥当である

重

　債権の譲渡制限の意思表示がされたことを知り、又は重大な過失によって知らなかった譲受人その他の第三者に対しては、債務者は、その債務の履行を拒むことができ、かつ、**譲渡人に対する弁済その他の債務を消滅させる事由**をもって**その第三者に対抗することができる**（466条3項）。もっとも、当該規定は、**譲渡制限の意思表示がされた債権に対する強制執行をした差押債権者**に対しては、**適用されない**（466条の4第1項）。

4 妥当でない

重

　債権譲渡の対抗要件具備時（467条）までに**譲渡制限の意思表示がされたときは、譲受人その他の第三者はそのことを知っていたものとみなされ**（466条の6第3項）、債務者は、当該譲受人その他の第三者に対して、**その債務の履行を拒むことができる**（466条3項前段）。本記述の場合、対抗要件具備時（Bに対する通知）の後に、譲渡禁止の特約がされていることから、譲受人Cがその特約の存在を知っていたものとみなされることはなく、債務者Bは、債務の履行を拒むことができない。

5 妥当でない

重

　債務者のために弁済をした者は、債権者に代位する（499条）。この場合、弁済をするについて正当な利益を有する者が債権者に代位するときを除き、**債権の譲渡に関して対抗要件を具備しなければ、債務者その他の第三者に弁済による代位を対抗することができない**（500条・467条）。本記述では、保証人は「弁済をするについて正当な利益を有する者」に該当するため、債権の譲渡に関する対抗要件を備える必要はない。

正解	3

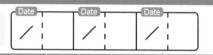

問題33 AがBに対して電器製品を売却する旨の売買契約（両債務に関する履行期日は同一であり、AがBのもとに電器製品を持参する旨が約されたものとする。以下、「本件売買契約」という。）に関する次の記述のうち、民法の規定および判例に照らし、誤っているものはどれか。

1 Bが履行期日を過ぎたにもかかわらず売買代金を支払わない場合であっても、Aが電器製品をBのもとに持参していないときは、Aは、Bに対して履行遅滞に基づく損害賠償責任を問うことはできない。

2 Aが履行期日に電器製品をBのもとに持参したが、Bが売買代金を準備していなかったため、Aは電器製品を持ち帰った。翌日AがBに対して、電器製品を持参せずに売買代金の支払を求めた場合、Bはこれを拒むことができる。

3 Bが予め受領を拒んだため、Aは履行期日に電器製品をBのもとに持参せず、その引渡しの準備をしたことをBに通知して受領を催告するにとどめた場合、Bは、Aに対して、電器製品の引渡しがないことを理由として履行遅滞に基づく損害賠償責任を問うことはできない。

4 履行期日にAが電器製品を持参したにもかかわらず、Bが売買代金の支払を拒んだ場合、Aは、相当期間を定めて催告した上でなければ、原則として本件売買契約を解除することができない。

5 履行期日になってBが正当な理由なく売買代金の支払をする意思がない旨を明確に示した場合であっても、Aは、電器製品の引渡しの準備をしたことをBに通知して受領を催告しなければ、Bに対して履行遅滞に基づく損害賠償責任を問うことができない。

総合テキスト ⇄ LINK Chapter 27 債権の消滅 ②
Chapter 30 契約の解除 ②

弁済の提供・受領遅滞

1 正しい

債務者がその債務の本旨に従った履行をしないときは、債権者は、これによって生じた損害の賠償を請求することができる（民法415条1項本文）。もっとも、債務者に同時履行の抗弁権など、とくに履行遅滞を正当づける理由があるときは、**履行遅滞の責任が生じない**（533条本文参照）。したがって、Aは、Bに対して履行遅滞に基づく損害賠償責任を問うことはできない。

2 正しい

当事者の一方が一度自己の債務を提供し、相手方に債務の履行を求めたが相手方が応じず、後日に再度の履行を求める場合、**改めて自身の債務の提供**をしなければならない（大判明44.12.11、最判昭34.5.14）。したがって、Bは、Aが電器製品を持参せずに売買代金の支払を求めてきた場合、これを拒むことができる。

3 正しい

弁済の提供は、**債務の本旨に従って現実にしなければならない**（現実の提供 493条本文）。ただし、**債権者があらかじめその受領を拒んでいる**場合には、弁済の準備をしたことを**通知**してその受領の**催告**をすれば足りる（口頭の提供 同条ただし書）。そして、弁済の提供により、債務者は、債務不履行に基づく損害賠償責任を負わなくなる（492条）。したがって、あらかじめ受領を拒んでいたBは、口頭の提供をなしているAに対して、電器製品の引渡しがないことを理由として履行遅滞に基づく損害賠償責任を問うことはできない。

4 正しい

当事者の一方がその債務を履行しない場合において、相手方が**相当の期間を定めてその履行の催告**をし、その期間内に履行がないときは、相手方は、契約の解除をすることができる（541条本文）。したがって、Aは、相当期間を定めて催告した上でなければ、原則として本件売買契約を解除することができない。

5 誤り

双務契約の当事者の一方が自己の債務の**履行をしない意思を明確**にした場合には、相手方が自己の債務の**弁済の提供**をしなくても、当事者の一方は、自己の債務の不履行について履行遅滞の責めを免れることを得ない（最判昭41.3.22）。したがって、Aは、電器製品の引渡しの準備をしたことをBに通知して受領を催告しなければ、Bに対して履行遅滞に基づく損害賠償責任を問うことができないわけではない。

正解 5

問題34　相殺に関する次のア～ウの記述のうち、相殺の効力が生じるものをすべて挙げた場合、民法の規定および判例に照らし、妥当なものの組合せはどれか。

ア　AがBに対して2024年5月5日を弁済期とする300万円の売掛代金債権を有し、BがAに対して2024年7月1日を弁済期とする400万円の貸金債権を有している。この場合に、2024年5月10日にAがBに対してする相殺。

イ　AがBに対して2022年5月5日を弁済期とする300万円の貸金債権を有していたところ、2022年7月1日にAがBに対して暴力行為をはたらき、2024年7月5日に、Aに対してこの暴力行為でBが被った損害300万円の賠償を命ずる判決がなされた。この場合に、2024年7月5日にAがBに対してする相殺。

ウ　A銀行がBに対して2023年7月30日に期間1年の約定で貸し付けた400万円の貸金債権を有し、他方、BがA銀行に対して2024年7月25日を満期とする400万円の定期預金債権を有していたところ、Bの債権者CがBのA銀行に対する当該定期預金債権を差し押さえた。この場合に、2024年8月1日にA銀行がBに対してする相殺。

　　1　ア・イ
　　2　ア・ウ
　　3　イ
　　4　イ・ウ
　　5　ウ

総合テキスト LINK　Chapter 27　債権の消滅　4

相　殺

ア 妥当である

「2人が互いに同種の目的を有する債務を負担する場合において、双方の債務が弁済期にあるときは、各債務者は、その対当額について相殺によってその債務を免れることができる。ただし、債務の性質がこれを許さないときは、この限りでない。」（民法505条1項）。また、自働債権の債権者は、**受働債権の期限の利益を放棄することができる**（136条2項本文）。したがって相殺の効力が生じる。

イ 妥当でない

民法509条柱書は、「次に掲げる債務の債務者は、相殺をもって債権者に対抗することができない。ただし、その債権者がその債務に係る債権を他人から譲り受けたときは、この限りでない。」と規定している。そして、同条1号は、「悪意による不法行為に基づく損害賠償の債務」を掲げ、同条2号は、「人の生命又は身体の侵害による損害賠償の債務（前号に掲げるものを除く。）」を掲げている。本記述のAの相殺は、AがBに対して暴力行為をはたらき、Bが被った損害300万円の賠償を命ずる判決による不法行為に基づく損害賠償請求権を受働債権とするものであり、Aに「悪意」があれば509条1号により、Aに「悪意」がなければ同条2号により相殺をもって債権者に対抗することができない。したがって相殺の効力が生じない。

ウ 妥当である

511条1項は、「差押えを受けた債権の第三債務者は、差押え後に取得した債権による相殺をもって差押債権者に対抗することはできないが、差押え前に取得した債権による相殺をもって対抗することができる。」と規定している。したがって相殺の効力が生じる。

正解	2

問題35　AはBから中古車を購入する交渉を進めていたが、購入条件についてほぼ折り合いがついたので、Bに対して書面を郵送して購入の申込みの意思表示を行った。Aは、その際、承諾の意思表示について「8月末日まで」と期間を定めて申し入れていたが、その後、契約の成否について疑問が生じ、知り合いの法律家Cに相談を持ちかけた。次のア〜オのAの質問のうち、Cが「はい、そのとおりです。」と答えるべきものの組合せは、1〜5のどれか。

ア　「私は、申込みの書面を発送した直後に気が変わり、今は別の車を買いたいと思っています。Bが承諾の意思表示をする前に申込みを撤回すれば、契約は成立しなかったということになるでしょうか。」

イ　「Bには、『8月末日までにご返事をいただきたい』と申し入れていたのですが、Bの承諾の意思表示が私に到着したのは9月2日でした。消印を見るとBはそれを9月1日に発送したことがわかりました。そこで私は、これをBから新たな申込みがなされたものとみなして承諾したのですが、契約は成立したと考えてよいでしょうか。」

ウ　「Bからは8月末を過ぎても何の通知もありませんでしたが、期間を過ぎた以上、契約は成立したと考えるべきでしょうか。実は最近もっとよい車を見つけたので、そちらを買いたいと思っているのですが。」

エ　「Bは、『売ってもよいが、代金は車の引渡しと同時に一括して支払ってほしい』といってきました。Bが売るといった以上、契約は成立したのでしょうが、代金一括払いの契約が成立したということになるのでしょうか。実は私は分割払いを申し入れていたのですが。」

オ　「Bの承諾の通知は8月28日に郵送されてきました。私の不在中に配偶者がそれを受け取り私のひきだしにしまい込みましたが、そのことを私に告げるのをうっかり忘れていましたので、私がその通知に気がついたのは9月20日になってからでした。私は、Bが車を売ってくれないものと思って落胆し、すでに別の車を購入してしまいました。もう、Bの車は要らないのですが、それでもBとの売買契約は成立したのでしょうか。」

1　ア・ウ
2　イ・エ
3　イ・オ
4　ウ・エ
5　エ・オ

総合テキスト LINK Chapter 28　契約の意義・成立 ②

契約の成立

ア 「はい、そのとおりです。」と答えるべきものでない

重

承諾の期間を定めてした契約の申込みは、申込者が撤回する権利を留保したときを除いて、**撤回することができない**（民法523条1項）。したがって、Aが申込みを撤回する権利を留保していない場合、Aは申込みを撤回することはできず、その場合、Bの承諾の通知を期間内にAが受けたときは、本件契約は成立する。

イ 「はい、そのとおりです。」と答えるべきものである

重

申込者は、遅延した承諾を新たな申込みとみなすことができる（524条）。したがって、Aがこれに対して承諾すれば、本件契約は成立する。

ウ 「はい、そのとおりです。」と答えるべきものでない

重

承諾の期間を定めてした契約の申込みに対して申込者が期間内に承諾の通知を受けなかったときは、その**申込みは、その効力を失う**（523条2項）。したがって、本件**契約は成立しない**。

エ 「はい、そのとおりです。」と答えるべきものでない

重

承諾者が、申込みに条件を付し、その他変更を加えてこれを承諾したときは、その**申込みの拒絶とともに新たな申込みを**したものとみなされる（528条）。したがって、Aがこれに対して承諾しない限り、本件契約は成立しない。

オ 「はい、そのとおりです。」と答えるべきものである

重

承諾の期間の定めのある申込みに対して、申込者がその期間内に承諾の通知を受けたときは、契約は成立する。そして、「意思表示は、その通知が相手方に到達した時からその効力を生ずる。」（97条1項）とされ、「**到達**」とは、相手方によって直接受領され、又は了知されることを要するものではなく、**意思表示又は通知を記載した書面が、それらの者のいわゆる支配圏内に置かれることをもって足りる**（最判昭43.12.17）。本記述では、Bの承諾の通知は期間内に郵送され、Aの配偶者がこれを受け取りAの引き出しにしまっているから、Aの支配圏内に置かれたといえ、承諾の意思表示はAの下に期間内に到達している。したがって、本件契約は成立する。

正解	3

問題36　Aが自己所有の事務機器甲（以下、「甲」という。）をBに売却する旨の売買契約（以下、「本件売買契約」という。）が締結されたが、BはAに対して売買代金を支払わないうちに甲をCに転売してしまった。この場合に関する次の記述のうち、民法の規定および判例に照らし、妥当なものはどれか。

1　Aが甲をすでにBに引き渡しており、さらにBがこれをCに引き渡した場合であっても、Aは、Bから売買代金の支払いを受けていないときは、甲につき先取特権を行使することができる。

2　Aが甲をまだBに引き渡していない場合において、CがAに対して所有権に基づいてその引渡しを求めたとき、Aは、Bから売買代金の支払いを受けていないときは、同時履行の抗弁権を行使してこれを拒むことができる。

3　本件売買契約において所有権留保特約が存在し、AがBから売買代金の支払いを受けていない場合であったとしても、それらのことは、Cが甲の所有権を承継取得することを何ら妨げるものではない。

4　Aが甲をまだBに引き渡していない場合において、CがAに対して所有権に基づいてその引渡しを求めたとき、Aは、Bから売買代金の支払いを受けていないときは、留置権を行使してこれを拒むことができる。

5　Aが甲をまだBに引き渡していない場合において、Bが売買代金を支払わないことを理由にAが本件売買契約を解除（債務不履行解除）したとしても、Aは、Cからの所有権に基づく甲の引渡請求を拒むことはできない。

総合

1 妥当でない　動産売買の先取特権（民法321条）は、債務者（買主）がその目的である動産をその第三取得者に引き渡した後は、その動産について行使することができない（333条）。本記述では、買主Bが売買の目的動産である甲を第三者Cに転売して引き渡している。したがって、Aは、甲について先取特権を行使することができない。

2 妥当でない
重　双務契約の当事者の一方は、相手方がその債務の履行を提供するまでは、自己の債務の履行を拒むことができる（同時履行の抗弁権　533条本文）。このように、同時履行の抗弁権は、**双務契約の当事者間で認められるもの**である。本記述において、Aの売買契約の相手方はBであり、A・C間に契約関係はない。したがって、Aは、Cからの所有権に基づく甲の引渡請求に対し、同時履行の抗弁権を行使してこれを拒むことはできない。

3 妥当でない
捨　**所有権留保特約とは、代金を完済するまでは目的物の所有権を売主に留保する**旨の特約をいう。所有権留保特約付きの売買契約の売主は、留保している所有権を第三者に対して主張することができる（最判昭49.7.18、最判昭50.2.28参照）ため、目的物が転売された場合でも、その留保した所有権に基づいて第三者から目的物を取り戻し得る。したがって、本記述のようにA・B間における甲の売買に所有権留保特約が存在し、AがBから売買代金の支払を受けていないという事情がある場合には、当該事情はCが甲の所有権を承継取得することを何ら妨げるものではないとはいえない。

4 妥当である
重　他人の物の占有者は、その物に関して生じた債権を有するときは、その債権の弁済を受けるまで、その物を留置することができる（留置権　295条1項本文）。留置権は物権であるから、いったん成立すれば留置物の譲受人等に対しても主張することができる。したがって、本記述のようにAがBから売買代金の支払を受けていない場合、甲がBからCに転売されたとしても、Aは、Cからの所有権に基づく甲の引渡請求に対し、留置権を行使してこれを拒むことができる。

5 妥当でない
超　当事者の一方が解除権を行使したときは、各当事者は、その相手方を原状に復させる義務を負う（545条1項本文）。ただし、**解除までに現れた第三者の権利**を害することはできない（同項ただし書）。なお、民法545条1項ただし書の規定により第三者が保護を受けるためには、その権利につき**対抗要件を備えておくこと**を必要とする（最判昭33.6.14）。そして、動産物権変動の対抗要件は「引渡し」である（178条）。したがって、動産甲を占有しているAは、Cからの所有権に基づく甲の引渡請求を拒むことができる。

正解　4

問題37　Aは、自己所有の甲建物をBに贈与する旨を約した（以下、「本件贈与」という）。この場合に関する次の記述のうち、民法の規定および判例に照らし、妥当なものはどれか。

1　本件贈与が口頭によるものであった場合、贈与契約は諾成契約であるから契約は成立するが、書面によらない贈与につき贈与者はいつでも解除することができるため、甲がBに引き渡されて所有権移転登記手続が終了した後であっても、Aは本件贈与を解除することができる。

2　本件贈与が書面によるものであるというためには、Aの贈与意思の確保を図るため、AB間において贈与契約書が作成され、作成日付、目的物、移転登記手続の期日および当事者の署名押印がされていなければならない。

3　本件贈与につき書面が作成され、その書面でAが死亡した時に本件贈与の効力が生じる旨の合意がされた場合、遺言が撤回自由であることに準じて、Aはいつでも本件贈与を撤回することができる。

4　本件贈与につき書面が作成され、その書面でBがAの老後の扶養を行うことが約された場合、BがAの扶養をしないときであっても、甲の引渡しおよび所有権移転登記手続が終了していれば、Aは本件贈与を解除することができない。

5　本件贈与につき書面が作成され、その書面で、BがAの老後の扶養を行えばAが死亡した時に本件贈与の効力が生じる旨の合意がされた場合、Bが上記の負担を全部又はこれに類する程度まで履行したときであっても、特段の事情がない限り、Aは本件贈与を撤回することができる。

総合テキスト LINK　Chapter 32　財産移転型契約　3
　　　　　　　　　　　Chapter 42　遺言の撤回　5

贈与契約

1 妥当でない

　　書面によらない贈与は、各当事者が解除することができる。ただし、履行の終わった部分については、この限りでない（民法550条）。ここで、「履行の終わった」とは、不動産の場合、**引渡し又は移転登記が完了した時**と解されている（大判大9.6.17、最判昭40.3.26）。したがって、甲がBに引き渡されて所有権移転登記手続が終了した後であれば、Aは本件贈与を解除することはできない。

2 妥当でない

　　贈与が書面によるものであるというためには、贈与者の財産を移転**するという意思**が書面により表示されていれば足りる（書面に、受贈者の氏名を不要とする例として大判昭2.10.31参照）。書面を要する趣旨は、軽率な贈与を予防し贈与意思を明確にして後日の紛争を避けることにあるからである。したがって、贈与契約書において、作成日付、目的物、移転登記手続の期日及び当事者の署名押印がされていなければならないわけではない。

3 妥当である

　　贈与者の死亡によって効力を生ずる贈与については、その性質に反しない限り、遺贈に関する規定を準用する（554条）。そして、「遺言者は、いつでも、遺言の方式に従って、その遺言の全部又は一部を撤回することができる」（1022条）旨の規定は、死因贈与にも準用されるものと解されている（最判昭47.5.25）。したがって、Aはいつでも本件贈与を撤回することができる。

4 妥当でない

　　負担付贈与については、この節に定めるもののほか、その性質に反しない限り、双務契約**に関する規定を準用する**（553条）。そのため、負担付贈与の場合において、**受贈者が契約義務を履行しない場合**は、**贈与契約を解除する**ことができる（最判昭53.2.17）。したがって、BがAの扶養をしない場合であれば、Aは本件贈与を解除することができる。

5 妥当でない

　　死因贈与について、遺贈に関する規定が準用されるのは記述3のとおりである。しかし、負担付死因贈与契約に基づいて受贈者が約旨に従い負担の全部又はそれに類する程度の履行をした場合において、贈与者の最終意思を尊重する余り受贈者の利益を犠牲にすることは相当でないから、当該負担の履行状況にもかかわらず負担付死因贈与契約の全部又は一部の取消しをすることがやむを得ないと認められる特段の事情がない限り、**遺言の撤回に関する**民法1022条、1023条の**各規定を準用するのは相当でない**（最判昭57.4.30）。したがって、Bが本記述の負担を全部又はこれに類する程度まで履行したときであれば、特段の事情のない限り、Aは本件贈与を撤回することができない。

正解	3

問題38　他人の権利の売買に関する次のアからオまでの各記述のうち、正しいものを組み合わせたものは、後記１から５までのうちどれか。

ア　売主が他人の権利を取得して買主に移転することができない場合、買主は、契約時にその権利が売主に属しないことを知っていたとしても、それにより損害賠償の請求を妨げられない。

イ　売主が他人の権利を取得して買主に移転することができない場合、そのことについて売主の責めに帰すべき事由が存在しないときであっても、買主は売主に対して損害賠償請求をすることができる。

ウ　売買の目的である権利の一部が他人に属することにより、その権利の一部が買主に移転されず、履行の追完が不能である場合、そのことについて買主の責めに帰すべき事由が存在しないときは、買主は、催告をすることなく、直ちに代金の減額を請求することができる。

エ　売主が他人の権利を取得して買主に移転することができない場合、買主は、契約時にその権利が売主に属しないことを知っていたときは、契約を解除することができない。

オ　売主が他人の権利を取得して買主に移転することができない場合、買主は、善意の売主に対しては、当該権利が他人の権利であることを知った時から１年以内にその旨を通知しなければ、損害賠償の請求をすることができない。

1　ア・ウ
2　ア・エ
3　イ・ウ
4　イ・オ
5　エ・オ

総合テキスト **LINK**　Chapter 23　債権の効力　②
Chapter 32　財産移転型契約　②

他人の権利の売買

ア 正しい

旧民法561条は、「前条の場合において、売主がその売却した権利を取得して買主に移転することができないときは、買主は、契約の解除をすることができる。この場合において、契約の時においてその権利が売主に属しないことを知っていたときは、損害賠償の請求をすることができない。」と規定していた。しかし、同条後段に対応する規定は、現行民法には存在しない。そのため、現行民法においては、**他人物売買において買主が悪意であっても、それにより損害賠償請求は妨げられない**と考えられる。

イ 誤り

民法415条1項は、「債務者がその**債務の本旨に従った履行**をしないとき又は**債務の履行が不能**であるときは、債権者は、これによって生じた損害の賠償を請求することができる。ただし、その**債務の不履行が契約**その他の債務の発生原因及び**取引上の社会通念に照らして債務者の責めに帰することができない事由**によるものであるときは、この限りでない。」と規定している。

ウ 正しい

563条2項柱書は、「前項の規定にかかわらず、次に掲げる場合には、買主は、同項の催告をすることなく、**直ちに代金の減額を請求**することができる。」と規定し、同項1号は「**履行の追完が不能であるとき。**」を挙げている。そして、この規定は、「**売主が買主に移転した権利が契約の内容に適合しないものである場合**（権利の一部が他人に属する場合においてその権利の一部を移転しないときを含む。）について**準用**」されている（565条）。

エ 誤り

543条は、「**債務の不履行が債権者の責めに帰すべき事由によるものであるとき**は、債権者は、前2条の規定による契約の解除をすることができない。」と規定しているものの、売主が他人の権利を取得して買主に移転することができない場合に、買主が、契約時にその権利が売主に属しないことを知っていたことを理由に解除権を制限される規定は存在しない。

オ 誤り

566条本文は、「売主が種類又は品質に関して契約の内容に適合しない目的物を買主に引き渡した場合において、買主がその不適合を知った時から**1年以内**にその旨を売主に通知しないときは、買主は、その不適合を理由として、……損害賠償の請求……をすることができない。」と規定しているが、買主に移転した権利が契約の内容に適合しないものであるときについては、同条で規定はされていない。

したがって、売主が他人の権利を取得して買主に移転することができない場合には、通知をすることなく損害賠償の請求をすることができる。

正解 1

民法

問題39 Aが甲建物（以下「甲」という。）をBに売却する旨の売買契約に関する次のア〜オの記述のうち、民法の規定に照らし、誤っているものはいくつあるか。

ア 甲の引渡しの履行期の直前に震災によって甲が滅失した場合であっても、Bは、履行不能を理由として代金の支払いを拒むことができない。

イ Bに引き渡された甲が契約の内容に適合しない場合、Bは、Aに対して、履行の追完または代金の減額を請求することができるが、これにより債務不履行を理由とする損害賠償の請求は妨げられない。

ウ Bに引き渡された甲が契約の内容に適合しない場合、履行の追完が合理的に期待できるときであっても、Bは、その選択に従い、Aに対して、履行の追完の催告をすることなく、直ちに代金の減額を請求することができる。

エ Bに引き渡された甲が契約の内容に適合しない場合において、その不適合がBの過失によって生じたときであっても、対価的均衡を図るために、BがAに対して代金の減額を請求することは妨げられない。

オ Bに引き渡された甲が契約の内容に適合しない場合において、BがAに対して損害賠償を請求するためには、Bがその不適合を知った時から1年以内に、Aに対して請求権を行使しなければならない。

1 一つ
2 二つ
3 三つ
4 四つ
5 五つ

総合テキスト LINK Chapter 32 財産移転型契約 1 2

危険負担・契約不適合責任

ア　誤り
重

　民法536条1項は、「**当事者双方の責めに帰することができない事由によって債務を履行することができなくなったときは、債権者は、反対給付の履行を拒むことができる。**」と規定している。本記述は、甲の引渡しの履行期の直前に震災によって甲が滅失していることから、当事者双方の責めに帰することができない事由によって債務を履行することができなくなったといえる。したがって、Bは、反対給付である代金の支払いを拒むことができる。

イ　正しい
超

　契約の不適合を理由に、**履行の追完請求又は代金の減額請求をしたとしても、債務不履行に基づく**損害賠償請求及び契約の解除権の行使**が妨げられるわけではない**（564条）。

ウ　誤り
重

　563条1項は、「……**買主が相当の期間を定めて履行の追完の催告をし、その期間内に履行の追完がないときは、買主は、その不適合の程度に応じて代金の減額を請求する**ことができる。」と規定している。また、同条2項柱書は、「前項の規定にかかわらず、次に掲げる場合には、買主は、同項の催告をすることなく、直ちに代金の減額を請求することができる。」と規定しているが、履行の追完が合理的に期待できるときであっても、債権者がその選択に従い、債務者に対して履行の追完の催告をすることなく、直ちに代金の減額を請求することができる旨の規定は存在しない。

エ　誤り

　契約不適合責任について、その不適合が**買主の責めに帰すべき事由によるものであるときは、買主は代金の減額の請求をすることができない**（563条3項）。

オ　誤り

　民法上、このような規定はない。なお、566条本文は、「売主が種類又は品質に関して契約の内容に適合しない目的物を買主に引き渡した場合において、**買主がその不適合を知った時から1年以内にその旨を売主に通知しない**ときは、買主は、その不適合を理由として、履行の追完の請求、代金の減額の請求、損害賠償の請求及び契約の解除をすることができない。」と規定している。本規定は、種類又は品質の不適合について、1年以内に通知をしなかった場合の制限規定であり、権利の消滅時効について定めたものではない。

正解　4　　　以上により、誤っているものはア、ウ、エ、オの4つである。

問題40　Aは、B所有の甲土地上に乙建物を建てて保存登記をし、乙建物をCが使用している。この場合に関する次のア～オの記述のうち、民法の規定および判例に照らし、誤っているものはいくつあるか。

ア　Aが、甲土地についての正当な権原に基づかないで乙建物を建て、Cとの間の建物賃貸借契約に基づいて乙建物をCに使用させている場合に、乙建物建築後20年が経過したときには、Cは、Bに対して甲土地にかかるAの取得時効を援用することができる。

イ　Aが、Bとの間の土地賃貸借契約に基づいて乙建物を建て、Cとの間の建物賃貸借契約に基づいてCに乙建物を使用させている場合、乙建物の所有権をAから譲り受けたBは、乙建物についての移転登記をしないときは、Cに対して乙建物の賃料を請求することはできない。

ウ　Aが、Bとの間の土地賃貸借契約に基づいて乙建物を建て、Cとの間の建物賃貸借契約に基づいてCに乙建物を使用させている場合、Cは、Aに無断で甲土地の賃料をBに対して支払うことはできない。

エ　Aが、Bとの間の土地賃貸借契約に基づいて乙建物を建てている場合、Aが、Cに対して乙建物を売却するためには、特段の事情のない限り、甲土地にかかる賃借権を譲渡することについてBの承諾を得る必要がある。

オ　Aが、Bとの間の土地賃貸借契約に基づいて乙建物を建て、Cとの間の建物賃貸借契約に基づいてCに乙建物を使用させている場合、A・B間で当該土地賃貸借契約を合意解除したとしても、特段の事情のない限り、Bは、Cに対して建物の明渡しを求めることはできない。

　1　一つ
　2　二つ
　3　三つ
　4　四つ
　5　五つ

総合テキスト ➡ LINK　Chapter 33　貸借型契約　１

借地上の建物の譲渡・転貸

ア 誤 り　時効は、当事者が援用しなければ、裁判所がこれによって裁判をすることができない（民法145条）。ここでいう「当事者」（時効の援用権者）とは、時効により直接に利益を受ける者をいい、間接に利益を受ける者を含まない（大判明43.1.25）。この点について、**取得時効が問題となっている土地上の建物賃借人は、土地の取得時効の完成によって直接利益を受ける者ではない**から、建物賃貸人による敷地所有権の取得時効を援用することはできない（最判昭44.7.15）。したがって、Cは、Bに対して甲土地にかかるAの取得時効を援用することができない。

イ 正しい
重　民法605条の2第1項は、「前条、借地借家法……の規定による賃貸借の対抗要件を備えた場合において、その不動産が譲渡されたときは、その不動産の賃貸人たる地位は、その譲受人に移転する。」と規定し、同条2項は、「前項の規定にかかわらず、不動産の譲渡人及び譲受人が、賃貸人たる地位を譲渡人に留保する旨及びその不動産を譲受人が譲渡人に賃貸する旨の合意をしたときは、賃貸人たる地位は、譲受人に移転しない。この場合において、譲渡人と譲受人又はその承継人との間の賃貸借が終了したときは、譲渡人に留保されていた賃貸人たる地位は、譲受人又はその承継人に移転する。」と規定している。同条3項は、「第1項又は前項後段の規定による賃貸人たる地位の移転は、賃貸物である不動産について所有権の移転の登記をしなければ、賃借人に対抗することができない。」と規定している。

ウ 誤 り　**債務の弁済**は、第三者もすることができる（474条1項）。もっとも、正当な利益を有しない第三者は、**債務者の意思に反して弁済をすることができない**（同条2項本文）。この点について、借地上の建物の賃借人は、敷地の地代の弁済について正当な利益**を有する**者とされている（最判昭63.7.1）。したがって、Cは、Aの承諾等を得ることなく、甲土地の賃料をBに対して支払うことができる。

エ 正しい
超　借地上の建物を譲渡する場合、土地賃借権も従たる権利として譲渡される（87条2項類推適用）。そして、賃借人は、**賃貸人の承諾**を得なければ、その賃借権を譲り渡し、又は賃借物を転貸することができないのが原則である（612条1項）。したがって、Aは、原則として、甲土地にかかる賃借権を譲渡することについてBの承諾を得る必要がある。

オ 正しい
重　土地賃貸人と賃借人との間において土地賃貸借契約を**合意解除**しても、土地賃貸人は、特別の事情がない限り、その効果を地上建物の賃借人に対抗することができない（最判昭38.2.21）。したがって、Bは、当然にはCに対して建物の明渡しを求めることができない。

正解　2　以上より、誤っているものはア・ウの2つである。

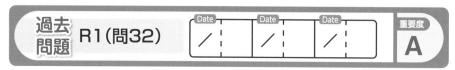

問題41 建物が転貸された場合における賃貸人（建物の所有者）、賃借人（転貸人）および転借人の法律関係に関する次のア～オの記述のうち、民法の規定および判例に照らし、妥当なものの組合せはどれか。

ア　賃貸人の承諾がある転貸において、賃貸人が当該建物を転借人に譲渡し、賃貸人の地位と転借人の地位とが同一人に帰属したときであっても、賃借人と転借人間に転貸借関係を消滅させる特別の合意がない限り、転貸借関係は当然には消滅しない。

イ　賃貸人の承諾がある転貸において、賃借人による賃料の不払があったときは、賃貸人は、賃借人および転借人に対してその支払につき催告しなければ、原賃貸借を解除することができない。

ウ　賃貸人の承諾がある転貸であっても、これにより賃貸人と転借人間に賃貸借契約が成立するわけではないので、賃貸人は、転借人に直接に賃料の支払を請求することはできない。

エ　無断転貸であっても、賃借人と転借人間においては転貸借は有効であるので、原賃貸借を解除しなければ、賃貸人は、転借人に対して所有権に基づく建物の明渡しを請求することはできない。

オ　無断転貸において、賃貸人が転借人に建物の明渡しを請求したときは、転借人は建物を使用収益できなくなるおそれがあるので、賃借人が転借人に相当の担保を提供していない限り、転借人は、賃借人に対して転貸借の賃料の支払を拒絶できる。

1　ア・イ
2　ア・オ
3　イ・ウ
4　ウ・エ
5　エ・オ

転貸借

ア 妥当である　債権及び債務が**同一人に帰属**したときは、その債権は、消滅する。ただし、その債権が第三者の権利の目的であるときは、この限りでない（民法520条）。判例は、賃貸人の地位と転借人の地位とが同一人に帰した場合であっても、転貸借は、当事者間にこれを消滅させる合意の成立しない限り、消滅しないとしている（最判昭35.6.23）。

イ 妥当でない
重　判例は、賃借家屋につき適法に転貸借がなされた場合であっても、賃貸人が賃借人の賃料延滞を理由として賃貸借契約を解除するには、**賃借人に対して催告**すれば足り、**転借人に対して上記延滞賃料の支払の機会を与えなければならないものではない**としている（最判昭49.5.30）。したがって、賃貸人は、転借人に対して支払いの催告をしなくても、原賃貸借を解除することができる（613条3項参照）。

ウ 妥当でない
重　賃貸人の承諾のある適法な転貸借において、転借人は、**賃貸人に対して、直接に義務を負う**（613条1項前段）。かかる義務には、賃料支払債務が含まれると解されている。したがって、転借人は転貸借に基づく債務である賃料債務を賃貸人に対して直接履行しなければならないから、賃貸人は、転借人に対して直接に賃料の支払を請求できる。

エ 妥当でない　判例は、賃借権の譲渡又は転貸を承諾しない家屋の賃貸人は、**賃貸借契約を解除しなくても**、譲受人又は転借人に対しその明渡しを求めることができるとしている（最判昭26.5.31）。

オ 妥当である　判例は、「**所有権ないし賃貸権限を有しない者から不動産を貸借した者**は、その不動産につき権利を有する者から右権利を主張され不動産の明渡を求められた場合には、貸借不動産を使用収益する権原を主張することができなくなるおそれが生じたものとして、民法559条で準用する同法576条により、右**明渡請求を受けた以後**は、賃貸人に対する**賃料の支払を拒絶**することができる」としている（最判昭50.4.25）。本記述の事案でも、賃借人は無断転貸しており賃貸権限がなく、賃借人により相当の担保が供された場合を除き、転借人は賃貸人による明渡請求以後の賃貸人の賃料請求を拒絶できる。

正解	2

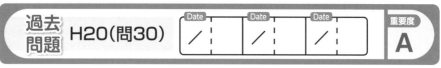
問題42　Aは、自己所有の土地につき、Bとの間で賃貸借契約を締結した（賃借権の登記は未了）。AがBにこの土地の引渡しをしようとしたところ、この契約の直後にCがAに無断でこの土地を占拠し、その後も資材置場として使用していることが明らかとなった。Cは明渡請求に応ずる様子もないため、AとBは、Cに対して次のア～オの法的対応を検討している。これらの対応のうち、民法の規定および判例に照らし、妥当なものの組合せはどれか。

ア　Aが、Cの行為を不法行為として損害賠償請求をすること。

イ　Aが、自己の土地所有権に基づき土地明渡請求をすること。

ウ　Bが、自己の不動産賃借権に基づき土地明渡請求をすること。

エ　Bが、占有回収の訴えに基づき土地明渡請求をすること。

オ　Bが、AがCに対して行使することができる、所有権に基づく土地明渡請求権を代位行使すること。

　　1　ア・イ・オ
　　2　ア・ウ・エ
　　3　イ・ウ・エ
　　4　イ・エ・オ
　　5　ウ・エ・オ

総合テキスト LINK　Chapter 33　貸借型契約　[1]

賃貸借契約

ア 妥当である　　故意又は過失によって他人の**権利又は法律上保護される利益**を侵害した者は、これによって生じた損害を賠償する責任を負う（民法709条）。

イ 妥当である　　所有権を有する者は、**物権的返還請求権**を有する（189条2項、202条1項参照）。これらの条項には「本権の訴え」とあり、物権的請求権のあることを前提としている。

ウ 妥当でない
重　　民法605条の4柱書は、「**不動産の賃借人**は、第605条の2第1項に規定する**対抗要件を備えた場合**において、次の各号に掲げるときは、それぞれ当該各号に定める請求をすることができる。」と規定し、同条2号は、「その不動産を第三者が占有しているとき　**その第三者に対する返還の請求**」を掲げている。

エ 妥当でない　　**占有回収の訴え**（200条1項）をするためには、占有者であることが必要である。本記述では、Bは本問土地の引渡しを受けておらず、占有者とはいえない。

オ 妥当である
重　　賃借人は賃貸人の所有権に基づく**妨害排除請求権**を代位行使（423条1項本文）することができる（大判昭4.12.16）。

正解　　1

問題43　民法上の請負契約に関する次のア～オの記述のうち、妥当なものの組合せはどれか。

ア　特約がない限り、請負人は自ら仕事を完成する義務を負うから、下請負人に仕事を委託することはできない。

イ　注文者は、仕事完成までの間は、損害賠償をすれば、何らの理由なくして契約を解除することができる。

ウ　完成した仕事の目的物である建物が契約の内容に適合しないものであって、契約をした目的が達成できない場合には、注文者は契約を解除することができる。

エ　完成した仕事の目的物である建物が契約の内容に適合しない場合、注文者は修補か、損害賠償のいずれかを選択して請負人に請求することができるが、両方同時に請求することはできない。

オ　最高裁判例によれば、仕事完成までの間に注文者が請負代金の大部分を支払っていた場合でも、請負人が材料全部を供給したときは、完成した仕事の目的物である建物の所有権は請負人に帰属する。

1　ア・イ
2　イ・ウ
3　イ・オ
4　ウ・エ
5　エ・オ

総合テキスト ➡ LINK　Chapter 34　労務提供型契約　その他　[1]

請 負

ア 妥当でない
重

　請負人の仕事完成義務は、**請負人自らが完成させることを内容としていない**。したがって、下請負人に仕事を委託することは許される。

イ 妥当である
超　予

　注文者は**仕事完成までの間**、損害賠償をすれば、自由に契約を解除することができる（民法641条）。注文者が仕事の途中で不要となったものを完成させても、意味がないからである。

ウ 妥当である
重

　請負（632条）は、**有償契約である**が、民法559条本文は、「この節の規定〔売買〕は、売買以外の有償契約について準用する。」と規定している。そして、564条は、「前2条の規定は、第415条〔債務不履行〕の規定による損害賠償の請求並びに第541条〔催告解除〕及び第542条〔無催告解除〕の規定による解除権の行使を妨げない。」と規定しているため、**541条以下の要件を満たせば解除をすることができる**。

　なお、旧民法635条は、「仕事の目的物に瑕疵があり、そのために契約をした目的を達することができないときは、注文者は、契約の解除をすることができる。ただし、建物その他の土地の工作物については、この限りでない。」と規定していた。

エ 妥当でない

　仕事の目的物が**契約の内容に適合しない**ものであった場合、「目的物の修補」による**履行の追完**（559条、562条1項）の**請求**とともに、**債務不履行に基づく**損害賠償請求（559条、564条、415条1項）をすることができる。

オ 妥当でない

　判例は、仕事完成までの間に注文者が**請負代金の大部分を支払っていた**場合は、たとえ請負人が材料全部を供給したときでも、完成建物の**所有権は注文者に帰属する**と推認するのが相当であるとしている（大判昭18.7.20、最判昭46.3.5）。

正解　2

民法

問題44 甲建物（以下「甲」という。）を所有するAが不在の間に台風が襲来し、甲の窓ガラスが破損したため、隣りに住むBがこれを取り換えた場合に関する次の記述のうち、民法の規定および判例に照らし、妥当でないものはどれか。

1 BがAから甲の管理を頼まれていた場合であっても、A・B間において特約がない限り、Bは、Aに対して報酬を請求することができない。

2 BがAから甲の管理を頼まれていなかった場合であっても、Bは、Aに対して窓ガラスを取り換えるために支出した費用を請求することができる。

3 BがAから甲の管理を頼まれていなかった場合であっても、Bが自己の名において窓ガラスの取換えを業者Cに発注したときは、Bは、Aに対して自己に代わって代金をCに支払うことを請求することができる。

4 BがAから甲の管理を頼まれていなかった場合においては、BがAの名において窓ガラスの取換えを業者Dに発注したとしても、Aの追認がない限り、Dは、Aに対してその請負契約に基づいて代金の支払を請求することはできない。

5 BがAから甲の管理を頼まれていた場合であっても、A・B間において特約がなければ、窓ガラスを取り換えるに当たって、Bは、Aに対して事前にその費用の支払を請求することはできない。

総合テキスト LINK Chapter 34 労務提供型契約 その他 ②
Chapter 35 事務管理

事務管理及び委任契約

1 妥当である

重

　BがAから甲の管理を頼まれていた場合、A・B間には**準委任契約が成立**していることになるから、**委任の規定が準用**される（民法656条）。したがって、Bは、特約がなければ、Aに対して報酬を請求することができない（648条1項）。

2 妥当である

　BがAから甲の管理を頼まれていなかった場合、Bの行為は**義務なく他人のために事務の管理を始めるもの**として事務管理に当たり（697条1項）、Bは、Aのために有益な費用を支出したときは、Aに対し、その償還を請求することができる（702条1項）。

3 妥当である

重

　Bの行為が事務管理にあたる場合、民法702条2項により650条2項（代弁済請求権等）が準用され、BがAのために**有益な債務を負担**したときは、本人であるAに対し、**自己に代わって**その弁済をすることを請求することができる（650条2項前段）。窓ガラスの取換えはAのために有益なものであるから、Bは、Aに対して自己に代わって代金をCに支払うことを請求することができる。

4 妥当である

　判例は、事務管理は**管理者と本人との法律関係**であり、事務管理者が本人の名で第三者との間に法律行為をしても、その行為の効果は、当然には本人に及ぶ筋合のものではなく、そのような効果が発生するためには、**代理その他別個の法律関係が伴うことを必要とする**としている（最判昭36.11.30）。Bの行為が事務管理にあたる場合でも、BがAの名でDとした契約の効果は当然にはAに及ばないから、Aの追認がない限り、DはAに代金の支払の請求をすることができない。

5 妥当でない

　本記述では、記述1と同じく準委任契約が成立し委任の規定が準用される（656条）。したがって、Bは、A・B間において特約がなかったとしても、Aに対して、事前に窓ガラスの取換え費用の支払を請求することができる（649条）。

正解 　5

問題45 不法行為の成立に関する次の記述のうち、民法の規定および判例に照らし、妥当なものはどれか。

1 鍵が掛けられていた、他人の自転車を盗んだ者が、その自転車を運転している最中に不注意な運転により第三者に怪我を負わせてしまった場合、自転車の所有者は、第三者に対して不法行為責任を負う。

2 責任能力を有する未成年者が不法行為をなした場合、親権者の未成年者に対して及ぼしうる影響力が限定的で、かつ親権者において未成年者が不法行為をなすことを予測し得る事情がないときには、親権者は、被害者に対して不法行為責任を負わない。

3 飲食店の店員が出前に自動車で行く途中で他の自動車の運転手と口論となり、ついには同人に暴力行為を働いてしまった場合には、事業の執行につき加えた損害に該当せず、店員の使用者は、使用者責任を負わない。

4 請負人がその仕事について第三者に損害を与えてしまった場合、注文者と請負人の間には使用関係が認められるので、注文者は、原則として第三者に対して使用者責任を負う。

5 借家の塀が倒れて通行人が怪我をした場合、塀の占有者である借家人は通行人に対して無過失責任を負うが、塀を直接占有していない所有者が責任を負うことはない。

総合テキスト LINK Chapter 37 不法行為 2 3

不法行為の成立

1 妥当でない　故意又は過失によって他人の権利又は法律上保護される利益を侵害した者は、これによって生じた損害を賠償する責任を負う（民法709条）。本記述では、自転車の所有者は、第三者が怪我を負ったことにつき過失がないため、不法行為責任を負わない。

2 妥当である　未成年者が**責任能力を欠く**ために責任を負わない場合において、その責任無能力者を監督する法定の義務を負う者は、原則として、その責任無能力者が第三者に加えた損害を賠償する責任を負う（714条1項本文）。また、未成年者が**責任能力を有する場合**であっても、監督義務者の義務違反と当該**未成年者の不法行為によって生じた結果**との間に相当因果関係があるときは、監督義務者につき709条に基づく不法行為責任が生じる（最判昭49.3.22）。しかし、親権者の未成年者に対して及ぼし得る影響力が限定的で、かつ親権者において未成年者が不法行為をなすことを予測し得る事情がないときには、監督義務違反は認められず、親権者は不法行為責任を負わない（最判平18.2.24）。

3 妥当でない
重　ある事業のために他人を使用する者は、原則として、被用者がその事業の執行について第三者に加えた損害を賠償する責任を負う（715条1項本文）。この「事業の執行について」は、事業の執行そのものと、これに関連して行われる行為を含む。判例は、すし屋の店員が自動車で出前中に他車の運転手と口論になり、相手を怪我させた行為について、「事業の執行行為を契機とし、これと密接な関連を有すると認められる行為」にあたるとして、使用者責任を認めている（最判昭46.6.22）。

4 妥当でない　注文者は、注文又は指図についてその注文者に過失があったときを除き、請負人がその仕事について第三者に加えた損害を賠償する責任を負わない（716条）。これは、請負人は自らの責任で仕事を完成させる義務を負うため、請負人と注文者とは715条にいう被用者と使用者の関係に立たないことを注意的に規定したものである。

5 妥当でない　土地の工作物の設置又は保存に瑕疵があることによって他人に損害を生じたときは、その工作物の占有者は、被害者に対してその損害を賠償する責任を負う（717条1項本文）。ただし、**占有者が損害の発生を防止するのに必要な注意をしたときは、所有者が**その損害を賠償しなければならない（同項ただし書）。したがって、占有者は無過失責任を負うわけではないし、所有者は、占有者が責任を負わない場合は無過失責任を負うことになる。

正解　2

問題46　不法行為に基づく損害賠償に関する次のア～オの記述のうち、民法の規定および判例に照らし、正しいものの組合せはどれか。

ア　使用者Aが、その事業の執行につき行った被用者Bの加害行為について、Cに対して使用者責任に基づき損害賠償金の全額を支払った場合には、AはBに対してその全額を求償することができる。

イ　Dの飼育する猛犬がE社製の飼育檻から逃げ出して通行人Fに噛みつき怪我を負わせる事故が生じた場合において、Dが猛犬を相当の注意をもって管理をしたことを証明できなかったとしても、犬が逃げ出した原因がE社製の飼育檻の強度不足にあることを証明したときは、Dは、Fに対する損害賠償の責任を免れることができる。

ウ　Gがその所有する庭に植栽した樹木が倒れて通行人Hに怪我を負わせる事故が生じた場合において、GがHに損害を賠償したときは、植栽工事を担当した請負業者Iの作業に瑕疵があったことが明らかな場合には、GはIに対して求償することができる。

エ　運送業者Jの従業員Kが業務として運転するトラックとLの運転する自家用車が双方の過失により衝突して、通行人Mを受傷させ損害を与えた場合において、LがMに対して損害の全額を賠償したときは、Lは、Kがその過失割合に応じて負担すべき部分について、Jに対して求償することができる。

オ　タクシー会社Nの従業員Oが乗客Pを乗せて移動中に、Qの運転する自家用車と双方の過失により衝突して、Pを受傷させ損害を与えた場合において、NがPに対して損害の全額を賠償したときは、NはOに対して求償することはできるが、Qに求償することはできない。

1　ア・イ
2　ア・ウ
3　イ・ウ
4　ウ・エ
5　エ・オ

総合テキスト LINK　Chapter 37　不法行為　③

不法行為

ア 誤 り
重

ある事業のために他人を使用する者は、被用者がその事業の執行について第三者に加えた損害を賠償する責任を負う（民法715条1項本文）。そして、賠償をした使用者は被用者に対して、**求償権**を行使することができる（同条3項）。求償権の範囲について、判例は、損害の公平な分担という見地から、**信義則上相当と認められる限度**においてのみ、被用者に対して求償することを認めている（最判昭51.7.8）。したがって、使用者Aは被用者Bに対して**損害賠償の全額を求償することができるわけではない**。

イ 誤 り
捨

動物の占有者は、原則として、その動物が他人に加えた損害について賠償する責任を負うが（718条1項本文）、動物の種類及び性質に従い**相当の注意をもってその管理をしたとき**は、損害賠償責任を負わない（同項ただし書）。動物の占有者が相当の注意をもって管理をしたことを証明できなかったとしても、損害の原因が第三者にあることを証明すれば、動物の占有者は損害賠償責任を免れる旨の規定はない。したがって、Dが猛犬を相当の注意をもって管理をしたことを証明できなかった以上、たとえ犬が逃げ出した原因がE社製の飼育檻の強度不足にあることを証明したとしても、Dは、Fに対する損害賠償責任を免れることはできない。

ウ 正しい

竹木の栽植又は支持に瑕疵がある場合、その竹木の占有者もしくは所有者は損害賠償責任を負う（717条2項・1項）。もっとも、**損害の原因についてほかにその責任を負う者**があるときは、占有者又は所有者は、その者に対して求償権を行使することができる（同条3項）。したがって、樹木の植栽工事を担当したIの作業に瑕疵があったことが明らかな場合には、Gは、Iに対して求償することができる。

エ 正しい

被用者がその使用者の事業の執行につき第三者との共同の不法行為により他人に損害を加えた場合において、上記の第三者が自己と被用者との過失割合に従って定められるべき自己の負担部分を超えて被害者に損害を賠償したときは、上記の第三者は、被用者の負担部分について使用者に対し求償することができる（最判昭63.7.1）。したがって、LはKがその過失割合に応じて負担すべき部分について、Jに対して求償することができる。

オ 誤 り

使用者が被用者に求償することができるのは、記述アのとおりである。そして、使用者は、被用者と第三者の共同過失によって引き起こされた交通事故による損害を賠償したときは、被用者と第三者の**過失割合**に従って定められる第三者の負担部分について第三者に対して求償することができるとする（最判昭41.11.18）。したがって、NがPに対して損害の全額を賠償したときは、Qに対しても求償することができる。

正解	4

民法

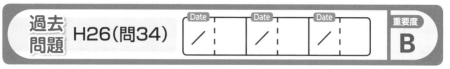
問題47　生命侵害等に対する近親者の損害賠償請求権に関する次の記述のうち、民法の規定および判例に照らし、妥当なものはどれか。

1　他人の不法行為により夫が即死した場合には、その妻は、相続によって夫の逸失利益について損害賠償請求権を行使することはできない。

2　他人の不法行為により夫が死亡した場合には、その妻は、相続によって夫本人の慰謝料請求権を行使できるので、妻には固有の慰謝料請求権は認められていない。

3　他人の不法行為により、夫が慰謝料請求権を行使する意思を表明しないまま死亡した場合には、その妻は、相続によって夫の慰謝料請求権を行使することはできない。

4　他人の不法行為により死亡した被害者の父母、配偶者、子以外の者であっても、被害者との間にそれらの親族と実質的に同視し得る身分関係が存在するため被害者の死亡により甚大な精神的苦痛を受けた場合には、その者は、加害者に対して直接固有の慰謝料請求をすることができる。

5　他人の不法行為により子が重い傷害を受けたために、当該子が死亡したときにも比肩しうべき精神上の苦痛をその両親が受けた場合でも、被害者本人は生存しており本人に慰謝料請求権が認められるので、両親には固有の慰謝料請求権は認められていない。

総合テキスト LINK　Chapter 37　不法行為　2

不法行為

1 妥当でない

被害者が即死した場合であっても、傷害と死亡との間に観念上の時間の間隔があるから被害者には受傷の瞬間に損害賠償請求権が発生し、**被害者の死亡により相続人に承継される**（大判大 15.2.16）。

2 妥当でない

近親者である配偶者には、他人の生命を侵害した者に対する**固有の慰謝料請求権**が認められている（民法 711 条）。

3 妥当でない

他人の不法行為によって財産以外の損害を被った者は、損害の発生と同時に慰謝料請求権を取得する。そのため、同人が生前に請求の意思を表明していなかったとしても、特別の事情がない限り、**当該慰謝料請求権は当然に相続人に承継され**、その相続人はこの慰謝料請求権を行使することができる（最大判昭 42.11.1）。

4 妥当である

民法 711 条所定の者と実質的に同視できる**身分関係**が存し、被害者の死亡により甚大な精神的苦痛を受けた者は、711 条類推適用により慰謝料請求をすることができる（最判昭 49.12.17）。

5 妥当でない

不法行為により身体に傷害を受けた者の近親者が、そのために**被害者の生命侵害（711 条）の場合にも比肩し得べき精神上の苦痛を受けたとき**は、709 条、710 条に基づいて自己の権利として慰謝料を請求することができる（最判昭 33.8.5）。

正解	4

問題48　婚姻に関する次の記述のうち、判例の趣旨に照らして、誤っているものはどれか。

1　婚姻の届出は戸籍吏に受理されれば完了し、戸籍簿に記入されなくても婚姻は成立する。

2　配偶者のある者が重ねて婚姻をしたときは、重婚関係を生ずるが、後婚は当然には無効となるものではなく、取り消し得るものとなるにすぎない。

3　内縁を不当に破棄された者は、相手方に対して、婚姻予約の不履行を理由に損害賠償を請求することができるとともに、不法行為を理由に損害賠償を請求することもできる。

4　事実上の夫婦共同生活関係にある者が婚姻意思を有し、その意思に基づいて婚姻の届書を作成したときは、届書の受理された当時意識を失っていたとしても、その受理前に翻意したなど特段の事情のない限り、届書の受理により婚姻は有効に成立する。

5　婚姻の届出が単に子に嫡出子としての地位を得させるための便法として仮託されたものにすぎないときでも、婚姻の届出自体については当事者間に意思の合致があれば、婚姻は効力を生じ得る。

総合テキスト ⇨ LINK　Chapter 39　夫婦関係　①

婚　姻

1 正しい

捨

　　婚姻の届出は戸籍吏に**受理**されれば完了し、戸籍簿に記入されなくても婚姻は成立する（大判昭 16.7.29）。

2 正しい

重

　　配偶者のある者が重ねて婚姻をしたときは、重婚関係を生ずるが（民法 732 条参照）、**後婚**は当然には無効となるものではなく、**取り消し得るものとなるにすぎない**（732 条、744 条　大判昭 17.7.21）。

3 正しい

　　内縁を不当に破棄された者は、相手方に対して、婚姻予約の**不履行を理由に損害賠償を請求**することができるとともに、**不法行為を理由に損害賠償を請求**することもできる（最判昭 33.4.11）。

4 正しい

　　当事者が届書の作成当時**婚姻意思を有していれば**、届書受理当時意識を失っていたとしても、婚姻は有効に成立する（最判昭 44.4.3）。

5 誤 り

予

　　婚姻の届出自体については当事者間に意思の合致があっても、それが単に**子に嫡出子としての地位を得させるための便法として仮託されたにすぎないときは、婚姻は効力を生じない**（最判昭 44.10.31）。婚姻が成立するためには、社会通念上夫婦と認められる関係を形成しようとする意思が必要だからである。

正解	5

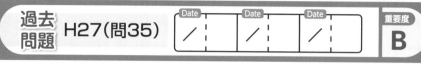
問題49　婚約、婚姻および離婚に関する以下の相談に対する回答のうち、民法の規定および判例に照らし、妥当なものの組合せはどれか。

ア　＜相談＞　私はAとの婚約にあたりAに対して結納金100万円を贈与したのですが、結局婚姻に至りませんでした。私はAに対して結納金100万円の返還を請求できるでしょうか。
　　＜回答＞　結納は婚姻の成立を確証し、併せて当事者間の情宜を厚くする目的で授受される一種の贈与とされています。婚姻が解消された場合には原則として返還すべきものですので、あなたには結納金の返還を請求できる権利があります。

イ　＜相談＞　私は事実婚状態にあったBと合意のうえ入籍することにして婚姻届を作成しましたが、提出前にBは交通事故に遭い、現在昏睡状態にあります。こうした状態でも先に作成した婚姻届を提出すれば、私はBと正式に婚姻できるのでしょうか。
　　＜回答＞　判例によれば、婚姻が有効に成立するためには、届出時点における当事者の婚姻意思が必要です。婚姻届作成後に翻意したというような特段の事情がないとしても、現在Bは意思能力を欠いた状態ですので、婚姻届を提出したとしても婚姻の効力は生じません。

ウ　＜相談＞　私は配偶者Cとの間に子がいますが、Cは5年前に家を出て他で生活しており、子の養育費はすべて私が負担しています。Cに対して離婚訴訟を提起するにあたり、併せてこの間の養育費の支払いを求めることができるでしょうか。
　　＜回答＞　子の監護に要する費用は、婚姻から生じる費用です。婚姻費用の請求は婚姻の継続を前提とする請求であるのに対して、離婚訴訟は婚姻の解消を目指す訴訟ですから、このように性質が異なる訴訟を一緒に行うことはできません。離婚を申し立てる前に、監護費用の支払いを求める訴えを別途提起する必要があります。

エ　＜相談＞　私と配偶者であるDとの婚姻関係は既に破綻しており、離婚にむけて協議を進めています。D名義のマンションを私に贈与することをDと私とは書面により合意したのですが、離婚届を提出する前日になって、Dは、この贈与契約を取り消すと言ってきました。Dの取り消しは認められるのでしょうか。
　　＜回答＞　民法の規定によれば夫婦間の契約は婚姻中いつでも取り消すことができますが、その趣旨は、夫婦間の約束事に法は介入すべきではなく、当事者の道義に委ねるべきだというものです。婚姻が実質的に破綻しているような場合にはこの趣旨は妥当しませんので、Dはマンションの贈与契約を取り消すことができません。

　　1　ア・イ　　　2　ア・エ　　　3　イ・ウ　　　4　イ・エ　　　5　ウ・エ

総合テキスト LINK　Chapter 39　夫婦関係　1

婚約・婚姻・離婚

ア 妥当である　結納は、婚約の成立を確証し、あわせて、婚姻が成立した場合に当事者ないし当事者両家間の情宜を厚くする目的で授受される一種の贈与であり（最判昭39.9.4）、婚約が解除され、婚姻に至らなかった場合には、**不当利得として返還すべきものとされている**（大判大6.2.28）。なお、法律上の婚姻が成立した場合には、その後結納の受領者たる妻の申出により協議離婚するに至ったとしても、妻には結納を返還すべき義務はないとされる（前掲最判昭39.9.4）。

イ 妥当でない　婚姻は、戸籍法の定めるところにより届け出ることによって、その効力を生ずる（民法739条1項）が、当事者間に婚姻をする意思がないときは、婚姻は無効となる（742条1号）。この点について、判例は、事実上の夫婦共同生活関係にある者が、**婚姻意思を有し、その意思に基づいて婚姻の届書を作成したとき**は、届書の受理された当時意識を失っていたとしても、その受理前に翻意したなど特段の事情のない限り、当該届書の受理により**婚姻は有効に成立**するとしている（最判昭44.4.3）。

ウ 妥当でない
難　離婚の訴えにおいて、別居後単独で子の監護にあたっている当事者から他方の当事者に対し、別居後離婚までの期間における子の監護費用の支払を求める旨の申立てがあった場合には、裁判所は、離婚請求**を認容するに際し、当該申立てに係る子の監護費用**（771条・766条1項）**の支払を命ずることができる**（最判平9.4.10）。したがって、本記述のように、離婚を申し立てる前に、監護費用の支払を求める訴えを別途提起する必要があるというわけではない。

エ 妥当である
重　夫婦間でした契約は、**婚姻中、**いつでも、夫婦の一方からこれを取り消すことができる（754条本文）。ただし、本記述で述べられているような民法754条の趣旨から、**夫婦関係が破綻に瀕しているような場合**になされた夫婦間の贈与については、同条の規定の適用はなく、当事者はこれを取り消すことができないとされている（最判昭33.3.6）。

正解　2

過去問題 H22(問34)改題 Date / Date / Date /

重要度 **A**

問題50　A男と、B女が出産したCとの関係に関する次の記述のうち、民法の規定又は判例に照らし、誤っているものはどれか。

1　AとBの内縁関係の継続中にBがCを出産し、AによってCを嫡出子とする出生届がなされた場合において、誤ってこれが受理されたときは、この届出により認知としての効力が生ずる。

2　Bは、Aとの内縁関係の継続中に懐胎し、その後、Aと適法に婚姻をし、婚姻成立後150日を経てCを出産した場合において、AがCとの間に父子関係が存在しないことを争うには、嫡出否認の訴えによらなければならない。

3　Bは、Aと離婚した後250日を経てCを出産したが、Aは、離婚の1年以上前から刑務所に収容されていた場合において、Aは、Cとの父子関係を争うためには嫡出否認の訴えによらなければならない。

4　Aによる嫡出否認の訴えは、AがCの出生を知った時から3年以内に提起しなければならない。

5　Aが嫡出否認の訴えを提起する場合において、Cが幼少で意思能力を有せず、かつ、Bがすでに死亡しているときには、Cの未成年後見人がいるときであっても、家庭裁判所が選任した特別代理人を相手方とする。

総合テキスト ⇨ LINK　Chapter 40　親子関係　②

親子関係

1 正しい　判例は、嫡出でない子につき、父から、これを嫡出子とする出生届がされ、又は嫡出でない子としての出生届がされた場合において、上記各出生届が戸籍事務管掌者によって受理されたときは、その各届出は、**認知届としての効力を有する**とする（最判昭 53.2.24）。

2 正しい
予
　女が婚姻前に懐胎した子であって、婚姻が成立した後に生まれたものは、当該婚姻における夫の子と推定される（民法 772条 1 項）。そして、嫡出の推定を受ける子との父子関係を争うには、嫡出否認の訴えによらなければならない。

3 誤 り　判例は、離婚による婚姻解消後 300 日以内に出生した子であっても、母とその夫とが、離婚の届出に先だち約 2 年半以前から事実上の離婚をして別居し、全く交渉を絶って、夫婦の実態が失われていた場合には、民法 772 条による嫡出の推定を受けないものと解している（最判昭 44.5.29）。したがって、本記述の父子関係を争うには、親子関係不存在確認の訴えによらなければならない。

4 正しい
重
　嫡出否認の訴えは、父が提起する場合、**父が子の出生を知った時から 3 年以内**に提起しなければならない（777 条 1 号）。

5 正しい　父の嫡出の否認権は、子又は親権を行う母に対する嫡出否認の訴えによって行う（775 条 1 項 1 号）。親権を行う母がないときは、家庭裁判所の選任した特別代理人に対して行う（同条 2 項）。したがって、A の提起する嫡出否認の訴えは、C の未成年後見人ではなく、家庭裁判所が選任した特別代理人を相手方とする。

正解	3

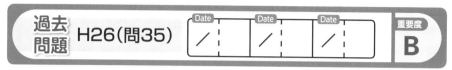
問題51　利益相反行為に関する以下の記述のうち、民法の規定および判例に照らし、妥当なものの組合せはどれか。

ア　親権者が、共同相続人である数人の子を代理して遺産分割協議をすることは、その結果、数人の子の間の利害の対立が現実化しない限り、利益相反行為にはあたらない。

イ　親権者である母が、その子の継父が銀行から借り入れを行うにあたり、子の所有の不動産に抵当権を設定する行為は、利益相反行為にあたる。

ウ　親権者が、自己の財産を、子に対して有償で譲渡する行為は当該財産の価額の大小にかかわらず利益相反行為にあたるから、その子の成年に達した後の追認の有無にかかわらず無効である。

エ　親権者が、自らが債務者となって銀行から借り入れを行うにあたって、子の所有名義である土地に抵当権を設定する行為は、当該行為がどのような目的で行なわれたかに関わりなく利益相反行為にあたる。

オ　親権者が、他人の金銭債務について、連帯保証人になるとともに、子を代理して、子を連帯保証人とする契約を締結し、また、親権者と子の共有名義の不動産に抵当権を設定する行為は、利益相反行為にあたる。

1　ア・イ
2　ア・エ
3　イ・ウ
4　ウ・エ
5　エ・オ

総合テキスト LINK　Chapter 40　親子関係　4

利益相反行為

　親権を行う父又は母とその子との利益が相反する行為については、親権を行う者は、その子のために特別代理人を選任することを家庭裁判所に請求しなければならない（民法826条1項）。また、親権を行う者が数人の子に対して親権を行う場合において、その1人と他の子との利益が相反する行為については、親権を行う者は、その一方のために特別代理人を選任することを家庭裁判所に請求しなければならない（同条2項）。本問は、利益相反行為に関する判例の知識を問う問題である。

ア 妥当でない
重
　親権者が共同相続人である**数人の子を代理して遺産分割の協議をすることは、利益相反行為にあたる**（最判昭48.4.24）。

イ 妥当でない
難
　親権者である母が子の継父である夫の債務のために子の所有する不動産に抵当権を設定する行為は、利益相反行為にあたらない（最判昭35.7.15）。

ウ 妥当でない
予
　親権者が利益相反行為につき子を代理した行為は、**無権代理行為**となる。したがって、成年に達した子が**追認**すれば有効となる（116条、大判昭11.8.7）。

エ 妥当である
超
　利益相反行為に該当するか否かは、**親権者が子を代理してした行為自体を外形的・客観的に考察**して判定すべきであるため（最判昭42.4.18）、たとえ、行為の目的が子のためになるとしても、利益相反行為に該当する（最判昭37.10.2参照。子の養育費に充当する意図で親権者が借入金をなした事案）。

オ 妥当である
　第三者の金銭債務について、親権者が自ら**連帯保証をするとともに、子を代理した連帯保証債務負担行為及び抵当権設定行為は利益相反行為にあたる**（最判昭43.10.8）。

正解 　5

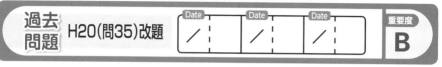
問題52　養子縁組に関する次の記述のうち、民法の規定及び判例に照らし、妥当でないものはどれか。

1　配偶者のある者が成年者を養子とする場合には、原則として配偶者の同意を得なければならないが、配偶者がその意思を表示することができない場合には、その同意を得ないで縁組をすることができる。

2　配偶者のある者が未成年者を養子とする場合には、原則として配偶者と共に縁組をしなければならないが、配偶者の嫡出である子を養子とする場合には、単独で縁組をすることができる。

3　配偶者のある者が未成年者を養子とする場合には、原則として配偶者と共に縁組をしなければならないが、配偶者がその意思を表示することができない場合には、単独で縁組をすることができる。

4　真実の親子関係がない親から嫡出である子として出生の届出がされている場合には、その出生の届出は無効であるが、その子が成年に達した後はその出生の届出を養子縁組の届出とみなすことができる。

5　真実の親子関係がない戸籍上の親が15歳未満の子について代諾による養子縁組をした場合には、その代諾による縁組は一種の無権代理によるものであるから、その子は、15歳に達した後はその縁組を追認することができる。

養子縁組

1 妥当である　そのとおりである（民法796条）。

2 妥当である
3 妥当である　いずれもそのとおりである（795条）。

4 妥当でない
重　養子とする意思で他人の子を嫡出子**として**届け出た場合、事実上親子関係が持続されていても、それによって**養子縁組が成立することはない**（最判昭25.12.28）。

5 妥当である　真実の親ではない戸籍上の親の代諾は、一種の無権代理と解されるから、養子は満15歳に達した後は、縁組を有効に追認することができる（最判昭27.10.3）。

正解　4

問題53　Aは、海外出張に出かけたが、帰国予定の日に帰国しないまま長期間が経過した。その間、家族としては関係者および関係機関に問い合わせ、可能な限りの捜索をしたが、生死不明のまま出張から10年以上が経過した。そこで、Aについて、Aの妻Bの請求に基づき家庭裁判所によって失踪宣告がなされた。Aの相続人としては、妻Bおよび子Cの2人がいる場合に関する次のア～オの記述のうち、民法の規定および判例に照らし、妥当なものの組合せはどれか。

ア　BがAの出張前にAから誕生日に宝石をプレゼントされていたときは、Aの相続開始とされる時においてAが有していた財産の価額に、その宝石の価額を加えたものを相続財産とみなし、Bの相続分の中からその宝石の価額を控除した残額をもってBの相続分とする。

イ　Aの相続についての限定承認は、BとCが共同してのみ家庭裁判所に申述することができる。

ウ　Aの遺言が存在した場合に、その遺言の効力は、Aの生死が不明になった時から7年の期間が満了した時からその効力を生ずる。

エ　CがAの失踪宣告前にAの無権代理人としてA所有の土地および建物をDに売却した場合に、BがCと共同して追認をしないときでも、当該無権代理行為は有効となる。

オ　Aについて失踪宣告がなされた後にBはD男と婚姻したが、その後、失踪宣告が取り消された場合に、A・B間の婚姻とB・D間の婚姻は、戸籍の上では共に存在することになるが、両者の婚姻は、当然には無効とならず、共に重婚を理由として取り消し得るにすぎない。

1　ア・イ　　2　ア・オ　　3　イ・ウ　　4　ウ・エ　　5　エ・オ

総合テキスト LINK　Chapter 3　権利の主体　①
　　　　　　　　　　Chapter 41　相続法総説　③④

ア 妥当でない　特別受益者とは、被相続人から、遺贈を受け、又は婚姻若しくは養子縁組のため若しくは生計の資本として贈与を受けた者である（民法903条1項）。そして、婚姻・養子縁組のための贈与とは、**持参金・支度金**などのことである。また、生計の資本としての贈与は、広く生計の基礎として役立つ財産上の給付で、扶養義務の範囲を超えるものを指す。よって、誕生日にプレゼントされた宝石は含まれない。したがって、Bの相続分から宝石の価額は控除されない。

イ 妥当である
超　相続人が数人あるときは、限定承認は、共同相続人の全員が共同してのみこれをすることができる（923条）。

ウ 妥当である　失踪の宣告を受けた者は、生死が明らかでない**7年間**の期間が**満了した時**に、死亡したものとみなされる（31条、30条1項）。そして、遺言は、**遺言者の死亡**の時からその効力を生ずる（985条1項）。

エ 妥当でない
超　無権代理人が本人を共同相続した場合、共同相続人全員が共同して**無権代理行為を追認**しない限り、無権代理人の相続分に相当する部分においても、無権代理行為が当然に有効となるものではない（最判平5.1.21）。したがって、Bと無権代理人CがAを共同相続しても、当然に無権代理行為が有効となるものではない。

オ 妥当でない　失踪宣告後、残存配偶者が再婚している場合、再婚当事者双方が善意であれば前婚は復活しない（32条1項後段）。また、再婚当事者の一方でも悪意の場合、失踪宣告の取消しにより前婚が復活して重婚状態を生じ、後婚につき**取消原因**（744条、732条）、前婚につき離婚原因となる。したがって、A・B間の婚姻とB・D間の婚姻が、ともに重婚を理由とする取消原因になるわけではない。

正解　3

問題54　Aが死亡した場合の法定相続に関する次のア〜オの記述のうち、正しいものの組合せはどれか。なお、Aの死亡時には、配偶者B、Bとの間の子C及びAの母Dがいるものとする。

ア　Aの死亡と近接した時にCも死亡したが、CがAの死亡後もなお生存していたことが明らかでない場合には、反対の証明がなされない限り、Aを相続するのはB及びDである。

イ　Aが死亡した時点でCがまだ胎児であった場合には、Aを相続するのはB及びDであるが、その後にCが生まれてきたならば、CもB及びDとともにAを相続する。

ウ　Aにさらに養子Eがいる場合には、Aを相続するのはB、C及びEであり、Eの相続分はCの相続分に等しい。

エ　Aが自己に対する虐待を理由に家庭裁判所にCの廃除を請求して、家庭裁判所がこれを認めた場合には、たとえCに子Fがいたとしても、FはCを代襲してAの相続人となることはできず、Aを相続するのはB及びDである。

オ　Cが相続の放棄をした場合において、Cに子Fがいるときには、Aを相続するのはBだけでなく、FもCを代襲してAの相続人となる。

1　ア・ウ
2　ア・エ
3　イ・エ
4　イ・オ
5　ウ・オ

ア 正しい
重

　数人の者が死亡した場合において、**そのうちの1人が他の者の死亡後になお生存していたことが明らかでないときは**、これらの者は、**同時に死亡したものと推定される**（民法32条の2）。したがって、同時死亡者相互間では相続関係は生じないから、反対の証明がなされないときには、CはAを相続せず、Aの相続人はB及びDとなる（889条1項1号、890条前段）。

イ 誤 り
重

　胎児は、①相続（886条1項）、②遺贈（965条）及び③不法行為に基づく損害賠償の請求（721条）については、**すでに生まれたものとみなされる**。したがって、Cが生きて生まれた場合、相続人は配偶者B（890条前段）と子C（887条1項）となり、母Dは相続人とはならない（889条1項柱書）。

ウ 正しい

　養子は、**縁組の日から養親の嫡出子の身分を取得する**（809条）。したがって、養子であるEと嫡出子であるCの相続分は等しいものとなる。

エ 誤 り
重

　遺留分を有する推定相続人が、被相続人に対して虐待をし、若しくはこれに重大な侮辱を加えたとき、又は推定相続人にその他の著しい非行があったときは、被相続人はその推定相続人の廃除を家庭裁判所に請求できる（892条）。そして、この推定相続人の廃除がされた場合、**当該推定相続人の子が代襲して相続人となる**（887条2項本文）。したがって、Aの相続人はB及びFとなる。

オ 誤 り
重

　被相続人の死亡以前に相続人となるべき子が死亡し、又は欠格、廃除により相続権を失ったときは、その者の子がその者に代わって、その者が受けるはずであった相続分を相続することができる（代襲相続　887条2項本文）。しかし、自らの意思によって相続人でなくなる相続放棄の場合は、**代襲原因にならないため**、Aの相続人はB及びDとなる。

正解	1

民法

問題55　相続欠格と相続人の廃除に関する次のア～オの記述のうち、妥当なものの組合せはどれか。

ア　相続欠格においては、その対象者となりうるのは全ての推定相続人であるが、相続人の廃除においては、その対象者となるのは遺留分を有する推定相続人に限られる。

イ　相続欠格においては、その効果は一定の欠格事由があれば法律上当然に生ずるが、相続人の廃除においては、その効果は被相続人からの廃除請求による家庭裁判所の審判の確定によって生ずる。

ウ　相続欠格においては、被相続人および同順位相続人は欠格の宥恕をすることができるが、相続人の廃除においては、被相続人は審判確定後は家庭裁判所にその取消しを請求することはできない。

エ　相続欠格においては、被相続人の子が欠格者となった場合には、欠格者の子は代襲相続人となることができないが、相続人の廃除においては、被相続人の子について廃除が確定した場合でも、被廃除者の子は代襲相続人となることができる。

オ　相続欠格においては、その効果としてすべての相続にかかわる相続能力が否定されるが、相続人の廃除においては、その効果として廃除を請求した被相続人に対する相続権のみが否定される。

　　1　ア・イ
　　2　ア・ウ
　　3　イ・エ
　　4　ウ・オ
　　5　エ・オ

総合テキスト LINK　Chapter 41　相続法総説　2

相続欠格・廃除

ア 妥当である
重

　相続欠格においては、すべての推定相続人がその対象となる（民法891条）が、相続**廃除**においては、**遺留分を有する推定相続人のみ**がその対象となる（892条）。

イ 妥当である
重

　相続欠格は、民法891条1号から5号までに該当する欠格事由があれば、法律上当然にその効果が生ずるが、相続廃除は、892条の定める事由があれば、被相続人は、その推定相続人の廃除を家庭裁判所に請求することができる。

ウ 妥当でない

　被相続人は、いつでも、推定相続人の**廃除の取消し**を家庭裁判所に請求することができる（894条1項）。なお、相続欠格においては、民法には規定がないものの、被相続人が相続欠格者の行為を許し、相続権を回復させるという宥恕（ゆうじょ）が認められるとする見解もある。

エ 妥当でない

　被相続人の子が、**相続の開始以前に死亡**したとき、又は**相続欠格事由**に該当し、若しくは**廃除**によって、その相続権を失ったときは、その者の子がこれを**代襲**して相続人となる（887条2項本文）。

オ 妥当でない

　相続欠格・相続廃除の効果は**相対的**であり、特定の被相続人と相続人との間でのみ生じ、他の被相続人との関係にまで及ばない（891条、892条、893条参照）ため、すべての相続にかかわる相続能力が否定されるわけではない。したがって、前段部分が妥当でない。

正解	1

Chapter

26 遺留分

問題56 遺留分侵害額請求権に関する次の記述のうち、判例の趣旨に照らして妥当でないものはどれか。

1　遺留分侵害額請求権は、権利行使の確定的意思を有することを外部に表明したと認められる特段の事情がある場合を除き、債権者代位権の目的とすることができない。

2　遺留分侵害額請求権の行使は、受遺者又は受贈者に対する意思表示によってすれば足り、必ずしも裁判上の請求による必要はなく、いったんその意思表示がなされた以上、法律上当然に金銭債権が生じる。

3　被相続人の全財産が相続人の一部の者に遺贈された場合において、遺留分侵害額請求権を有する相続人が、遺贈の効力を争うことなく、遺産分割協議の申入れをしたときは、特段の事情のない限り、その申入れには遺留分侵害額請求の意思表示が含まれる。

4　相続人が被相続人から贈与された金銭をいわゆる特別受益として遺留分算定の基礎となる財産の価額に加える場合には、贈与の時の金額を相続開始のときの貨幣価値に換算した価額をもって評価するべきである。

5　遺言者の財産全部についての包括遺贈に対して遺留分権利者が遺留分侵害額請求権を行使した場合には、遺留分権利者に帰属する権利は、遺産分割の対象となる相続財産としての性質を有すると解される。

総合テキスト LINK　Chapter 41　相続法総説　2
Chapter 44　遺留分　2

遺留分侵害額請求権

1 妥当である
重

　遺留分減殺請求権は、遺留分権利者がこれを第三者に譲渡する等、権利行使の確定的意思を有することを外部に表明したと認められる**特段の事情がある場合を除き、債権者代位の目的とすることができない**（最判平13.11.22）。改正後の遺留分侵害額請求権（民法1046条1項）についても、同判決が妥当する。したがって、本記述は妥当である。

2 妥当である

　遺留分侵害額請求権は、形成権と解されているところ、遺留分を侵害した**受遺者や受贈者に対する**行使の意思表示によって、遺留分侵害額に相当する金銭支払請求権が発生する（1046条1項）。したがって、本記述は妥当である。

3 妥当である
捨

　被相続人の**全財産が**相続人の一部の者に遺贈された場合において、遺留分減殺請求権を有する相続人が、遺贈の効力を争うことなく、遺産分割協議の申入れをしたときは、**特段の事情のない限り**、その申入れには**遺留分減殺の意思表示が含まれている**（最判平10.6.11）。改正後の遺留分侵害額請求権も遺産分割協議とは要件・効果を異にするため、同判決が妥当する。したがって、本記述は妥当である。

4 妥当である
捨

　相続人が被相続人から贈与された金銭をいわゆる特別受益として遺留分算定の基礎となる財産の価額に加える場合には、贈与の時の金額を相続開始の時の貨幣価値に換算した価額をもって評価すべきである（最判昭51.3.18）。したがって、本記述は妥当である。

5 妥当でない

　改正後の民法1046条1項では、改正前の物権的効果が改められ、遺留分を侵害された者が相手方に対して固有の遺留分侵害額に相当する**金銭債権が発生**し、権利行使によって得た金銭を、遺留分権利者が**自己固有の財産**として保持することになる。したがって、遺産分割の対象となる相続財産としての性質を有すると解されるとする本記述は妥当でない。

正解 　5

問題57 無償契約に関する次の記述のうち、民法の規定及び判例に照らし、妥当なものはどれか。

1 定期の給付を目的とする贈与は、贈与者又は受贈者の死亡によって、その効力を失う。

2 贈与者は、贈与契約の内容にかかわらず、贈与の目的物を特定した時の状態で引き渡せば、債務不履行責任を負うことはない。

3 使用貸借においては、借用物の通常の必要費については借主の負担となるのに対し、有益費については貸主の負担となり、その償還の時期は使用貸借の終了時であり、貸主の請求により裁判所は相当の期限を許与することはできない。

4 委任が無償で行われた場合、受任者は委任事務を処理するにあたり、自己の事務に対するのと同一の注意をもってこれを処理すればよい。

5 寄託が無償で行われた場合、受寄者は他人の物を管理するにあたり、善良なる管理者の注意をもって寄託物を保管しなければならない。

無償契約

1 妥当である
重

定期の給付を目的とする贈与は、贈与者又は受贈者の死亡によって、その効力を失う（民法 552 条）。

2 妥当でない

民法 551 条 1 項は、「贈与者は、贈与の目的である物又は権利を、贈与の目的として特定した時の状態で引き渡し、又は移転することを約したものと推定する。」と規定している。これは、贈与の無償性から、贈与契約の内容を推定した規定である。したがって、**個々の具体的な贈与契約の解釈**を通じて、同項の推定**が覆された場合**には、贈与者は、債務不履行責任を負うことがある。

3 妥当でない

借主は、借用物の通常の必要費を負担する（595 条 1 項）。また、有益費については、借主は、貸主が返還を受けた時から 1 年以内にその償還を請求できるが（600 条 1 項）、裁判所は、貸主の請求により、その償還について相当の期限を許与することができる（595 条 2 項・583 条 2 項ただし書）。

4 妥当でない
重

受任者は、委任の本旨に従い、**善良な管理者の注意をもっ**て、委任事務を処理する義務を負う（644 条）。

5 妥当でない

無報酬の受寄者は、**自己の財産に対するのと同一の注意**をもって、寄託物を保管する義務を負う（659 条）。

正解 1

問題58　Aは、B所有の甲土地について地上権の設定を受けて、同土地上に乙建物を建築した。Aが同建物を建築するについては、そのための資金としてC銀行から融資を受けた。この場合に関する次の記述のうち、正しいものはどれか。

1　A・B間では賃借権ではなく地上権が設定されたので、その存続期間については、借地借家法の適用はなく民法の規定が適用される。

2　AがC銀行のために抵当権を設定するには、乙建物のみを抵当権の目的とすることができ、Aの甲土地に対する地上権を抵当権の目的とすることはできない。

3　Bが死亡し、Bの相続人Dが甲土地を相続した場合に、Aは、甲土地についての地上権登記または乙建物についての保存登記を経由していない限り、Dに対し、Aの甲土地についての地上権を対抗することはできない。

4　AのC銀行に対する債務の担保のために、Aが乙建物についてC銀行のために抵当権を設定するとともに、Bが物上保証人として甲土地についてC銀行のために抵当権を設定していた場合において、C銀行が抵当権を実行するには、まず乙建物から行う必要はない。

5　Aが死亡し、Aの相続人EおよびFが遺産分割により乙建物を共有することになった場合において、EおよびFは、相互に5年間は乙建物の分割を請求することはできない。

総　合

1 誤 り

　借地借家法は、**建物の所有を目的とする地上権及び土地の賃借権に関する必要な事項を定めたものである**（借地借家法1条）。したがって、そのような地上権の存続期間についても借地借家法が適用される。

2 誤 り
超

　抵当権の目的とすることができるのは、**不動産**（民法369条1項）、**地上権及び永小作権**（同条2項）である。したがって、Aは甲土地に対する地上権を抵当権の目的とすることができる。

3 誤 り
重

　Aが、地上権の設定という物権変動を、第三者に対抗するためには、甲土地についての地上権登記又は乙建物についての保存登記が必要である（民法177条、借地借家法10条1項）。この点について、「第三者」とは、当事者及びその包括承継人以外の者で、不動産に関する物権の得喪及び変更の登記のないことを主張する正当の利益を有する者をいう（大連判明41.12.15）。本記述において、**Dは、Bの包括承継人たる相続人であるから、「第三者」にはあたらない。**したがって、Aは、かかる登記を経由することなく、Dに対し、Aの甲土地についての地上権を対抗することができる。

4 正しい

　物上保証には、保証のような補充性は認められないから、**物上保証人は、催告の抗弁権**（民法452条）**や検索の抗弁権**（453条）**を有しない。**したがって、本記述において、C銀行は、物上保証人Bの有する甲土地から抵当権を実行してもよい。

5 誤 り
重

　原則として、各共有者は、**いつでも共有物の分割を請求することができる**（256条1項本文）。例外的に、分割禁止特約（禁止期間の上限は5年間とされている）がある場合は分割請求をすることができないが（同項ただし書）、本記述においてはそのような特約が存在しないので、E及びFは、いつでも、乙建物の分割を請求することができる。

正解	4

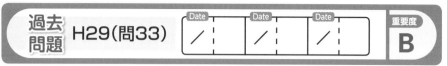

問題59　Aは自己所有の甲機械（以下「甲」という。）をBに賃貸し（以下、これを「本件賃貸借契約」という。）、その後、本件賃貸借契約の期間中にCがBから甲の修理を請け負い、Cによる修理が終了した。この事実を前提とする次の記述のうち、民法の規定および判例に照らし、妥当なものはどれか。

1　Bは、本件賃貸借契約において、Aの負担に属するとされる甲の修理費用について直ちに償還請求することができる旨の特約がない限り、契約終了時でなければ、Aに対して償還を求めることはできない。

2　CがBに対して甲を返還しようとしたところ、Bから修理代金の提供がなかったため、Cは甲を保管することとした。Cが甲を留置している間は留置権の行使が認められるため、修理代金債権に関する消滅時効は進行しない。

3　CはBに対して甲を返還したが、Bが修理代金を支払わない場合、Cは、Bが占有する甲につき、動産保存の先取特権を行使することができる。

4　CはBに対して甲を返還したが、Bは修理代金を支払わないまま無資力となり、本件賃貸借契約が解除されたことにより甲はAに返還された。本件賃貸借契約において、甲の修理費用をBの負担とする旨の特約が存するとともに、これに相応して賃料が減額されていた場合、CはAに対して、事務管理に基づいて修理費用相当額の支払を求めることができる。

5　CはBに対して甲を返還したが、Bは修理代金を支払わないまま無資力となり、本件賃貸借契約が解除されたことにより甲はAに返還された。本件賃貸借契約において、甲の修理費用をBの負担とする旨の特約が存するとともに、これに相応して賃料が減額されていた場合、CはAに対して、不当利得に基づいて修理費用相当額の支払を求めることはできない。

1 妥当でない

超

　賃借人は、賃借物について賃貸人の負担に属する**必要費を支**出したときは、**賃貸人に対し、直ちにその償還を請求すること**ができる（民法608条1項）。したがって、甲の賃借人であるBは、賃貸人であるAの負担に属する甲の修理費用について、特約がなくとも、Aに対して直ちに償還請求ができる。

2 妥当でない

重

　留置権の行使は、債権の消滅時効の進行を妨げない（300条）。したがって、Cが修理代金債権を被担保債権として、甲を留置していたとしても、修理代金債権に関する消滅時効は進行する。

3 妥当でない

　動産の保存によって生じた債権を有する者は、債務者の**特定の動産**について**先取特権**を有する（311条柱書、同条4号、320条）。本記述においてCは、B・C間の請負契約に基づく修理代金債権を被担保債権として、甲について動産保存の先取特権を行使しようとするところ、**甲の所有権はAが有しており、Bは甲の所有権を有していない**。したがって、Cは甲について、動産保存の先取特権を行使することはできない。

4 妥当でない

　事務管理に基づいて費用償還請求をするには、**義務なく他人**のために事務の管理を始めなければならない（697条1項、702条1項）。本記述においてCは、B・C間の**請負契約に基づく甲の修理義務により、甲を修理している**ため、**事務管理は成立しない**。したがって、CはAに対して、事務管理に基づいて修理費用相当額の支払を求めることはできない。

5 妥当である

予

　判例は、「甲が建物賃借人乙との間の請負契約に基づき右建物の修繕工事をしたところ、その後乙が無資力になったため、甲の乙に対する請負代金債権の全部又は一部が無価値である場合において、右建物の所有者丙が**法律上の原因**なくして右修繕工事に要した財産及び労務の提供に相当する利益を受けたということができるのは、**丙と乙との間の賃貸借契約を全体としてみて、丙が対価関係なしに右利益を受けたとき**に限られる」とする（最判平7.9.19）。本記述においては、A・B間の賃貸借契約で、甲の修理費用をBの負担とする特約が存在し、これに相応して賃料の減額がされているため、A・B間の賃貸借契約を全体としてみれば、Aは対価関係なしに、甲の修理費用相当額の利益を受けたとはいえない。したがって、CはAに対して、不当利得に基づいて修理費用相当額の支払を求めることはできない。

正解 5

民法

問題60 催告に関する次のア～オの各事例のうち、民法の規定および判例に照らし、正しいものの組合せはどれか。

ア　Aは成年被保佐人であるBとの間で、Bの所有する不動産を購入する契約を締結したが、後日Bが制限行為能力者であることを知った。Aは、1ヶ月以上の期間を定めて、Bに対し保佐人の追認を得るべき旨を催告したが、所定の期間を過ぎても追認を得た旨の通知がない。この場合、その行為は追認されたものとみなされる。

イ　CはDとの間で、C所有の自動車を、代金後払い、代金額150万円の約定でDに売却する契約を締結した。Cは自動車の引き渡しを完了したが、代金支払期日を経過してもDからの代金の支払いがない。そこでCはDに対して相当の期間を定めて代金を支払うよう催告したが、期日までに代金の支払いがない。この場合、C・D間の売買契約は法律上当然に効力を失う。

ウ　Eは知人FがGより100万円の融資を受けるにあたり、保証（単純保証）する旨を約した。弁済期後、GはいきなりEに対して保証債務の履行を求めてきたので、Eはまずは主たる債務者に催告するよう請求した。ところがGがFに催告したときにはFの資産状況が悪化しており、GはFから全額の弁済を受けることができなかった。この場合、EはGが直ちにFに催告していれば弁済を受けられた限度で保証債務の履行を免れることができる。

エ　Hは甲建物を抵当権の実行による競売により買い受けたが、甲建物には、抵当権設定後に従前の所有者より賃借したIが居住している。HはIに対し、相当の期間を定めて甲建物の賃料1ヶ月分以上の支払いを催告したが、期間経過後もIが賃料を支払わない場合には、Hは買受け後6ヶ月を経過した後、Iに対して建物の明け渡しを求めることができる。

オ　Jは、自己の所有する乙土地を、その死後、世話になった友人Kに無償で与える旨の内容を含む遺言書を作成した。Jの死後、遺言の内容が明らかになり、Jの相続人らはKに対して相当の期間を定めてこの遺贈を承認するか放棄するかを知らせて欲しいと催告したが、Kからは期間内に返答がない。この場合、Kは遺贈を承認したものとみなされる。

1　ア・イ
2　ア・ウ
3　イ・エ
4　ウ・オ
5　エ・オ

催告

ア 誤 り
重

　制限行為能力者の**相手方**は、被保佐人に対しては、1か月以上**の期間**を定めて、その期間内にその保佐人の追認を得るべき旨の催告をすることができ、その被保佐人がその期間内にその追認を得た旨の通知を発しないときは、その行為を**取り消したものとみなされる**（民法20条4項）。

イ 誤 り

　当事者の一方がその債務を履行しない場合において、相手方が相当の期間を定めてその履行の催告をし、その期間内に履行がないときは、相手方は、契約の解除をすることができる（541条本文）。そして、解除は、相手方に対する意思表示によってする（540条1項）。したがって、本記述の場合、Cが解除の意思表示をすることにより初めて契約関係が解消されるのであって、法律上当然に契約が効力を失うのではない。

ウ 正しい
重

　債権者が保証人に債務の行行を請求したときは、保証人は、まず主たる債務者に催告をすべき旨を請求することができる（催告の抗弁 452条本文）。この保証人の請求があったにもかかわらず、債権者が催告を怠ったために主たる債務者から全部の弁済を得られなかったときは、保証人は、債権者が直ちに催告をすれば弁済を得ることができた限度において、その義務を免れる（455条）。

エ 誤 り

　抵当権者に対抗することができない賃貸借により抵当権の目的である建物を競売手続の開始前から使用する者は、その建物の競売における買受人の**買受けの時から6か月**を経過するまでは、その建物を買受人に引き渡すことを要しない（395条1項1号）。もっとも、この規定は、買受人の買受けの時より後に同項の建物の使用をしたことの対価について、買受人が抵当建物使用者に対し相当の期間を定めてその1か月分以上の支払の催告をし、その相当の期間内に履行がない場合には、適用されない（同条2項）。

オ 正しい

　遺贈義務者その他の利害関係人は、受遺者に対し、相当の期間を定めて、その期間内に遺贈の承認又は放棄をすべき旨の催告をすることができ、この場合において、受遺者がその期間内に遺贈義務者に対してその意思を表示しないときは、**遺贈を承認したものとみなされる**（987条）。本記述の場合、Jの相続人らは遺贈義務者にあたる。

正解　4

商　法

過去問題 H18(問36)

重要度 C

問題1　商業使用人に関する次のア～オの記述のうち、正しいものの組合せはどれか。

ア　支配人は、商人に代わってその営業に関する一切の裁判上または裁判外の行為をなす権限を有し、支配人の代理権に加えた制限は、それを登記した場合に、これをもって善意の第三者に対抗することができる。

イ　支配人は、商人の許諾がなければ自ら営業を行うことができないが、商人の許諾がなくとも自己または第三者のために商人の営業の部類に属する取引を行うことができる。

ウ　商人の営業所の営業の主任者であることを示すべき名称を付した使用人は、相手方が悪意であった場合を除いて、当該営業所の営業に関する一切の裁判外の行為をなす権限を有するものとみなされる。

エ　商人の営業に関するある種類または特定の事項の委任を受けた使用人は、その事項に関して一切の裁判外の行為をなす権限を有し、当該使用人の代理権に加えた制限は、これをもって善意の第三者に対抗することができない。

オ　物品の販売等を目的とする店舗の使用人は、相手方が悪意であった場合も、その店舗にある物品の販売等に関する権限を有するものとみなされる。

1　ア・イ
2　ア・オ
3　イ・ウ
4　ウ・エ
5　エ・オ

総合テキスト **LINK** Chapter 1　商法総則・商行為　6

商業使用人

ア 誤り
重

　支配人は、商人に代わってその営業に関する一切の裁判上又は裁判外の行為をなす権限を有するとされ（商法21条1項）、その**代理権に加えた制限は善意の第三者には対抗することはできない**とされる（同条3項）。そして、登記による代理権の制限についての対抗力付与の規定は置かれていない。

商
法

イ 誤り

　支配人は、商人の許可を受けなければ、自ら営業を行うことはできない（23条1項1号）。また、支配人が、自己又は第三者のためにその商人の営業の部類に属する取引をするためには、商人の許可を受けることが必要である（同項2号）。

ウ 正しい

　商人の営業所の営業の主任者であることを示す名称を付した使用人は、相手方が悪意であった場合を除いて、当該営業所の営業に関し、**一切の裁判外の行為をする権限**を有するものとみなされる（24条）。

エ 正しい

　商人の営業に関するある種類又は特定の事項の委任を受けた使用人は、当該事項に関する**一切の裁判外の行為をする権限**を有し（25条1項）、当該使用人の**代理権に加えた制限は、善意の第三者に対抗することができない**（同条2項）。

オ 誤り

　物品の販売等を目的とする店舗の使用人は、その店舗にある物品の販売等をする権限を有するものとみなされるが（26条本文）、**相手方が悪意であれば、この規定は適用されない**（同条ただし書）。

正解	4

Chapter 1　商法総則・商行為　**229**

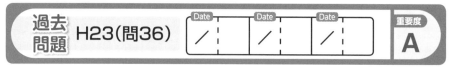
問題2　商人Aが、商人Bに対してAの商号をもって営業を行うことを許諾したところ、Aの商号を使用したBと取引をした相手方Cは、当該取引（以下、「本件取引」という。）を自己とAとの取引であると誤認した。本件取引の相手方の誤認についてCに過失がなかった場合、A・B・C間の法律関係に関する次の記述のうち、正しいものはどれか。

1　契約はAとCの間で成立し、Aが本件取引によって生じた債務について責任を負うが、CはBに対しても履行の請求をすることができる。

2　契約はAの商号を使用したBとCの間で成立するが、AはBと連帯して本件取引によって生じた債務について責任を負う。

3　契約はAとCの間で成立するが、BはAと連帯して本件取引によって生じた債務について責任を負う。

4　契約はAの商号を使用したBとCの間で成立するが、Aは本件取引によって生じた債務について半分の割合で責任を負う。

5　Cは、本件取引における契約の相手方がAであるかBであるかを選択することができるが、一方を選択した場合は他方との契約関係の存在を主張できない。

名板貸し

1 誤 り
超

自己の商号を使用して営業又は事業を行うことを他人に許諾した商人は、当該商人が当該営業を行うものと誤認して当該他人と取引をした者に対し、当該他人と連帯して、当該取引によって生じた債務を弁済する責任を負う（商法14条）。もっとも、**名板貸人は名板借人の負う債務について連帯して弁済する責任を負う**にすぎず、相手方との間に契約が成立するわけではない。したがって、名板貸人であるAは名板借人Bと連帯して弁済する責任を負うものの、**契約はあくまでBと相手方Cとの間に成立する**のであって、A・C間において契約が成立するわけではない。

2 正しい

1で解説したように、本記述のとおりである（14条）。

3 誤 り

本問において、契約はあくまで名板借人Bと相手方Cとの間で成立するのであって、名板貸人AとCとの間に成立するわけではない。

4 誤 り

名板貸人は許諾した営業、事業の範囲内にあると認められる取引によって生じた債務について責任を負うのであって（14条）、その半分の割合で責任を負うとする規定はない。

5 誤 り

本問において、Cの契約の相手方はあくまでBである。AとCとの間に契約は成立していない以上、Cは本件取引における契約の相手方がAであるかBであるかを選択することはできない。

正解 2

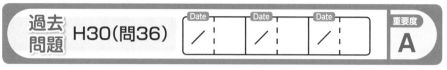
問題3　商人または商行為に関する次のア〜オの記述のうち、商法の規定に照らし、誤っているものの組合せはどれか。

ア　商行為の委任による代理権は、本人の死亡によって消滅する。

イ　商人がその営業の範囲内において他人のために行為をしたときは、相当な報酬を請求することができる。

ウ　数人の者がその一人または全員のために商行為となる行為によって債務を負担したときは、その債務は、各自が連帯して負担する。

エ　保証人がある場合において、債務が主たる債務者の商行為によって生じたものであるときは、その債務は当該債務者および保証人が連帯して負担する。

オ　自己の営業の範囲内で、無報酬で寄託を受けた商人は、自己の財産に対するのと同一の注意をもって、寄託物を保管する義務を負う。

1　ア・ウ
2　ア・オ
3　イ・ウ
4　イ・エ
5　エ・オ

総合テキスト ⇄ LINK　Chapter 1　商法総則・商行為

商人又は商行為

ア 誤 り
重

商法506条は、「**商行為の委任による代理権**は、**本人の死亡によっては、消滅しない**。」と規定している。

イ 正しい
重

512条は、「商人がその**営業の範囲内**において他人のために行為をしたときは、**相当な報酬を請求**することができる。」と規定している。

ウ 正しい
重

511条1項は、「数人の者がその1人又は全員のために商行為となる行為によって債務を負担したときは、その債務は、**各自が連帯して**負担する。」と規定している。

エ 正しい

511条2項は、「保証人がある場合において、**債務が主たる債務者の商行為によって生じた**ものであるとき、又は保証が商行為であるときは、主たる債務者及び保証人が各別の行為によって債務を負担したときであっても、その債務は、**各自が連帯して負担する**。」と規定している。

オ 誤 り

595条は、「商人がその営業の範囲内において寄託を受けた場合には、**報酬を受けないときであっても、善良な管理者の注意**をもって、寄託物を保管しなければならない。」と規定している。

正解 2

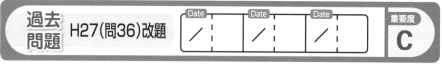
問題4　運送営業および場屋営業に関する次の記述のうち、商法の規定に照らし、誤っているものはどれか。

1　運送人は、運送品の受取りから引渡しまでの間にその運送品が滅失もしくは損傷又は延着した場合、運送人がその運送品の受取り、運送、保管及び引渡しについて注意を怠らなかったことを証明したときを除き、その運送品に生じた損害を賠償する責任を負う。

2　運送品が高価品であるときに、荷送人が運送を委託するにあたり、運送品の種類および価額を通知していなければ、運送人はその運送品に生じた損害を賠償する責任を負わない。

3　場屋営業者は、客から寄託を受けた物品について、物品の保管に関して注意を怠らなかったことを証明すれば、その物品に生じた損害を賠償する責任を負わない。

4　客が特に寄託しない物品であっても、客が場屋内に携帯した物品が場屋営業者の不注意によって損害を受けたときは、場屋営業者はその物品に生じた損害を賠償する責任を負う。

5　場屋営業者が寄託を受けた物品が高価品であるときは、客がその種類および価額を通知してこれを場屋営業者に寄託したのでなければ、場屋営業者はその物品に生じた損害を賠償する責任を負わない。

総合テキスト LINK　Chapter 1　商法総則・商行為

運送営業及び場屋営業

1 正しい　運送人は、**運送品の受取から引渡しまでの間にその運送品が滅失**し若しくは**損傷**し、若しくはその滅失若しくは損傷の原因が生じ、又は運送品が**延着**したときは、**これによって生じた損害を賠償する責任を負う。**ただし、運送人がその運送品の受取、運送、保管及び引渡しについて**注意を怠らなかったことを証明したときは、**この限りでない（商法575条）。

2 正しい　貨幣、有価証券その他の高価品については、荷送人が運送を委託するにあたりその種類及び価額を**通知**した場合を除き、運送人は、その滅失、損傷又は延着について**損害賠償の責任を負わない**（577条1項）。

3 誤 り　旅館、飲食店、浴場その他の客の来集を目的とする場屋における取引をすることを業とする者（「**場屋営業者**」）は、客から寄託を受けた物品の滅失又は損傷については、**不可抗力によるものであったことを証明しなければ、損害賠償の責任を免れることができない。**（596条1項）

したがって、物品の保管に関して注意を怠らなかったことを証明すれば、その物品に生じた損害を賠償する責任を負わないわけではない。

4 正しい　客が寄託していない物品であっても、**場屋の中**に携帯した物品が、場屋営業者が**注意を怠った**ことによって滅失し、又は損傷したときは、場屋営業者は、損害賠償の責任を負う（596条2項）。

5 正しい　貨幣、有価証券その他の**高価品**については、客がその種類及び価額を**通知**してこれを場屋営業者に寄託した場合を除き、場屋営業者は、その滅失又は損傷によって生じた損害を**賠償する責任を負わない**（597条）。

正解　3

問題5 合名会社および合資会社（以下、本問において併せて「会社」という。）に関する次のア～オの記述のうち、会社法の規定に照らし、誤っているものの組合せはどれか。なお、定款には別段の定めがないものとする。

ア 会社は、定款に資本金の額を記載し、これを登記する。

イ 会社がその財産をもってその債務を完済することができない場合、社員は、それぞれの責任の範囲で連帯して会社の債務を弁済する責任を負う。

ウ 会社の持分は、社員たる地位を細分化したものであり、均一化された割合的単位で示される。

エ 会社の社員は、会社に対し、既に出資として払込みまたは給付した金銭等の払戻しを請求することができる。

オ 会社の社員は、会社の業務を執行し、善良な管理者の注意をもって、その職務を行う義務を負う。

　　1 ア・ウ
　　2 ア・オ
　　3 イ・ウ
　　4 ウ・エ
　　5 エ・オ

総合テキスト LINK Chapter 2 会社法総論 4
Chapter 3 持分会社 1 4 5

合名会社・合資会社

ア 誤 り　合名会社及び合資会社においては、資本金の額は定款の絶対的記載事項ではなく、また、登記事項でもない（会社法576条1項、912条、913条）。

イ 正しい　持分会社の財産をもってその債務を完済することができない場合、**社員は、連帯して、持分会社の債務を弁済する責任を負う**（580条1項1号）。この場合、無限責任社員は無制限に責任を負い、有限責任社員はその出資の価額を限度として責任を負う（同条2項）。

ウ 誤 り　持分とは、出資者が会社に対して有する地位をいい、持分会社の場合、持分は1人の社員につき1つであり、持分の大きさは必ずしも均等ではない。

エ 正しい　社員は、持分会社に対し、すでに出資として払込み又は給付をした金銭等の払戻しを請求することができる（624条1項前段）。

オ 正しい　社員は、定款に別段の定めがある場合を除き、持分会社の業務を執行し（590条1項）、業務を執行する社員は、**善良な管理者の注意**をもって、その職務を行う義務を負う（593条1項）。

商法

正解　1

問題6 株式取得に関する次の記述のうち、会社法の規定および判例に照らし、妥当でないものはどれか。

1 株式会社は、合併および会社分割などの一般承継による株式の取得について、定款において、当該会社の承認を要する旨の定めをすることができる。

2 譲渡制限株式の譲渡を承認するか否かの決定は、定款に別段の定めがない限り、取締役会設置会社では取締役会の決議を要し、それ以外の会社では株主総会の決議を要する。

3 承認を受けないでなされた譲渡制限株式の譲渡は、当該株式会社に対する関係では効力を生じないが、譲渡の当事者間では有効である。

4 株式会社が子会社以外の特定の株主から自己株式を有償で取得する場合には、取得する株式の数および特定の株主から自己株式を取得することなどについて、株主総会の特別決議を要する。

5 合併後消滅する会社から親会社株式を子会社が承継する場合、子会社は、親会社株式を取得することができるが、相当の時期にその有する親会社株式を処分しなければならない。

株式の取得

1 妥当でない 　会社は、定款により、発行する全部の株式の内容として（会社法107条1項1号、2項1号）、又は、種類株式の内容として（108条1項4号、2項4号）、譲渡による当該株式の取得につき会社の承認を要する旨を定めることができる。もっとも、譲渡による株式の取得には相続・合併・会社分割のような一般承継による株式の移転は含まないとされている（134条4号参照）。

2 妥当である 　株式会社が、株主からの譲渡承認請求、又は株式取得者からの取得承認請求に対し、承認をするか否かの決定をするには、**株主総会（取締役会設置会社にあっては、取締役会）の決議**によらなければならない（139条1項本文）。

3 妥当である 　判例は、会社の事前の承認を得ずになされた株式の譲渡は、会社に対する関係では効力を生じないが、**譲渡当事者間においては有効**であると解するのが相当であるとする（最判昭48.6.15）。

4 妥当である 　特定の株主から自己株式を取得する旨の決議（160条1項）は、**特別決議**による必要がある（309条2項2号）。

5 妥当である
重 　子会社は、原則としてその親会社の株式を取得することができない（135条1項）が、この取得禁止の規制は、合併の際に消滅会社から承継する場合等には適用がない（同条2項2号等）。また、**子会社は、相当の時期にその有する親会社株式を処分しなければならない**（同条3項）。

正解	1

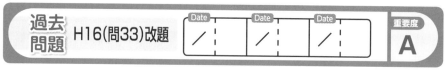
問題7　株式に関する次の記述のうち、正しいものの組合せはどれか。

ア　株式の払込価額の2分の1を超えない額については、資本金とはしないで、資本準備金とすることができる。

イ　完全無議決権株式は、利益配当に関して優先的な内容を有する株式としてのみ発行することができる。

ウ　株式の引受人が出資の履行をすることにより株主となる権利の譲渡は、株式会社に対抗することができない。

エ　株式の分割を行う場合には、株主総会の特別決議によるその承認が必要である。

オ　自己株式を取得した場合には、相当の時期に当該自己株式を処分又は消却しなければならない。

1　ア・ウ
2　ア・エ
3　イ・エ
4　イ・オ
5　ウ・オ

総合テキスト ↵ LINK　Chapter 4　株式会社総論　②
　　　　　　　　　　　Chapter 5　株式　①②④⑤

株　式

ア 正しい
重

　　株式の払込価額の２分の１を超えない額は、資本金として計上しないことができる（会社法445条2項）。そして、その額は、**資本準備金として計上**しなければならない（同条3項）。

イ 誤 り

　　かつては完全無議決権株式は、利益配当に関して優先的な内容を有する株式としてのみ発行することができた。しかし、平成13年改正により、総会のすべての事項について議決権を行使できない株式だけでなく一部の事項についてだけ議決権を行使できない株式も認めることとし、これら議決権制限株式は、**優先株に限らずに発行できる**こととした。会社法もこれを引き継いでいる（108条1項3号、2項3号）。

ウ 正しい

　　株式の引受人が出資の履行をすることにより株主となる権利の譲渡は、**株式会社に対抗することができない**（35条、50条2項、63条2項、208条4項）。

エ 誤 り
予

　　株式会社は株主総会の普通決議（取締役会設置会社にあっては取締役会の決議）により株式の分割をすることができる（183条2項）。

オ 誤 り
超

　　かつては自己株式を取得した場合には、相当の時期に当該自己株式を処分又は消却しなければならないとされていた。しかし、平成13年改正により自己株式の買受け及び保有が自由となったため、会社が有する自己株式の処分・消却に関する**時期についての制限はなくなった**。会社法でもそのような制限はない。

| 正解 | 1 |

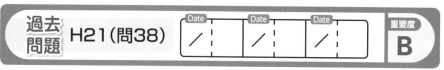
問題8　株主名簿に関する次のア～オの記述のうち、会社法の規定および判例に照らし、妥当でないものの組合せはどれか。

ア　すべての株式会社は、株主名簿を作成して、株主の氏名または名称および住所ならびに当該株主の有する株式の種類および数などを記載または記録しなければならない。

イ　基準日以前に株式を取得した者で、株主名簿に株主として記載または記録されていない者について、会社は、その者を株主として扱い、権利の行使を認容することができる。

ウ　株券発行会社においては、株式の譲受人は、株主名簿の名義書換えをしなければ、当該会社および第三者に対して株式の取得を対抗できない。

エ　会社が株主による株主名簿の名義書換え請求を不当に拒絶した場合には、当該株主は、会社に対して、損害賠償を請求することができるが、株主であることを主張することはできない。

オ　会社が株主に対してする通知または催告は、株主名簿に記載または記録された株主の住所または株主が別に通知した場所もしくは連絡先に宛てて発すれば足り、当該通知または催告は、それが通常到達すべきであった時に、到達したものとみなされる。

1　ア・イ
2　ア・オ
3　イ・ウ
4　ウ・エ
5　エ・オ

総合テキスト LINK　Chapter 5　株式　③

株主名簿

ア 妥当である
超

株式会社は、株主名簿を作成して、①株主の氏名又は名称及び住所、②株主の有する株式の種類及び数、③株主が株式を取得した日、④株券発行会社である場合には株券の番号を記載又は記録しなければならない（会社法121条）。

イ 妥当である

株主は、株主名簿の名義書換をしなければ、株式会社が権利移転の存在を知っていたとしても、**株式会社に対抗することができない**（確定的効力　130条1項）。しかし、基準日以前に株式を取得した者で、株主名簿に株主として記載又は記録されていない者について、会社は、その者を株主として扱い、権利の行使を認容することは差し支えない（最判昭30.10.20）。

ウ 妥当でない
重

株式の譲渡は、その株式を取得した者の氏名又は名称及び住所を株主名簿に記載し、又は記録しなければ、原則として**株式会社その他の第三者に対抗**することができない（130条1項）。ただし、**株券発行会社における第三者に対する対抗要件は株券の占有である**（同条2項参照）。

エ 妥当でない

会社が株主による株主名簿の名義書換請求を不当に拒絶した場合、当該株主は、会社に対して、損害賠償を請求できるのみならず、**名義書換なしに株主であることを主張**することができる（最判昭41.7.28）。

オ 妥当である

株式会社が株主に対してする通知又は催告は、**株主名簿に記載し、又は記録した当該株主の住所**（当該株主が別に通知又は催告を受ける場所又は連絡先を当該株式会社に通知した場合にあっては、その場所又は連絡先）にあてて発すれば足り、当該通知又は催告が**通常到達すべきであった時**に、到達したものとみなされる（126条1項、2項）。

| 正解 | 4 |

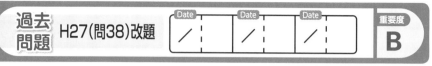
問題9　取締役会設置会社（指名委員会等設置会社及び監査等委員会設置会社を除く。）であり、種類株式発行会社でない株式会社の単元株式に関する次の記述のうち、会社法の規定に照らし、誤っているものはどれか。

1　株式会社は、その発行する株式について、一定の数の株式をもって株主が株主総会において一個の議決権を行使することができる一単元の株式とする旨を定款で定めることができる。

2　株式会社は、単元未満株主が当該単元未満株式について残余財産の分配を受ける権利を行使することができない旨を定款で定めることができない。

3　単元未満株主は、定款にその旨の定めがあるときに限り、株式会社に対し、自己の有する単元未満株式を買い取ることを請求することができる。

4　単元未満株主は、定款にその旨の定めがあるときに限り、株式会社に対し、自己の有する単元未満株式と併せて単元株式となる数の株式を売り渡すことを請求することができる。

5　株式会社が単元株式数を減少し、又は単元株式数についての定款の定めを廃止するときは、取締役会の決議によりこれを行うことができる。

総合テキスト LINK　Chapter 5　株式　1

単元株式

1 正しい

株式会社は、その発行する株式について、**一定の数の株式**をもって株主が株主総会において**1個の議決権**を行使することができる**1単元**の株式とする旨を定款で定めることができる（会社法188条1項）。

2 正しい
株式会社は、単元未満株主が当該単元未満株式について**残余財産の分配を受ける権利**を定款により**制限することができない**（189条2項5号）。

3 誤 り
単元未満株主は、株式会社に対し、**自己の有する単元未満株式を買い取ること**を請求することができる（192条1項）。定款にその旨の定めがあるときに限られるわけではない。

4 正しい
株式会社は、単元未満株主が当該株式会社に対して単元未満株式売渡請求（単元未満株主が有する単元未満株式の数と併せて単元株式数となる数の株式を当該単元未満株主に売り渡すことを請求することをいう）をすることができる旨を定款**で定めることができる**（194条1項）。

5 正しい

株式会社は、取締役会設置会社にあっては、**取締役会の決議**によって、定款を変更して単元株式数を**減少**し、又は単元株式数についての定款の定めを**廃止**することができる（195条1項）。

正解 3

過去問題 **R2(問39)**

Date / Date / Date /

重要度 **B**

問題10 株主総会に関する次の記述のうち、会社法の規定に照らし、誤っているものはどれか。

1 株式会社は、基準日を定めて、当該基準日において株主名簿に記載または記録されている株主(以下、「基準日株主」という。)を株主総会において議決権を行使することができる者と定めることができる。

2 株式会社は、基準日株主の権利を害することがない範囲であれば、当該基準日後に株式を取得した者の全部または一部を株主総会における議決権を行使することができる者と定めることができる。

3 株主は、株主総会ごとに代理権を授与した代理人によってその議決権を行使することができる。

4 株主総会においてその延期または続行について決議があった場合には、株式会社は新たな基準日を定めなければならず、新たに定めた基準日における株主名簿に記載または記録されている株主が当該株主総会に出席することができる。

5 株主が議決権行使書面を送付した場合に、当該株主が株主総会に出席して議決権を行使したときには、書面による議決権行使の効力は失われる。

総合テキスト LINK Chapter 6 機関 2

株主総会

1 正しい
重

　会社法124条1項は、「株式会社は、……基準日……を定めて、基準日において株主名簿に記載され、又は記録されている株主（以下この条において「基準日株主」という。）を**その権利を行使することができる者と定めることができる**。」と規定している。

2 正しい

　124条4項本文は、「基準日株主が行使することができる権利が株主総会……における議決権である場合には、株式会社は、当該基準日後に株式を取得した者の全部又は一部を当該権利を行使することができる者と定めることができる。」と規定している。また、同項ただし書は、「当該株式の基準日株主の権利を害することができない。」と規定している。したがって、**基準日株主の権利を害さない範囲**であれば、当該**基準日後に株式を取得した者**の全部又は一部を株主総会における議決権を行使することができる者と定めることができる。

3 正しい
重

　310条1項前段は、「株主は、**代理人によってその議決権を行使することができる**。」と規定している。また、同条2項は、「前項の代理権の授与は、**株主総会ごとにしなければならない**。」と規定している。

4 誤り

　317条は、「株主総会においてその延期又は続行について決議があった場合には、第298条及び第299条の規定は、適用しない。」と規定している。本条は、延期された会については、当初の株主総会と別個の株主総会ではなく、同一の株主総会の一部であることから、298条（招集の決定）及び299条（招集の通知）に関する手続をとらなくてもよい旨を定めたものである。317条には、株主総会においてその延期又は続行について決議があった場合に、新たな基準日を定めなければならない旨の規定はない。

5 正しい

　311条1項は、「書面による議決権の行使は、議決権行使書面に必要な事項を記載し、法務省令で定める時までに当該記載をした議決権行使書面を株式会社に提出して行う。」と規定している。そして、同項は株主に議決権行使の機会を与える便宜的制度であるから、**議決権行使書面を提出した株主が株主総会に出席して議決権行使をした場合**には、議決権行使書面は**撤回**されたものと解するのが相当である（東京地判平31.3.8参照）。したがって、この場合、書面による議決権行使の効力は失われる。

正解	4

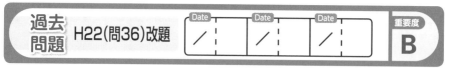
問題11　取締役の法令違反行為につき、株主が行使しうる権利に関する次の記述のうち、正しいものはどれか。

1　監査役、監査等委員又は監査委員が設置されている株式会社の株主は、取締役の任務懈怠を理由とする責任追及を行うために、当該会社に対して、営業時間内であれば、いつでも取締役会議事録の閲覧および謄写を請求することができる。

2　監査役、監査等委員又は監査委員が設置されている株式会社の株主であって一定の数の株式を保有する株主は、当該会社の業務の執行に関し、法令に違反する重大な事実があることを疑うに足りる事由があるときには、当該会社の業務及び財産の状況を調査させるために、検査役の選任を監査役、監査等委員又は監査委員に請求することができる。

3　監査役、監査等委員および監査委員が設置されていない株式会社の株主は、取締役の法令違反行為によって、当該会社に著しい損害が生じるおそれがあるときには、当該取締役に対して当該行為をやめることを請求することができる。

4　監査役、監査等委員および監査委員が設置されていない株式会社の株主は、取締役の行為に法令に違反する重大な事実があるときには、当該会社を代表して、直ちに責任追及の訴えを提起することができる。

5　監査役、監査等委員および監査委員が設置されていない株式会社の株主であって一定の数の株式を保有する株主は、取締役が法令違反行為を継続して行っているときには、直ちに当該取締役を解任する訴えを提起することができる。

総合テキスト LINK　Chapter 6　機関　3 4

株主の監査権限

1 誤 り
重

　　監査役設置会社、監査等委員会設置会社又は指名委員会等設置会社における株主は、その権利を行使するため必要があるときは、「裁判所の許可を得て」取締役会議事録の閲覧又は謄写の請求をすることができる（会社法371条2項、3項）。「いつでも」請求できるわけではない。

2 誤 り

　　株式会社の業務の執行に関し、法令に違反する重大な事実があることを疑うに足りる事由があるときは、一定の数の株式を保有する株主は、当該株式会社の業務及び財産の状況を調査させるため、「裁判所に対し」検査役の選任の申立てをすることができる（358条1項）。監査役、監査等委員又は監査委員に請求することができるわけではない。

3 正しい
重

　　監査役設置会社、監査等委員会設置会社又は指名委員会等設置会社でない株式会社においては、6か月（これを下回る期間を定款で定めた場合にあっては、その期間）前から引き続き株式を有する株主は、取締役が株式会社の目的の範囲外の行為その他法令若しくは定款に違反する行為をし、又はこれらの行為をするおそれがある場合において、当該行為によって当該株式会社に著しい損害が生ずるおそれがあるときは、当該取締役に対し、当該行為をやめることを請求することができる（360条1項、3項）。なお、公開会社でない株式会社においては、6か月という保有制限はない（同条2項）。

4 誤 り

　　6か月（これを下回る期間を定款で定めた場合にあっては、その期間）前から引き続き株式を有する株主は、株式会社に対し、書面その他の法務省令で定める方法により、取締役の責任追及等の訴えの提起を請求することができる（847条1項）。そして、株式会社がこの請求の日から60日以内に責任追及等の訴えを提起しないときは、当該請求をした株主は、株式会社のために、責任追及等の訴えを提起することができる（同条3項）。したがって、まずは、株式会社に対して、取締役の責任追及の訴えを提起すべきことを請求する必要がある。なお、公開会社でない株式会社においては、6か月という保有制限はない（同条2項）。

5 誤 り

　　取締役の職務の執行に関し不正の行為又は法令若しくは定款に違反する重大な事実があったにもかかわらず、当該取締役を解任する旨の議案が株主総会において否決されたとき又は当該取締役を解任する旨の株主総会の決議が会社法323条の規定によりその効力を生じないときは、一定の数の株式を保有する株主は、当該株主総会の日から30日以内に、訴えをもって当該取締役の解任を請求することができる（854条1項）。したがって、直ちに当該取締役を解任する訴えを提起できるわけではない。

正解	3

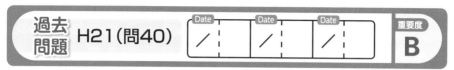
問題12　取締役の選任および解任に関する次の記述のうち、正しいものはどれか。

1　すべての株式会社は、定款において、取締役の資格として当該株式会社の株主である旨を定めることができる。

2　取締役の辞任により員数が欠けた場合、当該取締役は、直ちに取締役としての地位を失うのではなく、新たな取締役が就任するまでの間は、引き続き取締役としての権利義務を有する。

3　解任された取締役であっても、正当な事由がなく解任された場合には、新たな取締役が就任するまでの間は、当該取締役は引き続き取締役としての権利義務を有する。

4　利害関係人の申立により裁判所が一時取締役を選任した場合、当該一時取締役が株式会社の常務に属しない行為をするには、裁判所の許可が必要である。

5　取締役が法令もしくは定款に違反する行為をし、当該行為によって株式会社に著しい損害が生じるおそれがある場合には、株主は直ちに当該取締役の解任の訴えを提起することができる。

取締役の選任・解任

1 誤 り
重

株式会社は、取締役が株主でなければならない旨を定款で定めることができない。ただし、**公開会社でない株式会社**においては、この限りでない（会社法331条2項）。

2 正しい
重

取締役が欠けた場合又は法令・定款所定の取締役の員数が欠けた場合には、辞任により退任した取締役は、**新たに選任された取締役が就任**するまで、なお取締役としての**権利義務を有する**（346条1項）。

3 誤 り

取締役が欠けた場合又は法令・定款所定の取締役の員数が欠けた場合に、新たな取締役が就任するまでの間、なお取締役としての権利義務を有するのは、**任期の満了又は辞任**により退任した取締役のみである（346条1項）。

4 誤 り

取締役の欠員が生じた場合、裁判所は、必要があると認めるときは、利害関係人の申立てにより、一時取締役の職務を行うべき者（一時取締役）を選任することができる（346条2項）。そして、**一時取締役の権限は、本来の取締役の権限と同じである**。

5 誤 り

取締役の職務の執行に関し不正の行為又は法令若しくは定款に違反する重大な事実があったにもかかわらず、当該取締役を解任する旨の議案が株主総会において否決されたとき又は当該役員を解任する旨の株主総会の決議が会社法323条の規定によりその効力を生じないときは、**総株主の議決権の100分の3以上の議決権又は発行済株式の100分の3以上の数の株式を有する株主**（公開会社においては、6か月前からの継続保有を要する）は、当該株主総会の日から30日以内に、訴えをもって当該役員の解任を請求することができる（854条1項、2項）。

正解	2

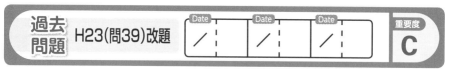
問題13　株式会社における取締役に関する次の記述のうち、誤っているものはどれか。

1　取締役（監査等委員会設置会社の監査等委員である取締役及び指名委員会等設置会社の取締役を除く。）は、当該会社の支配人その他の使用人を兼任することができる。

2　取締役会設置会社の代表取締役以外の取締役には、当該会社の代表権も業務執行権も当然には与えられていない。

3　取締役会設置会社以外の会社の取締役は、代表取締役が他に選定されても、業務執行権は当然には消滅しない。

4　業務執行権のない子会社の取締役は、親会社の株主総会決議にもとづき、親会社の社外取締役を兼任することができる。

5　取締役会決議により特別取締役に選定された取締役は、取締役会決議のうち特定事項の決定にのみ専念し、それ以外の決議事項の決定には加わらない。

総合テキスト LINK　Chapter 6　機関　3

取締役

1 正しい　監査等委員である取締役は、監査等委員会設置会社若しくはその子会社の業務執行取締役若しくは支配人その他の使用人又は当該子会社の会計参与（会計参与が法人であるときは、その職務を行うべき社員）若しくは執行役を兼ねることができない（会社法331条3項）。また、指名委員会等設置会社の取締役は、当該指名委員会等設置会社の支配人その他の使用人を兼ねることができない（同条4項）。

2 正しい　取締役は、株式会社を代表する（349条1項本文）。ただし、他に代表取締役その他株式会社を代表する者を定めた場合は、この限りでない（同項ただし書）。また、取締役は、定款に別段の定めがある場合を除き、株式会社の業務を執行するが、取締役会設置会社の場合は、代表取締役等が株式会社の業務を執行する（348条1項、363条1項）。

3 正しい　取締役会設置会社以外の会社の取締役は、定款に別段の定めがある場合を除き、株式会社の業務を執行するとされる（348条1項）。同項には、「他に代表取締役その他株式会社を代表する者を定めた場合は、この限りでない。」とする会社法349条1項ただし書のような規定はない。

4 正しい　社外取締役の資格は、①現在、その会社又は子会社〔2条3号〕の業務執行取締役、執行役、支配人その他の使用人（以下「**業務執行取締役等**」という）でなく、かつ、その就任前10年間その会社又は子会社の業務執行取締役等であったことがないこと、②その就任前10年内のいずれかの時にその会社又は子会社の取締役、会計参与又は監査役であったことがある者については、当該職への就任前10年間その会社又は子会社の業務執行取締役等であったことがないこと、③その会社の自然人である親会社等〔2条4号の2〕又は親会社等の取締役、執行役、支配人その他の使用人でないこと、④その会社の親会社等の子会社等〔2条3号の2〕（当該株式会社及びその子会社を除く）の業務執行取締役等でないこと、⑤その会社の取締役、執行役、支配人その他の重要な使用人又は自然人である親会社等の配偶者又は2親等内の親族でないこと、のすべての要件を満たすことである〔2条15号イ～ホ〕。**業務執行権のない子会社の取締役について兼任を禁止する規定はない。**

5 誤 り　特別取締役に選定された取締役が、取締役会決議のうち特定事項の決定にのみ専念し、それ以外の決議事項の決定には加わらないとする規定はない（373条1項参照）。

正解	5

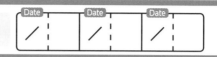

問題14 株式会社の株主総会と取締役会に関する次の記述のうち、正しいものはどれか。

1 公開会社において株主総会を招集するためには、株主総会の日より1週間前に各株主に対して書面をもって通知を発しなければならないが、取締役会を招集するためには、原則として取締役会の日より2週間前に各取締役に対して通知をしなければならない。

2 株主総会の招集手続は、原則として株主の全員の同意があれば省略することができるが、取締役会の招集手続は、取締役及び監査役の全員の同意があっても省略することができない。

3 株主は、株主総会において代理人をもってその議決権を行使することができないが、取締役は、取締役会において代理人をもってその議決権を行使することができる。

4 株主は、株主総会において、原則として1株につき1議決権を有するが、取締役は、取締役会において、1人につき1議決権を有する。

5 株主総会においては、書面投票制度あるいは電子投票制度を採用することができないが、取締役会においては、書面投票制度あるいは電子投票制度を採用することができる。

総合テキスト LINK Chapter 6 機関 ②④

株主総会と取締役会

1 誤り
超

株主総会を招集するためには、株主総会の日より2週間前までに各株主に対して通知を発しなければならない。この時期は、非公開会社では、書面投票又は電子投票を定めた場合を除き、1週間前までとなり、さらに、取締役会非設置会社の場合、定款で1週間よりも短縮することができる（会社法299条1項）。これに対して、取締役会を招集するためには、原則として取締役会の日より1週間前までに各取締役（監査役設置会社にあっては、各取締役及び各監査役）に対して通知をしなければならないが、定款によって短縮することができる（368条1項）。

2 誤り
重

株主総会の招集手続は、原則として株主の全員の同意があれば省略することができる（300条本文）。また、**取締役会の招集手続も**、取締役（監査役設置会社にあっては、取締役及び監査役）の全員の同意があれば、**省略することができる**（368条2項）。

3 誤り
予

株主総会においては、議決権の代理行使を認めることにより、株主の議決権行使を容易にし、その行使の機会を保障する必要があることから、株主は、株主総会において代理人をもってその議決権を行使することができる（310条1項前段）。これに対して、取締役は、**個人的信頼に基づいて選任された者であるから、議決権の代理行使は認められない**。

4 正しい
超

株主は、株主総会において、原則として1株につき1議決権を有する（1株1議決権の原則　308条1項本文）。これに対して、取締役は、序列をつけて選任されるものではなく、平等な立場で株主から経営を委託された者であるから、取締役1人につき1議決権を有する。

5 誤り

株主総会においては、書面あるいは電磁的方法によって議決権を行使することができる旨を定めることができる（書面投票制　298条1項3号、電子投票制　同項4号）。また、議決権を有する株主数が1,000人以上の会社は、書面投票制度の採用が必須とされる（同条2項）。なお、取締役会では、全員の書面又は電磁的記録による同意の意思表示による決議の省略が認められている（370条）。

正解	4

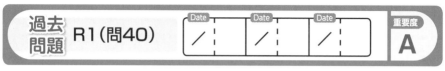
問題15　公開会社でない株式会社で、かつ、取締役会を設置していない株式会社に関する次の記述のうち、会社法の規定に照らし、誤っているものはどれか。

1　株主総会は、会社法に規定する事項および株主総会の組織、運営、管理その他株式会社に関する一切の事項について決議することができる。

2　株主は、持株数にかかわらず、取締役に対して、当該株主が議決権を行使することができる事項を株主総会の目的とすることを請求することができる。

3　株式会社は、コーポレートガバナンスの観点から、2人以上の取締役を置かなければならない。

4　株式会社は、取締役が株主でなければならない旨を定款で定めることができる。

5　取締役が、自己のために株式会社の事業の部類に属する取引をしようとするときは、株主総会において、当該取引につき重要な事実を開示し、その承認を受けなければならない。

取締役会を設置していない株式会社

1 正しい

重

会社法 295 条 2 項は、「前項の規定にかかわらず、取締役会設置会社においては、**株主総会は、この法律に規定する事項及び定款で定めた事項に限り**、決議をすることができる。」と規定している。そして、取締役会を設置していない株式会社について、同条 1 項は、「**株主総会は、この法律に規定する事項**及び株式会社の**組織、運営、管理**その他株式会社に関する一切の事項について決議をすることができる。」と規定している。

2 正しい

303 条 2 項前段は、「前項の規定にかかわらず、取締役会設置会社においては、総株主の議決権の 100 分の 1……以上の議決権又は 300 個……以上の議決権を 6 箇月……前から引き続き有する株主に限り、取締役に対し、一定の事項を株主総会の目的とすることを請求することができる。」と規定している。そして、取締役会を設置していない株式会社について、同条 1 項は、「株主は、取締役に対し、一定の事項（当該株主が議決権を行使することができる事項に限る。次項において同じ。）を株主総会の目的とすることを請求することができる。」と規定している。

3 誤 り

重

331 条 5 項は、「取締役会設置会社においては、**取締役は、3 人以上でなければならない。**」と規定しているが、取締役会を設置していない株式会社については**取締役の員数の制限はなく 1 人でもよい**（326 条 1 項参照）。

4 正しい

331 条 2 項は、「株式会社は、取締役が株主でなければならない旨を定款で定めることができない。ただし、公開会社でない株式会社においては、この限りでない。」と規定している。そして、取締役会を設置していない株式会社は、公開会社でない株式会社であるので（327 条 1 項 1 号参照）、設問の株式会社は、取締役が株主でなければならない旨を定款で定めることができる。

5 正しい

重

取締役会を設置していない株式会社について、356 条 1 項柱書は、「取締役は、次に掲げる場合には、株主総会において、**当該取引につき重要な事実を開示し、その承認を受けなければならない。**」と規定し、同項 1 号において、「**取締役が自己又は第三者のために株式会社の事業の部類に属する取引**をしようとするとき。」を掲げている。なお、365 条 1 項は、「取締役会設置会社における第 356 条〔競業及び利益相反取引の制限〕の規定の適用については、同条第 1 項中『株主総会』とあるのは、『取締役会』とする。」と規定している。

正解	3

問題16 株式会社の設立に関する次のア〜オの記述のうち、会社法の規定に照らし、妥当なものの組合せはどれか。

ア 発起人は、設立時発行株式を引き受ける者の募集をする旨を定めようとするときは、その全員の同意を得なければならない。

イ 複数の発起人がいる場合において、発起設立の各発起人は、設立時発行株式を1株以上引き受けなければならないが、募集設立の発起人は、そのうち少なくとも1名が設立時発行株式を1株以上引き受ければよい。

ウ 発起設立または募集設立のいずれの方法による場合であっても、発行可能株式総数を定款で定めていないときには、株式会社の成立の時までに、定款を変更して発行可能株式総数の定めを設けなければならない。

エ 設立時取締役その他の設立時役員等が選任されたときは、当該設立時役員等が会社設立の業務を執行し、またはその監査を行う。

オ 発起設立または募集設立のいずれの方法による場合であっても、発起人でない者が、会社設立の広告等において、自己の名または名称および会社設立を賛助する旨の記載を承諾したときには、当該発起人でない者は発起人とみなされ、発起人と同一の責任を負う。

1 ア・ウ
2 ア・エ
3 イ・エ
4 イ・オ
5 ウ・オ

総合テキスト LINK Chapter 7 設立 1 2

株式会社の設立

ア 妥当である　発起人は、設立時発行株式を引き受ける者の募集をする旨を定めようとするときは、**その全員の同意を得なければならない**（会社法57条1項、2項）。

イ 妥当でない　各発起人は、発起設立又は募集設立のいずれの方法による場合であっても、株式会社の設立に際し、**設立時発行株式を1株以上引き受けなければならない**（25条2項）。

ウ 妥当である　発起設立又は募集設立のいずれの方法による場合であっても、発行可能株式総数を定款で定めていない場合には、**株式会社の成立の時**までに、定款を変更して発行可能株式総数の定めを設けなければならない（37条1項、98条）。

エ 妥当でない　**会社設立の業務を執行するのは発起人である。**設立時役員等のうち、設立時取締役及び設立時監査役は会社の設立経過について調査しなければならない（46条1項、93条1項）が、これらの者が、会社設立の業務を執行するわけではない。

オ 妥当でない　**募集設立において**、発起人でない者が、募集の広告その他当該募集に関する書面又は電磁的記録に自己の氏名又は名称及び株式会社の設立を賛助する旨を記載し、又は記録することを承諾したときは、**発起人とみなされ**、会社法52条から54条、56条、103条1項から2項の責任を負う（**擬似発起人**　103条4項）。しかし、発起設立においては、発起人でない者にこのような責任は規定されていない。

正解　1

問題17　甲株式会社（以下、甲会社という）の資金調達に関する次の文章の空欄 ア ～ キ に当てはまる語句の組合せとして、正しいものはどれか。なお、以下の文章中の発言・指摘・提案の内容は、正しいものとする。

　東京証券取引所に上場する甲会社は、遺伝子研究のために必要な資金調達の方法を検討している。甲会社取締役会において、財務担当の業務執行取締役は、資金調達の方法として株式の発行、 ア の発行、銀行借入れの方法が考えられるが、銀行借入れの方法は、交渉の結果、金利の負担が大きく、新規の事業を圧迫することになるので、今回の検討から外したいと述べた。次に、株式の発行の場合は、甲会社の経営や既存株主に対する影響を避けるために、 イ とすることが望ましいのであるが、会社法は ウ について イ の発行限度を定めているため、十分な量の資金を調達できないことが見込まれると指摘した。社外取締役から、発行のコストを省くという観点では、 エ を処分する方法が考えられるという意見が出された。これに対して、財務担当の業務執行取締役は、株式の発行価額が、原則として資本金に計上されるのに対して、 エ の場合は、その価額はその他 オ に計上されるという違いがあると説明した。こうした審議の中で、甲会社代表取締役は、 ア の発行であれば、経営に対する関与が生じないこと、また ア を カ 付とし、 キ 額を カ の行使価額に充当させるものとして発行すれば、 キ に応じるための資金を甲会社が準備する必要はなく、現段階では、有利な資金調達ができるだろうと提案した。

	ア	イ	ウ	エ	オ	カ	キ
1	社債	議決権のない株式	公開会社	金庫株式	資本準備金	新株予約権	払戻し
2	債券	議決権のない株式	上場会社	金庫株式	資本剰余金	取得請求権	払戻し
3	社債	議決権のない株式	公開会社	自己株式	資本剰余金	新株予約権	償還
4	債券	配当請求権のない株式	上場会社	募集株式	資本準備金	買取請求権	払戻し
5	社債	配当請求権のない株式	公開会社	自己株式	利益準備金	取得請求権	償還

総合テキスト LINK　Chapter 5　株式 2
Chapter 8　資金調達 2 3

資金調達

ア 社 債
キ 償 還

　社債とは、会社法の規定により会社が行う割当てにより発生する当該会社を債務者とする金銭債権であって、会社法676条各号に掲げる事項についての定めに従い償還されるものをいう（会社法2条23号）。社債は、公衆から多額かつ長期の資金を調達する手段として利用される。

イ 議決権のない
**　株式**
ウ 公開会社

　株式会社は、種類株式として、株主総会の全部又は一部の事項について議決権を行使することができない株式（議決権制限株式）を発行することができる（108条1項3号）。この株式を発行することにより、株式会社は、会社の経営や既存株主に対する影響を避けつつ、資金調達を行うことができる。もっとも、公開会社においては、経営者が少額の出資で会社を支配することを避けるため、議決権制限株式が**発行済株式の総数の2分の1**を超えるに至ったときは、株式会社は、直ちに、議決権制限株式の数を発行済株式の総数の2分の1以下にするための**必要な措置をとらなければならない**（115条）。

エ 自己株式

　自己株式とは、株式会社が有する自己の株式をいう（113条4項かっこ書）。株式会社は、保有する自己株式を、いつでも処分することができる（199条1項柱書参照）。

オ 資本剰余金

　自己株式の処分益は、その他資本剰余金に含まれる（企業会計基準第1号9項）。

カ 新株予約権

　新株予約権付社債とは、新株予約権を付した社債をいう（会社法2条22号）。新株予約権付社債の社債権者は、社債権者としての安定的な地位を享受することができるとともに、会社の業績が上がった場合には、新株予約権を行使して当該会社の株主となることもできる。

正解　3

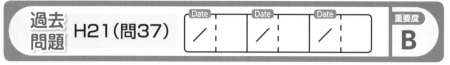
問題18　株式会社の定款に関する次の記述のうち、会社法の規定および判例に照らし、妥当なものはどれか。

1　会社設立時に株式会社が発行する株式数は、会社法上の公開会社の場合には、発行可能株式総数の4分の1を下回ることができないため、定款作成時に発行可能株式総数を定めておかなければならないが、会社法上の公開会社でない会社の場合には、発行株式数について制限がなく、発行可能株式総数の定めを置かなくてよい。

2　株式会社は株券を発行するか否かを定款で定めることができるが、会社法は、株券を発行しないことを原則としているので、株券を発行する旨を定款に定めた会社であっても、会社は、株主から株券の発行を請求された段階で初めて株券を発行すれば足りる。

3　株主総会は株主が議決権を行使するための重要な機会であるため、本人が議決権を行使する場合のほか、代理人による議決権行使の機会が保障されているが、会社法上の公開会社であっても、当該代理人の資格を株主に制限する旨を定款に定めることができる。

4　取締役会は、取締役が相互の協議や意見交換を通じて意思決定を行う場であるため、本来は現実の会議を開くことが必要であるが、定款の定めにより、取締役の全員が書面により提案に同意した場合には、これに異議を唱える者は他にありえないため、当該提案を可決する旨の取締役会の決議があったものとみなすことができる。

5　取締役会設置会社は監査役を選任しなければならないが、会社法上の公開会社でない取締役会設置会社の場合には、会計監査人設置会社であっても、定款で、監査役の監査権限を会計監査に限定することができる。

総合テキスト ⇨ LINK　Chapter 5　株式　1 3
　　　　　　　　　　　Chapter 6　機関　2 4 6

株式会社の定款

1 妥当でない

重

　発行可能株式総数は、公証人の認証を受ける時点で定款に定める必要はないが、**会社成立の時までに定款に定めなければならない**（会社法37条1項、98条）。これは、公開会社、公開会社でない会社を問わない。

2 妥当でない

　株券発行会社は、株式を発行した日以後遅滞なく、当該株式にかかる株券を発行しなければならない（215条1項）。ただし、**公開会社でない会社は、株主から請求がある時までは、株券を発行しないことができる**（同条4項）。

3 妥当である

超

　株主は、**代理人によってその議決権を行使**することができる（310条1項）。そして、議決権行使の代理人資格を株主に制限する旨を定款に規定することは、**公開会社であっても**、株主総会が株主以外の者によりかく乱されることを防止する合理的理由に基づく相当な程度の制限として**有効である**（最判昭43.11.1）。

4 妥当でない

　取締役会設置会社は、取締役が取締役会の決議の目的である事項について提案をした場合において、当該提案につき取締役の全員が書面又は電磁的記録により同意の意思表示をしたときは、当該提案を可決する旨の取締役会の決議があったものとみなす旨を定款で定めることができる（370条）。ただし、監査役設置会社にあっては、監査役が当該提案について異議を述べないことを要する（同条かっこ書）。

5 妥当でない

　取締役会設置会社（監査等委員会設置会社及び指名委員会等設置会社を除く）は、監査役を置かなければならない。ただし、公開会社でない会計参与設置会社については、この限りでない（327条2項）。そして、**会計監査人設置会社**（監査等委員会設置会社及び指名委員会等設置会社を除く）は、監査役を置かなければならず（同条3項）、公開会社でない会社であっても、監査役の監査権限を**会計監査に限定**することはできない（389条1項かっこ書）。

正解　3

商法

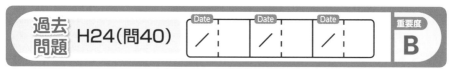
問題19 吸収合併に関する次の記述のうち、会社法の規定および判例に照らし、正しいものはどれか。

1 吸収合併は、株式会社と持分会社との間で行うこともできるが、株式会社を消滅会社とする場合には、社員の責任の加重など複雑な法律問題が生じるため、株式会社が存続会社とならなければならない。

2 吸収合併存続会社は、消滅会社の株主に対して、消滅会社の株式に代えて存続会社の株式を交付し、消滅会社のすべての株主を存続会社の株主としなければならない。

3 吸収合併存続会社の株主総会において、消滅会社の債務の一部を承継しない旨の合併承認決議が成立しても、債務を承継しない旨の条項は無効であって、すべての債務が存続会社に承継される。

4 吸収合併存続会社の株主で当該吸収合併に反対した株主が株式買取請求権を行使し、当該会社が分配可能額を超えて自己株式を取得した場合には、当該会社の業務執行者は、取得対価につき支払義務を負う。

5 財務状態の健全な会社を存続会社として吸収合併を行う場合には、消滅会社の債権者の利益を害するおそれがないことから、消滅会社の債権者は、消滅会社に対し、当該合併について異議を述べることはできない。

総合テキスト LINK Chapter 9 組織再編 1

吸収合併

1 誤り　吸収合併とは、会社が他の会社とする合併であって、合併により消滅する会社の権利義務の全部を合併後存続する会社に承継させるものをいう（会社法2条27号）。そして、株式会社は、持分会社との間で株式会社が消滅会社となる吸収合併をすることができる（751条参照）。

2 誤り　吸収合併の場合、消滅会社の株主は、必ずしも存続会社の株式を交付されるとは限らず、合併契約の定めに従い、存続会社の社債、新株予約権、新株予約権付社債、又は、その他の財産のみを交付されることがある（749条1項2号ロ〜ホ、3号）。

3 正しい　吸収合併存続株式会社は、効力発生日に、**吸収合併消滅会社の権利義務を承継**する（750条1項）。そして、判例は、存続会社又は新設会社が、合併によって消滅会社の義務を承継するのは、消滅会社の債権者を保護するためであるから、一般に義務を承継しない旨の決議をしても**無効**であるとしている（大判大6.9.26）。

4 誤り　吸収合併会社に際して、株式買取請求による会社の自己株式取得については、**分配可能額からくる制約はなく**、その職務を行った業務執行者の責任も生じない。

5 誤り　吸収合併の場合、**吸収合併消滅株式会社の債権者**は、異議を述べることができる（789条1項1号）。

正解　3

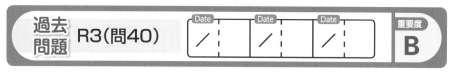
問題20　剰余金の株主への配当に関する次のア〜オの記述のうち、会社法の規定に照らし、正しいものの組合せはどれか。

ア　株式会社は、剰余金の配当をする場合には、資本金の額の4分の1に達するまで、当該剰余金の配当により減少する剰余金の額に10分の1を乗じて得た額を、資本準備金または利益準備金として計上しなければならない。

イ　株式会社は、金銭以外の財産により剰余金の配当を行うことができるが、当該株式会社の株式等、当該株式会社の子会社の株式等および当該株式会社の親会社の株式等を配当財産とすることはできない。

ウ　株式会社は、純資産額が300万円を下回る場合には、剰余金の配当を行うことができない。

エ　株式会社が剰余金の配当を行う場合には、中間配当を行うときを除いて、その都度、株主総会の決議を要し、定款の定めによって剰余金の配当に関する事項の決定を取締役会の権限とすることはできない。

オ　株式会社が最終事業年度において当期純利益を計上した場合には、当該純利益の額を超えない範囲内で、分配可能額を超えて剰余金の配当を行うことができる。

　　1　ア・ウ
　　2　ア・エ
　　3　イ・エ
　　4　イ・オ
　　5　ウ・オ

総合テキスト LINK　Chapter 10　計算その他　1

剰余金の配当

ア 正しい　会社法445条4項は、「剰余金の配当をする場合には、株式会社は、法務省令で定めるところにより、当該剰余金の配当により減少する剰余金の額に10分の1を乗じて得た額を資本準備金又は利益準備金……として計上しなければならない。」と規定している。また、同項の「法務省令で定めるところにより」とは、資本金の額の4分の1に達するまでということである（会社計算規則22条1項1号）。

イ 誤 り　株式会社は、剰余金の配当をしようとするときは、**株主総会の決議**によって、配当財産の種類等を定める必要がある（会社法454条1項1号）。ここで、配当財産の種類として、一定の要件を満たせば、金銭以外の財産（現物配当）を定めることはできるが、**当該会社の株式等（株式・社債・新株予約権）を定めることはできない。**

ウ 正しい
重　剰余金の配当は、**純資産額が300万円を下回る場合には、することができない**（458条）。

エ 誤 り　会計監査人設置会社である監査役会設置会社であって取締役の任期が1年である会社又は委員会型の会社（指名委員会等設置会社・監査等委員会設置会社）であれば、取締役会の決議で、剰余金の配当をすることができる旨を定款で定めることができる（459条1項4号）。

オ 誤 り　剰余金の配当は、**分配可能額を超えてすることができない**（461条1項8号）。

正解	1

行政法

過去問題　H30(問9)

Date ／　／　Date ／　／　Date ／　／

重要度 **A**

問題1　行政上の法律関係に関する次の記述のうち、最高裁判所の判例に照らし、妥当なものはどれか。

1　公営住宅の使用関係については、一般法である民法および借家法（当時）が、特別法である公営住宅法およびこれに基づく条例に優先して適用されることから、その契約関係を規律するについては、信頼関係の法理の適用があるものと解すべきである。

2　食品衛生法に基づく食肉販売の営業許可は、当該営業に関する一般的禁止を個別に解除する処分であり、同許可を受けない者は、売買契約の締結も含め、当該営業を行うことが禁止された状態にあるから、その者が行った食肉の買入契約は当然に無効である。

3　租税滞納処分は、国家が公権力を発動して財産所有者の意思いかんにかかわらず一方的に処分の効果を発生させる行為であるという点で、自作農創設特別措置法（当時）所定の農地買収処分に類似するものであるから、物権変動の対抗要件に関する民法の規定の適用はない。

4　建築基準法において、防火地域または準防火地域内にある建築物で外壁が耐火構造のものについては、その外壁を隣地境界線に接して設けることができるとされているところ、この規定が適用される場合、建物を築造するには、境界線から一定以上の距離を保たなければならないとする民法の規定は適用されない。

5　公営住宅を使用する権利は、入居者本人にのみ認められた一身専属の権利であるが、住宅に困窮する低額所得者に対して低廉な家賃で住宅を賃貸することにより、国民生活の安定と社会福祉の増進に寄与するという公営住宅法の目的にかんがみ、入居者が死亡した場合、その同居の相続人がその使用権を当然に承継することが認められる。

総合テキスト ↩ LINK　Chapter 1　行政法総論　②

行政上の法律関係

1 妥当でない
重

公営住宅の使用関係について、判例は、「公営住宅の使用関係については、公営住宅法及びこれに基づく条例が特別法として民法及び借家法〔旧法〕に優先して適用されるが、法及び条例に特別の定めがない限り、原則として一般法である民法及び借家法の適用があり、**その契約関係を規律するについては、信頼関係の法理の適用がある**」としている（最判昭 59.12.13）。

2 妥当でない

食品衛生法上の無許可業者による精肉販売の売買契約について、判例は、「同法〔食品衛生法〕は単なる取締法規にすぎないものと解するのが相当であるから、上告人が食肉販売業の許可を受けていないとしても、右法律により**本件取引の効力が否定される理由はない**」としている（最判昭 35.3.18）。

3 妥当でない
重

租税滞納処分について、判例は、「国税滞納処分においては、国は、その有する租税債権につき、自ら執行機関として、強制執行の方法により、その満足を得ようとするものであつて、滞納者の財産を差し押えた国の地位は、あたかも、民事訴訟法上の強制執行における差押債権者の地位に類するものであり、租税債権がたまたま公法上のものであることは、この関係において、国が一般私法上の債権者より不利益の取扱を受ける理由となるものではない。それ故、**滞納処分による差押の関係においても、民法 177 条の適用がある**」としている（最判昭 31.4.24）。

4 妥当である
重

建築基準法 65 条（現 63 条）と民法 234 条 1 項の適用関係について、判例は、「建築基準法 65 条は、防火地域又は準防火地域内にある外壁が耐火構造の建築物について、その外壁を隣地境界線に接して設けることができる旨規定しているが、これは、同条所定の建築物に限り、**その建築については民法 234 条 1 項の規定の適用が排除される**旨を定めたもの」としている（最判平元.9.19）。

5 妥当でない

公営住宅の入居者の死亡と相続人による公営住宅を使用する権利の承継について、判例は、「公営住宅法の規定の趣旨にかんがみれば、入居者が死亡した場合には、**その相続人が公営住宅を使用する権利を当然に承継すると解する余地はない**」としている（最判平 2.10.18）。

正解 4

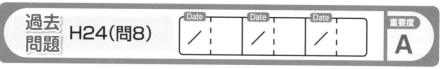
問題2　行政法における信頼保護に関する次の記述のうち、最高裁判所の判例に照らし、正しいものはどれか。

1　地方公共団体が、将来にわたって継続すべき一定内容の施策を決定した後に、社会情勢の変動等が生じたとしても、決定された施策に応じた特定の者の信頼を保護すべき特段の事情がある場合には、当該地方公共団体は、信義衡平の原則により一度なされた当該決定を変更できない。

2　公務員として採用された者が有罪判決を受け、その時点で失職していたはずのところ、有罪判決の事実を秘匿して相当長期にわたり勤務し給与を受けていた場合には、そのような長期にわたり事実上勤務してきたことを理由に、信義誠実の原則に基づき、新たな任用関係ないし雇用関係が形成される。

3　課税処分において信義則の法理の適用により当該課税処分が違法なものとして取り消されるのは、租税法規の適用における納税者間の平等、公平という要請を犠牲にしてもなお、当該課税処分に係る課税を免れしめて納税者の信頼を保護しなければ正義に反するといえるような特別の事情が存する場合に限られる。

4　課税庁が課税上の取扱いを変更した場合において、それを通達の発出などにより納税者に周知する措置をとらなかったとしても、そのような事情は、過少申告加算税が課されない場合の要件として国税通則法に規定されている「正当な理由があると認められる」場合についての判断において考慮の対象とならない。

5　従来課税の対象となっていなかった一定の物品について、課税の根拠となる法律所定の課税品目に当たるとする通達の発出により新たに課税の対象とすることは、仮に通達の内容が根拠法律の解釈として正しいものであったとしても、租税法律主義及び信義誠実の原則に照らし、違法である。

総合テキスト **LINK** Chapter 1　行政法総論　2

行政法における信頼保護

1 誤り　判例は、地方公共団体が一定内容の継続的な施策を決定し特定の者に対し本件施策に適合する特定内容の活動を促す個別的具体的な勧告ないし勧誘をしたのち本件施策を変更する場合、本件勧告等に動機づけられて本件活動又はその準備活動に入った者が本件施策の変更により社会観念上看過することができない程度の積極的損害を被ることとなるときは、これにつき補償等の措置を講ずることなく本件施策を変更した地方公共団体は、それがやむを得ない客観的事情によるのでない限り、上記の者に対する**不法行為責任**を免れないとした（最判昭 56.1.27）。しかし、本記述のように一度なされた決定を変更できないとは述べていない。

2 誤り　判例は、郵政事務官として採用された者が有罪判決を受け、その時点で失職していたはずのところ、有罪判決の事実を秘匿して相当長期にわたり勤務し給与を受けていた場合には、郵便事業株式会社において当該採用された者の失職を主張することが**信義則に反し権利の濫用**にあたるものということはできないとした（最判平 19.12.13）。したがって、信義誠実の原則に基づき新たな任用関係ないし雇用関係が形成されるとする点で本記述は誤っている。

3 正しい　判例は、租税法規に適合する課税処分について**信義則の法理**の適用による違法を考え得るのは、納税者間の平等公平という要請を犠牲にしてもなお当該課税処分にかかる課税を免れしめて納税者の信頼を保護しなければ正義に反するといえるような特別の事情が存する場合でなければならないとした（最判昭 62.10.30）。

4 誤り　判例は、ストックオプションの権利行使益の所得区分について、課税庁が従来の取扱いを変更するには、法令改正によることが望ましく、それによらないとしても、通達を発するなどして変更後の取扱いを納税者に周知させ、定着するよう必要な措置を講ずべきであるとした。そのうえで、納税者が前記権利行使益を一時所得として申告し、同権利行使益が給与所得にあたるものとしては税額の計算の基礎とされていなかったことについて、国税通則法 65 条 4 項にいう「正当な理由」があるとした（最判平 18.10.24）。したがって、課税庁が通達の発出などにより納税者に周知する措置をとらなかった事情は、「正当な理由」の考慮の対象になっている。

5 誤り　判例は、パチンコ球遊器に対する物品税の課税がたまたま通達を機縁として行われたものであっても、通達の内容が法の正しい解釈に合致する以上、それに基づく課税処分は法の根拠に基づく処分と解するに妨げないとした（最判昭 33.3.28）。したがって、仮に通達の内容が根拠法律の解釈として正しいものであったとしても、租税法律主義及び信義誠実の原則に照らし、違法であるとしている点で本記述は誤っている。

正解　3

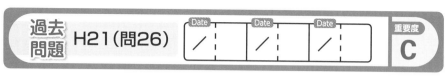
問題3　国の行政組織に関する次の記述のうち、正しいものはどれか。

1　国家行政組織法は、内閣府を含む内閣の統轄の下における行政機関の組織の基準を定める法律である。

2　内閣府は、内閣に置かれる行政機関であって、その長は内閣総理大臣である。

3　省には外局として、委員会及び庁が置かれるが、内閣府にはそのような外局は置かれない。

4　各省および内閣府には、必置の機関として事務次官を置くほか、内閣が必要と認めるときは、閣議決定により副大臣を置くことができる。

5　内閣は、政令を制定するほか、内閣府の所掌事務について、内閣府の命令として内閣府令を発する権限を有する。

国の行政機関

1 誤 り　　国家行政組織法は、内閣の統轄下にある国の行政機関のうち、**内閣府（及びデジタル庁）以外**について定めたものである（1条）。なお、内閣府については、内閣府設置法で定められている。

2 正しい
超　　内閣府は**内閣**に置かれる（内閣府設置法2条）。また、内閣府の長は、**内閣総理大臣**である（6条1項）。

3 誤 り　　内閣府には、その外局として、委員会及び庁を置くことができる（49条1項）。

4 誤 り　　各省には副大臣を置き（国家行政組織法16条1項）、副大臣の定数も別表3において**法定**されている。また、内閣府には副大臣を3人置くと**法定**されている（内閣府設置法13条1項）。そして、各省及び内閣府には、内閣が必要と認めるときに閣議決定により副大臣を置くことができるとする規定はない。

5 誤 り
重　　内閣は、憲法及び法律の規定を実施するために、**政令を制定**する（憲法73条6号）。他方、**内閣総理大臣**は、内閣府にかかる主任の行政事務について、法律若しくは政令を施行するため、又は法律若しくは政令の特別の委任に基づいて、内閣府の命令として内閣府令を発することができる（内閣府設置法7条3項）。したがって、本記述は、内閣が内閣府令を発する権限を有するとする点で誤りである。

行政法

正解　　2

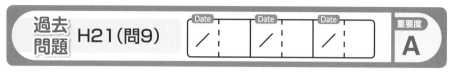
問題4　行政機関に関する次の記述のうち、正しいものはいくつあるか。

ア　行政庁とは、行政主体の意思を決定し、これを外部に表示する権限を有する行政機関をいう。

イ　国家行政組織法には行政庁は独任制でなければならないとの規定があり、わが国には合議制の行政庁は存在しない。

ウ　上級行政庁は下級行政庁に対して監視権や取消権などの指揮監督権を有するが、訓令権については認められていない。

エ　行政庁がその権限の一部を他の行政機関に委任した場合であっても、権限の所在自体は、委任した行政庁から受任機関には移らない。

オ　法定の事実の発生に基づいて、法律上当然に行政機関の間に代理関係の生ずる場合を、授権代理という。

　　1　一つ
　　2　二つ
　　3　三つ
　　4　四つ
　　5　五つ

総合テキスト LINK　Chapter 2　行政組織法等　1

行政機関

ア 正しい
超

　行政庁とは、行政主体のためにその**意思を決定**し、これを**外部に表示する**権限を有する行政機関である。なお、このほかの行政機関として、補助機関、執行機関、諮問機関、参与機関、監査機関などがある。

イ 誤り

　行政庁は、その意思決定の方法による分類として、1人で意思決定を行う独任制と、複数人で構成され、その複数人が話し合って意思決定を行う合議制に分けられる。国家行政組織法には、行政庁を独任制としなければならないとする規定は存在しない。また、我が国には、**公正取引委員会、教育委員会、収用委員会**などの合議制の行政庁が実際に存在する。

ウ 誤り
重

　上級行政庁が下級行政庁に対して有する指揮監督権の具体的内容として、訓令権も**認められている**。訓令権とは、下級行政機関に対して行政行為の内容を指示するために上級行政機関が発する命令をいう。なお、訓令を特に書面の形式により行うものを通達という。また、このほかに指揮監督権としては、監視権、許認可権、取消・停止権、権限争議決定権などがある。

エ 誤り
重

　権限の委任によって、法律によって与えられた権限の一部が移動し、委任機関はその権限を失う一方、受任機関は**自己の名と責任**においてその権限を行使する。なお、権限を移動せずに別の行政機関が権限を代行するものとして、**権限の代理**がある。**権限の代理**には、授権代理と法定代理がある。

オ 誤り
重

　授権代理とは、本来の権限を有する行政機関からの授権に基づいて代理関係が発生し、代理行為を行うことをいう。なお、本記述にあるように、法定の事実の発生に基づいて法律上当然に行政機関の間に代理関係が生ずる場合は、**法定代理**である。

正解	1

以上より、正しいものはアの1つである。

問題5　行政行為の効力に関する次の文章の（ア）〜（エ）を埋める語の組合せとして、最も適切なものはどれか。

　行政行為の効力の一つである（ア）は、行政行為の効力を訴訟で争うのは取消訴訟のみとする取消訴訟の（イ）を根拠とするというのが今日の通説である。この効力が認められるのは、行政行為が取消し得べき（ウ）を有している場合に限られ、無効である場合には、いかなる訴訟でもその無効を前提として自己の権利を主張できるほか、行政事件訴訟法も（エ）を用意して、それを前提とした規定を置いている。

	（ア）	（イ）	（ウ）	（エ）
1	公定力	拘束力	違法性	無名抗告訴訟
2	不可争力	排他的管轄	瑕疵	無名抗告訴訟
3	不可争力	先占	違法性	客観訴訟
4	公定力	排他的管轄	瑕疵	争点訴訟
5	不可争力	拘束力	瑕疵	争点訴訟

総合テキスト 🔗 LINK　Chapter 3　行政作用法　2
　　　　　　　　　　　　Chapter 7　行政事件訴訟法

行政行為

　行政行為に瑕疵があり、違法であるとして争う場合、行政事件訴訟法は、**原則として、取消訴訟によって争うべき**としている。これを、取消訴訟の排他的管轄という。その結果、行政行為は、権限ある行政庁が職権で取り消すか、行政行為によって自己の権利利益を害された者が、取消訴訟を提起して裁判所が取り消すか、行政上の不服申立てによって権限ある行政庁が取り消さない限り、有効なものとして取り扱われることになる。このことを、行政行為に**公定力**があるという。このように、**公定力**は、それを明示する規定はないものの、取消訴訟の排他的管轄を根拠に認められる。

　よって、（ア）には「公定力」、（イ）には「排他的管轄」が入る。

　行政行為が無効となるような重大な瑕疵がある場合には、取消訴訟の排他的管轄によって、行政庁の判断を保護する必要がない。つまり、行政行為の瑕疵の程度により行政行為が無効と判断されるような場合には、**いかなる訴訟でも行政行為の無効を前提として自己の権利を主張できる**ことになる。無効確認の利益がある場合には、**無効確認訴訟を提起することもできる**。行政事件訴訟法も、**無効確認訴訟**（3条4項）、**争点訴訟**（45条）を用意して、このことを前提とした規定を置いている。ここで、**争点訴訟**とは、行政行為の有効・無効が先決問題となっている事件で、係争法律関係が私法上の法律関係であるものである。例えば、土地収用裁決が無効であるとして、地権者と起業者の間で**土地所有権**の帰属をめぐって争われる訴訟である。

　よって、（ウ）には「瑕疵」、（エ）には「争点訴訟」が入る。

正解　4

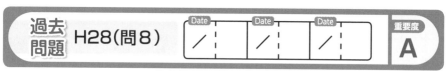
問題6　下記の〔設例〕に関する次のア～オの記述のうち、正しいものの組合せはどれか。

〔設例〕　Xは、旅館業法3条1項に基づく許可（以下「営業許可」という。）を得て、旅館業を営んでいたが、同法によって義務付けられた営業者の講ずべき衛生措置を講じなかったことを理由に、所轄都道府県知事から、同法8条1項に基づく許可の取消処分（以下「取消処分」という。）を受けた。

（参照条文）
旅館業法
第3条第1項　旅館業を営もうとする者は、都道府県知事……の許可を受けなければならない。（以下略）
第8条第1項　都道府県知事は、営業者が、この法律若しくはこの法律に基づく命令の規定若しくはこの法律に基づく処分に違反したとき……は、同条〔注：旅館業法第3条〕第1項の許可を取り消〔す〕……ことができる。（以下略）

ア　Xに対してなされた取消処分は、違法になされた営業許可を取り消し、法律による行政の原理に反する状態を是正することを目的とする行政行為である。

イ　Xに対してなされた取消処分は、いったんなされた営業許可を前提とするものであるから、独立の行政行為とはみなされず、行政手続法が規定する「処分」にも当たらない。

ウ　Xに対してなされた取消処分が取消判決によって取り消された場合に、Xは、営業許可がなされた状態に復し、従前どおり営業を行うことができる。

エ　Xに対してなされた取消処分によって、Xが有していた営業許可の効力は、それがなされたときにさかのぼって効力を失うことになる。

オ　Xに対してなされた取消処分は、営業許可がなされた時点では瑕疵がなかったが、その後においてそれによって成立した法律関係を存続させることが妥当ではない事情が生じたときに、当該法律関係を消滅させる行政行為である。

　　1　ア・ウ　　　2　ア・エ　　　3　イ・エ　　　4　イ・オ　　　5　ウ・オ

総合テキスト ⇨ LINK　Chapter 3　行政作用法　②
　　　　　　　　　　Chapter 4　行政手続法　③

取消しと撤回

ア 誤 り　本問における「取消処分」は、講学上の**撤回**にあたる。撤回とは、行政行為の適法な成立後、公益上の理由が生ずるなどの**後発的な事情の変化**により当該行為を維持することが必ずしも適当でなくなった場合に、これを**将来的に無効**とすることである。本記述の説明は、講学上の取消しについてのものである。

イ 誤 り　撤回も独立した行政行為である。本問の撤回は、行政手続法の「**不利益処分**」（2条4号）に該当するため、「処分」（同条2号）に該当する。

ウ 正しい　取消処分が取消判決によって取り消された場合、取消判決の**形成力**によって、その処分の効力は**処分当時に遡って**形成的に消滅することになる。したがって、処分が当初からなかったのと同じ状態になる。

エ 誤 り　撤回は、行政行為の効力を**将来的に無効**とするものである。

オ 正しい　本記述の説明は、講学上の撤回についてのものである。

正解　5

問題7　次の会話の空欄　ア　～　エ　に当てはまる語句の組合せとして、正しいものはどれか。

A　「私も30年近く前から自動車の運転免許を持っているのですが、今日はこれを素材にしてちょっと行政法のことについて聞きましょう。これが私の持っている免許証ですが、これにはいろいろな記載がなされています。これらの記載が行政法学上、どのように位置づけられるか答えてください。まず、最初に免許証について『平成29年08月15日まで有効』と書かれていますが、これはどうかな。」

B　「その記載は、行政処分に付せられる附款の一種で、行政法学上、　ア　と呼ばれるものです。」

A　「そうですね。次ですが、『免許の条件等』のところに『眼鏡等』と書かれています。これはどうでしょう。」

B　「これは、運転にあたっては視力を矯正する眼鏡等を使用しなければならないということですから、それも附款の一種の　イ　と呼ばれるものです。」

A　「それでは、運転免許は一つの行政行為とされるものですが、これは行政行為の分類ではどのように位置づけられていますか。」

B　「運転免許は、法令により一度禁止された行為について、申請に基づいて個別に禁止を解除する行為と考えられますから、その意味でいえば、　ウ　に当たりますね。」

A　「よろしい。最後ですが、道路交通法103条1項では、『自動車等の運転に関しこの法律若しくはこの法律に基づく命令の規定又はこの法律の規定に基づく処分に違反したとき』、公安委員会は、『免許を取り消』すことができると規定しています。この『取消し』というのは、行政法の学問上どのような行為と考えられていますか。」

B　「免許やその更新自体が適法になされたのだとすれば、その後の違反行為が理由になっていますから、それは行政法学上、　エ　と呼ばれるものの一例だと思います。」

A　「はい、結構です。」

	ア	イ	ウ	エ
1	条件	負担	免除	取消し
2	期限	条件	特許	撤回
3	条件	負担	特許	取消し
4	期限	負担	許可	撤回
5	期限	条件	許可	取消し

総合テキスト ⇄ LINK　Chapter 3　行政作用法　2

行政行為の附款

　本問は、附款に関するものである。附款とは、許認可等の法効果について法律で規定された事項以外の内容を付加したものをいう。

ア　期　限
　附款のうち、許認可等の効力の発生、消滅を**将来発生することが確実な事実**にかからしめるものは、期限である。「平成29年08月15日まで有効」という記載は、当該期日の到来という将来発生することが確実な事実にかからしめるものであるから、期限に該当する。したがって、アには**期限**が当てはまる。

イ　負　担
　附款のうち、許認可等を行うに際して、法令により課される義務とは別に作為又は不作為の義務を課すものは、**負担**である。「免許の条件等」のところの「眼鏡等」という記載は、運転にあたって眼鏡等の使用という作為の義務を課すものであるから、負担に該当する。したがって、イには**負担**が当てはまる。

ウ　許　可
重
　行政行為のうち、法令により**一度禁止された行為**について、申請に基づいて**個別に禁止を解除**する行為は、許可である。したがって、ウには**許可**が当てはまる。

エ　撤　回
超
　行政行為の失効のうち、**適法になされた行政行為**について、その後の情勢の変化に伴い、当該行政行為の**効力を失わせる必要**が生じる場合があり、これは撤回と呼ばれる。運転免許の「取消し」は、免許やその更新が適法になされた後、その後に行われた違反行為を理由として免許やその更新の効力を失わせるものであるから、撤回に該当する。したがって、エには**撤回**が当てはまる。

正解	4

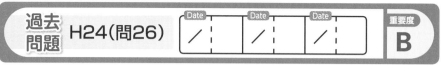
問題8　行政裁量に関する次の記述のうち、最高裁判所の判例に照らし、誤っているものはどれか。

1　建築主事は、一定の建築物に関する建築確認の申請について、周辺の土地利用や交通等の現状および将来の見通しを総合的に考慮した上で、建築主事に委ねられた都市計画上の合理的な裁量に基づいて、確認済証を交付するか否かを判断する。

2　法務大臣は、本邦に在留する外国人から再入国の許可申請があったときは、わが国の国益を保持し出入国の公正な管理を図る観点から、申請者の在留状況、渡航目的、渡航の必要性、渡航先国とわが国との関係、内外の諸情勢等を総合的に勘案した上で、法務大臣に委ねられた出入国管理上の合理的な裁量に基づいて、その許否を判断する。

3　公務員に対して懲戒処分を行う権限を有する者は、懲戒事由に該当すると認められる行為の原因、動機、性質、態様、結果、影響等のほか、当該公務員の行為の前後における態度、懲戒処分等の処分歴、選択する処分が他の公務員及び社会に与える影響等、諸般の事情を考慮した上で、懲戒権者に委ねられた合理的な裁量に基づいて、処分を行うかどうか、そして処分を行う場合にいかなる種類・程度を選ぶかを判断する。

4　行政財産の管理者は、当該財産の目的外使用許可について、許可申請に係る使用の日時・場所・目的・態様、使用者の範囲、使用の必要性の程度、許可をするに当たっての支障または許可をした場合の弊害もしくは影響の内容および程度、代替施設確保の困難性など、許可をしないことによる申請者側の不都合または影響の内容及び程度等の諸般の事情を総合考慮した上で、行政財産管理者に委ねられた合理的な裁量に基づいて、許可を行うかどうかを判断する。

5　公立高等専門学校の校長は、学習態度や試験成績に関する評価などを総合的に考慮し、校長に委ねられた教育上の合理的な裁量に基づいて、必修科目を履修しない学生に対し原級留置処分または退学処分を行うかどうかを判断する。

総合テキスト ⇄ LINK　Chapter 3　行政作用法　③

行政裁量

1 誤 り　判例は、建築確認処分自体は基本的に裁量の余地のない確認的行為の性格を有するものと解したうえで、建築確認申請が処分要件を具備するに至った場合には、原則として、建築主事としては速やかに**確認処分を行う義務がある**とした（最判昭60.7.16）。したがって、建築主事には、本記述のような合理的な裁量は認められていない。

2 正しい　判例は、永住資格を有する外国人の再入国許可申請に対して、法務大臣が当該申請を拒否する処分をした事件において、外国人の再入国の許否の判断は**法務大臣の広い裁量**に委ねられているとした（最判平10.4.10）。

3 正しい
重

判例は、公務員の懲戒免職処分の有効性が争われた事件において、公務員に懲戒処分を行う権限を有する者（懲戒権者）は、本記述にある諸般の事情を考慮したうえで、**処分を行うかどうか、そして処分を行う場合にいかなる種類・程度を選ぶか**について、**合理的な裁量**に委ねられているとした（最判昭52.12.20）。

4 正しい　判例は、行政財産である**学校施設の目的外使用**を許可するか否かは、原則として、**管理者の裁量**に委ねられているものと解し、行政財産である学校施設の目的及び用途と目的外使用の目的、態様等との関係に配慮した合理的な裁量判断により使用許可をしないこともできるものであるとした（最判平18.2.7）。

5 正しい　判例は、高等専門学校の校長が学生に対して原級留置処分又は退学処分を行うかどうかの判断は、**校長の合理的な教育的裁量**に委ねられるべきものであるとした（最判平8.3.8）。

正解　1

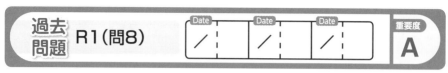
問題9　行政上の義務の履行確保手段に関する次の記述のうち、法令および判例に照らし、正しいものはどれか。

1　即時強制とは、非常の場合または危険切迫の場合において、行政上の義務を速やかに履行させることが緊急に必要とされる場合に、個別の法律や条例の定めにより行われる簡易な義務履行確保手段をいう。

2　直接強制は、義務者の身体または財産に直接に実力を行使して、義務の履行があった状態を実現するものであり、代執行を補完するものとして、その手続が行政代執行法に規定されている。

3　行政代執行法に基づく代執行の対象となる義務は、「法律」により直接に命じられ、または「法律」に基づき行政庁により命じられる代替的作為義務に限られるが、ここにいう「法律」に条例は含まれない旨があわせて規定されているため、条例を根拠とする同種の義務の代執行については、別途、その根拠となる条例を定める必要がある。

4　行政上の秩序罰とは、行政上の秩序に障害を与える危険がある義務違反に対して科される罰であるが、刑法上の罰ではないので、国の法律違反に対する秩序罰については、非訟事件手続法の定めるところにより、所定の裁判所によって科される。

5　道路交通法に基づく違反行為に対する反則金の納付通知について不服がある場合は、被通知者において、刑事手続で無罪を主張するか、当該納付通知の取消訴訟を提起するかのいずれかを選択することができる。

総合テキスト LINK　Chapter 3　行政作用法　4

行政上の義務の履行確保

1 誤 り
超

即時強制とは、義務の存在を前提としないで、**行政上の目的を達成するため、直接に身体もしくは財産に対して有形力を行使すること**をいう。本記述は、行政上の義務の存在を前提としている点で誤りである。

2 誤 り
重

行政代執行法は、直接強制の手続について規定していない。

3 誤 り
重

行政代執行法2条は、「**法律（法律の委任に基く命令、規則及び条例を含む。以下同じ。）により直接に命ぜられ、又は法律に基き行政庁により命ぜられた行為**（他人が代つてなすことのできる行為に限る。）について義務者がこれを履行しない場合、**他の手段によつてその履行を確保することが困難であり、且つその不履行を放置することが著しく公益に反すると認められるときは、当該行政庁は、自ら義務者のなすべき行為をなし、又は第三者をしてこれをなさしめ、その費用を義務者から徴収することができる。**」と規定している。

4 正しい
重

行政上の秩序罰とは、行政上の秩序に障害を与える危険がある**義務違反に対して科される罰であり、刑法上の罰ではないの**で、国の法律違反に対する秩序罰については、非訟事件手続法の定めるところにより、所定の裁判所により科される。

5 誤 り

判例は、「道路交通法は、通告を受けた者が、その自由意思により、通告に係る反則金を納付し、これによる事案の終結の途を選んだときは、もはや当該通告の理由となつた反則行為の不成立等を主張して通告自体の適否を争い、これに対する抗告訴訟によつてその効果の覆滅を図ることはこれを許さず、右のような主張をしようとするのであれば、反則金を納付せず、後に公訴が提起されたときにこれによつて開始された刑事手続の中でこれを争い、これについて裁判所の審判を求める途を選ぶべきであるとしているものと解する」としている（最判昭57.7.15）。

| 正解 | 4 |

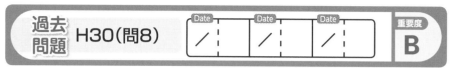

問題10 行政代執行法（以下「同法」という。）に関する次のア～オの記述のうち、正しいものの組合せはどれか。

ア 代執行に要した費用については、義務者に対して納付命令を発出したのち、これが納付されないときは、国税滞納処分の例によりこれを徴収することができる。

イ 代執行を行うに当たっては、原則として、同法所定の戒告および通知を行わなければならないが、これらの行為について、義務者が審査請求を行うことができる旨の規定は、同法には特に置かれていない。

ウ 行政上の義務の履行確保に関しては、同法の定めるところによるとした上で、代執行の対象とならない義務の履行確保については、執行罰、直接強制、その他民事執行の例により相当な手段をとることができる旨の規定が置かれている。

エ 代執行の実施に先立って行われる戒告および通知のうち、戒告においては、当該義務が不履行であることが、次いで通知においては、相当の履行期限を定め、その期限までに履行がなされないときは代執行をなすべき旨が、それぞれ義務者に示される。

オ 代執行の実施に当たっては、その対象となる義務の履行を督促する督促状を発した日から起算して法定の期間を経過してもなお、義務者において当該義務の履行がなされないときは、行政庁は、戒告等、同法の定める代執行の手続を開始しなければならない。

1 ア・イ
2 ア・エ
3 イ・ウ
4 ウ・オ
5 エ・オ

総合テキスト ← LINK Chapter 3 行政作用法 ④

行政代執行法

ア 正しい　行政代執行法5条は、「代執行に要した費用の徴収については、実際に要した費用の額及びその納期日を定め、義務者に対し、文書をもつてその納付を命じなければならない。」と規定し、6条1項は、「代執行に要した費用は、**国税滞納処分の例により、これを徴収することができる**。」と規定している。

イ 正しい　行政代執行法には、同法上の戒告及び通知について、義務者が審査請求を行うことができる旨の規定は置かれていない。

ウ 誤 り
重　1条は、「**行政上の義務の履行確保**に関しては、別に法律で定めるものを除いては、**この法律の定めるところによる**。」と規定している。もっとも、同法には、代執行の対象とならない義務の履行確保について、執行罰、直接強制、その他民事執行の例により相当な手段をとることができる旨の規定は置かれていない。

エ 誤 り　戒告について、3条1項は、「前条の規定による処分（代執行）をなすには、相当の履行期限を定め、その期限までに履行がなされないときは、代執行をなすべき旨を、予め文書で戒告しなければならない。」と規定し、通知について、同条2項は、「義務者が、前項の戒告を受けて、指定の期限までにその義務を履行しないときは、当該行政庁は、代執行令書をもつて、代執行をなすべき時期、代執行のために派遣する執行責任者の氏名及び代執行に要する費用の概算による見積額を義務者に通知する。」と規定している。

5 誤 り　行政代執行法には、代執行の実施に当たり、その対象となる義務の履行を督促する督促状を発した日から起算して法定の期間を経過してもなお、義務者において当該義務の履行がなされない場合に、行政庁が戒告等の同法の定める手続を開始する旨の規定は置かれていない。

正解	1

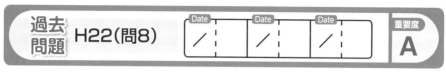
問題11　A市は、風俗営業のための建築物について、条例で独自の規制基準を設けることとし、当該基準に違反する建築物の建築工事については市長が中止命令を発しうることとした。この命令の実効性を担保するための手段を条例で定める場合、法令に照らし、疑義の余地なく設けることのできるものは、次の記述のうちどれか。

1　当該建築物の除却について、法律よりも簡易な手続で代執行を実施する旨の定め。

2　中止命令の対象となった建築物が条例違反の建築物であることを公表する旨の定め。

3　中止命令を受けたにもかかわらず建築工事を続行する事業者に対して、工事を中止するまでの間、1日について5万円の過料を科す旨の定め。

4　市の職員が当該建築物の敷地を封鎖して、建築資材の搬入を中止させる旨の定め。

5　当該建築物により営業を行う事業者に対して1千万円以下の罰金を科す旨の定め。

総合テキスト ← LINK　Chapter 3　行政作用法　4

行政上の義務の履行確保

1 できない　代執行に関しては、別に「法律」で定めるものを除いては、行政代執行法の定めるところによる（行政代執行法1条）ため、「条例」で法律よりも簡易な手続を定めることはできない。

2 できる　公表は、行政代執行法1条の想定した**行政上の義務履行確保の手段**にあたらないため、別に法律で定めることが必要とされない。したがって、条例で定めることができる。

3 できない　本記述の手段は執行罰にあたる。執行罰とは、**義務が履行されない場合に行政庁が一定の期限を示し、その期限内に義務の履行がされないときに過料に処す旨を予告することで、義務者に心理的圧迫を加え、間接的に義務の履行を強制する作用**をいう。執行罰は、行政上の義務履行確保の手段にあたるため、別に法律で定めることが必要となる（1条）。したがって、条例で定めることはできない。

4 できない　本記述の手段は直接強制にあたる。直接強制とは、**義務者が義務を履行しない場合において、行政庁が義務者の身体又は財産に強制力を加えて、義務の内容を実現する作用**をいう。直接強制は、行政上の義務履行確保の手段にあたるため、別に法律で定めることが必要となる（1条）。したがって、条例で定めることはできない。

5 できない　**普通地方公共団体**は、その条例中に、**条例に違反した者に対し、2年以下の懲役若しくは禁錮、100万円以下の罰金**、拘留、科料若しくは没収の刑又は5万円以下の過料を科する旨の規定を設けることができる（地方自治法14条3項）。したがって、1,000万円以下の罰金を科す旨の規定を条例で定めることはできない。

正解	2

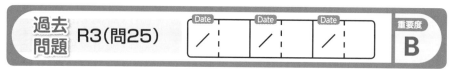
問題12　墓地埋葬法*13条は、「墓地、納骨堂又は火葬場の管理者は、埋葬、埋蔵、収蔵又は火葬の求めを受けたときは、正当の理由がなければこれを拒んではならない。」と定めているところ、同条の「正当の理由」について、厚生省（当時）の担当者が、従来の通達を変更し、依頼者が他の宗教団体の信者であることのみを理由として埋葬を拒否することは「正当の理由」によるものとは認められないという通達（以下「本件通達」という。）を発した。本件通達は、当時の制度の下で、主務大臣がその権限に基づき所掌事務について、知事をも含めた関係行政機関に対し、その職務権限の行使を指揮したものであるが、この通達の取消しを求める訴えに関する最高裁判所判決（最三小判昭和43年12月24日民集22巻13号3147頁）の内容として、妥当なものはどれか。

1　通達は、原則として、法規の性質をもつものであり、上級行政機関が関係下級行政機関および職員に対してその職務権限の行使を指揮し、職務に関して命令するために発するものであって、本件通達もこれに該当する。

2　通達は、関係下級機関および職員に対する行政組織内部における命令であるが、その内容が、法令の解釈や取扱いに関するものであって、国民の権利義務に重大なかかわりをもつようなものである場合には、法規の性質を有することとなり、本件通達の場合もこれに該当する。

3　行政機関が通達の趣旨に反する処分をした場合においても、そのことを理由として、その処分の効力が左右されるものではなく、その点では本件通達の場合も同様である。

4　本件通達は従来とられていた法律の解釈や取扱いを変更するものであり、下級行政機関は当該通達に反する行為をすることはできないから、本件通達は、これを直接の根拠として墓地の経営者に対し新たに埋葬の受忍義務を課すものである。

5　取消訴訟の対象となりうるものは、国民の権利義務、法律上の地位に直接具体的に法律上の影響を及ぼすような行政処分等でなければならないのであるから、本件通達の取消しを求める訴えは許されないものとして棄却されるべきものである。

（注）　＊　墓地、埋葬等に関する法律

総合テキスト LINK　Chapter 3　行政作用法　5

通　達

本問は、通達の取消しを求める訴えに関する最高裁判所判決（最判昭43.12.24）を題材にしたものである。

1 妥当でない　判例は、「元来、通達は、原則として、法規の性質をもつものではなく、上級行政機関が関係下級行政機関および職員に対してその職務権限の行使を指揮し、職務に関して命令するために発するもの」としている。したがって、**通達は、原則として、法規の性質を持つ**ものではない。

2 妥当でない
重　判例は、「通達は右機関〔関係下級行政機関〕および職員に対する**行政組織内部における命令**にすぎないから、これらのものがその通達に拘束されることはあつても、**一般の国民は直接これに拘束される**ものではなく、このことは、通達の内容が、法令の解釈や取扱いに関するもので、**国民の権利義務に重大なかかわりをもつようなものである場合においても別段異なるところはない**」としている。

3 妥当である　判例は、「通達は、元来、法規の性質をもつものではないから、行政機関が通達の趣旨に反する処分をした場合においても、そのことを理由として、**その処分の効力が左右されるものではない**」としている。

4 妥当でない　判例は、「本件通達は従来とられていた**法律の解釈や取扱いを変更**するものではあるが、それはもっぱら知事以下の行政機関を拘束する**にとどまる**もので、これらの機関は右通達に反する行為をすることはできないにしても、**国民は直接これに拘束されることはなく**、従つて、右通達が直接に上告人の所論墓地経営権、管理権を侵害したり、新たに埋葬の受忍義務を課したりするものとはいえない」としている。したがって、本件通達は、これを直接の根拠として墓地の経営者に対し新たに埋葬の受忍義務を課すものではない。

5 妥当でない　判例は、「現行法上行政訴訟において取消の訴の対象となりうるものは、国民の権利義務、法律上の地位に直接具体的に法律上の影響を及ぼすような行政処分等でなければならないのであるから、本件通達中所論の趣旨部分の取消を求める本件訴は許されないものとして却下すべきものである」としている。したがって、本件通達の取消しを求める訴えは、**棄却されるべきものではなく、却下すべきもの**である。

正解　3

行政法

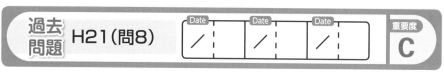
問題13　行政計画に関する次の記述のうち、妥当なものはどれか。

1　土地利用を制限する用途地域などの都市計画の決定についても、侵害留保説によれば法律の根拠が必要である。

2　広範な計画裁量については裁判所による十分な統制を期待することができないため、計画の策定は、行政手続法に基づく意見公募手続の対象となっている。

3　計画策定権者に広範な裁量が認められるのが行政計画の特徴であるので、裁判所による計画裁量の統制は、重大な事実誤認の有無の審査に限られる。

4　都市計画法上の土地利用制限は、当然に受忍すべきとはいえない特別の犠牲であるから、損失補償が一般的に認められている。

5　多数の利害関係者に不利益をもたらしうる拘束的な計画については、行政事件訴訟法において、それを争うための特別の訴訟類型が法定されている。

行政計画

1 妥当である　法律の留保が及ぶ行政活動の範囲については、諸説がある。そのうちの１つである侵害留保説とは、国民の権利自由**を制限**するような行政活動を行うためには、**法律の根拠が必要である**とする考え方である。本記述にあるような都市計画の決定は、国民の権利自由を制限するため、法律の根拠が必要である。

2 妥当でない　意見公募手続（行政手続法38条から45条まで）の対象である命令等とは、内閣又は行政機関が定める、**法律に基づく命令、審査基準、処分基準、行政指導指針**をいう（２条８号）。よって、命令等には行政計画は**含まれていない**ため、行政計画は意見公募手続の対象となっていない。したがって、本記述は、計画の策定が行政手続法に基づく意見公募手続の対象となっているとしている点で、妥当でない。

3 妥当でない　裁判所による計画裁量の統制は、重大な事実誤認の有無の審査のほかに、判断の過程において考慮すべき事情を考慮しないこと等により、その内容が社会通念に照らし著しく妥当を欠くものと認められるかについての審査も含まれる（最判平18.11.2）。したがって、本記述は、裁判所による計画裁量の統制が重大な事実誤認の有無の審査に限られるとしている点で、妥当でない。

4 妥当でない　判例は、都市計画法上の土地利用制限について、一般的に当然に受忍すべきものとされる制限の範囲を超えて**特別の犠牲**を課せられたものということが未だ困難であるから、損失補償請求をすることができないとしている（最判平17.11.1）。したがって、本記述は、都市計画法上の土地利用制限について損失補償が一般的に認められているとしている点で、妥当でない。

5 妥当でない　行政事件訴訟法には、行政事件訴訟として、抗告訴訟、当事者訴訟、民衆訴訟、機関訴訟が規定されている（２条）。そして、抗告訴訟として、処分又は裁決の取消訴訟、無効等確認訴訟、不作為の違法確認訴訟、義務付け訴訟、差止訴訟が規定されている（３条２項〜７項）。このように、拘束的な計画について争うための特別な訴訟類型は**規定されていない**。したがって、本記述は、拘束的な計画を争う特別の訴訟類型が行政事件訴訟法に法定されているとしている点で、妥当でない。

正解　1

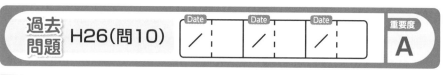
問題14 行政調査に関する次のア～エの記述のうち、正しいものの組合せはどれか。争いがある場合には最高裁判所の判例の立場による。

ア 行政手続法には、行政調査の手続に関する通則的な規定は置かれておらず、また、同法は、情報収集を直接の目的とする処分・行政指導には適用されない。

イ 警察官職務執行法上の職務質問に付随して行う所持品検査は、検査の必要性、緊急性の認められる場合には、相手方への強制にわたるものであっても適法である。

ウ 法律の規定を設ければ、行政調査に応じなかったことを理由として、刑罰を科すなど、相手方に不利益を課すことも許される。

エ 税務調査（質問検査権）に関しては、国税通則法により、急速を要する場合を除き、事前に裁判官の許可を得ることが必要とされている。

1 ア・イ
2 ア・ウ
3 イ・ウ
4 イ・エ
5 ウ・エ

総合テキスト ↩ LINK Chapter 3 行政作用法 ⑤

行政調査

ア 正しい　　行政手続法は、行政調査の手続に関する通則的な規定は置いておらず、「報告又は物件の提出を命ずる処分その他その職務の遂行上必要な情報の収集を直接の目的としてされる処分及び行政指導」については、第2章から第4章の2までの規定は、適用しないと規定している（3条1項14号）。

イ 誤り
重　　判例は、「警職法2条1項に基づく職務質問に附随して行う所持品検査は、任意手段として許容されるものであるから、所持人の承諾を得てその限度でこれを行うのが原則であるが、職務質問ないし所持品検査の目的、性格及びその作用等にかんがみると、所持人の承諾のない限り所持品検査は一切許容されないと解するのは相当でなく、**捜索に至らない程度の行為は、強制にわたらない限り、たとえ所持人の承諾がなくても、所持品検査の必要性、緊急性、これによって侵害される個人の法益と保護されるべき公共の利益との権衡などを考慮し、具体的状況のもとで相当と認められる限度において許容される場合がある**」とした（最判昭53.9.7）。したがって、相手方への強制にわたるものである場合には、検査の必要性、緊急性が認められたとしても、適法とはならない。

ウ 正しい　　所得税等に関する調査にかかる質問検査権（国税通則法74条の2第1項）に対して、「正当な理由がなくこれに応じず、又は偽りの記載若しくは記録をした帳簿書類その他の物件（その写しを含む。）を提示し、若しくは提出……した者」は、1年以下の懲役又は50万円以下の罰金に処する（128条3号）と規定されている。これは、調査拒否に対して、罰則を設けることによって、間接的に調査を受託することを強制するものである。このように、**行政調査に応じなかったことを理由として刑罰等、相手方に不利益を課すことも許される**。

エ 誤り　　国税通則法74条の2等は、税に関する調査について必要があるときは、一定の者に質問し、その者の事業に関する帳簿書類その他の物件を検査し、又は当該物件の提示若しくは提出を求めることができると規定している。そして、これらの規定において、事前に裁判官の許可を得ることは必要とされていない。

正解　　2

Chapter

2 行政手続法

過去問題 R2(問11)

Date / / ／
Date / / ／
Date / / ／

重要度 **A**

問題15 行政手続法の用語に関する次の記述のうち、同法の定義に照らし、正しいものはどれか。

1 「不利益処分」とは、申請により求められた許認可等を拒否する処分など、申請に基づき当該申請をした者を名あて人としてされる処分のほか、行政庁が、法令に基づき、特定の者を名あて人として、直接に、これに義務を課し、またはその権利を制限する処分をいう。

2 「行政機関」には、国の一定の機関およびその職員が含まれるが、地方公共団体の機関はこれに含まれない。

3 「処分基準」とは、不利益処分をするかどうか、またはどのような不利益処分とするかについてその法令の定めに従って判断するために必要とされる基準をいう。

4 「申請」とは、法令に基づき、申請者本人または申請者以外の第三者に対し何らかの利益を付与する処分を求める行為であって、当該行為に対して行政庁が諾否の応答をすべきこととされているものをいう。

5 「届出」とは、行政庁に対し一定の事項の通知をする行為であって、当該行政庁にそれに対する諾否の応答が義務づけられているものをいう。

総合テキスト **LINK** Chapter 4 行政手続法 ②③

行政手続法の用語

1 誤 り
超

　行政手続法2条4号柱書は、「不利益処分　行政庁が、法令に基づき、特定の者を名あて人として、直接に、これに義務を課し、又はその権利を制限する処分をいう。ただし、**次のいずれかに該当するものを除く。**」と規定し、同号ロは、「**申請により求められた許認可等を拒否する処分**その他申請に基づき当該申請をした者を名あて人としてされる処分」を掲げている。

2 誤 り

　2条5号柱書は、「行政機関　次に掲げる機関をいう。」と規定し、「法律の規定に基づき内閣に置かれる機関若しくは内閣の所轄の下に置かれる機関、……国家行政組織法……第3条第2項に規定する機関、会計検査院若しくはこれらに置かれる機関又はこれらの機関の職員であって法律上独立に権限を行使することを認められた職員」（同号イ）と「**地方公共団体の機関（議会を除く。）**」（同号ロ）を掲げている。

3 正しい
超

　2条8号ハは、処分基準について、「処分基準（不利益処分をするかどうか又はどのような不利益処分とするかについてその法令の定めに従って判断するために必要とされる基準をいう。）」と規定している。

4 誤 り
重

　2条3号は、「申請　法令に基づき、行政庁の許可、認可、免許その他の**自己に対し何らかの利益を付与する処分**……を求める行為であって、当該行為に対して行政庁が諾否の応答をすべきこととされているものをいう。」と規定しており、申請者以外の第三者に対し利益を付与する処分を求める行為は含まれない。

5 誤 り

　2条7号は、「届出　行政庁に対し一定の事項の通知をする行為……であって、法令により直接に当該通知が義務付けられているもの……をいう。」と規定しており、行政庁に**諾否の応答を義務付けてはいない**。

正解　3

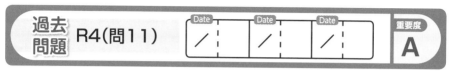
問題16　申請に対する処分について定める行政手続法の規定に関する次の記述のうち、妥当なものはどれか。

1　行政庁は、申請がその事務所に到達してから当該申請に対する処分をするまでに通常要すべき標準的な期間を定めるよう努め、これを定めたときは、行政手続法所定の方法により公にしておかなければならない。

2　行政庁は、法令に定められた申請の形式上の要件に適合しない申請について、それを理由として申請を拒否することはできず、申請者に対し速やかにその補正を求めなければならない。

3　行政庁は、申請により求められた許認可等の処分をする場合は、申請者に対し、同時に、当該処分の理由を示すよう努めなければならない。

4　行政庁は、定められた標準処理期間を経過してもなお申請に対し諾否の応答ができないときは、申請者に対し、当該申請に係る審査の進行状況および処分の時期の見込みを書面で通知しなければならない。

5　行政庁は、申請に対する処分であって、申請者以外の者の利益を考慮すべきことが当該法令において許認可等の要件とされているものを行う場合には、当該申請者以外の者および申請者本人の意見を聴く機会を設けなければならない。

総合テキスト LINK　Chapter 4　行政手続法　2

申請に対する処分

1 妥当である
超

　行政手続法6条は、「行政庁は、**申請がその事務所に到達してから当該申請に対する処分をするまでに通常要すべき標準的な期間**（法令により当該行政庁と異なる機関が当該申請の提出先とされている場合は、併せて、当該申請が当該提出先とされている機関の事務所に到達してから当該行政庁の事務所に到達するまでに通常要すべき標準的な期間）を定めるよう努めるとともに、これを定めたときは、これらの当該申請の提出先とされている機関の事務所における備付けその他の適当な方法により公にしておかなければならない。」と規定している。

2 妥当でない
超

　7条は、「行政庁は、申請がその事務所に到達したときは遅滞なく当該申請の審査を開始しなければならず、かつ、申請書の記載事項に不備がないこと、申請書に必要な書類が添付されていること、申請をすることができる期間内にされたものであることその他の法令に定められた申請の形式上の要件に適合しない申請については、速やかに、申請をした者（以下『申請者』という。）に対し**相当の期間を定めて当該申請の補正を求め、又は当該申請により求められた許認可等を拒否しなければならない**。」と規定している。

3 妥当でない
超

　8条1項本文は、「行政庁は、申請により求められた許認可等を拒否する処分をする場合は、申請者に対し、同時に、当該処分の理由を示さなければならない。」と規定している。

4 妥当でない
重

　行政手続法上、本記述のような規定はない。なお、9条1項は、「行政庁は、申請者の求めに応じ、当該申請に係る審査の進行状況及び当該申請に対する処分の時期の見通しを示すよう努めなければならない。」と規定している。

5 妥当でない
超

　10条は、「行政庁は、申請に対する処分であって、申請者以外の者の利害を考慮すべきことが当該法令において許認可等の要件とされているものを行う場合には、必要に応じ、**公聴会の開催**その他の適当な方法により**当該申請者以外の者の意見を聴く機会を設けるよう努めなければならない**。」と規定している。

正解　　1

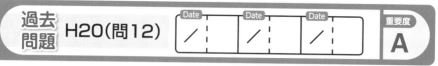
問題17　行政手続法における申請拒否処分の取り扱いについての次の記述のうち、妥当なものはどれか。

1　申請拒否処分は、不利益処分の一種であるから、こうした処分にも、不利益処分に関する規定が適用される。

2　申請拒否処分についても、相手方の権利に重大な影響を及ぼす許認可等を拒否する場合などには、事前の聴聞が義務付けられている。

3　申請拒否処分の理由については、理由を示さないで処分をすべき差し迫った必要がある場合には、処分後相当の期間内に示せば足りる。

4　公にされた標準処理期間を経過しても申請に応答がなされない場合には、申請拒否処分がなされたものとみなされる。

5　申請拒否処分が許されない場合において、それをなしうるとして申請の取下げを求める行政指導は、違法な行政指導である。

申請拒否処分

1 妥当でない
超

申請拒否処分は不利益処分に該当しない（行政手続法2条4号ロ）。したがって、申請拒否処分には、**不利益処分に関する規定は適用されない**。

2 妥当でない

事前の聴聞が義務づけられるのは、行政庁が**不利益処分**をしようとする場合である（13条1項1号）。そして、記述1の解説のとおり、申請拒否処分は**不利益処分に該当しない**（2条4号ロ）。したがって、申請拒否処分については、事前の聴聞は義務づけられていない。

3 妥当でない

申請に対する処分については、理由を示さないで処分をすべき差し迫った必要がある場合には、処分後相当の期間内に示せば足りるとする規定はない。なお、本記述のような内容の規定は、**不利益処分**をする場合に適用される（14条1項ただし書）。

4 妥当でない

公にされた標準処理期間を経過しても申請に対する応答がない場合には、申請拒否処分がなされたものとみなすという規定は、行政手続法上存在しない。

5 妥当である
重

許認可等をする権限を有する行政機関が当該権限を行使することができない場合の行政指導においては、行政指導に携わる者は、当該権限を行使することができる旨を**殊更に示す**ことにより相手方に当該行政指導に従うことを余儀なくさせるようなことをしてはならない（34条）。

正解	5

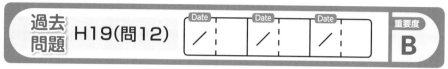
問題18　行政手続法による審査基準に関する次のア〜オの記述のうち、妥当なものはいくつあるか。

ア　審査基準の設定は、行政手続法の委任に基づくものであり、申請者の権利にかかわるものであるから、審査基準も法規命令の一種である。

イ　不利益処分についての処分基準の設定が努力義務にとどまるのに対して、申請に対する処分についての審査基準の設定は、法的な義務であるとされている。

ウ　審査基準に違反して申請を拒否する処分をしても、その理由だけで処分が違法となることはないが、他の申請者と異なる取扱いをすることとなるため、比例原則違反として、違法となることがある。

エ　審査基準の設定には、意見公募手続の実施が義務付けられており、それに対しては、所定の期間内であれば、何人も意見を提出することができる。

オ　国の法律に基づいて地方公共団体の行政庁がする処分については、その法律を所管する主務大臣が審査基準を設定することとなる。

1　一つ
2　二つ
3　三つ
4　四つ
5　五つ

総合テキスト LINK　Chapter 4　行政手続法　2

審査基準

ア 妥当でない　審査基準は、行政機関の定立する定めであるが、国民の権利・義務に直接関係しないので、法規命令ではなく**行政規則**にあたる。また、審査基準の設定は、行政手続法の委任に基づくものではない。

イ 妥当である
重　予　不利益処分についての**処分基準の設定は、努力義務**である（行政手続法12条1項）。これに対し、申請に対する処分の**審査基準の設定は、法的義務**である（5条1項）。

ウ 妥当でない　前段については、審査基準に違反して申請を拒否する処分は、**違法な行政処分**になり得る。後段については、比例原則とは、達成されるべき目的とそのためにとられる手段との間に合理的な比例関係が存在することを要請する原則をいう。

　審査基準に違反して申請を拒否する処分をし、申請者と他の申請者と異なる取扱いをすることになっても、**平等原則違反になる可能性はある**が、比例原則違反にはならないことがある。

エ 妥当である　審査基準の設定は、「命令等を定めようとする場合」であるため、**意見公募手続の実施が義務づけられている**（39条1項、2条8号ロ）。そして、所定の期間内（公示の日から起算して、原則として30日以上）であれば、**誰でも意見を提出することができる**（同条3項）。

オ 妥当でない　審査基準の設定主体は「行政庁」であり（5条1項）、国の法律に基づいていて地方公共団体の行政庁がする処分であっても、処分権限が地方公共団体の機関にある場合には、**当該機関自らが基準を定めなければならない**。

正解　2　以上より、妥当なものはイとエの2つである。

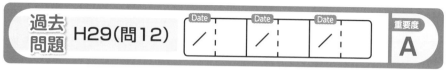
問題19　処分理由の提示に関する次の記述のうち、法令および最高裁判所の判例に照らし、妥当なものはどれか。

1　行政手続法が、不利益処分をする場合に同時にその理由を名宛人に示さなければならないとしているのは、名宛人に直接義務を課し、またはその権利を制限するという同処分の性質にかんがみたものであるから、行政手続法には、申請に対する拒否処分に関する理由の提示の定めはない。

2　一級建築士免許取消処分をするに際し、行政庁が行政手続法に基づいて提示した理由が不十分であったとしても、行政手続法には理由の提示が不十分であった場合の処分の効果に関する規定は置かれていないから、その違法により裁判所は当該処分を取り消すことはできない。

3　行政手続法は、不利益処分をする場合にはその名宛人に対し同時に当該不利益処分の理由を示さなければならないと定める一方、「当該理由を示さないで処分をすべき差し迫った必要がある場合はこの限りでない。」としている。

4　青色申告について行政庁が行った更正処分における理由附記の不備という違法は、同処分に対する審査裁決において処分理由が明らかにされた場合には、治癒され、更正処分の取消事由とはならない。

5　情報公開条例に基づく公文書の非公開決定において、行政庁がその処分理由を通知している場合に、通知書に理由を附記した以上、行政庁が当該理由以外の理由を非公開決定処分の取消訴訟において主張することは許されない。

処分理由の提示

行政法

1 妥当でない
超

行政手続法 8 条 1 項本文は、「行政庁は、**申請により求められた許認可等を拒否する処分**をする場合は、申請者に対し、同時に、当該処分の理由を示さなければならない。」と規定している。

2 妥当でない

判例は、建築士法（平成 18 年法律第 92 号による改正前のもの）10 条 1 項 2 号及び 3 号に基づいてされた一級建築士免許取消処分の通知書において、処分の理由として、名宛人が、複数の建築物の設計者として、建築基準法令に定める構造基準に適合しない設計を行い、それにより耐震性等の不足する構造上危険な建築物を現出させ、又は構造計算書に偽装がみられる不適切な設計を行ったという処分の原因となる事実と、同項 2 号及び 3 号という処分の根拠法条とが示されているのみで、同項所定の複数の懲戒処分の中から処分内容を選択するための基準として多様な事例に対応すべくかなり複雑な内容を定めて公にされていた当時の建設省住宅局長通知による処分基準の適用関係が全く示されていないなど判示の事情の下では、名宛人において、いかなる理由に基づいてどのような処分基準の適用によって当該処分が選択されたのかを知ることができず、上記取消処分は、行政手続法 14 条 1 項本文の定める理由提示の要件を欠き、違法な処分であるというべきであって、取消しを免れないと判示している（最判平 23.6.7）。

3 妥当である
超

14 条 1 項は、「行政庁は、**不利益処分**をする場合には、その名あて人に対し、同時に、当該不利益処分の理由を示さなければならない。ただし、当該理由を示さないで処分をすべき差し迫った必要がある場合は、この限りでない。」としている。

4 妥当でない
重

判例は、青色申告についてした更正処分における理由附記の不備の瑕疵は、同処分に対する審査裁決において**処分理由が明らかにされた場合であっても、治癒されない**と判示している（最判昭 47.12.5）。

5 妥当でない

判例は、「一たび通知書に理由を付記した以上、実施機関が当該理由以外の理由を非公開決定処分の取消訴訟において主張することを許さない……と解すべき根拠はない」と判示している（最判平 11.11.19）。

正解	3

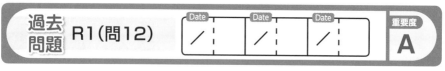
問題20　聴聞についての行政手続法の規定に関する次のア～オの記述のうち、正しいものの組合せはどれか。

ア　聴聞は、行政庁が指名する職員その他政令で定める者が主宰するが、当該聴聞の当事者*や参加人など、当該不利益処分の対象者に一定の関連を有する者のほか、行政庁の職員のうち、当該不利益処分に係る事案の処理に直接関与した者は、主宰者となることができない。

イ　行政庁は、予定している不利益処分につき、聴聞の主宰者から当該聴聞に係る報告書の提出を受けてから、当該不利益処分を行うか否か決定するまでに通常要すべき標準的な期間を定め、これを当該聴聞の当事者*に通知するよう努めなければならない。

ウ　主宰者は、当事者*の全部または一部が正当な理由なく聴聞の期日に出頭せず、かつ、陳述書または証拠書類等を提出しない場合、これらの者に対し改めて意見を述べ、および証拠書類等を提出する機会を与えることなく、聴聞を終結することができる。

エ　行政庁は、申請に対する処分であって、申請者以外の者の利害を考慮すべきことが当該処分の根拠法令において許認可等の要件とされているものを行う場合には、当該申請者以外の者に対し、不利益処分を行う場合に準じた聴聞を行わなければならない。

オ　聴聞の通知があった時から聴聞が終結する時までの間、当事者*から行政庁に対し、当該不利益処分の原因となる事実を証する資料の閲覧を求められた場合、行政庁は、第三者の利益を害するおそれがあるときその他正当な理由があるときは、その閲覧を拒むことができる。

（注）　*　当事者　行政庁は、聴聞を行うに当たっては、聴聞を行うべき期日までに相当な期間をおいて、不利益処分の名あて人となるべき者に対し、所定の事項を書面により通知しなければならない。この通知を受けた者を「当事者」という。

1　ア・イ
2　ア・オ
3　イ・エ
4　ウ・エ
5　ウ・オ

総合テキスト LINK　Chapter 4　行政手続法　3

聴　聞

ア 誤 り　　行政手続法19条2項柱書は、「次の各号のいずれかに該当する者は、聴聞を主宰することができない。」と規定しているところ、同項各号には、行政庁の職員のうち、当該不利益処分にかかる事案の処理に直接関与した者については規定されていない。

イ 誤 り　　6条は、「行政庁は、**申請がその事務所に到達してから当該申請に**
重　　**対する処分をするまでに通常要すべき標準的な期間**（法令により当該行政庁と異なる機関が当該申請の提出先とされている場合は、併せて、当該申請が当該提出先とされている機関の事務所に到達してから当該行政庁の事務所に到達するまでに通常要すべき標準的な期間）を定めるよう努めるとともに、これを定めたときは、これらの当該申請の提出先とされている機関の事務所における備付けその他の適当な方法により公にしておかなければならない。」と規定しているが、不利益処分について同様の規定はない。

ウ 正しい　　23条1項は、「主宰者は、当事者の全部若しくは一部が正当な理由なく聴聞の期日に出頭せず、かつ、第21条第1項に規定する陳述書若しくは証拠書類等を提出しない場合、又は参加人の全部若しくは一部が聴聞の期日に出頭しない場合には、これらの者に対し改めて意見を述べ、及び証拠書類等を提出する機会を与えることなく、聴聞を終結することができる。」と規定している。

エ 誤 り　　13条1項柱書は、「行政庁は、**不利益処分をしようとする場合に**
重　　**は、次の各号の区分に従い、この章の定めるところにより、当該不利益処分の名あて人となるべき者**について、当該各号に定める意見陳述のための手続**を執らなければならない。**」と規定し、同項1号柱書は「次のいずれかに該当するとき　聴聞」と規定している。しかし、申請に対する処分については、同様の規定はない。

オ 正しい　　18条1項は、「**当事者及び当該不利益処分がされた場合に自己の利**
益を害されることとなる参加人……は、聴聞の通知があった時から聴聞が終結する時までの間、行政庁に対し、当該事案についてした調査の結果に係る調書その他の当該不利益処分の原因となる事実を証する**資料の閲覧を求めることができる。**この場合において、行政庁は、第三者の利益を害するおそれがあるときその他正当な理由があるときでなければ、**その閲覧を拒むことができない。**」と規定している。

正解　　5

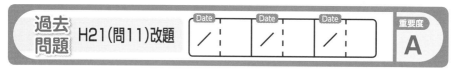

問題21 行政手続法が定める不利益処分に関する次の記述のうち、正しいものはどれか。

1 弁明の機会の付与における弁明は、行政庁が書面ですることを認めたときを除き、指定された日時及び場所において、口頭で行うものとされている。

2 許認可等を取り消す不利益処分をしようとするときは、聴聞を行わなければならないとされているが、ここにいう許認可等を取り消す不利益処分には、行政法学上の取消しと撤回の双方が含まれる。

3 行政指導に従わない場合に行われる当該事実の公表は、行政手続法上、不利益処分とされ、それを行う場合は、弁明の機会の付与を行わなければならないと規定されている。

4 聴聞において、当事者が利害関係者の参加を求めたにもかかわらず、行政庁がこれを不許可とした場合には、審査請求をすることができる。

5 申請に対して拒否処分を行う場合は、行政手続法上、不利益処分に該当するので、弁明の機会の付与を行わなければならない。

総合テキスト LINK Chapter 4 行政手続法 ③

不利益処分

1 誤り　弁明の機会の付与における弁明は、行政庁が口頭ですることを認めたときを除き、弁明を記載した**書面（弁明書）を提出**して行う（行政手続法29条1項）。したがって、弁明手続は原則として書面により審査が行われる。本記述は、口頭による審査を原則としている点で誤りである。

2 正しい　「許認可等を取り消す不利益処分」（13条1項1号イ）には、講学（行政法学）上の**取消**しだけでなく、**撤回もまた含む**ものと解されている。

3 誤り　不利益処分とは、行政庁が、法令に基づき、特定の者を名あて人として、直接に、これに**義務を課し**、又はその権利を制限する処分をいう（2条4号）。**行政指導に従わない場合**に行われる当該事実の**公表**は、「不利益処分」にはあたらない。

4 誤り　行政庁又は主宰者が聴聞の規定に基づいてした処分については、審査請求をすることができない（27条）。聴聞に関する手続に利害関係人が参加することを許可するか否かについて、主宰者が判断する処分は、聴聞の規定に基づいてした処分にあたる（17条1項）。したがって、**主宰者が参加を不許可とした場合、当該不許可処分については、審査請求をすることが**できない。

5 誤り
重　記述3の解説にある不利益処分の定義に該当する場合であっても、申請により求められた許認可等を拒否する処分は、不利益処分から**除外**されている（2条4号ロ）。したがって、**申請に対する拒否処分は不利益処分にあたらない**ため、不利益処分における手続である**弁明の機会の付与**を行う必要はない。

正解	2

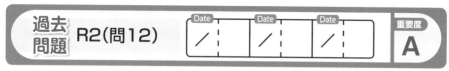
問題22　行政手続法の規定する聴聞と弁明の機会の付与に関する次の記述のうち、正しいものはどれか。

1　聴聞、弁明の機会の付与のいずれの場合についても、当事者は代理人を選任することができる。

2　聴聞は許認可等の取消しの場合に行われる手続であり、弁明の機会の付与は許認可等の拒否処分の場合に行われる手続である。

3　聴聞が口頭で行われるのに対し、弁明の機会の付与の手続は、書面で行われるのが原則であるが、当事者から求めがあったときは、口頭により弁明する機会を与えなければならない。

4　聴聞、弁明の機会の付与のいずれの場合についても、当該処分について利害関係を有する者がこれに参加することは、認められていない。

5　聴聞、弁明の機会の付与のいずれの場合についても、当事者は処分の原因に関するすべての文書を閲覧する権利を有する。

聴聞と弁明の機会の付与

1 正しい

重

　行政手続法16条1項は、「前条〔15条〕第1項〔聴聞〕の通知を受けた者……は、代理人を選任することができる。」と規定し、この規定は**弁明の機会の付与についても準用**されている（31条）。

2 誤り

重

　13条1項柱書は、行政庁が「不利益処分をしようとする場合には、次の各号の区分に従い、この章の定めるところにより、当該不利益処分の名あて人となるべき者について、当該各号に定める意見陳述のための手続を執らなければならない。」としている。そして、同項**1号イは聴聞をしなければならない場合**として「許認可等を取り消す不利益処分をしようとするとき。」を掲げている。一方で、「申請により求められた**許認可等を拒否する処分**」（2条4号ロ）は**不利益処分にあたらない**ため、聴聞や弁明の機会の付与といった意見陳述のための手続を執る義務は課されていない。

3 誤り

超

　29条1項は、「弁明は、**行政庁が口頭ですることを認めたときを除き**、弁明を記載した書面……を提出してするものとする。」と規定しており、口頭での弁明の機会を与えるのは義務ではない。したがって、本記述は、口頭により弁明する機会を与えなければならないとしている点で誤りである。

4 誤り

重

　17条1項は、「聴聞を主宰する者……は、必要があると認めるときは、当事者以外の者であって当該不利益処分の根拠となる法令に照らし当該不利益処分につき**利害関係を有するものと認められる者**……に対し、当該聴聞に関する手続に参加することを求め、又は当該聴聞に関する手続に**参加することを許可する**ことができる。」と規定し、聴聞については、利害関係を有する者の参加を認めている。もっとも、聴聞に関する規定の弁明の機会の付与への準用を定める31条は、17条1項を**準用していない**。したがって、本記述は、聴聞の場合について、利害関係を有する者の参加を認めていないとしている点で誤りである。

5 誤り

重

　18条1項前段は、「当事者……は、聴聞の通知があった時から聴聞が終結する時までの間、行政庁に対し、当該事案についてした調査の結果に係る調書その他の当該不利益処分の原因となる事実を証する資料の閲覧を求めることができる。」と規定し、聴聞については、処分の原因に関する文書を閲覧する権利を認めている。もっとも、聴聞に関する規定の弁明の機会の付与への準用を定める31条は、18条1項を**準用していない**。したがって、本記述は、弁明の機会の付与にも当事者に文書の閲覧権を認めているとしている点で誤りである。

正解	1

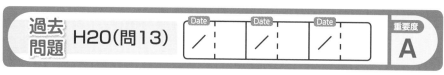

問題23 行政手続法における届出の取り扱いについての次のア〜エの記述のうち、正しいものの組合せはどれか。

ア 個別法上は届出の語が用いられていても、それが行政手続法上の届出に当たるとは限らない。

イ 法令に基づき、自己に対して何らかの利益を付与する行政庁の応答を求める行為は、行政手続法上の届出に含まれる。

ウ 届出書の記載事項に不備がある場合であっても、届出がなされた以上は届出義務は尽くされたことになる。

エ 地方公共団体の機関が、その固有の資格においてすべきこととされている届出には、行政手続法上の届出に関する規定の適用はない。

1 ア・イ
2 ア・ウ
3 ア・エ
4 イ・ウ
5 イ・エ

総合テキスト LINK Chapter 4 行政手続法 6

届　出

ア　正しい　そのとおりである。例えば、法令上は届出となっているが、行政手続法上は届出ではなく、申請にあたると解されているものもある。

イ　誤り
超　**行政法上の届出**には**申請は含まれない**（行政手続法2条7号）。**自己に対して何らかの利益を付与する行政庁の応答を求める行為**は、申請（同条3号）にあたる。

ウ　誤り　届出書の記載事項に不備がないこと、必要な書類が添付されているなど届出の形式上の要件に適合している場合において、届出が行政機関に**到達**したときに、**届出義務が履行された**といえる（37条）。

エ　正しい
重　地方公共団体の機関が、その**固有の資格においてすべきこととされている届出**は、行政手続法の**適用が**除外される（4条1項）。

正解　3

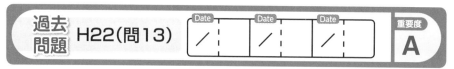
問題24　行政指導に関する次の記述のうち、法令に照らし、正しいものはどれか。

1　地方公共団体の機関として行政指導に携わる者は、法令に根拠を有する処分に関する行政指導の場合と条例に根拠を有する処分に関する行政指導の場合のいずれについても、行政手続法の行政指導に関する規定の適用を受けない。

2　行政指導に携わる者は、とくに必要がある場合には、当該行政機関の任務または所掌事務の範囲に属さない事項についても行政指導を行うことができる。

3　行政指導に携わる者は、行政主体への負担金の納付を求める行政指導に相手方が同意したにもかかわらず、納期限までに当該納付がなされないときは、その実効性を確保するために、国税または地方税の滞納処分と同様の徴収手続を執ることができる。

4　申請に関する行政指導に携わる者は、申請の内容が明白に法令の要件を満たしていない場合であって、申請内容の変更を求める行政指導について申請者が従う意思のない旨を表明したときは、申請の取り下げがあったものとみなすことができる。

5　行政指導に携わる者は、複数の者に対して同一の目的で行政指導をしようとする場合には、指導の指針を定めるにあたり公聴会を開催しなければならない。

総合テキスト LINK　Chapter 4　行政手続法　4

1 正しい
予

地方公共団体の機関がする行政指導については、行政手続法の規定は、**全面的に適用除外**となる（3条3項）。

2 誤 り
超

行政指導は、当該行政機関の「**任務又は所掌事務の範囲内**」のものでなければならない（2条6号）。

3 誤 り
重

行政指導の内容はあくまでも**相手方の任意の協力によって実現されるもの**であり（32条1項）、相手方に**義務を課すもの**ではないので、本記述のような場合にも、義務の履行を確保するための行政上の強制徴収の手段を用いることはできない。

4 誤 り

申請の取下げ又は内容の変更を求める行政指導について、**本記述のような規定はない**（33条参照）。

5 誤 り
重

同一の行政目的を実現するため一定の条件に該当する複数の者に対し行政指導をしようとするときは、**行政機関は、あらかじめ、事案に応じ、行政指導指針を定めなければならない**（36条）。そして、行政指導指針を定めるにあたっては、原則として、**意見公募手続が必要**となる（2条8号ニ、39条1項）。

行政法

正解　1

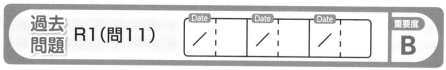
問題25　行政指導についての行政手続法の規定に関する次の記述のうち、正しいものはどれか。

1　法令に違反する行為の是正を求める行政指導で、その根拠となる規定が法律に置かれているものが当該法律に規定する要件に適合しないと思料するときは、何人も、当該行政指導をした行政機関に対し、その旨を申し出て、当該行政指導の中止その他必要な措置をとることを求めることができる。

2　行政指導は、行政機関がその任務または所掌事務の範囲内において一定の行政目的を実現するため一定の作為または不作為を求める指導、勧告、助言その他の行為であって処分に該当しないものをいい、その相手方が特定か不特定かは問わない。

3　地方公共団体の機関がする行政指導のうち、その根拠が条例または規則に置かれているものについては、行政手続法の行政指導に関する定めの適用はないが、その根拠が国の法律に置かれているものについては、その適用がある。

4　行政指導が口頭でされた場合において、その相手方から当該行政指導の趣旨および内容ならびに責任者を記載した書面の交付を求められたときは、当該行政指導に携わる者は、行政上特別の支障がない限り、これを交付しなければならない。

5　行政指導指針を定めるに当たって、行政手続法による意見公募手続をとらなければならないとされているのは、当該行政指導の根拠が法律、条例または規則に基づくものに限られ、それらの根拠なく行われるものについては、意見公募手続に関する定めの適用はない。

総合テキスト LINK　Chapter 4　行政手続法　4 7 8

行政指導

1 誤り 重

　行政手続法36条の2第1項本文は、「**法令に違反する行為の是正を求める行政指導**（その根拠となる規定が法律に置かれているものに限る。）の相手方は、当該行政指導が当該法律に規定する要件に適合しないと思料するときは、当該行政指導をした行政機関に対し、その旨を申し出て、**当該行政指導の中止その他必要な措置をとることを求めることができる。**」と規定している。

2 誤り 重

　2条6号は、「**行政指導　行政機関がその任務又は所掌事務の範囲内**において一定の行政目的を実現するため**特定の者**に一定の作為又は不作為を求める指導、勧告、助言その他の行為であって**処分に該当しないもの**をいう。」と規定している。

3 誤り

　3条3項は、「地方公共団体の機関がする……行政指導……については、次章から第6章までの規定は、適用しない。」と規定していて、**行政指導の根拠となる法律について問題にしていない。**

4 正しい

　35条3項は、「**行政指導が口頭でされた場合**において、その**相手方**から前2項に規定する事項を記載した**書面の交付を求められたとき**は、当該行政指導に携わる者は、行政上特別の支障がない限り、**これを交付しなければならない。**」と規定し、同条1項は、「行政指導に携わる者は、その相手方に対して、当該行政指導の趣旨及び内容並びに責任者を明確に示さなければならない。」と規定している。

5 誤り

　39条1項は、「**命令等制定機関**は、命令等を定めようとする場合には、当該命令等の案……及びこれに関連する資料をあらかじめ公示し、意見……の提出先及び意見の提出のための期間……を定めて**広く一般の意見を求めなければならない。**」と規定している。そして、2条8号柱書は、「命令等　内閣又は行政機関が定める次に掲げるものをいう。」と規定し、同号ニは、「行政指導指針（同一の行政目的を実現するため一定の条件に該当する複数の者に対し行政指導をしようとするときにこれらの行政指導に共通してその内容となるべき事項をいう。……）」を掲げている。

正解	4

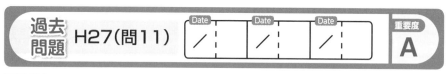

問題26 行政手続法による意見公募手続につき、妥当な記述はどれか。

1 意見公募手続に関する規定は、地方公共団体による命令等の制定については適用されないこととされているが、地方公共団体は、命令等の制定について、公正の確保と透明性の向上を確保するために必要な措置を講ずるように努めなければならない。

2 意見公募手続を実施して命令等を定めた場合には、当該命令等の公布と同時期に、結果を公示しなければならないが、意見の提出がなかったときは、その旨の公示は必要とされない。

3 意見公募手続においては、広く一般の意見が求められ、何人でも意見を提出することができるが、当該命令等について、特別の利害関係を有する者に対しては、意見の提出を個別に求めなければならない。

4 意見公募手続において提出された意見は、当該命令等を定めるに際して十分に考慮されなければならず、考慮されなかった意見については、その理由が意見の提出者に個別に通知される。

5 意見公募手続の対象である命令等には、法律に基づく命令又は規則のほか、審査基準や処分基準など、処分をするかどうかを判断する基準は含まれるが、行政指導に関する指針は含まれない。

意見公募手続

1 妥当である

　行政手続法3条3項は、「第1項各号〔処分及び行政指導の適用除外〕及び前項各号〔命令等を定める行為の適用除外〕に掲げるもののほか、**地方公共団体の機関がする処分**（その根拠となる規定が条例又は規則に置かれているものに限る。）及び**行政指導、地方公共団体の機関に対する届出**……並びに**地方公共団体の機関が命令等を定める行為**については、次章から第6章〔意見公募手続等〕までの規定は、**適用しない。**」と規定している。もっとも、46条は、「地方公共団体は、第3条第3項において第2章から前章〔意見公募手続等〕までの規定を適用しないこととされた処分、行政指導及び届出並びに命令等を定める行為に関する手続について、この法律の規定の趣旨にのっとり、行政運営における公正の確保と透明性の向上を図るため**必要な措置を講ずるよう努めなければならない。**」と規定している。

2 妥当でない

　43条1項柱書は、「命令等制定機関は、意見公募手続を実施して命令等を定めた場合には、当該命令等の公布……と同時期に、次に掲げる事項を公示しなければならない。」と規定し、同項3号は、「**提出意見（提出意見がなかった場合にあっては、その旨）**」を掲げている。したがって、意見の提出がない場合にも、その旨を公示する必要がある。

3 妥当でない

　39条1項は、「命令等制定機関は、命令等を定めようとする場合には、当該命令等の案……及びこれに関連する資料をあらかじめ公示し、意見（情報を含む。以下同じ。）の提出先及び意見の提出のための期間（以下『意見提出期間』という。）を定めて**広く一般の意見を求めなければならない。**」と規定している。もっとも、同法上、特別の利害関係を有する者に対して、意見の提出を個別に求めなければならないとする規定はない。

4 妥当でない

　43条1項4号は、「提出意見を考慮した結果（意見公募手続を実施した命令等の案と定めた命令等との差異を含む。）及びその理由」を公示しなければならないと規定している。もっとも、同法上、考慮されなかった意見について、その理由が意見の提出者に個別に通知されるとする規定はない。

5 妥当でない

　2条8号は、「**命令等**」について規定しており、同号ニは、「**行政指導指針**（同一の行政目的を実現するため一定の条件に該当する複数の者に対し行政指導をしようとするときにこれらの行政指導に共通してその内容となるべき事項をいう。以下同じ。）」を掲げている。

| 正解 | 1 |

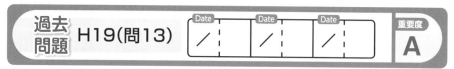
問題27　地方公共団体の活動への行政手続法の適用に関する次の記述のうち、妥当なものはどれか。

1　地方公共団体の職員がする行政指導であっても、法律に基づくものについては、行政手続法の行政指導に関する規定が適用される。

2　地方公共団体の制定する命令等であっても、法律の委任によって制定されるものについては、行政手続法の意見公募手続に関する規定が適用される。

3　地方公共団体の機関がする不利益処分については、それが自治事務に該当する場合には、行政手続法の不利益処分に関する規定は適用されない。

4　地方公共団体の条例にその根拠となる規定が置かれている届出の処理については、行政手続法の届出に関する規定は適用されない。

5　地方公共団体の機関がする「申請に対する処分」については、それが国の法定受託事務に該当する場合に限り、行政手続法の「申請に対する処分」の規定が適用される。

適用除外

1 妥当でない
超
　地方公共団体の機関がする**行政指導**は、行政手続法第2章から第6章までの規定は**適用されない**（3条3項）。それが**法律に**基づくものについても同様である。

2 妥当でない
　地方公共団体の機関が命令等を定める行為については、第2章から第6章までの規定は**適用されない**（3条3項）。それが**法律の委任によって制定されるものについても同様である。**

3 妥当でない
重
　地方公共団体の機関がする処分について、行政手続法の不利益処分に関する規定が適用されるかどうかは、その処分の根拠となる規定が**条例又は規則**に置かれているのか法律に置かれているのかで判断される（3条3項、2条2号、4号参照）。したがって、行政手続法は、適用除外となるか否かを**自治事務**か**法定受託事務**かで区別していない。

4 妥当である
　根拠となる規定が条例又は規則**に置かれている地方公共団体の機関に対する届出については、第2章から第6章までの規定は適用されない**（3条3項）。

5 妥当でない
予
　地方公共団体の機関がする**処分（その根拠となる規定が**条例又は規則**に置かれているものに限る）**については、第2章から第6章までの規定は**適用されない**（3条3項）。法は、適用除外となるか否かを自治事務か法定受託事務かで区別していない。

正解　**4**

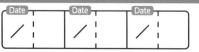
問題28 行政不服審査法の規定に関する次の記述のうち、正しいものはどれか。

1 地方公共団体は、行政不服審査法の規定の趣旨にのっとり、国民が簡易迅速かつ公正な手続の下で広く行政庁に対する不服申立てをすることができるために必要な措置を講ずるよう努めなければならない。

2 地方公共団体の行政庁が審査庁として、審理員となるべき者の名簿を作成したときは、それについて当該地方公共団体の議会の議決を経なければならない。

3 不服申立ての状況等に鑑み、地方公共団体に当該地方公共団体の行政不服審査機関*を設置することが不適当または困難であるときは、審査庁は、審査請求に係る事件につき、国の行政不服審査会に諮問を行うことができる。

4 地方公共団体の議会の議決によってされる処分については、当該地方公共団体の議会の議長がその審査庁となる。

5 地方公共団体におかれる行政不服審査機関*の組織及び運営に必要な事項は、当該地方公共団体の条例でこれを定める。

（注） ＊ 行政不服審査機関　行政不服審査法の規定によりその権限に属させられた事項を処理するため、地方公共団体に置かれる機関をいう。

総合テキスト LINK　Chapter 6　行政不服審査法　1 2 3 4 5 6

1 誤 り 　行政不服審査法に、記述１のような規定は存在しない。

2 誤 り 　行政不服審査法17条は、「審査庁となるべき行政庁は、審理員となるべき者の名簿を作成するよう努めるとともに、これを作成したときは、当該審査庁となるべき行政庁及び関係処分庁の事務所における備付けその他の適当な方法により公にしておかなければならない。」と規定しており、議会の議決を要求していない。

3 誤 り 　81条２項は、「地方公共団体は、当該地方公共団体における不服申立ての状況等に鑑み同項の機関を置くことが不適当又は困難であるときは、条例で定めるところにより、事件ごとに、執行機関の附属機関として、この法律の規定によりその権限に属させられた事項を処理するための機関を置くこととすることができる。」と規定している。そして、審査庁は、審理員意見書の提出を受けたときは、審査庁が地方公共団体の長（地方公共団体の組合にあっては、長、管理者又は理事会）である場合、81条２項の機関に諮問しなければならない（43条１項柱書）。

4 誤 り 　７条１項柱書は、「次に掲げる処分及びその不作為については、第２条及び第３条の規定〔処分・不作為についての審査請求〕は、適用しない。」と規定し、同項１号は、「国会の両院若しくは一院又は議会の議決によってされる処分」を掲げている。

5 正しい 　81条４項は、「第１項……の機関〔行政不服審査機関のこと〕の組織及び運営に関し必要な事項は、**当該機関を置く地方公共団体の条例**……で定める。」と規定している。

正解 　5

行政法

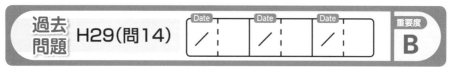
問題29　行政不服審査法の定める審査請求の対象に関する次の記述のうち、正しいものはどれか。

1　全ての行政庁の処分は、行政不服審査法または個別の法律に特別の定めがない限り、行政不服審査法に基づく審査請求の対象となる。

2　地方公共団体の機関がする処分（その根拠となる規定が条例または規則に置かれているものに限る。）についての審査請求には、当該地方公共団体の定める行政不服審査条例が適用され、行政不服審査法は適用されない。

3　地方公共団体は、自己に対する処分でその固有の資格において処分の相手方となるものに不服がある場合、行政不服審査法に基づく審査請求をした後でなければ当該処分の取消訴訟を提起することができない。

4　行政指導の相手方は、当該行政指導が違法だと思料するときは、行政不服審査法に基づく審査請求によって当該行政指導の中止を求めることができる。

5　個別の法律により再調査の請求の対象とされている処分は、行政不服審査法に基づく審査請求の対象とはならない。

総合テキスト ⇆ LINK　Chapter 6　行政不服審査法　2 3 4

審査請求の対象

1 正しい
重

　　行政不服審査法1条2項は、「行政庁の処分その他公権力の行使に当たる行為（以下単に『処分』という。）に関する不服申立てについては、他の法律に特別の定めがある場合を除くほか、この法律の定めるところによる。」と規定している。また、行政庁の行為が、「行政庁の処分その他公権力の行使に当たる行為」であったとしても、これを行政不服審査制度によって解決することが望ましくない法律関係については、同法は、除外規定を定め（7条）、不服申立ての対象から排除している。したがって、**すべての行政庁の処分は、行政不服審査法又は個別の法律に特別の定めがない限り、行政不服審査法に基づく審査請求の対象となる。**

2 誤り

　　7条1項は、行政庁の処分に関する適用除外を規定しているが、同項各号に地方公共団体の機関がする処分（その根拠となる規定が条例又は規則に置かれているものに限る。）は掲げられていない。したがって、**地方公共団体の機関がする処分についても、行政不服審査法が適用される。**

3 誤り

　　7条2項は、「国の機関又は地方公共団体その他の公共団体若しくはその機関に対する処分で、これらの機関又は団体が**その固有の資格において**当該処分の相手方となるもの及びその不作為については、この法律の規定は、適用しない。」と規定しているため、本記述の場合、同法は適用されないこととなる。したがって、地方公共団体は、自己に対する処分でその固有の資格において処分の相手方となるものに不服がある場合であっても、行政不服審査法に基づく審査請求をすることはできない。

4 誤り

　　審査請求の対象は、処分及び不作為である（2条、3条）。2条の「処分」には、行政機関による人の収容や物の留置など、権力的かつ継続的性質の事実行為が含まれるが、行政指導は一般的に含まれないと解されている。したがって、行政指導の相手方は、当該行政指導が違法だと思料するときであっても、当該行政指導に対して審査請求をすることはできない。なお、行政手続法36条の2に行政指導の中止等の求めが規定されている。

5 誤り
重

　　行政不服審査法5条1項は、「行政庁の処分につき処分庁以外の行政庁に対して審査請求をすることができる場合において、法律に再調査の請求をすることができる旨の定めがあるときは、当該処分に不服がある者は、処分庁に対して再調査の請求をすることができる。ただし、当該処分について第2条の規定により審査請求をしたときは、この限りでない。」と規定している。同法は、**審査請求と再調査の請求について、自由選択主義を採用している。**

| 正解 | 1 |

行政法

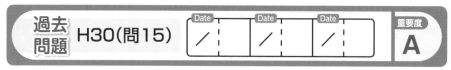
問題30　行政不服審査法の定める審査請求に関する次のア～オの記述のうち、正しいものの組合せはどれか。

ア　審査請求は、代理人によってもすることができ、その場合、当該代理人は、各自、審査請求人のために、原則として、当該審査請求に関する一切の行為をすることができるが、審査請求の取下げは、代理人によってすることはできない。

イ　審査庁となるべき行政庁は、必ず標準審理期間を定め、これを当該審査庁となるべき行政庁および関係処分庁の事務所における備付けその他の適当な方法により公にしておかなければならない。

ウ　審理員は、審査請求人または参加人の申立てがあった場合において、審理の進行のため必要と認めるときに限り、当該申立てをした者に、口頭で意見を述べる機会を与えることができる。

エ　審査請求人が死亡したときは、相続人その他法令により審査請求の目的である処分に係る権利を承継した者は、審査請求人の地位を承継する。

オ　審査請求人以外の者であって、審査請求に係る処分または不作為に係る処分の根拠となる法令に照らし当該処分につき利害関係を有するものと認められる利害関係人は、審理員の許可を得て、当該審査請求に参加することができる。

　　1　ア・イ
　　2　ア・エ
　　3　イ・ウ
　　4　ウ・オ
　　5　エ・オ

総合テキスト LINK　Chapter 6　行政不服審査法　3 4

審査請求

ア 誤り

　行政不服審査法12条1項は、「審査請求は、**代理人によって**することができる。」と規定している。そして、同条2項は、「前項の代理人は、各自、審査請求人のために、**当該審査請求に関する一切の行為をすることができる**。ただし、審査請求の取下げ**は、特別の委任を受けた場合に限り、することができる**。」と規定している。

イ 誤り

　16条は、「第4条又は他の法律若しくは条例の規定により審査庁となるべき行政庁（以下『審査庁となるべき行政庁』という。）は、審査請求がその事務所に到達してから当該審査請求に対する裁決をするまでに通常要すべき**標準的な期間を定めるよう努める**とともに、**これを定めたときは、**当該審査庁となるべき行政庁及び関係処分庁……の事務所における備付けその他の適当な方法により**公にしておかなければならない。**」と規定している。

ウ 誤り 重

　31条1項は、「**審査請求人又は**参加人の申立てがあった場合には、審理員は、当該申立てをした者（……『申立人』という。）に口頭で審査請求に係る事件に関する**意見を述べる機会を与えなければならない**。ただし、当該申立人の所在その他の事情により当該意見を述べる機会を与えることが困難であると認められる場合には、この限りでない。」と規定している。

エ 正しい

　15条1項は、「審査請求人が死亡したときは、相続人その他法令により審査請求の目的である処分に係る権利を承継した者は、**審査請求人の地位を承継**する。」と規定している。

オ 正しい

　13条1項は、「**利害関係人**（審査請求人以外の者であって審査請求に係る処分又は不作為に係る処分の根拠となる法令に照らし当該処分につき利害関係を有するものと認められる者をいう。……。）は、**審理員の許可を得て、当該審査請求に参加することができる**。」と規定している。

正解　5

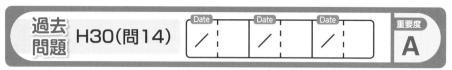

問題31　行政不服審査法の定める不作為についての審査請求に関する次の記述のうち、妥当なものはどれか。

1　不作為についての審査請求は、当該処分についての申請をした者だけではなく、当該処分がなされることにつき法律上の利益を有する者がなすことができる。

2　不作為についての審査請求は、法令に違反する事実がある場合において、その是正のためにされるべき処分がなされていないときにも、なすことができる。

3　不作為についての審査請求の審査請求期間は、申請がなされてから「相当の期間」が経過した時点から起算される。

4　不作為についての審査請求の審理中に申請拒否処分がなされた場合については、当該審査請求は、拒否処分に対する審査請求とみなされる。

5　不作為についての審査請求がなされた場合においても、審査庁は、原則として、その審理のために、その職員のうちから審理員を指名しなければならない。

総合テキスト ⊏ LINK　Chapter 6　行政不服審査法　[4]

不作為についての審査請求

1 妥当でない

重

　行政不服審査法3条は、「法令に基づき**行政庁に対して処分についての申請をした者**は、当該申請から相当の期間が経過したにもかかわらず、**行政庁の不作為**（法令に基づく申請に対して何らの処分をもしないことをいう。以下同じ。）がある場合には、次条の定めるところにより、**当該不作為についての審査請求をすることができる。**」と規定している。

2 妥当でない

　3条〔不作為についての審査請求〕には、法令に違反する事実がある場合において、その是正のためにされるべき処分がなされていないときに審査請求ができる旨は規定されていない（記述1解説参照）。なお、行政手続法36条の3第1項は、「何人も、法令に違反する事実がある場合において、その是正のためにされるべき処分又は行政指導（その根拠となる規定が法律に置かれているものに限る。）がされていないと思料するときは、当該処分をする権限を有する行政庁又は当該行政指導をする権限を有する行政機関に対し、その旨を申し出て、当該処分又は行政指導をすることを求めることができる。」と規定している。

3 妥当でない
重

　不作為についての審査請求は、行政庁による不作為の状態の是正を求めるものである。行政庁の不作為の状態は、行政庁が何らかの処分をしない限り永遠に続くものであるから、**不作為についての審査請求に期間制限はない**と解されている。

4 妥当でない

　行政不服審査法上、不作為についての審査請求の審理中に申請拒否処分がなされた場合には、当該審査請求が拒否処分に対する審査請求とみなされる旨の規定はない。

5 妥当である

　行政不服審査法9条1項柱書本文は、「第4条又は他の法律若しくは条例の規定により審査請求がされた行政庁（……以下『審査庁』という。）は、審査庁に所属する職員……のうちから第3節に規定する**審理手続……を行う者を指名する**とともに、その旨を審査請求人及び処分庁等（審査庁以外の処分庁等に限る。）に通知しなければならない。」と規定している。ここにいう「審査請求」には、処分についての審査請求だけではなく、不作為についての審査請求も含まれる（9条2項1号参照）。

正解　5

問題32 行政不服審査法の定める審査請求人に関する次の記述のうち、正しいものはどれか。

1　法人でない社団であっても、代表者の定めがあるものは、当該社団の名で審査請求をすることができる。

2　審査請求人は、国の機関が行う処分について処分庁に上級行政庁が存在しない場合、特別の定めがない限り、行政不服審査会に審査請求をすることができる。

3　審査請求人は、処分庁が提出した反論書に記載された事項について、弁明書を提出することができる。

4　審査請求人の代理人は、特別の委任がなくても、審査請求人に代わって審査請求の取下げをすることができる。

5　共同審査請求人の総代は、他の共同審査請求人のために、審査請求の取下げを含め、当該審査請求に関する一切の行為をすることができる。

審査請求人

1 正しい　行政不服審査法10条は、「法人でない社団又は財団で**代表者又は管理人の定めがある**ものは、その名で審査請求をすることができる。」と規定している。

2 誤り
超　審査請求は、原則として、**処分庁に最上級行政庁がある場合には、最上級行政庁に対して行い、上級行政庁がない場合には、**当該処分庁**に対して行う**ものであり（4条参照）、行政不服審査会に審査請求をすることができるわけではない。審査庁が審理員意見書の提出を受けたときに、原則として、行政不服審査会等に諮問しなければならないとされている（43条1項）。

3 誤り　30条1項前段は、「審査請求人は、前条第5項の規定により送付された弁明書に記載された事項に対する反論を記載した書面（以下『反論書』という。）を提出することができる。」と規定しており、**審査請求人が提出できるのは、反論書であり、弁明書ではない。弁明書を提出するのは、処分庁である**（29条2項、5項）。

4 誤り
重　12条1項は、「審査請求は、**代理人**によってすることができる。」と規定している。そして、同条2項は、「前項の代理人は、各自、審査請求人のために、**当該審査請求に関する一切の行為をすることができる。ただし、審査請求の取下げは、特別の委任を受けた場合に限り、することができる。**」と規定している。

5 誤り
重　11条1項は、「多数人が共同して審査請求をしようとするときは、3人を超えない**総代**を互選することができる。」と規定している。そして、同条3項は、「総代は、各自、他の共同審査請求人のために、審査請求の取下げを除き、**当該審査請求に関する一切の行為**をすることができる。」と規定している。

正解	1

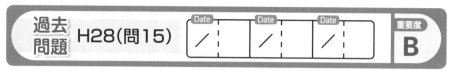
問題33　行政不服審査法における審理員について、妥当な記述はどれか。

1　審理員による審理手続は、処分についての審査請求においてのみなされ、不作為についての審査請求においてはなされない。

2　審理員は、審査庁に所属する職員のうちから指名され、審査庁となるべき行政庁は、審理員となるべき者の名簿を作成するよう努めなければならない。

3　審理員は、処分についての審査請求において、必要があると認める場合には、処分庁に対して、処分の執行停止をすべき旨を命ずることができる。

4　審理員は、審理手続を終結したときは、審理手続の結果に関する調書を作成し、審査庁に提出するが、その中では、審査庁のなすべき裁決に関する意見の記載はなされない。

5　審理員は、行政不服審査法が定める例外に該当する場合を除いて、審理手続を終結するに先立ち、行政不服審査会等に諮問しなければならない。

審理員

1 妥当でない　行政不服審査法３条は、「法令に基づき行政庁に対して処分についての申請をした者は、当該申請から相当の期間が経過したにもかかわらず、行政庁の不作為（法令に基づく申請に対して何らの処分をもしないことをいう。以下同じ。）がある場合には、次条の定めるところにより、当該不作為についての審査請求をすることができる。」と規定している。ここでいう次条とは、４条のことをいうところ、９条１項本文は、「第４条……の規定により審査請求がされた行政庁（……以下『審査庁』という。）は、審査庁に所属する職員……のうちから第３節に規定する審理手続……を行う者を指名……しなければならない。」と規定している。したがって、**不作為についての審査請求についても、審理員による審査手続がなされる。**

2 妥当である　記述１の解説にあるように、**審理員は、審査庁に所属する職員のうちから指名される**（９条１項本文）。また、17条は「審査庁となるべき行政庁は、審理員となるべき者の名簿を作成するよう努めるとともに、これを作成したときは、当該審査庁となるべき行政庁及び関係処分庁の事務所における備付けその他の適当な方法により公にしておかなければならない。」と規定している。

3 妥当でない　処分庁の上級行政庁若しくは処分庁である審査庁、又は処分庁の上級行政庁若しくは処分庁のいずれでもない審査庁は、一定の場合執行停止をすることができる（25条２項、３項）が、**審理員に、執行停止を命じる権限を認める規定はない。**

なお、40条は、「審理員は、必要があると認める場合には、審査庁に対し、執行停止をすべき旨の意見書を提出することができる。」と規定している。

4 妥当でない　42条１項は、「審理員は、審理手続を終結したときは、遅滞なく、審査庁がすべき裁決に関する**意見書**（以下『**審理員意見書**』という。）を作成しなければならない。」と規定し、また同条２項は、「審理員は、審理員意見書を作成したときは、速やかに、これを事件記録とともに、**審査庁に提出しなければならない。**」と規定している。

5 妥当でない　43条１項は、審査庁が、審理員意見書の提出を受けたときは、同項各号のいずれかに該当する場合を除き、行政不服審査会等に諮問しなければならない旨規定している。したがって、**諮問をする義務を負うのは、審理員ではなく、審理員意見書の提出を受けた審査庁である。**

正解	2

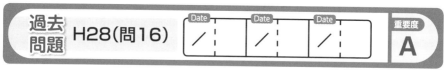
問題34　行政不服審査法の定める審査請求に対する裁決に関する次の記述のうち、正しいものはどれか。

1　処分についての審査請求が不適法である場合や、審査請求が理由がない場合には、審査庁は、裁決で当該審査請求を却下するが、このような裁決には理由を記載しなければならない。

2　処分についての審査請求に対する認容裁決で、当該処分を変更することができるのは、審査庁が処分庁の上級行政庁または処分庁の場合に限られるが、審査庁が処分庁の場合は、審査請求人の不利益に当該処分を変更することもできる。

3　不作為についての審査請求が当該不作為に係る処分についての申請から相当の期間が経過しないでされたものである場合その他不適法である場合には、審査庁は、裁決で、当該審査請求を却下する。

4　法令に基づく申請を却下し、または棄却する処分の全部または一部を取り消す場合において、審査庁が処分庁の上級行政庁である場合、当該審査庁は、当該申請に対して一定の処分をすべきものと認めるときは、自らその処分を行うことができる。

5　不作為についての審査請求が理由がある場合において、審査庁が不作為庁の上級行政庁である場合、審査庁は、裁決で当該不作為が違法または不当である旨を宣言するが、当該不作為庁に対し、一定の処分をすべき旨を命ずることはできない。

審査請求に対する裁決

1 誤 り　行政不服審査法45条1項は、「処分についての審査請求が……**不適法である場合**には、審査庁は、裁決で、当該審査請求を却下する。」と規定し、同条2項は、「処分についての**審査請求が理由がない場合**には、審査庁は、裁決で、当該審査請求を棄却する。」と規定している。したがって、審査請求が理由がない場合にも、審査庁が、裁決で当該審査請求を却下するとしている点で、本記述は誤っている。

2 誤 り　46条1項は、「処分……についての審査請求が理由がある場合……には、審査庁は、裁決で、当該処分の全部若しくは一部を取り消し、又はこれを変更する。ただし、**審査庁が処分庁の上級行政庁又は処分庁のいずれでもない場合には、当該処分を変更することはできない**。」と規定している。したがって、本記述の前半は正しい。しかし、48条は、「第46条1項本文……の場合において、審査庁は、**審査請求人の不利益に当該処分を変更……することはできない**。」と規定している。したがって、本記述の後半は誤っている。

3 正しい　49条1項は、「不作為についての審査請求が当該不作為に係る処分についての申請から相当の期間が経過しないでされたものである場合その他**不適法である場合**には、審査庁は、裁決で、当該審査請求を却下する。」と規定している。

4 誤 り　46条2項は、「法令に基づく申請を却下し、又は棄却する処分の全部又は一部を取り消す場合において、次の各号に掲げる審査庁は、当該申請に対して一定の処分をすべきものと認めるときは、当該各号に定める措置をとる。」と規定し、同項1号は、**処分庁の上級行政庁である審査庁については、「当該処分庁に対し、当該処分をすべき旨を命ずること。」**と規定している。したがって、審査庁が処分庁の上級行政庁である場合に、審査庁が自ら一定の処分をすることはできない。

5 誤 り　49条3項は、「不作為についての審査請求が理由がある場合には、審査庁は、裁決で、当該不作為が違法又は不当である旨を宣言する。この場合において、次の各号に掲げる審査庁は、当該申請に対して一定の処分をすべきものと認めるときは、当該各号に定める措置をとる。」と規定し、同項1号は、**不作為庁の上級行政庁である審査庁**について、「当該不作為庁に対し、当該処分をすべき旨を命ずること。」を掲げている。したがって、審査庁が不作為庁の上級行政庁である場合、審査庁は、当該不作為庁に対し、一定の処分をすべき旨を命じることはできないとしている点で、本記述は誤っている。

正解　3

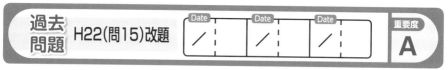

問題35　行政不服審査法における手続の終了に関する次の記述のうち、正しいものはどれか。

1　行政不服審査制度には権利保護機能の他に行政統制機能があるため、審査庁の同意がなければ、審査請求人は審査請求を取り下げることができない。

2　審査庁が処分庁の上級行政庁である場合、事実上の行為に関する審査請求を認容するときは、審査庁は違法又は不当な当該事実行為を自ら撤廃することができる。

3　審査庁が処分庁の上級行政庁である場合、審査庁は、処分庁の処分を変更する旨の裁決をすることができず、処分庁の処分を取り消した上で、処分庁に当該処分の変更を命じなければならない。

4　不作為についての審査請求が、当該不作為に係る処分についての申請から相当の期間が経過しないでされたものである場合、審査庁は、裁決で、当該審査請求を却下する。

5　行政不服審査法には、それに基づく裁決について、行政事件訴訟法が定める取消判決の拘束力に相当する規定は設けられていない。

総合テキスト LINK　Chapter 6　行政不服審査法　6
Chapter 7　行政事件訴訟法　6

1 誤り　行政不服審査法27条1項は、「審査請求人は、裁決があるまでは、いつでも審査請求を取り下げることができる。」と規定している。

2 誤り
重　47条本文は、「事実上の行為についての審査請求が理由がある場合（第45条第3項の規定の適用がある場合を除く。）には、審査庁は、裁決で、当該事実上の行為が違法又は不当である旨を宣言するとともに、次の各号に掲げる審査庁の区分に応じ、当該各号に定める措置をとる。」と規定しており、47条1号は、「処分庁以外の審査庁」について「当該処分庁に対し、当該事実上の行為の全部若しくは一部を撤廃し、又はこれを変更すべき旨を命ずること。」という措置を掲げている。したがって、**審査庁が処分庁の上級行政庁であるときは、審査庁は違法又は不当な当該事実行為を自ら撤廃することはできない。**

3 誤り
重　46条1項は、「処分（事実上の行為を除く。以下この条及び第48条において同じ。）についての審査請求が理由がある場合〔前条第3項の規定の適用がある場合〔事情裁決をする場合〕を除く。）には、**審査庁は、裁決で、当該処分の全部若しくは一部を取り消し、又はこれを変更する。ただし、審査庁が処分庁の上級行政庁又は処分庁のいずれでもない場合には、当該処分を変更することはできない。**」と規定している。

4 正しい　49条1項は、「不作為についての審査請求が当該不作為に係る処分についての**申請から相当の期間が経過しないで**されたものである場合その他不適法である場合には、審査庁は、裁決で、**当該審査請求を却下する。**」と規定している。

5 誤り
重　52条1項は、「裁決は、関係行政庁を拘束する。」と規定しており、行政事件訴訟法が定める**取消判決の拘束力**（行政事件訴訟法33条1項）に相当する規定が設けられている。

正解	4

行政法

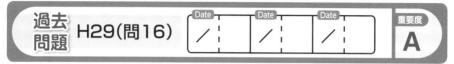

問題36　行政不服審査法の定める執行停止に関する次の記述のうち、正しいものはどれか。

1　処分庁の上級行政庁または処分庁のいずれでもない審査庁は、必要があると認めるときは、審査請求人の申立てによりまたは職権で、処分の効力、処分の執行または手続の続行の全部または一部の停止その他の措置をとることができる。

2　審査庁は、処分、処分の執行または手続の続行により生ずる重大な損害を避けるために緊急の必要があると認めるときは、審査請求人の申立てがなくとも、職権で執行停止をしなければならない。

3　審理員は、必要があると認める場合には、審査庁に対し、執行停止をすべき旨の意見書を提出することができ、意見書の提出があった場合、審査庁は、速やかに執行停止をしなければならない。

4　執行停止をした後において、執行停止が公共の福祉に重大な影響を及ぼすことが明らかとなったとき、その他事情が変更したときには、審査庁は、その執行停止を取り消すことができる。

5　処分庁の上級行政庁または処分庁が審査庁である場合には、処分の執行の停止によって目的を達することができる場合であっても、処分の効力の停止をすることができる。

執行停止

1 誤り
重　行政不服審査法25条3項は、「**処分庁の上級行政庁又は処分庁のいずれでもない審査庁**は、必要があると認める場合には、審査請求人の申立てにより、処分庁の意見を聴取した上、執行停止をすることができる。ただし、処分の効力、処分の執行又は手続の続行の全部又は一部の停止以外の措置をとることはできない。」と規定している。

2 誤り
重　25条4項本文は、「審査請求人の申立てがあった場合において、**処分、処分の執行又は手続の続行により生ずる重大な損害を避けるために緊急の必要があると認めるときは、審査庁は、執行停止をしなければならない。**」と規定しており、義務的執行停止に審査請求人の申立てが必要としている。

3 誤り　40条は、「審理員は、必要があると認める場合には、審査庁に対し、執行停止をすべき旨の意見書を提出することができる。」と規定している。そして、25条7項は、「審理員から第40条に規定する執行停止をすべき旨の意見書が提出されたときは、審査庁は、速やかに、執行停止をするかどうかを決定しなければならない。」と規定している。

4 正しい　26条は、「執行停止をした後において、執行停止が公共の福祉に重大な影響を及ぼすことが明らかとなったとき、その他事情が変更したときは、審査庁は、その執行停止を取り消すことができる。」と規定している。

5 誤り
重　25条6項は、「処分の効力の停止は、処分の効力の停止以外の措置によって目的を達することができるときは、することができない。」と規定している。そのため、**処分の執行の停止によって目的を達することができる場合は**、処分の効力の停止をすることはできない。

正解　4

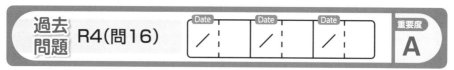

問題37 行政不服審査法が定める教示に関する次の記述のうち、妥当でないものはどれか。

1　処分庁が審査請求をすることができる処分をなす場合においては、それを書面でするか、口頭でするかにかかわらず、当該処分につき不服申立てをすることができる旨その他所定の事項を書面で教示をしなければならない。

2　処分庁が審査請求をすることができる処分をなす場合において、処分の相手方に対し、当該処分の執行停止の申立てをすることができる旨を教示する必要はない。

3　処分庁は、利害関係人から、当該処分が審査請求をすることができる処分であるかどうかにつき書面による教示を求められたときは、書面で教示をしなければならない。

4　処分をなすに際し、処分庁が行政不服審査法において必要とされる教示をしなかった場合、当該処分に不服がある者は、当該処分庁に不服申立書を提出することができる。

5　審査庁は、再審査請求をすることができる裁決をなす場合には、裁決書に、再審査請求をすることができる旨並びに再審査請求をすべき行政庁および再審査請求期間を記載してこれらを教示しなければならない。

総合テキスト➕LINK　Chapter 6　行政不服審査法　7

教 示

1 妥当でない
行政不服審査法82条1項は、「行政庁は、審査請求若しくは再調査の請求又は他の法令に基づく不服申立て（以下この条において『不服申立て』と総称する。）をすることができる処分をする場合には、処分の相手方に対し、当該処分につき**不服申立てをすることができる旨**並びに**不服申立てをすべき行政庁**及び**不服申立てをすることができる期間**を書面で教示しなければならない。ただし、当該処分を口頭でする場合は、この限りでない。」と規定している。

2 妥当である
教示義務が求められる事項は、「当該処分につき不服申立てをすることができる旨並びに不服申立てをすべき行政庁及び不服申立てをすることができる期間」である。執行停止の申立てをすることができる旨を教示する必要はない（82条1項参照）。

3 妥当である
82条2項は、「行政庁は、利害関係人から、当該処分が不服申立てをすることができる処分であるかどうか並びに当該処分が不服申立てをすることができるものである場合における不服申立てをすべき行政庁及び不服申立てをすることができる期間につき教示を求められたときは、当該事項を教示しなければならない。」と規定しており、同条3項は、「前項の場合において、教示を求めた者が書面による教示を求めたときは、当該教示は、書面でしなければならない。」と規定している。

4 妥当である
83条1項は、「行政庁が前条の規定による教示をしなかった場合には、当該処分について不服がある者は、当該処分庁に**不服申立書を提出することができる**。」と規定している。

5 妥当である
50条3項は、「審査庁は、再審査請求をすることができる裁決をする場合には、裁決書に**再審査請求をすることができる旨**並びに再審査請求をすべき行政庁及び再審査請求期間（第62条に規定する期間をいう。）を記載して、これらを教示しなければならない。」と規定している。

正解 1

行政法

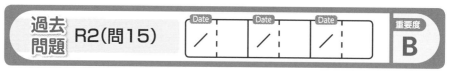
問題38　再審査請求について定める行政不服審査法の規定に関する次の記述のうち、正しいものはどれか。

1　法律に再審査請求をすることができる旨の定めがない場合であっても、処分庁の同意を得れば再審査請求をすることが認められる。

2　審査請求の対象とされた処分（原処分）を適法として棄却した審査請求の裁決（原裁決）があった場合に、当該審査請求の裁決に係る再審査請求において、原裁決は違法であるが、原処分は違法でも不当でもないときは、再審査庁は、裁決で、当該再審査請求を棄却する。

3　再審査請求をすることができる処分について行う再審査請求の請求先（再審査庁）は、行政不服審査会となる。

4　再審査請求をすることができる処分について、審査請求の裁決が既になされている場合には、再審査請求は当該裁決を対象として行わなければならない。

5　再審査請求の再審査請求期間は、原裁決があった日ではなく、原処分があった日を基準として算定する。

再審査請求

1 誤 り
重

　行政不服審査法上、再審査請求をすることができるのは、「法律に再審査請求をすることができる旨の**定めがある場合**」に限定されている（6条1項）。

2 正しい

　64条3項は、「再審査請求に係る原裁決……が違法……である場合において、当該審査請求に係る処分が違法又は不当のいずれでもないときは、再審査庁は、裁決で、当該再審査請求を棄却する。」と規定している。

3 誤 り

　6条2項は、再審査請求の請求先として、「前項の法律に定める行政庁に対してするものとする。」と規定しており、行政不服審査会に限定していない。

4 誤 り

　再審査請求の対象は、「**原裁決**（再審査請求をすることができる処分についての審査請求の裁決をいう。以下同じ。）又は**当該処分**（以下『原裁決等』という。）」である（6条2項）。

5 誤 り

　再審査請求期間は、「原裁決があったことを知った日の翌日から起算して1月」以内（62条1項）又は、「原裁決があった日の翌日から起算して1年」以内（同条2項）であり、原処分のあった日からではない。

| 正解 | 2 |

問題39 　行政不服審査法（以下「行審法」という。）と行政事件訴訟法（以下「行訴法」という。）の比較に関する次の記述のうち、誤っているものはどれか。

1　行訴法は、行政庁が処分をすべき旨を命ずることを求める訴訟として「義務付けの訴え」を設けているが、行審法は、このような義務付けを求める不服申立てを明示的には定めていない。

2　行審法は、同法にいう処分には公権力の行使に当たる事実上の行為で継続的性質を有するものが含まれるとは明示的には定めておらず、行訴法も、このような行為が処分に当たるとは明示的には定めていない。

3　行訴法は、取消訴訟の原告適格を処分等の取消しを求めるにつき「法律上の利益を有する者」に認めているが、行審法は、このような者に不服申立て適格が認められることを明示的には定めていない。

4　行訴法は、訴訟の結果により権利を害される第三者の訴訟参加に関する規定を置いているが、行審法は、利害関係人の不服申立てへの参加について明示的には定めていない。

5　行訴法は、取消訴訟における取消しの理由の制限として、自己の法律上の利益に関係のない違法を理由とすることはできないと定めているが、行審法は、このような理由の制限を明示的には定めていない。

総合テキスト ⊹ LINK 　Chapter 6 　行政不服審査法 　2 4
　　　　　　　　　　　Chapter 7 　行政事件訴訟法 　3 4 5 7

行政不服審査法と行政事件訴訟法

1 正しい　　　行政事件訴訟法は、行政庁が処分をすべき旨を命ずることを求める訴訟として「義務付けの訴え」を設けているが（3条6項）、行政不服審査法は、このような義務付けを求める不服申立てを明示的に定めてはいない。

2 正しい
重　　　行政不服審査法1条2項は、不服申立ての対象である「処分」とは、「行政庁の処分その他公権力の行使に当たる行為」と規定している。また、行政事件訴訟法3条2項は、抗告訴訟の対象である「処分」とは、「行政庁の処分その他公権力の行使に当たる行為」と規定している。もっとも、これらの「処分」の内容は解釈に委ねられており、3条2項にかかる判例等を参考に解釈することになる。したがって、行政不服審査法も行政事件訴訟法も、公権力の行使にあたる事実上の行為で継続的性質を有するものが処分にあたるとは明示的に定めてはいない。

3 正しい
予　　　行政事件訴訟法は、取消訴訟の原告適格を処分等の取消しを求めるにつき「法律上の利益を有する者」に認めているが（9条1項）、行政不服審査法は、不服申立適格を**「行政庁の処分に不服がある者」**（2条）とし、法律上の利益を有する者に不服申立適格が認められることを明示的に定めてはいない。この点につき、判例は、「行政庁の処分に不服がある者」とは、「当該処分について不服申立をする法律上の利益がある者、すなわち、**当該処分により自己の権利若しくは法律上保護された利益を侵害され又は必然的に侵害されるおそれのある者**をいう」とした（最判昭53.3.14）。

4 誤 り
超　　　行政事件訴訟法22条1項は、「裁判所は、訴訟の結果により権利を害される第三者があるときは、当事者若しくはその第三者の申立てにより又は職権で、決定をもつて、その第三者を訴訟に参加させることができる。」と規定しており、訴訟の結果により権利を害される第三者の訴訟参加に関する規定を置いている。また、行政不服審査法13条1項は、「利害関係人（審査請求人以外の者であって審査請求に係る処分又は不作為に係る処分の根拠となる法令に照らし当該処分につき利害関係を有するものと認められる者をいう。以下同じ。）は、**審理員の許可を得て、当該審査請求に参加することができる。**」と規定しており、利害関係人の不服申立てへの参加について明示的に定めている。したがって、行政不服審査法は、利害関係人の不服申立てへの参加について明示的には定めていないとする本記述は誤りとなる。

5 正しい　　　行政事件訴訟法10条1項は、「取消訴訟においては、自己の法律上の利益に関係のない違法を理由として取消しを求めることができない。」と規定しているが、行政不服審査法は、このような理由の制限を明示的に定めてはいない。

正解　　4

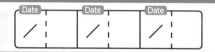
問題40 行政事件訴訟法が定める処分取消訴訟に関する次の記述のうち、正しいものはどれか。

1 処分をした行政庁が国または公共団体に所属する場合における処分取消訴訟は、当該処分をした行政庁を被告として提起しなければならない。

2 処分取消訴訟は、原告の普通裁判籍の所在地を管轄する裁判所または処分をした行政庁の所在地を管轄する裁判所の管轄に属する。

3 処分をした行政庁が国または公共団体に所属しない場合における処分取消訴訟は、法務大臣を被告として提起しなければならない。

4 裁判所は、訴訟の結果により権利を害される第三者があるときは、決定をもって、当該第三者を訴訟に参加させることができるが、この決定は、当該第三者の申立てがない場合であっても、職権で行うことができる。

5 処分取消訴訟は、当該処分につき法令の規定により審査請求をすることができる場合においては、特段の定めがない限り、当該処分についての審査請求に対する裁決を経た後でなければこれを提起することができない。

総合テキスト ⊃ LINK Chapter 7 行政事件訴訟法 ③⑤

処分取消訴訟

1 誤り
超

　行政事件訴訟法11条1項柱書は、「処分又は裁決をした行政庁（処分又は裁決があつた後に当該行政庁の権限が他の行政庁に承継されたときは、当該他の行政庁。以下同じ。）が国又は公共団体に所属する場合には、取消訴訟は、次の各号に掲げる訴えの区分に応じてそれぞれ当該各号に定める者を**被告**として提起しなければならない。」と規定しており、同項1号は、「**処分の取消しの訴え　当該処分をした行政庁の所属する国又は公共団体**」を掲げている。

2 誤り
重

　12条1項は、「取消訴訟は、**被告の普通裁判籍の所在地を管轄する裁判所**又は**処分若しくは裁決をした行政庁の所在地を管轄する裁判所**の管轄に属する。」と規定している。したがって、本記述は、「原告の普通裁判籍の所在地を管轄する裁判所」としている点で、誤っている。

3 誤り

　11条2項は、「処分又は裁決をした行政庁が国又は公共団体に所属しない場合には、取消訴訟は、**当該行政庁を被告として**提起しなければならない。」と規定している。したがって、本記述は、「法務大臣を被告として」としている点で、誤っている。

4 正しい
重

　22条1項は、「裁判所は、**訴訟の結果により権利を害される第三者**があるときは、**当事者若しくはその第三者の申立てにより又は職権で、決定**をもつて、その第三者を訴訟に参加させることができる。」と規定している。

5 誤り
超

　8条1項本文は、「処分の取消しの訴えは、当該処分につき法令の規定により**審査請求をすることができる場合においても、直ちに提起することを妨げない。**」と規定している。

正解	4

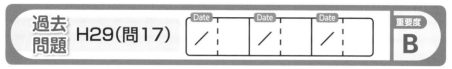
問題41　許認可の申請拒否処分の取消訴訟に関する次の記述のうち、妥当なものはどれか。

1　申請拒否処分の取消訴訟には、申請された許認可を命ずることを求める義務付け訴訟を併合提起できるが、当該申請拒否処分の取消訴訟のみを単独で提起することも許される。

2　申請拒否処分の取消訴訟を提起した者は、終局判決の確定まで、申請された許認可の効果を仮に発生させるため、当該申請拒否処分の効力の停止を申し立てることができる。

3　申請拒否処分の取消訴訟については、出訴期間の制限はなく、申請を拒否された者は、申請された許認可がなされない限り、当該申請拒否処分の取消訴訟を提起できる。

4　申請拒否処分の取消訴訟の係属中に当該申請拒否処分が職権で取り消され、許認可がなされた場合には、当該取消訴訟は訴えの利益を失い、請求は棄却されることとなる。

5　申請拒否処分の取消訴訟において、当該申請拒否処分の取消しの判決が確定した場合には、その判決の理由のいかんにかかわらず、処分庁は、再度、申請拒否処分をすることは許されない。

総合テキスト LINK　Chapter 7　行政事件訴訟法　4 6 7

許認可の申請拒否処分の取消訴訟

1 妥当である

重

　申請拒否処分の取消訴訟には、申請された許認可を命ずることを求める**義務付け訴訟を併合提起できる**（行政事件訴訟法37条の3第3項2号）。もっとも、これは義務付け訴訟を提起する場合に取消訴訟を併合提起することを求めるものであり、**処分の取消訴訟のみを単独で提起することを制限するものではない。**

2 妥当でない

　申請拒否処分について執行停止をすることは、拒否処分がされる前の状態（申請があった状態）に戻ることを意味するが、執行停止決定に従って行政庁が改めて処分をやり直す手続は法定されていない（33条4項は、執行停止の決定につき同条2項を準用していない）。したがって、裁判実務上、**申請拒否処分の執行停止は、申立ての利益がないとされる**のが一般的である。

3 妥当でない

超

　行政事件訴訟法14条1項は、「取消訴訟は、**処分又は裁決があつたことを知つた日から6箇月**を経過したときは、提起することができない。ただし、正当な理由があるときは、この限りでない。」と規定し、同条2項は、「取消訴訟は、**処分又は裁決の日から1年**を経過したときは、提起することができない。ただし、正当な理由があるときは、この限りでない。」と規定している。取消訴訟には、出訴期間の制限があるのであって、このことは申請拒否処分の場合であっても異なることはない。

4 妥当でない

　裁判所が取消判決をするためには、行政処分を取り消すことの客観的可能性と実益がなければならないと解されている。これを狭義の訴えの利益という。この狭義の訴えの利益に関して、「法益の回復の可能性が存する限り、たとえその回復が十全のものでなくとも、なお取消訴訟の利益が肯定される反面、このような回復の可能性が皆無となつた場合には、たとえその処分が違法であつても、……処分の取消しの訴えとしてはその利益を欠くに至つたものとしなければならない」とした判例がある（最判昭57.4.8）。この判例を敷えんすれば、申請拒否処分の取消訴訟の係属中に当該申請拒否処分が職権で取り消され、許認可がなされた場合には、当該取消訴訟は訴えの利益を失い、請求は却下されることとなる。

5 妥当でない

予

　33条1項は、「処分又は裁決を取り消す判決は、その事件について、**処分又は裁決をした行政庁その他の関係行政庁を拘束する。**」と規定している。取消判決により、「その理由による処分・裁決は許されない」という裁判所の判断が行政庁に対する拘束力として働く結果、同一事情・同一理由・同一手続による同一内容の処分の繰り返しは許されなくなる。もっとも、取消判決の反復禁止効は、その判決で確定された具体的違法事由にのみ認められるので、同一事情であっても、裁判所が判決理由中で認定判断したのとは別の理由や別の手続によれば、同一内容の処分をすることを妨げない。

正解 　1

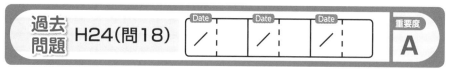
問題42　行政事件訴訟法3条2項の「行政庁の処分その他公権力の行使に当たる行為」（以下「行政処分」という。）に関する次の記述のうち、最高裁判所の判例に照らし、妥当なものはどれか。

1　医療法の規定に基づき都道府県知事が行う病院開設中止の勧告は、行政処分に該当しない。

2　地方公共団体が営む簡易水道事業につき、水道料金の改定を内容とする条例の制定行為は、行政処分に該当する。

3　都市計画法の規定に基づき都道府県知事が行う用途地域の指定は、行政処分に該当する。

4　（旧）関税定率法の規定に基づき税関長が行う「輸入禁制品に該当する貨物と認めるのに相当の理由がある」旨の通知は、行政処分に該当しない。

5　地方公共団体の設置する保育所について、その廃止を定める条例の制定行為は、行政処分に該当する。

総合テキスト ⇄ LINK　Chapter 7　行政事件訴訟法　4

処分性

行政法

1 妥当でない

判例は、病院開設中止の勧告は、医療法上は行政指導として定められているが、当該勧告を受けた者に対し、これに従わない場合には、相当程度の確実さをもって病院を開設しても保険医療機関の指定を受けることができなくなるという結果をもたらすとしたうえで、当該指定を受けることができない場合には、**実際上病院の開設自体を断念せざるを得ないこと**を理由に、行政処分に該当するとした（最判平17.7.15）。

2 妥当でない

判例は、地方公共団体が営む簡易水道事業につき、水道料金の改定を内容とする条例は、当該水道料金を**一般的に改定する**ものであって、限られた特定の者に対してのみ適用されるものではなく、本件改正条例の制定行為をもって行政庁が法の執行として行う処分と実質的に同視することはできないから、行政処分に該当しないとした（最判平18.7.14）。

3 妥当でない

判例は、都市計画法8条1項に基づき用途地域を指定する決定が告示されて効力を生ずると、当該地域内においては、建築物の高さにつき従前と異なる基準が適用され、これらの基準に適合しない建築物については、建築確認を受けることができず、ひいてその建築等をすることができないこととなるが、このような効果は、新たにこのような制約を課する法令が制定された場合と同様の当該地域内の**不特定多数の者に対する一般的抽象的な効果**にすぎないから、行政処分に該当しないとした（最判昭57.4.22）。

4 妥当でない

判例は、（旧）関税定率法の規定に基づき税関長が行う「輸入禁制品に該当する貨物と認めるのに相当の理由がある」旨の通知は、**実質的な拒否処分として機能している**ことを理由に、行政処分に該当するとした（最大判昭59.12.12）。

5 妥当である

判例は、地方公共団体の設置する特定の保育所を廃止する**条例の制定行為**は、他に行政庁の処分を待つことなく、条例施行により各保育所廃止の効果を発生させ、保育所に現に入所中の児童及びその保護者という限られた**特定の者**に対し、**直接、法的地位を奪う結果**を生じさせるものであるから、行政処分に該当するとした（最判平21.11.26）。

正解　5

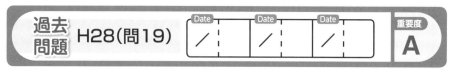

問題43 処分性に関する次の記述のうち、最高裁判所の判例に照らし、誤っているものはどれか。

1 保育所の廃止のみを内容とする条例は、他に行政庁の処分を待つことなく、その施行により各保育所廃止の効果を発生させ、当該保育所に現に入所中の児童およびその保護者という限られた特定の者らに対して、直接、当該保育所において保育を受けることを期待し得る法的地位を奪う結果を生じさせるものであるから、その制定行為は、行政庁の処分と実質的に同視し得るものということができる。

2 建築基準法42条2項に基づく特定行政庁の告示により、同条1項の道路とみなされる道路（2項道路）の指定は、それが一括指定の方法でされた場合であっても、個別の土地についてその本来的な効果として具体的な私権制限を発生させるものであり、個人の権利義務に対して直接影響を与えるものということができる。

3 （旧）医療法の規定に基づく病院開設中止の勧告は、医療法上は当該勧告を受けた者が任意にこれに従うことを期待してされる行政指導として定められており、これに従わない場合でも、病院の開設後に、保険医療機関の指定を受けることができなくなる可能性が生じるにすぎないから、この勧告は、行政事件訴訟法3条2項にいう「行政庁の処分その他公権力の行使に当たる行為」に当たらない。

4 市町村の施行に係る土地区画整理事業計画の決定は、施行地区内の宅地所有者等の法的地位に変動をもたらすものであって、抗告訴訟の対象とするに足りる法的効果を有するものということができ、実効的な権利救済を図るという観点から見ても、これを対象とした抗告訴訟の提起を認めるのが合理的である。

5 都市計画区域内において工業地域を指定する決定が告示されて生じる効果は、当該地域内の不特定多数の者に対する一般的抽象的な権利制限にすぎず、このような効果を生じるということだけから直ちに当該地域内の個人に対する具体的な権利侵害を伴う処分があったものとして、これに対する抗告訴訟の提起を認めることはできない。

総合テキスト LINK Chapter 7 行政事件訴訟法 4

処分性

1 正しい
予

　判例は、「条例の制定は、普通地方公共団体の議会が行う立法作用に属するから、一般的には、抗告訴訟の対象となる行政処分に当たるものでないことはいうまでもないが、本件改正条例は、本件各保育所の廃止のみを内容とするものであって、他に行政庁の処分を待つことなく、その施行により各保育所廃止の効果を発生させ、当該保育所に現に入所中の児童及びその保護者という限られた特定の者らに対して、直接、**当該保育所において保育を受けることを期待し得る上記の法的地位を奪う結果を生じさせる**ものであるから、その制定行為は、行政庁の処分と実質的に同視し得るものということができる」とし、処分性を肯定した（最判平21.11.26）。

2 正しい

　判例は、「特定行政庁による２項道路の指定は、それが一括指定の方法でされた場合であっても、個別の土地についてその本来的な効果として具体的な私権制限を発生させるものであり、**個人の権利義務に対して直接影響を与える**ものということができる」とし、処分性を肯定した（最判平14.1.17）。

3 誤　り
超

　判例は、「〔旧〕医療法30条の7の規定に基づく病院開設中止の勧告は、医療法上は当該勧告を受けた者が任意にこれに従うことを期待してされる行政指導として定められているけれども、当該勧告を受けた者に対し、これに従わない場合には、**相当程度の確実さをもって、病院を開設しても保険医療機関の指定を受けることができなくなるという結果をもたらすもの**ということができる」と述べ、結論として処分性を肯定した（最判平17.7.15）。

4 正しい
重

　判例は、「市町村の施行に係る土地区画整理事業の事業計画の決定は、**施行地区内の宅地所有者等の法的地位に変動をもたらすものであって、抗告訴訟の対象とするに足りる法的効果を有するもの**ということができ、実効的な権利救済を図るという観点から見ても、これを対象とした抗告訴訟の提起を認めるのが合理的である」とし、処分性を肯定した（最大判平20.9.10）。

5 正しい

　判例は、「都市計画区域内において工業地域を指定する決定は……当該地域内の土地所有者等に建築基準法上新たな制約を課し、その限度で一定の法状態の変動を生ぜしめるものであることは否定できないが、かかる効果は、あたかも新たに右のような制約を課する法令が制定された場合におけると同様の当該地域内の**不特定多数の者**に対する**一般的抽象的**なそれにすぎず、このような効果を生ずるということだけから直ちに右地域内の個人に対する具体的な権利侵害を伴う処分があつたものとして、これに対する抗告訴訟を肯定することはできない」とし、処分性を否定した（最判昭57.4.22）。

正解　3

問題44　行政事件訴訟法9条2項は、平成16年改正において、取消訴訟の原告適格に関して新設された次のような規定である。次の文章の空欄　ア　～　エ　に入る語句の組合せとして正しいものはどれか。

「裁判所は、処分又は裁決の　ア　について前項*に規定する法律上の利益の有無を判断するに当たつては、当該処分又は裁決の根拠となる法令の規定の文言のみによることなく、当該法令の　イ　並びに当該処分において考慮されるべき　ウ　を考慮するものとする。この場合において、当該法令の　イ　を考慮するに当たつては、当該法令と　エ　を共通にする関係法令があるときはその　イ　をも参酌するものとし、当該　ウ　を考慮するに当たつては、当該処分又は裁決がその根拠となる法令に違反してされた場合に害されることとなる　ウ　並びにこれが害される態様及び程度をも勘案するものとする。」

	ア	イ	ウ	エ
1	相手方	趣旨及び目的	公共の福祉	目的
2	相手方以外の者	目的とする公益	利益の内容及び性質	趣旨
3	相手方	目的とする公益	相手方の利益	目的
4	相手方以外の者	趣旨及び目的	利益の内容及び性質	目的
5	相手方以外の者	目的とする公益	公共の福祉	趣旨

（注）　＊　行政事件訴訟法9条1項

取消訴訟の原告適格

ア 相手方以外の者	イ 趣旨及び目的
ウ 利益の内容及び性質	エ 目的

　本問では、行政事件訴訟法9条2項の規定の文言が問われている。

　行政事件訴訟法9条2項によれば、「**裁判所は、処分又は裁決の相手方以外の者**について前項〔同法9条1項〕に規定する**法律上の利益の有無を判断するに当つては、当該処分又は裁決の根拠となる法令の規定の文言のみによることなく、当該法令の趣旨及び目的並びに当該処分において考慮されるべき利益の内容及び性質を考慮するものとする。この場合において、当該法令の趣旨及び目的を考慮するに当つては、当該法令と目的を共通にする関係法令があるときはその趣旨及び目的をも参酌するものとし、当該利益の内容及び性質を考慮するに当つては、当該処分又は裁決がその根拠となる法令に違反してされた場合に害されることとなる利益の内容及び性質並びにこれが害される態様及び程度をも勘案するものとする。」とされている。

正解　4

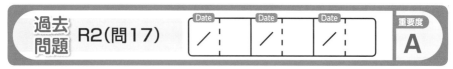
問題45 狭義の訴えの利益に関する次のア〜エの記述のうち、最高裁判所の判例
に照らし、正しいものの組合せはどれか。

ア 森林法に基づく保安林指定解除処分の取消しが求められた場合において、
水資源確保等のための代替施設の設置によって洪水や渇水の危険が解消され、
その防止上からは当該保安林の存続の必要性がなくなったと認められるとし
ても、当該処分の取消しを求める訴えの利益は失われない。

イ 土地改良法に基づく土地改良事業施行認可処分の取消しが求められた場合
において、当該事業の計画に係る改良工事及び換地処分がすべて完了したた
め、当該認可処分に係る事業施行地域を当該事業施行以前の原状に回復する
ことが、社会的、経済的損失の観点からみて、社会通念上、不可能であると
しても、当該認可処分の取消しを求める訴えの利益は失われない。

ウ 建築基準法に基づく建築確認の取消しが求められた場合において、当該建
築確認に係る建築物の建築工事が完了した後でも、当該建築確認の取消しを
求める訴えの利益は失われない。

エ 都市計画法に基づく開発許可のうち、市街化調整区域内にある土地を開発
区域とするものの取消しが求められた場合において、当該許可に係る開発工
事が完了し、検査済証の交付がされた後でも、当該許可の取消しを求める訴
えの利益は失われない。

1 ア・イ
2 ア・ウ
3 イ・ウ
4 イ・エ
5 ウ・エ

総合テキスト LINK Chapter 7 行政事件訴訟法 4

狭義の訴えの利益

ア 誤 り
重

判例は、「いわゆる代替施設の設置によつて右の洪水や渇水の危険が解消され、その防止上からは本件保安林の存続の必要性がなくなつたと認められるに至つたときは、もはや乙と表示のある上告人らにおいて右指定解除処分の取消しを求める**訴えの利益は失われる**に至つたものといわざるをえない」としている（最判昭 57.9.9）。したがって、本記述は、訴えの利益は失われないとしている点で誤りである。

イ 正しい
重

判例は、「本件訴訟において、本件認可処分が取り消された場合に、本件事業施行地域を本件事業施行以前の原状に回復することが、本件訴訟係属中に本件事業計画に係る工事及び換地処分がすべて完了したため、社会的、経済的損失の観点からみて、社会通念上、不可能であるとしても、右のような事情は、**行政事件訴訟法 31 条〔事情判決〕の適用に関して考慮されるべき事柄**であって、本件認可処分の取消しを求める上告人の**法律上の利益を消滅させるものではない**と解するのが相当である」としている（最判平 4.1.24）。したがって、本記述は正しい。

ウ 誤 り
超

判例は、「建築確認は、それを受けなければ右工事をすることができないという法的効果を付与されているにすぎないものというべきであるから、当該工事が完了した場合においては、建築確認の取消しを求める**訴えの利益は失われる**ものといわざるを得ない」としている（最判昭 59.10.26）。したがって、本記述は、建築確認にかかる建築物の建築工事が完了した後でも、当該建築確認の取消しを求める訴えの利益は失われないとしている点で誤りである。

エ 正しい
超

判例は、「**市街化調整区域内**にある土地を開発区域とする開発許可に関する工事が完了し、当該工事の検査済証が交付された後においても、当該開発許可の取消しを求める**訴えの利益は失われない**」としている（最判平 27.12.14）。したがって、本記述は正しい。

正解 4

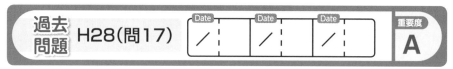
問題46 行政事件訴訟における法律上の利益に関する次のア～オの記述のうち、誤っているものの組合せはどれか。

ア　処分の取消訴訟において、原告は、自己の法律上の利益に関係のない違法を理由として処分の取消しを求めることはできず、こうした理由のみを主張する請求は棄却される。

イ　処分の無効確認の訴えは、当該処分に続く処分により損害を受けるおそれのある者その他当該処分の無効の確認を求めるにつき法律上の利益を有する者で、当該処分の無効を前提とする現在の法律関係に関する訴えによって目的を達することができないものに限り、提起することができる。

ウ　処分の取消訴訟は、処分の効果が期間の経過その他の理由によりなくなった後においても、なお、処分の取消しによって回復すべき法律上の利益を有する者であれば提起することができる。

エ　不作為の違法確認訴訟は、処分について申請をした者以外の者であっても、当該不作為の違法の確認を求めるにつき法律上の利益を有する者であれば提起することができる。

オ　民衆訴訟とは、国または公共団体の機関相互間における権限の存否またはその行使に関する訴訟であり、原告は、自己の法律上の利益にかかわらない資格で提起することができる。

1　ア・イ
2　ア・オ
3　イ・ウ
4　ウ・エ
5　エ・オ

総合テキスト LINK Chapter 7　行政事件訴訟法　4 7

法律上の利益

ア 正しい
超

　　行政事件訴訟法 10 条 1 項は、「取消訴訟においては、**自己の法律上の利益に関係のない違法を理由として取消しを求めることができない。**」と規定している。そして、本条は、本案審理における原告の主張制限を規定したものであり、原告が自己の法律上の利益に関係のない違法のみを理由に処分の取消しを求めても、請求は棄却される。

イ 正しい

　　36 条は、「**無効等確認の訴え**は、当該処分又は裁決に続く処分により損害を受けるおそれのある者その他当該処分又は裁決の無効等の確認を求めるにつき法律上の利益を有する者で、当該処分若しくは裁決の存否又はその効力の有無を前提とする現在の法律関係に関する訴えによつて目的を達することができないものに限り、提起することができる。」と規定している。

ウ 正しい

　　9 条 1 項は、「処分の取消しの訴え及び裁決の取消しの訴え（以下『取消訴訟』という。）は、当該処分又は裁決の取消しを求めるにつき法律上の利益を有する者（**処分又は裁決の効果が期間の経過その他の理由によりなくなつた後においてもなお処分又は裁決の取消しによつて回復すべき法律上の利益を有する者を含む。**）に限り、提起することができる。」と規定している。

エ 誤 り
超

　　37 条は、「不作為の違法確認の訴えは、**処分又は裁決についての申請をした者に限り**、提起することができる。」と規定している。

オ 誤 り

　　5 条は、「『**民衆訴訟**』とは、国又は公共団体の機関の法規に適合しない行為の是正を求める訴訟で、**選挙人たる資格その他自己の法律上の利益にかかわらない資格**で提起するものをいう。」と規定している。

　　なお、本記述は、**機関訴訟**についてのものである（6 条）。

正解　　5

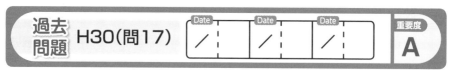
問題47　許認可等の申請に対する処分について、それに対する取消訴訟の判決の効力に関する次の記述のうち、誤っているものはどれか。

1　申請を認める処分を取り消す判決は、原告および被告以外の第三者に対しても効力を有する。

2　申請を認める処分についての取消請求を棄却する判決は、処分をした行政庁その他の関係行政庁への拘束力を有さない。

3　申請を拒否する処分が判決により取り消された場合、その処分をした行政庁は、当然に申請を認める処分をしなければならない。

4　申請を認める処分が判決により手続に違法があることを理由として取り消された場合、その処分をした行政庁は、判決の趣旨に従い改めて申請に対する処分をしなければならない。

5　申請を拒否する処分に対する審査請求の棄却裁決を取り消す判決は、裁決をした行政庁その他の関係行政庁を拘束する。

取消訴訟の判決の効力

1 正しい
重

　　行政事件訴訟法 32 条 1 項は、「**処分又は裁決を取り消す判決は、第三者に対しても効力を有する**。」と規定している。

2 正しい
重

　　33 条 1 項は、「**処分又は裁決を取り消す判決**は、その事件について、処分又は裁決をした行政庁その他の**関係行政庁を拘束する**。」と規定している。本記述は、取消請求が**棄却**されているため、同項の取消判決としての拘束力が生じない。

3 誤　り
重

　　33 条 2 項は、「申請を却下し若しくは棄却した処分又は審査請求を却下し若しくは棄却した裁決が判決により取り消されたときは、その処分又は裁決をした行政庁は、**判決の趣旨に従い、改めて申請に対する処分**又は審査請求に対する裁決をしなければならない。」と規定している。申請拒否処分の取消判決を得た場合、行政庁は判決の趣旨に従い、もう一度申請につき改めて審査をして処分すべきこととなる。これは、あくまでも**同一事情・同一理由・同一手続による同一内容の処分の繰り返しを許していないにすぎず、同一事情であっても、別の理由や別の手続によれば、同一内容の処分をすることは禁止されていない**。したがって、申請拒否処分の取消判決が下された場合、処分をした行政庁は、当然に申請を認める処分をしなければならないわけではない。

4 正しい

　　33 条 3 項は、「前項の規定は、申請に基づいてした処分又は審査請求を認容した裁決が判決により手続に違法があることを理由として取り消された場合に準用する。」と規定している。

5 正しい

　　記述 2 の解説にあるように、33 条 1 項は、「処分又は裁決を取り消す判決は、その事件について、処分又は裁決をした行政庁その他の関係行政庁を拘束する。」と規定している。

正解	3

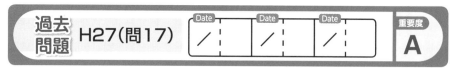
問題48　行政事件訴訟法の定める執行停止に関する次の記述のうち、妥当な記述はどれか。

1　処分の執行停止の申立ては、当該処分に対して取消訴訟を提起した者だけではなく、それに対して差止訴訟を提起した者もなすことができる。

2　処分の執行停止の申立ては、本案訴訟の提起と同時になさなければならず、それ以前あるいはそれ以後になすことは認められない。

3　本案訴訟を審理する裁判所は、原告が申し立てた場合のほか、必要があると認めた場合には、職権で処分の執行停止をすることができる。

4　処分の執行の停止は、処分の効力の停止や手続の続行の停止によって目的を達することができる場合には、することができない。

5　処分の執行停止に関する決定をなすにあたり、裁判所は、あらかじめ、当事者の意見をきかなければならないが、口頭弁論を経る必要はない。

執行停止

1 妥当でない　　行政事件訴訟法25条2項本文は、「処分の取消しの訴えの提起があつた場合において、処分、処分の執行又は手続の続行により生ずる重大な損害を避けるため緊急の必要があるときは、裁判所は、申立てにより、決定をもつて、処分の効力、処分の執行又は手続の続行の全部又は一部の停止（以下『執行停止』という。）をすることができる。」と規定している。そして、38条1項は、25条2項を準用していないから、**差止訴訟を提起した者は、処分の執行停止の申立てをすることはできない。**

2 妥当でない　　処分の執行停止の申立ては、本案訴訟係属前には認められないものの（25条2項本文）、同時になさなければならないわけではなく、本案訴訟の提起以降は本記述のような制限はない。

3 妥当でない　**超**　**職権による処分の執行停止はすることができない**（25条2項本文）。

4 妥当でない　**重**　25条2項ただし書は、「**処分の効力の停止は、処分の執行又は手続の続行の停止**によつて目的を達することができる場合には、することができない。」と規定している。

5 妥当である　　25条6項は、執行停止の決定について、「口頭弁論を経ないですることができる。ただし、あらかじめ、**当事者の意見をきかなければならない。**」と規定している。

正解　5

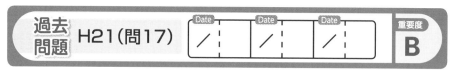
問題49　行政事件訴訟法に定められた仮の救済制度に関する次の記述のうち、正しいものはどれか。

1　行政庁の処分その他公権力の行使に当たる行為については、行政事件訴訟法の定める執行停止、仮の義務付けおよび仮の差止めのほか、民事保全法に規定する仮処分を行うことができる。

2　仮の義務付けおよび仮の差止めは、それぞれ義務付け訴訟ないし差止め訴訟を提起しなければ申し立てることができないが、執行停止については、取消訴訟または無効等確認訴訟を提起しなくても、単独でこれを申し立てることができる。

3　申請に対する拒否処分に対して執行停止を申し立て、それが認められた場合、当該申請が認められたのと同じ状態をもたらすことになるので、その限りにおいて当該処分について仮の義務付けが認められたのと変わりがない。

4　執行停止は、本案について理由がないとみえるときはすることができないのに対して、仮の義務付けおよび仮の差止めは、本案について理由があるとみえるときでなければすることができない。

5　処分の執行停止は、当該処分の相手方のほか、一定の第三者も申し立てることができるが、処分の仮の義務付けおよび仮の差止めは、当該処分の相手方に限り申し立てることができる。

仮の救済制度

1 誤 り
捨

行政庁の**処分その他公権力の行使にあたる行為**については、民事保全法に規定する仮処分をすることができない（仮処分の排除　行政事件訴訟法44条）。

2 誤 り

仮の義務付け・仮の差止めは、それぞれ**義務付け訴訟・差止訴訟**を提起しなければ申し立てることができない（37条の5第1項、2項）。また、執行停止についても、**取消訴訟の提起**をしなければ申し立てることができない（25条2項本文）。

3 誤 り

申請に対する拒否処分の効力を停止しても**申請が係属している状態に戻る**のみであり、許可の効果を生じさせるわけではない。また、行政事件訴訟法33条2項は、執行停止には準用されていない。

4 正しい
重

執行停止は、本案について**理由がないとみえるとき**はすることができない（25条4項）。これに対して、仮の義務付け・仮の差止めは、本案について**理由があるとみえるとき**でなければすることができない（37条の5第1項、2項）。

5 誤 り

執行停止、仮の義務付け・仮の差止めの申立ては、それぞれの**本案の訴訟**を提起した者がすることができる。そして、処分の相手方以外の一定の第三者が提起することができる**取消訴訟、直接型（非申請型）義務付け訴訟、差止訴訟**の場合、訴訟を提起した当該第三者がそれぞれ**執行停止、仮の義務付け、仮の差止め**の申立てをすることができる。したがって、本記述は、仮の義務付け及び仮の差止めを申し立てることができる者を当該処分の相手方に限っている点で誤りである。

正解　**4**

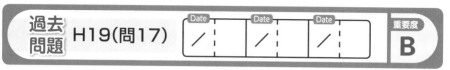
問題50　行政事件訴訟法上の訴訟類型の選択に関する次の記述のうち、正しいものはどれか。

1　Xの家の隣地にある建築物が建築基準法に違反した危険なものであるにもかかわらず、建築基準法上の規制権限の発動がなされない場合、Xは、当該規制権限の不行使につき、不作為違法確認訴訟を提起することができる。

2　Xらの近隣に地方公共団体がごみ焼却場の建設工事を行っている場合、建設工事は処分であるから、Xらは、その取消訴訟と併合して、差止め訴訟を提起し、当該地方公共団体に対して建設工事の中止を求めることができる。

3　Xが市立保育園に長女Aの入園を申込んだところ拒否された場合において、Xが入園承諾の義務付け訴訟を提起する場合には、同時に拒否処分の取消訴訟または無効確認訴訟も併合して提起しなければならない。

4　Xが行った営業許可申請に対してなされた不許可処分について、同処分に対する取消訴訟の出訴期間が過ぎた後においてなお救済を求めようとする場合には、Xは、公法上の当事者訴訟として、当該処分の無効の確認訴訟を提起することができる。

5　X所有の土地について違法な農地買収処分がなされ、それによって損害が生じた場合、Xが国家賠償請求訴訟を提起して勝訴するためには、あらかじめ、当該買収処分の取消訴訟または無効確認訴訟を提起して請求認容判決を得なければならない。

総合テキスト ↩ LINK　Chapter 7　行政事件訴訟法　4 7

1 誤 り 　不作為の違法確認訴訟（行政事件訴訟法 3 条 5 項）を提起するためには、**処分又は裁決についての申請をしたことが必要**である（37 条）。本記述の場合は、申請がなされていないので不作為の違法確認訴訟は提起できない。

2 誤 り 　判例は、東京都がごみ焼却場の設置に当たり、建築会社との間で請負契約を締結した事案において、処分とは、「公権力の主体たる国または公共団体が行う行為のうち、その行為によって、直接国民の権利義務を形成しまたはその範囲を確定することが法律上認められているもの」と定義し、そのうえで、ごみ焼却場の設置を計画し、その計画案を都議会に提出した行為は、都自身の内部的手続行為にとどまるとし、近隣住民らの権利義務を形成し、又はその範囲を確定することを法律上認められている場合に該当するものということを得ず、**処分にあたらない**とした（最判昭 39.10.29）。

3 正しい 　本記述の場合に、義務付け訴訟（3 条 6 項 2 号、37 条の 3 第 1 項 2 号）を提起する場合の要件として、**取消訴訟か無効等確認訴訟と併合提起することが必要**になる（37 条の 3 第 3 項 2 号）。

4 誤 り 　本記述の場合において、X が行った営業許可申請になされた不許可処分は行政行為であるので、**公定力**が認められる。とすると取消訴訟の排他的管轄の原則から、取消訴訟以外の訴訟で行政行為の効力を否定することはできず、公法上の当事者訴訟を提起することはできない。ただし、取消訴訟の出訴期間が過ぎた後において、なお救済を求めようとする場合には、時機に後れた取消訴訟と位置づけられる**無効確認訴訟は提起することができる**。処分の無効確認訴訟と、公法上の当事者訴訟は、別物である。

5 誤 り
重 　判例は、「行政処分が違法であることを理由として国家賠償の請求をするについては、あらかじめ**行政処分につき取消又は無効確認の判決を得なければならないものではない**」と判示し、国家賠償の請求の前提として行政処分の取消し又は無効確認判決を要するかについて、これを**不要としている**（最判昭 36.4.21）。

正解 　3

行政法

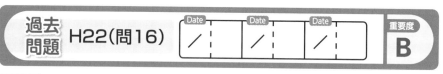
問題51　次のア〜オの訴えのうち、抗告訴訟にあたるものの組合せはどれか。

ア　建築基準法に基づき私法人たる指定確認検査機関が行った建築確認拒否処分の取消しを求める申請者の訴え。

イ　土地収用法に基づく都道府県収用委員会による収用裁決において示された補償額の増額を求める土地所有者の訴え。

ウ　土地収用法に基づく都道府県収用委員会による収用裁決の無効を前提とした所有権の確認を求める土地所有者の訴え。

エ　核原料物質、核燃料物質及び原子炉の規制に関する法律に基づき許可を得ている原子炉施設の運転の差止めを運転者に対して求める周辺住民の訴え。

オ　住民基本台帳法に基づき、行政機関が住民票における氏名の記載を削除することの差止めを求める当該住民の訴え。

1　ア・イ
2　ア・オ
3　イ・ウ
4　ウ・エ
5　エ・オ

抗告訴訟

抗告訴訟とは、行政庁の公権力の行使に関する不服の訴訟をいう（行政事件訴訟法3条1項）。具体的には、処分の取消訴訟（同条2項）、裁決の取消訴訟（同条3項）、無効等確認訴訟（同条4項）、不作為の違法確認訴訟（同条5項）、義務付け訴訟（同条6項）、差止訴訟（同条7項）が法定されている。

ア 抗告訴訟に あたる

本記述では処分を行ったものが、私法人たる指定確認検査機関であるが、処分の取消訴訟にいう「**行政庁**」とは、通常の行政機関に限らず、**法律で公権力の行使の権限を与えられていれば、私法人もこれに含まれる**。したがって、本記述の訴えは、処分の取消訴訟であることから（3条2項）、抗告訴訟にあたる。

イ 抗告訴訟に あたらない
重

本記述の訴えは、**形式的当事者訴訟**にあたる。形式的当事者訴訟とは、**当事者間の法律関係を確認し又は形成する処分又は裁決に関する訴訟で法令の規定によりその法律関係の当事者の一方を被告とするもの**をいう（4条前段）。そして、本記述の訴えは、収用裁決の補償額に関する訴訟で、土地収用法133条3項の規定により当事者の一方を被告とするものである。

ウ 抗告訴訟に あたらない
重

本記述の訴えは、**争点訴訟**にあたる。争点訴訟とは、**私法上の法律関係に関する訴訟において、処分若しくは裁決の存否又はその効力の有無が争われている場合**をいう（行政事件訴訟法45条1項）。

エ 抗告訴訟に あたらない

本記述の訴えは、**民事訴訟**である。判例は、原子炉施設の運転の差止めを運転者に対して求める訴えが民事訴訟にあたることを前提としている（最判平4.9.22）。

オ 抗告訴訟に あたる

本記述の訴えは、**差止訴訟**であることから、抗告訴訟にあたる。差止訴訟とは、**行政庁が一定の処分又は裁決をすべきでないにかかわらずこれがされようとしている場合において、行政庁がその処分又は裁決をしてはならない旨を命ずることを求める訴訟**をいう（3条7項）。

正解 2

行政法

問題52　行政事件訴訟法による不作為の違法確認の訴えに関する次の記述のうち、正しいものはどれか。

1　不作為の違法確認の訴えは、行政庁が、法令に基づく申請に対して、相当の期間内に申請を認める処分又は審査請求を認容する裁決をすべきであるにかかわらず、これをしないことについての違法の確認を求める訴訟をいう。

2　不作為の違法確認の訴えが提起できる場合においては、申請を認める処分を求める申請型義務付け訴訟を単独で提起することもでき、その際には、不作為の違法確認の訴えを併合提起する必要はない。

3　不作為の違法確認の訴えの提起があった場合において、当該申請に対して何らかの処分がなされないことによって生ずる重大な損害を避けるため緊急の必要があるときは、仮の義務付けの規定の準用により、仮の義務付けを申し立てることができる。

4　不作為の違法確認の訴えは、公法上の当事者訴訟の一類型であるから、法令以外の行政内部の要綱等に基づく申請により、行政機関が申請者に対して何らかの利益を付与するか否かを決定することとしているものについても、その対象となりうる。

5　不作為の違法確認の訴えについては、取消訴訟について規定されているような出訴期間の定めは、無効等確認の訴えや処分の差止めの訴えと同様、規定されていない。

不作為の違法確認訴訟

1 誤り　　不作為の違法確認の訴えとは、行政庁が**法令に基づく申請**に対し、**相当の期間内に何らかの処分又は裁決をすべきである**にかかわらず、**これをしないことについての違法の確認**を求める訴訟をいう（行政事件訴訟法3条5項）。したがって、必ずしも申請を認める処分又は審査請求を認容する裁決をすべきというわけではない。

2 誤り
超　　**申請型義務付け訴訟**を提起するためには、区分に応じた訴訟を**義務付け訴訟に併合して提起**する必要がある（37条の3第3項）。そして、**行政庁の不作為に対し申請を認める処分を求める義務付け訴訟**を提起するためには、**不作為の違法確認訴訟を併合提起する必要がある**。

3 誤り　　不作為の違法確認の訴えにおいて、仮の義務付けの規定は準用されていない（38条参照）。したがって、仮の義務付けを申し立てることはできない。

4 誤り　　不作為の違法確認の訴えは抗告訴訟の一類型であるため（3条5項）、公法上の当事者訴訟ではない。なお、不作為の違法確認の訴えは、「法令に基づく申請」に対する不作為の違法確認を求めるものであるところ（3条5項）、「法令に基づく申請」という場合の申請制度は、法令の明文上のものである必要はなく、法令の解釈上、原告の申請権が認められていればよいとされ、また、「法令」は、正規の法令に限定されず、内規や要綱も含まれるとされているので、法令以外の行政内部の要綱等に基づく申請により、行政機関が申請者に対して何らかの利益を付与するか否かを決定することとしているものについても、不作為の違法確認の訴えの対象となりうるとする点は正しい。

5 正しい
重　　不作為の違法確認の訴えは、無効等確認の訴えや処分の差止めの訴えと同様、取消訴訟に規定されている**出訴期間の定めはなく**（14条参照）、また準用もされていない（38条1項、4項）。

正解　　5

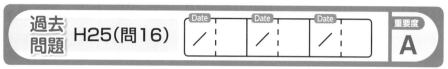
問題53 いわゆる申請型と非申請型（直接型）の義務付け訴訟について、行政事件訴訟法の規定に照らし、妥当な記述はどれか。

1　申請型と非申請型の義務付け訴訟いずれにおいても、一定の処分がされないことにより「重大な損害を生ずるおそれ」がある場合に限り提起できることとされている。

2　申請型と非申請型の義務付け訴訟いずれにおいても、一定の処分をすべき旨を行政庁に命ずることを求めるにつき「法律上の利益を有する者」であれば、当該処分の相手方以外でも提起することができることとされている。

3　申請型と非申請型の義務付け訴訟いずれにおいても、一定の処分がされないことによる損害を避けるため「他に適当な方法がないとき」に限り提起できることとされている。

4　申請型と非申請型の義務付け訴訟いずれにおいても、「償うことのできない損害を避けるため緊急の必要がある」ことなどの要件を満たせば、裁判所は、申立てにより、仮の義務付けを命ずることができることとされている。

5　申請型と非申請型の義務付け訴訟いずれにおいても、それと併合して提起すべきこととされている処分取消訴訟などに係る請求に「理由がある」と認められたときにのみ、義務付けの請求も認容されることとされている。

総合テキスト ➕ LINK　Chapter 7　行政事件訴訟法　7

義務付け訴訟

1 妥当でない
超

非申請型の義務付け訴訟に関しては、一定の処分がされないことにより「重大な損害を生ずるおそれ」がある場合に限り提起することができるとされているが（行政事件訴訟法37条の2第1項）、申請型の義務付け訴訟に関しては、そのような場合に提起できるとする規定はない（37条の3参照）。

2 妥当でない
超

非申請型の義務付け訴訟に関しては、一定の処分をすべき旨を行政庁に命ずることを求めるにつき「法律上の利益を有する者」であれば、当該処分の相手方以外でも提起することができるとされているが（37条の2第3項）、申請型の義務付け訴訟に関しては、「法令に基づく申請又は審査請求をした者」が提起できるとされ（37条の3第2項）、法律上の利益を有する者が提起できるとする規定はない。

3 妥当でない
重

非申請型の義務付け訴訟に関しては、一定の処分がされないことによる損害を避けるため「他に適当な方法がないとき」に限り提起することができるとされているが（37条の2第1項）、申請型の義務付け訴訟に関しては、そのような場合に限り提起できるとする規定はない（37条の3参照）。

4 妥当である

行政事件訴訟法37条の5第1項において、「義務付けの訴えの提起があった場合において、その義務付けの訴えに係る処分又は裁決がされないことにより生ずる償うことのできない損害を避けるため緊急の必要があり、かつ、本案について理由があるとみえるときは、裁判所は、申立てにより、決定をもって、仮に行政庁がその処分又は裁決をすべき旨を命ずること……ができる。」と規定されており、申請型と非申請型の義務付け訴訟のいずれにおいても、要件を満たせば、裁判所は、申立てにより、仮の義務付けを命ずることができる。

5 妥当でない

義務付け訴訟において、**併合提起が義務付けられているのは、申請型義務付け訴訟のみ**である（37条の3第3項）。したがって、併合提起した取消訴訟などにかかる請求に理由があることが求められるのは、申請型義務付け訴訟のみである（同条5項）。なお、申請型義務付け訴訟の本案勝訴要件としては、①併合して提起すべきこととされている処分取消訴訟などにかかる請求に理由があると認められること、及び、②当該行政庁が処分等をすべきであることが根拠法令上明らかであると認められること、又は、行政庁が処分等をしないことが裁量権の逸脱・濫用と認められること、が必要である。

正解	4

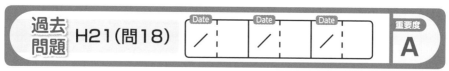
問題54　行政事件訴訟法の定める当事者訴訟に関する次の記述のうち、正しいものはどれか。

1　当事者間の法律関係を確認しまたは形成する処分に関する訴訟で法令の規定によりその法律関係の当事者の一方を被告とするものは、当事者訴訟である。

2　地方自治法の定める住民訴訟のうち、当該執行機関または職員に対する怠る事実の違法確認請求は、当事者訴訟である。

3　国または公共団体の機関相互間における権限の存否に関する紛争についての訴訟は、公法上の法律関係に関するものであるから、当事者訴訟である。

4　行政庁が一定の処分をすべきであるにかかわらずこれがされないとき、行政庁がその処分をすべき旨を命ずることを求める訴訟は、当事者訴訟である。

5　公職選挙法に定める選挙無効訴訟は、国民の選挙権に関する訴訟であるから、当事者訴訟である。

当事者訴訟

1 正しい
重

　　当事者間の法律関係を確認し又は形成する処分又は裁決に関する訴訟で法令の規定によりその法律関係の当事者の一方を被告とするものを、**形式的当事者訴訟**という（行政事件訴訟法4条前段）。したがって、本記述の訴訟は（形式的）**当事者訴訟**である。

2 誤り

　　地方自治法の定める、当該執行機関又は職員に対する怠る事実の違法確認請求を内容とする住民訴訟（地方自治法242条の2第1項3号）は、行政事件訴訟法上の**民衆訴訟**に分類される（行政事件訴訟法5条）。したがって、本記述の訴訟は当事者訴訟ではない。

3 誤り

　　国又は公共団体の機関相互間における権限の存否又はその行使に関する紛争についての訴訟を、**機関訴訟**という（6条）。したがって、本記述の訴訟は当事者訴訟ではない。

4 誤り

　　行政庁が一定の処分をすべきであるにかかわらずこれがされないとき、行政庁がその処分をすべき旨を命ずることを求める訴訟を、**義務付け訴訟**という（3条6項1号）。義務付け訴訟は**抗告訴訟**の一種である。したがって、本記述の訴訟は当事者訴訟ではない。

5 誤り

　　公職選挙法に定める選挙関係訴訟は、行政事件訴訟法上の**民衆訴訟**に分類される（行政事件訴訟法5条）。したがって、本記述の訴訟は当事者訴訟ではない。

正解　1

問題55　A県内のB市立中学校に在籍する生徒Xは、A県が給与を負担する同校の教師Yによる監督が十分でなかったため、体育の授業中に負傷した。この事例につき、法令および最高裁判所の判例に照らし、妥当な記述はどれか。

1　Yの給与をA県が負担していても、Xは、A県に国家賠償を求めることはできず、B市に求めるべきこととなる。

2　Xが外国籍である場合には、その国が当該国の国民に対して国家賠償を認めている場合にのみ、Xは、B市に国家賠償を求めることができる。

3　B市がXに対して国家賠償をした場合には、B市は、Yに故意が認められなければ、Yに求償することはできない。

4　B市がYの選任および監督について相当の注意をしていたとしても、Yの不法行為が認められれば、B市はXへの国家賠償責任を免れない。

5　Xは、Yに過失が認められれば、B市に国家賠償を求めるのと並んで、Yに対して民法上の損害賠償を求めることができる。

総合テキスト LINK Chapter 8　国家賠償法　2 4

1 妥当でない　国家賠償法3条1項は、「前2条の規定によつて国又は公共団体が損害を賠償する責に任ずる場合において、公務員の選任若しくは監督又は公の営造物の設置若しくは管理に当る者と公務員の俸給、給与その他の費用又は公の営造物の設置若しくは管理の費用を負担する者とが異なるときは、**費用を負担する者もまた、その損害を賠償する責に任ずる。**」と規定している。したがって、A県にも国家賠償を求めることができる。

2 妥当でない　6条は、「この法律は、外国人が被害者である場合には、**相互の保証があるときに限り、これを適用する。**」と規定しており、外国籍のXがB市に国家賠償請求できるのは、Xの本国が日本国民に対して国家賠償請求を認めている場合に限られるので、本記述は妥当でない。

3 妥当でない
重　1条1項は、「国又は公共団体の公権力の行使に当る公務員が、その職務を行うについて、故意又は過失によつて違法に他人に損害を加えたときは、国又は公共団体が、これを賠償する責に任ずる。」と規定し、同条2項は、「前項の場合において、**公務員に故意又は重大な過失があつたときは、国又は公共団体は、その公務員に対して求償権を有する。**」と規定している。したがって、Yに重過失がある場合にも、B市はYに対して求償することができる。

4 妥当である
重　1条1項には、民法715条1項ただし書のような**免責条項が規定されていない。**

5 妥当でない　判例は、国家賠償請求は、「国または公共団体が賠償の責に任ずるのであつて、公務員が行政機関としての地位において賠償の責任を負うものではなく、また**公務員個人もその責任を負うものではない**」としている（最判昭30.4.19）。

正解　4

行政法

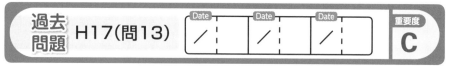
問題56　国家賠償法に関する次の記述のうち、判例に照らし妥当でないものはいくつあるか。

ア　国家賠償法1条に定める公共団体の責任とは、公共団体自体の責任を問うものではなく、加害公務員の責任を代位するといういわゆる代位責任であるから、具体的に損害を与えた加害公務員の特定が常に必要とされる。

イ　国家賠償法における公権力行使の概念は非常に広く、法的行為のみならず、警察官による有形力の行使等の事実行為をも対象とするが、教育活動や公共施設管理などのサービス行政に関わる行為など民法709条の不法行為責任を問うことができる場合については、国家賠償法に基づく責任を問うことはできない。

ウ　職務を行うについてという要件の範囲は非常に広く、勤務時間外に行われた、公共団体にとってはおよそ直接監督することができない、職務とは関わりのない行為でも、それが制服を着用していたり、公務であることを騙ったりして、外見上職務であるように見えれば、国家賠償法上の職務関連行為として認定されることがある。

エ　国家賠償法1条の責任は、国・公共団体の客観的な責任を問うものであり、損害が発生したことについて、行為者たる公務員本人の故意過失が認められない場合であっても、損害の発生が国・公共団体の作為・不作為に起因するものである場合には、賠償責任が成立することが最高裁判例により認められている。

オ　国・公共団体の機関は、規制権限の行使・不行使に関する判断をする裁量的な権限を一般的に有しているが、国民の生命・身体に直接の危害が発生するおそれがある場合には、規制権限の不行使が国家賠償法上責任あるものとして認められる場合がある。

1　一つ
2　二つ
3　三つ
4　四つ
5　五つ

総合テキスト LINK　Chapter 8　国家賠償法　2

国家賠償法

ア 妥当でない　国家賠償法1条に定める公共団体の責任の性質については、争いがあるものの、通説は**代位責任説**に立っている。この代位責任説に立ち、加害公務員の特定を厳格に解すると、被害者の救済に欠けることになる。判例の中には、加害公務員の特定を**不要**としたものもある（最判昭57.4.1）。

イ 妥当でない
重
「公権力の行使」（1条1項）とは、**契約等の私経済活動と公の営造物の設置管理作用を除くすべての活動**のことである。判例も、公立学校における**教師の教育活動**も公権力の行使に含まれるとしている（最判昭62.2.6）。

ウ 妥当である
超
「職務を行うについて」（1条1項）とは、**公務員が客観的に職務執行の外形を備えた行為を行っている場合**をいい、公務員の主観的意図は問わない。例えば、判例は、警察官が非番の日、制服制帽で、強盗殺人を行った場合、非番であっても、職務執行の外形を備えているので、職務にあたるとしている（最判昭31.11.30）。

エ 妥当でない　国家賠償法は、**過失責任主義**をとっている。つまり、公務員が、故意又は過失によって、他人に損害を加えることを要件としている。

オ 妥当である　規制権限が行政庁に与えられている場合、要件が満たされたとしても、当該権限を発動するかについては、裁量があるため、規制権限の不行使が直ちに違法となるわけではない。しかしながら、国民の生命・身体等の重大な法益侵害への危険の切迫、予見可能性、結果回避可能性等の要件を満たす場合には、裁量がゼロになり、規制権限の行使が義務づけられ、規制権限の不行使が違法になるという見解もある。判例も、直接にはこのような見解を用いないものの、**規制権限の不行使が違法の評価を受ける場合がある**ということを示している（最判平元.11.24）。

| 正解 | 3 | 以上より、妥当でないものはア・イ・エの3つである。 |

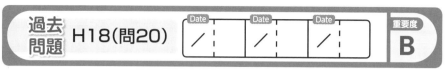
問題57　国家賠償法1条による賠償責任に関する次の記述のうち、最高裁判所の判例の立場に照らして、妥当なものはどれか。

1　公立学校のプールにおける飛込みで事故が起きた場合、国家賠償法1条にいう「公権力の行使」とは、「行政庁の処分その他公権力の行使に当たる行為」を意味するから、国家賠償法1条は適用されず、民法上の不法行為として損害賠償を求めることになる。

2　警察官でない者が、公務執行中の警察官であるかのような外観を装い、他人を殺傷した場合、当該被害者ないしその遺族は、いわゆる外形理論により国又は公共団体に対して国家賠償法1条に基づき損害賠償を求めることができる。

3　国会議員が国会で行った発言によって他人の名誉や信用を害した場合、憲法51条により国会議員の法的責任は免責されるため、被害者は国家賠償法1条に基づく損害賠償を求めることができない。

4　消防職員の消火ミスにより、一度鎮火したはずの火災が再燃し、家屋が全焼した場合、失火責任法が適用されるため、被害者は国又は公共団体に対して国家賠償法1条に基づく損害賠償を求めることができない。

5　パトカーが逃走車両を追跡中、逃走車両が第三者の車両に追突し、当該第三者が死傷した場合、被害者たる第三者の救済は、国家賠償法1条による損害賠償ではなく、もっぱら憲法29条に基づく損失補償による。

総合テキスト ⇄ LINK　Chapter 8　国家賠償法　2 4

国家賠償法　1条に関する判例

1 妥当でない　　最高裁判所は、体育の授業としてのプールの飛び込み練習中に生じた事故において、**公立学校における教師の教育活動は「公権力の行使」**（国家賠償法1条1項）**にあたる旨を判示**し、国家賠償を認めた（最判昭62.2.6）。

2 妥当でない
重　　外形理論とは、**公務員が客観的に職務執行の外形を備える行**為をして他人に損害を加えた場合には、主観的に権限行使の意思をもってしたかどうかにかかわらず、国家賠償を認めるというものである（最判昭31.11.30参照）。したがって、**公務員でない者の行為**について、国又は公共団体に国家賠償法に基づく損害賠償責任を負わせるものではない。

3 妥当でない
予　　国会議員が、国会で行った質疑等において個別の国民の名誉や信用を低下させる発言があった場合、これによって当然に国の損害賠償責任が生じるものではない。しかし、**国会議員がその付与された権限の趣旨に明らかに背いてこれを行使したものと認め得るような特別の事情があった場合**には、国の損害賠償責任が認められる（最判平9.9.9）。

4 妥当である
超　　判例は、失火責任法は、失火者の責任条件について民法709条の特則を規定したものであるから、国家賠償法4条の「民法」に含まれるとしたうえで、公権力の行使にあたる公務員の失火による国又は公共団体の損害賠償責任については、**国家賠償法4条により失火責任法が適用**されて、当該公務員に重過失のあることが必要であると判示した（最判昭53.7.17）。

5 妥当でない　　警察官は、その職責を遂行するために被疑者をパトカーで追跡することも許される。しかし、追跡が職務目的を遂行するうえで**不必要**であるか、又は、追跡の開始・継続若しくは追跡の方法が**不相当**であれば、**追跡行為は違法となり得る**（最判昭61.2.27）。

正解　　4

行政法

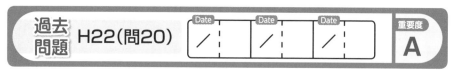
問題58　道路の設置管理に関する国家賠償についての次の記述のうち、判例に照らし、妥当なものはどれか。

1　国家賠償の対象となるのは、道路の利用者の被害に限られ、沿道住民の騒音被害などについては、道路管理者は、賠償責任を負わない。

2　土砂崩れなどによる被害を防止するために多額の費用を要し、それについての予算措置が困難である場合は、道路管理者は、こうした被害についての賠償責任を免れる。

3　道路上に放置された故障車に追突して損害を被った者がいたとしても、道路自体に瑕疵があったわけではないから、道路管理者が賠償責任を負うことはない。

4　ガードレールの上に腰掛けるなどの通常の用法に即しない行動の結果生じた損害についても、道路管理者は、賠償責任を負う。

5　道路の欠陥を原因とする事故による被害についても、道路管理者は、それを原状に戻すことが時間的に不可能であった場合には、賠償責任を負わない。

総合テキスト ╬ LINK　Chapter 8　国家賠償法　3

国家賠償法　2条に関する判例

1 妥当でない

重

　判例は、営造物の設置・管理者において、他人に危害を及ぼす危険性のある営造物を利用に供し、その結果**周辺住民に社会生活上受忍すべき限度を超える被害が生じた場合には、原則として国家賠償法2条1項の規定に基づく責任を免れることができない**ものと解すべきであるとしたうえで、道路からの騒音、排気ガス等が道路の周辺住民に対して現実に社会生活上受忍すべき限度を超える被害をもたらしたことが認定判断されたときは、当然に住民との関係において道路が他人に危害を及ぼす危険性のある状態にあったことが認定判断されたことになるとした（最判平7.7.7）。

2 妥当でない

超

　判例は、**予算措置の困却により直ちに道路の管理の瑕疵によって生じた損害に対する賠償責任を免れることはできない**とした（高知落石事件　最判昭45.8.20）。

3 妥当でない

超

　判例は、道路中央線付近に故障した大型貨物自動車が87時間にわたって放置されていた事案において、**当時その管理事務を担当する土木出張所の道路管理に瑕疵があった**というほかないとした（最判昭50.7.25）。

4 妥当でない

超

　判例は、**通常の用法に即しない行動の結果**生じたガードレールからの転落事故について、**設置管理者としての責任を負うべき理由はないもの**というべきであるとした（最判昭53.7.4）。

5 妥当である

超

　判例は、道路管理をする県において**時間的に遅滞なくこれを原状に復し道路を安全良好な状態に保つことが不可能であった場合、その道路管理に瑕疵がなかったと認める**のが相当であるとした（最判昭50.6.26）。

正解　5

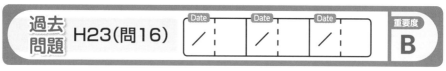
問題59　A県収用委員会は、起業者であるB市の申請に基づき、同市の市道の用地として、2000万円の損失補償によってX所有の土地を収用する旨の収用裁決（権利取得裁決）をなした。この場合についての次の記述のうち、妥当なものはどれか。

1　Xが土地の収用そのものを違法として争う場合には、収用裁決の取消しを求めることとなるが、この訴訟は、B市を被告とする形式的当事者訴訟となる。

2　収用裁決が無効な場合には、Xは、その無効を前提として、B市を被告として土地の所有権の確認訴訟を提起できるが、この訴訟は、抗告訴訟である。

3　Xが収用裁決に示された損失補償の額に不服がある場合には、A県を被告として、損失補償を増額する裁決を求める義務付け訴訟を提起すべきこととなる。

4　Xが収用裁決に示された損失補償の増額を求める訴訟を提起する場合については、裁決書が送達された日から法定の期間内に提起しなければならない。

5　収用裁決に示された損失補償の額について、高額に過ぎるとしてB市が不服であるとしても、行政機関相互の争いで、法律上の争訟には当たらないから、B市が出訴することは許されない。

総合テキスト LINK　Chapter 7　行政事件訴訟法　②
　　　　　　　　　　Chapter 9　損失補償制度

収用裁決

1 妥当でない　土地の収用そのものを違法として争うために、収用裁決の取消しを求める訴訟は、**抗告訴訟**である（行政事件訴訟法3条3項）。

2 妥当でない
重　**争点訴訟**とは、私法上の法律関係に関する訴訟において、処分若しくは裁決の存否又はその効力の有無が争われている場合（45条1項）をいう。したがって、収用裁決が無効であることを前提として、XがB市を被告として提起する土地の所有権の確認訴訟は、**争点訴訟**である。なお、請求の内容が私法上の法律関係の確認を求めるものであるから、公法上の法律関係の確認を求める実質的当事者訴訟（4条後段）ではない。

3 妥当でない
重　土地収用法133条2項、3項において、損失の補償に関する訴えが規定されている。このような、**当事者間の法律関係を確認し又は形成する処分又は裁決に関する訴訟で法令の規定によりその法律関係の当事者の一方を被告とするものを、形式的当事者訴訟という**（行政事件訴訟法4条前段）。したがって、Xが損失補償の額に不服がある場合には、A県ではなく、起業者であるB市を被告として（土地収用法133条3項）、**形式的当事者訴訟**を提起すべきこととなる。

4 妥当である　Xが収用裁決に示された損失補償の増額を求める訴訟は、損失の補償に関する訴えである。したがって、Xが損失補償の増額を求める訴訟を提起する場合、裁決書の正本の送達を受けた日から6か月以内という法定の期間内に提起しなければならない（133条2項）。

5 妥当でない　土地収用法は、損失の補償に関する訴えを提起する者について、起業者である場合と土地所有者又は関係人である場合とを規定している（133条3項）。そこで、起業者であるB市は、損失補償の額について不服があるとして、所有者Xを被告として**形式的当事者訴訟**を提起することができる（行政事件訴訟法4条前段）。

正解　4

行政法

問題60　地方公共団体の種類に関する次の記述のうち、誤っているものの組合せはどれか。

ア　東京都の特別区は特別地方公共団体の一種であるが、東京都自体は、普通地方公共団体である。

イ　「区」という名称が付される地方行政組織のうち、特別区と財産区は地方公共団体であるが、行政区は地方公共団体ではない。

ウ　「地方公共団体の組合」は、普通地方公共団体だけで構成されている場合は、普通地方公共団体として扱われる。

エ　「政令指定都市」「中核市」は、いずれも「市」の特例として設けられているものにすぎないから、特別地方公共団体ではない。

オ　特別地方公共団体には、かつて「特別市」と「地方開発事業団」が含まれていたが、いずれも適用例がなかったため廃止された。

1　ア・ウ
2　イ・オ
3　イ・エ
4　ア・エ
5　ウ・オ

総合テキスト 🔗 LINK　Chapter 10　地方自治総論　[2]

地方公共団体の種類

ア 正しい
超

特別地方公共団体とは、特別区、地方公共団体の組合、財産区の総称であり（地方自治法1条の3第3項）、特別区とは東京都の23区のことである。

普通地方公共団体とは、市町村と都道府県の総称である（同条2項）。

イ 正しい
重

記述アで解説したように、特別区と財産区は特別地方公共団体である。一方、行政区（横浜市青葉区などのような指定都市の区）は、行政の便宜のために設けられた行政区画であり、地方公共団体ではない。

ウ 誤 り

地方公共団体の組合は、普通地方公共団体だけで構成されている場合でも、特別地方公共団体である。

エ 正しい

地方自治法上、通常の市とは異なる取扱いを受ける大都市には、指定都市と中核市があるが、特別地方公共団体ではない。特別地方公共団体は、記述アで解説した3種類である。

なお、政令指定都市とは、法文上は指定都市という。

オ 誤 り

地方開発事業団の数は少なかったものの、その適用例はある。なお、平成23年の地方自治法改正により、地方開発事業団は廃止された。

正解 5

行政法

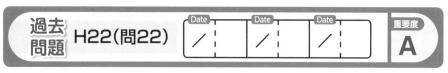
問題61　地方自治法が定める大都市制度に関する次の記述のうち、正しいものはどれか。

1　中核市は、指定都市と同様、市長の権限に属する事務を分掌させるため、条例でその区域を分けて区を設けることができる。

2　指定都市に置かれる区は、都に置かれる特別区と同様に、法人格が認められている。

3　指定都市の数が増加したことにともない、指定都市の中でも特に規模の大きな都市については、特に特例市として指定し、より大きな権限を認めている。

4　指定都市は、必要と認めるときは、条例で、区の議会を置くことができる。

5　指定都市は、地方自治法において列挙された事務のうち、都道府県が法律またはこれに基づく政令の定めるところにより処理することとされているものの全部または一部で政令で定めるものを処理することができる。

総合テキスト LINK　Chapter 10　地方自治総論　2

大都市制度

1 誤 り　指定都市については、市長の権限に属する事務を分掌させるため、条例で、その区域を分けて**区を設ける**ものとする（地方自治法252条の20第1項前段）。しかし、**中核市**については、このような**規定はない**。

2 誤 り
重　**指定都市に置かれる区**は、都に置かれる**特別区と異なり、法人格は認められていない**。

3 誤 り　従来、大都市等に関する特例としては、**指定都市**と**中核市**のほか、**特例市**制度が設けられていた。特例市とは、政令で指定する人口20万以上の市で、中核市が処理することができる事務のうち、都道府県がその区域にわたり一体的に処理することが特例市が処理することに比して効率的な事務その他の特例市において処理することが適当でない事務以外の事務で政令で定めるものを処理することができる制度のことであり（旧地方自治法252条の26の3第1項）、指定都市の中で特に規模の大きな都市として指定されていたわけではない。

なお、2015年4月1日より、**中核市制度と特例市制度が統合**され、特例市制度は廃止されることとなった。

4 誤 り　指定都市については、**区の「議会」を置くことができるとする規定はない**（252条の20第7項参照）。

5 正しい　**指定都市**は、地方自治法において列挙された事務のうち、都道府県が法律又はこれに基づく政令の定めるところにより処理することとされているものの全部又は一部で政令で定めるものを**処理することができる**（252条の19第1項）。

正解　5

問題62　地方自治法における直接請求に関する次の記述のうち、正しいものはどれか。

1　直接請求として、地方税の賦課徴収、分担金、使用料、手数料の徴収に関する条例の制定改廃を求めることも可能である。

2　知事・市町村長のみならず、選挙管理委員、監査委員などの役員も、直接請求としての解職請求の対象となる。

3　条例の制定改廃を求める直接請求が成立した場合、首長は住民投票を行って過半数の同意が得られれば、議会の同意を経ることなく条例を公布することができる。

4　首長等の解職を求める直接請求は、あくまでも解職請求権の行使を議会に求めるものであり、直接請求が成立した場合においても、首長を解職するか否かの最終判断は議会が行う。

5　一般行政事務の監査請求は、他の直接請求とは異なり、選挙権者の50分の1以上の賛成という要件が不要なので、一人でも監査請求をすることができる。

総合テキスト **LINK** Chapter 11　住民の直接参政制度　②

1 誤 り 　普通地方公共団体の議会の議員及び長の選挙権を有する者は、政令の定めるところにより、その総数の**50分の1以上の**者の連署をもって、その代表者から、普通地方公共団体の長に対し、条例の制定又は改廃の請求をすることができる。ただし、請求の対象として、**地方税の賦課徴収並びに分担金、使用料及び手数料の徴収に関するものは除かれている**（地方自治法12条1項、74条1項）。

行政法

2 正しい 　地方自治法上、長の解職請求だけでなく、**選挙管理委員、監査委員等の主要公務員の解職請求も認められている**（81条1項、86条1項）。

3 誤 り
重 　条例の制定又は改廃の請求（12条1項、74条1項）は、住民に対して、あくまで当該条例を議会に発案する権利を与えるもの（イニシアティブ）であるにすぎない。住民投票に付して、住民自らが条例の制定又は改廃を決するわけではない。**当該請求にかかる条例の制定又は改廃の最終決定権を持つのは議会**である。

4 誤 り 　長は、解職請求に基づき行われる**選挙人の投票において過半数の同意があったときは、その職を失う**（81条2項、83条）。議会が長の解職について最終判断を行うわけではない。

5 誤 り
超 　一般の行政事務を監査請求するには、**選挙権を有する者の総数の50分の1以上の連署が必要**である（12条2項、75条1項）。1人でも監査請求ができるのは、**住民監査請求**（242条）であるが、これは、地方公共団体の執行機関又は職員による財務会計上の**違法若しくは不当な行為又は怠る事実によって**納税者である住民が損失を受けることを防止し、もって住民全体の利益を守ることを目的とする。

正解 2

問題63 地方自治法に関する次の記述のうち、正しいものはどれか。

1 町村は、議会に代えて、選挙権を有する者の総会を設ける場合、住民投票を経なければならない。

2 普通地方公共団体の議会は、除名された議員で再び当選した者について、正当な理由がある場合には、その者が議員となることを拒むことができる。

3 普通地方公共団体の議会の権限に属する軽易な事項で、その議決により特に指定したものは、普通地方公共団体の長において、専決処分にすることができる。

4 普通地方公共団体が処理する事務のうち、自治事務についても、法定受託事務と同様に、地方自治法により複数の種類が法定されている。

5 自治事務とは異なり、法定受託事務に関する普通地方公共団体に対する国または都道府県の関与については、法律に基づかないでなすことも認められている。

総合テキスト LINK Chapter 12 地方公共団体の機関 1 2

Chapter 13 地方公共団体の権能 1

地方自治法　総合

1 誤り
予

　地方自治法89条1項は、「普通地方公共団体に、……**議会を置く。**」と規定し、94条は、「町村は、条例で、第89条第1項の規定にかかわらず、**議会を置かず、選挙権を有する者の総会を設けることができる。**」と規定している。

2 誤り

　136条は、「普通地方公共団体の議会は、除名された議員で再び当選した議員を拒むことができない。」と規定している。

3 正しい
超

　180条1項は、「**普通地方公共団体の議会の権限に属する軽易な事項**で、その議決により特に指定したものは、**普通地方公共団体の長**において、これを専決処分にすることができる。」と規定している。

4 誤り

　2条9項柱書は、「この法律において『法定受託事務』とは、次に掲げる事務をいう。」と規定し、同項1号は「法律又はこれに基づく政令により都道府県、市町村又は特別区が処理することとされる事務のうち、国が本来果たすべき役割に係るものであつて、国においてその適正な処理を特に確保する必要があるものとして法律又はこれに基づく政令に特に定めるもの（以下『第1号法定受託事務』という。）」、同項2号は「法律又はこれに基づく政令により市町村又は特別区が処理することとされる事務のうち、都道府県が本来果たすべき役割に係るものであつて、都道府県においてその適正な処理を特に確保する必要があるものとして法律又はこれに基づく政令に特に定めるもの（以下『第2号法定受託事務』という。）」を掲げている。これに対して、同条8項は、「この法律において『自治事務』とは、地方公共団体が処理する事務のうち、法定受託事務以外のものをいう。」と規定しており、地方自治法によって、自治事務について、複数の種類が法定されているわけではない。

5 誤り
重

　245条の2は、「普通地方公共団体は、その事務の処理に関し、法律又はこれに基づく政令によらなければ、普通地方公共団体に対する国又は都道府県の関与を受け、又は要することとされることはない。」と規定しており、「その事務」について、法定受託事務と自治事務を区別していないから、**法定受託事務に関する普通地方公共団体に対する国又は都道府県の関与については、法律に基づかないでなすことは認められない**（関与の法定主義）。

正解　3

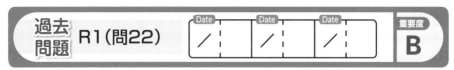

問題64　普通地方公共団体の議会に関する次の記述のうち、正しいものはどれか。

1　議会は、長がこれを招集するほか、議長も、議会運営委員会の議決を経て、自ら臨時会を招集することができる。

2　議員は、法定数以上の議員により、長に対して臨時会の招集を請求することができるが、その場合における長の招集に関し、招集の時期などについて、地方自治法は特段の定めを置いていない。

3　議会は、定例会および臨時会からなり、臨時会は、必要がある場合において、付議すべき事件を長があらかじめ告示し、その事件に限り招集される。

4　議員は、予算を除く議会の議決すべき事件につき、議会に議案を提出することができるが、条例の定めがあれば、1人の議員によってもこれを提出することができる。

5　議会の運営に関する事項のうち、議員の請求による会議の開催、会議の公開については、議会の定める会議規則によるものとし、地方自治法は具体的な定めを置いていない。

普通地方公共団体の議会

1 誤 り　地方自治法101条1項は、「普通地方公共団体の議会は、普通地方公共団体の長がこれを招集する。」と規定し、同条2項は、「議長は、議会運営委員会の議決を経て、当該普通地方公共団体の長に対し、会議に付議すべき事件を示して臨時会の招集を**請求**することができる。」と規定している。

2 誤 り　101条3項は、「議員の定数の4分の1以上の者は、当該普通地方公共団体の長に対し、会議に付議すべき事件を示して臨時会の招集を請求することができる。」と規定し、同条4項は、「前2項の規定による請求があつたときは、当該普通地方公共団体の長は、請求のあつた日から20日以内に臨時会を招集しなければならない。」と規定している。

3 正しい　102条1項は、「普通地方公共団体の議会は、定例会及び臨時会とする。」と規定している。そして、同条3項は、「臨時会は、必要がある場合において、その事件に限りこれを招集する。」と規定し、同条4項は、「臨時会に付議すべき事件は、普通地方公共団体の長があらかじめこれを告示しなければならない。」と規定している。

4 誤 り　112条1項は、「**普通地方公共団体の議会の議員は、議会の議決すべき事件につき、議会に議案を提出することができる。**但し、**予算については、この限りでない。**」と規定している。そして、同条2項は、「前項の規定により議案を提出するに当つては、議員の定数の12分の1以上の者の賛成がなければならない。」と規定しているから、議員定数が12名以下の場合には、条例の定めがなくても、1人の議員が議案を提出することができる。

5 誤 り　114条1項前段は、「普通地方公共団体の議会の議員の定数の半数以上の者から請求があるときは、議長は、その日の会議を開かなければならない。」と規定し、115条1項は、「普通地方公共団体の議会の会議は、これを公開する。但し、議長又は議員3人以上の発議により、出席議員の3分の2以上の多数で議決したときは、秘密会を開くことができる。」と規定している。

正解　3

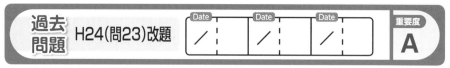
問題65　地方自治法に定める、普通地方公共団体の長と議会との関係に関する次の記述のうち、誤っているものはどれか。

1　議会の権限に属する軽易な事項で、その議決により特に指定したものは、長において専決処分にすることができる。

2　議会において長の不信任の議決がなされた場合には、長は議会を解散することができる。

3　議会の審議に必要な説明のため議長から出席を求められたときは、原則として、長は議場に出席しなければならない。

4　議会の議決が法令に違反すると認められるときは、長は専決処分により、議決を適法なものとするための是正措置をとることができる。

5　議会において法令により負担する経費を削除し又は減額する議決をしたときは、その経費及びこれに伴う収入について、長は再議に付さなければならない。

1 正しい

重

普通地方公共団体の**議会の権限**に属する軽易な事項で、その議決により特に指定したものは、普通地方公共団体の長において、これを**専決処分**にすることができる（地方自治法180条1項）。

2 正しい

重

普通地方公共団体の議会において、当該普通地方公共団体の長の不信任の議決をしたときは、直ちに議長からその旨を当該普通地方公共団体の長に通知しなければならない（178条1項前段）。この場合においては、普通地方公共団体の長は、**その通知を受けた日から10日以内に議会を解散することができる**（同項後段）。

3 正しい

予

普通地方公共団体の長は、議会の審議に必要な説明のため議長から出席を求められたときは、**議場に出席しなければならない**（121条1項本文）。なお、平成24年の地方自治法改正により、出席すべき日時に議場に出席できないことについて**正当な理由**がある場合において、その旨を議長に届け出たときは、出席義務を負わないとする規定が設けられた（同項ただし書）。

4 誤 り

普通地方公共団体の議会の議決又は選挙がその権限を超え又は法令若しくは会議規則に違反すると認めるときは、当該普通地方公共団体の長は、**理由を示してこれを再議に付し又は再選挙を行わせなければならない**（176条4項）。本記述のように、長は専決処分により、議決を適法なものとするための是正措置をとることができるわけではない。

5 正しい

普通地方公共団体の議会において、法令により負担する経費、法律の規定に基づき当該行政庁の職権により命ずる経費その他の普通地方公共団体の義務に属する経費を削除し又は減額する議決をしたときは、その経費及びこれに伴う収入について、当該普通地方公共団体の長は、理由を示してこれを再議に付さなければならない（177条1項1号）。

正解　4

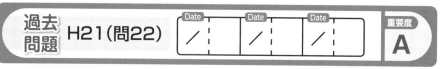
問題66　地方自治法の定める監査制度に関する次の記述のうち、正しいものはどれか。

1　戦後、地方自治法が制定された際に、監査委員による監査制度のみならず、外部監査制度についても規定された。

2　普通地方公共団体の事務の執行に関する事務監査請求は、当該普通地方公共団体の住民であれば、1人でも行うことができる。

3　普通地方公共団体の事務の執行に関する事務監査請求は、当該普通地方公共団体の住民であれば、外国人でも行うことができる。

4　監査委員による監査は、長、議会または住民からの請求があったときのみに行われるため、その請求がなければ監査が行われることはない。

5　監査委員の監査の対象となる事務には、法定受託事務も含まれている。

監査制度

1 誤 り
捨

地方公共団体の外部監査制度は、平成9年の地方自治法改正により制度化されたものである。したがって、外部監査制度は、戦後、地方自治法が制定された際に規定されたものではない。

2 誤 り
重

選挙権を有する者は、政令で定めるところにより、その総数の**50分の1以上の者の連署**をもって、その代表者から、普通地方公共団体の**監査委員**に対し、当該普通地方公共団体の事務の執行に関し、監査の請求をすることができる（地方自治法75条1項）。したがって、本記述のように、事務監査請求は、1人でも行うことができるわけではない。

3 誤 り

日本国民たる普通地方公共団体の住民は、地方自治法の定めるところにより、その属する普通地方公共団体の事務の監査を請求する権利を有する（12条2項）。したがって、**外国人**は、事務監査請求をすることができない。

4 誤 り

監査委員は、必要があると認めるときはいつでも、普通地方公共団体の財務に関する事務の執行及び普通地方公共団体の経営にかかる事業の管理を、監査することができる（199条5項、1項）。したがって、長、議会又は住民からの請求があった場合に限られない。

5 正しい
重

監査委員は、必要があると認めるときは、普通地方公共団体の事務のうち、**法定受託事務**（国の安全を害するおそれがあることその他の事由により監査委員の監査の対象とすることが適当でないものとして政令で定めるものを除く）の執行について監査をすることができる（199条2項）。したがって、かっこ内のものを除く法定受託事務は、監査の対象となる。

| 正解 | 5 |

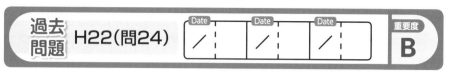
問題67　地方自治法に定める住民訴訟に関する次のア～オの記述のうち、正しいものの組合せはどれか。

ア　自ら住民監査請求を行っていない住民であっても、当該普通地方公共団体の他の住民が住民監査請求を行っていれば、住民訴訟を提起することができる。

イ　住民訴訟においては、住民監査請求と同様、公金支出の違法の問題のみならず不当の問題についても争うことができる。

ウ　他の住民による住民訴訟が係属しているときには、当該普通地方公共団体の住民であっても、別訴をもって同一の請求をすることはできない。

エ　住民訴訟は、当該普通地方公共団体の事務所の所在地を管轄する高等裁判所に提起することとされている。

オ　違法な支出行為の相手方に損害賠償の請求をすべきであるのに長がこれをしていない場合、長に対して「当該相手方に損害賠償請求をすることを求める請求」を行うことができる。

1　ア・イ
2　ア・エ
3　イ・エ
4　ウ・オ
5　エ・オ

総合テキスト ➡ LINK　Chapter 12　地方公共団体の機関　2

住民訴訟

ア 誤り
予

住民監査請求を行った住民でなければ、住民訴訟を提起することはできない（地方自治法 242 条の 2 第 1 項、242 条 1 項）。

イ 誤り
超

住民訴訟においては、公金支出の違法の問題について争うことはできるが、**不当の問題**については**争うことができない**（242 条の 2 第 1 項）。

ウ 正しい
重

他の住民による**住民訴訟が係属**しているときは、当該普通地方公共団体の他の住民は、**別訴をもって同一の請求をすることができない**（242 条の 2 第 4 項）。

エ 誤り
重

住民訴訟は、当該普通地方公共団体の事務所の所在地を管轄する「地方裁判所」の管轄に専属する（242 条の 2 第 5 項）。

オ 正しい
重

違法な支出行為の相手方に損害賠償の請求をすべきであるのに長がこれをしていない場合、**長に対して「当該相手方に損害賠償請求をすることを求める請求」**を行うことができる（242 条の 2 第 1 項 4 号）。

行政法

正解	4

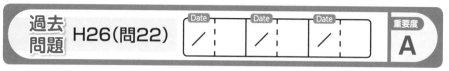

問題68　A市在住の日本国籍を有する住民X（40歳）とB市在住の日本国籍を有しない住民Y（40歳）に関する次の記述のうち、地方自治法の規定に照らし、正しいものはどれか。

1　Xは、A市でもB市でも、住民訴訟を提起する資格がある。

2　Yは、A市でもB市でも、住民訴訟を提起する資格がない。

3　Xは、A市でもB市でも、事務監査請求をする資格がある。

4　Yは、A市では事務監査請求をする資格がないが、B市ではその資格がある。

5　Xは、A市でもB市でも、市長選挙の候補者になる資格がある。

住民訴訟・事務監査請求・被選挙権

　本問は、住民訴訟、事務監査請求、被選挙権といった住民の権利行使の資格要件を横断的に問うものである。

1 誤 り
超

　住民訴訟を提起できるのは、当該普通地方公共団体の住民で住民監査請求をした者である（地方自治法242条の2第1項参照）。そして、住民監査請求は、当該普通地方公共団体の住民であれば（242条1項）、単独で行うことができる。また、市町村の住民とは、市町村の区域内に住所を有する者をいう（10条1項）。したがって、A市在住のXは、A市で住民訴訟を提起できるが、在住していないB市では提起できない。

2 誤 り

　住民訴訟を提起できる者については記述1の解説のとおりである。したがって、B市在住のYは、B市で住民訴訟を提起することができるが、在住していないA市では提起することができない。

3 誤 り
超

　事務監査請求ができるのは選挙権を有する者であり、その総数の50分の1以上の者の連署をもって行う（75条1項）。そして、日本国民たる年齢満18年以上の者で引き続き3か月以上市町村の区域内に住所を有するものは、普通地方公共団体の議会の議員及び長の選挙権を有する（18条）。したがって、日本国籍を有するXは、在住するA市では3か月以上市町村の区域内に在住していれば事務監査請求をすることはできるが、在住しないB市では請求することができない。

4 誤 り

　事務監査請求ができる者については記述3の解説のとおりである。したがって、日本国籍を有しないYは選挙権がないため、在住しないA市についてはもとより、在住するB市においても事務監査請求をすることができない。

5 正しい

　市町村長の被選挙権を有するのは、日本国民で年齢満25年以上のものとされており（19条3項）、住所要件を要求する旨の規定はない。そうすると、Xは日本国籍を有し年齢満25年以上であるため、A市でもB市でも市長選挙の候補者になる資格がある。

正解 5

過去問題 R2(問23)

Date / Date / Date /

重要度 **B**

問題69　地方自治法の定める自治事務と法定受託事務に関する次の記述のうち、正しいものはどれか。

1　都道府県知事が法律に基づいて行政処分を行う場合、当該法律において、当該処分を都道府県の自治事務とする旨が特に定められているときに限り、当該処分は自治事務となる。

2　都道府県知事が法律に基づいて自治事務とされる行政処分を行う場合、当該法律に定められている処分の要件については、当該都道府県が条例によってこれを変更することができる。

3　普通地方公共団体は、法定受託事務の処理に関して法律またはこれに基づく政令によらなければ、国または都道府県の関与を受けることはないが、自治事務の処理に関しては、法律またはこれに基づく政令によることなく、国または都道府県の関与を受けることがある。

4　自治紛争処理委員は、普通地方公共団体の自治事務に関する紛争を処理するために設けられたものであり、都道府県は、必ず常勤の自治紛争処理委員をおかなければならない。

5　都道府県知事は、市町村長の担任する自治事務の処理が法令の規定に違反していると認めるとき、または著しく適正を欠き、かつ明らかに公益を害していると認めるときは、当該市町村に対し、当該自治事務の処理について違反の是正または改善のため必要な措置を講ずべきことを勧告することができる。

総合テキスト ⊡ LINK　Chapter 13　地方公共団体の権能　① ②
Chapter 14　国と地方公共団体及び地方公共団体相互の関係　① ②

自治事務と法定受託事務

1 誤り
重
　　地方自治法2条8項は、「『自治事務』とは、地方公共団体が処理する事務のうち、**法定受託事務以外のものをいう。**」と規定しており、本記述のような定義づけはなされていない。

2 誤り
　　14条1項は、「普通地方公共団体は、**法令に違反しない限り**において第2条第2項の事務〔地域における事務及びその他の事務で法律又はこれに基づく政令により処理することとされるもの〕に関し、条例を制定することができる。」と規定しており、法律に定められている処分の要件を、条例をもって変更することは許されないと解される。

3 誤り
　　245条の2は、「普通地方公共団体は、その事務の処理に関し、法律又はこれに基づく政令によらなければ、普通地方公共団体に対する国又は都道府県の**関与を受け、又は要することとされることはない。**」と規定しており、普通地方公共団体に対する国又は都道府県の関与の法定主義を定めている。

4 誤り
　　251条2項前段は、「**自治紛争処理委員は、3人とし、事件ごとに、**優れた識見を有する者のうちから、総務大臣又は都道府県知事がそれぞれ**任命する。**」と規定しており、必ず常勤の委員を置くとはしていない（251条3項参照）。

5 正しい
　　都道府県知事は、市町村の市町村長その他の市町村の執行機関の担任する**自治事務の処理**が法令の規定に違反していると認めるとき、又は著しく適正を欠き、かつ、明らかに公益を害していると認めるときは、当該市町村に対し、当該自治事務の処理について**違反の是正又は改善**のため必要な措置を講ずべきことを勧告することができる（245条の6柱書、1号）。

正解	5

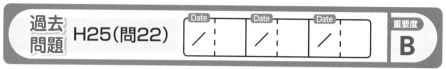
問題70　A市においては、地域の生活環境の整備を図るために、繁華街での路上喫煙を禁止し、違反者には最高20万円の罰金もしくは最高5万円の過料のいずれかを科することを定めた条例を制定した。この場合における次の記述のうち、正しいものはどれか。

1　違反者に科される過料は、行政上の義務履行確保のための執行罰に当たるものであり、義務が履行されるまで複数回科することができる。

2　本条例に基づく罰金は、行政刑罰に当たるものであり、非訟事件手続法の定めに基づき裁判所がこれを科する。

3　条例の効力は属人的なものであるので、A市の住民以外の者については、たとえA市域内の繁華街で路上喫煙に及んだとしても、本条例に基づき処罰することはできない。

4　条例に懲役刑を科する旨の規定を置くことは許されていないことから、仮に本条例が違反者に対して懲役を科するものであれば、違法無効になる。

5　長の定める規則に罰金を科する旨の規定を置くことは認められていないことから、本条例にかえて長の規則で違反者に罰金を科することは許されない。

条例及び規則

1 誤 り
重

行政上の義務違反につき違反者に科される過料は、**執行罰で**はなく、**秩序罰**にあたる。

2 誤 り

行政上の義務違反に対する制裁として刑罰が用いられる場合を行政刑罰といい、これは、刑法9条に刑名のある懲役、禁錮、罰金、拘留、科料、没収を科す制裁である。したがって、本条例に基づく罰金も行政刑罰に該当する。もっとも、行政刑罰は、刑事訴訟法の定めに基づき裁判所が科するものである。

3 誤 り

条例は、原則として**属地的に適用される**。したがって、A市域内の繁華街で路上喫煙をした者は、A市の住民であるか否かにかかわらず、本条例に基づき処罰されることになる。

4 誤 り
超

条例により、2年以下の懲役若しくは禁錮、100万円以下の罰金、拘留、科料若しくは没収の刑又は5万円以下の過料を科する旨の規定を設けることができる（地方自治法14条3項）。

5 正しい
重

長の定める規則により科することができるのは、5万円以下の過料のみであり、罰金を科すことはできない（15条2項参照）。

正解	5

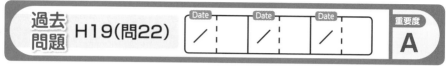
問題71 条例の制定改廃請求権に関する次の記述のうち、妥当なものはどれか。

1 地方自治法上、条例の制定改廃請求権は、普通地方公共団体の議会の議員および長の選挙権を有する住民に限られず、選挙権を有さない外国人に対しても認められている。

2 住民は、その属する普通地方公共団体のあらゆる条例について、条例制定改廃請求権を行使することができる。

3 条例の制定改廃の請求を行う場合については、住民は一人でも請求をなすことができる。

4 条例の制定改廃の請求は、普通地方公共団体の長に対して行われ、長から議会に対して付議される。

5 条例の制定改廃請求が行われた後、その内容について住民投票が行われ、賛成が多数であれば当該条例の制定改廃が行われる。

総合テキスト ↻ LINK　Chapter 13　地方公共団体の権能　②

条例の制定改廃請求権

1 妥当でない　条例の制定改廃請求権を行使できる者は、「普通地方公共団体の議会の議員及び長の**選挙権を有する者**」である（地方自治法74条1項）。したがって、選挙権を有さない外国人に対しては認められない。

2 妥当でない
重　条例の制定改廃請求権の対象から「地方税の賦課徴収**並びに分担金、使用料及び手数料の徴収に関する**」条例は**除外**されている（12条1項かっこ書）。したがって、あらゆる条例が、条例の制定改廃請求権の対象となるわけではない。

3 妥当でない
超　条例の制定改廃の請求をするためには、**選挙権を有する者の総数の50分の1以上の者の連署**をもってすることが必要である（74条1項）。したがって、住民が1人で請求できるわけではない。

4 妥当である
超　選挙権を有する者は、**普通地方公共団体の長に対し**、条例の制定改廃の請求をすることができる（74条1項）。そして、その長は、かかる請求を受理した日から**20日以内に議会を招集し、意見を付けてこれを議会に付議**しなければならない（同条3項）。

5 妥当でない
重　地方自治法上、条例の制定改廃請求が行われた後、その内容について住民投票が行われるという規定はない（74条参照）。

正解　4

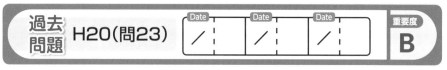
問題72　普通地方公共団体の財務に関する次の記述のうち、法令または最高裁判所の判例に照らし、妥当なものはどれか。

1　公共用財産については、それが長年の間事実上公の目的に供用されることなく放置され、黙示的に公用が廃止されたものとみなしうる場合であっても、取得時効の成立は認められない。

2　行政財産の目的外使用の許可については、当該財産の目的に鑑みて支障がない場合であっても、管理者はその許可を拒否することができる。

3　地方公共団体は、指名競争入札に参加させようとする者を指名する際に、その者が地元の経済の活性化に寄与するか否かを考慮に入れてはならない。

4　地方公共団体の議会があらかじめ承認を与えたときでも、当該地方公共団体は、その財産を適正な対価なくして譲渡することはできない。

5　金銭の給付を目的とする地方公共団体の権利は、時効に関し地方自治法以外の法律に特別の定めがある場合を除くほか、時効により消滅することはない。

総合テキスト ⇄ LINK　Chapter 2　行政組織法等　③
　　　　　　　　　　Chapter 13　地方公共団体の権能　③

普通地方公共団体の財務

1 妥当でない

重

公共用財産が、**長年の間事実上公の目的に供用されることなく放置**され、黙示的に**公用が廃止**されたものとして**みなし得る**場合、取得時効の成立を妨げない（最判昭 51.12.24）。

2 妥当である

公立学校の学校施設の目的外使用を許可するか否かは、原則として**管理者の裁量**に委ねられ、学校教育上支障がない場合でも、行政財産である学校施設の目的及び用途と当該使用の目的、態様等との関係に配慮した**合理的な裁量判断により許可をしないこともできる**（最判平 18.2.7）。

3 妥当でない

地方公共団体が、指名競争入札に参加させようとする者を指名する際、その者が地元の経済の活性化に寄与するか否かを考慮に入れてはならないという定めはない（地方自治法施行令 167条の 11・167 条の 4・167 条の 5 参照）。

4 妥当でない

適正な対価なくして地方公共団体の財産を譲渡することは、原則として禁止される。しかし、**議会の議決による場合**には、その財産を適正な対価なくして譲渡することができる（地方自治法 237 条 2 項、96 条 1 項 6 号）。

5 妥当でない

金銭の給付を目的とする普通地方公共団体の権利は、時効に関し他の法律に定めがあるものを除くほか、これを行使することができる時から**5年間**行使しないときは、時効によって消滅する（236 条 1 項前段）。

正解　2

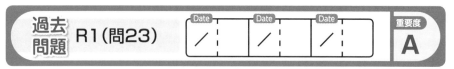
問題73 公の施設についての地方自治法の規定に関する次の記述のうち、誤っているものはどれか。

1 公の施設とは、地方公共団体が設置する施設のうち、住民の福祉を増進する目的のため、その利用に供する施設をいう。

2 公の施設の設置およびその管理に関する事項は、条例により定めなければならない。

3 普通地方公共団体は、当該普通地方公共団体が指定する法人その他の団体に、公の施設の管理を行わせることができるが、そのためには長の定める規則によらなければならない。

4 普通地方公共団体は、公の施設の管理を行わせる法人その他の団体の指定をしようとするときは、あらかじめ、当該普通地方公共団体の議会の議決を経なければならない。

5 普通地方公共団体は、適当と認めるときは、当該普通地方公共団体が指定する法人その他の団体に、その管理する公の施設の利用に係る料金をその者の収入として収受させることができる。

総合テキスト LINK Chapter 13 地方公共団体の権能 3

公の施設

1 正しい

　地方自治法244条1項は、「普通地方公共団体は、**住民の福祉を増進する目的**をもって**その利用に供するための施設**（これを公の施設という。）を設けるものとする。」と規定している。

2 正しい
　244条の2第1項は、「普通地方公共団体は、法律又はこれに基づく政令に特別の定めがあるものを除くほか、**公の施設の設置及びその管理に関する事項は、条例でこれを定めなければならない。**」と規定している。

3 誤 り
　244条の2第3項は、「普通地方公共団体は、公の施設の設置の目的を効果的に達成するため必要があると認めるときは、**条例の定めるところにより**、法人その他の団体であつて当該普通地方公共団体が指定するもの（……『指定管理者』という。）に、**当該公の施設の管理を行わせることができる。**」と規定している。

4 正しい
　244条の2第6項は、「普通地方公共団体は、指定管理者の指定をしようとするときは、あらかじめ、当該普通地方公共団体の議会の議決を経なければならない。」と規定している。

5 正しい
　244条の2第8項は、「普通地方公共団体は、適当と認めるときは、指定管理者にその管理する公の施設の利用に係る料金（……『利用料金』という。）を当該指定管理者の収入として収受させることができる。」と規定している。

正解　3

問題74 国とA市との間の紛争に関する次の記述のうち、法令または判例に照らし、正しいものはどれか。

1 A市長は、自治事務に関する国の関与に不服があるときは、地方裁判所に対し、当該関与を行った国の行政庁を被告として、その取消しを求める抗告訴訟を提起することができる。

2 A市の法定受託事務に関する国の関与が違法であると認めるときは、国地方係争処理委員会は、当該関与を行った国の行政庁に対して、理由を付し、期間を示した上で、必要な措置を講ずべきことを勧告することになる。

3 国の所有地内にあるA市の物件の撤去を国が求める場合、担当大臣は、A市長に対して地方自治法所定の国の関与としての代執行の手続をとることになる。

4 A市情報公開条例に基づき、A市長が国の建築物の建築確認文書について公開する旨の決定をした場合、当該決定について不服を有する国がこの決定に対して取消訴訟を提起しても、当該訴訟は法律上の争訟に該当しないとして却下されることになる。

5 A市に対する国の補助金交付の決定について、それが少額であるとしてA市が不服をもっている場合、A市が救済を求める際の訴訟上の手段としては、地方自治法に機関訴訟が法定されている。

総合テキスト LINK Chapter 14 国と地方公共団体及び地方公共団体相互の関係 1

国の関与

1 誤 り　国の関与に関する審査の申出をした普通地方公共団体の長は、国地方係争処理委員会の審査の結果又は勧告に不服があるとき、国地方係争処理委員会の勧告に対する国の行政庁の措置に不服があるとき等には、「**高等裁判所**」に対し、当該審査の申出の相手方となった国の行政庁を被告として、訴えをもって当該審査の申出にかかる違法な国の関与の取消し又は当該審査の申出にかかる国の不作為の違法の確認を求めることができる（地方自治法251条の5第1項本文）。

2 正しい　国地方係争処理委員会は、法定受託事務に関する国の関与について審査の申出があった場合においては、審査を行い、相手方である国の行政庁の行った国の関与が違法であると認めるときは、当該国の行政庁に対し、理由を付し、かつ、期間を示して、必要な措置を講ずべきことを勧告するとともに、当該勧告の内容を当該普通地方公共団体の長その他の執行機関に通知し、かつ、これを公表しなければならない（250条の14第2項後段）。

3 誤 り　代執行の対象は、「法定受託事務の管理若しくは執行」に関するものであることが必要である（245条の8第1項）。本記述における国がその所有地内にあるA市の物件の撤去を求める行為は、「法定受託事務の管理若しくは執行」に関するものではない。したがって、担当大臣は、A市長に対して代執行の手続をとることはできない。

4 誤 り　判例は、市長による建築確認文書の開示決定に対して国が取消訴訟を提起した事案において、当該訴訟は、法律上の争訟にあたるというべきであるとしたうえで（最判平13.7.13）、国が処分の取消しを求める原告適格を有しないことを理由に、当該訴訟を不適法なものとしている。

5 誤 り
重　地方自治法には、国又は都道府県の関与に関する機関訴訟が法定されている（251条の5以下）。しかし、本記述のような、**国又は都道府県の普通地方公共団体に対する支出金の交付及び返還にかかるもの**は、地方自治法上の関与から除外されており（245条柱書かっこ書）、**地方自治法上の機関訴訟として法定されていない**。

正解 2

行政法

Chapter

11 多肢選択式

過去問題　R3(問42)

Date	Date	Date
/	/	/

重要度 A

問題75　感染症法*の令和３年２月改正に関する次の会話の空欄　ア　～　エ　に当てはまる語句を、枠内の選択肢（1～20）から選びなさい。

教授Ａ：今日は最近の感染症法改正について少し検討してみましょう。

学生Ｂ：はい、新型コロナウイルスの感染症防止対策を強化するために、感染症法が改正されたことはニュースで知りました。

教授Ａ：そうですね。改正のポイントは幾つかあったのですが、特に、入院措置に従わなかった者に対して新たに制裁を科すことができるようになりました。もともと、入院措置とは、感染者を感染症指定医療機関等に強制的に入院させる措置であることは知っていましたか。

学生Ｂ：はい、それは講学上は　ア　に当たると言われていますが、直接強制に当たるとする説もあって、講学上の位置づけについては争いがあるようです。

教授Ａ：そのとおりです。この問題には決着がついていないようですので、これ以上は話題として取り上げないことにしましょう。では、改正のポイントについて説明してください。

学生Ｂ：確か、当初の政府案では、懲役や100万円以下の　イ　を科すことができるとなっていました。

教授Ａ：よく知っていますね。これらは、講学上の分類では　ウ　に当たりますね。その特徴はなんでしょうか。

学生Ｂ：はい、刑法総則が適用されるほか、制裁を科す手続に関しても刑事訴訟法が適用されます。

教授Ａ：そのとおりですね。ただし、制裁として重すぎるのではないか、という批判もあったところです。

学生Ｂ：結局、与野党間の協議で当初の政府案は修正されて、懲役や　イ　ではなく、　エ　を科すことになりました。この　エ　は講学上の分類では行政上の秩序罰に当たります。

教授Ａ：そうですね、制裁を科すとしても、その方法には様々なものがあることに注意しましょう。

　（注）　＊　感染症の予防及び感染症の患者に対する医療に関する法律

1　罰金	2　過料	3　科料	4　死刑
5　公表	6　即時強制	7　行政代執行	8　仮処分
9　仮の義務付け	10　間接強制	11　課徴金	12　行政刑罰
13　拘留	14　損失補償	15　負担金	16　禁固
17　民事執行	18　執行罰	19　給付拒否	20　社会的制裁

総合テキスト LINK Chapter 3　　行政作用法　④

行政上の義務履行確保・行政罰

ア　6 即時強制	感染者を感染症指定医療機関等に強制的に入院させる措置である入院措置は、講学上は即時強制にあたるといわれている。即時強制とは、義務の存在を前提とせず、**行政上の目的を達するため、直接身体若しくは財産に対して有形力を行使すること**をいう。
イ　1　罰金 **ウ　12** 行政刑罰 **エ　2　過料**	行政罰とは、行政上の義務の不履行**に対する制裁**であり、**刑法上の刑罰を科す**行政刑罰（刑法に定める死刑、懲役、禁錮、罰金、拘留及び科料）と、**刑法上の刑罰以外の制裁を科す秩序罰（過料）** の2種類がある。そして、行政刑罰は刑法に刑名のある刑罰である以上、**刑法総則の適用**があるとともに（刑法8条）、その執行は刑事訴訟法の定める手続によるのが原則である。

行政法

問題76 次の文章は、学校行事において教職員に国歌の起立斉唱等を義務付けることの是非が争われた最高裁判所判決の一節（一部を省略）である。空欄 ア ～ エ に当てはまる語句を、枠内の選択肢（1～20）から選びなさい。

　本件 ア は、……学習指導要領を踏まえ、上級行政機関である都教委＊が関係下級行政機関である都立学校の各校長を名宛人としてその職務権限の行使を指揮するために発出したものであって、個々の教職員を名宛人とするものではなく、本件 イ の発出を待たずに当該 ア 自体によって個々の教職員に具体的な義務を課すものではない。また、本件 ア には、……各校長に対し、本件 イ の発出の必要性を基礎付ける事項を示すとともに、教職員がこれに従わない場合は服務上の責任を問われることの周知を命ずる旨の文言があり、これらは国歌斉唱の際の起立斉唱又はピアノ伴奏の実施が必要に応じて イ により確保されるべきことを前提とする趣旨と解されるものの、本件 イ の発出を命ずる旨及びその範囲等を示す文言は含まれておらず、具体的にどの範囲の教職員に対し本件 イ を発するか等については個々の式典及び教職員ごとの個別的な事情に応じて各校長の ウ に委ねられているものと解される。そして、本件 ア では、上記のとおり、本件 イ の違反について教職員の責任を問う方法も、 エ に限定されておらず、訓告や注意等も含み得る表現が採られており、具体的にどのような問責の方法を採るかは個々の教職員ごとの個別的な事情に応じて都教委の ウ によることが前提とされているものと解される。原審の指摘する都教委の校長連絡会等を通じての各校長への指導の内容等を勘案しても、本件 ア それ自体の文言や性質等に則したこれらの ウ の存在が否定されるものとは解されない。したがって、本件 ア をもって、本件 イ と不可分一体のものとしてこれと同視することはできず、本件 イ を受ける教職員に条件付きで エ を受けるという法的効果を生じさせるものとみることもできない。

（最一小判平成 24 年 2 月 9 日裁判所時報 1549 号 4 頁）

1	分限処分	2	処分基準	3	行政罰	4	同意
5	行政指導	6	指示	7	法規命令	8	職務命令
9	指導指針	10	下命	11	懲戒処分	12	監督処分
13	政治的判断	14	執行命令	15	告示	16	審査基準
17	裁量	18	勧告	19	通達	20	行政規則

（注）　＊　東京都教育委員会

通達の処分性

ア 19 通達

空欄アに続き「上級行政機関である都教委が関係下級行政機関である都立学校の各校長を名宛人としてその職務権限の行使を指揮するために発出したものであって、個々の教職員を名宛人とするものではなく」とある。そして、文末まで読むと、「当該 ア 自体によって個々の教職員に具体的な義務を課すものではない」とある。ここから、空欄アは、国民を拘束する法規命令ではなく、行政機関を拘束する行政規則に分類され、上級行政庁が下級行政庁に発出する通達、要綱等が入ると考えられる。したがって、空欄アには「通達」が当てはまる。

なお、公の機関の間における「勧告」の制度は、指揮命令の関係にない機関が、相互に自主性を尊重しつつ、専門的立場の意見等を他の機関に提供し、当該機関の任務の十全な達成を図ろうとするものである。

イ 8 職務命令

空欄イのその後の記述から、空欄イには、各校長が、教職員に対し発出するものが入ることがわかる。また、「 イ の違反について教職員の責任を問う方法」という記述から、空欄イには強制力があるものが当てはまることがわかる。そうすると、空欄イに当てはまるものとしては、指示ではなく職務命令が適切であるといえる。したがって、空欄イには「職務命令」が当てはまる。

ウ 17 裁量

空欄ウは3か所で使われている言葉である。1番目は、具体的にどの範囲の教職員に対し職務命令を発するか等については、「個々の式典及び教職員ごとの個別的な事情に応じて各校長の ウ に委ねられている」とされている。2番目は、職務命令違反の問責方法について、「個々の教職員ごとの個別的な事情に応じて都教委の ウ による」とされている。そうすると、いずれも、各行為者に対して一定の判断の余地、すなわち裁量が認められていることがわかる。したがって、空欄ウには「裁量」が当てはまる。

エ 11 懲戒処分

空欄エには、職務命令違反について教職員の責任を問う方法であって、都教委が行うものが入る。そして、空欄エは、職務命令違反に対してされるものであることから、懲戒処分が当てはまることがわかる。なお、分限処分は公務の能率の維持及びその適正な運営の確保の目的からされる処分であって、職務命令違反に対してされるものではないため適切でない。したがって、空欄エには「懲戒処分」が当てはまる。

問題77 次の文章は、ある最高裁判所判決の一節である。空欄 ア ～ エ に当てはまる語句を、枠内の選択肢（1～20）から選びなさい。

　建築確認申請に係る建築物の建築計画をめぐり建築主と付近住民との間に紛争が生じ、関係地方公共団体により建築主に対し、付近住民と話合いを行って円満に紛争を解決するようにとの内容の行政指導が行われ、建築主において ア に右行政指導に応じて付近住民と協議をしている場合においても、そのことから常に当然に建築主が建築主事に対し確認処分を イ することについてまで ア に同意をしているものとみるのは相当でない。しかしながら、・・・関係地方公共団体において、当該建築確認申請に係る建築物が建築計画どおりに建築されると付近住民に対し少なからぬ日照阻害、風害等の被害を及ぼし、良好な居住環境あるいは市街環境を損なうことになるものと考えて、当該地域の生活環境の維持、向上を図るために、建築主に対し、当該建築物の建築計画につき一定の譲歩・協力を求める行政指導を行い、建築主が ア にこれに応じているものと認められる場合においては、 ウ 上合理的と認められる期間建築主事が申請に係る建築計画に対する確認処分を イ し、行政指導の結果に期待することがあつたとしても、これをもつて直ちに違法な措置であるとまではいえないというべきである。

　もつとも、右のような確認処分の イ は、建築主の ア の協力・服従のもとに行政指導が行われていることに基づく事実上の措置にとどまるものであるから、建築主において自己の申請に対する確認処分を イ されたままでの行政指導には応じられないとの意思を明確に表明している場合には、かかる建築主の明示の意思に反してその受忍を強いることは許されない筋合のものであるといわなければならず、建築主が右のような行政指導に不協力・不服従の意思を表明している場合には、当該建築主が受ける不利益と右行政指導の目的とする公益上の必要性とを比較衡量して、右行政指導に対する建築主の不協力が ウ 上正義の観念に反するものといえるような エ が存在しない限り、行政指導が行われているとの理由だけで確認処分を イ することは、違法であると解するのが相当である。

（最一小判昭和60年7月16日民集39巻5号989頁）

1	強制	2	慣習法	3	社会通念	4	特段の事情
5	通知	6	悪意	7	事実の認定	8	法令の解釈
9	併合	10	衡平	11	善意	12	政策実施
13	任意	14	適用除外	15	却下	16	先例
17	拒否	18	審査請求	19	留保	20	信頼保護

総合テキスト LINK Chapter 3　行政作用法 ⑤

行政指導

ア 13 任意 イ 19 留保
ウ 3 社会通念 エ 4 特段の事情

本問は、建築確認の留保に関する品川マンション判決（最判昭60.7.16）を題材としたものである。

同判決の事案は、マンションの建築計画をめぐって付近住民と建築主の間に紛争が生じている場合に、建築確認申請を受理したYの建築主事が、建築主に対し、付近住民との話合いによる円満解決を行政指導している間建築確認処分を留保し、申請時から約5か月後に和解がされた段階でようやく確認処分をしたため、建築主が確認処分を遅滞させたのは違法であるとして国家賠償請求をしたというものである。なお、建築確認処分が留保されている間、建築主は、当初行政指導に協力していたものの、申請時から約4か月経過後に建築確認申請に対する不作為を争う審査請求をしたという経緯があった。

同判決は、まず、「建築確認申請に係る建築物の建築計画をめぐり建築主と付近住民との間に紛争が生じ、関係地方公共団体により建築主に対し、付近住民と話合いを行つて円満に紛争を解決するようにとの内容の行政指導が行われ、建築主において任意に右行政指導に応じて付近住民と協議をしている場合においても、そのことから常に当然に建築主が建築主事に対し確認処分を留保することについてまで任意に同意をしているものとみるのは相当でない」とした。したがって、空欄アには「**任意**」が、空欄イには「**留保**」が当てはまる。

もっとも、同判決は、建築確認留保が違法とはいえない場合について、「関係地方公共団体において、当該建築確認申請に係る建築物が建築計画どおりに建築されると付近住民に対し少なからぬ日照阻害、風害等の被害を及ぼし、良好な居住環境あるいは市街環境を損なうことになるものと考えて、当該地域の生活環境の維持、向上を図るために、建築主に対し、当該建築物の建築計画につき一定の譲歩・協力を求める行政指導を行い、建築主が任意にこれに応じているものと認められる場合においては、社会通念上合理的と認められる期間建築主事が申請に係る建築計画に対する確認処分を留保し、行政指導の結果に期待することがあつたとしても、これをもつて直ちに違法な措置であるとまではいえないというべきである」とした。したがって、空欄ウには「**社会通念**」が当てはまる。

そのうえで、同判決は、「確認処分の留保は、建築主の任意の協力・服従のもとに行政指導が行われていることに基づく事実上の措置にとどまるものであるから、建築主において自己の申請に対する確認処分を留保されたままでの行政指導には応じられないとの意思を明確に表明している場合には、かかる建築主の明示の意思に反してその受忍を強いることは許されない筋合のものであるといわなければならず、建築主が右のような行政指導に不協力・不服従の意思を表明している場合には、当該建築主が受ける不利益と右行政指導の目的とする公益上の必要性とを比較衡量して、右行政指導に対する建築主の不協力が社会通念上正義の観念に反するものといえるような特段の事情が存在しない限り、行政指導が行われているとの理由だけで確認処分を留保することは、違法であると解するのが相当である」とした。したがって、空欄エには「**特段の事情**」が当てはまる。

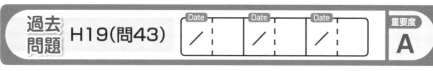
問題78　処分取消訴訟に関する次の文章の空欄 ア ～ エ に当てはまる語句を、枠内の選択肢（1～20）から選びなさい。

　処分取消訴訟を提起しても、そもそも、訴えそれ自体が訴訟要件を満たす適法なものでなければならないことはいうまでもない。しかし、訴えが仮に適法なものであったとしても、自己の法律上の利益に関係のない違法を理由に取消しを求めることはできないから、そのような違法事由しか主張していない訴えについては、 ア が下されることになり、結局、原告敗訴ということになる。さらに、処分が違法であっても、これを取り消すことにより公の利益に著しい障害を生ずる場合においては、一定の条件の下、 ア がなされることがある。このような判決のことを、 イ というが、この場合、当該判決の主文において、当該処分が違法であることを宣言しなければならない。このような違法の宣言は、判決主文において行われることから、その判断には ウ が生ずる。

　取消判決がなされると、当該処分の効果は、当然否定されることになるが、その他にも取消判決の効力はいくつか挙げられる。例えば、申請の拒否処分が取り消された場合、当該拒否処分を行った行政庁は、判決の趣旨に従い、改めて申請に対する処分をしなければならない。このような効力を エ という。

1	棄却判決	2	公定力	3	拘束力	4	却下判決
5	義務付け判決	6	自力執行力	7	事情判決	8	差止判決
9	遡及効	10	無効確認判決	11	既判力	12	確認判決
13	中間判決	14	不可変更力	15	規律力	16	違法確認判決
17	認容判決	18	不可争力	19	対世効	20	将来効

総合テキスト ⇄ LINK　Chapter 7　行政事件訴訟法　6

取消訴訟

ア 1
棄却判決

　　取消訴訟においては、自己の法律上の利益に関係のない違法を理由として取消しを求めることができない（行政事件訴訟法10条1項）ため、**訴えが適法**になされ、自己の法律上の利益に関係のない違法を理由に取消しを求めている場合には、**請求に理由がない**として、**棄却判決**がなされる。

イ 7
事情判決

　　取消訴訟については、処分又は裁決が**違法ではあるが**、これを取り消すことにより公の利益に著しい障害を生ずる場合において、原告の受ける損害の程度、その損害の賠償又は防止の程度及び方法その他一切の事情を考慮した上、処分又は裁決を取り消すことが公共の福祉に適合しないと認めるときは、裁判所は、**請求を棄却**することができる（31条1項）。このような判決のことを**事情判決**という。

ウ 11
既判力

　　事情判決を裁判所がする場合、当該判決の主文において、処分又は裁決が違法であることを宣言しなければならない（31条1項後段）。そして、民事訴訟法114条1項は、確定判決は主文に包含するものに限り**既判力**を有する、としている。

エ 3 拘束力

　　行政処分の取消判決があると、当該処分が行われる前の状態に戻り、改めて行政庁は処分をすることになるが、再度同様な処分がなされてしまっては、取消判決が無意味となってしまう。そのようなことがないように、行政事件訴訟法では、処分又は裁決をした行政庁その他の関係行政庁を**拘束する**という規定を設けている（33条1項）。

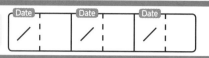
問題79　次の文章の空欄　ア　～　エ　に当てはまる語句を、枠内の選択肢（1～20）から選びなさい。

　行政事件訴訟法は、「行政事件訴訟に関し、この法律に定めがない事項については、　ア　の例による。」と規定しているが、同法には、行政事件訴訟の特性を考慮したさまざまな規定が置かれている。

　まず、「行政庁の処分その他公権力の行使に当たる行為については、民事保全法…に規定する　イ　をすることができない。」と規定されており、それに対応して、執行停止のほか、仮の義務付け、仮の差止めという形で仮の救済制度が設けられている。それらの制度の要件はそれぞれ異なるが、内閣総理大臣の異議の制度が置かれている点で共通する。

　また、処分取消訴訟については、「　ウ　により権利を害される第三者」に手続保障を与えるため、このような第三者の訴訟参加を認める規定が置かれている。行政事件訴訟法に基づく訴訟参加は、このような第三者のほかに　エ　についても認められている。

1　関連請求の訴え	2　仮処分	3　訴訟の一般法理
4　当該処分をした行政庁の所属する国又は公共団体		5　訴えの取下げ
6　民事執行	7　適正手続	8　訴えの利益の消滅
9　処分若しくは裁決の存否又はその効力の有無に関する争い		
10　保全異議の申立て	11　行政上の不服申立て	12　強制執行
13　訴訟の提起	14　民事訴訟	15　執行異議の申立て
16　当該処分をした行政庁以外の行政庁		17　訴えの変更
18　保全命令	19　訴訟の結果	
20　公益代表者としての検察官		

総合テキスト ➡ LINK　Chapter 7　行政事件訴訟法　1 5

行政事件訴訟法　総合

ア　14
民事訴訟

　　行政事件訴訟に関し、この法律に定めがない事項について
は、**民事訴訟の例による**（行政事件訴訟法7条）。「民事訴訟の例
による」とは、同法の空白部分に民事訴訟法を直接適用するの
ではなく、行政事件訴訟としての固有の性質に反しない限り
で、民事訴訟に関する諸規定が包括的に準用されるという趣旨
である。

イ　2　仮処分

　　行政庁の処分その他公権力の行使にあたる行為については、
民事保全法に規定する仮処分をすることができない（44条）。こ
の規定は、比較的容易に認められる仮処分によって行政活動が
阻害されることのないよう、行政活動の公益性を重視した立法
政策に基づくものである。

ウ　19
訴訟の結果

　　裁判所は、訴訟の結果により権利を害される第三者があると
きは、**当事者若しくはその第三者の申立てにより又は職権**で、
決定をもって、**その第三者を訴訟に参加させることができる**
（22条1項）。行政処分がその直接の相手方以外の第三者に対し
て法的効果を及ぼすことがあるため、規定された。

エ　16
当該処分をし
た行政庁以外
の行政庁

　　裁判所は、処分又は裁決をした行政庁以外の行政庁を訴訟に
参加させることが必要であると認めるときは、**当事者若しくは**
その行政庁の申立てにより又は職権で、決定をもって、**その行**
政庁を訴訟に参加させることができる（23条1項）。処分庁・裁
決庁以外の関係行政庁を訴訟に引き込むことは、訴訟資料の充
実や適正な審理の遂行に資することが多いため、規定された。

行
政
法

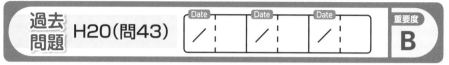
問題80 国と地方公共団体の関係に関する次の文章の空欄 ア ～ エ に当てはまる語句を、枠内の選択肢（1～20）から選びなさい。

　国と各地方公共団体は、それぞれ独立の団体であるから、それぞれの権限を独立して行使するのが原則である。しかし、広域的な行政執行等の観点から、国が都道府県の活動に、国や都道府県が市町村の活動に影響力を行使する必要がある場合もある。こうした影響力の行使について、地方自治法245条は、 ア と総称しており、同条の2は、法律や政令によって認められた場合にのみ、これをなしうることとしている。国と都道府県の関係について言えば、所管の各大臣は、都道府県の活動について、通常は、技術的な助言及び イ をなすことができるにとどまるが、その活動が違法である場合等には、自治事務については、その是正を求めることができ、法定受託事務については、その是正を指示した上で、それに従わなければ、裁判を経て、 ウ 等をすることができる。そのほか、同法255条の2によって、都道府県知事等の処分が法定受託事務に該当するときは、これに不服のある者は、所管の大臣に不服申立てができるものとされている。一般に、これを エ 的 ア と呼んでいるが、地方分権の見地から、その是非について議論がある。

1　裁決	2　勧告	3　協議	4　決定	5　代執行
6　取消し	7　命令	8　指導	9　同意	10　許可
11　関与	12　参与	13　通達	14　協力	15　監督
16　撤回	17　罷免	18　指揮	19　裁定	20　直接強制

総合テキスト LINK Chapter 14　国と地方公共団体及び地方公共団体相互の関係　1

国と地方公共団体の関係

ア 11 関与 普通地方公共団体に対する国又は都道府県の関与について、地方自治法245条で基本類型を定めている。

イ 2 勧告 各大臣は、その担任する事務に関し、普通地方公共団体に対し、普通地方公共団体の事務の運営その他の事項について適切と認める技術的な助言若しくは勧告をすることができる（245条の4第1項）。

ウ 5 代執行 代執行とは、普通地方公共団体の事務の処理が法令の規定に違反しているとき又は当該普通地方公共団体がその事務の処理を怠っているときに、その是正のための措置を当該普通地方公共団体に代わって行うことである（245条1号ト）。

エ 19 裁定 地方公共団体の法定受託事務にかかる処分につき、当該地方公共団体に不服申立てがなされた場合、所管の大臣が審査庁として審査する制度（255条の2）がある。これが地方公共団体をコントロールする手段として機能している点を、学説上「裁定的関与」と呼ぶことがある。

行政法

基礎法学

Chapter 1 法学概論

問題1 わが国の法律に関する次の記述のうち、妥当なものはどれか。

1 わが国の法律は基本的には属人主義をとっており、法律によって日本国民以外の者に権利を付与することはできない。

2 限時法とは、特定の事態に対応するために制定され、その事態が収束した場合には失効するものをいう。

3 法律が発効するためには、公布がされていることと施行期日が到来していることとの双方が要件となる。

4 国法は全国一律の規制を行うものであり、地域の特性に鑑み特別の地域に限って規制を行ったり、規制の特例措置をとったりすることは許されない。

5 日本国憲法は遡及処罰の禁止を定めており、法律の廃止に当たって廃止前の違法行為に対し罰則の適用を継続する旨の規定をおくことは許されない。

1 妥当でない　　属人主義とは、国際私法上、法の適用関係を定めるにあたり、人がどの場所に赴いたとしても、その人に関する法律問題については「その人に固有の法」を適用することをいう。属人主義は、わが国の法律においても妥当し得るが、法律によって日本国民以外の者に権利を付与することができないわけではない（法の適用に関する通則法26条2項等参照）。

2 妥当でない
重　　**限時法とは、有効期間が限定されている法令をいう。**一般的に、特定の事態に対応するために制定され、有効期間が定められていないものは、臨時法と呼ばれ、限時法とは区別される。

3 妥当である
重　　法令が制定された場合、一定の方法によって**公布**された後、施行されることになる。そして、法令の拘束力が現実に発生するには、一般に公布の手続を踏むことを要するものとされ、また、**施行期日**（法の適用に関する通則法2条参照）が到来していることが必要となる。

4 妥当でない　　憲法上、**特定の地方公共団体の地域を規制対象とする法律の制定は認められている**（憲法95条参照）。

5 妥当でない
重　　憲法は刑罰不遡及の原則を定めている（39条前段前半）。ただし、法令の改廃における経過措置として、「廃止前の行為についても罰則についてはなお従前の例による。」等の規定を設け、新法令の規定にかかわらず、一定の期間、一定の範囲について旧法令の規定を適用することは許される。

正解　　3

基礎法学

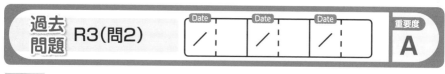

問題2　法令の効力に関する次の記述のうち、妥当なものはどれか。

1　法律の内容を一般国民に広く知らせるには、法律の公布から施行まで一定の期間を置くことが必要であるため、公布日から直ちに法律を施行することはできない。

2　法律の効力発生日を明確にする必要があるため、公布日とは別に、必ず施行期日を定めなければならない。

3　日本国の法令は、その領域内でのみ効力を有し、外国の領域内や公海上においては、日本国の船舶および航空機内であっても、その効力を有しない。

4　一般法に優先する特別法が制定され、その後に一般法が改正されて当該特別法が適用される範囲について一般法の規定が改められた場合には、当該改正部分については、後法である一般法が優先して適用され、当該特別法は効力を失う。

5　法律の有効期間を当該法律の中で明確に定めている場合には、原則としてその時期の到来により当該法律の効力は失われる。

総合テキスト LINK　Chapter 1　法学概論

法令の効力

1 妥当でない
超

　法の適用に関する通則法2条は、「**法律は、公布の日から起算して20日を経過した日から施行する。ただし、法律でこれと異なる施行期日を定めたときは、その定めによる。**」と規定している。本記述のように、公布日から直ちに法律を施行することはできない旨の規定はない。
　なお、公布の日から即日施行されることが定められた法律の効力が問題となった事案において、最高裁判所は、「成文の法令が一般的に国民に対し、現実にその拘束力を発動する……ためには、その法令の内容が一般国民の知りうべき状態に置かれることを前提要件とするものである」旨を述べたうえで、公布の日における官報の最初の閲読可能時から施行されるとしている（最大判昭33.10.15）。

2 妥当でない

　記述1の解説のとおり、法の適用に関する通則法2条は、「**法律は、公布の日から起算して20日を経過した日から施行する。ただし、法律でこれと異なる施行期日を定めたときは、その定めによる。**」と規定している。本記述のように、公布日とは別に施行期日を定めなければならないとはされていない。

3 妥当でない
重

　刑法1条1項は、「この法律は、日本国内において罪を犯したすべての者に**適用する。**」と規定し、同条2項は、「**日本国外にある日本船舶又は日本航空機内において罪を犯した者**についても、前項と**同様とする。**」と規定している。このように、外国の領域内や公海上にある日本国の船舶や航空機内において、日本国の法令が効力を有する場合がある。

4 妥当でない
超

　法令が新たに制定され又は改正された場合には、「後法は前法を破る」の原則により、**後法が優先**することになる。もっとも、これは双方が同等の形式的効力を持つ法規の間の原則であり、本記述のように、特別法が前法で一般法が後法である場合には、特別法優先の原理により、**特別法が優先**して適用されるのが原則である。

5 妥当である
重

　本記述のように、有効期間が限定されている法令を**限時法**（時限立法）という。例えば、「市町村の合併の特例に関する法律」（平成16年法律第59号）がこれにあたる。同法は附則2条1項本文において、「この法律は、令和12年3月31日限り、その効力を失う。」と規定している。

正解	5

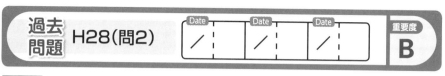

問題3　法律の形式に関する次のア～オの記述のうち、現在の立法実務の慣行に照らし、妥当でないものの組合せはどれか。

ア　法律は、「条」を基本的単位として構成され、漢数字により番号を付けて条名とするが、「条」には見出しを付けないこととされている。

イ　「条」の規定の中の文章は、行を改めることがあり、そのひとつひとつを「項」という。

ウ　ひとつの「条」およびひとつの「項」の中で用語等を列挙する場合には、漢数字により番号を付けて「号」と呼ぶが、「号」の中で用語等を列挙する場合には、片仮名のイロハ順で示される。

エ　法律の一部改正により特定の「条」の規定をなくす場合において、その「条」の番号を維持し、その後の「条」の番号の繰り上げを避けるときは、改正によってなくす規定の「条」の番号を示した上で「削除」と定めることとされている。

オ　法律の一部改正により新たに「条」の規定を設ける場合には、その新しい「条」の規定の内容が直前の「条」の規定の内容に従属しているときに限り、その新しい「条」には直前の「条」の番号の枝番号が付けられる。

　1　ア・イ
　2　ア・オ
　3　イ・ウ
　4　ウ・エ
　5　エ・オ

総合テキスト **LINK** Chapter 1　法学概論

法律の形式

ア 妥当でない　法令は、基本的に、「第一条、第二条……」というように、「条」によって区分される。そして、条文の右には、かっこ書で「見出し」が付けられる（古い法令の条文には、見出しがないものもある）ところ、法令の本則においては、**見出しは「条」に付けられる**。

イ 妥当である
超　1つの「条」を内容に応じて区分する場合、「条」の中で改行（段落分け）をする。この段落を「項」という。

ウ 妥当である
超　「条」又は「項」の中において、いくつかの事項を列記する場合、「**一、二、三**……」と漢数字で番号を付けて列記する。この個々の列記を「**号**」という。また、「号」の中を細分して列記する場合、「**イ、ロ、ハ**……」が用いられる。

エ 妥当である　「削除」は、法改正において、改正部分を消去する場合に、「第○○条　削除」という形で用いられる。これは、廃止された「条」が欠番になることや、廃止された「条」の後ろの条文番号がすべて繰り上がるという不都合を防ぐための立法技術である。

オ 妥当でない　「枝番号」は、法改正において、「条」を追加する場合の立法技術であり、例えば、法改正で「第○○条の次に次の二条を加える」とした場合に、「第○○条の二」「第○○条の三」という形で用いられる。これは、「削除」（記述エ）とは反対に、「条」の追加により後の条文番号がすべて繰り下がるという不都合を防ぐための立法技術である。
　「枝番号」は、新しい「条」の規定の内容が直前の「条」の規定の内容に従属しているときに限って用いられるというわけではない。

正解	2

基礎法学

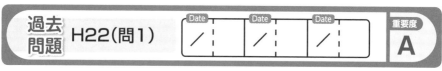
問題4　法令の用語として「又は」と「若しくは」の用法は、選択される語句に段階がある場合には、段階がいくつあっても、一番大きな選択的接続に「又は」を用い、その他の小さな選択的接続には、「若しくは」を用いる。次の、地方自治法180条の2の条文中の空欄 ア ～ オ に当てはまる接続詞の組合せとして、妥当なものはどれか。

「普通地方公共団体の長は、その権限に属する事務の一部を、当該普通地方公共団体の委員会 ア 委員と協議して、普通地方公共団体の委員会、委員会の委員長（教育委員会にあつては、教育長）、委員 イ これらの執行機関の事務を補助する職員 ウ これらの執行機関の管理に属する機関の職員に委任し、 エ これらの執行機関の事務を補助する職員 オ これらの執行機関の管理に属する機関の職員をして補助執行させることができる。ただし、政令で定める普通地方公共団体の委員会又は委員については、この限りでない。」

	ア	イ	ウ	エ	オ
1	又は	若しくは	若しくは	又は	若しくは
2	又は	若しくは	若しくは	若しくは	又は
3	若しくは	又は	若しくは	若しくは	又は
4	若しくは	若しくは	又は	若しくは	又は
5	若しくは	又は	若しくは	又は	若しくは

法令用語

ア「又は」が 当てはまる	地方自治法180条の2において、普通地方公共団体の長の権限事務の委任及び補助執行の前提として、長は、当該普通地方公共団体の委員会等と「協議」することを要するとされている。そうすると、同条においては、まず「**協議して**」までが1つの文節の区切りということができる。そして、その文節の中で用いられている選択的接続詞は、空欄アの1つだけであるから、空欄アには**大きな選択的接続詞**が当てはまることがわかる。したがって、空欄アには「又は」が当てはまる。
イ　ウ　オ 「若しくは」 が当てはまる **エ**「又は」が 当てはまる	180条の2においては、普通地方公共団体の長の権限事務の「**委任**」及び「**補助執行**」について定められている。そうすると、「委任し」と「補助執行させる」とをつなぐ空欄エに**大きな選択的接続詞**が当てはまることがわかる。したがって、空欄エには「又は」が当てはまる。 　そして、それ以外の空欄であるイ・ウ・オは、委任し、又は補助執行させる各執行機関をつないでおり、これらには**小さな選択的接続詞**が当てはまることがわかる。したがって、空欄イ・ウ・オには、「若しくは」が当てはまる。

基礎法学

正解	1

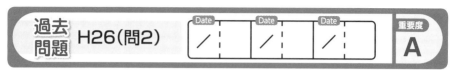
問題5　法令における通常の用語法等に関する次の記述のうち、妥当でないものはどれか。

1　「及び」と「並びに」は、いずれもその前後の語句を並列させる接続語であり、並列される語句に段階がある場合には、一番小さな並列的連結にだけ「及び」を用い、他の大きな並列的連結には全て「並びに」を用いる。

2　「又は」と「若しくは」は、いずれも前後の語句を選択的に連結する接続語であり、選択される語句に段階がある場合には、一番大きな選択的連結にだけ「又は」を用い、他の小さな選択的連結には全て「若しくは」を用いる。

3　法令に「A、Bその他のX」とある場合には、AとBは、Xの例示としてXに包含され、「C、Dその他Y」とある場合は、C、D、Yは、並列の関係にある。

4　法令に「適用する」とある場合は、その規定が本来の目的としている対象に対して当該規定を適用することを意味し、「準用する」とある場合は、他の事象に関する規定を、それに類似する事象について必要な修正を加えて適用することを意味する。なお、解釈により準用と同じことを行う場合、それは「類推適用」と言われる。

5　「遅滞なく」、「直ちに」、「速やかに」のうち、時間的即時性が最も強いのは「直ちに」であり、その次が「遅滞なく」である。これらのうち、時間的即時性が最も弱いのは「速やかに」である。

法令における通常の用語法等

1 妥当である
重

　「及び」と「並びに」の用語法については、本記述のとおりである。

2 妥当である
重

　「又は」と「若しくは」の用語法については、本記述のとおりである。

3 妥当である

　本記述で述べられているとおり、「**その他の**」は、その後ろに続く語句が、前に置かれる語句を含む、より広い意味を示す場合に用いられ、前に置かれる語句は後ろに続く語句の**例示**となっている。これに対して、「**その他**」は、その前後の語句を**並列の関係**で並べる場合に用いられる。

4 妥当である

　「**適用する**」と「**準用する**」の用語法については、本記述のとおりである。また、**類推適用**とは、法規に規定された事項の意味を、法規にはない類似の事項に拡充して解釈する手法をいい、解釈により準用と同じことを行うものであるといえる。

5 妥当でない
重

　「**遅滞なく**」、「**直ちに**」、「**速やかに**」は、法令上、いずれも「すぐに」という意味で、時間的即時性をあらわす用語として用いられる。一般的に、「遅滞なく」は、時間的即時性は求められるものの、正当な、あるいは合理的理由に基づく遅れは許されるという意味で用いられるのに対して、「直ちに」は、一切の遅滞が許されないという強い意味で用いられる。そして、「速やかに」は、時間的即時性に関して両者の中間に位置する用語として用いられる。以上から、３つのうち、**時間的即時性が最も弱いものは「遅滞なく」**であり、次いで、「**速やかに**」、「**直ちに**」の順となる。

正解　5

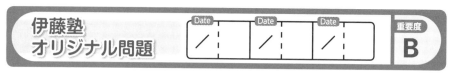

問題6 次の記述のうち、反対解釈の例として誤っているものはどれか。

1 「登記をしなければ、第三者に対抗することができない」との法文から、「登記をしていれば、第三者に対抗できる」ということを導く解釈

2 「都道府県の名称を変更しようとするときは、法律でこれを定める」との法文から、「市町村の名称を条例の改正によって変更することができる」ということを導く解釈

3 「時効の利益は、あらかじめ放棄することができない」との法文から、「時効完成後の時効利益の放棄は許される」ということを導く解釈

4 「地方公共団体の住民が直接これを選挙する」との法文から、「外国人には直接選挙する権利がない」ということを導く解釈

5 「一切の法律、命令、規則、又は処分が憲法に適合するかしないかを決定する権限を有する」との法文から、「条約に対する違憲審査権がない」ということを導く解釈

反対解釈

1 正しい　　反対解釈を推論方式とみる場合、それは、「PならばQ」という形式であらわせる法文から「PでなければQでない」ということを導く推論をいう。この場合、「P」及び「Q」には文又は概念が入り、それ自体否定的な表現であってもよい。

2 正しい　　本記述の法文を反対解釈すると、「都道府県でないものの名称を変更するときは法律で定める必要はない」ということが導かれる。したがって、本記述は反対解釈の例として正しい。なお、都道府県以外の地方公共団体の名称は、原則として条例の定めによって変更できる（地方自治法3条3項）。

3 正しい　　本記述の法文を反対解釈すると、「時効の利益は、あらかじめでなければ放棄することができる」ということが導かれるが、あらかじめでない放棄とは、時効完成後の放棄を意味する。

4 誤 り
重　　本記述の法文を反対解釈すると、「地方公共団体の住民でない者には、直接選挙する権利がない」ということが導かれる。しかし、**「住民」と「国民」は直ちに同一であるとはいえない**から、かかる反対解釈のみで「住民でないもの」から「外国人」が導かれるわけではない。

5 正しい　　本記述の法文を反対解釈すると、「一切の法律、命令、規則、又は処分以外のものに対しては憲法に適合するかしないかを決定する権限を有しない」ということが導かれる。そして、条約は法律、命令、規則、又は処分のいずれにも当てはまらない。

正解　　4

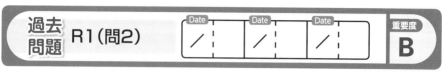

過去問題 R1（問2） Date ／ Date ／ Date ／ 重要度 B

問題7　裁判の審級制度等に関する次のア～オの記述のうち、妥当なものの組合せはどれか。

ア　民事訴訟および刑事訴訟のいずれにおいても、簡易裁判所が第1審の裁判所である場合は、控訴審の裁判権は地方裁判所が有し、上告審の裁判権は高等裁判所が有する。

イ　民事訴訟における控訴審の裁判は、第1審の裁判の記録に基づいて、その判断の当否を事後的に審査するもの（事後審）とされている。

ウ　刑事訴訟における控訴審の裁判は、第1審の裁判の審理とは無関係に、新たに審理をやり直すもの（覆審）とされている。

エ　上告審の裁判は、原則として法律問題を審理するもの（法律審）とされるが、刑事訴訟において原審の裁判に重大な事実誤認等がある場合には、事実問題について審理することがある。

オ　上級審の裁判所の裁判における判断は、その事件について、下級審の裁判所を拘束する。

　　1　ア・イ
　　2　ア・オ
　　3　イ・ウ
　　4　ウ・エ
　　5　エ・オ

総合テキスト ↩ LINK　Chapter 1　法学概論

裁判の審級制度等

ア 妥当でない　　民事訴訟における判決手続では、**第一審の裁判権は簡易裁判所、地方裁判所又は家庭裁判所が有する**（裁判所法33条1項1号、24条1号等）。これに対応して、**控訴審の裁判権は地方裁判所、高等裁判所が有し**（24条3号、16条1号）、**上告審の裁判権は高等裁判所、最高裁判所が有する**（16条3号、7条1号）。これに対して、**刑事訴訟における判決手続では、第一審が簡易裁判所であっても、その控訴審、上告審は、それぞれ高等裁判所と最高裁判所となる**（16条1号、7条1号）。

イ 妥当でない
ウ 妥当でない　　審判の対象についての裁判資料の範囲に関しては、覆審主義、事後審主義、続審主義などの原則が対立している。覆審主義は、第一審の裁判資料とは別個独立に、控訴審が裁判資料を収集し、控訴の当否や請求の当否などを判断する原則である。これに対して、事後審主義は、第一審で提出された資料のみに基づいて、控訴審が第一審判決の当否を判断する原則である。また、続審主義は、両原則の中間にあり、第一審の裁判資料に加えて、控訴審において新たに資料を収集したうえで第一審判決の当否を判断し、第一審判決の取消しによって必要が生じたときは、請求の当否についても控訴審が判断するというものである。

　　現行の**民事訴訟法**において、296条2項は、「当事者は、第一審における口頭弁論の結果を陳述しなければならない。」と規定しており、156条は、「攻撃又は防御の方法は、訴訟の進行状況に応じ適切な時期に提出しなければならない。」と規定し、297条が控訴審の訴訟手続にこれを準用する旨を定めている。これらの規定は、**続審主義を定めたもの**と解されている。したがって、記述イは、民事訴訟における控訴審の裁判が事後審とされているとしている点で、妥当でない。

　　他方、現行の**刑事訴訟法**において、控訴審は続審として運用されている（393条1項）ものの、原則的には、**事後審主義を採用したもの**と解されている。したがって、記述ウは、刑事訴訟における控訴審の裁判が覆審とされているとしている点で、妥当でない。

エ 妥当である　　刑事訴訟法411条柱書は、「上告裁判所は、第405条各号に規定する事由がない場合であっても、左の事由があって原判決を破棄しなければ著しく正義に反すると認めるときは、判決で原判決を破棄することができる。」と規定し、同条3号で、「判決に影響を及ぼすべき重大な事実の誤認があること。」と規定している。

オ 妥当である　　裁判所法4条は、「上級審の裁判所の裁判における判断は、その事件について下級審の裁判所を拘束する。」と規定している。

正解	5

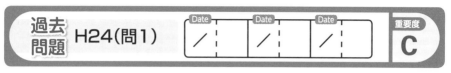
問題8　「判例」に関する次の記述のうち、明らかに誤っているものはどれか。

1　判例は、一般的見解によれば、英米法系の国では後の事件に対して法的な拘束力を有する法源とされてきたが、大陸法系の国では法源とはされてこなかった。

2　英米法系の国では、判決のうち、結論を導く上で必要な部分を「主文（レイシオ・デシデンダイ）」、他の部分を「判決理由」と呼び、後者には判例法としての拘束力を認めない。

3　判例という語は、広義では過去の裁判例を広く指す意味でも用いられ、この意味での判例に含まれる一般的説示が時として後の判決や立法に大きな影響を与えることがある。

4　下級審が最高裁判所の判例に反する判決を下した場合、最高裁判所は申立てに対して上告審として事件を受理することができる。

5　最高裁判所が、法令の解釈適用に関して、自らの過去の判例を変更する際には、大法廷を開く必要がある。

判 例

1 明らかに誤っているとはいえない

　一般的に、**判例法主義**をとる英米法系の国家においては、判例は法源性を有し、後の事件における法的な拘束力が認められているが、判例法主義をとらない大陸法系の国家においては、判例は法源性を有しないものとされている。

2 明らかに誤っている

　判決のうち、「結論」の部分を「**主文**」という。また、判決の理由として述べられているもののうち、判決の結論に達するために不可欠な基礎となった部分を「**判決理由（レイシオ・デシデンダイ）**」といい、それ以外の部分を「**傍論（オビタ・ディクタム）**」という。一般的に、「判決理由」と「傍論」のうち、判例法主義の下において先例としての拘束力が認められるのは、「判決理由」のみであるとされている。

3 明らかに誤っているとはいえない

　「判例」は、広義では、過去に下された裁判一般を指す意味で用いられる。また、裁判例は、後の判決や立法に対して一定の影響を与えることがあると考えられる。

4 明らかに誤っているとはいえない

　民事訴訟において、最高裁判所は、原判決に最高裁判所の判例と相反する判断がある事件について、申立てにより、上告審として事件を受理することができる（民事訴訟法318条1項）。また、刑事事件において、高等裁判所がした第一審又は第二審の判決に対しては、最高裁判所の判例と相反する判断をしたことを理由として上告の申立てをすることができる（刑事訴訟法405条2号）。

5 明らかに誤っているとはいえない

　最高裁判所が**判例変更**をする場合には、大法廷を開かなければならない（裁判所法10条3号）。

基礎法学

正解　2

記 述 式 問 題

伊藤塾
オリジナル問題

Date	Date	Date	重要度
／	／	／	A

問題1　次の【設問】を読み、【答え】の中の〔　〕に適切な文章を 40 字程度で
記述して、設問に関する解答を完成させなさい。

【設問】

　Aの子であるB（20歳）は、預かっていたAの印鑑等を用いて、勝手にAの
代理人としてA所有の甲土地をCに売却する契約を締結した。この契約の締結
時、Cは、Bが代理権を有しないことを知っていた。この場合、Cは、誰に対
し、どのような法的手段をとることができるか。

【答え】

　民法上、無権代理行為の相手方を保護するための規定が設けられている。そ
の規定に照らすと、Cは、〔　　　　　　　　〕をすることができる。

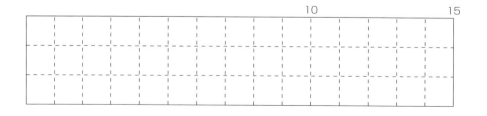

無権代理行為の相手方の保護

解答例 Aに対し、相当の期間を定めて、その期間内に追認をするかどうかを確答すべき旨の催告（40字）

　代理権を有しない者が他人の代理人としてした契約は、原則として、本人がその追認をしなければ、本人に対してその効力を生じない（民法113条1項）。

　この場合において、相手方は、本人に対し、相当の期間を定めて、**その期間内に追認をするかどうかを確答すべき旨の催告をすることができる**（114条前段）。この催告がなされたにもかかわらず、本人がその期間内に確答をしないときは、**追認を拒絶したものとみなされる**（同条後段）。この規定の趣旨は、不安定な地位に置かれる無権代理行為の相手方を保護することにある。

　なお、無権代理行為の相手方を保護する規定としては、この他に、取消権を定めた民法115条、**無権代理人の責任**を定めた117条、**表見代理**を定めた109条、110条、112条があるが、本問の無権代理行為の相手方であるCは**悪意**であるので、これらの手段をとることはできない。

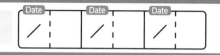
問題2　動物好きのAは、その居住するマンションがペットの飼育を禁止された物件であることから、自分のペット（以下「P」という。）を飼うための建物として、知り合いのBから、B所有の甲建物を借り受けた。このA・B間の契約においては、「Pが死亡したら、甲建物を返還する」という約定が付されていた。その後、Aは、仕事で海外に赴任したため、甲建物内でのPの飼育については、Bの承諾を得たうえで友人のCに任せていたところ、Pは寿命により死亡した。この場合、Aが甲建物の返還債務について履行遅滞の責任を負うのはいつからか。民法の規定に照らし、40字程度で記述しなさい。

									10					15

総合テキスト ⊏ LINK　Chapter 10　時効　3

不確定期限付債務の履行遅滞

解答例1 期限の到来した後に履行の請求を受けた時又は期限の到来したことを知った時のいずれか早い時。**(44字)**

解答例2 Pの死亡後に甲建物の返還の請求を受けた時又はPの死亡を知った時のいずれか早い時。**(40字)**

ある事実が発生することは確実であるが、その発生の時点がいつなのかが確定していない法律行為の付款を、「不確定期限」という。

本問についてみると、ペットであるPは将来確実に死亡するが、それがいつなのかは確定していないため、本問の甲建物の貸借契約は、不確定期限が付されたものであるといえる。

不確定期限付債務の履行遅滞について、民法412条2項は、「債務の履行について不確定期限があるときは、債務者は、その期限の到来した後に**履行の請求を受けた時又はその期限の到来したことを知った時のいずれか早い時から遅滞の責任を負う**。」と規定している。この規定は、旧民法では債務者は不確定期限が到来したことを知った時から遅滞の責任を負う旨規定しているのみであったところ、一般的な解釈に従い、債務者は、不確定期限が到来したことを知らなくても、期限到来後に履行の請求を受けた時から遅滞の責任を負う旨を明文化したものである。

本問では、Aは、「Pが死亡したら、甲建物を返還する」という約定付きで、Bが所有する甲建物を借り受けている。したがって、Aは、Pの死亡後に甲建物の返還の請求を受けた時又はPの死亡を知った時のいずれか早い時から、甲建物の返還について履行遅滞の責任を負うことになる。

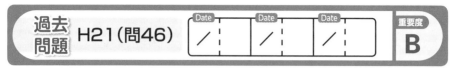
問題3　次の【設問】を読み、【答え】の中の〔　〕に適切な文章を 40 字程度で記述して、設問に関する解答を完成させなさい。

【設問】

　XはA所有の甲建物を購入したが未だ移転登記は行っていない。現在甲建物にはAからこの建物を借り受けたYが居住しているが、A・Y間の賃貸借契約は既に解除されている。XはYに対して建物の明け渡しを求めることができるか。

【答え】

　XはYに対して登記なくして自らが所有者であることを主張し、明け渡しを求めることができる。民法 177 条の規定によれば「不動産に関する物権の得喪及び変更は、不動産登記法その他の登記に関する法律の定めるところに従いその登記をしなければ、第三者に対抗することができない。」とあるところ、判例によれば、同規定中の〔　　　　　　　〕をいうものと解されている。ところが本件事案では、Yについて、これに該当するとは認められないからである。

177条の「第三者」

解答例 第三者とは、当事者若しくは包括承継人以外で、かつ登記の欠缺を主張する正当な利益を有する者（44字）

不動産に関する物権の得喪及び変更は、不動産登記法その他の登記に関する法律の定めるところに従いその登記をしなければ、第三者に対抗することができない（民法177条）。ここにいう「第三者」の意義につき、判例は、**当事者若しくはその包括承継人以外の者であって、不動産に関する物権の得喪、変更の登記の欠缺を主張するについて正当の利益を有する者**を指すとしている（大連判明41.12.15）。

本問におけるYは、当事者若しくはその包括承継人以外の者ではあるが、すでにAとの間で賃貸借契約が解除されていることから、X所有の甲建物を何らの権原なくして不法占有している者にあたり、登記の欠缺を主張するについて正当の利益を有する者とはいえないので、民法177条の「第三者」には該当しない（最判昭25.12.19）。

問題4 Aは、Bに対して貸金債権を有しており、これを担保するため、Bの所有する高級絵画（以下、「本件絵画」とする。）について、質権の設定を受け、現実の引渡しを受けて保管していた。ところが、第三者Cが、本件絵画をAの家から盗み出し、そのことを知っているDに売却してしまった。現在、本件絵画はDが所持している。この場合、本件絵画をめぐって、Aは、誰に対して、どのような訴えにより、どのような請求をすることができるか。40字程度で記述しなさい。

ただし、損害賠償請求及び不当利得返還請求については考慮しないものとする。

総合テキスト ┗ LINK Chapter 13 占有権 2

占有回収の訴え

解答例 　Aは、Dに対して、占有回収の訴えにより、本件絵画の返還を請求することができる。**(39字)**

　占有者がその占有を奪われたときは、**占有回収の訴え**により、その物の返還及び損害の賠償を請求することができる（民法200条1項）。この占有回収の訴えは、占有を侵奪した者**特定承継人に対して提起することができない**（同条2項本文）。ただし、**その承継人が侵奪の事実を知っていたときは、この限りでない**（同項ただし書）。

　本問では、Aは本件絵画についてBから現実の引渡しを受けて保管していたにもかかわらず、Cにこれを盗まれているから、「占有者がその占有を奪われた」といえる。また、Dは、Cから本件絵画を買い受け、これを占有しているから、「特定承継人」にあたるが、本件絵画はCが盗んだ物であることを知っていたのであるから、占有回収の訴えの被告となり得る。したがって、Aは、Dに対して、占有回収の訴えにより、本件絵画の返還を請求することができる。

　他方、本問では、Aは、絵画について質権の設定を受けて現実の引渡しを受けているので、本件絵画について質権を取得する（344条）。もっとも、動産質権者は、継続して質物を占有しなければ、その質権をもって第三者に対抗することができず（352条）、**質物の占有を奪われたときは、占有回収の訴えによってのみ、その質物を回復することができる**（353条）。したがって、本件絵画の占有を失ったAが、質権に基づいて本件絵画の返還を請求することはできない。

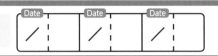
問題5 A所有のカメラ（以下、「甲」という。）をBが処分権限なしに占有していたところ、CがBに所有権があると誤信し、かつ、そのように信じたことに過失なくBから甲を買い受けた。Bは、Cに甲を売却する前に甲をDに寄託していた。この場合において、Cが、甲の占有をDに残した状態で、Aの意思によらずに甲の所有権を得ることができるのは、どのようなときか。また、それはどのような方法によるものか。民法の規定及び判例に照らし、40字程度で記述しなさい。

				10					15

総合テキスト ← LINK Chapter 13　占有権　③

占有移転・即時取得

解答例　　BがDに対し以後Cのために甲を占有することを命じ、Cがこれを承諾したとき。即時取得による。**(45字)**

　本問では、甲はAが所有しているものであるため、B・C間で甲の売買契約（民法555条）をしたとしても、**甲の所有権はCには移転しないのが原則**である。そのため、CがAの意思によらずに甲の所有権を得ることができるのは、即時取得が成立する場合に限られる（192条）。

　即時取得の要件は、①取引行為、②平穏・公然、③善意・無過失、④動産の占有の取得であるところ、本問のCはBに甲の所有権があると誤信し、かつ、そのように信じたことに過失なくBから甲を買い受けていることから、①から③までの要件は問題なく満たすといえる。

　もっとも、Bは、Cに甲を売却する前に甲をDに寄託していたことから、Cは④の要件を満たさないのではないかが問題となる。この点について、判例は、「指図による占有移転を受けることによつて民法192条にいう占有を取得したものであるとした原審の判断は、正当として是認することができる」として、**192条の「占有」には、指図による占有移転（184条）が含まれる**としている（最判昭57.9.7）。そして、指図による占有移転によって占有権を取得するのは、「**代理人によって占有をする場合**において、本人がその代理人に対して以後第三者のために**その物を占有することを命じ、その第三者がこれを承諾したとき**」である（同条）。

　したがって、本問では、B（本人）がD（代理人）に対して、以後C（第三者）のために甲を占有することを命じ、C（第三者）がこれを承諾すれば、指図による占有移転により、Cが占有権を取得することになる。

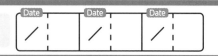
問題6 次の【事例】において、Yは、Xの請求を拒むことができるか。拒むことができるとした場合、どのような権利を保全するため、どのような権利を主張して、Xの請求を拒むことができるかを付し、また、拒むことができないとした場合は、その理由を付して、40字程度で記述しなさい。

【事例】

　劇団員のAは、自己が所有する高価な舞台衣装（以下「甲」という。）が長年の使用により損傷が目立ってきたことから、その修繕を専門業者Yに依頼し、これをYに引き渡した。甲の修繕に関する契約において、修繕代金の支払と甲の返還は同時になされる旨が約された。当該契約後、Yが甲を修繕し、これを保管していたところ、Aは、生活費に困窮したために、やむを得ず甲を友人の劇団員であるXに売り渡し、その代金をXから受領した。また、Aは、甲をXに売却した際に、Yに対して以後Xのために甲を占有することを命じ、それについてXの承諾を得ていた。その後、Xは、Yに対して甲の引渡しを請求した。

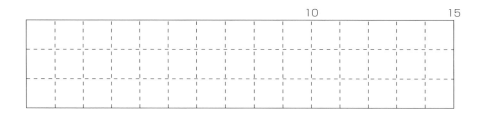

10　　　　　　　　　15

総合テキスト LINK　Chapter 17　留置権　2
　　　　　　　　　　Chapter 29　契約の効力　1

留置権と同時履行の抗弁権

解答例 Ｙは、修繕代金債権を保全するため、留置権を主張して、Ｘの請求を拒むことができる。（40字）

　本問において、Ｘは、甲の所有者であったＡから、売買契約に基づいて甲の所有権を取得している。したがって、Ｘは、甲を保管・占有するＹに対して、所有権に基づく甲の引渡請求権を有する。なお、Ｘは、指図による占有移転（民法184条）の方法により、Ａから甲の引渡しを受けている。

　これに対して、「他人（Ｘ）の物」である甲を占有するＹは、甲の引渡しと引き換えに甲の修繕代金の支払を受けるために、**留置権を主張して、Ｘの請求を拒むことが考えられる。**

　すなわち、他人の物の占有者は、その物に関して生じた債権を有するときは、その債権の弁済を受けるまで、その物を留置することができる（295条1項本文）。ここで、債権が物に関して生ずるとは、①債権が物自体より生じた場合のほか、②債権が物の引渡請求権と同一の法律関係等から生じた場合も、これに含まれる。本問において、Ｙは、Ａからの依頼により甲を修繕したことによって、甲の修繕代金債権を取得する（632条参照）ところ、このような物の修繕代金債権と修繕された物の引渡請求権の関係については、上記②に該当するものといえる。したがって、Ｙの修繕代金債権は、「物に関して生じた債権」であるといえる。

　また、**物権である留置権は、誰に対してもこれを主張することができる。**したがって、Ｙは、Ａから甲を譲り受けたＸに対しても留置権を主張することができる。

　なお、同時履行の抗弁権（533条）は、**契約の当事者間においてのみこれを主張することができる。**したがって、Ｙは、本件修繕契約の当事者ではないＸに対して同時履行の抗弁権を主張して、Ｘの引渡請求を拒むことはできない。

　以上から、Ｙは、修繕代金債権を保全するため、留置権を主張して、Ｘの請求を拒むことができる。

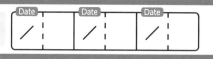

問題7　Aは、Bから金銭を借り受けたが、その際、A所有の甲土地に抵当権が設定されて、その旨の登記が経由され、また、Cが連帯保証人となった。その後、CはBに対してAの債務の全部を弁済し、Cの同弁済後に、甲土地はAからDに譲渡された。この場合において、Cは、Dを相手にして、どのような権利の確保のために、どのような権利を行使することができるか。40字程度で記述しなさい。

| | 10 | | 15 |

総合テキスト LINK Chapter 20　抵当権 2

抵当権

解答例 Cは、Dを相手にして、Aに対する求償権確保のために、Bの抵当権を行使することができる。（43字）

　保証人が主債務者に代わって弁済をしたときは、その保証人は、主債務者に対して**求償権**を有する（民法459条1項、459条の2第1項、462条1項）。本問では、連帯保証人Cが、債権者Bに対して、債務者Aの債務をAに代わって弁済していることから、Cは、Aに対する求償債権を取得する。

　次に、弁済をするについて**正当な利益**を有する者は、弁済によって当然に債権者に代位する（499条、500条かっこ書）。この点、判例によれば、連帯保証人は500条にいう「弁済をするについて正当な利益を有する者」にあたる（大判昭9.11.24）。そして、債権者に代位した者は、自己の権利に基づいて**求償をすることができる**範囲内において、債権の効力及び担保として**その債権者が有していた一切の権利を行使することができる**（501条1項、2項）。本問では、Cは、Bが有していた抵当権を行使することができる。

　なお、旧民法501条柱書は、「前2条の規定により債権者に代位した者は、自己の権利に基づいて求償をすることができる範囲内において、債権の効力及び担保としてその債権者が有していた一切の権利を行使することができる。この場合においては、次の各号の定めるところに従わなければならない。」と規定し、同条1号は、「保証人は、あらかじめ先取特権、不動産質権又は抵当権の登記にその代位を付記しなければ、その先取特権、不動産質権又は抵当権の目的である不動産の第三取得者に対して債権者に代位することができない。」と規定していた。同号は、債権が消滅したという不動産の第三取得者の信頼を保護する趣旨であるとされていた。しかし、そもそも付記登記がない場合に債権が消滅したという第三取得者の信頼が生ずるといえるか疑問であるなどの批判があり、同号は改正法により、削除された。

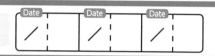

問題8　A・B間で、Aの所有する絵画をBに売り渡す旨の売買契約（以下「本件売買契約」という。）が成立した。Bは、支払期日に売買代金の支払をしたが、Aは、絵画の引渡期日を過ぎても、特に正当な理由もなく絵画を自宅に保管し続け、引き渡そうとしない。ただし、現時点において、Aは、引渡しを拒絶する意思を明確に表示してはおらず、Aがすぐに引渡しをすれば、本件売買契約の目的を達することができる状況にある。このような場合において、Bが、本件売買契約を、Aとの合意を得ずに解消したいと考えたとき、民法の規定によれば、Bは、Aに対し、どのような要件の下で、どのような手段をとればよいか。40字程度で記述しなさい。

　なお、解答に当たっては、Bの帰責事由を考慮する必要はなく、また、損害賠償請求その他の金銭債権に基づく請求については検討しなくてよい。

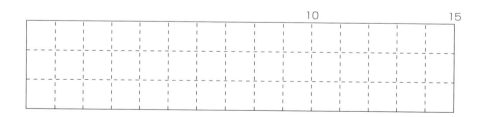

総合テキスト ┗ LINK　Chapter 23　債権の効力　2

履行遅滞による解除

解答例 1　相当の期間を定めて履行の催告をし、その期間内に履行がないときに、契約の解除をすればよい。（44字）

解答例 2　履行の催告をし、催告後、履行がないまま相当の期間を経過したときに、契約の解除をすればよい。（45字）

民法541条本文は、「当事者の一方がその債務を履行しない場合において、相手方が**相当の期間**を定めてその**履行の催告**をし、その期間内に履行がないときは、相手方は、**契約の解除**をすることができる。」と規定している（履行遅滞による解除）。この規定は、契約の拘束力を維持すべく事前の催告を要求し、債務者に履行の機会を与えようとしたものである。

履行遅滞による解除の要件として、①履行が可能であること、②債務者が履行期を徒過したこと、③履行しないことが違法であること（債務者が同時履行の抗弁権を有する場合には解除権は発生しない。）、④催告、⑤相当期間の経過、が挙げられる。

本問の場合、A・B間の売買契約において、「Bは、支払期日に売買代金の支払をしたが、Aは、絵画の引渡期日を過ぎても、特に正当な理由もなく絵画を自宅に保管し続け、引き渡そうとしない」ということから、上記①から③までの要件を満たしている。そこで、Bは、上記④、⑤の要件を満たせば、履行遅滞による解除をすることができる。

また、542条1項は、「債務者がその債務の全部の履行を拒絶する意思を明確に表示したとき」（同項2号）や、「債務者がその債務の履行をせず、債権者が前条の催告をしても契約をした目的を達するのに足りる履行がされる見込みがないことが明らかであるとき」（同項5号）等、債務不履行により契約目的の達成が不可能になったと評価し得る場合（同項所定の場合）には、催告をすることなく、直ちに契約の解除をすることができる旨を定めているところ、本問では、「Aは、引渡しを拒絶する意思を明確に表示してはおらず、Aがすぐに引渡しをすれば、本件売買契約の目的を達することができる状況にある」とされていることから、同項の無催告解除をすることができる場合にはあたらない。

なお、判例によれば、催告で示した期間が相当でない場合や、期間を指定しないで催告をした場合であっても、催告の後、客観的にみて相当の期間を経過すれば、解除権は発生するものとされている（大判昭2.2.2、最判昭31.12.6）。

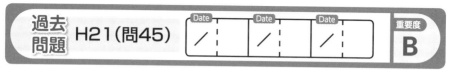
問題9 次の【事例】において、Xは、Yに対して、どのような権利について、どのような契約に基づき、どのような請求をすることができるか。40字程度で記述しなさい。

【事例】

　A（会社）は、B（銀行）より消費貸借契約に基づき金銭を借り受け、その際に、X（信用保証協会）との間でBに対する信用保証委託契約を締結し、Xは、同契約に基づき、AのBに対する債務につき信用保証をした。Xは、それと同時に、Yとの間で、Aが信用保証委託契約に基づきXに対して負担する求償債務についてYが連帯保証する旨の連帯保証契約を締結した。AがBに対する上記借入債務の弁済を怠り、期限の利益を失ったので、Xは、Bに対して代位弁済をした。

総合テキスト ↔ LINK Chapter 25　多数当事者の債権・債務　③

保証債務

解答例1 Aに対する求償債権について、連帯保証契約に基づき、保証債務の履行を請求することができる。**（44字）**

解答例2 Aに対する求償権について、連帯保証契約に基づき、求償債務の弁済を請求することができる。**（43字）**

　本問において、Aとの信用保証委託契約に基づいてAのBに対する債務の保証人となったXは、その債務を代位弁済していることから、Aに対して、**求償権**を取得する（民法459条1項）。

　本問では、このXのAに対する求償債務を主債務としてYが連帯保証する旨の連帯保証契約が、あらかじめ、X・Y間で締結されている。これにより、Yは保証債務を負う。

　この点に関し、将来発生する求償債務を主債務とすることは保証債務の付従性に反しないかが問題となり得るが、主債務は条件付債務又は将来の債務でもよく、この場合は保証債務も条件付又は将来の債務となると解されている（大判大4.4.24）。

　そして、保証人は、「主たる債務者がその債務を履行しないとき」に、その履行をする責任を負うのであって（補充性　446条1項）、催告の抗弁（452条）、検索の抗弁（453条）を有するのが原則であるが、連帯保証人にはこれらが認められない（454条）。

　したがって、本問において、Xは、Yに対して、Aへの求償権についての連帯保証契約に基づき、保証債務の履行を請求できる。

　なお、保証債務は、主たる債務に関する利息、違約金、損害賠償その他その債務に従たるすべてのものを包含する（447条1項）。

問題10　AはBに対して金銭債権を有している。2022年10月1日、Aは、この債権をCに譲渡し、翌日、10月2日付の確定日付ある通知をBに郵送したところ、この通知は10月5日にBに到達した。また、Aは、10月3日に、この債権をDにも譲渡し、10月3日付の確定日付ある通知をBに郵送したところ、この通知は10月4日にBに到達した。

　このような事案の場合、判例によれば、共に債権の譲受人であるCとDのうち、どちらが優先されるか。理由と結論を「C・D間の優劣は、」に続けて40字程度で記述しなさい。

C・D間の優劣は、

									10					15

総合テキスト LINK　Chapter 26　債権譲渡　3

債権譲渡

解答例　確定日付ある通知がＢに到達した日時の先後によって決するため、Ｄが優先される。**（38字）**

　債権の譲渡は、譲渡人が債務者に通知をし、又は債務者が承諾をしなければ、債務者その他の第三者に対抗することができない（民法467条1項）。そして、この通知又は承諾は、確定日付のある証書によってしなければ、債務者以外の第三者に対抗することができない（同条2項）。

　本問のように、債権が二重に譲渡され、いずれについても確定日付ある通知がなされている場合、譲受人相互間の優劣関係をどのように決すべきかについては争いがある。この点について、判例は、指名債権が二重に譲渡された場合、譲受人相互の間の優劣は、通知又は承諾に付された確定日付の先後によって定めるべきではなく、**確定日付ある通知が債務者に到達した日時又は確定日付ある債務者の承諾の日時の先後によって決すべきである**とした（最判昭49.3.7）。

　本問では、Ａが郵送したＤへの債権譲渡の確定日付ある通知が「10月4日」にＢに到達し、他方、Ａが郵送したＣへの債権譲渡の確定日付ある通知が「10月5日」にＢに到達している。したがって、Ｄへの債権譲渡の確定日付ある通知が先にＢに到達している本問においては、ＤがＣに優先する。

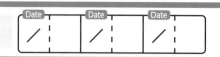

問題11 Aは、Bに1000万円の金銭を貸し付け（これを「本件債権」という。）、その担保としてB所有の甲不動産（これを「本件土地」という。）に第1順位の抵当権の設定を受け、その旨の登記をした。Bは、本件債権を全額弁済することができる状態ではなかったが、Aに対して、複数回に渡り合計400万円の弁済をするとともに、残りも弁済するから抵当権の実行は待ってほしい旨を申し出た。Aは、これを信じて、Bに対して残額の請求をしないまま、支払期限から10年が経過した。他方、その間に、Cも、Bに1500万円の金銭を貸し付け、その担保として本件土地に第2順位の抵当権の設定を受け、その旨の登記をした。しかし、Bは、Aへの残額の弁済及びCへの弁済をすることができないまま無資力となった。

Cは、自己の債権を確実に回収するために、Aが本件土地に対して有する第1順位の抵当権設定登記の抹消を請求しようと考えている。この場合、Cは、本件債権の消滅時効に関して、どのような理由により、どのような主張をすべきであるか。「Cは、本件債権の消滅について」に続けて、40字程度で記述しなさい。

なお、本件債権の消滅時効は完成しているものとし、Aは、Bに対して、何らの時効完成猶予・更新に該当する措置をとっていないものとする。

Cは、本件債権の消滅について

									10					15

総合テキスト ↪ LINK　Chapter 10　時効　③
　　　　　　　　　　　Chapter 24　責任財産の保全　②

消滅時効の援用・債権者代位権

解答例　正当な利益を有する者ではないため、Bの消滅時効の援用権を代位行使すると主張すべきである。**（44字）**

　まず、Cは、本件債権の消滅時効が完成していることを理由に、これを援用することが考えられる。

　民法145条は、「時効は、当事者（消滅時効にあっては、保証人、物上保証人、第三取得者その他権利の消滅について正当な利益を有する者を含む。）が援用しなければ、裁判所がこれによって裁判をすることができない。」と規定している。判例は、「当事者」として時効の援用をすることができる者は、「権利の消滅により直接利益を受ける者に限定される」としている（最判昭48.12.14）。

　さらに、判例は、後順位抵当権者については、「先順位抵当権の被担保債権が消滅すると、後順位抵当権者の抵当権の順位が上昇し、これによって被担保債権に対する配当額が増加することがあり得るが、この配当額の増加に対する期待は、抵当権の順位の上昇によってもたらされる反射的な利益にすぎない」としたうえで、「先順位抵当権の被担保債権の消滅により直接利益を受ける者に該当するものではなく、先順位抵当権の被担保債権の消滅時効を援用することができないものと解するのが相当である」としている（最判平11.10.21）。

　したがって、後順位抵当権者であるCは、本件債権の消滅時効の援用をすることができない。

　もっとも、本問では、Bが無資力となっている。そこで、Cは、BのAに対する消滅時効の援用権を代位行使することができないかを検討する。

　判例は、「金銭債権の債権者は、その債務者が、他の債権者に対して負担する債務……について、その消滅時効を援用しうる地位にあるのにこれを援用しないときは、債務者の資力が自己の債権の弁済を受けるについて十分でない事情にあるかぎり、その債権を保全するに必要な限度で、民法423条1項本文の規定により、債務者に代位して他の債権者に対する債務の消滅時効を援用することが許されるものと解するのが相当である」としている（最判昭43.9.26）。

　したがって、Cは、BのAに対する消滅時効の援用権を代位行使することができる。

Chapter 1　民　法　**467**

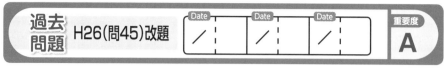
問題12　Aは複数の債権者から債務を負っていたところ、債権者の一人で懇意にしているBに対し、他の債権者を害することを知りつつ、A所有の唯一の財産である甲土地を贈与した。Bが贈与を受けた当時、Bは、Aの行為が他の債権者を害することを知っていた。その後、Bは同土地を、上記事情を知らないCに時価で売却し、順次、移転登記がなされた。この場合において、Aの他の債権者Xは、自己の債権を保全するために、どのような権利に基づき、誰を相手として、どのような対応をとればよいか。判例の立場を踏まえて40字程度で記述しなさい。

詐害行為取消権

解答例 詐害行為取消権に基づき、Bを相手とし、贈与契約を取り消して価額償還を求める訴えを提起する。**(45字)**

　本問は、詐害行為取消権を行使するに当たり、受益者が悪意、転得者が善意の場合に債権者がなし得る請求を問うものである。

1　Cに対する請求について

　　まず、Xは、Cに対して物権的請求権を行使することはできない。Xは、本件不動産の所有権等何らの物権も有していないからである。次に、債権的請求についてであるが、これもすることはできない。X・C間には契約関係がなく、契約に基づく請求をすることはできないからである。

　　次に、**転得者に対する詐害行為取消権の行使**は、**転得者が、転得の当時、債務者がした行為が債権者を害することを知っていたとき**に行うことができるが（民法424条の5第1号）、転得の当時、CはA・B間の事情について知らなかったのであるから、認められない。

　　したがって、Xは、Cに対して何らの請求もすることができない。

2　Bに対する請求について

　　債権者は、債務者が債権者を害することを知ってした行為の取消しを裁判所に請求することができるとされる（424条1項）。具体的には、**①債権者の債権が詐害行為前の原因に基づいて生じたものであること、②債務者が債権者を害することを知って詐害行為をすること、③詐害行為の結果、債務者が無資力となること、④債務者が財産権を目的とする行為をしたこと、⑤受益者が詐害行為の時、債務者の行為が債権者を害することについて悪意であったこと**、が必要とされる。

　　本件では、①Xの債権はA・B間の贈与契約よりも前に成立しており、②自己の唯一の財産である甲土地をAの他の債権者を害することを知りつつBに贈与している。そして、その結果、③Aは無資力となっている。また、④A・B間の贈与契約は、財産権を目的とする行為であり、⑤A・B間の贈与契約当時、BはAの行為が他の債権者を害することを知っていた。そのため、上記要件を満たす。

　　したがって、XはA・B間の贈与契約の取消しを請求することができ、この請求は、裁判上で行うことを要する。また、詐害行為取消権を裁判上で行使する場合、本件で被告となるのは、**受益者B**である（424条の7第1項1号）。

　　そして、民法424条の6第1項は、「債権者は、受益者に対する詐害行為取消請求において、債務者がした行為の取消しとともに、その行為によって受益者に移転した財産の返還を請求することができる。**受益者がその財産の返還をすることが困難であるときは、債権者は、その価額の償還を請求することができる。**」と規定している。本件では、既にBはCに甲土地を売却し、Cは登記を備えている。そのため、BはAに甲土地の返還をすることが困難となっているといえる。

　　以上により、本件では、XがBを被告として、裁判所に対しA・B間の贈与契約の取消しを請求し、その結果、Bに対して本件不動産価格相当の金銭を支払うよう請求することができる。

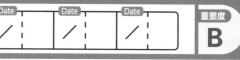

問題13 Xは、Aとの間でA所有の甲土地を買い受ける旨の契約を締結し、登記は後日に移転することを約した。ところが、その契約後、Aは、甲土地をBに贈与し、B名義の移転登記をしてしまった。そこで、Xは、当該贈与は詐害行為にあたるとして、その取消しを求めるとともに、甲土地の登記をXに移転するためにBに対し移転登記請求をしたいと考えた。

　このように、特定物の引渡請求権の目的物を債務者が処分した場合において、当該処分行為により債務者が無資力となったときは、特定物債権者は、当該処分行為を詐害行為として取り消すことができる場合がある。もっとも、最高裁判所の判例によれば、民法424条の詐害行為取消権の制度の趣旨に照らすと、特定物債権者は目的物自体を自己の債権の弁済に充てることはできず、したがって、特定物の引渡請求権に基づいて直接自己に所有権移転登記を求めることはできないとされている。この詐害行為取消権の制度の趣旨について、40字程度で記述しなさい。

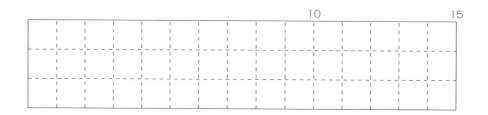

総合テキスト **LINK** Chapter 24　責任財産の保全　③

詐害行為取消権

解答例 債務者の一般財産による価値的満足を受けるため、総債権者の共同
担保の保全を目的とするもの（43字）

　債権者は、債務者が債権者を害することを知ってした法律行為の取消しを裁判
所に請求することができる（民法424条1項本文）。この詐害行為取消権は、債権
者代位権（423条1項）と同様に、債務者の一般財産保全のための制度であると
されている。

　このような詐害行為取消権の趣旨から、かつては、詐害行為の取消権を有する
債権者は、金銭の給付を目的とする債権を有する者に限られると解されていた
（大連判大7.10.26）。

　その後、最高裁判所は、特定物引渡請求権（特定物債権）は、究極において損
害賠償債権に変じ得るのであるから、債務者の一般財産により担保されなければ
ならないことは、金銭債権と同様であり、その目的物を債務者が処分することに
より無資力となった場合には、特定物債権者は、当該処分行為を詐害行為として
取り消すことができるとした（最大判昭36.7.19）。

　もっとも、最高裁判所の判例によれば、**詐害行為取消権は、究極的には債務者
の一般財産による価値的満足を受けるため、総債権者の共同担保の保全を目的と
するもの**であるから、このような制度の趣旨に照らし、特定物債権者は目的物自
体を自己の債権の弁済に充てることはできず、したがって、特定物の引渡請求権
に基づいて、直接自己に所有権移転登記を求めることは許されないと解されてい
る（最判昭53.10.5）。

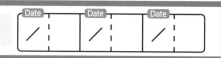

問題14 A（16歳）とB（20歳）の兄弟は、父であるC（Aの唯一の親権者であるものとする。）に何ら相談することなく、各々が個別に、Dから100万円ずつを借り入れ、これを遊興費として全額消費した。この借入れから6か月後、その事実を知ったCは、AとBの将来を案じ、両名のDに対する借入金債務（以下、「本件債務」という。）を消滅させたいと考えている。Aは、「親に迷惑をかけるつもりはない。」と言ってCによる弁済は拒んでいるのに対し、Bは、「Cが自らの本件債務を弁済してくれるのであれば、ぜひそうしてほしい。」と考えており、その旨をCにも告げていた。Dは、Cによる弁済がAの意思に反することを知っており、また、トラブルになることを避けるため、A及びB以外の者からの弁済を拒もうと考えている。

この場合において、Cは、AとBの本件債務を消滅させるために、それぞれについて、どのような手段をとればよいか。また、Cは、Dの意思に反してC自らがBの本件債務を消滅させる手段をとるためには、どのような要件を満たしていることを要するか。民法の規定に照らし、40字程度で記述しなさい。

なお、Aは詐術を用いておらず、また、Dとの合意や供託による手段及び弁済による代位については考慮しないものとする。

総合テキスト LINK Chapter 3 権利の主体 1
Chapter 27 債権の消滅 2

取消し・第三者弁済

解答例 取消権の行使と第三者弁済をする。Bの委託を受けた弁済で、それをDが知っていたことを要する。(45字)

1 Aの本件債務について

　未成年者が法律行為をするには、原則としてその法定代理人の同意を得なければならず（民法5条1項本文）、これに反する法律行為は、取り消すことができる（同条2項）。そして、取り消すことができる者について、民法120条1項は、「制限行為能力者……又はその代理人、承継人若しくは同意をすることができる者」と規定している。

　本問において、Aは、16歳の未成年者であったにもかかわらず、唯一の親権者（818条）であるCに何ら相談することなく、Dとの間で100万円を借り入れる契約を締結しており、契約締結についてCの同意を得ていない。したがって、Cは、Aの親権者（法定代理人）として、当該契約を取り消すことができ（120条1項）、これにより、Aの本件債務を消滅させることができる。

　なお、CがAの本件債務の存在を知ったのは、A・D間の上記契約から6か月後であるので、取消権は時効消滅していない（126条前段）。

　したがって、Cは取消権を行使して、Aの本件債務を消滅させればよい。

2 Bの本件債務について

　CがBに代わってBの本件債務を消滅させるための手段として、第三者弁済（474条）が考えられる。

　474条1項は、「債務の弁済は、第三者もすることができる。」と規定しているところ、同条3項は、「前項に規定する第三者〔弁済をするについて正当な利益を有する者でない第三者〕は、債権者の意思に反して弁済をすることができない。ただし、その第三者が債務者の委託を受けて弁済をする場合において、そのことを債権者が知っていたときは、この限りでない。」と規定している。

　そして、「正当な利益を有する」の意義について、判例は、弁済をするについて法律上の利害関係を有することをいうとしている（最判昭39.4.21参照）。

　本問では、CはBの父であり、単なる事実上の利害関係を有しているにすぎない（大判昭14.10.13参照）。そのため、Cは「正当な利益を有する者でない第三者」にあたる。また、Dはトラブルになることを避けるため、A及びB以外の者からの弁済を拒もうと考えており、Cによる第三者弁済は、Dの意思に反するものである。

　したがって、Cは、474条3項ただし書の要件を充足する必要があり、本問においては、Bの委託を受けた弁済であり、それをDが知っていたという要件を満たしているときには、Cは第三者弁済をすることにより、Bの本件債務を消滅させればよい。

問題15 Aは、Bとの間で、甲土地全部をBから買い受ける旨の契約（以下、「本件契約」という。）を締結したが、本件契約時において、売買の目的物である甲土地の一部は、Cが所有するものであった。この場合、Aは、Bに対して、相当の期間を定めて、どのようなことをすることができるか。また、その期間内にBが何らの行為もしない場合、Aは、Bに対して、どのような請求をすることができるか。民法の規定に照らし、40字程度で記述しなさい。

なお、金銭による損害賠償請求権、及び契約の解除については、検討することを要しない。

総合テキスト LINK Chapter 32 財産移転型契約 2

売買の効力

解答例 履行の追完の催告をする。その不適合の程度に応じて代金の減額を請求することができる。(41 字)

　民法 562 条 1 項本文は、「引き渡された目的物が種類、品質又は数量に関して**契約の内容に適合しないものであるとき**は、買主は、売主に対し、**目的物の修補、代替物の引渡し又は不足分の引渡しによる履行の追完を請求することができる。**」と規定している。また、563 条 1 項は、「前条第 1 項本文に規定する場合において、買主が相当の期間を定めて**履行の追完の催告をし、その期間内に履行の追完がないとき**は、買主は、**その不適合の程度に応じて代金の減額を請求**することができる。」と規定している。そして、565 条は、「前 3 条の規定は、売主が買主に移転した権利が契約の内容に適合しないものである場合（権利の一部が他人に属する場合においてその権利の一部を移転しないときを含む。）について準用する。」と規定している。

　本問では、本件契約時において、B が A に売却した甲土地の一部は C が所有するものであったから、「売主が買主に移転した……権利の一部が他人に属する場合」に該当する。したがって、A は、565 条が準用する 562 条 1 項に基づき、B に対し、履行の追完を請求することができる。また、A は、565 条が準用する 563 条 1 項に基づき、B に対し、相当の期間を定めて履行の追完の催告をすることができる。さらに、その期間内に B が何らの行為もしない場合、履行の追完がないから、A は、565 条が準用する 563 条 1 項に基づき、B に対し、その不適合の程度に応じて代金の減額を請求することができる。

　なお、564 条は、「前 2 条の規定は、第 415 条の規定による損害賠償の請求並びに第 541 条及び第 542 条の規定による解除権の行使を妨げない。」と規定しているが、問題文で「金銭による損害賠償請求権、及び契約の解除については、検討することを要しない。」とあるので、これらの点に言及する必要はない。

問題16 自宅でピアノ教室を営んでいたBは、受講生の増加に伴い、防音性能の優れた建物への引越しを検討していたところ、友人AからA所有の甲建物を紹介された。BはAとの間で、代金支払期日を甲建物の引渡しから1か月以内と定めて、甲建物を買い受ける契約（以下「本件売買契約」という。）を締結した。本件売買契約の締結においては、甲建物が特に優れた防音性能を備えた物件であることが合意の内容とされていた。

甲建物がBに引き渡され、Bは実際に居住しピアノ教室を営んでいたところ、甲建物の引渡しから2週間が経過した時点で、近隣住民からピアノの音がうるさいと苦情が入った。Bが不審に思い業者に調査を依頼したところ、甲建物が本件売買契約において合意された防音性能を備えていないことが判明した。BはAに対して防音設備を設置するように要求したが、Aからは何らの応答もなかった。Bとしては、甲建物について、居住の用途としては申し分のない物件であったため、このまま住み続けたいものの、代金の支払額は少なくしたいと考えている。

このような場合において、Bは、甲建物の代金の支払額を少なくするため、どのような主張をすることができるか。契約に基づく主張及び相殺の手段を用いた主張として考えられるものを、40字程度で記述しなさい。

総合テキスト LINK Chapter 27 債権の消滅 ④
Chapter 32 財産移転型契約 ②

代金減額請求・相殺

解答例　Bは、代金減額請求又は履行に代わる損害賠償請求権と売買代金債権の相殺をすることができる。(44字)

　まず、第一の手段として、Bは代金の減額をしてもらいたいと考えていることから、**代金減額請求をする**ことが考えられる。代金減額請求権について、民法563条1項は、「前条第1項本文に規定する場合において、買主が相当の期間を定めて履行の追完の催告をし、その期間内に履行の追完がないときは、買主は、その**不適合の程度に応じて代金の減額を請求する**ことができる。」と規定している。そして、「前条第1項本文に規定する場合」とは、「引き渡された目的物が種類、品質又は数量に関して**契約の内容に適合しない**ものであるとき」(562条1項)をいう。

　本問で、引き渡された甲建物は、A・B間の契約の内容とされた防音性能を有しておらず、品質が契約の内容に適合しないものだった。したがって、代金減額請求をすることができる。

　次に、第二の手段として、Bは、履行に代わる損害賠償請求権と売買代金債権の相殺をすることが考えられる。前提として、履行に代わる損害賠償請求権が認められるかが問題となる。この点、債務者であるAがその**債務の本旨に従った履行をしていない**ため、**損害の賠償を請求する**ことができる(415条1項本文)。また、債務者の責めに帰することができない(同項ただし書)事由も存在しない。そして、BはAに対して防音設備を設置するように要求したものの、Aからは何らの応答もなかったことから、Bには本件売買契約の解除権が生じ(562条1項本文、564条、541条本文)、**履行に代わる損害賠償請求権**(415条2項3号)が認められるといえる。

　そのうえで、相殺が認められるか。この点、AとBは、履行に代わる損害賠償金支払債務と売買代金支払債務という「**同種の目的を有する債務**」(505条1項本文)を負担しており、「**双方の債務が弁済期**」(同項本文)にある。また、双方の債務は相殺を許さない性質(同項ただし書)のものではない。したがって、履行に代わる損害賠償請求権と売買代金債権の相殺によって、代金の減額を請求することができる。

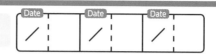
問題17 次の文章は、契約上の問題に関する相談者 A と回答者 B の会話である。相談者 A の相談内容に対して、回答者 B は、下記のとおり、相談者 A が求める請求は原則として認められない旨を回答している。これは、どのような場合を除き、何をしていないからか。民法の規定に照らし、「A は、引渡し時に」に続けて 40 字程度で記述しなさい。なお、記述にあたっては、相談者 A の相談内容における契約の不適合を「問題」と表記すること。

相談者 A「本日は、私が以前契約した中古自動車の売買契約（以下、『本件契約』という。）について、相談に伺いました。私は、令和 4 年 5 月 3 日に C から中古自動車甲を購入したのですが、翌 4 日に乗車したところ、エンジンのかかり具合が悪いことがわかったので、自動車の修理工場で見てもらったところ、購入当時からエンジンに欠陥があることが判明しました。しかし、動かないわけではなかったことから、特に C に連絡することなく、そのまま乗り続けていました。その後、令和 5 年 7 月 5 日、遂にエンジンがかからなくなり、乗車できなくなりました。私は、C に対して、修理や損害賠償の請求をしたのですが、C は、中古自動車の売買はそういうものだと言うばかりで、全く応じてくれません。C も本件中古自動車にこのような欠陥があることは知らなかったようです。しかし、本件契約では、C との間で中古自動車のエンジンには欠陥のないことが当然の前提とされていたのです。契約書にもそう書いてあります。私は、C に対して、この問題について何か本件契約に基づく請求をすることができないのでしょうか。」

回答者 B「お困りのようですね。今回の場合、原則として、あなたの請求は認められません。もっとも、その事情次第では、請求が認められる可能性もありますので、よく思い出してみてくださいね。」

A は、引き渡し時に

									10					15

契約不適合責任

解答例 Cが問題を重過失により知らない場合を除き、問題を知った時から1年以内に通知していないから。**(45字)**

　本問は、**契約不適合責任**に関する理解を問うものである。

　Aは、Cとの間で、エンジンに欠陥のないことを前提として中古自動車の売買契約を締結したところ、エンジンの欠陥があったことが判明したというのであるから、契約の「品質」に関する不適合があったといえる。そこで、Aは、Cに対して、契約不適合責任に基づく請求をすることが考えられる。

　契約不適合があった場合、一定の要件を満たせば、買主は、売主に対して、追完請求〔修補等〕、代金減額請求、損害賠償請求、契約の解除をすることができる（民法562条、563条、564条、415条、541条、542条）。

　もっとも、民法566条は、「売主が種類又は品質に関して契約の内容に適合しない目的物を**買主に引き渡した場合**において、買主がその不適合を知った時から1年以内にその旨を売主に**通知しないとき**は、買主は、その不適合を理由として、履行の追完の請求、代金の減額の請求、損害賠償の請求及び契約の解除をすることができない。ただし、売主が引渡しの時に**その不適合を知り、又は重大な過失によって知らなかったとき**は、この限りでない。」と規定している。

　本問では、Aは、令和4年5月4日にエンジンの欠陥に気づいていたにもかかわらず、令和5年5月4日を経過するまでに、Cに対して、何らの通知をしていない。そのため、Aは、品質に関する契約不適合を知った時から1年以内にその旨を通知していないことから、Cに対して、契約不適合責任を追及することはできないのが原則である。

　もっとも、本問では、Cは引渡し時に中古自動車のエンジンの欠陥を知らなかったものの、重過失によって知らなかったというのであれば、Aは、Cに対して、契約不適合責任に基づく請求をすることができる。

　以上により、Aは、Cが引渡し時に中古自動車のエンジンの欠陥を知らないことについて重過失であるときを除いて、当該問題を知った時から1年以内にCに対して通知をしていないため、契約不適合責任に基づく請求をすることができないこととなる。

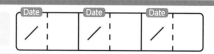

問題18 酒類の卸売業を営むAは、海外製品の販売事業に参入することを企図し、令和5年4月1日、海外産の酒類の輸入業者Bとの間で、冷蔵保存を必要とする"X国・Y農園の2002年生産のワイン"100本（以下「本件ワイン」という。）をAがBから購入する旨の売買契約（以下「本件契約」という。）を締結した。本件契約では、売買代金を100万円とし、同年7月1日にAの事業所にて本件ワインの引渡しをする旨が定められた。当該ワインは市場でも希少価値が極めて高く、同種同等のものは他に存在しないものであった。

本件ワインの調達に成功したBが、同年7月1日、本件契約のとおりAの事業所にこれを届けたところ、Aは、突如として、保管するための場所を確保するのを忘れていたと言い出し、正当な理由もなく、その受取りを拒否した。そのため、Bは、やむを得ず本件ワインを持ち帰り、その所有する冷蔵倉庫（以下「甲」という。）に適切に保管していた。ところが、同年7月4日未明、甲に隣接する家屋において落雷を原因とする火災が発生し、高熱によって甲の配電設備が故障したため、甲の内部は異常な高温となり、これによって本件ワインは飲用に適さない程度にまで品質が劣化した。翌7月5日、Bが、Aに対して、上記の事情を説明したうえで、あらためて本件ワインの受取りを求めたところ、Aは、「売り物にならないから、いらない。本件契約を白紙に戻したい」と告げて、これを拒絶した。

この場合、Aは、本件契約を解除することができるか。また、それはどのような理由か。他方、Bは、Aに対して、どのような契約上の請求をすることができるか（費用にかかる請求は除く。）。民法の規定に照らし、40字程度で記述しなさい。

総合テキスト LINK　Chapter 23　債権の効力　③
　　　　　　　　　　　Chapter 32　財産移転型契約　②

履行不能・危険の移転等

解答例 受領拒絶により危険がAに移転するため、解除できない。Bは、売買代金の支払を請求できる。**(43字)**

1 Aによる解除の可否

(1) 民法の規定

債務の全部の履行が不能であるときは、債権者は、催告をすることなく、直ちに**契約の解除をすることができる**（民法542条1項1号）のが原則である。

もっとも、売主が、契約の内容に適合する目的物をもって、その引渡しの債務の履行を提供したにもかかわらず、買主がその履行を受けることを拒んだ場合において、**その履行の提供があった時以後に当事者双方の責めに帰することができない事由によってその目的物が滅失等したときは**、買主は、**契約の解除をすることができない**（567条2項、1項前段）。

(2) 本問について

まず、目的物は売買の目的として特定されているものに限られるが、本件ワインは、同種同等のものは他に存在しないとされており、**売買の目的として特定**されている。

そして、Bは、本件契約のとおり本件ワインをAの事業所に届けている（履行の提供）。しかし、Aは、正当な理由もなく、本件ワインの受取りを拒否しており、債務の履行を受けることを拒んでいる。

その後、本件ワインは、落雷に起因する事故により、飲用に適さない程度にまで品質が劣化しているから、本件ワインは滅失等したといえ、また、その原因は、AB双方の責めに帰することができない事由（落雷に起因する事故）によるものである。

したがって、買主であるAは、本件契約の解除をすることができない（567条2項、1項前段）。

2 BのAに対する請求

(1) Bは、Aとの間で本件契約（売買契約）に基づいて、Aに対して、本件ワインの売買代金の支払請求をすることができる（555条）。

(2) そして、上述のとおり、本問においては、受領拒絶後に、当事者双方の責めに帰することができない事由によってその目的物（本件ワイン）が滅失等している場合にあたる。このような場合、買主は、代金の支払を拒むことができないとされている（567条2項、1項後段）。

したがって、Bは、Aに対して、売買代金の支払を請求することができる。

問題19　不動産の賃貸借において、賃借人が、賃貸人に無断で、賃借権を譲渡、又は賃借物を転貸し、その譲受人や転借人に当該不動産を使用又は収益させたときには、賃貸人は、賃貸借契約を解除することができる。ただ、譲渡・転貸についての賃貸人による承諾が得られていない場合でも、賃貸人による解除が認められない場合がある。それはどのような場合かについて、40字程度で記述しなさい。

総合テキスト LINK　Chapter 33　賃借型契約　1

賃貸借契約

解答例 1　　賃借人の行為が、賃貸人に対する背信行為と認めるに足りない特段の事情がある場合。**（39字）**

解答例 2　　賃貸人と賃借人との間の信頼関係が破壊されたとは認められない特段の事情がある場合。**（40字）**

　賃貸借一般について、賃借人は、賃貸人の承諾を得なければ、その賃借権を譲り渡し、又は賃借物を転貸することができず（民法612条1項）、賃借人がこれに違反して第三者に賃借物の使用又は収益をさせたときは、賃貸人は、契約の解除をすることができる（同条2項）。

　もっとも、不動産の賃貸借について、これらの解除を当然に認めると、賃借人にとって過酷な場合があるため、判例によって、賃貸人による解除が制限されている。すなわち、民法612条による解除の場合、賃借人が賃貸人の承諾なく第三者に賃借物の使用収益をさせたとしても、**賃借人の当該行為が賃貸人に対する背信的行為と認めるに足らない特段の事情があるとき**には、解除権は発生しない（最判昭28.9.25）。

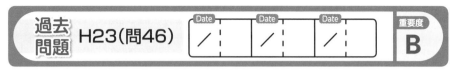

過去問題 H23(問46)

Date / Date / Date /

重要度 B

問題20　作家Yに雇用されている秘書Aは、Y名義で5万円以下のYの日用品を購入する権限しか付与されていなかったが、Yに無断でXからYのために50万円相当の事務機器を購入した。しかし、Xは、Aに事務機器を購入する権限があるものと信じて取引をし、Yに代金の支払いを請求したところ、Yはその支払いを拒絶した。このようなYの支払い拒絶を不当と考えたXは、Yに対して、支払いの請求、およびそれに代わる請求について検討した。この場合において、Xは、どのような根拠に基づき、いかなる請求をすればよいか。「Xは、Yに対して、」に続けて、考えられる請求内容を二つ、40字程度で記述しなさい。

Xは、Yに対して、　　　　　　　　10　　　　　　15

総合テキスト LINK　Chapter 8　代理　6
Chapter 37　不法行為　3

表見代理・使用者責任

解答例　（Ｘは、Ｙに対して、）表見代理の成立を理由に代金支払請求か、使用者責任に基づき損害賠償請求をする。**(38 字)**

　本問では、Ｙに雇用されているＡは、Ｙから「Ｙ名義で 5 万円以下のＹの日用品を購入する権限」を付与されていたが、「ＸからＹのために 50 万円相当の事務機器を購入した」というのであるから、50 万円相当の事務機器の売買契約は無権代理となり、原則的にその効果はＹに帰属しない（民法 113 条 1 項）。

　もっとも、Ｙは「Ｙ名義で 5 万円以下のＹの日用品を購入する権限」を与えており、ＸはＡに権限があるものと信じて取引をしていたというのであるから、Ｘの信頼をＹの犠牲の下で保護する必要が生じる。

　このようなＸの信頼をＹの犠牲の下で保護する制度として、（権限外の行為の）**表見代理**（110 条）と**使用者責任**（715 条）が考えられる。

　権限外の行為の表見代理は、代理人がその権限外の行為をした場合において、第三者が代理人の権限があると信ずべき正当な理由がある場合、本人が責任を負うという制度である。「本人が責任を負う」とは、本人は無権代理であることを主張できず、履行責任を負うことを意味する。

　これに対し、使用者責任は、ある事業のために他人を使用する者は被用者がその事業の執行について第三者に加えた損害を賠償する責任を負うという特別の不法行為責任である（715 条 1 項本文）。「事業の執行について」とは、被害者保護のため、行為の外形から事業若しくはこれに関連する行為とみられれば足りると解されている（外形理論）。

　権限外の行為の表見代理責任と使用者責任は、取引的な不法行為の場合で被用者に何らかの代理権が与えられているときに同時に適用が問題となることが多い。

　本問では、表見代理の主張が認められると、50 万円相当の事務機器の売買契約の効果はＹに帰属し、ＸはＹに対して売買契約に基づき代金の「支払いの請求」をすることができる。これに対して、使用者責任の主張が認められると、「それ（支払いの請求）に代わる請求」、すなわち、Ｘが 50 万円相当の事務機器の売買契約の締結に関するＡの行為から被った損害の賠償の請求をすることができる。

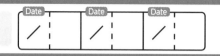

問題21　Aは、所有する甲建物をBに賃貸した。Bは、甲建物において、成年の子Cと同居していた。ところが、ある日、甲建物は、Cのたばこの不始末を原因として全焼し、滅失してしまった。甲建物の焼失について、Cに重過失が認められた。この場合、Aは、B及びCに対して、それぞれ、どのような根拠に基づき、損害賠償請求をすることができるか。「Aは、」に続き40字程度で記述しなさい。なお、Bには、Bが甲建物をAに返還することができないことについて帰責事由があるものとする。

Aは、　　　　　　　　　　　　　　　　　　　　　　　　10　　　　　　　　　　　15

債務不履行と不法行為

解答例 　Bに対して債務不履行に基づき、Cに対して不法行為に基づき、損害賠償請求をすることができる。**(45字)**

　賃貸借契約（民法601条）において、賃借人は、賃借物について返還義務を負い（601条）、これに違反した場合は、**債務不履行責任**を負う。すなわち、債務不履行が認められると、債権者は、債務者に対して損害賠償請求をすることができる（415条1項本文）。

　そして、履行不能による債務不履行責任が認められるためには、目的物の履行が不能となったことのみならず、**債務者の責めに帰すべき事由（帰責事由）**が必要となる（同項ただし書）。

　本問では、甲建物はCの行為を原因として滅失しており、賃借人Bの賃貸人Aに対する甲建物の返還義務は履行不能となっている。そして、Bには、甲建物をAに返還することができないことについて帰責事由があるものとされている。

　よって、Bは債務不履行責任を負うこととなり、AはBに対して債務不履行に基づき損害賠償請求をすることができる。

　これに対し、**A・C間では何ら契約関係は認められない**から、債務不履行責任は問題とならない。もっとも、故意又は過失によって他人の権利又は法律上保護される利益を侵害した者は、これによって生じた損害を賠償する責任を負う（**不法行為責任**　709条）。

　そして、建物の失火の場合、民法709条の特則として失火責任法があり、失火者に**重過失**がない限りは不法行為責任を免除されている（なお、故意に放火した者について不法行為責任は免除されていない）。

　本問では、Cの重過失により、Aの所有する甲建物は滅失しているので、Aの所有権（他人の権利）が侵害されている。

　よって、Cは不法行為責任を負うこととなり、AはCに対して不法行為に基づき損害賠償請求をすることができる。

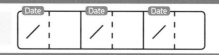

問題22　Aは、夫であったBとの間に子Cをもうけたが、その後、AとBは離婚をし、AがCの親権者となった。Aは、Cがまだ幼く、その養育のための資金が必要であることから、Cの養育費に充てるために、Aの名義でDから金員を借り入れ、その担保として、CがBから贈与された甲土地に抵当権を設定することを検討している。この場合、当該抵当権設定行為がどのような行為に当たるために、どのような手続が必要になるか。また、この手続を経ていない場合、当該抵当権設定行為はどのような行為となるか。40字程度で記述しなさい。

利益相反行為

解答例　利益相反行為にあたるため、特別代理人の選任を家庭裁判所に請求する。無権代理行為となる。（43字）

　親権を行う父又は母とその子との**利益が相反する行為**については、親権を行う者は、その子のために**特別代理人を選任すること**を家庭裁判所に**請求**しなければならない（民法826条1項）。同項の趣旨は、親権者とその親権に服する子との間において、互いに利益が衝突する場合には、親権者に親権の公正な行使を期待することができないので、親権者の代理権及び同意権に制限を加え、家庭裁判所の選任した特別代理人にこれらの権利を行使させ、子の利益を保護しようとすることにある。

　また、判例によれば、「利益が相反する行為」にあたるかどうかは、親権者が子を代理してなした行為自体を**外形的客観的に考察して判定すべき**であって、当該代理行為をなすについての親権者の動機、意図をもって判定すべきでないとされる（最判昭42.4.18）。

　本問において、Aには借入金をCの養育費に充てるという意図があるものの、抵当権設定行為については、親権者であるAの名義で金銭を借り入れ、その担保として、子であるCの所有する甲土地に抵当権を設定するという点で、外形的客観的にみて利益相反行為にあたる（最判昭37.10.2参照）。したがって、Aは、Cのために特別代理人を選任することを家庭裁判所に請求しなければならない。

　そして、民法826条1項の規定に違反してなされた行為は、**無権代理行為**になるとされている（108条2項本文、最判昭46.4.20参照）。

問題23 Aは、長年にわたり夫Bと婚姻関係にあったが、Bは急病のため遺言をすることなく死亡した。Bの遺産は、Bが単独で所有していた甲建物（2000万円）と預貯金（2000万円）のみであった。Bの相続人は、Aのほか、AB間の子Cがいる。Aは、甲建物を自らの住居として使用しつつ、今後の生活費としてBの預貯金のうち1000万円を受け取りたいと考えている。この場合、Aは、所定の要件を満たせば、預貯金について相応の金額を相続しながら、甲建物について、所有権を取得しなくても、原則として終身の間、無償で使用収益をする法定の権利を取得することができる。この建物の使用収益をする権利を何と呼ぶか。また、本件において、Aがこの権利を取得するのはどのようなときか。民法の規定に照らし、40字程度で記述しなさい。

なお、上記の権利の取得において家庭裁判所の審判による場合を考慮しないものとする。

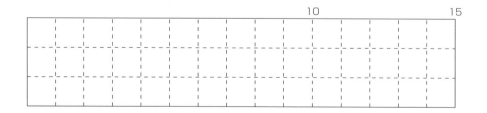

配偶者居住権

解答例　配偶者居住権と呼び、相続開始時にＡが甲建物に居住し、遺産分割により当該権利を取得したとき。**(45字)**

1　民法 1028 条 1 項柱書本文は、「被相続人の配偶者……は、被相続人の財産に属した建物に相続開始の時に居住していた場合において、次の各号のいずれかに該当するときは、その居住していた建物……の全部について無償で使用及び収益をする権利……を取得する。」と規定している。この権利は「配偶者居住権」と呼ばれる（同項柱書本文かっこ書）。

　　そして、配偶者居住権を取得する場合として、「①　遺産の分割によって配偶者居住権を取得するものとされたとき。」、及び「②　配偶者居住権が遺贈の目的とされたとき。」が掲げられている（同項各号）。

　　配偶者居住権の存続期間について、1030 条本文は、原則として「配偶者の終身の間」であるとしている。

2　本問では、「被相続人〔Ｂ〕の**配偶者**」であるＡが、「**原則として終身の間**」、甲建物を「**無償で使用収益をする法定の権利**」を取得する場合について問われていることから、ここでいう権利として、「**配偶者居住権**」が挙げられる。

　　そこで、1028 条 1 項柱書本文の規定上、本問の解答として求められている配偶者居住権の取得要件の 1 つとして、Ａが甲建物に「**相続開始の時に居住していた場合**」を挙げることになる。

　　また、Ｂは「遺言をすることなく死亡した」とされていることから、1028 条 1 項各号の規定上、本問で解答として求められている配偶者居住権の取得要件の 1 つとして、同項 1 号の「**遺産の分割**」による場合を挙げることになる。

　　なお、同項ただし書は、「被相続人が相続開始の時に居住建物を配偶者以外の者と共有していた場合」には、配偶者居住権を取得しないとするところ、本問では、甲建物は「Ｂが単独で所有していた」とされていることから、当該規定には該当しない。

3　配偶者居住権制度は、配偶者のために居住建物の使用収益権限を認めることによって、配偶者が居住建物の所有権を取得する場合に比べて、低廉な価額で居住権を確保することができるようにすること等を目的とするものである。

　　例えば本問の場合、従来では、Ａが甲建物（2000 万円）の所有権を単独で相続するとしたときには、法定相続分（2 分の 1）によれば、もう 1 つのＢの相続財産である預貯金（2000 万円）については、原則としてＣが全額を相続することになる。

　　これに対して、配偶者居住権制度の下では、甲建物につき、Ａが配偶者居住権を取得しつつ、Ｃが負担付所有権を取得することとし、仮に配偶者居住権と負担付所有権がいずれも 1000 万円とするならば、Ａは、Ｂの預貯金からも 1000 万円（2000 万円× 2 分の 1）を相続することができるようになる。これにより、Ａは、居住場所と生活費のいずれも確保することができる。

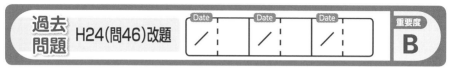
問題24　次の文章は遺言に関する相談者と回答者の会話である。
〔　　　　　　　　　　　〕の中に、どのような権利行使によって、何についての請求ができるかを40字程度で記述しなさい。

相談者「今日は遺言の相談に参りました。私は夫に先立たれて独りで生活しています。亡くなった夫との間には息子が一人おりますが、随分前に家を出て一切交流もありません。私には、少々の預金と夫が遺してくれた土地建物がありますが、少しでも世の中のお役に立てるよう、私が死んだらこれらの財産一切を慈善団体Aに寄付したいと思っております。このような遺言をすることはできますか。」

回答者「もちろん、そのような遺言をすることはできます。ただ、その後のAと息子さんとの法律関係には留意する必要があります。というのも、相続人である息子さんは、〔　　　　　　　　　　〕からです。そのようにできるのは、被相続人の財産処分の自由を保障しつつも、相続人の生活の安定及び財産の公平分配をはかるためです。」

										10					15

総合テキスト LINK Chapter 43　遺留分　②

遺留分侵害額の請求権

解答例　遺留分侵害額の請求により、被相続人の財産の２分の１の限度で、金銭の支払を請求できる（41字）

本問は、遺留分侵害額の請求（民法1046条）とその具体的内容に関する問題である。

設問文に「どのような権利行使によって」とあること、回答者の発言に「被相続人の財産処分の自由を保障しつつも、相続人の生活の安定及び財産の公平分配をはかるため」とあることから、**遺留分侵害額の請求**をすることが考えられる。

次に、何についての請求ができるかについて、相談者の息子は「**兄弟姉妹以外の相続人**」であり、「**直系尊属のみ**が相続人である場合」にもあたらないので、金銭債権として請求できる遺留分の割合は「被相続人の財産の**２分の１**」（1042条１項２号）となる（1042条１項）。

したがって、相談者の相続人である息子は、遺留分侵害額の請求によって、遺留分を保全するのに必要な限度で金銭の支払を請求できる。

具体的には、相続財産のAへの寄付の２分の１について金銭債権を行使することができる。

問題1 　行政行為は、たとえ違法であっても、一定の場合を除いては、適法に取り消されない限り完全にその効力を有するものと解されている。このような、行政行為が取り消されない限り有効なものとして扱われる効力は、行政法学上、どのような名称で呼ばれるか。また、この効力が及ばないことになる上記「一定の場合」とは、どのような場合であるか。40字程度で記述しなさい。

総合テキスト LINK Chapter 3　行政作用法　2

一般的法理論　行政行為の効力

解答例 1　　公定力と呼ばれ、行政処分の瑕疵が重大かつ明白で、当該処分を当然無効とする場合である。(42字)

解答例 2　　公定力と呼ばれ、行政処分の瑕疵が重大であって、当該処分を当然無効とする場合である。(41字)

　公定力とは、行政行為が違法であっても直ちに無効とはならず、**取り消されない限り有効なものとして扱われる効力**をいう。判例は、行政処分は、たとえ違法であっても、その**違法が重大かつ明白**で当該処分を**当然無効**ならしめるものと認めるべき場合を除いては、適法に取り消されない限り完全にその効力を有するものと解している（最判昭 30.12.26）。

　そこで、無効事由たる瑕疵のある行政行為には、公定力が及ばないことになるところ、どのような瑕疵が無効事由たる瑕疵であるかについて、上記判例は、「その違法が重大かつ明白」な場合であるとしている（重大明白説）。

　もっとも、その後の判例は、「課税処分が課税庁と被課税者との間にのみ存するもので、処分の存在を信頼する第三者の保護を考慮する必要のないこと等を勘案すれば、当該処分における内容上の過誤が課税要件の根幹についてのそれであつて、徴税行政の安定とその円滑な運営の要請を斟酌してもなお、不服申立期間の徒過による不可争的効果の発生を理由として被課税者に右処分による不利益を甘受させることが、著しく不当と認められるような例外的な事情のある場合には、前記の過誤による瑕疵は、当該処分を**当然無効**ならしめるものと解するのが相当である」とし、**瑕疵の重大性**を認定したが、明白性要件について特に触れることなく無効としている（最判昭 48.4.26）。この判例については、重大な瑕疵であれば足り、必ずしも明白性を要求しない見解（明白性補充要件説）を示唆した判例と考えられている。

　したがって、解答に際しては、無効事由たる瑕疵について、重大明白説の立場から「重大かつ明白」な瑕疵とするか、又は、明白性補充要件説の立場から「重大」な瑕疵と解答することが求められる。

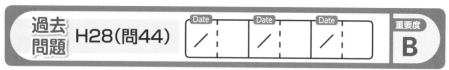
問題2　A市は、A市路上喫煙禁止条例を制定し、同市の指定した路上喫煙禁止区域内の路上で喫煙した者について、2万円以下の過料を科す旨を定めている。Xは、路上喫煙禁止区域内の路上で喫煙し、同市が採用した路上喫煙指導員により発見された。この場合、Xに対する過料を科すための手続は、いかなる法律に定められており、また、同法によれば、この過料は、いかなる機関により科されるか。さらに、行政法学において、このような過料による制裁を何と呼んでいるか。40字程度で記述しなさい。

10　　　　　　　　　　　　15

総合テキスト LINK　Chapter 3　行政作用法　4

解答例　A市長により、地方自治法の定める手続によって科され、これを秩序罰と呼ぶ。(36字)

　本問のような「過料」は、**行政上の秩序に障害を与える危険がある義務違反に対して科される金銭的制裁**であり、秩序罰と呼ばれる。刑法総則の適用があり、刑事訴訟法の定める手続によって執行される行政刑罰とは区別される。

　法律に基づく過料の場合、過料の徴収は、非訟事件手続法の定めるところにより、地方裁判所（簡易裁判所）における過料の裁判を経て、検察官の命令をもって執行されることになる（119条以下）。法律に基づく過料の場合、非訟事件手続法によることとしたのは、刑罰でないとはいえ、行政罰であるため、中立的な裁判所が科すこととした方が望ましいからである。

　これに対して、条例・規則に基づく過料の場合、金額もわずかであることから、地方公共団体の責任において科すこととしたものである。

　そして、地方自治法149条柱書は、「普通地方公共団体の長は、概ね左に掲げる事務を担任する。」と規定し、同条3号は、「**地方税を賦課徴収し、分担金、使用料、加入金又は手数料を徴収し、及び過料を科すること。**」を掲げている。また、255条の3は、「普通地方公共団体の長が過料の処分をしようとする場合においては、過料の処分を受ける者に対し、あらかじめその旨を告知するとともに、弁明の機会を与えなければならない。」と規定している。

　したがって、本問のように、条例違反を犯した者に対しては、地方自治法に定めるところに従って、普通地方公共団体の長が、過料を科すことになる。

問題3 A市は、その中心部に、江戸時代に宿場町として栄えた趣を残している地区があり、当該地区の歴史的な環境を維持し向上させるための政策を続けてきた。A市は、その政策の一環として、風俗営業のための建築物について、条例で独自の規制基準を設けることとし、当該基準に違反する建築物の建築工事については市長が中止命令を発し得ることとした。さらに、A市は、当該命令の実効性を確保するための手段として、以下の①及び②の方法を検討したが、A市条例の立案担当者は、①の方法を採ることはできないと判断した。

① 条例で、A市の職員が当該建築物の敷地を封鎖して、建築資材の搬入を中止させる旨の定めを設けること。

② 中止命令を受けた者が当該建築物の除却をしない場合において、<u>それを放置することが著しく公益に反すると認められるときは、A市が自ら除去を行い、その費用をその者から徴収すること。</u>

①は、行政法学上、何と呼ばれ、A市条例の立案担当者が①の方法を採ることはできないと判断したのは、どのような理由によるか。また、②の方法を採るためには、行政代執行法上、②の下線部に加え、どのような場合であることを要するか。40字程度で記述しなさい。なお、手続的要件については検討しなくてよい。

									10					15

総合テキスト ↪ **LINK** Chapter 3　行政作用法　**4**

一般的法理論　直接強制・代執行

解答例　直接強制と呼ばれ、法律の定めを要するため。他の手段による履行の確保が困難な場合であること。**（45 字）**

1　総説

　　行政上の**強制執行**とは、義務者が行政上の義務の履行をしないときに、権利者たる**行政主体**が、裁判所の手を借りることなく、**自らの手で**、**義務履行の実現を図る制度**である。行政上の強制執行には、ⅰ**代執行**、ⅱ**直接強制**、ⅲ**執行罰**、ⅳ**強制徴収**があるとされる。

2　①に関する設問について

　　①の方法は、直接強制に該当する。

　　直接強制とは、義務者の身体又は財産に**直接有形力を行使**して、**義務の履行があった状態を実現する**ものをいう。直接強制は、人権侵害のおそれがあるため、現行法下では一般的制度としては認められず、**個別の法律で定められていることを要する**（行政代執行法1条参照）。

　　①は、市長の中止命令にかかる義務について、**条例**で、その直接強制を定めようとするものである。しかし、これは法律の定めを要するものであるため、①の方法を採ることはできないと判断されることになる。

3　②に関する設問について

　　②の方法は、**代執行**に該当する。

　　行政代執行法2条は、「**法律（法律の委任に基く命令、規則及び条例を含む。以下同じ。）により直接に命ぜられ、又は法律に基き行政庁により命ぜられた**行為（他人が代つてなすことのできる行為に限る。）について義務者がこれを履行しない場合、**他の手段によつてその履行を確保することが困難**であり、且**つその不履行を放置することが著しく公益に反すると認められるとき**は、当該行政庁は、**自ら義務者のなすべき行為をなし、又は第三者をしてこれをなさしめ、その費用を義務者から徴収する**ことができる。」と規定している。

　　②の要件では、義務者（中止命令を受けた者）が代替的作為義務（当該建築物の除却）を履行しない場合において、「その不履行を放置することが著しく公益に反すると認められるとき」が掲げられている。そこで、解答としては、行政代執行法2条の要件のうち、「**他の手段によってその履行を確保することが困難であるとき**」を挙げることになる。

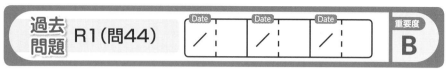

問題4　A所有の雑居ビルは、消防法上の防火対象物であるが、非常口が設けられていないなど、消防法等の法令で定められた防火施設に不備があり、危険な状態にある。しかし、その地域を管轄する消防署の署長Yは、Aに対して改善するよう行政指導を繰り返すのみで、消防法5条1項所定の必要な措置をなすべき旨の命令（「命令」という。）をすることなく、放置している。こうした場合、行政手続法によれば、Yに対して、どのような者が、どのような行動をとることができるか。また、これに対して、Yは、どのような対応をとるべきこととされているか。40字程度で記述しなさい。

（参照条文）
　消防法
　第5条第1項　消防長又は消防署長は、防火対象物の位置、構造、設備又は管理の状況について、火災の予防に危険であると認める場合、消火、避難その他の消防の活動に支障になると認める場合、火災が発生したならば人命に危険であると認める場合その他火災の予防上必要があると認める場合には、権限を有する関係者（略）に対し、当該防火対象物の改修、移転、除去、工事の停止又は中止その他の必要な措置をなすべきことを命ずることができる。（以下略）

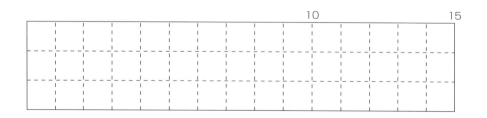

行政手続法　処分等の求め

解答例　何人も命令を求めることができ、Yは必要な調査を行い必要と認めたときは命令をすべきである。**(44字)**

　本問は、行政手続法36条の3の理解を問うものである。

　本問の前半では、本問の事情の下、Yに対し、どのような者が、どのような行動をとることができるかが問われている。36条の3第1項は、「**何人も、法令に違反する事実がある場合において、その是正のためにされるべき処分又は行政指導（その根拠となる規定が法律に置かれているものに限る。）がされていないと思料するときは、当該処分をする権限を有する行政庁又は当該行政指導をする権限を有する行政機関に対し、その旨を申し出て、当該処分又は行政指導をすることを求めることができる。**」と規定している。A所有の雑居ビルは、消防法上の防火対象物であるが、非常口が設けられていないなど、消防法等の法令で定められた防火施設に不備があり、危険な状態である。しかし、その地域を管轄する消防署の署長Yは、Aに対して改善するよう行政指導を繰り返すのみで、消防法5条1項所定の必要な措置をなすべき旨の命令（以下、「命令」という）をすることなく、放置している。そこで、Yに対して、何人も、その旨を申し出て、Aへの命令〔5条1項所定の必要な措置をなすべき旨〕を求めることができることになる。

　本問の後半では、上記本問前半を受けて、Yは、どのような対応をとるべきこととされているかが問われている。行政手続法36条の3第3項は、「**当該行政庁又は行政機関は、第1項の規定による申出があったときは、必要な調査を行い、その結果に基づき必要があると認めるときは、当該処分又は行政指導をしなければならない。**」と規定している。そこで、Yは、必要な調査を行い、その結果に基づき、必要があると認めるときは、Aへの命令〔消防法5条1項所定の必要な措置をなすべき旨〕をするべきこととされる。

問題5　Aが、行政庁Bに対し、法令に基づいて、ある営業許可の申請をしたところ、拒否処分がなされた。そこで、Aは、この申請拒否処分について、Bの最上級行政庁Cを審査庁として審査請求をした。この場合において、Cが、当該処分は違法であり、許可等の一定の処分をすべきものと認めるとき、どのような裁決がなされるか。40字程度で記述しなさい。

総合テキスト ⇨ LINK　Chapter 6　行政不服審査法　6

解答例　申請拒否処分を取り消し、処分庁に対し、申請に対する一定の処分をすべき旨を命ずる。（40字）

　行政不服審査法46条1項本文は、「処分（事実上の行為を除く。……）についての審査請求が理由がある場合……には、審査庁は、裁決で、**当該処分の全部若しくは一部を取り消**」すと規定している。そして、同条2項柱書は、「前項の規定により法令に基づく申請を却下し、又は棄却する処分の全部又は一部を取り消す場合において、次の各号に掲げる審査庁は、当該申請に対して一定の処分をすべきものと認めるときは、当該各号に定める措置をとる。」と規定し、同項1号は、「**処分庁の上級行政庁である審査庁**」について、「当該処分庁に対し、**当該処分をすべき旨を命ずること。**」を掲げている。

　本問の場合、「処分は違法」とされているから、「審査請求が理由がある」ものとして、審査庁Cは、「裁決で、当該処分の全部若しくは一部を取り消」すことになる。そして、「許可等の一定の処分をすべきものと認めるとき」にあたるとされているから、処分庁Bの上級行政庁である審査庁Cは、処分庁Bに対し、「申請に対する一定の処分をすべき旨を命ずる」ことになる。

問題6　Xは、Y県内で開発行為を行うことを計画し、Y県知事に都市計画法に基づく開発許可を申請した。しかし、知事は、この開発行為によりがけ崩れの危険があるなど、同法所定の許可要件を充たさないとして、申請を拒否する処分をした。これを不服としたXは、Y県開発審査会に審査請求をしたが、同審査会も拒否処分を妥当として審査請求を棄却する裁決をした。このため、Xは、申請拒否処分と棄却裁決の両方につき取消訴訟を提起した。このうち、裁決取消訴訟の被告はどこか。また、こうした裁決取消訴訟においては、一般に、どのような主張が許され、こうした原則を何と呼ぶか。40字程度で記述しなさい。

10　　　　　　　　　15

行政事件訴訟法　原処分主義

解答例　被告はＹ県であり、裁決固有の瑕疵のみが主張でき、この原則を原処分主義という。**(38字)**

　行政事件訴訟法11条1項柱書は、「処分又は裁決をした行政庁（処分又は裁決があつた後に当該行政庁の権限が他の行政庁に承継されたときは、当該他の行政庁。以下同じ。）が国又は公共団体に所属する場合には、取消訴訟は、次の各号に掲げる訴えの区分に応じてそれぞれ当該各号に定める者を被告として提起しなければならない。」と規定しており、同項2号は、「裁決の取消しの訴え」においては、「**当該裁決をした行政庁の所属する国又は公共団体**」を掲げている。したがって、被告は、Ｙ県開発審査会の所属するＹ県であることになる。

　次に、10条2項は、「処分の取消しの訴えとその処分についての審査請求を棄却した裁決の取消しの訴えとを提起することができる場合には、裁決の取消しの訴えにおいては、**処分の違法を理由として取消しを求めることができない。**」と規定している。したがって、裁決取消訴訟においては、裁決固有の瑕疵のみを主張することが許される。

　また、一般に、こうした原則は、講学上、**原処分主義**と呼ばれる。

問題7　甲県乙市では、水道の利用者に対して一般的に水道料金を増額することを内容とする条例（以下、「本件条例」という。）を制定した。乙市に住むXは、水道料金の増額に反対しており、本件条例の無効確認訴訟（行政事件訴訟法3条4項）を提起した。最高裁判所の判例によれば、この訴訟については、どのような理由により、どのような判決となるか。「本件条例の制定行為については、本件条例が」に続く文章を40字程度で記述しなさい。

なお、記述にあたっては、「限られた特定の者」という語句を用いることとする。

本件条例の制定行為については、本件条例が

									10					15

総合テキスト 🔗 LINK　Chapter 7　行政事件訴訟法　④

行政事件訴訟法　処分性

解答例　限られた特定の者に対してのみ適用されるものではなく、処分性が否定され、却下判決となる。**（43字）**

　本問は、最高裁判所第二小法廷平成18年7月14日判決（民集第60巻6号2369頁）を題材とした問題である。

　同判例は、「抗告訴訟の対象となる行政処分とは、行政庁の処分その他公権力の行使に当たる行為をいうものである。本件改正条例は、……簡易水道事業の水道料金を一般的に改定するものであって、そもそも限られた特定の者に対してのみ適用されるものではなく、本件改正条例の制定行為をもって行政庁が法の執行として行う処分と実質的に同視することはできないから、本件改正条例の制定行為は、抗告訴訟の対象となる行政処分には当たらないというべきである」としている。

　一般的に、処分とは、①公権力の主体たる国又は公共団体の行為のうち、②その行為によって直接国民の権利義務を形成し又はその範囲を確定することが法律上認められているものをいう。

　そして、本件条例は水道料金を一般的に改定するものであり、限られた特定の者に対してのみ適用されるものではないから、本件条例の制定行為については、②が否定される。

　したがって、本問の訴訟については、本件条例の制定行為は、処分性が否定される（抗告訴訟の対象となる「処分」にはあたらない）という理由で、却下判決が下される。

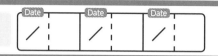
問題8　Aは、税金の滞納を理由にその所有する不動産の差押えを受け、その後、当該不動産はB税務署長により公売に付された。国税徴収法の規定によれば、公売に付する財産に抵当権等の権利を有する者がいる場合、その権利者らの保護を目的として、公売に際しその権利者らに所定の通知をすることが義務づけられているところ、本件の公売では、抵当権者に対する通知手続について法令違反（以下「本件手続違反」という。）があることが判明した。不満を抱いたAは、B税務署長による公売等の処分について取消訴訟を提起することを検討している。この場合、取消訴訟が適法に提起されたとしても、その取消訴訟において、Aは本件手続違反を主張することができない（主張が制限される）ものと解されている。それは、当該主張がどのようなものであるためか。また、そのことによりAの請求が認められない場合、裁判所としてはどのような判決をすることとなるか。行政事件訴訟法の規定に照らし、40字程度で記述しなさい。

（参照条文）
　国税徴収法
　　第94条第1項　税務署長は、差押財産等を換価するときは、これを公売に付さなければならない。
　　第95条第1項　税務署長は、差押財産等を公売に付するときは、公売の日の少なくとも10日前までに、次に掲げる事項を公告しなければならない。（以下略）
　　第96条第1項　税務署長は、前条の公告をしたときは、同条第1項各号……に掲げる事項及び公売に係る国税の額を滞納者及び次に掲げる者のうち知れている者に通知しなければならない。
　　一　公売財産につき交付要求をした者
　　二　公売財産上に質権、抵当権、先取特権、留置権、地上権、賃借権その他の権利を有する者（以下略）

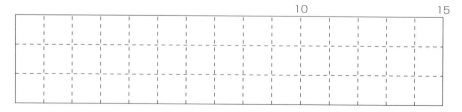

総合テキスト ⏩ LINK　Chapter 7　行政事件訴訟法　[5]

行政事件訴訟法　主張制限

解答例　自己の法律上の利益に関係のない違法を理由とする主張であるため。請求棄却判決をする。**(41字)**

1　設問前段について

　　行政事件訴訟法10条1項は、「取消訴訟においては、**自己の法律上の利益に関係のない違法を理由として取消しを求めることができない。**」と規定している。この規定は、原告適格（9条1項参照）そのものについて規定しているのではなく、**原告適格が認められる場合**に、その取消訴訟において主張しても意味がないこと、すなわち**主張制限**があることを定めたものである。

　　10条1項により、例えば、滞納処分で差押えを受けた者は、その取消訴訟において、当該差押物件が他人に属するものであることを主張することができないと解されている（東京地判昭46.5.19参照）。また、国税徴収法は、公売に際し、公売財産に抵当権等の権利を有する者等へ公売にかかる通知をすることを義務づけている（96条1項各号）ところ、この規定は、もっぱらこれらの権利者等の利益を保護するためのものであるから、納税義務者（滞納者）としては、その通知がなかったことを違法事由として、公売処分等の取消訴訟において、その手続違反を主張することができないと解されている（東京地判昭28.8.10参照）。

　　なお、最高裁判所の判例において、主張制限が問題となった事案として、新潟空港事件（最判平元.2.17）が挙げられる。

2　設問後段について

　　本問の場合、取消訴訟が適法に提起されたことを前提としたうえで、本案審理において、**処分の取消しを求める請求に理由がない**として、これを退けるものである。したがって、裁判所としては、請求の「**棄却判決**」をすることになる。

　　なお、原告適格のような**訴訟要件を欠く場合**、当該訴えは不適法なものとして、裁判所としては、請求の「**却下判決**」をすることになる。

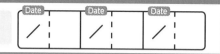

問題9　Aは、B市営のC会館においてB市の活性化のための催事を開くことを企画し、B市長からC会館の使用許可処分（処分①）を受けた。その使用許可申請書には、使用目的として、「1か月に1回、1年間にわたり、指定の日に参加無料の講演会を開催する」旨が記載されていた。その後、Aによる催事が2回開かれ、初回は当該申請書の記載に従って参加無料の講演会が開催されたものの、2回目は、初回の講演会の集客が振るわず、開催経費も想定額を超えたために、Aが催事の内容を急遽変更し、B市に無断で、講演会に代えて有料の上映会を開催したことが判明した。この事実を重く見たB市長は、B市市民会館条例に基づいて処分①を取り消す旨の処分（処分②）を行った。この場合、本件の処分②は、行政行為の効力を失わせるものとして、講学上、何と呼ばれるか。また、Aは、3回目以降も予定どおりにC会館を使用するために、行政事件訴訟法上、どのような訴訟を提起し、どのような仮の救済の申立てをすればよいか。40字程度で記述しなさい。

　なお、従来、他の類似の事例においてB市市民会館条例7条違反があった場合でも、使用許可処分が取り消されたことはなかった。Aは、処分②は重大かつ明白な瑕疵はないが違法であり、また、処分②に関して自身の受ける損害は、償うことのできない程のものではないが重大なものであると考えている。

（参照条文）
　B市市民会館条例（抜粋）
　　第7条　前条の許可〔市民会館使用についての市長の許可〕を受けた者は、その許可の申請書に記載した以外の目的で会館の施設を使用してはならない。
　　第10条　市長は、次の各号のいずれかに該当すると認めるときは、使用の許可を取り消すことができる。
　　　一　この条例又はこの条例に基づく規則に違反したとき。（以下略）

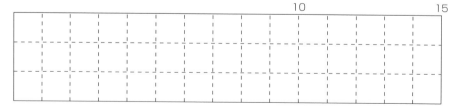

総合テキスト LINK　Chapter 3　行政作用法　2
　　　　　　　　　　Chapter 7　行政事件訴訟法　3 4 5

行政法総合　行政行為・取消訴訟等

解答例　処分②は、撤回と呼ばれ、Aは、処分②の取消訴訟を提起し、執行停止の申立てをすればよい。**(43字)**

　本問は、行政法における取消しと撤回の区別、及び取消訴訟とそれに関連する執行停止に関する問題である。

1　設問前段──取消しと撤回について

　　行政行為の効力を失わせるものとして、講学上考えられるものには、「取消し」と「撤回」がある。両者の区別は、当該行政行為の効力を失わせる原因が、**成立時の原始的な瑕疵によるものか、後発的事情によるものかにより判断され**、前者の場合には「取消し」となり、後者の場合には「撤回」となる。

　　本問において、処分②（使用許可処分の取消処分）は、2回目の催事の際に、Aが催事の内容を急遽変更し、B市に無断で、講演会に代えて有料の上映会を開催したことを理由になされている。そこで、後発的事情によるものといえる。

　　したがって、本件の処分②は、講学上の「撤回」にあたる。

2　設問後段──訴訟選択について

　　Aが3回目以降も予定どおりにC会館を使用するためには、処分②の効力を失わせることにより、処分①（使用許可処分）の効力を維持させればよいと考えられる。そこで、Aとしては、処分②の取消しを求める**取消訴訟**（行政事件訴訟法3条2項）を提起すればよい。

　　なお、本問では、処分②の違法事由として、他の類似の事例において使用許可処分が取り消されたことがなかったことから、平等原則違反等による裁量権の濫用がある旨を主張することが考えられる。

3　設問後段──仮の救済について

　　処分②の取消訴訟を提起するだけでは、請求認容判決がされるまで、処分②の撤回の効果は存続したままとなり（25条1項参照）、Aは、その間C会館を使用することができない。そこで、Aとしては、暫定的に処分②の効力を失わせるために、仮の救済として、処分②の**執行停止**（同条2項本文）の申立てをすればよい。

4　他の訴訟類型──仮の救済の検討

(1)　Aは、処分②について重大かつ明白な瑕疵はないと考えており、また、出訴期間（14条）が経過した等の事情もないことから、無効等確認訴訟（3条4項）を提起することは適切ではない。

(2)　Aは、処分②に関して自身の受ける損害は償うことのできない程のものではないと考えていることから、仮の義務付け（37条の5第1項）の要件に照らし、その申立てをすることは適切ではない。また、仮の義務付けの前提としての非申請型義務付け訴訟（3条6項1号）の提起については、上述のとおり、取消訴訟を提起することが可能であることから、補充性の要件（37条の2第1項）を満たさないと考えられるため、適切ではない。

問題10　Aは、Xの居住する建物に隣接する土地に高層マンションを建築しようと考え、Y県建築主事から建築確認を受けた。これに対し、Xは、Y県を被告として建築確認の取消訴訟を提起したところ、請求認容判決を受け、これが確定した。Aは、建築確認が有効に存続していることを主張することはできるか。この場合に最も問題となり得る取消訴訟の認容判決に特有の効力は、どのような名称で呼ばれ、どのような内容であるかを簡潔に示した上で、Aが建築確認の有効性を主張することができるか否かについて、40字程度で記述しなさい。なお、AはXの提起した取消訴訟について、自己の責めに帰すべき理由により訴訟に参加しなかったものとする。

総合テキスト LINK Chapter 7　行政事件訴訟法 6

行政事件訴訟法　判決の効力

解答例　　第三者効と呼ばれ、取消判決の効力がＡに及び、Ａは建築確認の有効性を主張することはできない。**(45字)**

　終局判決が確定すると、当該判決は既判力を有し（民事訴訟法114条1項参照）、同一事項がその後の訴訟において問題になった場合でも、当事者はこれに反する主張をすることができず、また、裁判所もこれに矛盾する裁判をすることができなくなる。また、取消訴訟においても、判決が確定すると、既判力により、当事者及び裁判所は、前の訴訟で争われた処分の違法性の判断に拘束されることとなる。

　そして、取消訴訟において、処分が違法であるとして取り消されると、取消判決の**形成力**によって、**原告との関係で当該処分が遡及的に失効する**が、さらに、行政事件訴訟法は、「処分又は裁決を取り消す判決は、第三者に対しても効力を有する。」として、**取消判決の効力が第三者に及ぶ**ことを規定している（32条1項）。この効力は、**第三者効**（あるいは対世効）と呼ばれており、この第三者効によって、原告以外の第三者も、当該処分が遡及的に失効していることを前提にしなければならず、別訴において当該処分が有効に存続していることを主張することはできなくなる。

　また、このような判決の効力を受ける「第三者」については争いがあるが、**原告と対立関係にある第三者**（原告と利害相反する第三者）には、32条1項の規定する第三者効が当然に及ぶと解されている。なぜなら、このような第三者に対して取消判決の効力を及ぼさないと、紛争の合理的解決を図ることができないからである。

　本問において、Ｙ県建築主事から建築確認を受けたＡは、当該建築確認が取り消されると、高層マンションを建築することができないという不利益を受けることとなるため、原告であるＸと対立関係にあるといえる。したがって、Ａは上記の「第三者」にあたり、取消判決の効力がＡにも及ぶため、建築確認の有効性を主張することはできない。

　なお、既判力は、認容判決のほか、棄却判決、却下判決、事情判決にも生じるため、取消訴訟の認容判決に特有の効力ではない。また、行政事件訴訟法上、処分又は裁決を取り消す判決により権利を害された第三者で、自己の責めに帰することができない理由により訴訟に参加することができなかったため判決に影響を及ぼすべき攻撃又は防御の方法を提出することができなかったものは、これを理由として、確定の終局判決に対し、再審の訴えをもって、不服の申立てをすることができるとされている（**第三者再審の訴え**　34条1項）。

問題11　XはA県B市内において、農地を所有し、その土地において農業を営んできた。しかし、高齢のため農作業が困難となり、後継者もいないため、農地を太陽光発電施設として利用することを決めた。そのために必要な農地法4条1項所定のA県知事による農地転用許可を得るため、その経由機関とされているB市農業委員会の担当者と相談したところ、「B市内においては、太陽光発電のための農地転用は認められない。」として、申請用紙の交付を拒否された。そこで、Xは、インターネットから入手した申請用紙に必要事項を記入してA県知事宛ての農地転用許可の申請書を作成し、必要な添付書類とともにB市農業委員会に郵送した。ところが、これらの書類は、「この申請書は受理できません。」とするB市農業委員会の担当者名の通知を添えて返送されてきた。この場合、農地転用許可を得るため、Xは、いかなる被告に対し、どのような訴訟を提起すべきか。40字程度で記述しなさい。

(参照条文)
　農地法
　　(農地の転用の制限)
　　第4条　農地を農地以外のものにする者は、都道府県知事（中略）の許可を受けなければならない。(以下略)
　　2　前項の許可を受けようとする者は、農林水産省令で定めるところにより、農林水産省令で定める事項を記載した申請書を、農業委員会を経由して、都道府県知事等に提出しなければならない。
　　3　農業委員会は、前項の規定により申請書の提出があったときは、農林水産省令で定める期間内に、当該申請書に意見を付して、都道府県知事等に送付しなければならない。

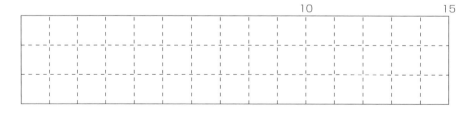

申請型義務付け訴訟

解答例 A県に対し、不作為の違法確認訴訟と農地転用許可の義務付け訴訟を併合提起すべきである。**(42字)**

1 訴訟選択について

本問において、Xは、A県B市内にある自己所有の農地について、農地転用許可を得るため、B市農業委員会を経由してA県知事に申請書を提出しようとした（農地法4条2項）。当該申請書の提出があった場合、B市農業委員会は、当該申請書に意見を付して、A県知事にこれを送付しなければならないこととされている（同条3項）。ところが、B市農業委員会は、農地転用許可の申請書を受け付けず、これをXに返送したというのである。

このような場合、農地転用許可の許可権限を有するA県知事（同条1項）は、何らの処分もしていないため、**Xの申請に対する不作為の状態が生じている**といえる。

したがって、Xとしては、この不作為の状態を解消し、かつ、農地転用許可を得るための訴訟を提起することが必要となる。ここで、**不作為の違法確認の訴え**（行政事件訴訟法3条5項、37条）を提起するのみでは、認容判決を得たとしても、不作為が違法であることを確認するだけであり、行政庁に対して申請を許可することを義務づけることはできない。

よって、Xは、**不作為の違法確認訴訟を提起するとともに、農地転用許可の義務付け訴訟を併合提起すべきこととなる**（申請型義務付け訴訟 3条6項2号、37条の3第1項1号、同条3項1号）。

なお、本問と同様の事案において、裁判例は、農業委員会の受理拒否行為は、処分行政庁の申請に対する拒否処分にはあたらないとしたうえで、「処分行政庁〔県知事〕が相当の期間を経過しても本件申請に対し、何らの処分もしないことは、違法というほかはない」として、不作為の違法確認請求を認容している（東京高判平20.3.26）。

2 被告適格について

申請型義務付け訴訟においては、被告適格を含め、**取消訴訟の規定が準用**されている（38条1項・11条）。その結果、不作為の違法確認の訴えの被告となるのは、**申請に対して不作為を続けている行政庁（A県知事）の所属する公共団体であるA県となる**。また、農地転用許可の義務付け訴訟の被告となるのも、許可権限を有する行政庁（A県知事）の所属する公共団体であるA県となる。

したがって、本問における訴訟の被告は、A県となる。

Chapter 2 行政法 **515**

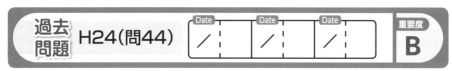
問題12　Xは、A県B市内に土地を所有していたが、B市による市道の拡張工事のために、当該土地の買収の打診を受けた。Xは、土地を手放すこと自体には異議がなかったものの、B市から提示された買収価格に不満があったため、買収に応じなかった。ところが、B市の申請を受けたA県収用委員会は、当該土地について土地収用法48条に基づく収用裁決（権利取得裁決）をした。しかし、Xは、この裁決において決定された損失補償の額についても、低額にすぎるとして、不服である。より高額な補償を求めるためには、Xは、だれを被告として、どのような訴訟を提起すべきか。また、このような訴訟を行政法学において何と呼ぶか。40字程度で記述しなさい。

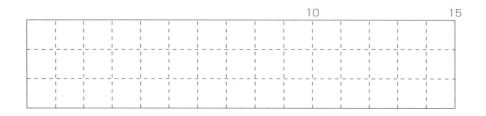

10　　　　　15

行政事件訴訟法　形式的当事者訴訟

解答例　B市を被告として、補償の増額を求める訴訟を提起すべきであり、形式的当事者訴訟と呼ぶ。**(42字)**

　本問は、行政事件訴訟法が定める形式的当事者訴訟に関する問題である。

　土地収用法に基づく収用裁決において決定された損失補償額について不服があるXとしては、拡張工事を行うB市を被告として、**損失の補償に関する訴訟を提起することになる**。そして、この訴訟は、行政法学において**形式的当事者訴訟**（行政事件訴訟法4条前段）と呼ばれる。

　被告について、収用裁決の根拠法令である土地収用法をみると、133条3項は、収用委員会の裁決のうち損失の補償に関する訴えは、これを提起した者が土地所有者であるときは起業者を被告としなければならないとしている。これは「法令の規定によりその法律関係の当事者の一方を被告とするもの」（行政事件訴訟法4条前段）にあたるから、提起すべき訴訟が形式的当事者訴訟であると判断することができる。そして、訴訟を提起したXは土地の所有者であるから、起業者である**B市を被告とすることとなる**。

　どのような訴訟を提起すべきかについては、原告Xは損失補償の額が低額であることに不服なのであるから、損失の補償に関する訴訟を提起することとなる。

問題13　X県A市は、同市を横断する幹線道路（以下、「本件道路」という。）が物流等に広く利用されるとともに、周辺に店舗、公共施設が多数存在していることから、深刻な交通混雑が発生しており、本件道路が十分に機能を発揮できていない状況にあった。そこで、A市は、本件道路の拡張等を事業の種類として事業認定を受け、X県収用委員会に対して、土地収用の裁決を申請した。これを受けて、X県収用委員会は、A市の市道の用地として、3000万円の損失補償によって、A市内のB所有の甲土地を収用する旨の裁決をした（以下、「本件裁決」という。）。本件裁決書の正本は、A市及びBに対して送達された。Bは、本件裁決に不服があり、甲土地の所有権は、いまだ自己にあるものとして、その確認をしておきたいと考えている。この場合、行政事件訴訟法によれば、本件裁決の効力そのものを争う方法によるほか、民事訴訟として所有権確認訴訟を提起することができると考えられる。後者において、Bは、誰を被告として、自己に所有権があることに加えて、どのようなことを主張することになるか。また、このような訴訟は、行政事件訴訟法上何と呼ばれるか。40字程度で記述しなさい。

10　　　　　　　　　15

行政事件訴訟法　争点訴訟

解答例　A市を被告として、本件裁決が無効であることを主張することになり、争点訴訟と呼ばれる。**(42字)**

1　収用委員会による裁決について

　　A市は、道路拡張の事業認定を受けたうえで、X県収用委員会に対し、土地収用の裁決を申請しており（土地収用法39条1項）、この申請に基づき、X県収用委員会は、A市内のB所有の甲土地を収用する旨の裁決をしている（47条の2）。そして、収用裁決があった場合、起業者〔A市〕及び土地所有者〔B〕に対して、裁決書の正本が送達されることとなる（66条3項）。

　　本問では、以上の事実を前提に、X県収用委員会の裁決に不服のあるBが、甲土地の所有権を失わずに済む方法として、いかなる手段があるかを問うものである。

2　本件裁決の効力そのものを争う方法について

　　無効等の瑕疵がある行政処分又は裁決について、行政事件訴訟法36条は、「**無効等確認の訴え**は、当該処分又は裁決に続く処分により損害を受けるおそれのある者その他当該処分又は裁決の無効等の確認を求めるにつき法律上の利益を有する者で、当該処分若しくは裁決の存否又はその効力の有無を前提とする現在の法律関係に関する訴えによって目的を達することができないものに限り、提起することができる。」と規定している。本条の「現在の法律関係に関する訴え」には、「公法上の法律関係に関する確認の訴えその他の公法上の法律関係に関する訴訟」としての**実質的当事者訴訟**（4条後段）と「私法上の法律関係に関する訴訟において、処分若しくは裁決の存否又はその効力の有無が争われている場合」の**争点訴訟**（45条1項）がある。

　　本問では、「本件裁決の効力そのものを争う方法によるほか」とされていることから、上記の無効確認訴訟は除外される。また、Bは民事訴訟を提起することとされており、実質的当事者訴訟は民事訴訟ではないため、実質的当事者訴訟も除外される。

3　争点訴訟について

　　争点訴訟とは、**私法上の法律関係に関する訴え**（民事訴訟）の中で、**行政庁の処分・裁決の効力等**が前提として争われる訴訟をいう。本問では、Bは、甲土地の所有権が自己にあることの確認をしておきたいと考えており、土地所有権は私法上の法律関係におけるものであるから、この確認訴訟は民事訴訟となる。そして、この訴えは、裁決の無効を先決問題として争点としていることから、争点訴訟となる。この場合、Bは、A市を被告として、自己に所有権があることに加えて、本件裁決が無効であることを主張することとなる。

　　したがって、本問の場合、Bは、A市を被告として、本件裁決が無効であることを主張することとなり、このような訴訟は、行政事件訴訟法上、争点訴訟と呼ばれる。

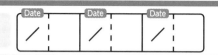

問題14　降り続いた雨により国道に面する山地の上方部分が崩壊し、落下した岩石が、たまたまその道路を通行していた自動車の運転助手席の上部にあたり、その助手席に乗っていたXが即死した。この場合、Xの遺族が国に対して損害賠償の請求をする場合、どのような要件のもと、どのような根拠条文により請求するべきか。40字程度で記述しなさい。

国家賠償法　2条責任

解答例　道路の設置又は管理の瑕疵があるとして、国家賠償法2条1項に基づき請求するべきである。**(42字)**

　国家賠償法2条1項は、「道路、河川その他の公の営造物の設置又は管理に瑕疵があつたために他人に損害を生じたときは、国又は公共団体は、これを賠償する責に任ずる。」と規定する。

　この**公の営造物の設置又は管理の瑕疵**とは、**営造物が通常有すべき安全性を欠いている**ことをいい、これに基づく国及び公共団体の賠償責任については、その**過失の存在を必要としない**とされる（最判昭45.8.20）。すなわち、1条1項が公務員の故意・過失を国家賠償の要件とする過失責任を定めたのに対して、2条1項は、無過失責任を定めたものである。

　そして、2条1項に基づく損害賠償請求の要件は、①道路等の**公の営造物**に関して、②その**設置又は管理の瑕疵**により損害が発生したことである。

　なお、最高裁判所は、国道に面する山地の上方部分が崩壊し、落下した岩石が通行していた自動車に当たり、その助手席に乗っていた者が即死した場合において、従来当該道路の付近ではしばしば落石や崩土が起き、通行上危険があったにもかかわらず、道路管理者において、道路に防護柵等を設置し、あるいは、常時山地斜面部分を調査して、崩土のおそれに対しては事前に通行止めをするなどの措置をとらなかったときは、通行の安全性の確保において欠け、その管理に瑕疵があったものというべきであると判示している（前掲最判昭45.8.20）。

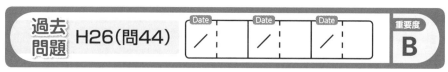
問題15 A市は、同市内に市民会館を設置しているが、その運営は民間事業者である株式会社Bに委ねられており、利用者の申請に対する利用の許可なども、Bによってなされている。住民の福利を増進するためその利用に供するために設置される市民会館などを地方自治法は何と呼び、また、その設置などに関する事項は、特別の定めがなければ、どの機関によりどのような形式で決定されるか。さらに、同法によれば、その運営に当たるBのような団体は、何と呼ばれるか。40字程度で記述しなさい。

地方自治法　公の施設

行政書士試験 研究センター解答　公の施設と呼び、設置等は議会が条例で決し、管理する団体を指定管理団体と呼ぶ。**（38 字）**

解答例　公の施設と呼び、普通地方公共団体の議会により条例で決定される。指定管理者と呼ばれる。**（42 字）**

　地方自治法は、「普通地方公共団体は、住民の福祉を増進する目的をもつてその利用に供するための施設（これを公の施設という。）を設けるものとする。」と規定している（244 条 1 項）。したがって、住民の福祉を増進する目的をもってその利用に供するために設置される市民会館などは、地方自治法上、「公の施設」と呼ばれる。

　地方自治法は、「普通地方公共団体は、法律又はこれに基づく政令に特別の定めがあるものを除くほか、公の施設の設置及びその管理に関する事項は、条例でこれを定めなければならない。」と規定している（244 条の 2 第 1 項）。そして、条例は、普通地方公共団体の議会によって制定される（96 条 1 項 1 号）。したがって、公の施設の設置及びその管理に関する事項は、普通地方公共団体の議会により条例で決定される。

　普通地方公共団体は、公の施設の設置の目的を効果的に達成するため必要があると認めるときは、条例の定めるところにより、**法人その他の団体であって当該普通地方公共団体が指定するもの**に、当該公の施設の管理を行わせることができる。また、「法人その他の団体であって当該普通地方公共団体が指定するもの」は、**指定管理者**と呼ばれる（244 条の 2 第 3 項）。指定管理者制度は、2003 年の地方自治法改正において、規制改革の一環として新設されたものである。したがって、運営にあたる B のような団体は、指定管理者と呼ばれる。

基礎知識科目

過去問題 H12(問24)改題

重要度 A

問題1 　行政書士制度についての次の記述のうち、現行法上正しいものはどれか。

1 　他人の依頼を受け報酬を得て、官公署に提出する書類の提出を代理することを業とするためには、行政書士の資格を有していなければならない。

2 　弁護士、弁理士、社会保険労務士となる資格を有する者は、法律により行政書士となる資格を有する。

3 　日本国籍を有しない者は、行政書士となることはできない。

4 　日本行政書士会連合会に登録を拒否された者は、総務大臣に対して、行政不服審査法による審査請求をすることができる。

5 　行政書士業務を行うことができるのは、個人に限られ、法人は行政書士業務を行うことができない。

総合テキスト ⇨ LINK Chapter 1 　行政書士法

行政書士制度全般

1 誤り　　　行政書士の独占業務は、他人の依頼を受け**報酬**を得て、官公署に提出する**書類**（その作成に代えて電磁的記録を作成する場合における当該電磁的記録を含む）その他権利義務、又は事実証明に関する**書類**（実地調査に基づく図面類を含む）を**作成す**ることである（行政書士法1条の2第1項、19条1項本文）。よって、単に書類の提出を代理するだけであれば、行政書士でない者も、業としてこれを行うことができる。

2 誤り　　　**弁護士、弁理士**となる資格を有する者は、**行政書士となる資格を有するが**（2条2号、3号）、社会保険労務士となる資格を有する者は、行政書士となる資格を有しない。

3 誤り　　　日本国籍の有無は、行政書士の資格要件ではない。よって、
外国人であっても行政書士になることができる。

4 正しい　　　**日本行政書士会連合会**に**登録**を拒否された者が、当該処分について不服があるときは、**総務大臣**に対して、**行政不服審査法**による**審査請求**をすることができる（6条の3第1項）。

5 誤り　　　行政書士は、行政書士業務を組織的に行うことを目的として、共同して**法人を設立することができる**（13条の3）。したがって、個人に限らず、行政書士法人も、行政書士業務を行うことができる（13条の6）。

正解　　4

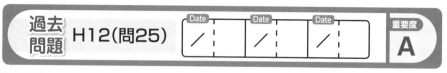
問題2　次の業務のうち、行政書士が他人の依頼に応じ報酬を得て、業として適法に行うことができるものはどれか。

1　特許庁に対し特許・実用新案等の出願手続を代理すること。

2　不動産の登記又は供託の手続について代理すること。

3　自動車税、ゴルフ場利用税等の税務書類の作成を行うこと。

4　社会保険に関し、行政機関等に提出する申請書類の作成及び提出代行を行うこと。

5　裁判所、検察庁又は法務局に提出する書類の作成を行うこと。

総合テキスト LINK　Chapter 1　行政書士法　2

行政書士の業務

1 できない　　行政書士は、他人の依頼を受け**報酬を得て**、官公署に提出する**書類**その他権利義務、又は事実証明に関する書類を**作成する**こと等を業とする（行政書士法1条の2第1項、1条の3）。もっとも、上記の書類の作成であっても、**その業務を行うことが他の法律において制限されているもの**については、業務を行うことができない（1条の2第2項）。この点、**特許庁に対し、特許・実用新案等の出願手続を代理すること**は、弁理士の業務であり、行政書士は行うことができない（弁理士法4条1項、75条）。

2 できない　　**不動産の登記**、又は**供託**の手続について代理することは、**司法書士の業務**であり、行政書士は行うことができない（司法書士法3条1項1号、73条1項）。

3 できる
予　　　　**税務書類の作成**は、**税理士の業務**であり、原則として、行政書士は行うことができない（税理士法2条1項2号、52条）。ただし、**自動車税、ゴルフ場利用税**など、一定の税務書類の作成については、行政書士も行うことができる（51条の2）。

4 できない　　社会保険に関し、行政機関等に提出する申請書類の作成及び提出代行を行うことは、**社会保険労務士の業務**であり、行政書士は行うことができない（社会保険労務士法2条1項1号、1号の2、27条）。

5 できない　　**裁判所、検察庁、又は法務局に提出する書類の作成**は、**司法書士の業務**であり、行政書士は行うことができない（司法書士法3条1項2号、4号、73条1項）。

正解　　3

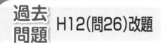
問題3　行政書士の業務に関する次の記述のうち、現行法上で正しいものはいくつあるか。

ア　行政書士が作成できる書類は、官公署に提出するものに限られる。

イ　行政書士が作成する「事実証明に関する書類」には、実地調査に基づく図面類も含まれる。

ウ　行政書士は、書類の作成について相談に応ずる場合には、無報酬でしなければならない。

エ　行政書士が許可申請書類を作成しても、許可申請を代理することまでは法律上業務として明記されていない。

オ　特定行政書士は、みずから作成した官公署に提出する書類に係る許認可等に関する審査請求の手続について代理することができる。

1　一つ
2　二つ
3　三つ
4　四つ
5　五つ

総合テキスト LINK Chapter 1　行政書士法　②

行政書士の業務

ア 誤 り　官公署に提出するものだけでなく、**権利義務、又は事実証明に関する書類**（実地調査に基づく図面類を含む）**を作成**できる（行政書士法1条の2第1項）。

イ 正しい　行政書士は、事実証明に関する書類（実地調査に基づく図面類を含む）を作成できる（同項）。

ウ 誤 り
予　行政書士は、他人の依頼を受け報酬を得て、行政書士が作成することのできる書類の作成について**相談に応じることを業とすることができる**（1条の3第1項4号）。

エ 誤 り
予　行政書士には、官公署に提出する書類の**提出手続代理**が法律上認められている（同項1号）。この提出手続代理の中に、**許可申請の代理も含まれる**。

オ 正しい
重　**特定行政書士**は、自ら作成した官公署に提出する書類にかかる許認可等に関する**審査請求、再調査の請求、再審査請求等行政庁に対する不服申立ての手続について代理**し、及びその手続について官公署に提出する**書類を作成**することができる（同項2号、1条の3第2項）。

| 正解 | 2 |

以上により、正しいものはイとオの2つである。

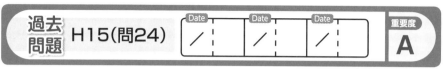
問題4　行政書士法に基づく行政書士としての登録に関する次の記述のうち、正しいものはどれか。

1　行政書士としての登録は行政書士資格があることを確認する行為であるから、行政書士試験に合格していれば行政書士業務を行うことができる。したがって、試験に合格しているが、登録をしていない行政書士が行政書士法第1条の2第1項の業務を行っても処罰されることはない。

2　行政書士としての登録の有効期間は5年であり、5年を経過した時点毎に登録の更新がなされる。この際、行政書士としての業務遂行に問題があった行政書士については、例外的に登録の更新が拒絶されることがある。

3　登録を受けて行政書士としての活動を行っている行政書士が、事後的に有罪確定判決を受けるなどして行政書士法第2条の2に定める欠格事項に該当するに至った場合には、当該行政書士は公務員における失職の場合と同じく、登録行政書士としての資格を自動的に失う。

4　登録は日本行政書士会連合会に対して行うが、登録を申請する場合には、事務所を設けようとする都道府県の区域にある都道府県行政書士会を経由して行わなければならない。

5　行政書士が個人としてではなく、法人として事務所を経営する場合においては、行政書士法に基づき、法人としての登録をしなければならない。

登　録

1 誤　り
重

　行政書士でない者は、業として行政書士法1条の2に規定する業務を行うことはできない（行政書士法19条1項）。これに違反すると、1年以下の懲役又は100万円以下の罰金に処せられる（21条2号）。

　ここに、行政書士とは、次の3つの要件を満たしたものをいう。すなわち、①行政書士となる資格を有すること（2条）、②**欠格事由に該当しない**こと（2条の2）、③登録を受けること（6条1項）である。

　したがって、行政書士試験に合格しただけでは、①の要件を満たしているだけであり、その者が、1条の2第1項の業務を行った場合は、処罰される。

2 誤　り

　行政書士の登録に関しては、その有効期間や更新手続についての**定めはない**ので、一度受けた登録は、取消し、抹消などの特別の事由がない限り、**無期限に有効である**。

3 誤　り

　日本行政書士会連合会は、登録を受けた行政書士が、事後的に有罪確定判決を受けるなどして行政書士法2条の2第2号から4号又は6号から8号に定める欠格事由に該当するに至った場合は、その登録を抹消しなければならない（7条1項1号）。この抹消手続によって、行政書士としての資格がなくなるのであって、**自動的になくなるわけではない**。

4 正しい

　行政書士としての登録を受けようとする者は、行政書士となる資格を有することを証する書類を添えて、**日本行政書士会連合会に対し**、その事務所の所在地の属する**都道府県の区域に設立されている行政書士会を経由して**、登録の申請をしなければならない（6条の2第1項）。

5 誤　り

　行政書士法人は、その主たる事務所の所在地において**設立の登記をすることによって成立**し、その業務を行うことができる（13条の9、13条の6）。行政書士法人自体については、登録の問題は生じない（6条参照）。

正解　4

問題1　戸籍法に関する次の記述のうち、正しいものはどれか。

1　届出義務者が疾病その他の事故により自ら出頭できない場合には、代理人による認知の届出が認められる。

2　市町村長の過誤により戸籍の記載に錯誤又は遺漏がある場合には、市町村長は、家庭裁判所の許可を得て、戸籍の訂正をすることができる。

3　戸籍の筆頭者及びその配偶者以外の者は、成年に達したときは分籍をすることができる。

4　父が嫡出否認の訴えを提起した場合には、判決の確定をまって出生届をする。

5　水難、火災その他の事変によって死亡した者があるときは、その取調べをした官公署は、死亡者の本籍地の市町村長に死亡の報告をしなければならない。

総合テキスト ⊏→ LINK　Chapter 2　戸籍法

総　合

1　誤　り
重

　届出人が、**疾病その他の事故**によって、自ら出頭することができないときは、**代理人による届出が認められる**（戸籍法 37 条 3 項本文）。しかし、**婚姻届**（74 条）や**認知届**（60 条、61 条）のような**本人の意思を確認する必要のある届出**については、**代理人による届出は認められない**（37 条 3 項ただし書）。

2　誤　り

　市町村長の過誤により戸籍の記載に**錯誤**、又は**遺漏**がある場合、戸籍の記載、届書の記載その他の書類から市町村長において訂正の内容及び事由が明らかであると認めるときは、**市町村長は、戸籍の訂正をすることができる**。ただし、その訂正をするのに必要なのは、**管轄法務局長等の許可**であって、家庭裁判所の許可ではない（24 条 1 項、2 項、3 条 2 項かっこ書）。なお、戸籍の訂正の内容が軽微なものであって、かつ、戸籍に記載されている者の身分関係についての記載に影響を及ぼさないものについては、この許可を要しない（24 条 3 項）。

3　正しい

　分籍とは、氏をそのままにして新たに戸籍を作ることをいう。**成年に達した者**は、分籍をすることができる（21 条 1 項本文）。しかし、**戸籍の筆頭者及びその配偶者は分籍をすることはできない**（同項ただし書）。

4　誤　り

　嫡出否認の訴えを提起したときでも、判決を待たずに出生の届出だけはしておかなければならない（53 条）。

5　誤　り

　事変による死亡の場合において、取調べをした官公署が死亡の報告をしなければならない相手は、原則として、死亡者の本籍地の市町村長ではなく**死亡地の市町村長**である（89 条）。なお、外国又は法務省令で定める地域で死亡があったときは、死亡者の本籍地の市町村長に死亡の報告をしなければならない（同条ただし書）。

正解　　3

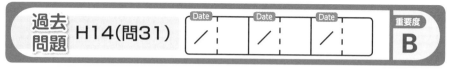
問題2　戸籍法の規定による届出に関する次の記述のうち、正しいものはどれか。

1　非嫡出子出生の届出は母のみがすることができるが、嫡出子出生の届出は父のみがすることができる。

2　出生の届出は、子の本籍地でこれをしなければならず、子の出生地でこれをすることはできない。

3　父が胎児を認知する場合には、届書にその旨、母の氏名及び本籍を記載し、父の本籍地で届け出なければならない。

4　死亡の届出は、届出義務者が死亡の事実を知った日から14日以内にこれをしなければならない。

5　失踪宣告の裁判が確定したときは、請求者は、確定の日から10日以内にその旨を届け出なければならない。

総合テキスト LINK　Chapter 2　戸籍法

1 誤 り　　非嫡出子出生の届出は、母のみがすることができ、この点は正しい（戸籍法52条2項）。しかし、嫡出子出生の届出は、原則として、父又は母がなし得るのであって、父のみではない（同条1項）。

2 誤 り

重

届出は、届出事件の本人の本籍地、又は届出人の所在地でしなければならないのが原則である（25条1項）。しかし、出生の届出については特則があり、出生地でもすることができる（51条1項）。

3 誤 り　　胎児の認知届は、父の本籍地ではなく母の本籍地でしなければならない（61条）。

4 誤 り　　死亡届の届出期間は、原則として、届出義務者が死亡の事実を知った日から7日以内である（86条1項）。

5 正しい　　失踪宣告の裁判が確定した場合、その裁判を請求した者は、裁判の確定の日から10日以内にその旨を届け出なければならない（94条・63条1項）。

正解　　5

問題1　住民基本台帳法に関する次の記述のうち、正しいものはいくつあるか。

ア　市町村長は、個人を単位とする住民票を世帯ごとに作成しなければならない。

イ　転出をする者は、あらかじめ、その氏名、転出先及び転出の予定年月日を市町村長に届け出なければならない。

ウ　転居をした者は、転居をした日から1か月以内に、氏名、住所、転居をした年月日、従前の住所、世帯主についてはその旨、世帯員については世帯主の氏名及び世帯主との続柄を市町村長に届け出なければならない。

エ　市町村長は、その市町村の区域内に本籍を有する者につき、その戸籍を単位として戸籍の附票を作成しなければならない。

オ　国の行政機関又は都道府県知事は、それぞれの所掌事務について必要があるときは、市町村長に対し、住民基本台帳に記録されている事項に関して資料の提供を求めることができる。

1　一つ
2　二つ
3　三つ
4　四つ
5　五つ

ア　誤り
超

市町村長は、個人を単位とする**住民票を世帯ごとに編成**して、**住民基本台帳を作成**しなければならない（住民基本台帳法6条1項）。しかし、市町村長は、適当であると認めるときは、前項の住民票の全部又は一部につき**世帯を単位とすることができ**る（同条2項）。以上のように、住民票は個人を単位とするのが原則であるが、市町村長が適当であると認めるときは、世帯を単位とすることができる。

イ　正しい

転出をする者は、あらかじめ、その**氏名、転出先**及び**転出の予定年月日**を市町村長に届け出なければならない（24条）。

ウ　誤り

転居（一の**市町村の区域内**において住所を変更することをいう）をした者は、転居をした日から14日以内に、氏名、住所、転居をした年月日、従前の住所、**世帯主についてはその旨、世帯主でない者**については**世帯主の氏名**及び**世帯主との続柄**を市町村長に届け出なければならない（23条）。すなわち、転居届の届出期間は、転居をした日から1か月以内ではなく、14日以内である。

エ　正しい

市町村長は、その市町村の区域内に**本籍を有する者**につき、その戸籍を単位として、戸籍の附票を作成しなければならない（16条1項）。戸籍の附票は、戸籍に付属させるものであるから、戸籍を管掌する本籍地の市町村長がその戸籍を単位として作成する。

オ　正しい

国の行政機関又は都道府県知事は、それぞれの所掌事務について必要があるときは、**市町村長**に対し、住民基本台帳に記録されている事項又は除票に記載されている事項に関して**資料の提供**を求めることができる（37条1項）。要求者は「国の行政機関又は都道府県知事」であり、提供者は「市町村長」である。また、提供される資料は、「住民基本台帳に記録されている事項又は除票に記載されている事項」に関するものである。

正解	3

以上により、正しいものはイ、エ、オの3つである。

住民基本台帳法

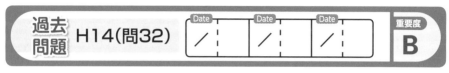
問題2　住民基本台帳法に関する次の記述のうち、正しいものはいくつあるか。

ア　住民基本台帳法により、住民としての地位の変更に関して届出が義務づけられているのは、転入届、転居届、転出届の3種類である。

イ　子が出生したときは、世帯主は転入届をしなければならない。

ウ　市町村長は、他の市町村から当該市町村の区域内に住所を変更した者について住民票の記載をしたときは、遅滞なく、その旨を当該他の市町村の市町村長に通知しなければならない。

エ　戸籍の附票の記載、消除又は記載の修正は、職権で行われる。

オ　住民基本台帳に関する調査に関する事務に従事している者又は従事していた者が、その事務に関して知り得た秘密を漏らしたときは、1年以下の懲役又は30万円以下の罰金が科される。

　　1　一つ
　　2　二つ
　　3　三つ
　　4　四つ
　　5　五つ

総合テキスト LINK　Chapter 3　住民基本台帳法

総　合

ア　誤　り　　住民としての地位の変更に関する届出は、全て住民基本台帳法第4章及び第4章の3に定める届出によって行うものとする（21条の4）。これには、転入届（22条）、転居届（23条）、転出届（24条）のほか、世帯変更届（25条）があり、全部で4種類である。

イ　誤　り　　転入とは、新たに市町村の区域内に住所を定めることをいい、出生による場合は除かれる（22条柱書かっこ書）。したがって、出生の場合に転入届をする必要はない。

ウ　正しい
重　　市町村長は、他の市町村から当該市町村の区域内に住所を変更した者につき住民票の記載をしたときは、遅滞なく、その旨を当該他の市町村の市町村長に通知しなければならない（9条1項）。これは、住民票の記載を、より正確にするための制度である。

エ　正しい　　戸籍の附票の記載、消除又は記載の修正は、職権で行うものとする（18条）。住民票の記載等が、届出又は職権に基づいても行われる（8条）のと異なる。

オ　正しい　　住民基本台帳に関する調査事務の従事者には、その事務に関して知り得た秘密を守る義務があり（35条）、これに違反すると、1年以下の懲役又は30万円以下の罰金に処せられる（44条）。

正解　3　　以上により、正しいものはウ、エ、オの3つである。

問題1 近代の政治思想に関する次の記述のうち、妥当でないものはどれか。

1 イギリスの法律家コーク（クック）は、「国王はいかなる人の下にも立たないが、神と法の下にある」というブラクトンの言葉を引いて、王権神授説を信奉する国王を諫（いさ）め、これが「法の支配」の確立につながった。

2 イギリスの哲学者ホッブズは、『リヴァイアサン』において、人間は自然状態では「万人の万人に対する闘争」が生じるため、絶対権力者の存在を認めなければならないとし、社会契約説を否定した。

3 イギリスの政治思想家ロックは、『市民政府二論』において、自然権を保障するため人びとは契約を結び国家をつくると考え、政府が自然権を守らないとき人民は抵抗権をもつとし、イギリス名誉革命を擁護した。

4 フランスの啓蒙思想家ルソーは、『社会契約論』において、人間が社会契約によって国家をつくってからも真に自由で平等であるためには、全体の利益をめざす全人民の一般意思による統治を主張し、フランス革命に影響を与えた。

5 フランスの啓蒙思想家モンテスキューは、『法の精神』において、各国の政治体制を比較しながら、自由と権力の均衡の重要性を説き、立法・執行・司法を異なる機関に担当させる三権分立制を提唱して、近代民主政治に大きな影響を与えた。

総合テキスト LINK Chapter 1 政治 2

近代の政治思想

1 妥当である

　王権神授説を唱えたジェームズ1世に対して、エドワード・コーク（クック）は、**コモン・ロー**（理性法）の擁護を掲げて闘った。これがイギリスの「法の支配」の礎となった。

2 妥当でない

　前半は正しい。しかし、ホッブズは、「**万人の万人に対する闘争**」という悲惨な状況を脱するために、**社会契約説を主張**した。なお、自然状態とは、国家や制度が存在する以前の状態を指す。

3 妥当である

　ロックは、ホッブズと同様に**社会契約説**に立ったが、ホッブズがそのうえで絶対王政を支持したのに対し、ロックは本記述のように、**抵抗権を認め**、イギリス名誉革命を理論的に擁護した。

4 妥当である

　ルソーは、『社会契約論』において、社会契約説のスタイルを下に、人民全員が直接政治に参加すべきという、**人民主権**による国家形成を唱え、専制政治を批判した。そして、ルソーの人民主権の理念は、**アメリカ独立革命**や**フランス革命**において理論的な拠り所となった。

5 妥当である

　モンテスキューの『**法の精神**』は、各国あるいは各時代の政治体制を比較したものである。また、この書において、政治的自由にとって重要なことは、権力が制限されていることであるとした。そして、そのための手段として、権力同士が抑制と均衡を保つことができる三権分立を主張した。この考え方は、**アメリカ合衆国憲法**制定や**フランス革命**に影響を与えた。

政　治

正解　　2

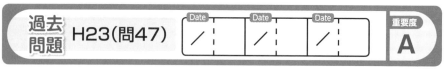
問題2　各国の政治体制に関する次のア～オの記述のうち、妥当なものの組合せはどれか。

ア　イギリスでは、議院内閣制がとられ、首相は下院の第一党の指導者が就任することとされているが、議会が上院または下院において不信任の議決を行った場合には、内閣は自ら辞職するか、議決を行った議院を解散しなければならない。

イ　アメリカでは、大統領制がとられ、大統領と議会は権力分立の原則が貫かれているため、議会は大統領の不信任を議決することができないし、大統領は議会の解散権、法案の提出権、議会が可決した法案の拒否権のいずれも有していない。

ウ　フランスでは、基本的に議院内閣制がとられており、大統領のほかに内閣を代表する首相がおかれ、大統領は外交上の儀礼的な権能を有するだけで、広く行政権は内閣に属し、かつ議会の解散権も内閣が有している。

エ　ロシアでは、1990 年代前半に成立した新憲法において三権分立制がとられているが、大統領に首相の任命権が付与されており、連邦議会は連邦会議と国家会議の二院制となっている。

オ　中国では、最高権力をもつ一院制の全国人民代表大会（全人代）の下に、常設機関である常務委員会が設けられ、法令の制定、条約の批准など広範な権限をもつとともに、国務院が設けられ行政を担当している。

1　ア・イ
2　ア・ウ・エ
3　イ・エ・オ
4　ウ・エ
5　エ・オ

総合テキスト LINK　Chapter 1　政治　①

政治体制

ア 妥当でない
重

　イギリスでは議院内閣制がとられ、不信任の議決を受けた内閣は、総辞職するか議決を行った議院を解散しなければならないが、**不信任の議決を行うことができるのは、下院のみ**である。

イ 妥当でない
重

　アメリカの大統領制では、権力分立の原則が貫かれており、議会は大統領の不信任議決権を有さず、大統領も議会の解散権、法案の提出権を有していない。ただし、議会が可決した法案の拒否権は与えられている。

ウ 妥当でない
重

　フランスの政治制度は、大統領制と議院内閣制の中間形態にあり、半大統領制と呼ばれている。大統領は外交上の儀礼的な権能を有するだけではなく、首相の任免権や議会の解散権等も有する。

エ 妥当である
重

　ロシアでは1990年代前半に成立した新憲法において三権分立制がとられているが、直接選挙で選ばれた大統領は国家元首として、首相の任命権を有し、連邦議会は二院制で、連邦会議と国家会議からなる。

オ 妥当である
重

　中国では、国家の最高権力機関である一院制の全国人民代表大会の下に、常務委員会が設けられ、法令の制定や条約の批准などの権限を持つとともに、全国人民代表大会の執行機関として国務院が設けられている。

| 正解 | 5 |

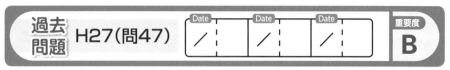

過去問題 H27(問47)　Date / Date / Date /　重要度 **B**

問題3　国際連合と国際連盟に関する次の記述のうち、妥当なものはどれか。

1　国際連合では太平洋憲章が、国際連盟ではローズヴェルトの平和原則14か条が、それぞれ成立に至るまでの過程において出された。

2　国際連合ではアメリカのニューヨークに、国際連盟ではフランスのパリに、それぞれ本部が設置された。

3　国際連合では日本は原加盟国ではなく現在まで安全保障理事会の常任理事国でもないが、国際連盟では原加盟国であり理事会の常任理事国でもあった。

4　国際連合では米・英・仏・中・ソの5大国がすべて原加盟国となったが、国際連盟ではアメリカは途中から加盟しソ連は加盟しなかった。

5　国際連合では制裁手段は経済制裁に限られているが、国際連盟では制裁手段として経済制裁と並んで軍事制裁も位置づけられていた。

国際連合と国際連盟

1 妥当でない　　**国際連合**は、1945年に国際連合憲章に基づき設立された国際機構であり、国際連合憲章の基本理念となったのは、1941年にアメリカ大統領のフランクリン・ローズヴェルト（ルーズベルト）と、イギリス首相のウィンストン・チャーチルによって調印された「**大西洋憲章**」である。また、**平和原則14か条**は、アメリカ大統領「**ウィルソン**」が1918年に発表した平和原則であり、国際連盟は、ウィルソンが14か条の原則で提案し、ヴェルサイユ条約で規約が定められ、1920年に成立した。

2 妥当でない
重　　**国際連盟**の本部は、**スイスのジュネーブ**に設置された。なお、**国際連合**の本部がアメリカのニューヨークに設置されたとする点は正しい。

3 妥当である　　日本は、国際連合の原加盟国でもなく、現在まで安全保障理事会の常任理事国でもない。他方、国際連盟では原加盟国であり、1920年、国際連盟が発足した当初の理事会の常任理事国は、イギリス、フランス、日本（大日本帝国）、イタリア王国の4か国であった。

4 妥当でない
重　　前半の記述は正しく、**国際連合**では米・英・仏・中・ソの5大国がすべて原加盟国となった。しかし、**国際連盟**では、**アメリカは上院共和党の反対で参加せず**、**ソ連**は1934年に加盟したものの1939年に**除名**された。

5 妥当でない
重　　**国際連合**では、経済制裁と並んで**軍事制裁**も制裁手段として位置づけられているが、国際連盟では経済制裁のみで侵略に対する制裁のための軍事力を持たなかったため、紛争の解決が困難であった。

政治

| 正解 | 3 |

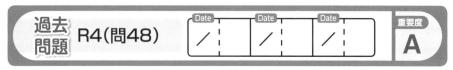
問題4　ヨーロッパの国際組織に関する次のア～オの記述のうち、妥当なものの組合せはどれか。

ア　1960年にイギリスが中心となって設立されたヨーロッパの経済統合を目指す国際機関を欧州経済共同体（EEC）という。

イ　国際連合の下部組織としてヨーロッパの一部の国際連合加盟国が参加して形成された国際機関を欧州連合（EU）という。

ウ　ヨーロッパにおける人権保障、民主主義、法の支配の実現を目的とした国際機関を欧州評議会（Council of Europe）という。

エ　ヨーロッパがヨーロッパ外部からの攻撃に対して防衛するためアメリカとヨーロッパ各国が結んだ西欧条約に基づいて設立された集団防衛システムを西欧同盟（WEU）という。

オ　欧州自由貿易連合（EFTA）加盟国が欧州連合（EU）に加盟せずにヨーロッパの市場に参入することができるよう作られた仕組みを欧州経済領域（EEA）という。

1　ア・ウ
2　ア・エ
3　イ・エ
4　イ・オ
5　ウ・オ

総合テキスト ⟷ LINK　Chapter 4　政治　7

ヨーロッパの国際組織

ア 妥当でない　1958 年に設立された EEC（欧州経済共同体）は、フランスが中心となって設立されたものであり、原加盟国は、フランス、(旧) 西ドイツ、イタリア、ベルギー、オランダ、ルクセンブルクであった。

イ 妥当でない
重　1993 年のマーストリヒト条約発効によって EC（欧州共同体）は EU（欧州連合）に改組されたが、EU は国際連合の下部組織として形成されたものではない。

ウ 妥当である　欧州評議会（Council of Europe）は、人権、民主主義、法の支配の分野で国際社会の基準策定を主導する汎欧州（欧州全体を一体的に捉え、統合を目指す思想や運動のこと）の国際機関として、1949 年にフランスのストラスブールに設立された。欧州評議会は、伝統的に人権、民主主義、法の支配等の分野で活動しており、最近では薬物乱用、サイバー犯罪、人身取引、テロ対策、偽造医薬品対策、女性に対する暴力、子供の権利、AI 等の分野にも取り組んでいる（外務省ウェブサイト）。

エ 妥当でない　西欧同盟（WEU）は、NATO（北大西洋条約機構）内の西欧 10 か国（イギリス、フランス、ベルギー、オランダ、ルクセンブルク、ドイツ、イタリア、スペイン、ポルトガル、ギリシャ）の軍事機構である。1948 年、イギリス、フランス、ベルギー、オランダ、ルクセンブルクの 5 か国の西欧条約（ブリュッセル条約）により、旧ソ連の脅威に対処する集団防衛機構として発足し、1955 年に旧西ドイツとイタリアを加えた 7 か国からなる西欧同盟に改組された。1993 年の EU（欧州連合）発足にともない、西欧同盟の使命は EU に引き継がれ、2011 年には活動を終了した。また、アメリカ（及びカナダ）が西欧同盟各国等に参加しているヨーロッパ各国と締結した条約は北大西洋条約である。

オ 妥当である　EEA（欧州経済領域）は、EU（欧州連合）に EFTA（欧州自由貿易連合）のノルウェー、アイスランド、リヒテンシュタインを含めた共同市場であり、関税を撤廃し、人・モノ・資本・サービスの流れを自由にしようとするものである。なお、スイスは EFTA に加盟しているが、EEA には参加していない。

正解　5

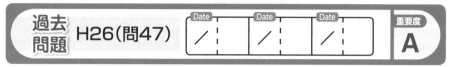

問題5　日本の政治資金に関する次の記述のうち、妥当なものはどれか。

1　政党への公的助成である政党交付金の総額は、人口に250円を乗じて得た額を基準として予算で定めることとされている。

2　政党交付金は、国会に一定の議席を持つ受給資格のある全政党が受給しており、それらの政党では政治資金源の約半分を政党交付金に依存している。

3　政府は、政治腐敗防止のために政治資金規正法の制定を目指したが、国会議員からの反対が強く、まだ成立には至っていない。

4　政党への企業・団体献金は、政治腐敗防止のために禁止されているが、違法な政治献金が後を絶たない。

5　政治資金に占める事業収入の割合は、政党交付金の受給資格がある全政党で極めて低くなっている。

総合テキスト LINK　Chapter 1　政治　6

日本の政治資金

1 妥当である

　　毎年分として各政党に対して交付すべき政党交付金の算定の基礎となる政党交付金の総額は、基準日における人口に 250 円を乗じて得た額を基準として予算で定められている（政党助成法 7 条 1 項）。

2 妥当でない

　　政党交付金の交付対象となる政党は、①国会議員 5 人以上を有する政治団体、②国会議員を有し、かつ、前回の衆議院議員総選挙の小選挙区選挙若しくは比例代表選挙又は前回若しくは前々回の参議院議員通常選挙の選挙区選挙若しくは比例代表選挙で得票率が 2 ％以上の政治団体である。ただし、日本共産党などは、受給資格を有するものの、受給していない。また、政党交付金が政治資金源に占める割合は、政党ごとに異なる。

3 妥当でない

　　政治資金規正法は、政党、政治団体、議員、議員候補などが政治活動を行う際に使う資金（政治資金）の入口と出口を明確にして公明性を確保する目的で、1948 年に制定された。

4 妥当でない 重

　　1994 年に制定された政党助成法の成立に伴い改正された政治資金規正法により、2000 年からは政治家個人への企業・団体献金が禁止されたが、政党への企業・団体献金は禁止されておらず、政党支部に献金を受け入れ、そこから自らの資金管理団体に還流させる迂回献金の例が増えている。

5 妥当でない

　　政党交付金の受給資格がある政党のうち、公明党や日本共産党（受給資格を有するが政党交付金は受給していない）においては、政治資金に占める事業収入の割合は高くなっている。

政治

政治改革 4 法

法律名	内　容
公職選挙法改正	①衆議院議員の定数削減　→　現在は 465 ②小選挙区比例代表並立制導入　③連座制の強化　④インターネット選挙運動の解禁　⑤選挙権年齢の満 18 歳以上への引下げ
政治資金規正法改正	政治家個人への個人献金の原則禁止 　→　政治家個人への企業・団体献金の禁止（2000 年）
政党助成法	国会議員が 5 人以上、又は直近の国政選挙で得票率が 2%以上ある政党への政党助成金の交付　→　国民 1 人 250 円負担
衆議院議員選挙区画定審議会設置法	総理府(現、内閣府)に、衆議院議員選挙区画定審議会を設置

正解	1

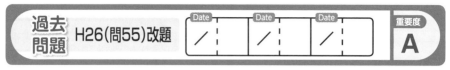
問題6　現行の選挙制度において、インターネットによる選挙運動が可能となっているものもあるが、次の記述のうち、妥当なものはどれか。

1　候補者が、当選又は落選に関し、選挙人に挨拶する目的をもって、ホームページや電子メールを利用した選挙期日後の挨拶行為をすることは、可能である。

2　候補者が、選挙運動用のホームページに掲載された文書を選挙期日当日に更新することは、可能である。

3　一般の有権者が、電子メールを送信することによる選挙運動を行うことは、可能である。

4　年齢満18歳未満の者が、ホームページや電子メールを用いた選挙運動を行うことは、可能である。

5　候補者が、屋内での演説会開催中に選挙運動用のウェブサイトをスクリーンに映写しながら政策を語ることは、可能ではない。

総合テキスト LINK　Chapter 1　政治　6

選挙制度

本問は、2013年4月19日に成立したインターネット選挙運動解禁にかかる公職選挙法の一部を改正する法律（議員立法）についての理解を問う出題となっている。

1 妥当である 　改正前の公職選挙法では、選挙期日において、当選又は落選に関し、選挙人に挨拶する目的をもって文書図画を頒布し又は掲示することは、自筆の信書及び当選又は落選に関する祝辞、見舞等の答礼のためにする信書を除き、禁止されていたが、今回改正により、候補者が選挙期日後に当選又は落選に関して選挙人に挨拶をする目的をもって行う行為のうち、「インターネット等を利用する方法」により行われる文書図画の頒布が解禁されることとなった（公職選挙法178条2号）。

2 妥当でない 　ウェブサイトに掲載された選挙運動用文書図画は、選挙期日もそのままにしておくことができるようになったが（142条の3第2項）、選挙運動は選挙期日の前日までに限られており、選挙期日当日にウェブサイトの更新はできない（129条）。

3 妥当でない
重 　**一般有権者**、すなわち公職の候補者及び政党その他の政治団体以外の者が行う**電子メールを利用する方法による選挙運動用文書図画の頒布**については、改正後も引き続き**禁止**されている（142条の4第1項）。

4 妥当でない
重 　**年齢満18歳未満の者は、選挙運動を行うことができない**（137条の2）。

5 妥当でない 　屋内の演説会場において選挙運動のために行う映写等が解禁されるとともに、屋内の演説会場内におけるポスター、立札及び看板の類についての規格制限は撤廃された（143条1項4号の2、同条9項、201条の4第6項3号）。このため、例えば、演説会において、候補者や政党のウェブサイトをスクリーンに映写しながら政策を訴えるといったことも可能となった。

正解 　1

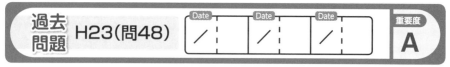
問題7　日本の地方自治に関する次の記述のうち、妥当なものはどれか。

1　明治憲法のもとでは地方自治は認められておらず、市町村は国の行政区画であった。そのため、市町村長は、市町村会の推薦と府県知事の内奏をもとに、内務大臣によって任命されていた。

2　全国的な規模で市町村合併が大幅に進められたのは、明治維新以降4回ある。それぞれの時期に合わせて、「明治の大合併」「大正の大合併」「昭和の大合併」「平成の大合併」と呼ばれることがある。

3　第二次世界大戦中には、激しい空襲により市役所・町村役場は機能を喪失したため、市町村は廃止された。それに代わり、防空・配給や本土決戦のために、都市部には町内会、農村部には系統農会が組織された。

4　第二次世界大戦後の自治体は、住民から直接公選される首長・議会を有しているが、首長その他の執行機関が国の指揮監督のもとに国の機関として行う機関委任事務があった。しかし、機関委任事務制度は地方自治法の改正により廃止された。

5　1990年代後半以降、市町村合併や公共事業などについて、住民が自ら投票によって意思を表明する住民投票が、条例に基づいて行われた。こうした流れを受けて、条例なしでも住民投票が行えるように、住民投票法が制定された。

総合テキスト ⇔ LINK　Chapter 1　政治　5

地方自治

1 妥当でない 明治憲法の下では、憲法上地方自治は認められておらず、市町村は国の行政区画であり、市長は市会から推薦のあった者の中から天皇の上奏をもとに、内務大臣により任命され、町村長は町村会で選挙されていた。

2 妥当でない
重 明治維新以降、全国的な規模で市町村合併が大幅に進められたのは**3回**である。それぞれ「**明治の大合併**」、「**昭和の大合併**」、「**平成の大合併**」と呼ばれる。

3 妥当でない 第二次世界大戦中、府県制、市制、町村制等について改正が行われたが、全国的に市町村を廃止する処置はとられておらず、町内会、系統農会も第二次世界大戦前から存在していた。

4 妥当である
超 第二次世界大戦後の自治体には国の機関として行う事務として機関委任事務があったが、地方自治法の改正により機関委任事務制度は廃止され、現在、**自治事務**と**法定受託事務**に区分されている。

5 妥当でない
重 1990年代後半以降、市町村合併や公共事業などについて、住民が自ら投票によって意思を表明する住民投票が、**条例**に基づいて行われているが、条例なしで住民投票が行えるとする**住民投票法の制定には未だ至っていない**。

正解　4

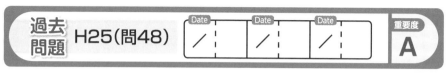
問題8　戦後日本の外交に関する次の記述のうち、妥当なものはどれか。

1　1951 年に日本は、吉田茂首相のもと、いわゆる西側諸国とポーツマス条約を締結して独立を回復した。同年に、日米間では日米安全保障条約を締結し、その後、1960 年にはその改定がなされた。

2　1956 年に日本は、鳩山一郎首相のソ連訪問において、日ソ不可侵平和条約を締結した。これを契機として、東欧諸国との国交が順次結ばれ、同年には国際連合への加盟を果たした。

3　1965 年に日本は、大韓民国との間で日韓基本条約を締結した。また、朝鮮民主主義人民共和国との間の国交は、2002 年の小泉純一郎首相の平壌訪問によって回復した。

4　1971 年に日本は、アメリカとの間で沖縄返還協定を結び、翌 1972 年には沖縄の復帰を実現した。但し、環太平洋戦略的防衛連携協定により、日本はアメリカ軍基地の提供を続けている。

5　1972 年に日本は、田中角栄首相が中華人民共和国を訪問した際に、日中共同声明によって、中華人民共和国との国交を正常化した。その後、1978 年に日中平和友好条約を締結した。

総合テキスト ⟷ LINK　Chapter 1　政治　[6]

戦後日本の外交

1 妥当でない

　1951年に日本が**吉田茂首相**の下で西側諸国と締結したのは、**サンフランシスコ平和条約**である。なお、その他の記述は正しい。

2 妥当でない

　1956年に日本が鳩山一郎首相のソ連訪問において締結したのは、**日ソ共同宣言**である。これを契機として、東欧諸国との国交が順次結ばれ、同年、日本は国際連合への加盟を果たした。

3 妥当でない

　1965年に日本は、**佐藤栄作首相**の下、大韓民国との間で**日韓基本条約**を締結した。一方、朝鮮民主主義人民共和国との間では、2002年の小泉純一郎首相の平壌訪問を機に、日本の世論が対北朝鮮批判に大きく傾き、国交正常化交渉はストップするなど、国交を回復しないまま現在に至っている。

4 妥当でない

　1971年に日本は、**佐藤栄作首相**の下、アメリカとの間で**沖縄返還協定**を結び、翌1972年には沖縄の復帰を実現した。ただし、日本がアメリカに軍事基地の提供を続けているのは、日米安全保障条約に基づいて規定された**日米地位協定**によるものである。

5 妥当である

　1972年、**田中角栄首相**が中華人民共和国を訪問した際に、**日中共同声明**によって中華人民共和国との国交が正常化され、1978年には、**福田赳夫内閣**により、**日中平和友好条約**が締結された。

正解　5

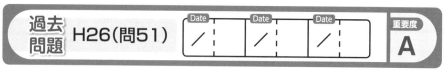

問題9 　核軍縮・核兵器問題への国際社会の対応に関する次のア～オの記述のうち、妥当でないものの組合せはどれか。

ア　包括的核実験禁止条約（CTBT）は、国連総会で採択され、その後、米中やインド・パキスタンを含む多くの国連加盟国が署名・批准を済ませ発効した。

イ　東南アジア・中南米・アフリカなどの地域では、非核兵器地帯を創設する多国間条約が締結されている。

ウ　冷戦中、米ソ両国は中距離核戦力（INF）の全廃に向けて何度も交渉を行ったが難航し、条約の締結までには至らなかった。

エ　核兵器非保有国への核兵器移譲や核兵器非保有国の核兵器製造を禁止する核拡散防止条約（NPT）では、米露英仏中の5カ国が核兵器保有国と規定されている。

オ　核拡散防止条約（NPT）では、核兵器非保有国の原子力（核）の平和利用は認められているが、軍事転用を防止するために国際原子力機関（IAEA）の査察を受ける義務を負う。

1　ア・イ
2　ア・ウ
3　イ・エ
4　ウ・オ
5　エ・オ

総合テキスト ↻ LINK　Chapter 1　政治

核軍縮・核兵器問題への国際社会の対応

ア 妙当でない
重

包括的核実験禁止条約（CTBT）が発効するためには、発効要件国44か国すべての批准が必要とされているが、現在のところ、米国、中国、インド、パキスタン等、一部の発効要件国が批准していないため、**条約は未発効**のままである。

イ 妙当である
重

東南アジア、中南米、アフリカでは、次のように、非核兵器地帯を創設する多国間条約が締結されている。バンコク条約（東南アジア非核兵器地帯条約、署名1995年、発効1997年）、トラテロルコ条約（ラテンアメリカ及びカリブ核兵器禁止条約、署名1967年、発効1968年）、ペリンダバ条約（アフリカ非核兵器地帯条約、署名1996年、発効2009年）。

ウ 妙当でない
重

中距離核戦力（INF）全廃条約は、1987年、アメリカのレーガン大統領とソ連のゴルバチョフ書記長の間で締結された、**中距離核戦力（INF）の全廃を約束した条約である。**両者は1987年にワシントンD.C.において正式にINF全廃条約に調印、全廃を約束し、その合意に基づき、1991年までに中距離核戦力（INF）は全廃された。ただし、アメリカのトランプ大統領が2018年10月に同条約からの離脱を表明したことから、2019年8月に同条約は失効した。

エ 妙当である
重

核兵器不拡散条約（NPT）では、同条約9条3において、「核兵器国」とは、1967年1月1日以前に核兵器その他の核爆発装置を製造し、かつ爆発させた国と定義し、**米、露、英、仏、中の5か国を「核兵器国」と定め、「核兵器国」以外への核兵器の拡散を防止している。**

オ 妙当である
重

核兵器不拡散条約（NPT）では、同条約3条において、原子力が平和的利用から核兵器その他の核爆発装置に転用されることを防止するため、**非核兵器国が国際原子力機関（IAEA）の保障措置を受諾する義務を規定している。**

正解 2

政治

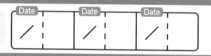

問題1 次の文章の空欄 ア ～ エ に入る語句の組合せとして正しいものはどれか。

　第二次世界大戦後の国際経済は、1944 年のブレトンウッズ協定に基づいて設立された ア と イ 、1947 年に締結された ウ を中心に運営された。

　 イ は大戦後の経済復興と開発のための資金提供を目的としていた。日本は イ からの融資を受け、東海道新幹線や黒部ダムなどを建設している。その後、 イ は発展途上国の経済発展のための融資機関となった。

　また ウ のもとでは 8 回の関税引き下げ交渉がもたれたが、それは貿易拡大による国際経済発展に貢献するとともに、その後 エ の設立をもたらした。 エ では、 ウ の基本精神を受け継ぎつつ、交渉を続けている。

1	ア	IBRD	イ	IMF	ウ	GATT	エ	WTO
2	ア	GATT	イ	IMF	ウ	WTO	エ	IBRD
3	ア	IBRD	イ	IMF	ウ	WTO	エ	GATT
4	ア	IBRD	イ	WTO	ウ	IMF	エ	GATT
5	ア	IMF	イ	IBRD	ウ	GATT	エ	WTO

総合テキスト LINK Chapter 2　経済　5

第二次世界大戦後の国際経済

ア IMF

IMF（国際通貨基金）は、戦後の国際通貨制度の安定を図ることなどを目的として、1944 年のブレトンウッズ会議で創立された。現在 IMF は、加盟国の為替政策の監視、国際収支が著しく悪化した加盟国に対して融資を実施することなどを通じて、国際貿易の促進、加盟国の高水準の雇用と国民所得の増大、為替の安定などに寄与している。

イ IBRD

IBRD（国際復興開発銀行、通称世界銀行）は、第二次世界大戦で疲弊した諸国の経済復興を目的として、IMF とともに 1944 年のブレトンウッズ会議で創立された。なお、現在は、開発途上国の持続的成長と繁栄の支援を目的として、資金協力、知的支援などを提供している。

ウ GATT

1947 年に GATT（関税及び貿易に関する一般協定）が調印され、GATT 体制が 1948 年に発足した。GATT は、自由、多角、無差別の原則を基本理念として、貿易自由化と関税引下げを通じて直接的に国際貿易を促進することを目指した。1986 年に開始されたウルグアイ・ラウンド交渉において GATT 体制は、WTO（世界貿易機関）体制へと移行した。

エ WTO

GATT は国際機関ではなく、暫定的な組織として運営されてきた。しかし、1986 年に開始されたウルグアイ・ラウンド交渉において、貿易ルールの大幅な拡充が行われ、より強固な基盤をもつ国際機関を設立する必要性が強く認識されるようになり、1994 年のウルグアイ・ラウンド交渉妥結の際に、国際機関である WTO の設立が合意された。これにより、**GATT 体制は、WTO 体制へ移行**し、現在、WTO が多角的貿易体制の中核を担っている。

正解	5

問題2 日本の公債発行に関する次のア〜オの記述のうち、妥当なものはいくつ あるか。

ア 財政法の規定では赤字国債の発行は認められていないが、特例法の制定に より、政府は赤字国債の発行をしている。

イ 東日本大震災以降、政府一般会計当初予算では、歳入の約4割以上を国債 発行により調達していた年度がある。

ウ 東日本大震災以降の新規国債発行額をみると、建設国債のほうが赤字国債 よりも発行額が多い。

エ 都道府県や市区町村が地方債発行により財源を調達する際には、当該地方 議会の議決に加えて、国の許可を受けることが義務づけられている。

オ 地方自治体が発行する地方債は建設事業の財源調達に限られており、歳入 を補填するための地方債は発行されていない。

1 一つ
2 二つ
3 三つ
4 四つ
5 五つ

総合テキスト LINK Chapter 1 政治 5
Chapter 2 経済 2

日本の公債発行

ア 妥当である

国債は、**財政法**4条1項ただし書に基づき、公共事業費、出資金及び貸付金の財源を調達するために**建設国債の発行**が認められている。しかし、建設国債を発行してもなお歳入が不足すると見込まれる場合に、公共事業費等以外の歳出に充てる財源を調達することを目的として、**特例法の制定により赤字国債を**発行している。

イ 妥当である
超 重

東日本大震災以降の政府一般会計当初予算をみると、歳入のうち国債が占める割合は、2011年度47.9%、2012年度49.0%、2013年度46.3%、2014年度43.0%となっており、**4割以上を国**債発行により調達していた。なお、2020年度当初予算において国債が占める割合は31.7%、2021年度は40.9%、2022年度は34.3%であった。

ウ 妥当でない

東日本大震災以降の新規国債発行額をみると、2011年度は赤字国債344,300億円、建設国債83,680億円、2012年度は赤字国債360,360億円、建設国債114,290億円、2013年度は赤字国債370,760億円、建設国債57,750億円、2014年度は赤字国債352,480億円、建設国債60,020億円となっており、**赤字国債発行額が建設国債発行額を上回っている**。なお、2022年度は赤字国債306,750億円、建設国債62,510億円となっており、同様に、赤字国債発行額が建設国債発行額を上回っている。

エ 妥当でない
重

地方債の発行に関しては、2005年度までは許可制であったが、2006年度より協議制度が導入され、さらに、2012年度には、財政状況について一定の基準を満たす地方公共団体については、原則として協議を必要としない、事前届出制が導入された。

オ 妥当でない

地方債は、**原則として、公営企業の経費や建設事業費の財源**を調達する場合等、地方財政法5条各号に掲げる場合においてのみ**発行**できるが、その**例外**として、地方財政計画上の通常収支の不足を補填するために発行される地方債として、**臨時財政対策債が2001年度以降発行**されている。

正解 2　以上により、妥当なものはアとイの2つである。

経
済

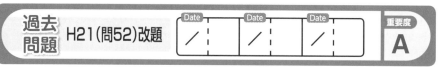
問題3　日本の租税構造に関する次のア～オの記述のうち、妥当なものの組合せはどれか。

ア　近年では、国に納める国税と、都道府県や市町村などに納める地方税との税収の比率は、おおよそ6：4となっている。

イ　近年の税収構造をみると、所得税や法人税などの直接税と、消費税や酒税などの間接税の税収の比率は、おおよそ1：1となっている。

ウ　国税収入の内訳をみると、近年では法人税の割合がもっとも高くなっている。

エ　消費税は、税収が景気の影響を比較的受けにくい安定的な税目とされている。

オ　資産課税には例えば相続税や固定資産税、都市計画税があるが、これらはいずれも地方税に区分される。

　　1　ア・エ
　　2　ア・オ
　　3　イ・ウ
　　4　イ・エ
　　5　ウ・オ

総合テキスト LINK Chapter 2　経済　2

租税構造

ア　妥当である　　2022年度予算・地方財政計画額において、国税は約70.0兆円であるのに対し、地方税は約41.3兆円であり、**国税と地方税との税収の比率**は、およそ**6：4**となっている。

イ　妥当でない
重　　**直接税と間接税の税収の比率（直間比率）**は、およそ**7：3**となっている（2012年実績）。なお、2022年度予算における直間比率は、66：34（国税＋地方税）である。

ウ　妥当でない　　2022年度一般会計予算額における国税収入の内訳は、消費税が約21.6兆円、所得税が約20.4兆円、法人税が約13.3兆円となっており、国税収入に占める割合は、消費税が最も高くなっている。なお、2019年度までは所得税が最も高かった。

エ　妥当である
重　　なお、**間接税である**消費税は、担税力の大小にかかわらず、一定率の比例課税を採用することにより、**負担の水平的公平**を図ることができる。

オ　妥当でない
重　　**固定資産税、都市計画税は**地方税（市町村税）に区分されるが、**相続税は**国税に区分される。

経
済

正解　　1

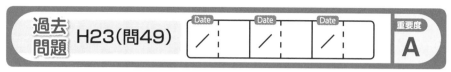
問題4　日本銀行に関する次のア～オの記述のうち、誤っているものはいくつあるか。

ア　日本銀行は「銀行の銀行」として市中銀行から預託を受け入れ、市中銀行に貸し出しを行う。日本銀行が市中銀行に貸し出す金利を法定利息と呼ぶ。

イ　日本銀行は「政府の銀行」として、国（中央政府）や自治体（地方政府）の税金などの公金の管理をする等、出納経理にかかわる事務をしている。

ウ　日本銀行は「発券銀行」として、日本銀行券を発行する。日本銀行券は法定通貨であり、金と交換できない不換銀行券である。

エ　1990年代後半からの金融自由化により、日本銀行は「唯一の発券銀行」としての地位を2000年代には失った。そのため、各地で地域通貨が発行されるようになった。

オ　日本銀行は「国内政策の銀行」として、公開市場操作、預金準備率操作などの金融政策を行う。しかし、「円売りドル買い」などの外国為替市場への介入は行わない。

1　一つ
2　二つ
3　三つ
4　四つ
5　五つ

総合テキスト LINK　Chapter 2　経済　3

日本銀行

ア　誤　り
重

　日本銀行は、「銀行の銀行」として市中銀行から預託を受け入れ、市中銀行に貸出しを行うが、**日本銀行が市中銀行に貸し出す金利は**、「**基準割引率および基準貸付利率**」（旧「**公定歩合**」）と呼ばれている。なお、法定利息とは、法律上の規定に基づいて当然に発生する利息のことをいう。

イ　誤　り
重

　日本銀行は、「**政府の銀行**」として、**国（中央政府）の出納経理にかかわる事務を行う**が、自治体（地方政府）の出納経理にかかわる事務は行わない。なお、自治体の出納経理にかかわる事務は指定金融機関により行われる。

ウ　正しい
重

　日本銀行は、「**発券銀行**」として、日本銀行券を発行している。日本銀行券は、法定通貨であり、**金と交換できない不換銀行券**である。

エ　誤　り
重

　金融の自由化により、金利の自由化、業務の自由化が進められてきたが、日本銀行は、「唯一の発券銀行」としての地位を失っていない。

オ　誤　り
重

　日本銀行は、**公開市場操作や預金準備率操作などの金融政策**を行う。また、円相場の安定を実現するために財務大臣の権限において為替介入が実施される際に、**財務大臣の代理人として、財務大臣の指示に基づいて外国為替市場への介入の実務を遂行している**。

正解　4　　以上より、誤っているものはア、イ、エ、オの4つである。

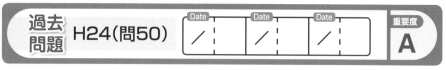

過去問題 H24(問50)　Date / 　Date / 　Date / 　重要度 A

問題5 近現代の日本の不況に関する次の記述のうち、妥当なものはどれか。

1　第一次世界大戦と第二次世界大戦の戦間期にロンドンのシティで始まった世界恐慌のなかで、政府は旧平価での金輸出解禁を断行したところ、日本経済は金融恐慌と呼ばれる深刻な恐慌状態に陥った。

2　第二次世界大戦後の激しいインフレに対して、徹底した引き締め政策を実行するシャウプ勧告が強行された。これによりインフレは収束したが、不況が深刻化した。しかし、その後のベトナム特需により、日本経済は息を吹き返した。

3　第一次石油危機による原油価格の暴騰などにより、狂乱物価と呼ばれる激しいインフレが発生した。政府は円の切り下げのために変動為替相場制から固定為替相場制へ移行させ、輸出の拡大で不況を乗り切ることを目指した。

4　先進5カ国財務相・中央銀行総裁会議での協調介入に関するプラザ合意を受けて円高が加速し、輸出産業を中心に不況が一時深刻化した。しかし、その後には内需拡大に支えられた大型景気が訪れた。

5　消費税が5％に引き上げられた後、その年の夏以降にはリーマン・ショックと呼ばれる世界経済危機が発生し、日本経済は深刻な不況となった。大手金融機関の経営破綻が生じ、公的資金投入による金融機関救済が進められた。

総合テキスト LINK　Chapter 1　政治　6
Chapter 2　経済　2

近現代の日本の不況

1 妥当でない　　世界恐慌は、1929年アメリカ合衆国**ニューヨークのウォール街**で始まった。日本は旧平価での**金輸出解禁**を1930年1月に断行し、日本経済は**昭和恐慌**と呼ばれる深刻な恐慌状態に陥った。

2 妥当でない
重　　第二次世界大戦後の激しいインフレを収束させたのは、J・ドッジが実施した自立と安定のための経済政策（ドッジ・ライン）である。これによりインフレは収束したが、深刻な不況も発生した。しかし、1950年朝鮮戦争が勃発して朝鮮特需となり日本は戦後の不況から脱出した。なお、シャウプ勧告は、税制改革の勧告をしたものである。

3 妥当でない
重　　1973年の第一次石油危機への対応として、政府は**赤字国債**の発行や**公定歩合**（現、**基準割引率および基準貸付利率**）操作などを行い不況を乗り切ろうとした。また、1971年のニクソンショック後に、世界の通貨は一時**変動相場制**へ移行したが、同年12月の**スミソニアン合意**により固定為替レートへ復帰した。しかし、世界の貿易不均衡や通貨不安は収まらず、主要通貨は、結局、**変動相場制**へと移行している。

4 妥当である
重　　1985年、G5（先進5か国財務相・中央銀行総裁会議）により発表された**プラザ合意**と、それに続いて行われた日米独の通貨当局による協調介入により、**ドル高是正は円高を進行**させ、輸出主導型の日本経済は不況が一時深刻化した。しかし、その不況対策として**低金利政策**を打ち出したため、バブル経済をもたらした。

5 妥当でない
重　　**消費税が5％に引き上げられたのは1997年**4月であり、**リーマン・ショック**と呼ばれる世界経済危機が発生したのは**2008年**9月である。また、**日本の大手金融機関の経営破綻**が生じ、公的資金投入による金融機関救済が進められたのは、**1990年代のバブル経済崩壊後**のことである。

正解　　4

問題6 日本のバブル経済とその崩壊に関する次の文章の空欄 Ⅰ ～ Ⅴ に当てはまる語句の組合せとして、妥当なものはどれか。

1985 年のプラザ合意の後に Ⅰ が急速に進むと、 Ⅱ に依存した日本経済は大きな打撃を受けた。 Ⅰ の影響を回避するために、多くの工場が海外に移され、産業の空洞化に対する懸念が生じた。

G7 諸国の合意によって、為替相場が安定を取り戻した 1987 年半ばから景気は好転し、日本経済は 1990 年代初頭まで、平成景気と呼ばれる好景気を持続させた。 Ⅲ の下で調達された資金は、新製品開発や合理化のための投資に充てられる一方で、株式や土地の購入にも向けられ、株価や地価が経済の実態をはるかに超えて上昇した。こうした資産効果を通じて消費熱があおられ、高級品が飛ぶように売れるとともに、さらなる投資を誘発することとなった。

その後、日本銀行が Ⅳ に転じ、また Ⅴ が導入された。そして、株価や地価は低落し始め、バブル経済は崩壊、平成不況に突入することとなった。

	Ⅰ	Ⅱ	Ⅲ	Ⅳ	Ⅴ
1	円安	外需	低金利政策	金融引締め	売上税
2	円安	輸入	財政政策	金融緩和	売上税
3	円高	輸出	低金利政策	金融引締め	地価税
4	円高	外需	財政政策	金融緩和	売上税
5	円高	輸入	高金利政策	金融引締め	地価税

総合テキスト LINK Chapter 2 経済

日本のバブル経済とその崩壊

Ⅰ 円高　Ⅱ 輸出

　1985 年 9 月の G5（先進 5 か国蔵相・中央銀行総裁会議）でアメリカ・イギリス・西ドイツ・フランス・日本は、外国為替市場でドル安誘導のためドル売りの協調介入を行うことに同意した（プラザ合意）。プラザ合意以後、急激な円高によって**日本の輸出関連企業は大きな打撃を受けた。**

Ⅲ 低金利政策

　プラザ合意後の円高不況に対し、日本銀行は**公定歩合を引き下げて**超低金利政策をとり、また、ドル買い円売りを行った。これらにより増大した通貨供給量が株式や土地の購入に向かい、いわゆる**バブル景気**が発生した（平成景気）。

経
済

Ⅳ 金融引締め　Ⅴ 地価税

　1989 年のバブル絶頂期から日本銀行が行った株価・地価の異常な上昇に対する修正・調整によって、1990 年、実態以上に上昇した資産価値が暴落した（バブル経済の崩壊）。具体的には、日本銀行の公定歩合の引上げによる**金融引締め**、地価税の導入、不動産向け融資に対する総量規制などが行われたため、株価や地価が50％以上下落し、**金融機関は多額の不良債権を抱えて経営不振に陥り、企業は低コストでの資金調達が困難になり、設備投資は減少した。**なお、地価税法が 1992年 1 月 1 日から施行されたことにより導入された地価税は、個人又は法人が課税時期（その年の 1 月 1 日午前零時）において保有している国内にある土地等を対象として年々課税される税金である。ただし、1998 年以後の各年の課税時期にかかる地価税については、臨時的措置として、当分の間、課税されないこととなり、申告書の提出も必要ないこととなっている。

正解　　3

Chapter 5　経　済　　**571**

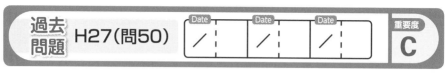
問題7 今日の日本経済に関する次の記述のうち、妥当なものはどれか。

1 国内総生産（GDP）とは、一定期間に一国で産み出された付加価値の合計額をいうが、日本の名目GDPの水準は、おおよそ年間500兆円である。

2 生産要素とは、財・サービスの生産に用いられる資源をいい、具体的には土地・資本・情報の三つを指すが、日本の経済成長に最も寄与しているのは情報である。

3 日本の国内総生産を産業別にみると、自動車産業をはじめとした製造業の占める割合が最も高く、現在も4割を超えている。

4 日本の産業別就業者割合をみると、機械化・IT化により、製造業就業者割合は減少しており、他方で、サービス業への就業者割合は8割を超えている。

5 日本では、総支出のうち、国内での消費、投資、政府支出の割合は6割程度であり、4割が海外への輸出となっている。

総合テキスト LINK Chapter 2 経済 4

日本経済

1 妥当である

超

国内総生産（GDP）とは、国内で一定期間内に生産されたモノやサービスの付加価値の合計額であり、**日本の名目GDPの水準**は、おおよそ年間500兆円となっている。

2 妥当でない

生産要素とは、財・サービスの生産を行うための基本的な資源として使用されるもの、すなわち、**土地**、**資本**、**労働**などのことを指す。

3 妥当でない

近年の産業別国内総生産をみると、サービス業の占める割合が最も高く、次いで製造業となっている。また、製造業の占める割合は2割程度である。

4 妥当でない

日本の産業別就業者割合をみると、製造業就業者割合は減少しているが、狭義のサービス業への就業者割合は3割程度となっている。なお、不動産業、卸売・小売業を含むサービス産業全体では7割程度となっている。

5 妥当でない

国内総支出とは、民間消費、民間投資、政府支出、純輸出（輸出から輸入を引いた額）**の総額**をいう。2013年の日本の総支出のうち、消費、投資、政府支出の占める割合は103.3%、財貨・サービスの純輸出（財貨・サービスの輸出から財貨・サービスの輸入を引いたもの）は、−3.3%となっている。

経済

| 正解 | 1 |

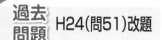
問題8　企業の独占・寡占に関する次のア～オの記述のうち、妥当なものの組合せはどれか。

ア　ビール、乗用車、携帯電話サービスなどは、少数の大企業に生産が集中する傾向にあり、国内の市場占有率は、大企業が上位を占めることが多い。

イ　コンツェルンとは、同業種の企業が合併し、さらなる規模の利益を追求する行為をいい、独占禁止法では原則として禁止されている。

ウ　カルテルとは、生産量や価格などについて、同一産業内の各企業が協定を結んで利潤率の低下を防ぐ行為をいい、独占禁止法では原則として禁止されていたが、企業の経営環境の悪化を背景として、近年認められることとなった。

エ　独占禁止法により、持ち株会社の設立は当初禁止されていたが、その後の法改正により、その設立は解禁された。

オ　公正取引委員会は、独占禁止法に違反する行為について調査する役割を担うが、行政処分をなす権限は与えられていない。

　　1　ア・エ
　　2　ア・オ
　　3　イ・ウ
　　4　ウ・オ
　　5　エ・オ

企業の独占・寡占

ア 妥当である　2020年現在、市場独占率に関して、ビールは上位3社が約9割、乗用車は上位3社が約7割、携帯電話サービスは上位3社が8割強を占めている。

イ 妥当でない　同業種の企業が合併し、さらなる規模の利益を追求する行為
重　をトラスト（企業合同）という。コンツェルン（企業結合）とは、持ち株会社による株式支配によって異種産業の企業を支配することである。独占禁止法では、会社の株式取得、合併、分割、共同株式移転、事業の譲受け等により競争を実質的に制限することとなる場合には当該企業結合を禁止している。

ウ 妥当でない　カルテルは、独占禁止法3条で禁止されており、認められて
重　いない。なお、カルテルは、事業者又は業界団体の構成事業者が相互に連絡を取り合い、本来、各事業者が自主的に決めるべき商品の価格や販売・生産数量などを共同で取り決める行為である。

エ 妥当である　事業活動を支配する目的で他の会社の株式を取得、保有する
重　「持ち株会社」（ホールディングカンパニー）の設立は、9条によって禁じられていたが、1997年に原則解禁された。ただし、例外として、競争を実質的に制限することとなる持ち株会社の設立は禁止されている。

オ 妥当でない　独占禁止法に違反した場合、公正取引委員会では、違反行為
重　をした者に対しその違反行為を除くために必要な措置を命じる。これは「排除措置命令」と呼ばれ、行政処分である。したがって、公正取引委員会に行政処分をなす権限は与えられていないという記述は誤りである。

経
済

| 正解 | 1 |

 過去問題 H20(問51)改題

 重要度 A

問題1 日本の社会保障制度に関する次のア～オの記述のうち、妥当なものの組合せはどれか。

ア 社会保障制度は、社会保険、公的扶助、公衆衛生、社会福祉の四つの柱から成り立つとされている。

イ 医療保険は、民間の給与所得者などを対象とする健康保険、農業・自営業者などを対象とする国民健康保険、公務員などを対象とする共済組合保険などに分立している。

ウ 生活保護の受給者については、生活保護による給付があるため、介護保険の被保険者にならない制度がとられている。

エ 介護保険法では、介護サービスを利用する際の利用者負担として所得に応じて費用の1割又は3割を負担することとされているが、市町村の条例によってこの負担割合を増減することができる。

オ 年金保険の財源調達方式について、かつては賦課方式を採用していたが、制度改正により、しだいに積立方式に移行している。

  1 ア・イ
  2 ア・ウ
  3 イ・エ
  4 ウ・オ
  5 エ・オ

総合テキスト ➡ LINK Chapter 3 社会 ①

日本の社会保障制度

ア 妥当である
重

　1950 年（昭和 25 年）の社会保障制度審議会の「社会保障制度に関する勧告」において、社会保障制度は、社会保険、公的扶助、公衆衛生、社会福祉の 4 つの部門から成り立つものと説明された。

イ 妥当である
重

　医療保険とは、病気や怪我などに必要な医療と費用などの保障を行う社会保険であり、民間の給与所得者などを対象とする健康保険、健康保険や共済組合などに加入している勤労者以外の一般住民を対象とする国民健康保険、国家公務員や地方公務員などを対象とする共済組合保険などをいう。

ウ 妥当でない
重

　生活保護の受給者であっても、**65 歳以上の者**と **40 歳以上 65 歳未満の医療保険加入者**は、介護保険の被保険者となる。

エ 妥当でない
重

　介護保険法の規定で、介護サービスを利用する際の利用者負担は所得に応じて 1 割から 3 割となっている。したがって、**これ以上の負担を課すことは法の趣旨からできない**。しかし、利用者負担部分については、地方自治体が予算措置で負担を軽減することは可能である。なお、この際、必ずしも条例による必要はない（2023 年 9 月現在）。

オ 妥当でない
重

　国民年金制度発足時は積立方式を採用していたが、その後インフレが続いたことなどを理由に賦課方式との折衷的な方式（修正積立方式）に変わり、現在では賦課方式**を基本**としている。

社会

正解	1

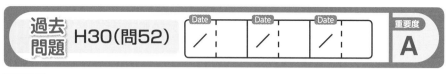

問題2　地方自治体の住民等に関する次のア～オの記述のうち、妥当なものの組合せはどれか。

ア　市町村内に家屋敷を有する個人であっても、当該市町村内に住所を有しない場合には、当該市町村の住民税が課されないものとされている。

イ　日本国籍を有しない外国人は、当該市町村の区域内に住所を有し、かつ、一定の要件に該当するときには、住民基本台帳制度の適用対象になる。

ウ　自宅から離れた他市の特別養護老人ホームに入居した者であっても、自宅のある市町村に住民登録を残し、住所地特例制度により当該市町村の介護保険を利用することができる。

エ　市の管理する都市公園の中で起居しているホームレスについては、当然に、当該都市公園が住民登録上の住所地となる。

オ　市町村内に住所を有する個人だけでなく、当該市町村内に事務所または事業所を有する法人も、住民税を納税する義務を負う。

1　ア・ウ
2　ア・オ
3　イ・エ
4　イ・オ
5　ウ・エ

総合テキスト LINK　Chapter 3　社会　①
Chapter 4　情報通信・個人情報保護　①

地方自治体の住民等

ア 妥当でない
重

　地方税法は、市町村民税について、**市町村内に家屋敷を有する個人で当該市町村内に住所を有しない者**も**納税義務者**と規定している（294条1項2号参照）。

イ 妥当である
重

　日本の国籍を有しない者であって**市町村の区域内に住所を有し、かつ、中長期在留者等の一定の要件に該当するもの**（「外国人住民」）は、**住民基本台帳制度の適用対象**とされている（住民基本台帳法5条、30条の45参照）。

ウ 妥当でない
重

　住所地特例制度は、入所又は入居をすることにより住所地特例対象施設の所在する場所に住所を変更したと認められる被保険者であって、当該住所地特例対象施設に入所等をした際、他の市町村の区域内に住所を有していたと認められるものを当該他の市町村（当該住所地特例対象施設が所在する市町村以外の市町村をいう）が行う介護保険の被保険者とする制度である（介護保険法13条参照）。したがって、本記述のように、自宅のある市町村に住民登録を残したままで、住所地特例制度による当該市町村の介護保険を利用することはできない。

エ 妥当でない

　市の管理する都市公園の中に起居しているホームレスについて、当然に、当該都市公園が住民登録上の住所地となるわけではない。なお、判例は、都市公園内に不法に設置されたテントを起居の場所としている者につき、同テントの所在地に住所を有するものとはいえないとしている（最判平20.10.3）。

オ 妥当である

　地方税法は、市町村民税について、市町村内に事務所又は事業所を有する法人も、納税義務者と規定している（294条1項3号参照）。

社
会

| 正解 | 4 |

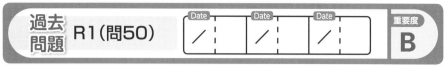

過去問題 R1(問50)

Date / Date / Date /

重要度 B

問題3　日本の雇用・労働に関する次のア〜オの記述のうち、妥当なものの組合せはどれか。

ア　日本型雇用慣行として、終身雇用、年功序列、職能別労働組合が挙げられていたが、働き方の多様化が進み、これらの慣行は変化している。

イ　近年、非正規雇用労働者数は増加する傾向にあり、最近では、役員を除く雇用者全体のおおよそ4割程度を占めるようになった。

ウ　兼業・副業について、許可なく他の企業の業務に従事しないよう法律で規定されていたが、近年、人口減少と人手不足の中で、この規定が廃止された。

エ　いわゆる働き方改革関連法*により、医師のほか、金融商品開発者やアナリスト、コンサルタント、研究者に対して高度プロフェッショナル制度が導入され、残業や休日・深夜の割増賃金などに関する規制対象から外されることとなった。

オ　いわゆる働き方改革関連法*により、年次有給休暇が年10日以上付与される労働者に対して年5日の年次有給休暇を取得させることが、使用者に義務付けられた。

（注）　＊　働き方改革を推進するための関係法律の整備に関する法律

1　ア・ウ
2　ア・エ
3　イ・ウ
4　イ・オ
5　エ・オ

総合テキスト LINK　Chapter 3　社会

日本の雇用・労働

ア 妥当でない　日本型雇用慣行では、従来、「終身雇用」「年功序列」「企業別労働組合」を3つの柱としてきた。したがって、本問は職能別労働組合を挙げているため妥当でない。

イ 妥当である　非正規雇用労働者は、1994年以降現在まで緩やかに増加しており、総務省統計局の資料によると、2020年の役員を除く雇用者全体に占める割合の平均は、37.2%となっている。

ウ 妥当でない　兼業・副業について、許可なく他の企業の業務に従事しないように規定した法律は存在していない。なお、厚生労働省が示しているモデル就業規則においては、労働者の遵守事項として「許可なく他の会社等の業務に従事しないこと。」という規定があったが、2018年の当該規則の改定において当該規定は削除され、副業・兼業についての規定が新設された（第14章第70条）。

エ 妥当でない　いわゆる**働き方改革関連法**により、**高度プロフェッショナル制度が導入された**が、当該制度の対象に医師は含まれない。なお、金融商品開発者やアナリスト、コンサルタント、研究者は、同制度の対象となる。

オ 妥当である　いわゆる**働き方改革関連法**により、年次有給休暇が**年10日**以上付与される労働者に対して**年5日の年次有給休暇を取得させることが、使用者に義務付けられた**（労働基準法39条7項）。

正解　4

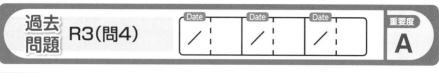
問題4　エネルギー需給動向やエネルギー政策に関する次のア〜オの記述のうち、妥当なものの組合せはどれか。

ア　2010年代後半の日本では、一次エネルギーの7割以上を化石エネルギーに依存しており、再生可能エネルギーは3割にも満たない。

イ　2010年代後半以降、日本では、原油ならびに天然ガスいずれもの大半を、中東から輸入している。

ウ　パリ協定に基づき、2050年までに温室効果ガスの80％排出削減を通じて「脱炭素社会」の実現を目指す長期戦略を日本政府はとりまとめた。

エ　現在、世界最大のエネルギー消費国は米国であり、中国がそれに続いている。

オ　2020年前半には、新型コロナウイルス感染症拡大による先行き不安により、原油価格が高騰した。

　　1　ア・イ
　　2　ア・ウ
　　3　イ・オ
　　4　ウ・エ
　　5　エ・オ

総合テキスト LINK Chapter 3　社会

エネルギー需給動向・エネルギー政策

ア 妥当である
予

2018年度の日本の一次エネルギー供給構成では、**化石燃料依存度は85.5%であり、再生可能エネルギー等は8.2%**である。

イ 妥当でない

2019年のデータによると、日本の**原油**は、35.9%をサウジアラビア、31.2%をUAE、11.0%をクウェート、10.4%をカタール、3.2%をオマーンから輸入しており、**合計約92%をこれら中東地域から輸入**している。しかし、日本がエネルギーとしている**液化天然ガス**は、36.7%をオーストラリア、17.2%をマレーシア、12.3%をカタール、7.2%をロシアから輸入しており、**天然ガスの大半を中東から輸入してはいない**。

ウ 妥当である
重

2019年6月、日本政府は、「パリ協定に基づく成長戦略としての長期戦略」を閣議決定した。これは、**2050年までに温室効果ガスの80%排出削減**を通じて「**脱炭素社会**」の実現を目指すものである。

エ 妥当でない

2020年の世界最大のエネルギー消費国は**中国**であり、それに続くのが**米国**である。

オ 妥当でない

原油価格は、2020年4月、世界的な新型コロナウイルス感染症の拡大を受け、高騰したのではなく、大きく落ち込んだ。

正解 2

問題5 次の文章の空欄 ア ～ オ に当てはまる語句の組合せとして、妥当なものはどれか。

　地球環境問題を解決するためには、国際的な協力体制が不可欠である。1971年には特に水鳥の生息地として国際的に重要な湿地に関して、 ア が採択された。1972年に国連人間環境会議がスウェーデンのストックホルムで開催され、国際的に環境問題に取り組むための イ が決定された。しかし、石油危機後の世界経済の落ち込みにより、環境対策より経済政策が各国で優先され、解決に向けた歩みは進まなかった。

　それでも、1992年にブラジルのリオデジャネイロで国連環境開発会議（地球サミット）が開催され、「持続可能な開発」をスローガンに掲げたリオ宣言が採択された。同時に、環境保全に向けての行動計画であるアジェンダ21、地球温暖化対策に関する ウ や、生物多様性条約なども採択された。その後、1997年の第3回 ウ 締約国会議（COP3）で エ が採択され、さらに、2015年の第21回 ウ 締約国会議（COP21）で オ が採択されるなど、取組が続けられている。

	ア	イ	ウ	エ	オ
1	国連環境計画	パリ協定	京都議定書	ラムサール条約	気候変動枠組条約
2	国連環境計画	京都議定書	パリ協定	気候変動枠組条約	ラムサール条約
3	ラムサール条約	パリ協定	国連環境計画	京都議定書	気候変動枠組条約
4	ラムサール条約	国連環境計画	気候変動枠組条約	京都議定書	パリ協定
5	京都議定書	気候変動枠組条約	ラムサール条約	国連環境計画	パリ協定

総合テキスト LINK　Chapter 6　社会　[2]

地球環境問題に関する国際的協力体制

ア ラムサール条約　　1971 年に、特に水鳥の生息地として国際的に重要な湿地に関して採択された条約は、**ラムサール条約**（正式名称：特に水鳥の生息地として国際的に重要な湿地に関する条約）である。

イ 国連環境計画　　1972 年 6 月にスウェーデンのストックホルムで開催された国連人間環境会議の提案を受け、同会議で採択された人間環境宣言及び環境国際行動計画を実施に移すための機関として同年の国連総会決議に基づき設立されたのは、国連環境計画である。

ウ 気候変動枠組条約　　1992 年 6 月にブラジルのリオデジャネイロで開催された国連環境開発会議（**地球サミット**）で署名が開始されたのは、**気候変動枠組条約**と**生物多様性条約**である。また、環境と開発に関するリオ宣言、同宣言の諸原則を実行するための行動計画である**アジェンダ21** 及び森林原則声明も採択された。

エ 京都議定書　　1997 年 12 月に日本の京都で開催された第 3 回気候変動枠組条約締約国会議（COP3、京都会議）で採択されたのは、京都議定書である。同議定書では、先進国及び市場経済移行国の**温室効果ガス排出の削減目的**が定められた。

オ パリ協定
重　　2015 年 12 月にフランスのパリで開催された第 21 回気候変動枠組条約締約国会議（COP21）で、2020 年以降の温室効果ガス排出削減等のための新たな国際枠組みとして採択されたのは、**パリ協定**である。

正解	4

問題6 難民に関する次の記述のうち、明らかに誤っているものはどれか。

1　国際連合難民高等弁務官事務所は、国際連合の難民問題に関する機関であり、かつ、緒方貞子が高等弁務官を務めたことがある。

2　難民の地位に関する条約は、難民の人権保障と難民問題解決のための国際協力を効果的にするためのものであり、日本も加入している。

3　シリアの内戦は 2014 年に入っても終結せず、大量の難民がレバノンなどの周辺国へと避難する事態が続いている。

4　難民には、政治難民、災害難民、経済難民など多くの種類があるといわれているが、日本では、積極的な国際貢献のため、その種類を問わず広く難民を受け入れている。

5　日本では、かつて、1975 年のベトナム戦争終結期に生じた「インドシナ難民」といわれる人々を受け入れる措置をとった。

総合テキスト LINK Chapter 1　政治　[7]

難　民

1 正しい

　　国連難民高等弁務官事務所（UNHCR：The Office of the United Nations High Commissioner for Refugees）は、国連総会決議によって 1950 年に設立された**国連の機関**である。人道的見地から紛争や迫害によって故郷を追われた世界の難民の保護と難民問題の解決へ向けた国際的な活動を先導、調整する任務を負っており、**緒方貞子氏**は 1991 年、**国連難民高等弁務官**に就任した。

2 正しい

　　「**難民の地位に関する 1951 年の条約**」の前文においては、同条約が協定された経緯につき、「すべての国が、難民問題の社会的及び人道的性格を認識して、この問題が国家間の緊張の原因となることを防止するため可能なすべての措置をとることを希望し、……また各国と国際連合難民高等弁務官との協力により、難民問題を処理するためにとられる措置の効果的な調整が可能となることを認め」る旨規定している。また、**日本は 1981 年に同条約に加入**した。

3 正しい

　　2011 年 3 月以来、内戦状態にあるシリアから多くの難民が国境を越え、レバノンなど周辺国に避難している。国連難民高等弁務官事務所は、国際社会に対し、2014 年末までに 3 万人のシリア難民の受け入れを要請してきたが、その受け入れは欧州各国に集中している。

4 明らかに　誤っている

　　「難民の地位に関する 1951 年の条約」において、難民とは、人種、宗教、国籍、政治的意見やまたは特定の社会集団に属するなどの理由で、自国にいると迫害を受けるか、あるいは迫害を受ける恐れがあるために他国に逃れた人々をいう（1 条参照）。今日では、政治的な迫害のほか、武力紛争や人権侵害などを逃れるために、国境を越えて他国に庇護を求めた人々も難民と考えられている。近年における日本の難民認定制度は、継続的な改善状況にあるものの、2021 年における難民認定数は、第三国定住難民が 0 人、認定難民（入管法の規定に基づく認定）が 74 人にとどまるほか、難民申請者に対する社会的・法的側面の課題が依然として指摘されており、**その種類を問わず広く難民を受け入れているとはいえない**。

5 正しい

　　インドシナ難民とは、1975 年のベトナム戦争終結前後に、ベトナム・ラオス・カンボジアの 3 か国から大量に流出した難民を指し、日本には 1975 年に初めてベトナムからのボートピープルが到着した。1978 年、新体制下での迫害を恐れ、上記 3 か国より多くのインドシナ難民が日本に避難したことを契機として、日本政府による受け入れ事業が始まった。**2005 年末までに、日本では、11,319 人のインドシナ難民が受け入れられた**。

正解	4

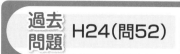

問題7 防災政策に関する次のア〜オの記述のうち、妥当でないものの組合せはどれか。

ア 災害対策は、1960年代初頭に制定された災害対策基本法に基づくもので、災害予防、災害応急対応、災害復旧・復興の各段階において総合的な対策を講ずることが重要とされ、国が防災基本計画、都道府県・市町村が地域防災計画を、それぞれ策定することが義務付けられている。

イ 近年では、発生の頻度は低いが、発生すると大規模な被害をもたらす「低頻度巨大災害」への対応が課題となっており、被害をゼロにするという意味での「防災」ではなく、被害を少なくする「減災」の発想が重要であると指摘されている。

ウ 被災者救済に関しては、個人資産への補償は行わないとの方針がとられているため、被災者生活再建支援法では、被災者の生活再建に対する公的補助は行われているが、住宅の建設、補修等の再建方法に応じた公的補助は制度化されていない。

エ 東日本大震災からの復興を図るため、国では東日本大震災復興特別区域法を制定し、被災自治体が各種の計画を策定することによって、規制・手続等の特例、土地利用再編の特例、税制上の特例、財政・金融上の特例などの適用を受けられる仕組みをつくった。

オ 東日本大震災の被災地の復興を図るため、総務省に復興庁が設置され、復興に関する行政事務は、本来は他省庁の所管に属する事務を含めて、原則として一元的に処理することとされ、復興交付金も復興庁が決定・交付するものとなっている。

1 ア・イ
2 ア・ウ
3 イ・エ
4 ウ・オ
5 エ・オ

防災政策

ア 妥当である
重

　　1961年に制定された**災害対策基本法**では、国、地方公共団体及びその他の公共機関を通じて必要な体制を確立し、責任の所在を明確にするとともに、防災計画の作成、災害予防、災害応急対策、災害復旧等の措置をとることなどが定められており（1条）、**国が防災基本計画、都道府県・市町村が地域防災計画を策定することが義務付けられている**（11条、14条、16条）。

イ 妥当である

　　「低頻度巨大災害」に対しては、我が国の置かれた国土条件の下で、災害を100パーセント未然に防ぐことは不可能であることにかんがみ、被害軽減に資する「減災対策」を早急に実施していく必要があるとされている（「国土交通白書」参照）。

ウ 妥当でない
重

　　被災者生活再建支援法により、居住する住宅が全壊するなど、生活基盤に著しい被害を受けた世帯に対して、生活の再建を支援するために、住宅の被害程度や住宅の再建方法に応じて**支援金が支給**される（2条、3条）。

エ 妥当である

　　被災自治体が、東日本大震災からの復興の円滑かつ迅速な推進を図るための計画を作成し、地域限定で思い切った特例措置を実現し、復興を加速する仕組みが、「復興特別区域制度」である（東日本大震災復興特別区域法1条）。具体例として、規制・手続等の特例、土地利用再編の特例、税制上の特例、財政・金融上の特例などがある。

オ 妥当でない
重

　　復興庁は内閣に設置される（復興庁設置法2条）。その他の記述は正しい（4条1項、2項）。

社
会

| 正解 | 4 |

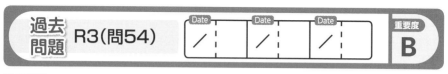
問題8 ジェンダーやセクシュアリティに関する次の記述のうち、妥当でないものはどれか。

1 「LGBT」は、レズビアン、ゲイ、バイセクシュアル、トランスジェンダーを英語で表記したときの頭文字による語で、性的少数者を意味する。

2 日本の女子大学の中には、出生時の性別が男性で自身を女性と認識する学生の入学を認める大学もある。

3 米国では、連邦最高裁判所が「同性婚は合衆国憲法の下の権利であり、州は同性婚を認めなければならない」との判断を下した。

4 日本では、同性婚の制度が立法化されておらず、同性カップルの関係を条例に基づいて証明する「パートナーシップ制度」を導入している自治体もない。

5 台湾では、アジアで初めて同性婚の制度が立法化された。

ジェンダー・セクシュアリティ

1 妥当である 「LGBT」とは、Lesbian（レズビアン）、Gay（ゲイ）、Bisexual（バイセクシュアル）、Transgender（トランスジェンダー）の頭文字をとって組み合わせた語であり、**性的少数者**をあらわす言葉の1つとして使われることがある。

2 妥当である 日本の女子大学の中には、戸籍又はパスポート上男性であっても性自認が女性である人（トランスジェンダー学生）の入学を認める大学もある。

3 妥当である 2015年6月26日、米国の連邦最高裁判所は、「同性婚は合衆国憲法の下の権利であり、州は同性婚を認めなければならない」との判断を下した。

4 妥当でない 日本では、2023年11月現在、同性婚の制度は立法化されてはいない。しかし、近年、東京都の渋谷区や豊島区などをはじめとして、**同性カップルの関係を条例に基づいて証明する「パートナーシップ制度」**を導入している自治体が増加している。

5 妥当である 台湾では、2019年5月にアジアで初めて同性婚の制度が立法化された。

社会

正解 4

過去問題　H23(問54)改題

重要度 A

問題1　個人情報保護法*に関する次のア〜オの記述のうち、妥当でないものの組合せはどれか。

ア　個人情報保護法は、いわゆる基本法的な部分と民間部門及び公的部門を規制する一般法としての部分から成り立っている。

イ　個人情報保護法は、国の行政機関、独立行政法人、地方公共団体の機関（議会を除く。）における個人情報保護に関する具体的な権利義務関係について定めている。

ウ　個人情報保護法は、国の行政機関における個人情報保護と地方自治体における住民基本台帳の制度について規律する法律である。

エ　個人情報保護法は、インターネットの有用性と危険性にかんがみて、コンピュータ処理された個人情報のみを規律の対象としている。

オ　個人情報保護法は、個人情報の有用性に配慮しつつ、個人の権利利益を保護することを、その目的としている。

1　ア・オ
2　イ・ウ
3　ウ・エ
4　ウ・オ
5　エ・オ

（注）　＊　個人情報の保護に関する法律

総合テキスト ⟷ LINK　Chapter 4　情報通信・個人情報保護　4

個人情報保護法

ア 妥当である
超

「個人情報の保護に関する法律」(以下「個人情報保護法」)は、**基本法にあたる部分**(第1章〜第3章)と民間部門(第4章)及び公的部門(第5章)の個人情報保護の**一般法にあたる部分**の性格を**併有**している。

イ 妥当である
予

個人情報保護法は、**個人情報取扱事業者等及び行政機関等の具体的な権利義務関係**について定めている。そして、個人情報保護法の改正(2023年4月施行のもの)により、**同法における「行政機関等」**には、**「地方公共団体の機関(議会を除く。)」も含まれる**ものとされた(2条11項2号)。

ウ 妥当でない

国の行政機関における個人情報保護については、個人情報保護法で規律している(第5章)。しかし、住民基本台帳の制度については、**住民基本台帳法**等で定められている(住民基本台帳法1条参照)。

エ 妥当でない

個人情報保護法にいう**「個人情報データベース等」**とは、個人情報を含む情報の集合物であって(利用方法からみて個人の権利利益を害するおそれが少ないものとして政令で定めるものを除く)、①特定の個人情報を電子計算機を用いて**検索する**ことができるように体系的に構成したもの、②その他、特定の個人情報を容易に**検索する**ことができるように体系的に構成したものとして政令で定めるものをいう(16条1項各号)。したがって、個人情報保護法は、コンピュータ処理された個人情報のみを規律の対象としているわけではない。

オ 妥当である
重

個人情報保護法1条は、同法の目的として本記述のように規定している。

正解　3

情報通信・個人情報保護

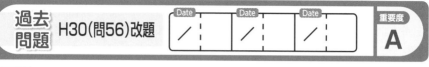
問題2　個人情報保護法*に関する次の記述のうち、妥当でないものはどれか。

1　匿名加工情報は個人情報には該当せず、匿名加工情報の取扱い等については、個人情報の取扱い等とは異なる規律が設けられている。

2　地方公共団体の機関（議会を除く。）が取り扱う情報には、個人情報保護法の個人情報取扱事業者に関する規定が適用されることはなく、個人情報保護法の行政機関等に関する規定が適用されることになる。

3　個人情報保護法の改正において、要配慮個人情報という概念が新たに設けられ、要配慮個人情報を個人情報取扱事業者が取り扱う場合、他の個人情報とは異なる取扱いを受けることになった。

4　個人情報保護法の適用の対象となるのは、個人情報取扱事業者が取り扱う個人情報データベース等を構成する個人データであり、個人情報データベース等を構成しない散在する個人情報については、個人情報保護法の適用の対象とならない。

5　個人情報データベース等を事業の用に供している者であれば、原則として個人情報取扱事業者に該当するが、報道機関（報道を業として行う個人を含む。）が報道の用に供する目的で個人情報を取り扱う場合には、個人情報取扱事業者等の義務等の規定は適用されない。

（注）　＊　個人情報の保護に関する法律

個人情報保護法・定義等

1 妥当である

「匿名加工情報」は、**特定の個人を識別することができない**ように個人情報を加工して得られる個人に関する情報であって、当該個人情報を復元することができないようにしたものである（個人情報保護法2条6項柱書）。匿名加工情報に関する規定は、個人情報の取扱いよりも緩やかな規律の下、パーソナルデータの自由な流通・利活用を促進することを目的として、2015年の個人情報保護法の改正により新たに設けられたものである。**匿名加工情報は、個人情報（同条1項）とは異なる概念であり**、個人情報保護法では、個人情報については、「第4章　個人情報取扱事業者等の義務等」のうち「第2節　個人情報取扱事業者及び個人関連情報取扱事業者の義務」で規律されている。一方、匿名加工情報については、「第4章　個人情報取扱事業者等の義務等」のうち「第4節　匿名加工情報取扱事業者等の義務」で規律されている。

2 妥当である

議会を除く地方公共団体の機関（2条11項2号）**には、個人情報保護法の個人情報取扱事業者に関する規定**（第4章　個人情報取扱事業者等の義務等）**は適用されず**（16条2項2号）、**行政機関等に関する規定**（第5章　行政機関等の義務等）**の規律が適用される。**

3 妥当である

「要配慮個人情報」は、不当な差別、偏見その他の不利益が生じないように取扱いに配慮を要する情報として、政令で定める記述等が含まれる個人情報である（2条3項）。個人情報取扱事業者は、原則として、あらかじめ本人の同意を得ないで、**要配慮個人情報を取得してはならない**とされる（20条2項）など、要配慮個人情報を取り扱う場合には、**他の個人情報とは異なる規律を受ける。**要配慮個人情報に関する規定は、2015年の個人情報保護法の改正により設けられたものである。

4 妥当でない

個人情報保護法の適用の対象となるのは、個人データにとどまらない。個人データ以外の個人情報も同法の適用の対象となるし、個人情報に該当しない匿名加工情報なども同法の適用の対象となる（2条1項、6項、16条3項等参照）。

5 妥当である

個人情報データベース等を事業の用に供している者であれば、原則として、個人情報保護法の「個人情報取扱事業者」に該当する（16条2項）。そして、57条1項柱書は、「個人情報取扱事業者等……のうち次の各号に掲げる者については、その個人情報等……を取り扱う目的の全部又は一部がそれぞれ当該各号に規定する目的であるときは、**この章〔第4章〕の規定は、適用しない。**」と規定し、同項1号は、「放送機関、新聞社、通信社その他の報道機関（報道を業として行う個人を含む。）　**報道の用に供する目的**」を掲げている。

正解　4

情報通信・個人情報保護

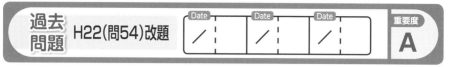
問題3　個人情報保護法*第1章〔総則〕及び第5章〔行政機関等の義務等〕に関する次の記述のうち、妥当なものはどれか。

1　この法律は、行政の適正かつ円滑な運営を図りつつ、個人の権利利益を保護することを目的とするが、ここでいう「個人の権利利益」は、公権力によるプライバシーの侵害から個人を守るという意味での人格的利益を意味し、財産的な利益を保護の対象とするものではない。

2　この法律では、死者に関する情報も「個人情報」として保護されており、遺族が死者に代わってその開示訂正等を求めることができる。

3　個人情報保護法第5章の規律は、「保有個人情報」を保護の中心に置いており、保有個人情報について目的外利用や第三者提供の制限に関する規律が存在する一方、本人は保有個人情報を対象として、開示・訂正・利用停止の請求権を行使することができるという仕組みになっている。

4　本人の開示請求に対して処分庁が不開示の決定を行い、この不開示決定に対して審査請求がなされた場合には、行政機関の長は、原則として、情報公開・個人情報保護審査会に諮問をしなければならず、また、裁決又は決定に際しては、諮問に対する審査会の答申に法的に拘束される。

5　個人情報保護法第5章の規律では、開示請求をする者が納めなければならない手数料は、請求の対象となっているのが自己の情報であることにかんがみて、無料となっている。この点は、政府保有情報に対する開示請求であっても、開示請求にかかる手数料を徴収していない情報公開法と同じである。

（注）　*　個人情報の保護に関する法律

総合テキスト ↩ LINK　Chapter 4　情報通信・個人情報保護　4

個人情報保護法

1 妥当でない　個人情報保護法は、「デジタル社会の進展に伴い個人情報の利用が著しく拡大していることに鑑み、個人情報の適正な取扱いに関し、基本理念及び政府による基本方針の作成その他の個人情報の保護に関する施策の基本となる事項を定め、国及び地方公共団体の責務等を明らかにし、個人情報を取り扱う事業者及び行政機関等についてこれらの特性に応じて遵守すべき義務等を定めるとともに、個人情報保護委員会を設置することにより、**行政機関等の事務及び事業の適正かつ円滑な運営を図り**、並びに個人情報の適正かつ効果的な活用が新たな産業の創出並びに活力ある経済社会及び豊かな国民生活の実現に資するものであることその他の個人情報の有用性に配慮しつつ、個人の権利利益を保護すること」を目的とする（1条）。ここでいう「個人の権利利益」には、個人情報の取扱いによって侵害されるおそれのある**人格的利益のみならず、財産的利益をも含む**。

2 妥当でない
超　個人情報保護法の「個人情報」は、「生存する個人に関する情報」を前提にしており、**死者に関する情報を含まない**（2条1項柱書）。

3 妥当である
重　個人情報保護法第5章〔行政機関等の義務等〕には、保有個人情報について**目的外利用及び第三者提供の制限に関する規律**が存在する（69条1項、2項）。また、本人は保有個人情報を対象として、開示・訂正・利用停止の請求をすることができる（76条1項、90条1項、98条1項）。

4 妥当でない　開示決定等、訂正決定等、利用停止決定等について審査請求があったときは、当該審査請求に対する裁決をすべき行政機関の長等は、原則として、情報公開・個人情報保護審査会に諮問しなければならない（105条1項）。もっとも、行政機関の長等は、当該答申を尊重すべきであるが、**法的に拘束されることはない**。

5 妥当でない　個人情報保護法第5章において、**行政機関の長に対し開示請求をする者**は、政令で定めるところにより、実費の範囲内において**政令で定める額の手数料を納めなければならない**（89条1項）。また、**地方公共団体の機関に対し開示請求をする者**は、条例で定めるところにより、実費の範囲内において**条例で定める額の手数料を納めなければならない**（同条2項）。また、情報公開法においても、**開示請求をする者又は行政文書の開示を受ける者**は、政令で定めるところにより、それぞれ、実費の範囲内において**政令で定める額の開示請求にかかる手数料又は開示の実施にかかる手数料を納めなければならない**（16条1項）。

正解　3

情報通信・個人情報保護

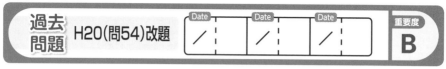

問題4 個人情報保護法*における第4章〔個人情報取扱事業者等の義務等〕と第5章〔行政機関等の義務等〕とを比較した次の記述のうち、妥当なものはどれか。

1 個人情報の定義について、個人情報保護法第4章における「個人情報」は死者を含まないが、同法第5章における「個人情報」は死者を含む概念である、と定められている。

2 個人情報保護法第5章にいう「個人情報ファイル」とは、保有個人情報を含む情報の集合物で体系性、検索性のあるもののことをいい、これは同法第4章にいう「保有個人データ」という概念にほぼ等しい。

3 個人情報保護法第5章では、法人が個人と同様に自己を本人とする情報の開示・訂正等を請求することはできないが、民間部門を対象とする同法第4章ではこれが認められている。

4 個人情報保護法第5章の規定に基づく訂正請求は、その前に開示請求を行わなければならないが、同法第4章の規定に基づく訂正請求の場合には、開示請求を前置することは要件ではない。

5 開示決定等についての不服申立て案件に関して、個人情報保護法第5章は情報公開・個人情報保護審査会への、同法第4章は認定個人情報保護団体への諮問を予定している。

（注） ＊ 個人情報の保護に関する法律

総合テキスト LINK Chapter 4　情報通信・個人情報保護　4

個人情報保護法　第4章及び第5章の比較

1 妥当でない
超

　個人情報保護法第4章〔個人情報取扱事業者等の義務等〕及び第5章〔行政機関等の義務等〕における「個人情報」とは、ともに「生存する個人に関する情報」である（個人情報保護法2条1項柱書）。

2 妥当でない

　第5章にいう「個人情報ファイル」とは、保有個人情報を含む情報の集合物のうち体系性、検索性のあるものをいう（60条2項）。この概念にほぼ等しいのは第4章にいう「個人情報データベース等」（16条1項）であり、「保有個人データ」（同条4項）ではない。

3 妥当でない

　第4章及び第5章において、**法人は、自己を本人とする情報の開示・訂正等を請求することはできない**（2条1項、4項、33条1項、34条1項、35条1項、76条1項、90条1項、98条1項）。

4 妥当である
重

　第5章の規定に基づく**訂正請求**は、第4章の規定に基づく場合とは異なり、**開示決定を受けた保有個人情報に限られる**（開示請求前置　90条1項各号、34条1項参照）。

5 妥当でない

　105条1項柱書は、「**開示決定等、訂正決定等、利用停止決定等**又は開示請求、訂正請求若しくは利用停止請求に係る**不作為**について**審査請求**があったときは、当該審査請求に対する裁決をすべき行政機関の長等は、次の各号のいずれかに該当する場合を除き、情報公開・個人情報保護審査会（審査請求に対する裁決をすべき行政機関の長等が会計検査院長である場合にあっては、別に法律で定める審査会）に諮問しなければならない。」と規定している。これに対して、第4章には、開示決定等についての不服申立て案件に関して、認定個人情報保護団体への諮問という制度を予定していない。

情報通信・個人情報保護

正解	4

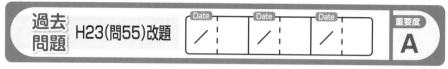
問題5　情報公開法*1及び個人情報保護法*2に関する次のア～オの記述のうち、正しいものの組合せはどれか。

ア　個人情報保護法の保有個人情報が記録されている「行政文書」は、情報公開法のそれと同じ概念である。

イ　各地方公共団体は、情報公開法の直接適用を受ける一方で、個人情報保護については個別に条例を定めて対応している。

ウ　情報公開法にも個人情報保護法にも、開示請求に対する存否応答拒否の制度が存在する。

エ　情報公開法及び個人情報保護法との関連で、開示決定等に関する不服申立てを調査審議する機関として、情報公開・個人情報保護審査会が設置されている。

オ　情報公開法にも個人情報保護法にも、偽りその他不正の手段により、開示決定に基づく情報開示を受けた者を過料に処する旨の定めが存在する。

1　ア・オ
2　ア・イ・エ
3　ア・ウ・エ
4　イ・ウ・エ
5　エ・オ

（注）　*1　行政機関の保有する情報の公開に関する法律
　　　　*2　個人情報の保護に関する法律

総合テキスト 🔗 LINK　Chapter 4　情報通信・個人情報保護　[4]

情報公開法及び個人情報保護法

ア 正しい　　個人情報保護法60条1項は、「この章及び第8章において『保有個人情報』とは、行政機関等の職員……が職務上作成し、又は取得した個人情報であって、当該行政機関等の職員が組織的に利用するものとして、当該行政機関等が保有しているものをいう。ただし、行政文書（行政機関の保有する情報の公開に関する法律……第2条第2項に規定する行政文書をいう。）……に記録されているものに限る。」と規定している。したがって、**個人情報保護法の保有個人情報が記録されている「行政文書」は、情報公開法のものと同じ概念となる。**

イ 誤り　　**地方公共団体に情報公開法は直接適用されない**（情報公開法2条1項各号参照）。なお、地方公共団体は、**情報公開法の趣旨に**のっとり、その保有する情報の公開に関し必要な施策を策定し、及びこれを実施するよう**努めなければならない**（25条）。また、個人情報保護法の改正（2023年4月施行のもの）により、**地方公共団体の機関（議会を除く）は個人情報保護法の規律の対象となる**ものとされた（個人情報保護法2条11項2号）。

ウ 正しい

情報公開法は、行政文書の存否に関する情報について「開示請求に対し、**当該開示請求に係る行政文書が存在しているか否かを答えるだけで、不開示情報を開示することとなるときは、**行政機関の長は、**当該行政文書の存否を明らかにしないで、当該開示請求を拒否することができる。**」と規定している（8条）。また、個人情報保護法は、「開示請求に対し、**当該開示請求に係る保有個人情報が存在しているか否かを答えるだけで、不開示情報を開示することとなるときは、**行政機関の長等は、**当該保有個人情報の存否を明らかにしないで、当該開示請求を拒否することができる。**」と規定している（81条）。

エ 正しい　　情報公開法、個人情報保護法の開示決定等に関する審査請求を調査審議する機関として、**情報公開・個人情報保護審査会が**設置されている（情報公開・個人情報保護審査会設置法2条1号、3号）。

オ 誤り　　個人情報保護法には、偽りその他不正の手段により、開示決定に基づく情報開示を受けた者を過料に処する旨の定めが存在する（185条3号）が、**情報公開法にはこのような定めは存在しない。**

正解　　3

情報通信・個人情報保護

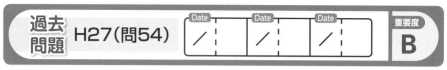

問題6　情報公開法*¹および公文書管理法*²に関する次の記述のうち、誤っているものはどれか。

1　情報公開法も公文書管理法も国民主権の理念にのっとっているが、公文書管理法は情報公開法とは異なり、歴史公文書等の保存、利用等の規律も設けていることから、現在のみならず将来の国民への説明責任を果たすことをその趣旨に含んでいる。

2　公文書管理法は、情報公開法と同様、行政機関による行政文書の管理、歴史公文書等の保存、利用等を定めているが、独立行政法人等の文書管理は定めていない。

3　公文書管理法は、歴史公文書等のうち、国立公文書館等に移管、寄贈もしくは寄託され、または、国立公文書館の設置する公文書館に移管されたものを「特定歴史公文書等」と定義し、永久保存の原則を定めている。

4　情報公開法は行政文書の開示請求権および開示義務を定め、公文書管理法は特定歴史公文書等の利用請求があったときの対応義務を定めている。

5　情報公開法は、従前は行政文書の公開およびその管理についての規定も設けていたが、公文書管理法の制定に伴い管理の規定は削除された。

（注）　＊1　行政機関の保有する情報の公開に関する法律
　　　　＊2　公文書等の管理に関する法律

総合テキスト ╬ LINK　Chapter 1　政治　4
Chapter 4　情報通信・個人情報保護

情報公開法及び公文書管理法

1 正しい　　　両法律とも**国民主権の理念**にのっとっている（情報公開法1条、公文書管理法1条）が、公文書管理法は情報公開法とは異なり、現在のみならず**将来の国民への説明責任**を果たすことまでその趣旨に含んでいる。

2 誤 り
予　　　公文書管理法は、行政機関による**行政文書の管理**（第2章）、歴史公文書等の保存、利用等（第4章）を定めているのみならず、**独立行政法人等の文書管理**についても定めている（11条1項）。

なお、情報公開法には、行政文書の管理、歴史公文書の保存、利用等についての定めはない。

3 正しい　　　公文書管理法は、「特定歴史公文書等」を本記述のように定義し（2条7項）、**永久保存の原則**を定めている（15条1項）。

4 正しい　　　情報公開法では、行政文書の**開示請求権**については3条で定め、開示義務については5条以下で定めている。

また、公文書管理法では、特定歴史公文書等の**利用請求**及びその取扱いについて、16条以下で定めている。

5 正しい
重　　　情報公開法には、従前は行政文書の公開及びその管理についての規定が設けられていたが、2011年の情報公開法一部改正に伴い、**行政文書の管理については公文書管理法とその関係法令等にのっとって行う**こととされ、管理についての規定は削除された。

情報通信・個人情報保護

正解　　2

問題7 青少年のインターネット利用環境が社会的な問題となっているが、これに関連する次の記述のうち、妥当でないものはどれか。

1 中高生が、SNS（ソーシャル・ネットワーキング・サービス）上で安易に個人情報を発信してトラブルに巻き込まれる事例が少なくないことが問題となっている。

2 フィルタリングとは、インターネット利用における情報閲覧の制限や受発信を制限することをいい、子どもたちに見せたくない出会い系サイトやアダルトサイト等の有害情報が含まれるサイトを画面に表示しないようにできる。

3 子どもたちが安全に安心してインターネットを利用できるようにすることを目的とした法律*が制定されたが、この法律では、何が有害な情報かは民間ではなく政府が認定することとされている。

4 あらたに18歳未満の子どもが携帯電話・PHSでインターネットを利用する場合には、青少年有害情報フィルタリングサービスが提供されるが、これは保護者の申し出があれば解除できる。

5 Webサイトの管理者には、自分のWebサイトや自社サーバーからの有害な情報発信があった場合、子どもが閲覧できないような措置をとる努力義務が、法律*に定められている。

（注） ＊ 青少年が安全に安心してインターネットを利用できる環境の整備等に関する法律

青少年インターネット環境整備法等

1 妥当である　最近では、SNS上に載せた顔写真や名前、住所などの個人情報が悪用されることにより、子どもが犯罪に巻き込まれたり、誹謗中傷を受けたりするなどのトラブルが発生している。

2 妥当である　フィルタリングとは、インターネット利用における情報閲覧の制限や受発信を制限することをいう。フィルタリングには、子どもにとって安全と思われるサイトのみアクセスできるようにする**ホワイトリスト方式**や、子どもにとって有害な特定カテゴリのサイトへのアクセスを制限する**ブラックリスト方式**などがあり、これらにより子どもたちに見せたくない有害情報が含まれるサイトを画面に表示しないようにできる。

3 妥当でない　「青少年有害情報」とは、インターネットを利用して公衆の閲覧（視聴を含む）に供されている情報であって青少年の健全な成長を著しく阻害するものをいう（青少年インターネット環境整備法2条3項）。青少年インターネット環境整備法は、表現の自由に配慮するため、国は民間の自主的かつ主体的な取組みを尊重することとしており（3条3項）、「青少年有害情報」について行政権限を発動する規定はなく、政府や主務官庁が個別にその該当性を判断することはない。したがって、具体的にどのような情報が「青少年有害情報」に該当するかを判断するのは、あくまで関係事業者、保護者等の民間の主体であり、この定義も、規制対象たる「青少年有害情報」の範囲を画定する具体的な基準を示すことをねらいとするものではなく、民間の主体に基本的な指針を示そうとするものにすぎない。

4 妥当である　携帯電話インターネット接続役務提供事業者は、役務提供契約の相手方又は役務提供契約にかかる携帯電話端末等の使用者が青少年である場合には、青少年有害情報フィルタリングサービスの利用を条件として、携帯電話インターネット接続役務を提供しなければならない（15条本文）。ただし、その青少年の保護者が、青少年有害情報フィルタリングサービスを利用しない旨の申出をした場合には、解除できる（同条ただし書）。

5 妥当である　特定サーバー管理者は、その管理する特定サーバーを利用して他人により青少年有害情報の発信が行われたことを知ったとき又は自ら青少年有害情報の発信を行おうとするときは、当該青少年有害情報について、インターネットを利用して青少年による閲覧ができないようにするための措置をとるよう努めなければならない（21条）。

| 正解 | 3 |

情報通信・個人情報保護

問題8　情報通信に関する諸法律についての次の記述のうち、誤っているものはどれか。

1　「特定電子メールの送信の適正化等に関する法律」は、あらかじめ同意した者に対してのみ広告宣伝メールの送信を認める方式（いわゆる「オプトイン」方式）を導入している。

2　プロバイダ責任制限法*¹は、インターネット上の情報流通によって権利侵害を受けたとする者が、プロバイダ等に対し、発信者情報の開示を請求できる権利を定めている。

3　e‐文書通則法*²は、民間事業者等が書面に代えて電磁的記録による保存、作成、縦覧、交付を行うことができるようにするための規定を置いている。

4　「不正アクセス行為の禁止等に関する法律」は、不正アクセス行為およびコンピュータウイルスの作成行為等を禁止し、それらに対する罰則を定めている。

5　電子消費者契約法*³は、インターネットを用いた契約などにおける消費者の操作ミスによる錯誤について、消費者保護の観点から民法の原則を修正する規定を置いている。

（注）*1　特定電気通信役務提供者の損害賠償責任の制限及び発信者情報の開示に関する法律
　　　*2　民間事業者等が行う書面の保存等における情報通信の技術の利用に関する法律
　　　*3　電子消費者契約に関する民法の特例に関する法律

情報法　総合

1 正しい

　平成20年に特定電子メールの送信の適正化等に関する法律が改正され、原則として、あらかじめ同意した者に対して広告宣伝メールが認められる「**オプトイン方式**」が導入された（3条）。なお、同時に、以下の改正もなされた。①法人に対する罰金額の引上げ（**100万円以下から3000万円以下へ**）、②法律の規律対象が拡大（広告宣伝メールの送信を委託した者や、電子メール広告業務を受託した者が、行政による命令の対象に含まれるなど拡大）、③総務大臣のプロバイダ等に対する契約者情報の提供請求の新設。

2 正しい

　特定電気通信による情報の流通によって自己の権利を侵害されたとする者は、法律の定める場合、開示関係役務提供者に対し、当該開示関係役務提供者が保有する当該権利の侵害にかかる**発信者情報の開示を請求**することができる（プロバイダ責任制限法5条1項）。

3 正しい

　e−文書通則法は、法令の規定により民間事業者等が行う書面の保存、作成、縦覧等又は交付等に関し、**電磁的方法により**行うことができるようにするための共通する事項を定めている（1条）。

4 誤り

　何人も、不正アクセス行為をしてはならない（不正アクセス禁止法3条）。そして、これに違反した者は、3年以下の懲役又は100万円以下の罰金に処せられる（11条）。しかし、**不正アクセス禁止法は、コンピュータウイルスの作成行為等の禁止及びそれに違反した場合の罰則については、定めていない。**

5 正しい

　民法95条3項の規定は、消費者が行う電子消費者契約の申込み又はその承諾の意思表示について特定の錯誤があり当該錯誤が重要な場合であって、かつ、①当該事業者との間で電子消費者契約の申込み又はその承諾の意思表示を行う意思がなかったとき、②当該電子消費者契約の申込み又はその承諾の意思表示と異なる内容の意思表示を行う意思があったときには、原則として適用されない（電子消費者契約法3条）。

正解　4

情報通信・個人情報保護

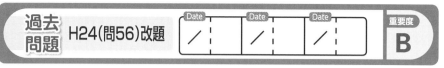
問題9　最近の情報通信分野に関する次のア〜オの記述のうち、明らかに誤っているものの組合せはどれか。

ア　クラウド・コンピューティングとは、ネットワーク上にあるサーバ群（クラウド）を利用することから命名されたコンピュータネットワークの利用形態であり、クラウドの中に閉じた通信であるので、もっとも強固なセキュリティを確立したといわれている。

イ　マイナンバー制度とは、個人番号を利用し、行政機関等相互間で安全かつ効率的に情報連携を行うための仕組みを整備しようとするものであるが、個人情報保護の観点からの問題を指摘する反対論が強く、政府による検討段階には依然として至っていない。

ウ　スマートフォンは、汎用的に使える小型コンピュータという点で、パソコンと同様の機能を有する。従来の携帯電話と呼ばれてきた端末も広義ではコンピュータであるが、汎用的に自由度の高い使い方ができるものではなかった。

エ　デジタル・ディバイドとは、身体的又は社会的条件の相違に伴い、インターネットやパソコン等の情報通信技術を利用できる者と利用できない者との間に生じる格差のことである。

オ　現在、IC カードは、国内において公共、交通、決済といった広い分野のサービスで普及しており、その例として、マイナンバーカード、IC 旅券、Taspo などがあげられる。

1　ア・イ
2　ア・オ
3　イ・ウ
4　ウ・エ
5　エ・オ

総合テキスト LINK　Chapter 3　社会　1
Chapter 4　情報通信・個人情報保護　1 6

IT 用語

ア 明らかに誤っている

　クラウド・コンピューティングとは、「i-Japan 戦略 2015（2009 年 7 月）」によると、データサービスやインターネット技術などが、ネットワーク上にあるサーバ群（クラウド（雲））にあり、ユーザーは今までのように自分のコンピュータでデータを加工・保存することなく、「どこからでも、必要な時に、必要な機能だけ」を利用することができる新しいコンピュータネットワークの利用形態と定義される。管理コストの低減などのメリットがある反面、オープンネットワークという特徴からインターネット経由で外部から攻撃される可能性も高く、**セキュリティ面での課題がデメリット**として挙げられる。

イ 明らかに誤っている 予

　マイナンバー制度（社会保障・税番号制度）とは、国民一人ひとりに番号を割り振り、社会保障や納税の情報を一元的に管理する制度のことをいう。
　マイナンバー制度は、行政手続における特定の個人を識別するための番号の利用等に関する法律として、2013 年 5 月 31 日に公布され、一部を除き、2015 年 10 月 5 日に施行された。

ウ 明らかに誤っているとはいえない

　スマートフォンとは、パソコン並みの多様な機能を持った携帯電話のことをいう。従来の携帯電話も PC サイトを利用することは可能であるが、スマートフォンはアプリと呼ばれるソフトウェアをインストールすることによって、**個々人が自由にカスタマイズして利用**することができる点で従来の携帯電話とは異なるものといえる。

エ 明らかに誤っているとはいえない

　デジタル・ディバイドとは、インターネット等の情報通信技術の恩恵を受けることのできる者とできない者との間に生じる格差のことをいい、「情報格差」と訳される。個人間の格差のほか、国家間の格差を指す場合もあり、2000 年の沖縄サミットでは重要なテーマの 1 つとして取り上げられ、世界レベルで解決すべき問題として注目されている。

オ 明らかに誤っているとはいえない

　IC カードとは、プラスチック製のカードに IC チップと呼ばれる半導体集積回路を埋め込んで**情報を記録する**ことができるようにしたカードのことをいう。現在様々な分野のサービスにおいて普及しており、**マイナンバーカード**、IC 旅券、Taspo（たばこ自動販売機の成人識別装置 IC カード）はその具体例として挙げられる。なお、Taspo は、2026 年 3 月末に終了する予定である。

正解　1

過去問題 R4(問55)

問題10 次の文章の空欄 ⌷ I ⌷ ～ ⌷ V ⌷ には、それぞれあとのア～コのいずれかの語句が入る。その組合せとして妥当なものはどれか。

人工知能（AI）という言葉は定義が難しく、定まった見解はない。しかしながら、人間が従来担ってきた知的生産作業を代替する機能を有するコンピュータを指していると考えたい。例えば、⌷ I ⌷や⌷ II ⌷、翻訳や文章生成、さまざまなゲームのプレイ、各種の予測作業においてAIが利用されていることはよく知られている。すでに、社会生活のさまざまな場面でAI技術の応用が見られており、⌷ I ⌷技術を用いた例として文字起こしサービスが、⌷ II ⌷技術を用いた例として生体認証がある。

AIの発展の第一の背景として、コンピュータが予測を行うために利用する⌷ III ⌷が収集できるようになってきたことが挙げられる。第二に、コンピュータの高速処理を可能にする中央処理装置（CPU）の開発がある。第三に、新しいテクノロジーである⌷ IV ⌷の登場がある。従来の学習機能とは異なって、コンピュータ自身が膨大なデータを読み解いて、その中からルールや相関関係などの特徴を発見する技術である。これは人間と同じ⌷ V ⌷をコンピュータが行うことに特徴がある。さらに、この⌷ IV ⌷が優れているのは、コンピュータ自身が何度もデータを読み解く作業を継続して学習を続け、進化できる点にある。

ア	音声認識	イ	声紋鑑定	ウ	画像認識
エ	DNA鑑定	オ	ビッグデータ	カ	デバイス
キ	ディープラーニング	ク	スマートラーニング	ケ	帰納的推論
コ	演繹的推論				

	I	II	III	IV	V
1	ア	ウ	オ	キ	ケ
2	ア	ウ	カ	ク	ケ
3	ア	エ	オ	キ	コ
4	イ	ウ	カ	ク	コ
5	イ	エ	オ	キ	ケ

総合テキスト LINK Chapter 7　情報通信・個人情報保護

人工知能（AI）

Ⅰ ア「音声認識」 　音声認識とは、**人間が話した声を解析し、文字（テキスト）に変換する技術**のことをいう。最近では、音声認識 AI を搭載したツールによって、問合せ電話の内容をその場でテキストに変換して記録したり、録音データから文字起こしをしたりすることが可能となっている。

Ⅱ ウ「画像認識」 　画像認識とは、画像データから、オブジェクト（文字、顔など）や、対象物の特徴（形状、寸法、色など）を抽出、分析、識別して認識検出する手法をいう。AI 技術の応用として画像認識技術を用いた例としては、身体的特徴により本人確認をする技術である**生体認証**がある。

Ⅲ オ「ビッグデータ」 　近年、ビッグデータという言葉に代表される電子的に処理可能なデータの飛躍的増大や、コンピュータの処理能力の向上、人工知能（AI）等の技術革新が進んでいる。ビッグデータについて、平成 29 年度の情報通信白書では、「デジタル化の更なる進展やネットワークの高度化、またスマートフォンやセンサー等 IoT〔あらゆるモノをインターネット（あるいはネットワーク）に接続する技術〕関連機器の小型化・低コスト化による IoT の進展により、スマートフォン等を通じた位置情報や行動履歴、インターネットやテレビでの視聴・消費行動等に関する情報、また小型化したセンサー等から得られる膨大なデータ」とされている。なお、デバイスとは、コンピュータ、コンピュータを構成する電子機器やパーツ類、各種周辺機器など、特定の機能をもった装置の総称として用いられている。

Ⅳ キ「ディープラーニング」 　近時の AI ブームの中心となっているのは、**マシーンラーニング**（機械学習、ML）である。マシーンラーニングとは、人間の学習に相当する仕組みをコンピュータ等で実現するものであり、一定のアルゴリズムに基づき、入力されたデータからコンピュータがパターンやルールを発見し、そのパターンやルールを新たなデータに当てはめることで、その新たなデータに関する識別や予測等を可能とする手法である。そして、マシーンラーニングの手法の一つに、**ディープラーニング**（深層学習、DL）がある。ディープラーニングとは、多数の層から成るニューラルネットワークを用いて行う機械学習のことである。ディープラーニングにより、コンピュータがパターンやルールを発見するうえで何に着目するか（「特徴量」という）を自ら抽出することが可能となり、何に着目するかをあらかじめ人が設定していない場合でも識別等が可能になったとされている。なお、スマートラーニングとは、ICT（情報通信技術）を活用した多方向個別学修（学習）システムをいう。

Ⅴ ケ「帰納的推論」 　帰納的推論とは、与えられたさまざまな命題からその前提となる一般的な規則を導き出す推論のことである。帰納的推論は、人間に特有な知的情報処理であるといわれていたが、AI によるディープラーニングは、帰納的推論の手法を用いたものである。なお、演繹的推論とは、少ない前提に少数の規則を繰り返し適用して新しい命題を導くことである。

正解 　1

情報通信・個人情報保護

問題1 本文中の空欄 Ⅰ ～ Ⅳ には、それぞれあとのア～エのいずれかの文が入る。その組合せとして妥当なものはどれか。

　私たちはこれまで常に「誰かが意味を与えてくれる」ことに慣れていた。子どものときは親が意味を与えてくれる。学校が意味を与えてくれる。そして就職すれば会社が意味を与えてくれる。そのように社会の側が私たちの「生きる意味」を与えてくれていた。[　　Ⅰ　　]。

　社会が転換期を迎えるときには、評論家とかオピニオンリーダーと呼ばれる人たちが次の時代に目指すべき意味を指し示してくれてきた。そして私たちは「次の時代の潮流に乗り遅れないようにしなければ」と必死だった。[　　Ⅱ　　]。

　かなり前から「これからはモノの時代ではなく、心の時代だ」と言われるようになった。そして新聞などの世論調査を見ても、「モノより心だ」という意識は顕著に表れてきているし、私もその方向性には共感を覚える。しかし繰り返し「心の時代」が説かれているにもかかわらず、私たちがいっこうに豊かさを感じることができないのは何故だろう。

　それは「心の時代」の「心」が誰の心なのかという出発点に全く意識が払われていないからだ。「心の時代」の「心」が誰の心なのかと言われれば、それは「あなたの心」でしかありえない。「心の時代」とは私たちひとりひとりの心の満足が出発点になる時代のことなのだ。[　　Ⅲ　　]。

　あなたの人生のQOL、クオリティー・オブ・ライフは、あなた自身が自分自身の「生きる意味」をどこに定めるかで決まってくるものだ。評論家やオピニオンリーダーの言うことを鵜呑みにしてしまうのでは、それは既にあなたの人生のQOLではなくなってしまう。この混迷する世の中で、「あなたはこう生きろ！」「こうすれば成功する！」といった書物が溢れている。そして、自信のない私たちはそうした教えに頼ってしまいそうになる。[　　Ⅳ　　]。

（出典　上田紀行「生きる意味」から）

ア　しかし、「おすがり」からは何も生まれない

イ　しかし誰かが指し示す潮流にただ流されて進んでいくことからは、もはや私たちの生き方は生まれえないのである

ウ　しかし、私たちの多くはこれまでのように「誰かが私たちの心を満足させてくれる方法を教えてくれるだろう」とか「心の時代の上手な生き方を示してくれるだろう」と思ってしまっている

エ　しかし、いまやその「与えられる」意味を生きても私たちに幸せは訪れない

	Ⅰ	Ⅱ	Ⅲ	Ⅳ
1	ア	ウ	イ	エ
2	イ	ア	エ	ウ
3	ウ	エ	ア	イ
4	エ	イ	ウ	ア
5	エ	ウ	イ	ア

短文挿入

本問は段落ごとに共通するキーワードがあるため、そのキーワードに着目して読むと、ある程度の見当がつく。

本文1段落目では、親、学校、会社が「意味を与えてくれる」ことについて述べている。記述エをみると、「その『与えられる』意味」とあり、本文1段落目の内容を指し示していることがわかる。したがって、　I　には記述エが入る。

本文2段落目と記述イは、共通して「潮流」という言葉があり、他の部分にはない。また、本文2段落目の1文目に、「評論家とかオピニオンリーダーと呼ばれる人たちが……意味を指し示してくれてきた」とある。そして、記述イで「誰かが指し示す潮流にただ流されて進んでいく」と述べていることからも、この2つの文にはつながりがあることがわかる。したがって、　II　には記述イが入る。

本文3・4段落目では、「心の時代」という言葉が多用され、記述ウにもこの言葉が含まれる。そして、　III　の直前の文と記述ウには、「心の満足」について述べる文がある。また、　III　の後に、「あなた自身が……決まってくる」という記述があり、記述ウの「誰かが私たちの……教えてくれるだろう」という部分と対比して述べている。したがって、　III　には記述ウが入る。

本文5段落目には、「評論家やオピニオンリーダーの言うことを……書物が溢れている」と述べる箇所があり、そういった教えに私たちが頼ってしまいそうになる、つまり、すがってしまいがちである旨の記述がある。このことから、　IV　には記述アの「しかし、『おすがり』からは何も生まれない」が入る。

文章理解

正解　4

問題2　本文中の空欄　Ⅰ　～　Ⅳ　には、それぞれあとのア～エのいずれかの文が入る。その組合せとして適当なものはどれか。

　負としての老いを克服し、老いに価値を見出すために、さまざまな観点が提案されてきた。老人の知恵であるとか、歳を重ねたもののよさ、味わい深さとか。たしかに、これらの観点は重要であろう。そこには、歳をとり、老いることによって初めて可能となるような在り方が示唆されていると思われる。しかし、老いた者がすべて知恵をたくわえ、深い味わいを感じさせるわけではあるまい。（中略）

　Ⅰ　しかし、われわれの在り方はひとえに能力に尽きるのであろうか。もしそうであるなら、たとえば半身不随になり話すこともできない者は、自らの在り方をただただ負として見なし、あるいは見なされることになる。あるひとの能力が下降しても、そのひとはそのひとである。そのひとの在り方は、そのひとの能力に尽きるものではない。生まれてきた赤ん坊が愛おしいのは、その在り方そのものが愛おしいのであって、その赤ん坊が将来優れた人間になると期待できるから愛おしいのではない。同様に、老いた人びとが大切なのは、彼らが知恵をわきまえているからでも、世故にたけているからでもない。老いた人びとが今まさにこうして在ることそれ自体に意味があるのである。

　Ⅱ　若い人びとは当然そう反発するにちがいない。その反発は半分正しく、半分間違っている。われわれの在り方が能力によって計られるべきだと考えるひとにとって、老いは負であり続ける。彼はその在り方を豊かにするという発想をもてぬまま生き、老いを迎えたのである。当人自身がその老いを忌避し、否定しているがゆえに、その老いは美しくない。歳をとることがひとを醜くしている。その意味で、右の反発は当たっている。

　Ⅲ　しかし、同時にわれわれの在り方は日ごとに豊かになりうる。赤ん坊や子どもや、人びとや老人が愛おしいのは、われわれと共にそこに在ることによってである。共に在り、豊かな関係を結びうるからこそ、その瞬間が貴重で、彼らが愛おしいのである。歳を経たとは、そのような豊かな関係を数多く生きてきたということである。ここでいう「豊かな」とは、いつでも他者がわれわれの傍らに歩みきたり、そこに在り続けることで、その関係が復活させられるような在り方のことである。

　Ⅳ　金があるからでもなく、才能が衰えないからでもなく、そのひとがそこにそうして在ることが愛おしいがゆえに、その傍らに在り続けるのである。老いを迎えたとき、傍らに在り続けてくれる他者に数多く恵まれているひとは、美しく老いたと言えるだろう。こう考えられるならば、歳をとることも悪くはない。このとき、われわれは老いを自然な在り方として過不足なく捉えることができるのではなかろうか。

（出典　池上哲司「傍らにあること　老いと介護の倫理学」より）

ア　歳をとることによる能力の下降は避けがたい。
イ　長生きをして、歳をとればいいというものではない。
ウ　われわれの在り方を能力の観点から見ているかぎり、老いは負でしかない。
エ　あるひとの傍らに在り続けるとは、あるひとを無条件に肯定することである。

	Ⅰ	Ⅱ	Ⅲ	Ⅳ
1	ア	ウ	イ	エ
2	ア	エ	ウ	イ
3	ア	イ	ウ	エ
4	イ	エ	ア	ウ
5	ウ	イ	エ	ア

短文挿入

I ウ 　　Ｉ　の後に「われわれの在り方はひとえに能力に尽きるのであろうか」とある。これは、人間の在り方について能力だけに着目をする見方に疑問を呈する内容となっており、ウの文の「能力の観点から見ているかぎり」という部分を受けての記述であることがわかる。したがって、　Ｉ　には、ウが入ることとなる。

II イ 　　II　の後に「若い人びとは当然そう反発するにちがいない」とある。これは、　II　の直前の「老いた人びとが今まさにこうして在ることそれ自体に意味がある」という部分を受け、それに対して若い人が反発するという内容になっていることがわかる。したがって、　II　には、「若い人びと」ならではの反発の内容といえるイが入ることとなる。

III ア 　　III　の後に「しかし～日ごとに豊かになりうる」とある。「しかし」という接続語で結ばれていることを考えれば、　III　には日ごとマイナスとなる意味の文が入ることがわかる。したがって、　III　には、歳をとれば能力が下降するとしているアが入ることとなる。

IV エ 　　IV　の後に「そのひとがそこにそうして在ることが愛おしい」とある。これは、「そのひと」に対する全部を肯定していることであるといえる。したがって、　IV　には、エが入ることとなる。

文章理解

正解	4

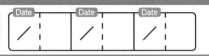
問題3　次の文章の空欄　ア　～　キ　には「シゼン」か「ジネン」が入るが、「シゼン」が入るものの組合せとして、正しいものはどれか。

日本の人々にとって自然とは、客観的な、あるいは人間の外にある自然体系のことではなかった。それは自分自身が還っていく場所でもあり、自然に帰りたいという祈りをとおしてつかみとられていくものでもあった。

とすると、その自然とはどのようなものであったのか。

すでによく知られているように、かつての日本では自然はジネンと発音されていた。シゼンという発音が一般的になったのは、明治時代の後半に入ってからである。英語のネイチャー、フランス語のナチュールを日本語にするためにシゼンが使われるようになった。その意味でシゼンは外来語の訳語である。

ジネンはオノズカラ、あるいはオノズカラシカリという意味の言葉である。今日でも私たちは「自然にそうなった」とか「自然の成り行き」という表現を使うが、これがジネンと読んでいた時代の意味の名残りだと思えばよい。（中略）

もっとも、このようにみていくと、　ア　という言葉を　イ　と読んだうえで、ネイチャーやナチュールの訳語にしたのはかなり妥当だったということがわかる。なぜならもっとも　ウ　なものは自然（　エ　）だからである。自然（　オ　）はすべてがオノズカラのなかに存在している。シゼンとジネンは同じではないが、シゼンこそがジネンなのである。

ゆえにジネンな生き方ができる自己に戻りたいという気持を、シゼンに戻りたいと表現しても差しつかえない。人々はジネンに帰ることによって、シゼンに帰りたかったのである。（中略）

ところが社会が近代化していくと、人々は自然（シゼン）を自然（シゼン）としてみるようになっていった。自然（シゼン）は人間から分離し、自然（シゼン）という客観的な体系になっていった。

この変化が、1960年代に入ると、最終的に、村のなかでもおこっていたのではないかとある人々は考える。戦後の経済社会は、農地を客観的な生産の場へと、森林を客観的な林業の場へと変えていった。水や川は客観的な水資源になった。こういう変化が村でもおこっていた。

　カ　のなかに　キ　をみなくなったとき、そして自分たちの帰りたい「祈り」の世界をみなくなったとき、自然と人間の関係は変容した。

（出典　内山節「日本人はなぜキツネにだまされなくなったのか」より）

1　ア・イ・オ・カ・キ
2　ア・エ・オ・カ
3　イ・エ・オ・カ
4　イ・エ・キ
5　エ・カ・キ

空欄補充

ア ジネン
イ シゼン
ウ ジネン
エ シゼン

　　　イ　と読んだうえでネイチャーの訳語としたとあることから、　イ　にはシゼンが入る。そうすると　ア　にはジネンが入ることがわかる。そして、その理由として、もっとも　ウ　なものを　エ　としていることから、　ウ　にはジネンが入り、　エ　にはシゼンが入る。

オ シゼン

　　　オ　について検討すると、　オ　はオノズカラのなかに存在しているとあり、ジネンがオノズカラという意味の言葉であるので、　オ　にジネンは入らず、シゼンが入ることがわかる。

カ シゼン
キ ジネン

　　本文には「人々は自然（シゼン）を自然（シゼン）としてみるようになっていった」とあることから、　カ　にはシゼンが、　キ　にはジネンが入ることがわかる。

正解　　3

文章理解

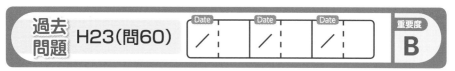

問題4 本文中の空欄 ア ～ エ に当てはまるものの組み合わせとして、適切なものはどれか。

　情緒性は、「離れてありながら他とともにある」という人間の実存のしかたを、身体としての内的な「自己」の水準と、社会的な関係性として外部化された「自己」の水準との、ちょうど中間に位置するレベルに向かって表出した「自己」であるという言い方ができる。（中略）

　たとえばあなたが、ある人を見て恋しいと感じたとする。あなたは胸がわくわくするという身体的な変化を自覚するかもしれない。しかし、そうした身体的な変化にのみ着目するかぎり、それをもって「情緒の表出」という概念のすべてを説明したことにはならない。なぜなら、「胸のわくわく」はそれ自体としては、まさにそういうもの以外のなにものでもないからだ。

　それは脈搏の変化として物理的に計測することができる。しかし、脈搏の変化は恐怖によっても、不安によっても、栄誉への期待によってもおこりうる。物理的な計測のレベルでは、それらは同じ現象としてしかあらわれない。あなたはいまの「胸のわくわく」が相手を恋しいと思う気持ちと結びついているのであって、恐怖に結びついているのではないことを知っているが、その質的な〈意味〉の差異を脈搏の変化という物理的な計測によってはかることはできない（中略）。

　他方、あなたはその自分の感情を、「私はきっとあの人が好きなのにちがいない」と自分に向かってことばで表現したり、また、本当に相手に向かって「私はあなたが好きだ」と語りかける外的な行為に踏み出したりするとする。この場合、いずれにせよそれはすでに「ことば」という　ア　的な関係性の水準として表出されている。

　ところで、自分の情緒性の変化の自覚を、内的な言語であれ、外的な言語であれ、そのように「ことばとしての表出」そのものに限定して把握してしまったら、やはりそれだけでは、あなたが実現した「情緒」の概念を満たしたことにはならない。あなたの感じた「情緒」は、そうした「ことば」に必然的に結びつくものにはちがいないかもしれないが、その中心点は、表出されたことばの手前に位置しているはずだ。

　つまり、そのように、情緒性とは、ある　イ　的な状態と、　ウ　的な言語として意識された状態あるいは　エ　的な言語として表出する行為との両方にまたがり、かつその両方に常に結びつきうる可能性を備えた、一種独特な「自己」のあり方であり、世界への開かれ方なのである。そして、ある特定の情緒にあなたが見舞われるということは、その独特な「自己」のあり方、世界への開かれ方を基盤として、身体と意識と、またある場合には外的な行為の場とに向かって発せられた、自己変容の運動（活動）そのものを意味している。

（出典　小浜逸郎「大人への条件」より）

	ア	イ	ウ	エ
1	社会	身体	内	外
2	社会	感情	私	外
3	公	身体	私	社会
4	公	感情	内	身体
5	外	身体	内	社会

空欄補充

ア　社　会

　本文の第1段落において、身体としての内的な「自己」の水準と、社会的な関係性として外部化された「自己」の水準とが対比されている。そして、第4段落以降において、「ことば」を社会的な関係性の水準として捉えていると解される。したがって、空欄アには「社会」が当てはまる。

イ　身　体　　ウ　内　　エ　外

　本文の第1段落において、身体としての内的な「自己」の水準と、社会的な関係性として外部化された「自己」の水準とが対比されており、情緒性は、その中間に位置するレベルに向かって表出するものであるとされている。

　次に、第2段落では、感情により生じる身体的な変化（状態）に関する記述がなされており、また、第4段落では、このような身体的な状態と対比する形で、感情を自分に向かって（内的に）表現することや、相手に語りかけるという外的な行為をすることに関する記述がなされている。そして、このような「ことば」による表出について、第5段落において「内的な言語」、「外的な言語」と表現されている。

　これらの点を踏まえると、空欄イには「身体」、空欄ウには「内」、空欄エには「外」が当てはまると判断することができる。

正解　　1

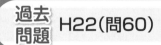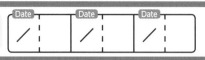

問題5　本文中の空欄 ア ～ カ の空欄には「うそ」または「真実」のいずれかが入る。そのうち「うそ」が入るものの正しい組み合わせは次のうちどれか。

「私はうそをついている」。このように語られる言葉が示すのは、はたして「うそ」か「真実」か。分析哲学の文脈において、しばしば議論の対象となる「うそつきパラドックス」が引き起こす矛盾は、言葉と意味との連関を、同一の地平において考える限り、解消することはできない。「私はうそをついている」という言葉が、仮に「 ア 」を語るものだとするならば、まさに「私はうそをついている」ことが「 イ 」になり、そこで語られること自体を「 ウ 」として示すことになるだろう。反対に、「私はうそをついている」を「 エ 」と決めてかかったとしても、「私はうそをついている」ことが「 オ 」だとすれば、「私はうそをついていない」ことになって、結局「 カ 」が語られていたことになってしまう。「うそ」と「真実」をめぐる矛盾は、その言葉が直接、現実を指し示すものと理解される限りは、決して解消しないものなのである。

（出典　荒谷大輔「世界の底が抜けるとき」より）

1　ア・ウ・カ
2　ア・エ・カ
3　イ・ウ・オ
4　イ・エ・カ
5　ウ・エ・オ

空欄補充

「うそ」が入るものはウ、エ、オである

　まず、本文後半部分では、「私はうそをついている」ことが エ ・ オ だとすれば、「私はうそをついていない」ことになると述べられている。したがって、 エ と オ には、「うそ」が当てはまる。

　続いて、本文では、「私はうそをついていない」ことになって、結局 カ が語られていたことになると述べていることから、 カ には「真実」が当てはまる。

　次に、本文の ア ～ ウ を含む部分と エ ～ カ を含む部分とは、「反対に」という語句でつながれているため、この2つの部分では対照的な内容について述べられていることがわかる。そして、 エ ～ カ では、「私はうそをついている」という言葉が「うそ」であった場合について述べられていることから、 ア ～ ウ では、これとは反対に、「私はうそをついている」という言葉が「真実」であった場合について述べられていることがわかる。したがって、 ア には「真実」が当てはまる。

　そして、「私はうそをついている」という言葉が「真実」（ ア ）であるならば、「うそをついている」こと自体は「真実」（ イ ）となり、そこで語られる内容は「うそ」（ ウ ）であることを示すものになる。したがって、 イ には「真実」が、 ウ には「うそ」が当てはまる。

　以上から、「うそ」が当てはまるものは、 ウ 、 エ 、 オ であり、「真実」が当てはまるものは、 ア 、 イ 、 カ である。

正解　　5

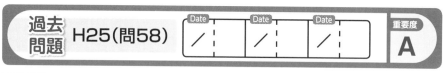
問題6　本文中の空欄に入る文章をア～エの文を並べ替えて作る場合、順序として適当なものはどれか。

　接続詞は論理的か、というのは難しい質問です。論理学のような客観的な論理に従っているかという意味では、答えはノーです。もし厳密に論理で決まるのであれば、以下のように、論理的に正反対の事柄に両方「しかし」が使えるというのは説明できません。

・昨日は徹夜をして、今朝の試験に臨んだ。しかし結果は 0 点だった。

・昨日は徹夜をして、今朝の試験に臨んだ。しかし結果は 100 点だった。

　暗黙の了解として、前者の例では「徹夜をするくらい一生懸命準備すればそれなりの点が取れるだろう」があり、後者の例では、「徹夜をするくらい準備が不足していたのなら（または徹夜明けの睡眠不足の状態で試験を受けたのなら）それなりの点しか取れないだろう」があったと考えられます。このことは、接続詞の選択が客観的な論理で決まるものではなく、書き手の主観的な論理で決まることを暗示しています。

（中略）

　接続詞で問われているのは、命題どうしの関係に内在する論理ではありません。命題どうしの関係を書き手がどう意識し、読み手がそれをどう理解するのかという解釈の論理です。

　もちろん、言語は、人に通じるものである以上、固有の論理を備えています。

　わかりやすくいうと、文字情報のなかに理解の答えはありません。文字情報は理解のヒントにすぎず、答えはつねに人間が考えて、頭のなかで出すものだということです。

（出典　光文社新書　石黒圭「文章は接続詞で決まる」より）

ア　じつは、人間が言語を理解するときには、文字から得られる情報だけを機械的に処理しているのではありません。

イ　しかし、その論理は、論理学のような客観的な論理ではなく、二者関係の背後にある論理をどう読み解くかを示唆する解釈の論理なのです。

ウ　文字から得られる情報を手がかりに、文脈というものを駆使してさまざまな推論をおこないながら理解しています。

エ　接続詞もまた言語の一部であり、「そして」には「そして」の、「しかし」には「しかし」の固有の論理があります。

1　ア→イ→エ→ウ　　　2　ア→ウ→エ→イ　　　3　イ→ウ→ア→エ
4　エ→ウ→ア→イ　　　5　エ→イ→ア→ウ

文章整序

　まず、言語に論理が存在するという文と、人間が言語を主観的に捉えているということを述べている文に分けると、前者の文がイとエ、後者の文がアとウとなる。

　次にそれぞれの前後を判断すると、イの「その論理」は接続詞の固有の論理を指し、「しかし」は接続詞に論理があるというエを受けて、一般にいう論理とは違うということを補足する内容となっており、エ→イの順序であることがわかる。

　さらにアとウの前後を検討すると、アは否定の形になっており、ウは肯定の形となっている。そこで、「○○ではなく、××である」という流れとなり、ア→ウの順序であることがわかる。

　最後にエ→イとア→ウの前後を考えると、空欄の後に「わかりやすくいうと」という言葉が後述する内容と直前にある文の内容が同一のものであるということがわかり、「わかりやすくいうと」以降の文と内容が同一であるア→ウの部分のほうが後になるということが判断できる。

文章理解

正解 5

問題7　本文中の空欄□□□□□に入る文章を、あとのア～オを並べ替えて作る場合、その順序として適当なものはどれか。

　日本には古来より、折りのかたちや、ものを包むかたちとして、西洋ばかりか東洋の中国や朝鮮にも見られない、独自の美学が生きたやり方がある。日本人の美意識によって育まれた和紙を用いた折りのかたちと、工夫を凝らした包みのかたち、現代風に言えばパッケージデザインである。

　こうした伝統的な折りのかたちや包みのかたちに私たちは、時折はっとするような美しさに出会うことがある。折ったり、包んだりする機能に幾何学的抽象の秩序のある美しさが加わり日本人独自の精神性が宿る造形美をつくりあげている。

　日本人のようにこうした折り形と包みのかたちに対して特別の思いを込める民族もめずらしいのではないだろうか。

　　　　　　　　　　　　　　　　　　　　　　　　　　　　　　　　　　　　　

折りの面白さだけではなく、包み込む全体の形状の美しさが優先されてきたように思う。のりを用いないパッケージとして、筆包みから手紙や色紙、花、薬、ごま塩などの包みまで、数多くの折りのかたちが残っている。

　　　　　　　　　（出典　三井秀樹「かたちの日本美─和のデザイン学」から）

ア　しかもその機能性にとどまらず、日本人は、これをいかに折り目正しく格好よく包みあげるかという造形美に対するひときわ高い願望を持つ。

イ　包みのかたちは本来中身を保護し、持ち運びしやすい包み（パッケージ）という用を満たした機能性に価値がある。

ウ　確かに折り形には包みのかたちのような機能的な側面は少ないかもしれない。

エ　ことに和紙の折り形には日本人独特の神聖視感と、しつらいの気持ちが込められている。

オ　しかし、その中にも伝統的な美しい包みのかたちの側面が残されている。

　　1　ア→エ→イ→オ→ウ
　　2　イ→ア→エ→ウ→オ
　　3　イ→エ→ウ→オ→ア
　　4　エ→ア→イ→ウ→オ
　　5　エ→オ→ウ→イ→ア

文章整序

順序として適当なものはイ→ア→エ→ウ→オである

　まず記述エに着目すると、「ことに……気持ちが込められている」とある。「ことに」とは、とくに、とりわけという意味である。つまり前の文の内容を受けて、「とくに……の気持ちが込められている」と補足しているのである。記述アに着目すると、日本人が包みの折り目に造形美を求めるという趣旨の内容があり、記述エでとくに「和紙の折り形」に顕著に表れるとしていることを考えれば、記述ア→エの順に並ぶことがわかる。また、記述アには「その機能性」ということばがあり、「機能性」の内容を説明している文が前に来ることがわかる。それが記述イであるため、記述イ→ア→エのつながりになることがわかる。

　また、記述オは「しかし」という接続詞から始まる。「しかし」の後に続くことばを見ると、伝統的な美しい包みのかたちの側面が残されている、とあるので、記述オの前に来る文は「包みのかたちの側面が残されている」とは対比的な内容だということになる。記述ウは、包みのかたちのような機能的な側面は少ない、と述べているため、記述オと対比的な内容であり、記述ウ→オの順に並ぶ。

　最後に空欄の前の文を見ると、日本人の折り形や包みに対する特徴的な考え方が述べられている。記述イには包みの本来の役割が述べられており、そこからさらに日本人の特徴的な考え方を掘り下げて論じるという流れになっている。したがって、記述イは空欄の先頭に入ることがわかる。

正解　2

問題8　本文の後に続く文章を、ア～オの記述を並べ替えて作る場合、順序として適当なものはどれか。

　どんな場合でも、根拠は多い方がいいのかというと、そうは問屋が卸さない。一つ一つの根拠が、独立して見れば正しくても、それらが併せあげられることで、根拠間で不両立が生じてしまうからである。（中略）

　例えば、このような議論はどうだろうか。日本の商業捕鯨再開に反対する人が、その根拠としてあげたものである。

a　「鯨は高度の知能をもった高等な哺乳類である」

b　「欧米の動物愛護団体の反発を招き、大規模な日本製品の不買運動が展開される恐れがある」

　レトリックでは、aの型の議論を「定義（類）からの議論」、bの型の議論を「因果関係からの議論」と呼ぶ。そして、同一の主題について、同一の論者が、同時にこの二つの議論型式を用いるとき、それはしばしばその論者の思想に不統一なものを感じさせる。

　具体的に説明しよう。aの議論では、何よりも、鯨が人間に近い高等な生き物であるからこそ、捕鯨に反対する。つまり、鯨とはどのような生物かという性格づけをその根拠としている。この場合、捕鯨再開がもたらす結果は、考慮の埒外にある。それが外国の非難を浴びようが、あるいは歓迎されようが、そんなことは関係ない。鯨が高等生物であるがゆえに、食料にする目的で捕獲してはいけないと言っているのである。

　これに対し、bの議論は、鯨のことなど問題にしてもいない。それはただ、商業捕鯨再開が招きかねない経済的制裁を憂慮しているにすぎない。だから、もし捕鯨再開に対して何の反発も起きないのであれば、鯨などいくら獲ってもかまわないということになる。

　このように、aの議論とbの議論の背後には、それぞれ独自の哲学・思想があり、それがお互いを否定し、また不必要なものとする。

　　　　　（出典　光文社新書　香西秀信「論より詭弁　反論理的思考のすすめ」より）

ア　本質論に立つaからすれば、bのようなプラグマティックな考えはむしろ排斥しなければならないからだ。

イ　したがって、説得力を増す目的で、aの議論にbの議論を加えることは、かえってaの議論の真摯さに疑いをもたれる結果となろう。

ウ　bの議論にとって、捕鯨が正しいかどうかということは何の関係もない。

エ　これにaの議論が加われば、いかにも取って付けたような印象が残るだけである。

オ　逆に、bの議論にaの議論を付け加えたとき、それはまったく無関係な、不必要なことをしているのである。

1　ア－ウ－エ－オ－イ
2　ア－オ－イ－エ－ウ
3　イ－ア－オ－ウ－エ
4　イ－ウ－ア－エ－オ
5　ウ－イ－ア－オ－エ

文章整序

順序として適当なものはイ―ア―オ―ウ―エである

　まず、導入部分の記述を検討すると、ａの議論とｂの議論がまったく相容れないものであることが判断できる。

　次に各記述について検討すると、「ａの議論にｂの議論を加える」場合に関する記述ア、イと、ｂの議論に関する記述ウと、「ｂの議論にａの議論を付け加え」る場合に関する記述エ、オの３つに大別することができる。

　記述アと記述イの前後については、記述アが理由、記述イが結論の関係となっており、記述アの文末が「～ならないからだ」となっていることから、理由の前に結論がくることになり、イ→アの順番であることがわかる。

　次に、記述ウ～オの前後に関しては、記述エのｂの議論にａの議論を加えると「取って付けたような印象」となるのは、記述ウのｂの議論はａの議論と関係がないことが理由であるため、ウ→エの順番となる。記述オは記述ウ、エをまとめたものであり、「逆に」で始まることから、前に置くべきということになり、オ→ウ→エの順番となる。

　最後に、記述オが「逆に、ｂの議論にａの議論を付け加えたとき」とあるので、前に「ａの議論にｂの議論を加える」場合がくることがわかり、全体としてイ→ア→オ→ウ→エの順番となる。

正解　　3

問題9　本文中の空欄□□□に入る文章を、あとのア〜エを並べ替えて作る場合、その順序として適当なものはどれか。

　日本で初めてのノーベル賞受賞者である物理学者、湯川秀樹さんは中間子というものの存在を夢の中で思いついたのだそうです。（中略）

　客観世界の、それも目に見えない極微の世界の構造が、湯川さんの頭の中では見えていたのです。しかも、ここがわからない、というところもちゃんとわかっていたのです。ま、もっともわかるといっても理論の世界ですから、わかったぞ！　と思った後は、陽子と中性子の相互関係を数学的に計算して、その力やその大きさがどのくらいでなければならないか、という裏付けをやらなければならず、その結果、その力はどれくらい、その大きさは電子の二〇〇倍くらい、などという具体的な予測に発展するわけですが、核子を結びつけるきずなの、おおよその様子、おおよその仕組みが、夢の中でわかったのだそうです。（中略）

　このようなわかり方はよく「直感的にわかる」、というふうに表現されます。

　飛躍があって答えに到達しているのでは決してなく、心は心なりにある必然的な方法で、疑問を処理し、答えに到達しているのです。ただ、その経過が意識されていないだけです。

　　　　　（出典　山鳥重「「わかる」とはどういうことか—認識の脳科学」より）

ア　答えは外にも中にもないのです。ちゃんと自分で作り出すのです。

イ　あるいは答えが頭のどこかにあって、その答えに直達する、ということでもありません。

ウ　直感的にわかる、といっても外の世界から答えが頭の中へ飛び込んでくるわけではありません。

エ　ただ、その作り出す筋道が自発的な心理過程に任されていて、意識的にその過程が追いかけられないとき、われわれはほかに表現のしようがないので、直感的にわかった、という表現を使うのです。

　1　ア→イ→エ→ウ
　2　ア→エ→ウ→イ
　3　イ→ア→エ→ウ
　4　ウ→イ→ア→エ
　5　ウ→エ→イ→ア

文章整序

順序として適当なものはウ→イ→ア→エである

　まず、記述イの「あるいは」と「ということでもありません」という部分に着目をすると、イの直前は、イと並列できる内容であること、否定の内容であることがわかる。したがって、ウ→イの順序となる。

　また、記述アの部分の最初に「答えは外にも中にもないのです」とあり、これは記述イと記述ウの内容を簡単なことばで繰り返すものとなる。したがって、記述アはウ→イの後にくることがわかる。さらに、その内容を受けて答えを提示する内容となっている記述アは、イの直後にくることがわかる。

　最後に、記述エは、空欄の直後の内容と重複しているため、空欄の最後の部分に当たることがわかる。

正解	4

問題10　本文中の空欄□□□に入る文章を、あとのア～オを並べ替えて作る場合、その順序として妥当なものはどれか。

　教育を他人からあたえられるもの、とかんがえる立場はとりもなおさず情報に使われる立場の原型である。あたえられた教科書を暗記し、先生からあたえられた宿題はする。しかし、指示のなかったことはなにもしない。そとからの入力がなくなったら、うごきをとめてしまう——そうした若ものたちにこそわたしはまず情報を使うことをおぼえてほしいと思う。ほんとうの教育とは、自発性にもとづいてみずからの力で情報を使うことだ。学校だの教師だのというのは、そういう主体的な努力を手つだう補助的な装置だ、とわたしはかんがえている。（中略）

　わたしは、学生たちに、どんなことでもよいから、「なぜ」ではじまる具体的な問いを毎日ひとつずつつくり、それを何日もつづけることを課題としてあたえてみたことがあった。

　ずいぶんふしぎな「なぜ」がたくさんあつまった。

なにが必要なのか

をはっきりさせること——それが問題発見ということであり、問題意識をもつということなのだ。

（出典　加藤秀俊「取材学」から）。

ア　じぶんはなにを知りたいのか、なにを知ろうとしているのか、それがわかったときにはじめてどんな情報をじぶんが必要としているのかがはっきりしてくるのだ。

イ　やみくもに、いろんな情報と行きあたりばったりに接触するのでなく、必要な情報だけをじょうずに手にいれるためには、なにをじぶんが必要としているのかを知らねばならぬ。

ウ　しかし、そのさまざまな「なぜ」をつぎつぎに提出しながら、この学生たちは問題発見ということへの第一歩をふみ出したのである。

エ　みんなで持ちよって読みあわせてみると、珍妙な「なぜ」が続出して大笑いになったりもした。

オ　情報を使うというのは、べつなことばでいえば、必要な情報だけをえらび出す、ということである。

1　ア　→　イ　→　ウ　→　オ　→　エ
2　イ　→　ア　→　エ　→　ウ　→　オ
3　イ　→　エ　→　ア　→　オ　→　ウ
4　エ　→　ウ　→　ア　→　イ　→　オ
5　エ　→　オ　→　ア　→　ウ　→　イ

文章整序

順序として妥当なものはエ→ウ→ア→イ→オである

(1)　空欄の直前の記載に「ふしぎな『なぜ』」が「あつまった」とあることから、この「なぜ」に関する記載のある記述ウ、記述エに着目する。

　　記述エでは、「珍妙な『なぜ』が続出」とあるところ、「珍妙」は「ふしぎな」と、「続出」は「あつまった」と同義であり、空欄の直前の記載を受けている（換言している）といえる。

　　そして、記述ウでは、冒頭で「しかし」という逆接を用いつつ、学生が問題発見に向けて踏み出せたことについて触れているところ、これは、上記のように珍妙な「なぜ」が続出したが、（しかし、それにより）学生たちが前に進めた、ということを評しているといえる。

　　したがって、空欄の最初には「エ→ウ」の順で当てはまる。

(2)　残る記述ア、記述イ、記述オについて検討する。

　　これらの記述に共通しているキーワードは、「必要な情報」である。それぞれの記述において、「必要な情報」を明確にすること（記述ア）、「必要な情報」を手にするための前提として、その明確化は欠かせないこと（記述イ）を示しつつ、必要な情報を明確にし、手に入れること＝えらび出すことは、「情報を使う」ことを意味する（記述オ）、という筆者の主張をみることができる。

　　したがって、記述ア、記述イ、記述オは、「エ→ウ」に続くひとかたまりの内容として位置づけることができる。

文章理解

正解　　4

あとがき

　『うかる！　行政書士　総合問題集』を『うかる！　行政書士　総合テキスト』に対応する問題集として初めて出版したのは、2005年のことです。

　行政書士試験の受験を志したものの、諸事情により、伊藤塾などの受験指導校の講座を受けて勉強をすることができない受験生に対して、私たちに何かできることはないだろうか？

　これが本書を出版するに至った当初の想いです。

　それから20年近くが経ちました。おかげさまで、この間、姉妹書籍として『うかる！　行政書士　入門ゼミ』『うかる！　行政書士　新・必修項目115』『うかる！　行政書士　民法・行政法　解法スキル完全マスター』『うかる！　行政書士　憲法・商法・一般知識等　解法スキル完全マスター』も発売することができました。

　時代の変化、及びそれに伴う行政書士試験の難化に対応すべく『うかる！　行政書士　総合問題集』は、『うかる！　行政書士　総合テキスト』に併せて、毎年度、版を新しくしています。最新の行政書士試験に対応すべく問題をセレクトしていることはもちろんのこと、赤シートを付属したことにより、一層知識の定着に役立つようになっています。問題を解く際に、大いにご活用ください。

　2018年度版から、配点の高い記述式問題について、本試験レベルのオリジナル問題を追加し、出題数を増やしました。近年の記述式問題では、どの論点が問われているかを問題文から的確に読み取り、それを解答として表現する力が試されています。数多くの問題演習をすることで、自信をもって記述式問題に臨めるようにしてください。また、択一式問題についても、科目間やテーマごとの出題バランスを見直し、より学習効果を高められるように工夫しました。

　また、2024年度版からは、かつて諸法令として法令等の科目で出題されてきた行政書士法等が基礎知識科目で復活したことにより、これにあわせた内容としました。

　ところで、問題演習と聞くと、解法を身につけるための手段とだけ考える方もおられるでしょう。

　確かに、解法を身につけるためには問題演習が必要です。しかし、問題演習のメリットは単に解法をマスターすることに留まらず、問題を解き、間違え、復習することによって、確実に記憶することにつながります。テキスト等で知識を押さえてから演習をするという受験生が多いでしょうが、伊藤塾では、問題演習には早期から取り組まなければならないと指導しています。これは、「覚えるのにも問題演習が役立つ」「解法も記憶の一種。繰り返さなければ身に

つかない」ということに理由があります。

　本書で学習される受験生には、この問題集で得た情報（知識）を基に、『うかる！ 行政書士 総合テキスト』に返り、またそこで得た知識を記入することによって、自分だけのオリジナルテキストを作ってほしいと思います。そうすることで、より一層確実な合格へと向かえることでしょう。

　頑張ってください。

2023 年 12 月吉日

伊藤塾・行政書士試験科

志水　晋介（しみず　しんすけ）専任講師からのメッセージ

　人の幸せは、壊すのは容易だが築くのは容易ではない。だから、幸せを築く途中にある困難を軽減するようなことを自分の生涯の仕事としたい。これが私が講師となるきっかけでした。今、「本」という形で私の講義が多くの人の目に触れ、皆さんの幸せ作りの手助けになるであろうことを嬉しく思います。合格に向けて一緒に頑張っていきましょう。

令和5年度

行政書士試験

令和5年11月12日実施

本試験問題
解答・解説

法 令 等 [問題1〜問題40は択一式（5肢択一式）]

問題1　次の文章の空欄　ア　〜　エ　に当てはまる語句の組合せとして、妥当なものはどれか。

　明治8年太政官布告103号裁判事務心得の3条には、「民事の裁判に成文の法律なきものは　ア　に依り　ア　なきものは　イ　を推考して裁判すべし」という規定があり、民事裁判について「法の欠如」があるばあいに　イ　によるべきことがうたわれている。　ウ　の支配する刑法では罰則の欠如は当の行為につき犯罪の成立を否定する趣旨であるから、それは「法の欠如」ではない。ところが、民事裁判では、法の欠如があっても当事者に対して　エ　（フランス民法4条）をすることはできず（憲法32条参照）、また、当然に原告を敗訴にすることももちろん法の趣旨ではない。

（出典　団藤重光「法学の基礎〔第2版〕」から＜文章を一部省略した。＞）

	ア	イ	ウ	エ
1	習慣	条理	罪刑法定主義	裁判の拒否
2	先例	習慣	罪刑法定主義	裁判の拒否
3	先例	条理	適正手続	和解の勧奨
4	習慣	条理	責任主義	裁判の拒否
5	先例	習慣	責任主義	和解の勧奨

問題2　法人等に関する次のア〜オの記述のうち、妥当なものの組合せはどれか。

ア　いわゆる「権利能力なき社団」は、実質的には社団法人と同様の実態を有するが、法人格がないため、訴訟上の当事者能力は認められていない。

イ　法人は、営利法人と非営利法人に大別されるが、合名会社やそれと実質的に同様の実態を有する行政書士法人、弁護士法人および司法書士法人は非営利法人である。

ウ　一般社団法人および一般財団法人は、いずれも非営利法人であることから、一切の収益事業を行うことはできない。

エ　公益社団法人および公益財団法人とは、一般社団法人および一般財団法人のうち、学術、技芸、慈善その他の法令で定められた公益に関する種類の事業であって、不特定かつ多数の者の利益の増進に寄与する事業を行うことを主たる目的とし、行政庁（内閣総理大臣または都道府県知事）から公益認定を受けた法人をいう。

オ　特定非営利活動法人（いわゆる「NPO法人」）とは、不特定かつ多数のものの利益の増進に寄与することを目的とする保健、医療または福祉の増進その他の法令で定められた特定の活動を行うことを主たる目的とし、所轄庁（都道府県の知事または指定都市の長）の認証を受けて設立された法人をいう。

1　ア・ウ
2　ア・エ
3　イ・ウ
4　イ・オ
5　エ・オ

問題3　基本的人権の間接的、付随的な制約についての最高裁判所の判決に関する次のア
　　　～エの記述のうち、妥当なものの組合せはどれか。

　ア　選挙における戸別訪問の禁止が、意見表明そのものの制約ではなく、意見表明の
　　手段方法のもたらす弊害の防止をねらいとして行われる場合、それは戸別訪問以外
　　の手段方法による意見表明の自由を制約するものではなく、単に手段方法の禁止に
　　伴う限度での間接的、付随的な制約にすぎない。
　イ　芸術的価値のある文学作品について、そこに含まれる性描写が通常人の性的羞恥
　　心を害し、善良な性的道義観念に反することを理由に、その頒布が処罰される場
　　合、そこでの芸術的表現の自由への制約は、わいせつ物の規制に伴う間接的、付随
　　的な制約にすぎない。
　ウ　裁判官が「積極的に政治運動をすること」の禁止が、意見表明そのものの制約で
　　はなく、その行動のもたらす弊害の防止をねらいとして行われる場合、そこでの意
　　見表明の自由の制約は、単に行動の禁止に伴う限度での間接的、付随的な制約にす
　　ぎない。
　エ　刑事施設の被収容者に対する新聞閲読の自由の制限が、被収容者の知ることので
　　きる思想内容そのものの制約ではなく、施設内の規律・秩序の維持をねらいとして
　　行われる場合、そこでの制約は、施設管理上必要な措置に伴う間接的、付随的な制
　　約にすぎない。

　　1　ア・イ
　　2　ア・ウ
　　3　ア・エ
　　4　イ・ウ
　　5　イ・エ

問題4　国務請求権に関する次の記述のうち、妥当なものはどれか。

1　憲法は何人に対しても平穏に請願する権利を保障しているので、請願を受けた機関はそれを誠実に処理せねばならず、請願の内容を審理および判定する法的義務が課される。

2　立法行為は、法律の適用段階でその違憲性を争い得る以上、国家賠償の対象とならないが、そのような訴訟上の手段がない立法不作為についてのみ、例外的に国家賠償が認められるとするのが判例である。

3　憲法が保障する裁判を受ける権利は、刑事事件においては裁判所の裁判によらなければ刑罰を科せられないことを意味しており、この点では自由権的な側面を有している。

4　憲法は、抑留または拘禁された後に「無罪の裁判」を受けたときは法律の定めるところにより国にその補償を求めることができると規定するが、少年事件における不処分決定もまた、「無罪の裁判」に当たるとするのが判例である。

5　憲法は、裁判は公開の法廷における対審および判決によってなされると定めているが、訴訟の非訟化の趨勢をふまえれば、純然たる訴訟事件であっても公開の法廷における対審および判決によらない柔軟な処理が許されるとするのが判例である。

問題5　罷免・解職に関する次の記述のうち、妥当なものはどれか。

1　衆議院比例代表選出議員または参議院比例代表選出議員について、名簿を届け出た政党から、除名、離党その他の事由により当該議員が政党に所属する者でなくなった旨の届出がなされた場合、当該議員は当選を失う。

2　議員の資格争訟の裁判は、国権の最高機関である国会に認められた権能であるから、両院から選出された国会議員による裁判の結果、いずれかの議院の議員が議席を失った場合には、議席喪失の当否について司法審査は及ばない。

3　閣議による内閣の意思決定は、慣例上全員一致によるものとされてきたので、これを前提にすれば、衆議院の解散の決定にあたり反対する大臣がいるような場合には、当該大臣を罷免して内閣としての意思決定を行うことになる。

4　最高裁判所の裁判官は、任命後初めて行われる衆議院議員総選挙の際に国民の審査に付されるが、その後、最高裁判所の長官に任命された場合は、任命後最初の衆議院議員総選挙の際に、長官として改めて国民の審査に付される。

5　裁判官は、公の弾劾によらなければ罷免されず、また、著しい非行があった裁判官を懲戒免職するためには、最高裁判所裁判官会議の全員一致の議決が必要である。

問題6　国政調査権の限界に関する次の文章の趣旨に照らして、妥当でないものはどれか。

　　ところで司法権の独立とは、改めていうまでもなく、裁判官が何らの「指揮命令」に服さないこと、裁判活動について何ら職務上の監督を受けないことを意味するが、単に「指揮命令」を禁止するにとどまらず、その実質的な意義は、身分保障その他、裁判官の内心における法的確信の自由な形成をつねに担保することにある。司法権の独立が、・・・（中略）・・・、「あらゆる現実の諸条件を考えた上で、社会通念上、裁判官が独立に裁判を行うことに対して、事実上重大な影響をおよぼす可能性ある行動」を排斥するのは、かような趣旨にもとづくものといえよう。その結果、第一に、立法権・行政権による現に裁判所に係属中の訴訟手続への干渉は一切禁止されるのみならず、第二に、他の国家機関による判決の内容の批判はいかに適切であろうとも許容されないという原則が要請される。

（出典　芦部信喜「憲法と議会政」（東京大学出版会）から）

1　議院が刑事事件について調査する際には、その経済的・社会的・政治的意義などを明らかにすることで立法や行政監督に資する目的などで行われるべきである。
2　裁判への干渉とは、命令によって裁判官の判断を拘束することを意味するから、議院による裁判の調査・批判は何らの法的効果を持たない限り司法権の独立を侵害しない。
3　議院の国政調査権によって、裁判の内容の当否につきその批判自体を目的として調査を行うことは、司法権の独立を侵害する。
4　刑事裁判で審理中の事件の事実について、議院が裁判所と異なる目的から、裁判と並行して調査することは、司法権の独立を侵害しない。
5　議院の国政調査権によって、裁判所に係属中の事件につき裁判官の法廷指揮など裁判手続自体を調査することは許されない。

問題7　財政に関する次の記述のうち、妥当なものはどれか。

1　国会が議決した予算の公布は、法律、政令、条約などの公布と同様に、憲法上、天皇の国事行為とされている。

2　国会による予算の修正をめぐっては、内閣の予算提出権を侵すので予算を増額する修正は許されないとする見解もあるが、現行法には、予算の増額修正を予想した規定が置かれている。

3　予算が成立したにもかかわらず、予算が予定する支出の根拠となる法律が制定されていないような場合、法律が可決されるまでの間、内閣は暫定的に予算を執行することができる。

4　皇室の費用はすべて、予算に計上して国会の議決を経なければならないが、皇室が財産を譲り受けたり、賜与したりするような場合には、国会の議決に基く必要はない。

5　国の収入支出の決算は、内閣が、毎年そのすべてについて国会の承認の議決を得たうえで、会計検査院に提出し、その審査を受けなければならない。

問題8　行政行為の瑕疵に関する次のア～オの記述のうち、最高裁判所の判例に照らし、妥当なものの組合せはどれか。

ア　ある行政行為が違法である場合、仮にそれが別の行政行為として法の要件を満たしていたとしても、これを後者の行為として扱うことは、新たな行政行為を行うに等しいから当然に許されない。

イ　普通地方公共団体の長に対する解職請求を可とする投票結果が無効とされたとしても、前任の長の解職が有効であることを前提として、当該解職が無効とされるまでの間になされた後任の長の行政処分は、当然に無効となるものではない。

ウ　複数の行政行為が段階的な決定として行われる場合、先行行為が違法であるとして、後行行為の取消訴訟において先行行為の当該違法を理由に取消しの請求を認めることは、先行行為に対する取消訴訟の出訴期間の趣旨を没却することになるので許されることはない。

エ　行政行為の瑕疵を理由とする取消しのうち、取消訴訟や行政上の不服申立てによる争訟取消しの場合は、当該行政行為は行為時当初に遡って効力を失うが、職権取消しの場合は、遡って効力を失うことはない。

オ　更正処分における理由の提示（理由附記）に不備の違法があり、審査請求を行った後、これに対する裁決において処分の具体的根拠が明らかにされたとしても、理由の提示にかかる当該不備の瑕疵は治癒されない。

1　ア・イ
2　ア・エ
3　イ・オ
4　ウ・エ
5　ウ・オ

問題9　行政上の法律関係に関する次のア～エの記述のうち、最高裁判所の判例に照らし、妥当なものの組合せはどれか。

ア　社会保障給付における行政主体と私人との間の関係は、対等なものであり、公権力の行使が介在する余地はないから、処分によって規律されることはなく、もっぱら契約によるものとされている。

イ　未決勾留による拘禁関係は、勾留の裁判に基づき被勾留者の意思にかかわらず形成され、法令等の規定により規律されるものであるから、国は、拘置所に収容された被勾留者に対して信義則上の安全配慮義務を負わない。

ウ　食品衛生法の規定により必要とされる営業の許可を得ることなく食品の販売を行った場合、食品衛生法は取締法規であるため、当該販売にかかる売買契約が当然に無効となるわけではない。

エ　法の一般原則である信義誠実の原則は、私人間における民事上の法律関係を規律する原理であるから、租税法律主義の原則が貫かれる租税法律関係には適用される余地はない。

1　ア・イ
2　ア・エ
3　イ・ウ
4　イ・エ
5　ウ・エ

問題10　在留期間更新の許可申請に対する処分に関する次のア〜オの記述のうち、最高裁判所の判例（マクリーン事件判決〔最大判昭和53年10月4日民集32巻7号1223頁〕）に照らし、妥当なものの組合せはどれか。

ア　在留期間更新の判断にあたっては、在留規制の目的である国内の治安と善良の風俗の維持など国益の保持の見地のほか、申請者である外国人の在留中の一切の行状を斟酌することはできるが、それ以上に国内の政治・経済・社会等の諸事情を考慮することは、申請者の主観的事情に関わらない事項を過大に考慮するものであって、他事考慮にも当たり許されない。

イ　在留期間の更新を適当と認めるに足りる相当の理由の有無にかかる裁量審査においては、当該判断が全く事実の基礎を欠く場合、または事実に対する評価が明白に合理性を欠くこと等により当該判断が社会通念に照らし、著しく妥当性を欠くことが明らかである場合に限り、裁量権の逸脱、濫用として違法とされる。

ウ　在留期間更新の法定要件である「在留期間の更新を適当と認めるに足りる相当の理由」があるかどうかに関する判断について、処分行政庁（法務大臣）には裁量が認められるが、もとよりその濫用は許されず、上陸拒否事由または退去強制事由に準ずる事由に該当しない限り更新申請を不許可にすることはできない。

エ　外国人の在留期間中の政治活動について、そのなかに日本国の出入国管理政策や基本的な外交政策を非難するものが含まれていた場合、処分行政庁（法務大臣）がそのような活動を斟酌して在留期間の更新を適当と認めるに足りる相当の理由があるものとはいえないと判断したとしても、裁量権の逸脱、濫用には当たらない。

オ　外国人の政治活動は必然的に日本国の政治的意思決定またはその実施に影響を及ぼすものであるから、そもそも政治活動の自由に関する憲法の保障は外国人には及ばず、在留期間中に政治活動を行ったことについて、在留期間の更新の際に消極的事情として考慮することも許される。

1　ア・イ
2　ア・オ
3　イ・エ
4　ウ・エ
5　ウ・オ

問題11　行政手続法（以下「法」という。）の規定に関する次の記述のうち、妥当なものはどれか。

1　法の規定において用いられる「法令」とは、法律及び法律に基づく命令のみを意味し、条例及び地方公共団体の執行機関の規則はそこに含まれない。

2　特定の者を名あて人として直接にその権利を制限する処分であっても、名あて人となるべき者の同意の下にすることとされている処分は、法にいう不利益処分とはされない。

3　法の規定が適用される行政指導には、特定の者に一定の作為または不作為を求めるものに限らず、不特定の者に対して一般的に行われる情報提供も含まれる。

4　行政指導に携わる者が、その相手方に対して、当該行政指導の趣旨及び内容並びに責任者を明確に示さなければならないのは、法令に違反する行為の是正を求める行政指導をする場合に限られる。

5　行政機関が、あらかじめ、事案に応じ、行政指導指針を定め、かつ行政上特別の支障がない限りこれを公表しなければならないのは、根拠となる規定が法律に置かれている行政指導をしようとする場合に限られる。

問題12　行政手続法の定める聴聞に関する次の記述のうち、誤っているものはどれか。

1　聴聞の当事者または参加人は、聴聞の終結後であっても、聴聞の審理の経過を記載した調書の閲覧を求めることができる。

2　聴聞の当事者および参加人は、聴聞が終結するまでは、行政庁に対し、当該事案についてした調査の結果に係る調書その他の当該不利益処分の原因となる事実を証する資料の閲覧を求めることができる。

3　当事者または参加人は、聴聞の期日に出頭して、意見を述べ、証拠書類等を提出し、主宰者の許可を得て行政庁の職員に対し質問を発することができる。

4　当事者または参加人は、聴聞の期日への出頭に代えて、主宰者に対し、聴聞の期日までに陳述書および証拠書類等を提出することができる。

5　当事者または参加人が正当な理由なく聴聞の期日に出頭せず、陳述書等を提出しない場合、主宰者は、当事者に対し改めて意見を述べ、証拠書類等を提出する機会を与えなければならない。

問題13　行政手続法が定める行政庁等の義務に関する次のア～エの記述のうち、努力義務として規定されているものの組合せとして、正しいものはどれか。

ア　申請者以外の利害を考慮すべきことが法令において許可の要件とされている場合に、公聴会を開催すること

イ　申請に対する処分を行う場合の審査基準を定めて公にしておくこと

ウ　不利益処分を行う場合の処分基準を定めて公にしておくこと

エ　申請に対する処分の標準処理期間を定めた場合に、それを公にしておくこと

1　ア・ウ
2　ア・エ
3　イ・ウ
4　イ・エ
5　ウ・エ

問題14　不作為についての審査請求に関する次の記述のうち、妥当なものはどれか。

1　不作為についての審査請求は、当該処分についての申請をした者だけではなく、当該処分がなされることにつき法律上の利益を有する者もすることができる。

2　不作為についての審査請求について理由があり、申請に対して一定の処分をすべきものと認められる場合、審査庁が不作為庁の上級行政庁であるときは、審査庁は、当該不作為庁に対し当該処分をすべき旨を命じる。

3　不作為についての審査請求は、審査請求が濫用されることを防ぐために、申請がなされた日から法定された一定の期間を経過しなければすることができない。

4　不作為についての審査請求がなされた場合、審査庁は、必要があると認める場合には、審査請求人の申立てによりまたは職権で、裁決が下されるまでの仮の救済として一定の処分をすることができる。

5　不作為についての審査請求の審理に際しては、迅速な救済を図るために、審査庁は、審理員を指名して審理手続を行わせるのではなく、審理手続を省いて裁決を下さなければならない。

問題15　行政不服審査法が定める審査請求の裁決に関する次の記述のうち、妥当なものは
　　　どれか。

1　審査庁が不利益処分を取り消す裁決をした場合、処分庁は、当該裁決の趣旨に従
　い当該不利益処分を取り消さなければならない。

2　不利益処分につき、その根拠となった事実がないとしてこれを取り消す裁決を受
　けた処分庁は、事実を再調査した上で、同一の事実を根拠として同一の不利益処分
　を再び行うことができる。

3　事実上の行為についての審査請求に理由がある場合には、処分庁である審査庁
　は、当該事実上の行為が違法又は不当である旨を裁決で宣言し、当該事実上の行為
　を撤廃又は変更する。

4　審査庁は、処分庁の上級行政庁または処分庁でなくとも、審査請求に対する認容
　裁決によって処分を変更することができるが、審査請求人の不利益に処分を変更す
　ることは許されない。

5　審査庁が処分庁である場合、許認可の申請に対する拒否処分を取り消す裁決は、
　当該申請に対する許認可処分とみなされる。

問題16　行政不服審査法が定める審査請求の手続に関する次の記述のうち、誤っているも
　　　のはどれか。

1　審査請求をすべき行政庁が処分庁と異なる場合、審査請求人は処分庁を経由して
　審査請求を行うこともできる。

2　審査請求は書面により行わなければならないが、行政不服審査法以外の法律や条
　例に口頭ですることができる旨の規定のある場合には、審査請求人は審査請求を口
　頭で行うことができる。

3　審査請求人は、裁決があるまでは、いつでも審査請求の取下げをすることができ
　き、取下げの理由に特に制限は設けられていない。

4　審査請求を受けた審査庁は、審査請求書に形式上の不備がある場合でも審理員を
　指名し、審理手続を開始しなければならず、直ちに審査請求を却下することはでき
　ない。

5　審査請求人から申立てがあった場合には、審理員は原則として口頭意見陳述の機
　会を与えなければならず、口頭意見陳述には参加人だけでなく、審理員の許可を得
　て補佐人も参加することができる。

問題17 以下の事案に関する次のア～エの記述のうち、妥当なものの組合せはどれか。

　　Xは、A川の河川敷の自己の所有地に小屋（以下「本件小屋」という。）を建設して所有している。A川の河川管理者であるB県知事は、河川管理上の支障があるとして、河川法に基づきXに対して本件小屋の除却を命ずる処分（以下「本件処分」という。）をした。しかし、Xは撤去の必要はないとして本件処分を無視していたところ、Xが本件処分の通知書を受け取ってから約8か月が経過した時点で、同知事は、本件小屋の除却のための代執行を行うため、Xに対し、行政代執行法に基づく戒告および通知（以下「本件戒告等」という。）を行った。そこでXは、代執行を阻止するために抗告訴訟を提起することを考えている。

ア　本件戒告等には処分性が認められることから、Xは、本件処分の無効確認訴訟を提起するだけでなく、本件戒告等の取消訴訟をも提起できる。

イ　本件戒告等の取消訴訟において、Xは、本件戒告等の違法性だけでなく、本件処分の違法性も主張できる。

ウ　Xが本件処分の通知書を受け取ってから1年が経過していないことから、Xが本件処分の取消訴訟を提起しても、出訴期間の徒過を理由として却下されることはない。

エ　Xが本件戒告等の取消訴訟を提起したとしても、代執行手続が完了した後には、本件戒告等の効果が消滅したことから、当該訴訟は訴えの利益の欠如を理由に不適法として却下される。

　　1　ア・イ
　　2　ア・エ
　　3　イ・ウ
　　4　イ・エ
　　5　ウ・エ

問題18　行政事件訴訟法（以下「行訴法」という。）の準用規定に関する次の会話の下線部(ア)〜(ウ)について、その正誤を判定した組合せとして、正しいものはどれか。

学生A：　今日は行訴法の準用に関する規定について学ぼう。

学生B：　準用については主として行訴法38条に定められているけど、他の条文でも定められているよね。まずは出訴期間について定める行訴法14条から。

学生A：　行訴法14条については、(ア)無効等確認訴訟にも、その他の抗告訴訟にも準用されていない。訴訟の性質を考えれば当然のことだよ。

学生B：　よし、それでは、執行停止について定める行訴法25条はどうだろう。

学生A：　行訴法25条は(イ)義務付け訴訟や差止訴訟には準用されていない。でも、当事者訴訟には準用されているのが特徴だね。

学生B：　なるほど、当事者訴訟にも仮の救済が用意されているんだね。最後に、第三者効について定める行訴法32条はどうだろう。

学生A：　「処分又は裁決を取り消す判決は、第三者に対しても効力を有する」という規定だね。(ウ)これは義務付け訴訟にも差止訴訟にも準用されている。義務付け判決や差止め判決の実効性を確保するために必要だからね。

	ア	イ	ウ
1	正しい	誤り	正しい
2	正しい	誤り	誤り
3	誤り	正しい	誤り
4	誤り	誤り	正しい
5	誤り	誤り	誤り

問題19 行政事件訴訟法が定める抗告訴訟の対象に関する次の記述のうち、最高裁判所の判例に照らし、妥当なものはどれか。

1 登録免許税を過大に納付して登記を受けた者が登録免許税法に基づいてした登記機関から税務署長に還付通知をすべき旨の請求に対し、登記機関のする拒否通知は、当該請求者の権利に直接影響を及ぼす法的効果を有さないため、抗告訴訟の対象となる行政処分には当たらない。

2 行政庁が建築基準法に基づいて、いわゆるみなし道路を告示により一括して指定する行為は、特定の土地について個別具体的な指定をしたものではなく、一般的基準の定立を目的としたものにすぎず、告示による建築制限等の制限の発生を認めることができないので、抗告訴訟の対象となる行政処分には当たらない。

3 労災就学援護費に関する制度の仕組みに鑑みると、被災労働者またはその遺族は、労働基準監督署長の支給決定によって初めて具体的な労災就学援護費の支給請求権を取得するため、労働基準監督署長が行う労災就学援護費の支給または不支給の決定は、抗告訴訟の対象となる行政処分に当たる。

4 市町村長が住民基本台帳法に基づき住民票に続柄を記載する行為は、公の権威をもって住民の身分関係を証明し、それに公の証明力を与える公証行為であるから、それ自体によって新たに国民の権利義務を形成し、又はその範囲を確定する法的効果を有するため、抗告訴訟の対象となる行政処分に当たる。

5 都市計画法の規定に基づく用途地域指定の決定が告示された場合、その効力が生ずると、当該地域内においては、建築物の用途、容積率、建ぺい率等につき従前と異なる基準が適用され、これらの基準に適合しない建築物については建築確認を受けることができなくなる効果が生じるので、用途地域指定の決定は、抗告訴訟の対象となる行政処分に当たる。

問題20　道路をめぐる国家賠償に関する最高裁判所の判決について説明する次の記述のうち、妥当なものはどれか。

1　落石事故の発生した道路に防護柵を設置する場合に、その費用の額が相当の多額にのぼり、県としてその予算措置に困却するであろうことが推察できる場合には、そのことを理由として、道路管理者は、道路の管理の瑕疵によって生じた損害に対する賠償責任を免れ得るものと解するのが相当である。

2　事故発生当時、道路管理者が設置した工事標識板、バリケードおよび赤色灯標柱が道路上に倒れたまま放置されていたことは、道路の安全性に欠如があったといわざるをえず、それが夜間の事故発生直前に生じたものであり、道路管理者において時間的に遅滞なくこれを原状に復し道路を安全良好な状態に保つことが困難であったとしても、道路管理には瑕疵があったと認めるのが相当である。

3　防護柵は、道路を通行する人や車が誤って転落するのを防止するために設置されるものであり、材質、高さその他その構造に徴し、通常の通行時における転落防止の目的からみればその安全性に欠けるところがないものであったとしても、当該転落事故の被害者が危険性の判断能力に乏しい幼児であった場合、その行動が当該道路および防護柵の設置管理者において通常予測することができなくとも、営造物が本来具有すべき安全性に欠けるところがあったと評価され、道路管理者はその防護柵の設置管理者としての責任を負うと解するのが相当である。

4　道路の周辺住民から道路の設置・管理者に対して損害賠償の請求がされた場合において、当該道路からの騒音、排気ガス等が周辺住民に対して現実に社会生活上受忍すべき限度を超える被害をもたらしたことが認定判断されたとしても、当該道路が道路の周辺住民に一定の利益を与えているといえるときには、当該道路の公共性ないし公益上の必要性のゆえに、当該道路の供用の違法性を認定することはできないものと解するのが相当である。

5　走行中の自動車がキツネ等の小動物と接触すること自体により自動車の運転者等が死傷するような事故が発生する危険性は高いものではなく、通常は、自動車の運転者が適切な運転操作を行うことにより死傷事故を回避することを期待することができるものというべきであって、金網の柵をすき間なく設置して地面にコンクリートを敷くという小動物の侵入防止対策が全国で広く採られていたという事情はうかがわれず、そのような対策を講ずるためには多額の費用を要することは明らかであり、当該道路には動物注意の標識が設置され自動車の運転者に対して道路に侵入した動物についての適切な注意喚起がされていたということができるなどの事情の下においては、高速道路で自動車の運転者がキツネとの衝突を避けようとして起こした自損事故において、当該道路に設置または管理の瑕疵があったとはいえない。

問題21　次の文章は、国家賠償法1条2項に基づく求償権の性質が問われた事件におい
　　　　て、最高裁判所が下した判決に付された補足意見のうち、同条1項の責任の性質に
　　　　関して述べられた部分の一部である（文章は、文意を損ねない範囲で若干修正して
　　　　いる）。空欄　ア　～　エ　に当てはまる語句の組合せとして、正しいものはどれか。

　　　国家賠償法1条1項の性質については　ア　説と　イ　説が存在する。両説を区別す
　る実益は、加害公務員又は加害行為が特定できない場合や加害公務員に　ウ　がない
　場合に、　ア　説では国家賠償責任が生じ得ないが　イ　説では生じ得る点に求められ
　ていた。しかし、最一小判昭和57年4月1日民集36巻4号519頁は、　ア　説か
　イ　説かを明示することなく、「国又は公共団体の公務員による一連の職務上の行為
　の過程において他人に被害を生ぜしめた場合において、それが具体的にどの公務員の
　どのような違法行為によるものであるかを特定することができなくても、右の一連の
　行為のうちのいずれかに行為者の故意又は過失による違法行為があったのでなければ
　右の被害が生ずることはなかったであろうと認められ、かつ、それがどの行為である
　にせよこれによる被害につき行為者の属する国又は公共団体が法律上賠償の責任を負
　うべき関係が存在するときは、国又は公共団体は損害賠償責任を免れることができな
　い」と判示している。さらに、公務員の過失を　エ　過失と捉える裁判例が支配的と
　なっており、個々の公務員の　ウ　を問題にする必要はないと思われる。したがっ
　て、　ア　説、　イ　説は、解釈論上の道具概念としての意義をほとんど失っていると
　いってよい。
　　　　（最三小判令和2年7月14日民集74巻4号1305頁、宇賀克也裁判官補足意見）

	ア	イ	ウ	エ
1	代位責任	自己責任	有責性	組織的
2	代位責任	自己責任	有責性	重大な
3	代位責任	自己責任	職務関連性	重大な
4	自己責任	代位責任	有責性	組織的
5	自己責任	代位責任	職務関連性	重大な

問題22　地方自治法が定める普通地方公共団体に関する次の記述のうち、正しいものはどれか。

1　普通地方公共団体の区域は、地方自治法において「従来の区域」によるとされており、同法施行時の区域が基準となる。

2　市町村の境界変更は、関係市町村の申請に基づき、都道府県知事が当該都道府県の議会の議決を経てこれを定め、国会が承認することによって成立する。

3　都道府県の境界変更は、関係都道府県がその旨を定めた協定を締結し、総務大臣に届け出ることによって成立する。

4　市となるべき普通地方公共団体の要件として、地方自治法それ自体は具体的な数を示した人口要件を規定していないが、当該都道府県の条例で人口要件を定めることはできる。

5　市町村の境界に関し争論があるときは、都道府県知事は、関係市町村の申請に基づき又は職権で当該争論を裁判所の調停に付すことができる。

問題23　地方自治法（以下「法」という。）が定める直接請求に関する次の記述のうち、正しいものはどれか。なお、以下「選挙権」とは、「普通地方公共団体の議会の議員及び長の選挙権」をいう。

1　事務監査請求は、当該普通地方公共団体の住民であれば、日本国民であるか否か、また選挙権を有するか否かにかかわらず、これを請求することができる。

2　普通地方公共団体の事務のうち法定受託事務に関する条例については、条例の制定改廃の直接請求の対象とすることはできない。

3　市町村の条例の制定改廃の直接請求における署名簿の署名に関し異議があるとき、関係人は、法定の期間内に総務大臣にこれを申し出ることができる。

4　議会の解散請求は、日本国民たる普通地方公共団体の住民であって選挙権を有する者の総数のうち、法所定の数以上の連署をもって成立するが、この総数が一定数以上の普通地方公共団体については、成立要件を緩和する特例が設けられている。

5　議会の解散請求が成立した後に行われる解散の住民投票において、過半数の同意があった場合、議会は解散するが、選挙権を有する者の総数が一定以上の普通地方公共団体については、過半数の同意という成立要件を緩和する特例が設けられている。

問題24　地方自治法に定める事務の共同処理（普通地方公共団体相互間の協力）に関する次の記述のうち、誤っているものはどれか。

1　連携協約とは、普通地方公共団体が、他の普通地方公共団体と事務を処理するに当たっての連携を図るため、協議により、連携して事務を処理するための基本的な方針および役割分担を定める協約をいう。

2　協議会とは、普通地方公共団体が、事務の一部を共同して管理・執行し、もしくは事務の管理・執行について連絡調整を図り、または広域にわたる総合的な計画を共同して作成するため、協議により規約を定めて設置するものをいう。

3　機関等の共同設置とは、協議により規約を定め、共同して、議会事務局、附属機関、長の内部組織等を置くことをいう。

4　事務の代替執行とは、協議により規約を定め、普通地方公共団体の事務の一部の管理および執行を、他の地方公共団体に委託する制度であり、事務を受託した地方公共団体が受託事務の範囲において自己の事務として処理することにより、委託した地方公共団体が自ら当該事務を管理および執行した場合と同様の効果が生じる。

5　職員の派遣とは、当該普通地方公共団体の事務の処理のため特別の必要があると認めるとき、当該普通地方公共団体の長または委員会もしくは委員が、他の普通地方公共団体の長または委員会もしくは委員に対し、職員の派遣を求めるものをいう。

問題25　空港や航空関連施設をめぐる裁判に関する次の記述のうち、最高裁判所の判例に照らし、妥当なものはどれか。

1　いわゆる「新潟空港訴訟」（最二小判平成元年2月17日民集43巻2号56頁）では、定期航空運送事業免許の取消訴訟の原告適格が争点となったところ、飛行場周辺住民には、航空機の騒音によって社会通念上著しい障害を受けるとしても、原告適格は認められないとされた。

2　いわゆる「大阪空港訴訟」（最大判昭和56年12月16日民集35巻10号1369頁）では、空港の供用の差止めが争点となったところ、人格権または環境権に基づく民事上の請求として一定の時間帯につき航空機の離着陸のためにする国営空港の供用についての差止めを求める訴えは適法であるとされた。

3　いわゆる「厚木基地航空機運航差止訴訟」（最一小判平成28年12月8日民集70巻8号1833頁）では、周辺住民が自衛隊機の夜間の運航等の差止めを求める訴訟を提起できるかが争点となったところ、当該訴訟は法定の抗告訴訟としての差止訴訟として適法であるとされた。

4　いわゆる「成田新法訴訟」（最大判平成4年7月1日民集46巻5号437頁）では、新東京国際空港の安全確保に関する緊急措置法（当時）の合憲性が争点となったところ、憲法31条の法定手続の保障は刑事手続のみでなく行政手続にも及ぶことから、適正手続の保障を欠く同法の規定は憲法31条に違反するとされた。

5　いわゆる「成田新幹線訴訟」（最二小判昭和53年12月8日民集32巻9号1617頁）では、成田空港と東京駅を結ぶ新幹線の建設について、運輸大臣の工事実施計画認可の取消訴訟の原告適格が争点となったところ、建設予定地付近に居住する住民に原告適格が認められるとされた。

問題26 地方公共団体に対する法律の適用に関する次の説明のうち、妥当なものはどれか。

1 行政手続法は、地方公共団体の機関がする処分に関して、その根拠が条例に置かれているものについても行政手続法が適用されると定めている。

2 行政不服審査法は、地方公共団体には、それぞれ常設の不服審査機関（行政不服審査会等）を置かなければならないと定めている。

3 公文書管理法*¹は、地方公共団体が保有する公文書の管理および公開等に関して、各地方公共団体は条例を定めなければならないとしている。

4 行政代執行法は、条例により直接に命ぜられた行為についての履行の確保に関しては、各地方公共団体が条例により定めなければならないとしている。

5 行政機関情報公開法*²は、地方公共団体は、同法の趣旨にのっとり、その保有する情報の公開に関して必要な施策を策定し、これを実施するよう努めなければならないと定めている。

（注） ＊1 公文書等の管理に関する法律
＊2 行政機関の保有する情報の公開に関する法律

問題27 消滅時効に関する次の記述のうち、民法の規定に照らし、誤っているものはどれか。

1 債権者が権利を行使できることを知った時から5年間行使しないときは、その債権は、時効によって消滅する。

2 不法行為による損害賠償請求権以外の債権（人の生命又は身体の侵害による損害賠償請求権を除く）は、その権利について行使することができることを知らない場合でも、その権利を行使できる時から10年間行使しないときには、時効によって消滅する。

3 人の生命又は身体の侵害による損害賠償請求権は、その権利について行使することができることを知らない場合でも、その債権を行使できる時から20年間行使しないときには、時効によって消滅する。

4 人の生命又は身体を害する不法行為による損害賠償請求権は、被害者又はその法定代理人が損害及び加害者を知った時から3年間行使しないときは、時効によって消滅する。

5 債権又は所有権以外の財産権は、権利を行使することができる時から20年間行使しないときは、時効によって消滅する。

問題28　Aが所有する甲土地（以下「甲」という。）につき、Bの所有権の取得時効が完成し、その後、Bがこれを援用した。この場合に関する次の記述のうち、民法の規定および判例に照らし、妥当でないものはどれか。

1　Bの時効完成前に、CがAから甲を買い受けて所有権移転登記を了した場合、Bは、Cに対して、登記なくして時効による所有権取得をもって対抗することができる。

2　Bの時効完成後に、DがAから甲を買い受けて所有権移転登記を了した場合、Bは、Dに対して、Dが背信的悪意者であったと認められる特段の事情があるときでも、登記なくして時効による所有権取得を対抗することはできない。

3　Bの時効完成後に、EがAから甲を買い受けて所有権移転登記を了した場合、その後さらにBが甲の占有を取得時効の成立に必要な期間継続したときは、Bは、Eに対し時効を援用すれば、時効による所有権取得をもって登記なくして対抗することができる。

4　Bの時効完成後に、FがAから甲につき抵当権の設定を受けてその登記を了した場合、Bは、抵当権設定登記後引き続き甲の占有を取得時効の成立に必要な期間継続したときは、BがFに対し時効を援用すれば、Bが抵当権の存在を容認していたなどの抵当権の消滅を妨げる特段の事情がない限り、甲を時効取得し、その結果、Fの抵当権は消滅する。

5　Bの時効完成後に、GがAから甲を買い受けて所有権移転登記を了した場合、Bは、Gに対して、登記なくして時効による所有権取得をもって対抗することはできず、その際にBが甲の占有開始時点を任意に選択してその成立を主張することは許されない。

問題29　Aが家電製品の販売業者のBに対して有する貸金債権の担保として、Bが営業用動産として所有し、甲倉庫内において保管する在庫商品の一切につき、Aのために集合（流動）動産譲渡担保権（以下「本件譲渡担保権」という。）を設定した。この場合に関する次の記述のうち、判例に照らし、妥当でないものはどれか。

1　構成部分が変動する集合動産についても、その種類、場所および量的範囲が指定され、目的物の範囲が特定されている場合には、一個の集合物として譲渡担保の目的とすることができ、当該集合物につき、AはBから占有改定の引渡しを受けることによって対抗要件が具備される。

2　本件譲渡担保権の設定後に、Bが新たな家電製品乙（以下「乙」という。）を営業用に仕入れて甲倉庫内に搬入した場合であっても、集合物としての同一性が損なわれていない限り、本件譲渡担保権の効力は乙に及ぶ。

3　本件譲渡担保権の設定後であっても、通常の営業の範囲に属する場合であれば、Bは甲倉庫内の在庫商品を処分する権限を有する。

4　甲倉庫内の在庫商品の中に、CがBに対して売却した家電製品丙（以下「丙」という。）が含まれており、Bが履行期日までに丙の売買代金を支払わない場合、丙についてAが既に占有改定による引渡しを受けていたときは、Cは丙について動産先取特権を行使することができない。

5　甲倉庫内の在庫商品の中に、DがBに対して所有権留保特約付きの売買契約によって売却した家電製品丁（以下「丁」という。）が含まれており、Bが履行期日までに丁の売買代金をDに支払わないときにはDに所有権が留保される旨が定められていた場合でも、丁についてAが既に占有改定による引渡しを受けていたときは、Aは、Dに対して本件譲渡担保権を当然に主張することができる。

問題30　連帯債務者の一人について生じた次のア～オの事由のうち、民法の規定に照らし、他の連帯債務者に対して効力が生じないものの組合せとして、正しいものはどれか。

　ア　連帯債務者の一人と債権者との間の混同
　イ　連帯債務者の一人がした代物弁済
　ウ　連帯債務者の一人が債権者に対して債権を有する場合において、その連帯債務者がした相殺の援用
　エ　債権者がした連帯債務者の一人に対する履行の請求
　オ　債権者がした連帯債務者の一人に対する債務の免除

　　1　ア・イ
　　2　ア・ウ
　　3　イ・エ
　　4　ウ・オ
　　5　エ・オ

問題31　相殺に関する次の記述のうち、民法の規定に照らし、誤っているものはどれか。

　1　差押えを受けた債権の第三債務者は、差押え後に取得した債権が差押え前の原因に基づいて生じたものであれば、その第三債務者が、差押え後に他人の債権を取得したときでなければ、その債権による相殺をもって差押債権者に対抗することができる。
　2　時効によって消滅した債権が、その消滅以前に相殺適状にあった場合には、その債権者は、当該債権を自働債権として相殺することができる。
　3　相殺禁止特約のついた債権を譲り受けた者が当該特約について悪意又は重過失である場合には、当該譲渡債権の債務者は、当該特約を譲受人に対抗することができる。
　4　債務者に対する貸金債権の回収が困難なため、債権者がその腹いせに悪意で債務者の物を破損した場合には、債権者は、当該行為による損害賠償債務を受働債権として自己が有する貸金債権と相殺することはできない。
　5　過失によって人の生命又は身体に損害を与えた場合、その加害者は、その被害者に対して有する貸金債権を自働債権として、被害者に対する損害賠償債務と相殺することができる。

問題32　AとBとの間でA所有の美術品甲（以下「甲」という。）をBに売却する旨の本件売買契約が締結された。この場合に関する次の記述のうち、民法の規定に照らし、妥当なものはどれか。

1　Aは、Bが予め甲の受領を明確に拒んでいる場合であっても、甲につき弁済期に現実の提供をしなければ、履行遅滞の責任を免れない。

2　Aは、Bが代金の支払を明確に拒んでいる場合であっても、相当期間を定めて支払の催告をしなければ、本件売買契約を解除することができない。

3　Aが弁済期に甲を持参したところ、Bが甲を管理するための準備が整っていないことを理由に受領を拒んだため、Aは甲を持ち帰ったが、隣人の過失によって生じた火災により甲が損傷した。このような場合であっても、Bは、Aに対して甲の修補を請求することができる。

4　Aが弁済期に甲を持参したところ、Bが甲を管理するための準備が整っていないことを理由に受領を拒んだため、Aは甲を持ち帰ったが、隣人の過失によって生じた火災により甲が滅失した。このような場合であっても、Bは、代金の支払を拒むことはできない。

5　Aが弁済期に甲を持参したところ、Bが甲を管理するための準備が整っていないことを理由に受領を拒んだため、Aは甲を持ち帰ったが、隣人の過失によって生じた火災により甲が滅失した。このような場合であっても、Bは、本件売買契約を解除することができる。

問題33　契約の解除等に関する次のア～オの記述のうち、民法の規定および判例に照らし、妥当でないものの組合せはどれか。

ア　使用貸借契約においては、期間や使用収益の目的を定めているか否かにかかわらず、借主は、いつでも契約の解除をすることができる。

イ　賃貸借契約は、期間の定めがある場合であっても、賃借物の全部が滅失その他の事由により使用及び収益をすることができなくなったときには、当該賃貸借契約は終了する。

ウ　請負契約においては、請負人が仕事を完成しているか否かにかかわらず、注文者は、いつでも損害を賠償して契約の解除をすることができる。

エ　委任契約は、委任者であると受任者であるとにかかわらず、いつでも契約の解除をすることができる。

オ　寄託契約においては、寄託物を受け取るべき時期を経過しても寄託者が受寄者に寄託物を引き渡さない場合には、書面による寄託でも無報酬の受寄者は、直ちに契約の解除をすることができる。

1　ア・イ
2　ア・エ
3　イ・ウ
4　ウ・オ
5　エ・オ

問題34　損益相殺ないし損益相殺的調整に関する次の記述のうち、民法の規定および判例に照らし、妥当なものはどれか。

1　幼児が死亡した場合には、親は将来の養育費の支出を免れるので、幼児の逸失利益の算定に際して親の養育費は親に対する損害賠償額から控除される。

2　被害者が死亡した場合に支払われる生命保険金は、同一の損害についての重複填補に当たるので、被害者の逸失利益の算定に当たって支払われる生命保険金は損害賠償額から控除される。

3　退職年金の受給者が死亡し遺族が遺族年金の受給権を得た場合には、遺族年金は遺族の生活水準の維持のために支給されるものなので、退職年金受給者の逸失利益の算定に際して、いまだ支給を受けることが確定していない遺族年金の額についても損害賠償額から控除されることはない。

4　著しく高利の貸付けという形をとっていわゆるヤミ金融業者が元利金等の名目で借主から高額の金員を違法に取得し多大な利益を得る、という反倫理的行為に該当する不法行為の手段として金員を交付した場合、この貸付けによって損害を被った借主が得た貸付金に相当する利益は、借主から貸主に対する不法行為に基づく損害賠償請求に際して損害賠償額から控除されない。

5　新築の建物が安全性に関する重大な瑕疵があるために、社会通念上、社会経済的な価値を有しないと評価される場合であっても、建て替えまで買主がその建物に居住していた居住利益は、買主からの建て替え費用相当額の損害賠償請求に際して損害賠償額から控除される。

問題35　遺言に関する次のア～オの記述のうち、民法の規定および判例に照らし、妥当なものの組合せはどれか。

ア　重度の認知症により成年被後見人となった高齢者は、事理弁識能力を一時的に回復した場合であっても、後見開始の審判が取り消されない限り、遺言をすることができない。

イ　自筆証書遺言の作成に際し、カーボン紙を用いて複写の方法で作成が行われた場合であっても、自書の要件を満たし、当該遺言は有効である。

ウ　夫婦は、同一の証書によって遺言をすることはできない。

エ　遺言において受遺者として指定された者が、遺言者の死亡以前に死亡した場合には、受遺者の相続人が受遺者の地位を承継する。

オ　遺言は、遺言者が死亡して効力を生じるまでは、いつでも撤回することができるが、公正証書遺言を撤回するには公正証書遺言により、自筆証書遺言を撤回するには自筆証書遺言により行わなければならない。

1　ア・エ
2　ア・オ
3　イ・ウ
4　イ・エ
5　ウ・オ

問題36　商行為に関する次の記述のうち、商法の規定に照らし、誤っているものはどれか。

1　商行為の代理人が本人のためにすることを示さないで商行為をした場合であっても、その行為は、本人に対してその効力を生ずる。ただし、相手方が、代理人が本人のためにすることを知らなかったときは、代理人に対して履行の請求をすることを妨げない。

2　商行為の受任者は、委任の本旨に反しない範囲内において、委任を受けていない行為をすることができる。

3　商人である隔地者の間において承諾の期間を定めないで契約の申込みを受けた者が相当の期間内に承諾の通知を発しなかったときは、その申込みは、その効力を失う。

4　商人が平常取引をする者からその営業の部類に属する契約の申込みを受けたときは、遅滞なく、契約の申込みに対する諾否の通知を発しなければならず、当該通知を発することを怠ったときは、その商人はその申込みを承諾したものとみなす。

5　商人が平常取引をする者からその営業の部類に属する契約の申込みを受けた場合において、その申込みとともに受け取った物品があるときは、その申込みを拒絶したかどうかにかかわらず、申込みを受けた商人の費用をもって、その物品を保管しなければならない。

問題37　設立時取締役に関する次のア～オの記述のうち、会社法の規定に照らし、誤って
　　　　いるものの組合せはどれか。なお、設立しようとする株式会社は、種類株式発行会
　　　　社ではないものとする。

　　ア　発起設立においては、発起人は、出資の履行が完了した後、遅滞なく、設立時取
　　　　締役を選任しなければならないが、定款で設立時取締役として定められた者は、出
　　　　資の履行が完了した時に、設立時取締役に選任されたものとみなす。
　　イ　募集設立においては、設立時取締役の選任は、創立総会の決議によって行わなけ
　　　　ればならない。
　　ウ　設立しようとする株式会社が監査等委員会設置会社である場合には、設立時監査
　　　　等委員である設立時取締役は3人以上でなければならない。
　　エ　発起設立においては、法人でない発起人は設立時取締役に就任することができる
　　　　が、募集設立においては、発起人は設立時取締役に就任することはできない。
　　オ　設立時取締役は、その選任後、株式会社が成立するまでの間、発起人と共同し
　　　　て、株式会社の設立の業務を執行しなければならない。

　　　　1　ア・ウ
　　　　2　ア・オ
　　　　3　イ・ウ
　　　　4　イ・エ
　　　　5　エ・オ

問題38　株式会社の種類株式に関する次の記述のうち、会社法の規定に照らし、誤っているものはどれか。なお、定款において、単元株式数の定めはなく、また、株主総会における議決権等について株主ごとに異なる取扱いを行う旨の定めはないものとする。

1　株式会社が2以上の種類の株式を発行する場合には、各々の種類の株式について発行可能種類株式総数を定款で定めなければならない。

2　公開会社および指名委員会等設置会社のいずれでもない株式会社は、1つの株式につき2個以上の議決権を有することを内容とする種類株式を発行することができる。

3　株式会社は、株主総会または取締役会において決議すべき事項のうち、当該決議のほか、当該種類の株式の種類株主を構成員とする種類株主総会の決議を必要とすることを内容とする種類株式を発行することができる。

4　公開会社および指名委員会等設置会社のいずれでもない株式会社は、当該種類の株式の種類株主を構成員とする種類株主総会において取締役または監査役を選任することを内容とする種類株式を発行することができる。

5　株式会社は、株主総会の決議事項の全部について議決権を有しないことを内容とする種類株式を発行することができる。

問題39　役員等の責任に関する次の記述のうち、会社法の規定に照らし、誤っているものはどれか。

1　利益相反取引によって株式会社に損害が生じた場合には、株主総会または取締役会の承認の有無にかかわらず、株式会社と利益が相反する取引をした取締役または執行役は任務を怠ったものと推定する。

2　取締役または執行役が競業取引の制限に関する規定に違反して取引をしたときは、当該取引によって取締役、執行役または第三者が得た利益の額は、賠償責任を負う損害の額と推定する。

3　監査等委員会設置会社の取締役の利益相反取引により株式会社に損害が生じた場合において、当該取引につき監査等委員会の承認を受けたときは、当該取締役が監査等委員であるかどうかにかかわらず、当該取締役が任務を怠ったものと推定されることはない。

4　非業務執行取締役等は、定款の定めに基づき、職務を行うにつき善意でかつ重大な過失がないときは、定款で定めた額の範囲内であらかじめ株式会社が定めた額と最低責任限度額とのいずれか高い額を限度として責任を負うとする契約を株式会社と締結することができる。

5　自己のために株式会社と取引をした取締役または執行役は、任務を怠ったことが当該取締役または執行役の責めに帰することができない事由によるものであることをもって損害賠償責任を免れることはできない。

問題40　会計参与と会計監査人の差異に関する次の記述のうち、会社法の規定に照らし、誤っているものはどれか。

1　大会社、監査等委員会設置会社および指名委員会等設置会社は、会計監査人の設置が義務付けられているのに対して、当該いずれの会社形態においても、会計参与は任意に設置される機関である。

2　会計参与は会社法上「役員」に位置づけられるが、会計監査人は「役員」に含まれない。

3　会計参与は定時株主総会において選任決議が必要であるのに対して、会計監査人については、定時株主総会において別段の決議がなされなかったときは、再任されたものとみなす。

4　会計参与は、取締役または執行役と共同して計算関係書類を作成するが、会計監査人は計算関係書類の監査を行う。

5　会計監査人は、その職務を行うに際して取締役の職務の執行に関し不正の行為等を発見したときは、遅滞なく、これを監査役等に報告しなければならないが、会計参与にはこのような報告義務はない。

[問題41〜問題43は択一式（多肢選択式）]

問題41　次の文章の空欄　ア　〜　エ　に当てはまる語句を、枠内の選択肢（1〜20）から
　　　　選びなさい。

　　表現行為に対する事前抑制は、新聞、雑誌その他の出版物や放送等の表現物がその
自由市場に出る前に抑止してその内容を読者ないし聴視者の側に到達させる途を閉ざ
し又はその到達を遅らせてその意義を失わせ、　ア　の機会を減少させるものであり、
また、事前抑制たることの性質上、予測に基づくものとならざるをえないこと等から
事後制裁の場合よりも広汎にわたり易く、濫用の虞があるうえ、実際上の抑止的効果
が事後制裁の場合より大きいと考えられるのであって、表現行為に対する事前抑制
は、表現の自由を保障し検閲を禁止する憲法21条の趣旨に照らし、厳格かつ　イ　な
要件のもとにおいてのみ許容されうるものといわなければならない。

　　出版物の頒布等の事前差止めは、このような事前抑制に該当するものであって、と
りわけ、その対象が公務員又は公職選挙の候補者に対する評価、批判等の表現行為に
関するものである場合には、そのこと自体から、一般にそれが　ウ　に関する事項で
あるということができ、前示のような憲法21条1項の趣旨（略）に照らし、その表
現が私人の名誉権に優先する社会的価値を含み憲法上特に保護されるべきであること
にかんがみると、当該表現行為に対する事前差止めは、原則として許されないものと
いわなければならない。ただ、右のような場合においても、その表現内容が真実でな
く、又はそれが専ら　エ　を図る目的のものでないことが明白であって、かつ、被害
者が重大にして著しく回復困難な損害を被る虞があるときは、・・・（中略）・・・例
外的に事前差止めが許されるものというべきであ〔る〕（以下略）。

（最大判昭和61年6月11日民集40巻4号872頁）

1	名誉毀損	2	公正な論評	3	公共の安全	4	私的自治
5	公務の遂行	6	公の批判	7	実質的	8	公益
9	営利	10	公正	11	出版者の収益	12	事実の摘示
13	公共の利害	14	国民の自己統治	15	公権力の行使	16	個別的
17	合理的	18	明確	19	著者の自己実現	20	公共の福祉

問題42 次の文章の空欄 ア ～ エ に当てはまる語句を、枠内の選択肢（1～20）から
選びなさい。

　　公営住宅法は、国及び地方公共団体が協力して、健康で文化的な生活を営むに足り
る住宅を建設し、これを住宅に困窮する低額所得者に対して低廉な家賃で賃貸するこ
とにより、国民生活の安定と ア の増進に寄与することを目的とするものであって
（1条）、この法律によって建設された公営住宅の使用関係については、管理に関す
る規定を設け、家賃の決定、明渡等について規定し（第3章）、また、法〔＝公営住
宅法〕の委任（25条）に基づいて制定された条例〔＝東京都営住宅条例〕も、使用
許可、使用申込、明渡等について具体的な定めをしているところである。右法及び条
例の規定によれば、公営住宅の使用関係には、 イ の利用関係として公法的な一面
があることは否定しえないところであって、入居者の募集は公募の方法によるべきこ
と（法16条）などが定められており、また、特定の者が公営住宅に入居するために
は、事業主体の長から使用許可を受けなければならない旨定められているのであるが
（条例3条）、他方、入居者が右使用許可を受けて事業主体と入居者との間に公営住
宅の使用関係が設定されたのちにおいては、前示のような法及び条例による規制は
あっても、事業主体と入居者との間の法律関係は、基本的には私人間の家屋 ウ と
異なるところはなく、このことは、法が賃貸（1条、2条）等私法上の ウ に通常
用いられる用語を使用して公営住宅の使用関係を律していることからも明らかである
といわなければならない。したがって、公営住宅の使用関係については、公営住宅法
及びこれに基づく条例が特別法として民法及び借家法に優先して適用されるが、法及
び条例に特別の定めがない限り、原則として一般法である民法及び借家法の適用があ
り、その契約関係を規律するについては、 エ の法理の適用があるものと解すべき
である。ところで、右法及び条例の規定によれば、事業主体は、公営住宅の入居者を
決定するについては入居者を選択する自由を有しないものと解されるが、事業主体と
入居者との間に公営住宅の使用関係が設定されたのちにおいては、両者の間には
エ を基礎とする法律関係が存するものというべきであるから、公営住宅の使用者
が法の定める公営住宅の明渡請求事由に該当する行為をした場合であっても、賃貸人
である事業主体との間の エ を破壊するとは認め難い特段の事情があるときには、
事業主体の長は、当該使用者に対し、その住宅の使用関係を取り消し、その明渡を請
求することはできないものと解するのが相当である。

　（最一小判昭和59年12月13日民集38巻12号1411頁＜文章を一部省略した。＞）

1	民間活力	2	私有財産	3	信頼関係	4	所有権移転関係
5	社会福祉	6	普通財産	7	特別権力関係	8	公法関係
9	街づくり	10	物品	11	売買契約関係	12	賃貸借関係
13	公用物	14	事業収益	15	請負契約関係	16	委託契約関係
17	定住環境	18	公の営造物	19	管理関係	20	一般権力関係

問題43　次の文章の空欄 ア ～ エ に当てはまる語句を、枠内の選択肢（1～20）から
　　　　選びなさい。

　　処分の取消しの訴え（行政事件訴訟法3条2項）には出訴期間の制限があり、当該
　処分があったことを知った日又は当該処分の日から一定期間を経過したときは、原則
　としてすることができない（同法14条1項、2項）。ただし、出訴期間が経過した後
　でも、当該処分が ア であれば、当該処分の取消しの訴えとは別の訴えで争うこと
　ができる。
　　そのような訴えとしては複数のものがある。まず、行政事件訴訟法上の法定抗告訴
　訟としては、 イ がこれに当たる。また、私法上の法律関係に関する訴訟において
　も処分が ア か否かが争われ得るところ、この訴えは ウ と呼ばれ、行政事件訴訟
　法の一部が準用される。
　　最高裁判所の判例は、処分が ア であるというためには、当該処分に エ な瑕疵
　がなければならないとする考えを原則としている。

1　原始的不能	2　行政不服申立て	3　外観上客観的に明白
4　住民訴訟	5　撤回可能	6　無効確認の訴え
7　不当	8　実質的当事者訴訟	9　重大かつ明白
10　差止めの訴え	11　実体的	12　仮の救済申立て
13　形式的当事者訴訟	14　無効	15　義務付けの訴え
16　重大又は明白	17　客観訴訟	18　手続的
19　争点訴訟	20　不作為の違法確認の訴え	

[問題44〜問題46は記述式]　（解答は、必ず答案用紙裏面の解答欄（マス目）に記述すること。なお、字数には、句読点も含む。）

問題44　Y市議会の議員であるXは、2023年7月に開催されたY市議会の委員会において発言（以下「当該発言」という。）を行った。これに対して、当該発言は議会の品位を汚すものであり、Y市議会会議規則α条に違反するとして、Y市議会の懲罰委員会は、20日間の出席停止の懲罰を科すことが相当であるとの決定を行った。Y市議会の議員に対する懲罰は、本会議で議決することによって正式に決定されるところ、本会議の議決は、9月に招集される次の会期の冒頭で行うこととし、会期は終了した。これに対し、Xは、①問題となった当該発言は市政に関係する正当なものであり、議会の品位を汚すものではなく、会議規則には違反しない、②予定されている出席停止の懲罰は20日と期間が長く、これが科されると議員としての職責を果たすことができない、と考えている。

　9月招集予定の次の会期までの間において、Xは、出席停止の懲罰を回避するための手段（仮の救済手段も含め、行政事件訴訟法に定められているものに限る。）を検討している。次の会期の議会が招集されるまで1か月程度の短い期間しかないことを考慮に入れたとき、誰に対してどのような手段をとることが有効適切か、40字程度で記述しなさい。

（参照条文）

地方自治法

134条　①普通地方公共団体の議会は、この法律並びに会議規則及び委員会に関する条例に違反した議員に対し、議決により懲罰を科することができる。

②　懲罰に関し必要な事項は、会議規則中にこれを定めなければならない。

135条　①懲罰は、左の通りとする。

一　公開の議場における戒告

二　公開の議場における陳謝

三　一定期間の出席停止

四　除名

②　以下略

Y市議会会議規則

α条　議員は、議会の品位を重んじなければならない。

（下書用）

問題45　AがBに対して有する貸金債権の担保として、Bが所有する甲建物（以下「甲」
　　　　という。）につき抵当権が設定され、設定登記が経由された。当該貸金債権につき
　　　　Bが債務不履行に陥った後、甲が火災によって焼失し、Bの保険会社Cに対する火
　　　　災保険金債権が発生した。Aがこの保険金に対して優先弁済権を行使するために
　　　　は、民法の規定および判例に照らし、どのような法的手段によって何をしなければ
　　　　ならないか。40字程度で記述しなさい。

（下書用）

										10					15

問題46　Aは、Aが所有する土地上に住宅を建築する旨の建築請負契約（以下「本件契
　　　　約」という。）を工務店Bとの間で締結した。本件契約においては、Bの供する材
　　　　料を用い、また、同住宅の設計もBに委ねることとされた。本件契約から6か月経
　　　　過後に、Aは、請負代金全額の支払いと引き換えに、完成した住宅の引渡しを受け
　　　　た。しかし、その引渡し直後に、当該住宅の雨漏りが3か所生じていることが判明
　　　　し、Aは、そのことを直ちにBに通知した。この場合において、民法の規定に照ら
　　　　し、Aが、Bに対し、権利行使ができる根拠を示した上で、AのBに対する修補請
　　　　求以外の3つの権利行使の方法について、40字程度で記述しなさい。

（下書用）

										10					15

一般知識等 [問題47〜問題60は択一式（5肢択一式）]

問題47　いわゆるG7サミット（主要国首脳会議）に関する次の記述のうち、妥当なものはどれか。

1　2023年現在では、フランス、アメリカ、イギリス、ドイツ、日本、イタリア、カナダの7か国のみの首脳が集まる会議であり、EU（欧州連合）首脳は参加していない。

2　議長国の任期は1月から12月の1年間で、事務レベルの準備会合や関係閣僚会合の開催を通じて、サミットの準備および議事進行を行う。

3　2023年の議長国はアメリカであり、日本はこれまで、1979年、1986年、1993年、2000年、2007年、2014年、2021年に議長国を務めた。

4　フランスのジスカール・デスタン大統領（当時）の提案により、1975年に第1回サミットが開催されたが、日本が参加したのは1979年からである。

5　開催地は、かつてはスイスのダボスに固定されていたが、現在では、議長国の国内で行っていることが通例である。

問題48　日本のテロ（テロリズム）対策に関する次の記述のうち、妥当でないものはどれか。

1　日本が締結したテロ防止に関連する条約として最も古いものは、1970年締結の「航空機内で行われた犯罪その他ある種の行為に関する条約」（航空機内の犯罪防止条約）である。

2　2001年9月11日にアメリカで発生した同時多発テロ事件をきっかけとして、通称「テロ対策特別措置法」*1が制定された。

3　2015年9月、サイバーテロ対策の一環として「サイバーセキュリティ基本法」に基づき、サイバーセキュリティ戦略が閣議決定された。

4　国際組織犯罪防止条約の締結に向けた「組織犯罪処罰法」*2の2017年の改正として、いわゆるテロ等準備罪が新設された。

5　2022年7月8日に奈良県で発生した安倍晋三・元首相銃撃事件をきっかけとして、内閣府に「テロ対策庁」が設置された。

（注）　*1　平成十三年九月十一日のアメリカ合衆国において発生したテロリストによる攻撃等に対応して行われる国際連合憲章の目的達成のための諸外国の活動に対して我が国が実施する措置及び関連する国際連合決議等に基づく人道的措置に関する特別措置法

　　　　*2　組織的な犯罪の処罰及び犯罪収益の規制等に関する法律

問題49 1960 年代以降の東南アジアに関する次のア～オの記述のうち、妥当でないもの
の組合せはどれか。

ア 1967 年に、インドネシア、マレーシア、フィリピン、シンガポール、タイの 5 か
国が東南アジア諸国連合 (ASEAN) を結成した。
イ ベトナムは、1986 年からペレストロイカ政策のもとに、共産党一党体制を保ち
ながらゆるやかな市場開放を進めた。
ウ ラオスでは、内戦の終結を受けて、1993 年の総選挙で元国王を支援する勢力が
勝利して王制が復活した。
エ インドネシアでは、1997 年のアジア通貨危機で市民の不満が高まり、1998 年に
スハルト政権が倒れて民政に移管した。
オ ミャンマーでは、2021 年にクーデターが発生し、軍部が全権を掌握した。

1 ア・イ
2 ア・オ
3 イ・ウ
4 ウ・エ
5 エ・オ

問題50　日本の法人課税に関する次のア～オの記述のうち、妥当なものの組合せはどれか。

ア　法人税は法人の所得に対して課税する所得課税であり、企業の所得水準に応じて
　　税率が決まる累進税率が採用されている。

イ　子育てを社会全体で支える観点から、法人税の税率が引き上げられ、その財源を
　　次世代育成支援に充当することとなった。

ウ　地方自治体が課税する法人事業税には、法人の所得や収入に応じる課税だけでは
　　なく、法人の資本や付加価値に応じて課税される外形標準課税も導入されている。

エ　OECD（経済協力開発機構）では、多国籍企業がその課税所得を人為的に操作
　　し、課税逃れを行っている問題（BEPS：税源浸食と利益移転）に対処するため、
　　BEPSプロジェクトを立ち上げて、日本もこれに参加している。

オ　地方自治体による法人事業税や法人住民税は、地域間での偏在性が大きいが、そ
　　の一部を国税化する改革が実施されたことはない。

　　1　ア・ウ
　　2　ア・オ
　　3　イ・エ
　　4　イ・オ
　　5　ウ・エ

問題51　日本の金融政策に関する次の記述のうち、妥当なものはどれか。

　　1　近年、日本銀行は、消費者物価指数の上昇率を年率２％とする物価安定目標を掲
　　　げ、金融緩和を推進してきた。

　　2　諸外国ではマイナス金利政策を導入する事例があるが、マイナス金利政策の導入
　　　は、預金残高縮小をもたらすことから、日本では導入されていない。

　　3　日本銀行は、地域振興を進めるために、地方銀行に対する独自の支援策として、
　　　都市銀行よりも低い金利で貸付けを行っている。

　　4　2024年には新しい日本銀行券が発行されるが、その際には、デジタル通貨の導
　　　入も同時に行われることとされている。

　　5　2022年、政府は、急速に進んだ円高に対処し、為替レートを安定化させるため
　　　に、金利の引き上げを行った。

問題52　日本における平等と差別に関する次の記述のうち、妥当でないものはどれか。

1　1969 年に同和対策事業特別措置法が制定されて以降の国の特別対策は 2002 年に終了したが、2016 年に部落差別の解消の推進に関する法律が制定された。

2　日本は 1985 年に男女雇用機会均等法*¹ を制定したが、女性差別撤廃条約*² はいまだ批准していない。

3　熊本地方裁判所は、2001 年にハンセン病国家賠償訴訟の判決で、国の責任を認め、元患者に対する損害賠償を認めた。

4　2016 年に制定されたヘイトスピーチ解消法*³ は、禁止規定や罰則のない、いわゆる理念法である。

5　障害者差別解消法*⁴ は、2021 年に改正され、事業者による合理的配慮の提供が義務化されることとなった。

（注）　＊1　雇用の分野における男女の均等な機会及び待遇の確保等に関する法律
　　　　＊2　女子に対するあらゆる形態の差別の撤廃に関する条約
　　　　＊3　本邦外出身者に対する不当な差別的言動の解消に向けた取組の推進に関する法律
　　　　＊4　障害を理由とする差別の解消の推進に関する法律

問題53　日本の社会保障、社会福祉に関する次の記述のうち、妥当なものはどれか。

1　社会保障は主に社会保険、公的扶助、社会福祉および公衆衛生からなるが、これらの財源の全額が租税でまかなわれている。

2　第二次世界大戦後にアメリカで提唱された「ゆりかごから墓場まで」と称する福祉国家が日本のモデルとされた。

3　生活保護の給付は医療、介護、出産に限定され、生活扶助、住宅扶助は行われない。

4　2008 年に、75 歳以上の高齢者を対象とした後期高齢者医療制度が整備された。

5　児童手当は、18 歳未満の児童本人に現金を給付する制度である。

問題54　日本における行政のデジタル化に関する次のア～オの記述のうち、妥当でないものの組合せはどれか。

ア　RPA とは Robotic Process Automation の略で、ロボットの代行による作業の自動化、ないし導入するソフトウェア等を指すが、これにより人手不足の解消と職員の負担軽減を図ることが期待されている。

イ　ガバメントクラウドとは、国の行政機関が、共通した仕様で行政サービスのシステムを整備できるクラウド基盤を指すが、セキュリティ上の理由から、地方自治体は利用できないものとされている。

ウ　eLTAX とは、地方税について地方自治体が共同で運営するシステムであり、電子的な一つの窓口から各自治体への手続を実現しているが、国税については別のシステムとなっている。

エ　LGWAN とは、地方自治体や政府機関が機密性の高い情報伝達を行うために構築された閉鎖型のネットワークであり、自治体内や自治体間でのメールや掲示板の機能を持つ連絡ツールとしても活用されている。

オ　オープンデータとは、二次利用が可能な公開データのことで、人手や労力・費用などのコストをかけずに多くの人が利用できるものであるが、自治体が保有する情報のオープンデータ化は禁止されている。

    1　ア・ウ
    2　ア・オ
    3　イ・エ
    4　イ・オ
    5　ウ・エ

問題55 情報通信用語に関する次の記述のうち、妥当でないものはどれか。

1 リスクウェアとは、インストール・実行した場合にシステムにリスクをもたらす可能性のあるソフトウェアをいう。

2 ランサムウェアとは、感染したコンピュータのデータを暗号化してロックし、使えない状態にしたうえで、データを復元する対価として金銭を要求するプログラムをいう。

3 フリースウェアとは、無料トライアルなどを通して解除方法を知らせないままネットの利用者をサブスクリプションに誘導し、高額の利用料を請求するアプリをいう。

4 ファームウェアとは、二軍を意味するファームからとられ、優れた性能を持ったアプリケーションのパフォーマンスを劣化させる悪性のプログラムである。

5 クリッパー・マルウェアとは、感染したコンピュータのクリップボード情報を収集し悪用する機能を持つマルウェアをいい、仮想通貨を狙ったものが多い。

問題56　インターネットに関する次の文章の空欄　□　に当てはまる語句として、妥当なものはどれか。

　2004年に始まったグーグルのGメールはなぜ、□を生成するために個人の通信を読み取ったのだろうか。Gメールのユーザーが、自分の個人的な通信の内容を標的にした□を初めて見た時、世間の反応は早かった。多くの人は反発し、激怒した。混乱した人もいた。グーグルの年代記編者スティーブン・レヴィによると「ユーザーの通信の内容に関連する□を配信することで、グーグルは、ユーザーのプライバシーはサーバを所有する企業の方針次第だという事実を、ほとんど楽しんでいるかのようだった。しかもそれらの□は利益を生んだため、グーグルは、その状況を悪用することにした。」

　2007年にフェイスブックは□機能ビーコンを立ち上げ、それを「社会に情報を配信する新たな方法」として売り込んだ。・・・（中略）・・・オンラインでユーザーを追跡し、その秘密を無断で公表するフェイスブックのあつかましいやり方に、多くの人が憤慨した。

（出典　ショシャナ・ズボフ：野中香方子（訳）「監視資本主義」（東洋経済新報社）から）

1　ニュース
2　リツィート
3　いいね
4　コメント
5　広告

問題57　個人情報に関する次のア～エの記述のうち、妥当なものの組合せはどれか。

ア　ある情報を他の情報と組み合わせることによって、不開示規定により守られるべき不開示情報が認識されるかを判断することを、モザイク・アプローチという。

イ　EU（欧州連合）のGDPR（欧州データ保護規則）は、死者の情報の取扱いについて、加盟国の裁量に委ねている。

ウ　日本では要配慮個人情報と呼ばれて、その取扱いに特に配慮を要する情報は、諸外国では機微情報（センシティブインフォメーション）と呼ばれ、その内容は日本を含め、各国において違いはない。

エ　デジタル改革関連法の一部として、個人情報保護法*1の令和3（2021）年改正が行われ、行政機関個人情報保護法*2が廃止されて個人情報保護法に一元化された結果、個人情報保護法に規定される規律は、公的部門と民間部門について、まったく同一となった。

（注）　＊1　個人情報の保護に関する法律
　　　　＊2　行政機関の保有する個人情報の保護に関する法律

1　ア・イ
2　ア・エ
3　イ・ウ
4　イ・エ
5　ウ・エ

問題58　本文中の空欄　Ⅰ　～　Ⅴ　には、それぞれあとのア～オのいずれかの文が入る。
　　　　その組合せとして妥当なものはどれか。

　そもそも、海の生き物たちはどんなものを食べているのだろう。

　陸上では、牛や羊のように植物を食べる草食の動物がいて、オオカミやライオンのように草食動物を食べる肉食の動物がいて食物連鎖が形成されている。　Ⅰ　。

　海の中ではどうだろう。海の中の食物連鎖は大きな魚は小さな魚を食べ、小さな魚はさらに小さな魚を食べるようなイメージがある。　Ⅱ　。陸上では草食の生き物がたくさんいて、それを食べる肉食の生き物は少ない。これが食物連鎖のバランスなのだ。海の中では食物連鎖を支える草食の生き物はいないのだろうか。確かに海草などの植物を食べる生き物もいる。しかし、海草があるのは、陸地に近い浅い部分だけである。広い外洋に出れば、海草など生えていない。

　　Ⅲ　。プランクトンである。海には無数の植物プランクトンがいて、太陽の光で光合成をして生活をしている。この植物プランクトンを餌に小さな動物プランクトンが集まり、そのプランクトンを餌に小魚が集まる。こうして植物プランクトンは、海の生態系を支えているのである。ただし、植物プランクトンは、太陽の光で光合成を行うために、海面近くに暮らしている。　Ⅳ　。そして、海面から深くなると生物の種類は少なくなってしまうのだ。

　　Ⅴ　。もちろん、太陽の光は届かない暗闇である。こんな場所にどうしてたくさんの生命が存在するのだろう。

　じつは海底の割れ目では、地殻の活動によって熱水が噴出している。この熱水の中に含まれる硫化水素やメタンなどをエネルギー源とするバクテリアが存在し、そのバクテリアを基礎として貝やカニ、魚などが集まる生態系が築かれているのである。

　　　　　　　　　　（出典　蓮実香佑「桃太郎はなぜ桃から生まれたのか？」から）

ア　しかし、それではみんな肉食になってしまう

イ　そして、私たち人間は植物も肉も食べる雑食性の動物である

ウ　そのため、広い海でも海面近くに豊かな生態系が形成される

エ　しかし、大いなる海には、陸上生活をする私たちには思いもよらない食べ物がある

オ　ところが、水深数千メートルの深い海の底に、豊かな生態系があることが発見された

	I	II	III	IV	V
1	ア	イ	エ	オ	ウ
2	イ	ア	エ	ウ	オ
3	イ	ウ	オ	エ	ア
4	エ	ア	イ	ウ	オ
5	エ	イ	ウ	オ	ア

問題59　本文中の空欄　I　〜　V　に入る語句の組合せとして、妥当なものはどれか。

この部分に記載されている文章については、著作権法上の問題から掲載することができません。

（出典　丹羽宇一郎「社長が席を譲りなさい」から）

	I	II	III	IV	V
1	曖昧模糊	設備投資	斬新	商品化	知的財産
2	五里霧中	資本投下	刷新	製品化	公共資産
3	無知蒙昧	設備投資	斬新	具体化	公共資産
4	曖昧模糊	資本投下	暫定	具体化	情報資材
5	無知蒙昧	先行投資	暫定	実践化	知的財産

問題60　本文中の空欄　□□□　に入る文章として、妥当なものはどれか。

　　わたしたちが直接経験できることは、残念ながらごくわずかにすぎません。自分が
　生まれた国や地域や置かれた環境に、わたしたちは経験も思考も多かれ少なかれ限定
　されて生きています。どれだけ世界中を飛び回っている人も、この世界の何もかもを
　見聞きすることなどできません。
　　でも、もし望むならば、わたしたちはそんな直接経験の世界を読書によって広げる
　ことができるのです。
　　水泳の理論書だけを読んでいても、たしかに泳げるようにはなりません。でも、も
　しわたしたちが、もっと速く、また上手に泳ぎたいと願うなら、その理論書を読む経
　験は、まさに直接経験を拡張してくれる"豊かな経験"になるに違いないのです。
　　もう一点、直接経験については注意しておきたいことがあります。
　　豊かな直接経験は、たしかに何ものにも代えがたい貴重なものです。でもその経験
　こそが、時にわたしたちの視野を狭めてしまうこともあるのです。
　　たとえば、みなさんが運動部に所属していたとして、その顧問の先生だったり監督
　だったりが、「□□」
　なんて言ったとしたらどうでしょう？
　　もちろん、それがうまくいく場合もあるでしょう、でもその練習方法は、もしかし
　たら、たまたまその先生に合っていただけなのかもしれません。いまの中学生や高校
　生には通用しないかもしれないし、そもそも、その先生にとってだって、もっといい
　練習方法があったかもしれないのです。
　　このような考え方を、わたしは「一般化のワナ」と呼んでいます。自分が経験した
　ことを、まるですべての人にも当てはまることであるかのように、過度に一般化して
　しまう思考のワナです。
　　このような「一般化のワナ」は、日常生活のいたるところに潜んでいます。「学校
　の先生なんてみんな○○だ」とか、「これだから男（女）は□□なんだ」とか、「日本
　人は△△だ」とかいった言い方も、文脈によっては「一般化のワナ」に思い切り陥っ
　てしまった言い方です。自分がこれまでに出会ったり見聞きしたりした先生、男性
　（女性）、日本人の例を、すべての先生、男性（女性）、日本人に当てはまることであ
　るかのように、過度に一般化してしまっているのですから。
　　読書は、そんなわたしたちの視野をうんと広げる役割を果たしてくれます。少なく
　とも、自分の経験を超えた世界をたくさん知ることで、安易な一般化は慎めるように
　なるはずです。先の部活の監督も、スポーツ指導の最新研究について書かれた本を何
　冊か読めば、自分の経験を過度に一般化することはなくなるかもしれません。
（出典　苫野一徳　「読書は僕たちをグーグルマップにする」：澤田英輔・仲島ひとみ・
森大徳　編「＜読む力をつけるノンフィクション選＞中高生のための文章読本」から）

1 自分はこの練習方法で、若い時に地域大会優勝を成し遂げたんだ。だからみんなにもこの練習をみっちりやってもらう

2 自分はこの練習方法で、若い時には失敗したんだ。だからみんなにはこの練習を推奨したい

3 自分はこの練習方法で、若い時に地域大会優勝を逃したんだ。しかしながら若いみんなにはこの練習をしっかりとやってもらう

4 自分はこの練習方法を知っていたら、若い時に地域大会優勝を成し遂げられたんだ。にもかかわらずみんなにもこの練習をみっちりやってもらう

5 自分はこの練習方法を知っていたのに、若い時に地域大会優勝を逃したんだ。だからみんなにはこの練習はまったく推奨できない

解答・解説

各問題の右端にあるランクは、本試験直後の伊藤塾解答調査による正答率を示しています。(高)A—B—C(低)

法 令 等

問題1 **正解** 1 　　民事裁判と刑事裁判　　

ア 「習慣」 イ 「条理」

　明治8年太政官布告103号裁判事務心得3条は、「民事ノ裁判ニ成文ノ法律ナキモノハ習慣ニ依リ習慣ナキモノハ条理ヲ推考シテ裁判スヘシ」と規定している。したがって、空欄アには**「習慣」**、空欄イには**「条理」**が当てはまる。

ウ 「罪刑法定主義」　　行為のときに、その行為を犯罪とし、刑罰を科する旨を定めた成文の法律がなければ、その行為を処罰することはできないとする原則を罪刑法定主義という。したがって、空欄ウには**「罪刑法定主義」**が当てはまる。

エ 「裁判の拒否」　　民事裁判では、罪刑法定主義は妥当しないため、法の欠如を理由に当事者に対して裁判の拒否をすることはできない。また、民事訴訟法89条1項では、「裁判所は、訴訟がいかなる程度にあるかを問わず、和解を試み、又は受命裁判官若しくは受託裁判官に和解を試みさせることができる。」と規定しており、和解の推奨をすることはできる。したがって、空欄エには**「裁判の拒否」**が当てはまる。

問題2 **正解** 5 　　　　　法人等　　　　　ランク B

ア 妥当でない　　民事訴訟法29条は、「法人でない社団又は財団で代表者又は管理人の定めがあるものは、その名において訴え、又は訴えられることができる。」と規定しており、権利能力なき社団には、**訴訟上の当事者能力が認められている**。

イ 妥当でない　　非営利法人とは、社員等への利益分配を目的としない法人をいう（一般社団法人及び一般財団法人に関する法律11条2項参照）。合名会社、弁護士法人、行政書士法人及び司法書士法人では、**剰余金等の分配が可能**であり、非営利法人ではない。

ウ 妥当でない　　一般社団法人及び一般財団法人は、**収益事業を行うことができる**。なお、一般社団法人及び一般財団法人は、社員や設立者に利益の分配を行うことはできない（11条2項、153条3項2号）。

エ　妥当である　　そのとおりである。公益社団法人及び公益財団法人とは、**公益認定**を受けた一般社団法人及び一般財団法人をいう（公益社団法人及び公益財団法人の認定等に関する法律2条1号、2号、4条）。また、公益目的事業とは、学術、技芸、慈善その他の公益に関する別表各号に掲げる種類の事業であって、不特定かつ多数の者の利益の増進に寄与するものをいう（2条4号）。なお、公益認定を行う行政庁は、内閣総理大臣か都道府県知事である（3条各号）。

オ　妥当である　　そのとおりである。特定非営利活動法人は、**不特定かつ多数のものの利益の増進に寄与すること**を目的としている（特定非営利活動促進法2条1項、2項柱書）。特定非営利活動法人を設立しようとする者は、所轄庁の認証を受ける必要があり（10条柱書）、所轄庁は、都道府県知事又は当該指定都市の長である（9条）。

問題3　**正解** 2　基本的人権の間接的、付随的制約　**ランク** C

ア　妥当である　　判例は、「戸別訪問の禁止によつて失われる利益は、それにより戸別訪問という手段方法による意見表明の自由が制約されることではあるが、それは、もとより戸別訪問以外の手段方法による意見表明の自由を制約するものではなく、単に手段方法の禁止に伴う限度での**間接的、付随的な制約**にすぎない」としている（最判昭56.6.15）。

イ　妥当でない　　判例は、「出版その他の表現の自由や学問の自由は、民主主義の基礎をなすきわめて重要なものであるが、絶対無制限なものではなく、その濫用が禁ぜられ、**公共の福祉の制限**の下に立つものであることは、……当裁判所昭和32年3月13日大法廷判決の趣旨とするところである。そして、芸術的・思想的価値のある文書についても、それが猥褻性をもつものである場合には、性生活に関する秩序および健全な風俗を維持するため、これを処罰の対象とすることが国民生活全体の利益に合致するものと認められるから、これを目して憲法21条、23条に違反するものということはできない」としており、間接的、付随的な制約とは述べていない（最大判昭44.10.15）。

ウ　妥当である　　判例は、「裁判官が積極的に政治運動をすることを、これに内包される意見表明そのものの制約をねらいとしてではなく、その行動のもたらす弊害の防止をねらいとして禁止するときは、同時にそれにより意見表明の自由が制約されることにはなるが、それは単に行動の禁止に伴う限度での**間接的、付随的な制約**にすぎず、かつ、積極的に政治運動をすること以外の行為により意見を表明する

自由までをも制約するものではない」としている（最大決平10.12.1）。

エ　妥当でない　判例は、「未決勾留は、……刑事司法上の目的のために必要やむをえない措置として一定の範囲で個人の自由を拘束するものであり、他方、これにより拘禁される者は、当該拘禁関係に伴う制約の範囲外においては、原則として一般市民としての自由を保障されるべき者であるから、監獄〔現刑事収容施設（以下同）〕内の規律及び秩序の維持のためにこれら被拘禁者の新聞紙、図書等の閲読の自由を制限する場合においても、それは、右の目的を達するために真に必要と認められる限度にとどめられるべきものである。したがつて、右の制限が許されるためには、当該閲読を許すことにより右の規律及び秩序が害される一般的、抽象的なおそれがあるというだけでは足りず、被拘禁者の性向、行状、監獄内の管理、保安の状況、当該新聞紙、図書等の内容その他の具体的事情のもとにおいて、その閲読を許すことにより監獄内の規律及び秩序の維持上放置することのできない程度の障害が生ずる相当の蓋然性があると認められることが必要であり、かつ、その場合においても、右の制限の程度は、右の**障害発生の防止のために必要かつ合理的な範囲**にとどまるべきものと解する」としており、間接的、付随的な制約にすぎないとは述べていない（最大判昭58.6.22）。

憲　法

問題4　**正解** 3　　　　　**国務請求権**　　　　　ランク **B**

1　妥当でない　憲法は、何人に対しても平穏に請願する権利を保障している（憲法16条）。さらに、請願を受けた機関は、それを誠実に処理すべきものとされている（請願法5条）。なお、受理機関には請願を受理しなければならない義務はあっても、**請願の内容を審理・判定する法的義務はない**と解されている。

2　妥当でない　判例は、「国会議員の立法行為は、立法の内容が憲法の一義的な文言に違反しているにもかかわらず国会があえて当該立法を行うというごとき、容易に想定し難いような例外的な場合でない限り、国家賠償法1条1項の規定の適用上、違法の評価を受けないものといわなければならない」としている（最判昭60.11.21）。つまり、上記**例外的な場合に該当するときは、立法行為も国家賠償の対象となる。**

3　妥当である　そのとおりである。憲法が保障する裁判を受ける権利は、刑事事件においては**裁判所の裁判によらなければ刑罰を科せられない**ことを意味しており（憲法32条、37条1項参照）、この点では、**自由権的な側面**を有しているといえる。

4　妥当でない　判例は、「刑事補償法1条1項にいう『無罪の裁判』とは、同

項及び関係の諸規定から明らかなとおり、刑訴法上の手続における無罪の確定裁判をいうところ、不処分決定は、刑訴法上の手続とは性質を異にする少年審判の手続における決定である上、右決定を経た事件について、刑事訴追をし、又は家庭裁判所の審判に付することを妨げる効力を有しないから、非行事実が認められないことを理由とするものであっても、**刑事補償法1条1項にいう『無罪の裁判』には当たらない**」としている（最決平 3.3.29）。

5 妥当でない 判例は、「純然たる訴訟事件の裁判については、前記のごとき公開の原則の下における**対審及び判決によるべき**旨を定めたのであつて、これにより、近代民主社会における人権の保障が全うされるのである。従つて、若し性質上純然たる訴訟事件につき、当事者の意思いかんに拘わらず終局的に、事実を確定し当事者の主張する権利義務の存否を確定するような裁判が、憲法所定の例外の場合を除き、公開の法廷における対審及び判決によつてなされないとするならば、それは憲法82条に違反すると共に、同32条が基本的人権として裁判請求権を認めた趣旨をも没却するものといわねばならない」としている（最大決昭 35.7.6）。

憲　法

| 問題5 | 正解 3 | 罷免・解職 | ランク C |

1 妥当でない 公職選挙法99条の2第1項は、「衆議院（比例代表選出）議員の選挙における当選人……は、その選挙の期日以後において、当該当選人が衆議院名簿登載者であつた衆議院名簿届出政党等以外の政党その他の政治団体で、当該選挙における衆議院名簿届出政党等であるもの……に所属する者となつたときは、当選を失う。」と規定している。所属政党を離れて無所属となった場合や、選挙時には存在しなかった新たな政党等に所属した場合、**当該議員は当選を失わない**。

2 妥当でない 議員の資格争訟の裁判は、**議院の権能**である（憲法55条）。なお、資格争訟の裁判の結果、議員が議席を失った場合、議席喪失の当否につき、**司法審査は及ばない**。

3 妥当である 閣議については、議事に関する特別の規定はなく、すべて慣習によるとされており、議事は全会一致で決められるとされている。また、内閣総理大臣は、**任意に大臣を罷免することができる**（68条2項）。したがって、閣議決定が全員一致によることを前提とするのであれば、内閣総理大臣は、反対する大臣を罷免して、内閣としての意思決定を行うことになる。

4 妥当でない 憲法79条2項は、「**最高裁判所の裁判官の任命**は、その任命後初めて行はれる**衆議院議員総選挙**の際国民の審査に付し、その後10年を経過した

後初めて行はれる衆議院議員総選挙の際更に審査に付し、その後も同様とする。」と規定している。最高裁判所の長官について、本記述のような規定はない。

5 妥当でない 裁判官の罷免は、**公の弾劾による場合**と**裁判により、心身の故障のために職務を執ることができないと決定された場合**がある（78条前段）。また、裁判官の懲戒について、現行法の下で規定されているものは、①**戒告**と②１万円以下の**過料**のみであり（裁判官分限法２条）、裁判官の懲戒は裁判によってなされる（裁判所法49条）。したがって、懲戒免職ができるとする点、及び最高裁判所裁判官会議の全員一致の議決が必要としている点が妥当でない。

問題6　**正解** 2　　　　　国政調査権の限界　　　　ランク **B**

　問題文記載の文章は、議院の国政調査権の限界に関するものである。憲法62条前段は、「**両議院は、各々国政に関する調査を行**」うことができると規定しており、これが国政調査権である。国政調査権は、その法的性格について、国家統括のために両議院に認められた独立の権能であるとする独立権能説と、議院に与えられた権能（立法権・行政監督権・財政監督権）を実効的に行使するための補助的な権能であるとする補助的権能説の対立があり、通説は**補助的権能説**を採用している。問題文記載の文章は、補助的権能説の立場に立つものである。そして本問は、国政調査権行使について調査目的上の限界、司法権との関係における限界について問うものである。

1 妥当である 国政調査権を補助的権能とすれば、その調査の目的は、**議院に与えられた立法・行政監督などの権能を実効的に行使するためのもの**でなくてはならない。

2 妥当でない 憲法上、司法権の独立が認められており（76条３項）、司法権への国政調査権の行使も配慮を要する。司法権の独立とは、裁判官が憲法上、他の国家機関の指揮・命令に服することを否定する原則であるだけでなく、裁判官が裁判をなすにあたって、**他の国家機関から事実上重大な影響を受けることを禁ずる**原則である。よって、議院による裁判の調査・批判が何らの法的効果を持たなくても、事実上の影響があれば司法権の独立を侵害しうる。

3 妥当である 選択肢２の解説に記述したとおり、司法権の独立は、裁判官が他の国家機関から事実上重大な影響を受けることを禁ずる原則であることからすると、裁判の内容の当否につきその批判自体を目的として調査を行うことは、司法権の独立を侵害すると解される。問題文も「他の国家機関による判決の内容の批判は

いかに適切であろうとも許容されないという原則が要請される。」と述べており、これを踏まえると、**裁判の内容の当否**につきその批判自体を目的とする調査を行うことは、**司法権の独立を侵害する。**

4 妥当である 上記（選択肢3解説）のように解しても、議院が、立法目的・行政監督目的など**裁判所と異なる目的**で調査をする場合には、裁判所で審理中の事件の事実についての調査であっても、司法権の独立を侵害するものではないといえる。

5 妥当である 司法権の独立は、裁判官が他の国家機関から事実上重大な影響を受けることを禁ずる原則であることからすると、**現に裁判が進行中の事件**について、**裁判官の訴訟指揮を調査することは許されない**と解される。問題文も「立法権・行政権による現に裁判所に係属中の訴訟手続への干渉は一切禁止される」と述べており、これを踏まえると、法廷指揮など裁判手続自体の調査をすることは許されない。

問題7 **正解** 2　　　　　　財　政　　　　　　**ランク** **C**

1 妥当でない 予算の公布は、**天皇の国事行為**とはされていない（憲法7条参照）。

2 妥当である 国会法 57 条は、「議案につき議院の会議で修正の動議を議題とするには、衆議院においては議員 20 人以上、参議院においては議員 10 人以上の賛成を要する。但し、法律案に対する修正の動議で、**予算の増額を伴うもの**又は予算を伴うこととなるものについては、衆議院においては議員 50 人以上、参議院においては議員 20 人以上の賛成を要する。」と規定しており、予算の増額修正を予想した規定が置かれている。

3 妥当でない 予算は成立したが、その支出の根拠となるべき法律が不成立の場合、**内閣は予算を執行することはできない**。この場合、内閣は法律案を提出し国会の議決を求めるしかないが、国会には法律制定の義務はない。なお、法律は制定されたがそれを執行する裏づけとなる予算が成立しなかった場合には、内閣は法律を誠実に執行する義務を負っており（憲法 73 条 1 号）、予算全体が不成立の場合では暫定予算を編成することになる（財政法 30 条）。

4 妥当でない 憲法 88 条後段において、「すべて皇室の費用は、予算に計上して国会の議決を経なければならない。」と規定している。したがって、前半は妥当である。もっとも、8 条は、「皇室に財産を譲り渡し、又は皇室が、財産を譲り受け、若しくは賜与することは、**国会の議決**に基かなければならない。」と規定して

いる。よって、後半が妥当でない。

5 妥当でない　90条1項は、「国の収入支出の決算は、すべて毎年会計検査院がこれを検査し、内閣は、次の年度に、その**検査報告とともに、これを国会に提出しなければならない。**」と規定している。

行政法

問題8　**正解** 3　**一般的法理論（行政行為の瑕疵）**　ランク **A**

ア 妥当でない　旧自作農創設特別措置法施行令43条等に基づいて定められた買収計画を、45条等に基づく買収計画と**読み替えることで、瑕疵ある行政行為を適法とした**判例がある（最大判昭29.7.19）。

イ 妥当である　判例は、「本訴において賛否投票の無効が宣言されるときは、右判決の効力は既往に遡及し、後任村長の関与したa村の奈良市への合併の効力にも影響を及ぼす旨主張するけれども、たとえ賛否投票の効力の無効が宣言されても、賛否投票の有効なことを前提として、それまでの間になされた後任村長の**行政処分は無効となるものではない**と解すべきである」としている（最大判昭35.12.7）。

ウ 妥当でない　マンション建設業者に対する建築確認の取消訴訟において、当該建築確認の違法事由として、その取消訴訟の出訴期間が経過した**先行処分たる安全認定の違法を主張することを認めた**判例がある（最判平21.12.17）。

エ 妥当でない　職権取消しとは、瑕疵ある行政行為について、行政庁がその効力を**遡及的に失わせて、**正しい法律関係を回復させることをいう。そのため、職権取消しの場合、遡って効力を失うことはないとしている本記述後段は妥当でない。

オ 妥当である　更正における附記理由不備の瑕疵は、後日これに対する審査裁決において**処分の具体的根拠が明らかにされたとしても、それにより治癒されない**（最判昭47.12.5）。

行政法

問題9　**正解** 3　**一般的法理論（行政上の法律関係）**　ランク **B**

ア 妥当でない　行政と受給者の間で完結する社会保障給付の仕組みについては、様々なタイプに分類し得ると解されている。判例においては、労働基準監督署長が労働者災害補償保険法の規定に基づいて行う労災就学援護費の支給に関する決定について、「法を根拠とする優越的地位に基づいて一方的に行う公権力の行使で

あり、被災労働者又はその遺族の……権利に直接影響を及ぼす法的効果を有するものであるから、**抗告訴訟の対象となる行政処分に当たる**」としたものがある（最判平 15.9.4）。したがって、社会保障給付における行政主体と私人との関係について、「公権力の行使が介在する余地はない」としている本記述は、妥当でない。

イ 妥当である　判例は、「未決勾留による拘禁関係は、当事者の一方又は双方が相手方に対して**信義則上の安全配慮義務を負うべき特別な社会的接触の関係とはいえない**。したがって、国は、拘置所に収容された被勾留者に対して、その不履行が損害賠償責任を生じさせることとなる信義則上の安全配慮義務を負わないというべきである」としている（最判平 28.4.21）。

ウ 妥当である　判例は、「本件売買契約が食品衛生法による取締の対象に含まれるかどうかはともかくとして同法は単なる取締法規にすぎないものと解するのが相当であるから、上告人が食肉販売業の**許可を受けていないとしても、右法律により本件取引の効力が否定される理由はない**。それ故右許可の有無は本件取引の私法上の効力に消長を及ぼすものではない」としている（最判昭 35.3.18）。

エ 妥当でない　判例は、「租税法規に適合する課税処分について、法の一般原理である**信義則の法理**の適用により、右課税処分を違法なものとして取り消すことができる場合があるとしても、法律による行政の原理なかんずく租税法律主義の原則が貫かれるべき租税法律関係においては、右法理の適用については慎重でなければならず、租税法規の適用における納税者間の平等、公平という要請を犠牲にしてもなお当該課税処分に係る課税を免れしめて納税者の信頼を保護しなければ正義に反するといえるような**特別の事情が存する場合に、初めて右法理の適用の是非を考えるべきものである**」としている（最判昭 62.10.30）。

行政法

問題10　正解 3　一般的法理論（行政裁量　マクリーン事件判決）　ランク A

ア 妥当でない　本判例（マクリーン事件判決　最大判昭 53.10.4。以下、同じ）は、在留期間更新の判断にあたって、法務大臣は「当該外国人の在留中の一切の行状、国内の政治・経済・社会等の諸事情、国際情勢、外交関係、国際礼譲など**諸般の事情をしんしゃくし**、時宜に応じた的確な判断をしなければならないのである」としている。そのため、国内の政治・経済・社会等の諸事情を考慮することは許されないとする点で、本記述は妥当でない。

イ 妥当である　本判例は、本記述のように**裁量権の逸脱、濫用の具体的規範**を判示しており、妥当である。

ウ 妥当でない 本判例は、「出入国管理令21条3項所定の『在留期間の更新を適当と認めるに足りる相当の理由』があるかどうかの判断における**法務大臣の裁量権の範囲が広汎なものとされている**のは当然のことであつて、所論のように上陸拒否事由又は退去強制事由に準ずる事由に該当しない限り更新申請を不許可にすることは許されないと解すべきものではない」としている。そのため、在留期間更新の不許可の判断について、上陸拒否事由又は退去強制事由に準ずる事由に限定している点で、本記述は妥当でない。

エ 妥当である 本判例は、「上告人の……活動を日本国にとつて好ましいものではないと評価し、また、上告人の……活動から同人を将来日本国の利益を害する行為を行うおそれがある者と認めて、在留期間の更新を適当と認めるに足りる相当の理由があるものとはいえないと判断したとしても、**その事実の評価が明白に合理性を欠き、その判断が社会通念上著しく妥当性を欠くことが明らかであるとはいえ」ない**、とし、裁量権の逸脱、濫用にあたらないとしている。そのため、本記述は妥当である。

オ 妥当でない 本判例は、「政治活動の自由についても、**わが国の政治的意思決定又はその実施に影響を及ぼす活動等外国人の地位にかんがみこれを認めることが相当でないと解されるものを除き、その保障が及ぶ**ものと解するのが、相当である」としている。そのため、本判例は、外国人の政治活動は必然的に日本国の政治的意思決定又はその実施に影響を及ぼすものとはしていない。また、政治活動の自由に関する憲法の保障は外国人に及ばないともしていない。以上の2つの点で、本記述は妥当でない。

行政法

問題11 **正解** 2 　　　　　**行政手続法（総合）**　　　ランク **B**

1 妥当でない 行政手続法2条1号は、「法令 **法律、法律に基づく命令**（告示を含む。）、**条例及び地方公共団体の執行機関の規則**（規程を含む。以下「規則」という。）をいう。」を掲げている。

2 妥当である 2条4号は、「不利益処分 行政庁が、法令に基づき、特定の者を名あて人として、直接に、これに義務を課し、又はその権利を制限する処分をいう。ただし、次のいずれかに該当するものを除く。」を掲げ、同号ハは、「**名あて人となるべき者の同意の下にすることとされている処分**」を掲げている。

3 妥当でない 2条6号は、「行政指導 行政機関がその任務又は所掌事務の範囲内において一定の行政目的を実現するため**特定の者に一定の作為又は不作為を**

求める指導、勧告、助言その他の行為であって処分に該当しないものをいう。」を掲げている。

4 妥当でない 35条1項は、「行政指導に携わる者は、その相手方に対して、当該行政指導の趣旨及び内容並びに責任者を**明確に示さなければならない。**」と規定している。

5 妥当でない 36条は、「同一の行政目的を実現するため一定の条件に該当する複数の者に対し行政指導をしようとするときは、行政機関は、あらかじめ、事案に応じ、行政指導指針を定め、かつ、行政上特別の支障がない限り、これを**公表しなければならない。**」と規定している。

問題12 **正解 5** 行政手続法（聴聞） ランク **A**

1 正しい 行政手続法24条4項は、「当事者又は参加人は、第1項の調書及び前項の報告書の**閲覧を求めることができる。**」と規定している。また、同条2項は、「前項の調書は、聴聞の期日における審理が行われた場合には各期日ごとに、当該審理が行われなかった場合には**聴聞の終結後**速やかに作成しなければならない。」と規定しており、聴聞の審理の経過を記載した調書の閲覧が聴聞終結後であっても可能なことを前提としている。

2 誤りであるとはいえない 18条1項前段は、「**当事者及び当該不利益処分がされた場合に自己の利益を害されることとなる参加人**（以下この条及び第24条第3項〔聴聞調書及び報告書の提出〕において『当事者等』という。）は、聴聞の通知があった時から聴聞が終結する時までの間、行政庁に対し、当該事案についてした調査の結果に係る調書その他の当該不利益処分の原因となる事実を証する資料の**閲覧を求めることができる。**」と規定している。

なお、問題文では「参加人」とのみ記載されているが、18条1項前段の文言によれば、正確には「当該不利益処分がされた場合に自己の利益を害されることとなる参加人」である。同項の趣旨は、権利利益を害される者の権利利益を保護する点にあり、参加人のうち、自己の利益を害される参加人に対してのみ、閲覧請求権が認められている。そのため、利益を受ける参加人と、利益を害される参加人とを分別していない当該問題は、誤りであると考えることもできる。

3 正しい 20条2項は、「当事者又は参加人は、聴聞の期日に出頭して、意見を述べ、及び証拠書類等を提出し、並びに主宰者の許可を得て行政庁の職員に対し**質問を発することができる。**」と規定している。

4　正しい　21条1項は、「当事者又は参加人は、聴聞の期日への出頭に代えて、主宰者に対し、聴聞の期日までに陳述書及び証拠書類等を**提出することができる**。」と規定している。

5　誤り　23条1項は、「主宰者は、当事者の全部若しくは一部が正当な理由なく聴聞の期日に出頭せず、かつ、第21条第1項に規定する陳述書若しくは証拠書類等を提出しない場合、又は参加人の全部若しくは一部が聴聞の期日に出頭しない場合には、これらの者に対し改めて意見を述べ、及び証拠書類等を提出する**機会を与えることなく、聴聞を終結することができる**。」と規定している。

行政法

問題13　**正解**　**1**　　**行政手続法（行政庁等の義務）**　**ランク A**

ア　努力義務として規定されている　行政手続法10条は、「行政庁は、申請に対する処分であって、申請者以外の者の利害を考慮すべきことが当該法令において許認可等の要件とされているものを行う場合には、必要に応じ、**公聴会**の開催その他の適当な方法により当該申請者以外の者の意見を聴く機会を設けるよう**努めなければならない**。」と規定している。

イ　努力義務として規定されていない　5条1項は、申請に対する処分につき、「行政庁は、**審査基準を定めるものとする**。」と規定している。

ウ　努力義務として規定されている　12条1項は、不利益処分につき、「行政庁は、**処分基準**を定め、かつ、これを公にしておくよう**努めなければならない**。」と規定している。

エ　努力義務として規定されていない　6条は、「行政庁は、申請がその事務所に到達してから当該申請に対する処分をするまでに通常要すべき標準的な期間……を定めるよう努めるとともに、これを定めたときは、これらの当該申請の提出先とされている機関の事務所における備付けその他の適当な方法により**公にしておかなければならない**。」と規定している。

行政法

問題14　**正解**　**2**　　**行政不服審査法（不作為についての審査請求）**　**ランク A**

1　妥当でない　行政不服審査法3条は、「法令に基づき行政庁に対して**処分についての申請をした者**は、当該申請から相当の期間が経過したにもかかわらず、行政庁の不作為（法令に基づく申請に対して何らの処分をもしないことをいう。以下

同じ。）がある場合には、次条の定めるところにより、当該不作為についての審査請求をすることができる。」と規定している。本記述では、当該処分がなされることにつき法律上の利益を有する者もすることができるとしているが、このような規定はないため、妥当ではない。

2 妥当である　49条3項柱書は、「不作為についての審査請求が理由がある場合には、審査庁は、裁決で、当該不作為が違法又は不当である旨を宣言する。この場合において、次の各号に掲げる審査庁は、当該申請に対して一定の処分をすべきものと認めるときは、当該各号に定める措置をとる。」と規定している。そして、同項1号は、「不作為庁の**上級行政庁である審査庁**　当該不作為庁に対し、**当該処分をすべき旨を命ずること。**」を掲げている。

3 妥当でない　行政不服審査法にこのような規定は存在しないため、本記述は妥当でない。なお、「不作為についての審査請求が当該不作為に係る処分についての申請から**相当の期間**が経過しないでされたものである場合その他不適法である場合には、審査庁は、裁決で、当該審査請求を却下する。」との規定が存在する（49条1項）。同項によれば、「相当の期間」が基準とされ、本記述のように「法定された一定の期間」が基準とされているわけではない。

4 妥当でない　行政不服審査法において、不作為についての審査請求に対する**仮の救済の手段は規定されていない。**したがって、本記述は妥当ではない。

5 妥当でない　9条1項柱書本文は、「第4条又は他の法律若しくは条例の規定により審査請求がされた行政庁（……。以下『審査庁』という。）は、審査庁に所属する職員……のうちから第3節に規定する審理手続……を行う者を指名するとともに、その旨を審査請求人及び処分庁等（審査庁以外の処分庁等に限る。）に通知しなければならない。」と規定している。ここにいう「審査請求」には、処分についての審査請求だけではなく、**不作為についての審査請求も含まれる**（9条2項1号参照）。本記述は、審理員を指名して審理手続を行わせるのではなく、としている点で妥当でない。

行政法

問題15　**正解** **3**　行政不服審査法（審査請求の裁決）　ランク **A**

1 妥当でない　行政不服審査法46条1項本文は、「処分（事実上の行為を除く。以下この条及び第48条〔不利益変更の禁止〕において同じ。）についての審査請求が理由がある場合（前条第3項の規定の適用がある場合を除く。）には、**審査庁は、裁決で、当該処分の全部若しくは一部を取り消し、又はこれを変更する。**」

と規定している。したがって、処分庁が改めて処分を取り消す必要はない。

2 妥当でない 52条1項は、「裁決は、関係行政庁を拘束する。」と規定し、同条2項は、「申請に基づいてした処分が手続の違法若しくは不当を理由として裁決で取り消され、又は申請を却下し、若しくは棄却した処分が裁決で取り消された場合には、処分庁は、裁決の趣旨に従い、改めて申請に対する処分をしなければならない。」と規定している。したがって、裁決の拘束力により、処分庁は、違法又は不当とされたのと**同一の根拠により同一の処分を行うことが禁止される**。

3 妥当である 47条柱書は、「事実上の行為についての審査請求が理由がある場合（第45条第3項の規定の適用がある場合を除く。）には、審査庁は、裁決で、当該事実上の行為が**違法又は不当である旨を宣言する**とともに、次の各号に掲げる審査庁の区分に応じ、当該各号に定める措置をとる。ただし、審査庁が処分庁の上級行政庁以外の審査庁である場合には、当該事実上の行為を変更すべき旨を命ずることはできない。」と規定し、同条2号は、「**処分庁である審査庁　当該事実上の行為の全部若しくは一部を撤廃し、又はこれを変更すること。**」を掲げている。

4 妥当でない 46条1項ただし書は、「ただし、審査庁が**処分庁の上級行政庁又は処分庁のいずれでもない場合**には、当該処分を**変更することはできない。**」と規定している。

5 妥当でない 46条2項柱書は、「前項の規定により法令に基づく申請を却下し、又は棄却する処分の全部又は一部を取り消す場合において、次の各号に掲げる審査庁は、当該申請に対して一定の処分をすべきものと認めるときは、当該各号に定める措置をとる。」と規定し、同項2号は、「処分庁である審査庁　当該処分をすること。」を掲げている。したがって、「**一定の処分をすべきものと認めるとき**」に、許認可等の一定の処分をするのであり、取消裁決が、許認可処分とみなされるわけではない。

問題16 **正解** 4 行政不服審査法（審査請求の手続） **ランク** **A**

1 正しい 行政不服審査法21条1項前段は、「審査請求をすべき行政庁が処分庁等と異なる場合における審査請求は、**処分庁等を経由してすることができる。**」と規定している。

2 正しい 19条1項は、「審査請求は、他の法律（条例に基づく処分については、条例）に**口頭ですることができる旨の定めがある場合を除き、政令で定めるところにより、審査請求書を提出**してしなければならない。」と規定している。

3 正しい　27条1項は、「審査請求人は、**裁決があるまでは、いつでも審査請求を取り下げることができる。**」と規定している。また、同法上、取下げの理由に制限は設けられていない。

4 誤り　23条は、「審査請求書が第19条〔審査請求書の提出〕の規定に違反する場合には、審査庁は、相当の期間を定め、その期間内に不備を補正すべきことを命じなければならない。」と規定しているところ、24条1項は、「前条の場合において、審査請求人が同条の期間内に不備を補正しないときは、審査庁は、次節に規定する**審理手続を経ないで、**……裁決で、当該審査請求を**却下**することができる。」と規定している。また、同条2項は、「審査請求が不適法であって補正することができないことが明らかなときも、前項と同様とする。」と規定している。

5 正しい　31条1項本文は、「審査請求人又は参加人の申立てがあった場合には、審理員は、当該申立てをした者（……「申立人」という。）に**口頭で審査請求に係る事件に関する意見を述べる機会**を与えなければならない。」と規定している。そして、同条3項は、「口頭意見陳述において、申立人は、審理員の許可を得て、**補佐人**とともに出頭することができる。」と規定している。

行政法

| 問題17 | 正解 2 | 行政事件訴訟法（取消訴訟） | ランク C |

ア 妥当である　戒告は代執行の前提要件として行政代執行手続の一環をなし、代執行が行われることをほぼ確実に表示する。そして、代執行段階に入れば通常直ちに執行が終了するため、救済の実効性の観点から代執行が行われる前に救済の機会を設ける必要性が高い。そのため、**戒告については処分性が肯定されている**（大阪高決昭40.10.5参照）。

イ 妥当でない　連続して行われる行為の間で、一定の要件の下、先行行為の違法性が後行行為に承継されることを違法性の承継という。形式上は、それぞれの行為は別個の行政行為であるため、原則として、違法性の承継は認められないと解されている。本件処分と本件戒告等についても、**両者は別個の手続であり、一体的な手続ではないので、違法性の承継は認められない**ものと解される。したがって、本件戒告等の取消訴訟において、Xは本件処分の違法性を主張できるわけではない。

ウ 妥当でない　行政事件訴訟法14条1項は、「取消訴訟は、**処分又は裁決があつたことを知つた日から6箇月を経過**したときは、提起することができない。ただし、正当な理由があるときは、この限りでない。」と規定している。したがって、

6か月ではなく、1年としている本記述は誤りである。なお、本事案において、同項ただし書に該当するような事情もない。

エ 妥当である 代執行が終了した場合は、戒告等の効果が消滅することから、戒告や代執行令書による通知についての取消訴訟の**訴えの利益は消滅する**ものと解される。そのため、本記述の場合、本件戒告等の取消訴訟を提起することはできない。なお、国家賠償請求訴訟によって適法性を争うことは可能である。

問題18　正解 2　行政事件訴訟法（行政事件訴訟法の準用規定）　

ア 正しい 行政事件訴訟法38条1項は、取消訴訟に関する条文を取消訴訟以外の抗告訴訟に準用しているが、**準用条文の中に14条は含まれていない**。

イ 誤り 41条1項は、抗告訴訟に関する条文を当事者訴訟に準用しているが、**準用条文の中に25条は含まれていない**ため、誤りである。

ウ 誤り 38条1項は、取消訴訟に関する条文を取消訴訟以外の抗告訴訟に準用しているが、**準用条文の中に32条は含まれていない**。

問題19　正解 3　行政事件訴訟法（抗告訴訟の対象）　

1 妥当でない 判例は、「登録免許税法31条2項は、登記等を受けた者に対し、簡易迅速に還付を受けることができる手続を利用することができる地位を保障しているものと解するのが相当である。そして、同項に基づく**還付通知をすべき旨の請求に対してされた拒否通知**は、登記機関が還付通知を行わず、還付手続を執らないことを明らかにするものであって、これにより、登記等を受けた者は、簡易迅速に還付を受けることができる手続を利用することができなくなる。そうすると、上記の拒否通知は、登記等を受けた者に対して上記の手続上の地位を否定する法的効果を有するものとして、**抗告訴訟の対象となる行政処分に当たる**と解するのが相当である」としている（最判平17.4.14）。

2 妥当でない 判例は、「特定行政庁による**2項道路の指定**は、それが一括指定の方法でされた場合であっても、個別の土地についてその本来的な効果として具体的な私権制限を発生させるものであり、個人の権利義務に対して直接影響を与えるものということができる。したがって、本件告示のような一括指定の方法による2項道路の指定も、**抗告訴訟の対象となる行政処分に当たる**と解すべきである」と

している（最判平 14.1.17）。

3　妥当である　　判例は、「労働基準監督署長の行う**労災就学援護費の支給又は不支給の決定**は、法を根拠とする優越的地位に基づいて一方的に行う公権力の行使であり、被災労働者又はその遺族の上記権利に直接影響を及ぼす法的効果を有するものであるから、**抗告訴訟の対象となる行政処分に当たる**ものと解するのが相当である」としている（最判平 15.9.4）。

4　妥当でない　　判例は、「住民票に特定の住民と世帯主との続柄がどのように記載されるかは、その者が選挙人名簿に登録されるか否かには何らの影響も及ぼさないことが明らかであり、住民票に右続柄を記載する行為が何らかの法的効果を有すると解すべき根拠はない。したがって、**住民票に世帯主との続柄を記載する行為は、抗告訴訟の対象となる行政処分には当たらない**ものというべきである」としている（最判平 11.1.21）。

5　妥当でない　　判例は、**都市計画区域内において工業地域を指定**する「決定が、当該地域内の土地所有者等に建築基準法上新たな制約を課し、その限度で一定の法状態の変動を生ぜしめるものであることは否定できないが、かかる効果は、あたかも新たに右のような制約を課する法令が制定された場合におけると同様の当該地域内の不特定多数の者に対する一般的抽象的なそれにすぎず、このような効果を生ずるということだけから直ちに右地域内の個人に対する具体的な権利侵害を伴う処分があつたものとして、これに対する**抗告訴訟を肯定することはできない**」としている（最判昭 57.4.22）。

行政法

問題20　**正解**　**5**　国家賠償法（道路をめぐる国家賠償）　ランク **A**

1　妥当でない　　判例は、落石及び崩土があった「本件道路における防護柵を設置するとした場合、その費用の額が相当の多額にのぼり、上告人県としてその予算措置に困却するであろうことは推察できるが、それにより直ちに**道路の管理の瑕疵によつて生じた損害に対する賠償責任を免れうるものと考えることはできない**のであり、その他、本件事故が不可抗力ないし回避可能性のない場合であることを認めることができない旨の原審の判断は、いずれも正当として是認することができる」としている（最判昭 45.8.20）。

2　妥当でない　　判例は、「本件事故発生当時、被上告人において設置した工事標識板、バリケード及び赤色灯標柱が道路上に倒れたまま放置されていたのであるから、道路の安全性に欠如があつたといわざるをえないが、それは夜間、しかも事

故発生の直前に先行した他車によつて惹起されたものであり、時間的に被上告人において遅滞なくこれを原状に復し道路を安全良好な状態に保つことは不可能であつたというべく、このような状況のもとにおいては、被上告人の**道路管理に瑕疵がなかつた**と認めるのが相当である」としている（最判昭50.6.26）。

3 妥当でない　判例は、「本件防護柵は、本件道路を通行する人や車が誤つて転落するのを防止するために被上告人によつて設置されたものであり、その材質、高さその他その構造に徴し、通行時における転落防止の目的からみればその安全性に欠けるところがないものというべく、上告人の転落事故は、同人が当時危険性の判断能力に乏しい6歳の幼児であつたとしても、本件道路及び防護柵の設置管理者である被上告人において**通常予測することのできない行動に起因する**ものであつたということができる。したがつて、右営造物につき本来それが具有すべき安全性に欠けるところがあつたとはいえず、上告人のしたような通常の用法に即しない行動の結果生じた事故につき、被上告人はその**設置管理者としての責任を負うべき理由はないもの**というべきである」としている（最判昭53.7.4）。

4 妥当でない　判例は、「国家賠償法2条1項にいう営造物の設置又は管理の瑕疵とは、営造物が通常有すべき安全性を欠いている状態、すなわち他人に危害を及ぼす危険性のある状態をいうのであるが、これには**営造物が供用目的に沿って利用されることとの関連においてその利用者以外の第三者に対して危害を生ぜしめる危険性がある場合をも含む**ものであり、営造物の設置・管理者において、このような危険性のある営造物を利用に供し、その結果周辺住民に社会生活上受忍すべき限度を超える被害が生じた場合には、原則として同項の規定に基づく責任を免れることができないものと解すべきである」と述べており、周辺住民に社会生活上受忍すべき限度を超える被害が生じた場合であっても、道路が周辺住民に一定の利益を与えているときには、当該道路の供用の違法性を認定することはできないとはしていない（最判平7.7.7）。

5 妥当である　判例は、本件と同様の事案において、「対策が講じられていなかったからといって、本件道路が**通常有すべき安全性を欠いていたということはできず**、本件道路に設置又は管理の瑕疵があったとみることはできない」としている（最判平22.3.2）。

行政法

| 問題21 | 正解 1 | 国家賠償法（1条2項に基づく求償権の性質） | ランク C |

ア「代位責任」　イ「自己責任」　ウ「有責性」　エ「組織的」

最判令 2.7.14 宇賀克也裁判官補足意見は、国家賠償法 1 条「1 項の性質について
は**代位責任説**と**自己責任**説が存在する。」「代位責任説と自己責任説を区別する実益
は、加害公務員又は加害行為が特定できない場合……や加害公務員に**有責性**がない
場合……に、代位責任説では国家賠償責任が生じ得ないが自己責任説では生じ得る
点に求められていた。しかし、最高裁昭和 51 年（オ）第 1249 号同 57 年 4 月 1 日
第一小法廷判決・民集 36 巻 4 号 519 頁は、代位責任説か自己責任説かを明示する
ことなく、『国又は公共団体の公務員による一連の職務上の行為の過程において他
人に被害を生ぜしめた場合において、それが具体的にどの公務員のどのような違法
行為によるものであるかを特定することができなくても、右の一連の行為のうちの
いずれかに行為者の故意又は過失による違法行為があったのでなければ右の被害が
生ずることはなかったであろうと認められ、かつ、それがどの行為であるにせよこ
れによる被害につき行為者の属する国又は公共団体が法律上賠償の責任を負うべき
関係が存在するときは、国又は公共団体は、加害行為不特定の故をもって国家賠償
法又は民法上の損害賠償責任を免れることができないと解するのが相当』であると
判示している。さらに、公務員の過失を**組織的**過失と捉える裁判例（東京高判平成
4 年 12 月 18 日・高民集 45 巻 3 号 212 頁等）が支配的となっており、個々の公務
員の有責性を問題にする必要はないと思われる。したがって、代位責任説、自己責
任説は、解釈論上の道具概念としての意義をほとんど失っているといってよい」と
している。

行政法

問題22 　正解 1 　地方自治法（普通地方公共団体）　ランク C

1　正しい　地方自治法 5 条 1 項は、「普通地方公共団体の区域は、従来の区域
による。」と規定しているところ、設問のとおりである。

2　誤り　7 条 1 項は、「市町村の廃置分合又は市町村の境界変更は、関係市
町村の申請に基き、都道府県知事が当該都道府県の議会の議決を経てこれを定め、
直ちにその旨を総務大臣に届け出なければならない。」と規定している。本記述は、
市町村の境界変更につき、「関係市町村の申請に基づき、都道府県知事が、当該都
道府県の議会の議決を経てこれを定め、国会が承認することによって成立する。」
としているため、誤りである。

3　誤り　6 条 1 項は、「都道府県の廃置分合又は境界変更をしようとすると
きは、法律でこれを定める。」と規定している。本記述は、都道府県の境界変更に
つき、「関係都道府県がその旨を定めた協定を締結し、総務大臣に届け出ることに

よって成立する。」としているため、誤りである。

4 誤り　8条1項柱書は、「**市となるべき普通地方公共団体**は、左に掲げる要件を具えていなければならない。」と規定しており、同項1号は、「**人口5万以上を有すること。**」を掲げている。本記述は、「市となるべき普通地方公共団体の要件として、地方自治法それ自体は具体的な数を示した人口要件を規定していない」としているため、誤りである。

5 誤り　9条1項は、「市町村の境界に関し争論があるときは、都道府県知事は、関係市町村の申請に基づき、これを第251条の2の規定による調停に付することができる。」と規定している。本記述は、「市町村の境界に関し争論があるときは、都道府県知事は、関係市町村の申請に基づき又は職権で」裁判所の調停に付することができるとしており、申請のみならず、職権で裁判所の調停に付することができるとしている点で、誤りである。

行政法

| 問題23 | 正解 4 | 地方自治法（直接請求） | ランク A |

1 誤り　地方自治法74条1項は、「普通地方公共団体の議会の議員及び長の**選挙権を有する者**……は、政令で定めるところにより、その総数の**50分の1以上の者の連署**をもって、その代表者から、普通地方公共団体の長に対し、条例（地方税の賦課徴収並びに分担金、使用料及び手数料の徴収に関するものを除く。）の制定又は改廃の請求をすることができる。」と規定しており、普通地方公共団体の選挙権を有することを要件としている。本記述は、「選挙権を有するか否かにかかわらず、これを請求することができる」としているため、誤りである。

2 誤り　74条1項は、その対象として、「条例（**地方税の賦課徴収並びに分担金、使用料及び手数料の徴収に関するものを除く。**）」としているのみで、法定受託事務を対象としていないわけではない。したがって、本記述は、「法定受託事務に関する条例については、条例の制定改廃の直接請求の対象とすることはできない」としている点で誤りである。

3 誤り　74条の2第4項は、「署名簿の署名に関し異議があるときは、関係人は、第2項の規定による縦覧期間内に当該市町村の**選挙管理委員会**にこれを申し出ることができる。」と規定している。本記述は、「総務大臣にこれを申し出ることができる」としている点で誤りである。

4 正しい　76条1項は、「選挙権を有する者は、政令の定めるところにより、その総数の3分の1（その総数が40万を超え80万以下の場合にあつてはその40

万を超える数に6分の1を乗じて得た数と40万に3分の1を乗じて得た数とを合算して得た数、その総数が80万を超える場合にあつてはその80万を超える数に8分の1を乗じて得た数と40万に6分の1を乗じて得た数と40万に3分の1を乗じて得た数とを合算して得た数）以上の者の連署をもつて、その代表者から、普通地方公共団体の選挙管理委員会に対し、当該普通地方公共団体の議会の解散の請求をすることができる。」と規定している。同項かっこ書きにおいて、**選挙権を有する者の総数による本文よりも緩い特例が制定されている**ところ、本記述は正しい。

5 誤り 78条は、「普通地方公共団体の議会は、第76条第3項の規定による解散の投票において過半数の同意があつたときは、解散するものとする。」と規定している。そして、これに関しては、76条1項と異なり、選挙権を有する者の総数が一定以上の普通地方公共団体に関する**特例は存在していない**。したがって、本記述は、「選挙権を有する者の総数が一定以上の普通地方公共団体については、過半数の同意という成立要件を緩和する特例が設けられている」としている点で誤りである。

問題24 **正解** 4 地方自治法（事務の共同処理） ランク **C**

1 正しい 地方自治法252条の2第1項によれば、**連携協約**とは、普通地方公共団体が「当該普通地方公共団体及び他の普通地方公共団体の区域における当該普通地方公共団体及び当該他の普通地方公共団体の事務の処理に当たつての当該他の普通地方公共団体との連携を図るため、協議により、当該普通地方公共団体及び当該他の普通地方公共団体が連携して事務を処理するに当たつての基本的な方針及び役割分担を定める協約」であると規定されている。

2 正しい 252条の2の2第1項は、「普通地方公共団体は、普通地方公共団体の事務の一部を共同して管理し及び執行し、若しくは普通地方公共団体の事務の管理及び執行について連絡調整を図り、又は広域にわたる総合的な計画を共同して作成するため、協議により規約を定め、普通地方公共団体の協議会を設けることができる。」と規定している。

3 正しい 252条の7第1項本文は、「普通地方公共団体は、協議により規約を定め、共同して、第138条第1項若しくは第2項に規定する事務局若しくはその内部組織（次項及び第252条の13において「議会事務局」という。）、第138条の4第1項に規定する委員会若しくは委員、同条第3項に規定する附属機関、第156条第1項に規定する行政機関、第158条第1項に規定する内部組織、委員会若しく

は委員の事務局若しくはその内部組織（次項及び第252条の13において『委員会事務局』という。）、普通地方公共団体の議会、長、委員会若しくは委員の事務を補助する職員、第174条第1項に規定する専門委員又は第200条の2第1項に規定する監査専門委員を置くことができる。」と規定している。

4 誤り 252条の16の2第1項は、「普通地方公共団体は、他の普通地方公共団体の求めに応じて、協議により規約を定め、当該他の普通地方公共団体の事務の一部を、当該他の普通地方公共団体又は当該他の普通地方公共団体の長若しくは同種の委員会若しくは委員の名において管理し及び執行すること……ができる。」と規定している。事務の代替執行は、あくまでも、「当該他の普通地方公共団体又は当該他の普通地方公共団体の長若しくは同種の委員会若しくは委員の名において」行えるのであり、「自己の事務」として処理するわけではない。したがって、本記述は、「自己の事務として処理する」という点が誤りである。

5 正しい 252条の17第1項は、「普通地方公共団体の長又は委員会若しくは委員は、法律に特別の定めがあるものを除くほか、当該普通地方公共団体の事務の処理のため特別の必要があると認めるときは、他の普通地方公共団体の長又は委員会若しくは委員に対し、当該普通地方公共団体の職員の派遣を求めることができる。」と規定している。

行政法

問題25 | **正解** 3 | 空港や航空関連施設をめぐる裁判 | ランク C

1 妥当でない 「新潟空港訴訟」（最判平元.2.17）は、「当該免許に係る路線を航行する航空機の騒音によつて社会通念上著しい障害を受けることとなる者は、当該免許の取消しを求めるにつき法律上の利益を有する者として、その取消訴訟における原告適格を有すると解するのが相当である」としている。本記述は、「**飛行場周辺住民**には、航空機の騒音によって社会通念上著しい障害を受けるとしても、**原告適格は認められない**」としている点で、妥当でない。

2 妥当でない 「大阪空港訴訟」（最大判昭56.12.16）は、「本件訴えのうち、いわゆる狭義の民事訴訟の手続により一定の時間帯につき本件空港を航空機の離着陸に使用させることの**差止めを求める請求にかかる部分は、不適法**というべきである」としている。本記述は、「民事上の請求として」「差止めを求める訴えは適法」としている点で、妥当でない。

3 妥当である 「厚木基地航空機運航差止訴訟」（最判平28.12.8）は、行政事件訴訟法37条の4第1項の「重大な損害が生ずるおそれ」という訴訟要件の充足

が問題となったが、「自衛隊機の運航により生ずるおそれのある損害は、処分がされた後に取消訴訟等を提起することなどにより容易に救済を受けることができるものとはいえず、本件飛行場における自衛隊機の運航の内容、性質を勘案しても、第1審原告らの自衛隊機に関する主位的請求（運航差止請求）に係る訴えについては、上記の『**重大な損害を生ずるおそれ**』があると認められる」としており、行政事件訴訟法上の抗告訴訟としての差止訴訟として適法である。したがって、本記述のとおりであり、妥当である。

4　妥当でない　「成田新法訴訟」（最大判平4.7.1）は、「憲法31条の定める法定手続の保障は、直接には刑事手続に関するものであるが、行政手続については、それが刑事手続ではないとの理由のみで、そのすべてが当然に同条による保障の枠外にあると判断することは相当ではない」としているため、設問の「**憲法31条の法定手続の保障は刑事手続のみでなく行政手続にも及ぶ**」という点は正しい。しかし、同判例は、「行政処分の相手方に事前の告知、弁解、防御の機会を与えるかどうかは、行政処分により制限を受ける権利利益の内容、性質、制限の程度、行政処分により達成しようとする公益の内容、程度、緊急性等を総合較量して決定されるべきものであって、**常に必ずそのような機会を与えることを必要とするものではない**と解するのが相当である」とし、同事件では、憲法31条に反しないとされている。したがって、本記述は、「適正手続の保障を欠く同法の規定は憲法31条に違反する」としている点で、妥当でない。

5　妥当でない　「成田新幹線訴訟」（最判昭53.12.8）は、**処分性に関する判示をしている**が、原告適格については何ら判示していない。したがって、本記述は妥当でない。

行政法

問題26　**正解** 5　地方公共団体に対する法律の適用　ランク **A**

1　妥当でない　行政手続法3条3項によれば、「地方公共団体の機関がする処分（その根拠となる規定が条例又は規則に置かれているものに限る。）及び行政指導、地方公共団体の機関に対する届出（前条第7号の通知の根拠となる規定が条例又は規則に置かれているものに限る。）並びに地方公共団体の機関が命令等を定める行為については、**次章から第6章までの規定は、適用しない。**」とされている。同項のかっこ書きにより、根拠となる規定が条例又は規則に置かれているものについては、行政手続法は適用がされないことになる。したがって、「地方公共団体の機関がする処分に関して、その根拠が条例に置かれているものについても行政手続

法が適用されると定めている。」としている点で、本記述は妥当でない。

2 妥当でない　行政不服審査法に、地方公共団体には、それぞれ常設の不服審査機関を置かなければならない、とする**規定は存在しない**ため、本記述は妥当でない。

3 妥当でない　公文書管理法 34 条は、「地方公共団体は、この法律の趣旨にのっとり、その保有する文書の適正な管理に関して必要な施策を策定し、及びこれを実施するよう**努めなければならない。**」と努力義務を規定するにとどまり、「条例を定めなければならない」とは規定していないため、本記述は妥当でない。

4 妥当でない　行政代執行法にこのような規定は存在しないため、本記述は妥当でない。なお、行政上の義務（条例により命ぜられた行為を含む）の履行確保に関しては、**法律の根拠が必要**とされており、条例の根拠で行うことは認められない（行政代執行法 1 条）。

5 妥当である　行政機関情報公開法 25 条によれば、「地方公共団体は、この法律の趣旨にのっとり、その保有する情報の公開に関し必要な施策を策定し、及びこれを実施するよう**努めなければならない。**」と規定されている。そのため、本記述は妥当である。

民　法

問題27　**正解** 4　　　　　消滅時効　　　　ランク A

1 正しい　債権は、債権者が**権利を行使することができることを知った時から 5 年間行使しない**ときは、時効によって消滅する（民法 166 条 1 項 1 号）。

2 正しい　不法行為による損害賠償請求権以外の債権（人の生命又は身体の侵害による損害賠償請求権を除く）は、**権利を行使することができる時から 10 年間行使しない**ときは、時効によって消滅する（166 条 1 項 2 号、167 条、724 条 2 号参照）。その権利について行使することができることを知らない場合も同様である。

3 正しい　**人の生命又は身体の侵害による損害賠償請求権**については、債務不履行を理由とするものであれ、不法行為を理由とするものであれ、その**債権を行使できる時から 20 年間行使しない**ときは、時効によって消滅する（167 条、166 条 1 項 2 号、724 条 2 号）。その権利について行使することができることを知らない場合も同様である。

4 誤 り　**人の生命又は身体を害する不法行為による損害賠償請求権**は、被害者又はその法定代理人が**損害及び加害者を知った時から 5 年間行使しない**ときは、時効によって消滅する（724 条 1 号、724 条の 2）。したがって、本記述は「3

年間」としている点で誤っている。

5　正しい　債権又は所有権以外の財産権は、**権利を行使することができる時から 20 年間行使しないときは、時効によって消滅する**（166 条 2 項）。

| 問題28 | 正解 2 | 取得時効 | ランク A |

1　妥当である　不動産の時効取得者は、**取得時効の進行中に原権利者から当該不動産の譲渡を受けその旨の移転登記を経由した者**に対しては、登記がなくても、時効による所有権の取得を**主張することができる**（最判昭 41.11.22）。

2　妥当でない　時効により不動産の所有権を取得した場合であっても、その登記がないときは、時効取得者は、時効完成後に原所有者から所有権を取得し登記を経た第三者に対し、所有権の取得を対抗することができない（最判昭 33.8.28）。もっとも、当該第三者が**背信的悪意者であるときには**、**登記がなくても時効取得をもって対抗することができる**（最判平 18.1.17）。したがって、Dが背信的悪意者であったと認められる特段の事情があるときは、BはDに対して、登記なくして時効による所有権取得を対抗することができる。

3　妥当である　不動産の時効取得者と時効完成後の第三者との関係については、記述 2 の解説のとおりである。もっとも、**第三者の登記後、引き続き時効取得に要する期間占有を継続した場合**には、その第三者に対し、**登記を経由しなくとも時効による権利の取得を対抗し得る**（最判昭 36.7.20）。

4　妥当である　不動産の取得時効の完成後、所有権移転登記がされることのないまま、第三者が原所有者から抵当権の設定を受けて抵当権設定登記を了した場合において、当該不動産の時効取得者である占有者が、**その後引き続き時効取得に必要な期間占有を継続したとき**は、当該占有者が当該抵当権の存在を容認していたなど抵当権の消滅を妨げる**特段の事情がない限り**、当該占有者は、**当該不動産を時効取得し、その結果、当該抵当権は消滅する**（最判平 24.3.16）。

5　妥当である　不動産の時効取得者と時効完成後の第三者との関係については、記述 2 の解説のとおりである。また、時効期間は、時効の基礎たる事実の開始された時を起算点として計算すべきものであって、時効援用者において**任意に起算点を選択し、時効完成の時期を早めたり遅らせたりすることはできない**（最判昭 35.7.27）。

問題29 **正解** **5** 譲渡担保 **ランク** **B**

1 妥当である 構成部分が変動する集合動産についても、その種類、所在場所、量的範囲の指定などの方法により、**目的物の範囲が特定される場合**には、一個の集合物として譲渡担保の目的とすることができる（最判昭54.2.15）。また、動産譲渡担保については、**引渡しが対抗要件**であり、この引渡しには占有改定も含まれる（最判昭30.6.2）。

2 妥当である 債権者と債務者との間に、構成部分の変動する集合動産を目的とする譲渡担保権設定契約が締結され、債務者がその構成部分である動産の占有を取得したときは、債権者が占有改定の方法によってその占有権を取得する旨の合意に基づき、債務者が当該集合物の構成部分として現に存在する動産の占有を取得した場合には、債権者は、当該集合物を目的とする譲渡担保権につき対抗要件を具備するに至ったものということができ、この対抗要件具備の効力は、その後構成部分が変動したとしても、集合物としての同一性が損なわれない限り、**新たにその構成部分となった動産を包含する集合物について及ぶ**（最判昭62.11.10）。

3 妥当である 構成部分の変動する集合動産を目的とする譲渡担保においては、集合物の内容が譲渡担保設定者の営業活動を通じて当然に変動することが予定されているのであるから、譲渡担保設定者には、**その通常の営業の範囲内で、譲渡担保の目的を構成する動産を処分する権限が付与**されており、この権限内でされた処分の相手方は、当該動産について、譲渡担保の拘束を受けることなく確定的に所有権を取得することができる（最判平18.7.20）。

4 妥当である 民法333条は、「先取特権は、債務者がその目的である動産をその第三取得者に引き渡した後は、その動産について行使することができない。」と規定している。この「第三取得者」について、判例は、**集合物譲渡担保権者は、特段の事情のない限り、同条所定の第三取得者に該当する**ものとして、動産売買先取特権者が集合物の構成部分となった動産についてした競売の不許を求めることができるとしている（最判昭62.11.10）。したがって、Cは丙について動産先取特権を行使することができない。

5 妥当でない 継続的な物品の売買契約において、目的物の所有権が売買代金の完済まで売主に留保される旨が定められていた場合に、買主が保管する当該物品を含む在庫製品等につき集合動産譲渡担保権の設定を受けた者は、**売買代金が完済されていない当該物品につき、売主に対して譲渡担保権を主張することができない**（最判平30.12.7）。したがって、丁の売買代金が完済されていない場合、Aは、丁につき、Dに対して本件譲渡担保権を主張することができない。

問題30　正解 5　　　　　連帯債務　　　　ランク A

ア　他の連帯債務者に対して効力が生じる　　連帯債務者の1人と債権者との間に混同があったときは、その連帯債務者は、弁済をしたものとみなされる（民法440条）。そして、連帯債務は同一の給付を目的としており、弁済は債権の満足をもたらすことから、連帯債務者の1人がした弁済の効力は他の連帯債務者に対しても生じる（436条参照）。したがって、**連帯債務者の1人と債権者との間に混同が生じた場合には、他の連帯債務者に対してその効力が生じる。**

イ　他の連帯債務者に対して効力が生じる　　代物弁済契約に基づき、弁済者が、債権者との間で、債務者の負担した給付に代えて他の給付をしたときは、その給付は弁済と同一の効力を有する（482条）。そして、事由アの解説のとおり、連帯債務者の1人がした弁済の効力は他の連帯債務者に対しても生じる。したがって、**連帯債務者の1人が代物弁済をした場合には、他の連帯債務者に対してその効力が生じる。**

ウ　他の連帯債務者に対して効力が生じる　　連帯債務者の1人が債権者に対して債権を有する場合において、その連帯債務者が相殺を援用したときは、債権は全ての連帯債務者の利益のために消滅する（439条1項）。そのため、**連帯債務者の1人がした相殺の援用は、他の連帯債務者に対して効力が生じる。**

エ　他の連帯債務者に対して効力が生じない　　連帯債務者の1人について生じた事由は、原則として、他の連帯債務者に対してその効力を生じないところ（相対的効力の原則　441条本文）、履行の請求について、民法438条、439条1項、440条などのように相対的効力の例外を定める規定は存在しない。そのため、**債権者がした連帯債務者の1人に対する履行の請求は、他の連帯債務者に対して効力が生じない。**

オ　他の連帯債務者に対して効力が生じない　　連帯債務者の1人について生じた事由は、原則として、他の連帯債務者に対してその効力を生じないところ（相対的効力の原則　441条本文）、債務の免除について、相対的効力の例外を定める規定は現行民法にはない。そのため、**債権者がした連帯債務者の1人に対する債務の免除は他の連帯債務者に対して効力が生じない。**

　なお、改正前の437条は、債務の免除について絶対的効力を認める旨規定していたが、改正により削除された。

問題31 **正解** 5 　　　　　　　相　殺　　　　　　　

1　正しい　　差押えを受けた債権の第三債務者は、差押え後に取得した債権による相殺をもって差押債権者に対抗することはできない（民法511条1項）。もっとも、**差押え後に取得した債権が差押え前の原因に基づいて生じたものである場合**は、第三債務者が差押え後に他人の債権を取得したときを除き、その第三債務者は、その債権による**相殺をもって差押債権者に対抗することができる**（同条2項）。

2　正しい　　民法508条は、「**時効によって消滅した債権がその消滅以前に相殺に適するようになっていた場合**には、その債権者は、相殺をすることができる。」と規定している。

3　正しい　　当事者が相殺を禁止し、又は制限する旨の意思表示をした場合には、その意思表示は、**第三者がこれを知り、又は重大な過失によって知らなかったとき**に限り、その第三者に対抗することができる（505条2項）。

4　正しい　　**悪意による不法行為に基づく損害賠償の債務の債務者は、相殺をもって債権者に対抗することができない**（509条1号）。本記述の債権者は「悪意で債務者の物を破損した」ことにより、不法行為に基づく損害賠償債務を負っている。したがって、本記述の債権者は、当該損害賠償債務を受働債権として自己が有する貸金債権と相殺することはできない。

5　誤　り　　**人の生命又は身体の侵害による損害賠償の債務の債務者は、相殺をもって債権者に対抗することができない**（509条2号）。本記述の加害者は、過失ではあるものの、「人の生命又は身体に損害」を与えたことで、損害賠償の債務を負っている。したがって、本記述の加害者は、被害者に対して有する貸金債権を自働債権として、被害者に対する損害賠償債務と相殺することができない。

問題32 **正解** 4 　　　　　受領遅滞等　　　　　

1　妥当でない　　判例は、債権者が契約の存在を否定する等、**弁済を受領しない意思が明確と認められるとき**は、債務者は口頭の提供をしなくても債務不履行の責任を免れるとしている（最大判昭32.6.5）。本記述では、Bがあらかじめ甲の受領を「明確に拒んでいる場合」であるから、Aは、現実の提供をしなくても、履行遅滞の責任を免れることができる。

2　妥当でない　　債務者がその債務の全部の履行を拒絶する意思を明確に表示したときは、債権者は、民法541条の規定による**催告をすることなく、直ちに契約**

の解除をすることができる（542条1項2号）。本記述では、Bが代金の支払を「明確に拒んでいる場合」であるから、Aは、相当期間を定めて履行の催告をしなくても、本件売買契約を解除することができる。

3　妥当でない　　4　妥当である　　5　妥当でない

売主が契約の内容に適合する目的物をもって、その引渡しの債務の履行を提供したにもかかわらず、**買主がその履行を受けることを拒み、又は受けることができない場合**において、**その履行の提供があった時以後に当事者双方の責めに帰することができない事由によってその目的物が滅失し、又は損傷したとき**は、買主は、その滅失又は損傷を理由として、**履行の追完の請求、代金の減額の請求、損害賠償の請求及び契約の解除をすることができない**。この場合において、買主は、代金の支払を拒むことができない（567条2項、1項）。本記述では、いずれもBが甲を管理するための準備が整っていないことを理由に受領を拒んでいるから、買主がその履行を受けることを拒んでいるといえる。また、甲は隣人の過失によって生じた火災により滅失しているから、当事者双方の責めに帰することができない事由によってその目的物が滅失したといえる。したがって、Bは、履行の追完の請求、損害賠償の請求及び契約の解除をすることができず、代金の支払を拒むこともできない。以上より、記述3と記述5は妥当でなく、記述4が妥当である。

| 問題33 | 正解 4 | 契約の解除等 | ランク B |

ア　妥当である　使用貸借契約について、民法598条3項は、「借主は、**いつでも契約の解除をすることができる。**」と規定している。使用貸借契約は、もっぱら借主の利益となる契約であり、その借主から契約の解除をすることを何ら制限する必要がないからである。

イ　妥当である　616条の2は、「賃借物の**全部が滅失その他の事由により使用及び収益をすることができなくなった場合**には、賃貸借は、これによって**終了する。**」と規定している。賃貸借契約において、目的物の全部が使用収益できなくなったときは、契約を存続させる必要性がないからである（601条参照）。

ウ　妥当でない　641条は、「**請負人が仕事を完成しない間は、注文者は、いつでも損害を賠償して契約の解除をすることができる。**」と規定している。請負契約は注文者の利益のために仕事を完成させるものであるところ、その注文者が仕事の完成を望まないにもかかわらず仕事を完成させることは、かえって注文者の不利益となることから、注文者に解除権を認めた。しかし、仕事が完成した場合にはこの

趣旨は妥当せず、同条は解除可能な期間を仕事が完成しない間に限定している。したがって、本記述は、「請負人が仕事を完成しているか否かにかかわらず」としている点が妥当でない。

エ　妥当である　651条1項は、「委任は、各当事者が**いつでもその解除をすることができる。**」と規定している。委任契約は当事者間の信頼関係を基礎とする契約であることから、その信頼関係が失われた場合にまで契約を存続させる必要はないため、委任者・受任者のいずれからも契約の解除を認めたものである。

オ　妥当でない　657条の2第3項は、「受寄者（**無報酬で寄託を受けた場合にあっては、書面による寄託の受寄者に限る。**）は、寄託物を受け取るべき時期を経過したにもかかわらず、寄託者が寄託物を引き渡さない場合において、相当の期間を定めてその**引渡しの催告**をし、その期間内に引渡しがないときは、**契約の解除を**することができる。」と規定している。有償寄託及び書面による無償寄託の場合においては、受寄者からの引渡しの催告に対して、寄託者が寄託物の引渡しをしないときに限り、受寄者からの解除を認めたものである。

なお、書面によらない無償寄託の場合には、同条2項により、受寄者は寄託物を受け取るまでは契約の解除をすることができる。

民　法

| 問題34 | 正解 4 | 損益相殺・損益相殺的調整 | ランク C |

1　妥当でない　判例は、「交通事故により死亡した幼児の損害賠償債権を相続した者が一方で幼児の養育費の支出を必要としなくなった場合においても、右養育費と幼児の将来得べかりし収入との間には前者を後者から損益相殺の法理又はその類推適用により控除すべき損失と利得との同質性がなく、したがつて、幼児の財産上の損害賠償額の算定にあたりその将来得べかりし収入額から**養育費を控除すべきものではない**」としている（最判昭53.10.20）。

2　妥当でない　判例は、「生命保険契約に基づいて給付される**保険金**は、すでに払い込んだ保険料の対価の性質を有し、もともと不法行為の原因と関係なく支払わるべきものであるから、たまたま本件事故のように不法行為により被保険者が死亡したためにその相続人たる被上告人両名に保険金の給付がされたとしても、これを**不法行為による損害賠償額から控除すべきいわれはない**」としている（最判昭39.9.25）。

3　妥当でない　判例は、「退職年金を受給していた者が不法行為によって死亡した場合には、相続人は、加害者に対し、退職年金の受給者が生存していればその

平均余命期間に受給することができた退職年金の現在額を同人の損害として、その賠償を求めることができる。この場合において、右の相続人のうちに、退職年金の受給者の死亡を原因として、遺族年金の受給権を取得した者があるときは、遺族年金の支給を受けるべき者につき、支給を受けることが確定した遺族年金の額の限度で、その者が加害者に対して賠償を求め得る損害額からこれを控除すべきものであるが、いまだ支給を受けることが確定していない遺族年金の額についてまで損害額から控除することを要しない」としている（最大判平 5.3.24）。

4 妥当である　判例は、「著しく高利の貸付けという形をとって上告人らから元利金等の名目で違法に金員を取得し、多大の利益を得るという反倫理的行為に該当する不法行為の手段として、本件各店舗から上告人らに対して貸付けとしての金員が交付されたというのであるから、上記の金員の交付によって上告人らが得た利益は、不法原因給付によって生じたものというべきであり、同利益を損益相殺ないし損益相殺的な調整の対象として上告人らの損害額から控除することは許されない」としている（最判平 20.6.10）。

5 妥当でない　判例は、「売買の目的物である新築建物に重大な瑕疵がありこれを建て替えざるを得ない場合において、当該瑕疵が構造耐力上の安全性にかかわるものであるため建物が倒壊する具体的なおそれがあるなど、社会通念上、建物自体が社会経済的な価値を有しないと評価すべきものであるときには、上記建物の買主がこれに居住していたという利益については、当該買主からの工事施工者等に対する建て替え費用相当額の損害賠償請求において損益相殺ないし損益相殺的な調整の対象として損害額から控除することはできない」としている（最判平 22.6.17）。

民　法

問題35　**正解** 3　　　　遺　言　　　ランク **B**

ア　妥当でない　制限行為能力の規定は、遺言には適用されない（民法 962 条）。遺言は、遺言者の死後に効力が発生するため、制限行為能力制度により遺言者を保護する必要性がないからである。したがって、本記述は、成年被後見人が遺言をすることができないとしている点で妥当でない。

　なお、成年被後見人が事理を弁識する能力を一時回復した時において遺言をするには、医師 2 人以上の立会いがなければならない（973 条 1 項）。

イ　妥当である　判例は、カーボン複写の方法によって記載された自筆の遺言は、民法 968 条 1 項にいう「**自書**」の要件に欠けるものではなく、**遺言の効力が生じる**としている（最判平 5.10.19）。

ウ 妥当である 975 条は、「遺言は、**2 人以上の者が同一の証書ですることが
できない。**」と規定している。これは、夫婦であっても同様である。

エ 妥当でない 994 条 1 項は、「遺贈は、**遺言者の死亡以前に受遺者が死亡し
たときは、その効力を生じない。**」と規定している。したがって、本記述は、受遺
者が死亡した場合に、受遺者の相続人が受遺者の地位を承継するとしている点で妥
当でない。

オ 妥当でない 1022 条は、「**遺言者は、いつでも、遺言の方式に従って、**その
遺言の全部又は一部を**撤回**することができる。」と規定している。遺言の撤回は、
遺言の方式に従ってなされる必要があるが、**その方式が同一であることまでは要求
されない。**

問題36 **正解** 5　　　　商法（商行為・総則）　　　ランク **B**

1 正しい 商法 504 条は、「**商行為の代理人が本人のためにすることを示さな
いでこれをした場合**であっても、その行為は、**本人に対してその効力を生ずる。**た
だし、相手方が、**代理人が本人のためにすることを知らなかったときは、代理人に
対して履行の請求をすることを妨げない。**」と規定している。

2 正しい 505 条は、「商行為の受任者は、**委任の本旨に反しない範囲内**にお
いて、**委任を受けていない行為をすることができる。**」と規定している。

3 正しい 508 条 1 項は、「商人である隔地者の間において承諾の期間を定め
ないで契約の申込みを受けた者が**相当の期間内に承諾の通知を発しなかったとき
は、その申込みは、その効力を失う。**」と規定している。

4 正しい 509 条 1 項は、「商人が平常取引をする者からその営業の部類に属
する契約の申込みを受けたときは、遅滞なく、契約の申込みに対する諾否の通知を
発しなければならない。」と規定し、同条 2 項は、「商人が前項の通知を発すること
を怠ったときは、その商人は、同項の契約の申込みを**承諾したものとみなす。**」と
規定している。

5 誤 り 510 条本文は、「商人がその営業の部類に属する契約の申込みを受
けた場合において、その申込みとともに受け取った物品があるときは、その申込み
を拒絶したときであっても、**申込者の費用をもってその物品を保管しなければなら
ない。**」と規定している。本記述は、申込みを受けた商人の費用としている点で誤
りである。

問題37 **正解** 5 　　　　会社法（設立時取締役）　　　　ランク **B**

ア　正しい　　会社法38条1項は、「発起人は、**出資の履行が完了した後**、遅滞なく、**設立時取締役**（株式会社の設立に際して取締役となる者をいう。……）を**選任**しなければならない。」と規定している。また、同条4項は、「**定款で設立時取締役**……、設立時会計参与、設立時監査役又は設立時会計監査人として定められた者は、出資の履行が完了した時に、それぞれ設立時取締役、設立時会計参与、設立時監査役又は設立時会計監査人に**選任されたものとみなす**。」と規定している。

イ　正しい　　88条1項は、「第57条第1項の募集〔設立時発行株式を引き受ける者の募集〕をする場合には、設立時取締役、設立時会計参与、設立時監査役又は設立時会計監査人の選任は、**創立総会の決議**によって行わなければならない。」と規定している。

ウ　正しい　　39条3項は、「設立しようとする株式会社が監査等委員会設置会社である場合には、設立時監査等委員である設立時取締役は、3人以上でなければならない。」と規定している。

エ　誤り　　募集設立において、**発起人は設立時取締役に就任することはできないとする規定はない**。なお、94条は、募集設立において、設立時取締役の全部又は一部が発起人である場合を前提とした規定である。

オ　誤り　　会社法上、**設立時取締役が発起人と共同して設立の業務を執行するものとする規定はない**。なお、設立時取締役は、会社が成立し取締役となるまでの間は、発起人に対する監督機関にすぎないものとされている（46条、93条参照）。

問題38 **正解** 2 　　　　会社法（種類株式）　　　　ランク **C**

1　正しい　　会社法108条2項柱書は、「株式会社は、次の各号に掲げる事項について内容の異なる2以上の種類の株式を発行する場合には、当該各号に定める事項及び**発行可能種類株式総数**を**定款**で定めなければならない。」と規定している。

2　誤り　　会社法上、本記述のような**複数議決権株式の制度を認める規定はない**。

3　正しい　　108条1項柱書本文は、「株式会社は、次に掲げる事項について異なる定めをした内容の異なる2以上の種類の株式を発行することができる。」と規定し、同項8号は、「株主総会（取締役会設置会社にあっては株主総会又は取締役会……）において決議すべき事項のうち、当該決議のほか、**当該種類の株式の種類**

株主を構成員とする種類株主総会の決議があることを必要とするもの」を掲げている。

4　正しい　108 条 1 項柱書本文は、「株式会社は、次に掲げる事項について異なる定めをした内容の異なる 2 以上の種類の株式を発行することができる。」と規定し、同項 9 号は、「**当該種類の株式の種類株主を構成員とする種類株主総会において取締役……又は監査役を選任すること**。」を掲げている。もっとも、同項柱書ただし書は、「ただし、**指名委員会等設置会社及び公開会社**は、第 9 号に掲げる事項についての定めがある種類の株式を**発行することができない**。」と規定している。

5　正しい　108 条 1 項柱書本文は、「株式会社は、次に掲げる事項について異なる定めをした内容の異なる 2 以上の種類の株式を発行することができる。」と規定し、同項 3 号は、「株主総会において議決権を行使することができる事項」を掲げている。したがって、本記述のような、**完全無議決権株式を発行することも可能**である。

商　法

問題39　正解 3　会社法（役員等の責任）　ランク B

1　正しい　取締役又は執行役が行った**利益相反取引**により会社に損害が発生した場合、当該利益相反取引を行った取締役又は執行役は、**その任務を怠ったものと推定**される（会社法 423 条 3 項 1 号）。

2　正しい　取締役又は執行役が株主総会（取締役会設置会社では、取締役会）の**承認を得ないで行った競業取引**により会社に損害が発生した場合、当該取引によって取締役、執行役又は第三者が得た**利益の額は、賠償責任を負う損害額と推定**する（423 条 2 項、356 条 1 項 1 号、365 条 1 項）。

3　誤り　会社法 423 条 4 項は、「前項の規定は、第 356 条第 1 項第 2 号又は第 3 号に掲げる場合において、同項の取締役（監査等委員であるものを除く。）が当該取引につき監査等委員会の承認を受けたときは、適用しない。」としている。すなわち、**監査等委員である取締役**については 423 条 4 項の対象から除外されており、監査等委員会の承認を受けていたとしても、任務を怠ったものと推定される。

4　正しい　株式会社は、取締役（業務執行取締役等であるものを除く）、会計参与、監査役又は会計監査人（以下「**非業務執行取締役等**」という）の任務懈怠責任について、当該非業務執行取締役等が職務を行うにつき善意・無重過失のときは、①定款で定めた額の範囲内であらかじめ株式会社が定めた額と②最低責任限度額との**いずれか高い額を限度とする旨の契約**を非業務執行取締役等と締結すること

ができる旨を**定款**で定めることができる（427条1項）。

5　正しい　自己のために株式会社と**直接取引**をした取締役又は執行役の損害賠償責任は、任務を怠ったことが当該取締役又は執行役の**責めに帰することができない事由**によるものであることをもって免れることが**できない**（428条1項）。

問題40　**正解** 5　会社法（会計参与・会計監査人）　ランク **C**

1　正しい　会社法上、**会計参与の設置を義務付ける規定はない**。また、大会社、監査等委員会設置会社及び指名委員会等設置会社については、会計監査人の設置が義務付けられている（会社法328条、327条5項）。

2　正しい　会社法上「**役員**」に位置づけられるのは、取締役、会計参与及び監査役である（329条1項かっこ書）。なお、役員に執行役・会計監査人を加えた者を**役員等**という（423条1項かっこ書）。

3　正しい　会計監査人については、**定時株主総会**において**再任**されたものとみなされる旨の規定がある（338条2項）が、会計参与については、そのような規定はない（334条参照）。

4　正しい　会計参与は、取締役又は執行役と共同して、計算書類及びその附属明細書、臨時計算書類並びに連結計算書類を**作成する**（374条1項前段、6項）。また、会計監査人は、株式会社の計算書類及びその附属明細書、臨時計算書類並びに連結計算書類を**監査する**（396条1項前段）。

5　誤り　会計参与にも、監査役等への**報告義務**がある（375条）ため、本記述は誤りである。なお、会計監査人についての前半部分は正しい（397条）。

問題41　**正解** ア6 イ18 ウ13 エ8　北方ジャーナル事件　ランク **C**

ア「6　公の批判」　　　　イ「18　明確」
ウ「13　公共の利害」　　エ「8　公益」

　本問は、北方ジャーナル事件（最大判昭61.6.11）を題材としたものである。
　同判決においては、以下のように述べられている。
　「表現行為に対する事前抑制は、新聞、雑誌その他の出版物や放送等の表現物がその自由市場に出る前に抑止してその内容を読者ないし聴視者の側に到達させる途を閉ざし又はその到達を遅らせてその意義を失わせ、**公の批判**の機会を減少させる

ものであり、また、事前抑制たることの性質上、予測に基づくものとならざるをえないこと等から事後制裁の場合よりも広汎にわたり易く、濫用の虞があるうえ、実際上の抑止的効果が事後制裁の場合より大きいと考えられるのであつて、表現行為に対する事前抑制は、表現の自由を保障し検閲を禁止する憲法 21 条の趣旨に照らし、厳格かつ**明確**な要件のもとにおいてのみ許容されうるものといわなければならない。

出版物の頒布等の事前差止めは、このような事前抑制に該当するものであつて、とりわけ、その対象が公務員又は公職選挙の候補者に対する評価、批判等の表現行為に関するものである場合には、そのこと自体から、一般にそれが**公共の利害**に関する事項であるということができ、前示のような憲法 21 条 1 項の趣旨……に照らし、その表現が私人の名誉権に優先する社会的価値を含み憲法上特に保護されるべきであることにかんがみると、当該表現行為に対する事前差止めは、原則として許されないものといわなければならない。ただ、右のような場合においても、その表現内容が真実でなく、又はそれが専ら**公益**を図る目的のものでないことが明白であつて、かつ、被害者が重大にして著しく回復困難な損害を被る虞があるときは、当該表現行為はその価値が被害者の名誉に劣後することが明らかであるうえ、有効適切な救済方法としての差止めの必要性も肯定されるから、かかる実体的要件を具備するときに限つて、例外的に事前差止めが許されるものというべきであ」る。

行政法

問題42 **正解** ア5 イ18 ウ12 エ3 一般的法理論（公法と私法の適用関係） **ランク A**

本問の出典である最判昭 59.12.13 は、以下のとおり判示している。

「公営住宅法は、国及び地方公共団体が協力して、健康で文化的な生活を営むに足りる住宅を建設し、これを住宅に困窮する低額所得者に対して低廉な家賃で賃貸することにより、国民生活の安定と社会福祉の増進に寄与することを目的とするものであつて（1 条）、この法律によつて建設された公営住宅の使用関係については、管理に関する規定を設け、家賃の決定、……明渡等について規定し（第 3 章）、また、法の委任（25 条）に基づいて制定された条例も、使用許可、使用申込、……明渡等について具体的な定めをしているところである……。右法及び条例の規定によれば、公営住宅の使用関係には、公の営造物の利用関係として公法的な一面があることは否定しえないところであつて、入居者の募集は公募の方法によるべきこと（法 16 条）、……などが定められており、また、特定の者が公営住宅に入居するためには、事業主体の長から使用許可を受けなければならない旨定められているのであ

るが（条例3条）、他方、入居者が右使用許可を受けて事業主体と入居者との間に公営住宅の使用関係が設定されたのちにおいては、前示のような法及び条例による規制はあつても、事業主体と入居者との間の法律関係は、基本的には私人間の家屋賃貸借関係と異なるところはなく、このことは、法が賃貸（1条、2条）……等私法上の賃貸借関係に通常用いられる用語を使用して公営住宅の使用関係を律していることからも明らかであるといわなければならない。したがつて、公営住宅の使用関係については、公営住宅法及びこれに基づく条例が特別法として民法及び借家法に優先して適用されるが、法及び条例に特別の定めがない限り、原則として一般法である民法及び借家法の適用があり、その契約関係を規律するについては、信頼関係の法理の適用があるものと解すべきである。ところで、右法及び条例の規定によれば、事業主体は、公営住宅の入居者を決定するについては入居者を選択する自由を有しないものと解されるが、事業主体と入居者との間に公営住宅の使用関係が設定されたのちにおいては、両者の間には信頼関係を基礎とする法律関係が存するものというべきであるから、公営住宅の使用者が法の定める公営住宅の明渡請求事由に該当する行為をした場合であつても、賃貸人である事業主体との間の信頼関係を破壊するとは認め難い特段の事情があるときには、事業主体の長は、当該使用者に対し、その住宅の使用関係を取り消し、その明渡を請求することはできないものと解するのが相当である。」

ア「5　社会福祉」　公営住宅法1条は、「この法律は、……国民生活の安定と**社会福祉**の増進に寄与することを目的とする。」と規定している。

イ「18　公の営造物」　公営住宅は、国や公共団体が直接使用するものではないため、公用物にはあたらず、国や公共団体が、国民の生活の安定と社会福祉の増進を目的として管理するものであるから、**公の営造物**に該当する。

ウ「12　賃貸借関係」　本問において、目的物の使用に関する契約関係は、**賃貸借関係**である。

エ「3　信頼関係」　**信頼関係**（破壊）の法理とは、賃貸借契約を解除するためには、単なる不履行ではなく当事者間の信頼関係が破壊される程度に至ることを必要とする法理である。これは、借地・借家契約において、賃借人が軽微な債務不履行により契約解除され、生活の基盤を失うという事態を防止することを趣旨とする。

問題43 **正解** ア14 イ6 ウ19 エ9 | 行政事件訴訟法（総合） | ランク **A**

ア 「14 無効」 取消訴訟には、設問のとおり、行政事件訴訟法14条にいう出訴期間の制限がある。しかし、処分が無効である場合には、公定力、不可争力等は生じないため、処分の不可争力のあらわれである出訴期間の制約に服しないことになる。したがって、アには、**「無効」**が当てはまる。なお、処分が無効であれば、取消訴訟の出訴期間の経過前であっても、処分取消訴訟と別の訴えで争うことはできる。

イ 「6 無効確認の訴え」 行政事件訴訟法上の法定抗告訴訟には、「処分の取消しの訴え」（3条2項）、「裁決取消しの訴え」（同条3項）、「無効等確認の訴え」（同条4項）、「不作為の違法確認の訴え」（同条5項）、「義務付けの訴え」（同条6項）、「差止めの訴え」（同条7項）がある。その中で、処分の無効を前提とする訴えは、行政事件訴訟法上の法定抗告訴訟としては、無効確認の訴えがこれにあたる。したがって、イには、**「無効確認の訴え」**が当てはまる。

ウ 「19 争点訴訟」 行政事件訴訟法45条1項は、「私法上の法律関係に関する訴訟において、処分若しくは裁決の存否又はその効力の有無が争われている場合には、第23条第1項及び第2項〔行政庁の訴訟参加〕並びに第39条〔出訴の通知〕の規定を準用する。」と規定しており、この訴訟は争点訴訟と呼ばれる。したがって、ウには、**「争点訴訟」**が当てはまる。

エ 「9 重大かつ明白」 最高裁判所の判例（最判昭36.3.7）によれば、「行政処分が当然無効であるというためには、処分に重大かつ明白な瑕疵がなければなら」ないとされている。したがって、エには、**「重大かつ明白」**が当てはまる。

問題44 | 行政事件訴訟法（差止めの訴え） | ランク **B**

【解答例】 XはY市に対し、出席停止の懲罰について、差止訴訟を提起し、仮の差止めを申し立てる。（41字）

本問は、出席停止の懲罰を科されようとしているXが、出席停止の懲罰を回避するため、行政事件訴訟法上、仮の救済手段も含め、誰に対して、どのような手段をとることが有効適切かを問うものである。

1 訴訟類型について

まず、本問において、Y市議会の懲罰委員会によりXに20日間の出席停止の懲罰を科す旨の決定がされている。このY市議会の議員に対する懲罰は本会議で

議決することによって正式に決定される。そのため、現時点ではまだ処分がされておらず、取消訴訟は適切ではない。

ここでは、出席停止の懲罰という、行政権の行使による違法な侵害を事前に予防するため、行政庁の侵害行為を禁止する必要がある。そして、差止訴訟（行政事件訴訟法3条7項）は、行政庁が一定の処分又は裁決をすべきでないにかかわらず、これがされようとしている場合において、行政庁がその処分又は裁決をしてはならない旨を命ずることを求める訴訟をいう。

そのため、Xとしては、**出席停止の懲罰について差止訴訟を提起する**ことが有効適切な手段となる。

2　仮の救済の手段について

差止訴訟は懲罰を事前に予防するための手段であるものの、差止訴訟には時間がかかるため、訴訟終了以前に権利の救済を図るべき場合がある。仮の差止めの申立て（37条の5第2項）は、差止訴訟が提起された場合において、訴訟の終了を待たずに暫定的に処分又は裁決をしてはならない状態を創出する制度である。

本問では、懲罰についての本会議の議決がされるまで、1か月程度の短い期間しかない。さらに問題文で、仮の救済の手段も含めて検討することが求められている。そのため、差止訴訟だけではなく、**仮の救済の手段として仮の差止めの申立てを行う**ことが、Xの権利救済のために有効適切な手段となる。

3　被告について

差止訴訟の被告は、取消訴訟についての規定が準用される（38条1項・11条1項）。そのため、差止訴訟は、原則として当該処分・裁決をする行政庁の所属する国又は公共団体を被告とすることとなる（行政主体主義）。

本問では、Y市議会が所属する**Y市を差止訴訟の被告とする**ことになる。

4　結　論

以上より、XはY市を被告として、出席停止の懲罰について差止訴訟を提起するとともに、仮の差止めを申し立てることが、Xの権利救済のために有効適切な手段となる。

民　法

問題45　物上代位　ランク B

【解答例】Aは、物上代位という手段によって、保険金がBに払い渡される前に差し押さえなければならない。（45字）

1　法的手段

抵当権は、その目的物の売却、賃貸、滅失又は損傷によって、抵当権の目的物の所有者が受けるべき金銭その他の物に対しても、行使することができる（物上代位　民法372条・304条1項本文）。

本問では、AがBに対して有する貸金債権の担保として、Bが所有する甲につき抵当権が設定され、その登記がなされている。また、Bは当該貸金債権につき債務不履行に陥った後、甲が火災によって滅失し、Bの保険会社Cに対する火災保険金債権が発生している。これは、抵当権の目的物である甲が滅失したことにより、抵当権の目的物の所有者であるBが火災保険金という金銭を受けることができることになったといえる。したがって、Aは、**抵当権に基づいて物上代位権を行使することができる**。

2　要　件

物上代位権を行使するためには、抵当権者は、その払渡し又は引渡しの前に差押えをしなければならない（372条・304条1項ただし書）。その趣旨は、二重弁済を強いられる危険から第三債務者を保護するためであるとされている（最判平10.1.30参照）。当該趣旨からすると、差押えは、物上代位権を行使する抵当権者自身によってなされる必要がある。

本問では、Aが火災保険金に対して物上代位権を行使するためには、A自身が、**Bに火災保険金が支払われる前に、差押えをする必要がある**。

3　結　論

以上より、Aは、抵当権に基づく物上代位権を行使するという法的手段をとることにより、火災保険金がBに払い渡される前に差押えをしなければならない。

民　法

| 問題46 | 契約不適合責任 | ランク B |

【解答例】 Bの契約不適合責任に基づく報酬の減額請求、損害賠償請求、契約の解除の方法がある。（40字）

1　権利行使ができる根拠

引き渡された目的物が種類、品質又は数量に関して契約の内容に適合しないものであるときは、注文者は、請負人に対して、契約不適合責任を追及することができる（民法559条、562条以下）。

本問では、Aは、Aが所有する土地上に住宅を建築する旨の建築請負契約をBとの間で締結した。しかし、完成した住宅には、引渡し直後から、雨漏りが3か所生じていることが判明した。建物の建築であれば、雨漏りしないことは建物と

して本来備えるべき性質であると考えられるから、建物の雨漏りは品質に関して契約不適合があったといえる。

したがって、Aは、Bに対して、**建築請負契約の不適合責任**を根拠に権利行使をすることができる。

なお、注文者の供した材料の性質又は注文者の与えた指図によって契約不適合が生じた場合には、原則、注文者は履行の追完の請求、報酬の減額の請求、損害賠償の請求及び契約の解除をすることができない（636条）。本問では、Bの供する材料を用い、また、住宅の設計もBに委ねることとされているから、注文者の供した材料の性質又は注文者の与えた指図によって契約不適合が生じたとはいえない。したがって、本問において、民法636条が問題になることはない。

2　権利行使の方法

契約不適合を根拠にした権利行使の方法には、次のようなものが挙げられる。

①　**履行の追完請求**（559条・562条）

②　**代金（報酬）減額請求**（559条・563条）

③　**損害賠償請求**（564条、415条）

④　**契約の解除**（564条、541条、542条）

本問では、AのBに対する修補請求（追完請求）以外の3つの権利行使の方法が問われているから、②～④を権利行使の方法として記述すればよい。

3　結　論

以上より、Aは、Bに対して、建築請負契約の契約不適合責任を根拠に、請負代金（報酬）の減額請求、損害賠償の請求、契約の解除という権利行使の方法をとることができる。

一般知識等

政治・経済・社会

問題47　**正解** 2　G7サミット（主要国首脳会議）　ランク **B**

1　妥当でない　2023年の**G7広島サミット**には、**日本・イタリア・カナダ・イギリス・ドイツ**の首相と**フランス・アメリカ**の大統領のほか、**EU**の欧州理事会議長と欧州委員会委員長が参加している。また、オーストラリア・ブラジル・コモロ・クック諸島・インド・インドネシア・韓国・ベトナムの首脳や、国連・国際エネルギー機関（IEA）等の国際機関の幹部が招待され、ゲスト国としてウクライナのゼレンスキー大統領も招待されている。

2　妥当である　　G７議長国の任期は、１月～12月の**1年間**であり、議長国は、議長として議事進行を行うだけでなく、事務レベルの準備会合や関連閣僚会合の開催を通じて、その年のサミット（首脳会合）の準備を行う。また、その時々の国際情勢などを受けて緊急会合の呼びかけを行うこともある。

3　妥当でない　　**2023年に日本は7回目の議長国となり、広島サミットを開催した**。これまで日本は、1979年（東京サミット）、1986年（東京サミット）、1993年（東京サミット）、2000年（九州・沖縄サミット）、2008年（北海道洞爺湖サミット）、2016年（伊勢志摩サミット）に議長国としてサミットを開催した。

4　妥当でない　　1970年代に入り、ニクソン・ショック（1971年）や第１次石油危機（1973年）などの諸問題に直面した先進国の間では、マクロ経済、通貨、貿易、エネルギーなどに対する政策協調について、首脳レベルで総合的に議論する場が必要であるとの認識が生まれた。このような背景の下、ジスカール・デスタン仏大統領（当時）の提案により、**1975年11月**、パリ郊外のランブイエ城において、フランス、アメリカ、イギリス、ドイツ、日本、イタリアの6か国による**第1回サミット**が開催された。日本は1975年の第1回のサミットから参加している。

5　妥当でない　　1975年のランブイエ・サミットの結果、世界経済問題に対応するために先進国の首脳が集まって政策協調のための議論の場を持つことの重要性が認識され、その後、**各国が持ち回りで議長国を務めつつ**毎年首脳会合を行うことになった。開催地がスイスのダボスに固定されていたわけではない。

政治・経済・社会

問題48　正解 5　日本のテロ（テロリズム）対策　ランク **A**

1　妥当である　　日本が締結したテロ防止関連条約として最も古いものは、航空機内で行われた犯罪の裁判権、これらを取り締まるための機長の権限等につき規定した、航空機内で行われた犯罪その他ある種の行為に関する条約（**航空機内の犯罪防止条約**（東京条約））である。日本は、同条約を1970年5月26日に締結し、同条約は同年8月24日に発効した。

2　妥当である　　**テロ対策特別措置法**は、2001年10月29日に成立した。この法律は、①2001年9月11日のアメリカにおけるテロ攻撃によりもたらされている脅威の除去に努めることによって、国際連合憲章の目的の達成に寄与しようとする諸外国の軍隊等の活動に対する措置及び②国連決議又は国連等の要請に基づいて、日本が人道的精神に基づいて実施する措置について定め、国際的なテロリズムの防止と根絶のために行われる国際社会の取組みに積極的かつ主体的に寄与することに

より、日本を含む国際社会の平和と安全の確保に資することを目的とするものであった。

3 妥当である　サイバー空間という新たな領域において、政府機関・事業者がサイバー攻撃にさらされるなど、我が国の安全に対する脅威も高まっているという状況を背景に、2014年11月、我が国において**サイバーセキュリティ基本法**が制定された。同法は、サイバーセキュリティという概念を法的に位置付け、国や地方公共団体といった関係者の責務を明確化するとともに、サイバーセキュリティ政策にかかる政府の司令塔としてサイバーセキュリティ戦略本部を位置づけ、国の行政機関に対する勧告権等の権限を付与した。政府は、同法の規定に基づき、2015年9月にサイバーセキュリティ戦略を閣議決定した。

4 妥当である　2017年に**組織犯罪処罰法**が改正され、テロ等準備罪が新設された（6条の2）ことにより、日本は国際組織犯罪防止条約（TOC条約）の締結が可能となり、同年7月に同条約を締結した。

5 妥当でない　2022年7月8日に奈良県で街頭演説中の安倍晋三元首相に対する銃撃事件が発生したこと等を受け、「世界一安全な日本」創造戦略2022が策定され、諸課題に的確に対処し、国民の治安に対する信頼感を醸成し、我が国を世界一安全で安心な国とすべく、関係施策を取りまとめ、新たな総合的な戦略を策定し、政府を挙げて犯罪対策を推進することとされた。もっとも、同戦略等においては、**テロ対策庁の設置は挙げられていない**。

政治・経済・社会

| 問題49 | 正解 3 | 1960年代以降の東南アジア | ランク B |

ア 妥当である　東南アジア10か国から成る**ASEAN**（東南アジア諸国連合）は、1967年の「バンコク宣言」によって設立され、原加盟国は**タイ、インドネシア、シンガポール、フィリピン、マレーシア**の5か国である。

イ 妥当でない　ベトナムで1986年から打ち出されたのは**ドイモイ**（刷新）政策であり、ペレストロイカ政策ではない。

ウ 妥当でない　ラオスは、1953年10月22日、仏・ラオス条約により完全独立し、その後内戦が繰り返されたが、1975年12月、ラオス人民民主共和国が成立し、王制が廃止された。

エ 妥当である　インドネシアでは、1997年にタイを震源としてアジア各国に伝播した**アジア通貨危機**をきっかけに、1998年にジャカルタを中心に全国で暴動が発生し、**民主化運動**も拡大し、**スハルト大統領**は辞任した。

オ　妥当である　ミャンマーでは、2021 年 2 月 1 日、国軍が、ウィン・ミン大統領、**アウン・サン・スー・チー**国家最高顧問らを含む政権幹部らを拘束して、非常事態宣言を発出し、翌日には、国軍司令官を議長とする国家統治評議会を設置し、全権を掌握した。

問題50　正解 5　　日本の法人課税　　ランク C

ア　妥当でない　**法人税**は、法人の企業活動により得られる所得に対して課される税である。法人税の税率は、普通法人については、原則として 23.2％とされており、企業の所得水準に応じて税率が決まる**累進税率は採用されてはいない**。

イ　妥当でない　いわゆる**子ども・子育て支援新制度**においては、**消費税の税率の引上げ**により確保する 0.7 兆円程度を含め、追加の恒久財源を確保し、幼児教育、保育、地域の子ども・子育て支援の質・量の拡充を図ることとされており、法人税の税率の引上げによって財源が充当されるわけではない。

ウ　妥当である　地方自治体が課税する**法人事業税**には、法人の所得や収入に応じる課税（所得割）だけでなく、収益配分額及び単年度損益に応じる課税（付加価値割）や、資本金等の額に応じる課税（資本割）という**外形標準課税**もみられる。

エ　妥当である　OECD（経済協力開発機構）では、近年のグローバルなビジネスモデルの構造変化により生じた多国籍企業の活動実態と各国の税制や国際課税ルールとの間のずれを利用することで、多国籍企業がその課税所得を人為的に操作し、課税逃れを行っている問題（BEPS）に対処するため、2012 年より **BEPS プロジェクト**を立ち上げた。日本も、OECD ないし G 20 の一員として、同プロジェクトに参加している。

オ　妥当でない　地方公共団体が安定的に行政サービスを提供するためには、税源の偏在性が小さく税収が安定的な地方税体系が望ましいことから、これまで様々な地方税の税源の偏在是正に関する取組みが行われてきた。地方法人課税については、2008 年度税制改正において、税制抜本改革により偏在性の小さい地方税体系の構築が行われるまでの間の暫定措置として、法人事業税の一部を分離して**地方法人特別税（国税）**とし、その全額を譲与税として譲与する仕組みが創設された。また、2014 年度税制改正においては、暫定措置である地方法人特別税・譲与税制度を見直すとともに、地方消費税の充実に伴う地域間の財政力格差の拡大に対応するため、法人住民税法人税割の一部を**地方法人税（国税）**とし、税収の全額を

地方交付税の原資とする制度が創設された。

問題51 **正解** 1 　　　　日本の金融政策　　　　ランク **A**

1　妥当である　　そのとおりである。日本銀行は、2013年1月、**消費者物価指数の前年比上昇率2%の「物価安定の目標」**を導入した。

2　妥当でない　　マイナス金利政策につき、諸外国では、デンマークやスウェーデンで導入された事例がある。また、日本においても、2016年1月に導入された「マイナス金利付き量的・質的金融緩和」の下で、補完当座預金制度が改正され、政策金利として、日本銀行当座預金のうち「政策金利残高」に−0.1%のマイナス金利を適用することが決定された。したがって、**日本でもマイナス金利政策が導入されたことがある。**

3　妥当でない　　日本銀行が、地域振興を進めるために地方銀行に対して**都市銀行よりも低い金利で貸付けを行っているという事実はない。**

4　妥当でない　　2024年7月前半を目途に、**日本銀行券の一万円、五千円、千円の3券種の改刷**が予定されている。しかし、中央銀行デジタル通貨については実証実験の段階にあり、2024年の新しい日本銀行券の発行と同時の**デジタル通貨の導入は予定されていない。**

5　妥当でない　　2022年は**円安**となって、**金利の引上げ**が行われた。

問題52 **正解** 2 　　　日本における平等と差別　　　ランク **B**

1　妥当である　　そのとおりである。同和問題の解決を図るため、国は、地方公共団体とともに、1969年から33年間、特別措置法に基づき地域改善対策を行った結果、同和地区の劣悪な環境に対する物的な基盤整備は着実に成果を上げ、一般地区との格差は大きく改善された。そして、2016年に**部落差別の解消の推進に関する法律**が制定された。

2　妥当でない　　日本においては、1985年に**男女雇用機会均等法が制定**され、また、同年に**女性差別撤廃条約も批准**している。

3　妥当である　　そのとおりである。この熊本地方裁判所の判決に対して、**国は控訴をしなかったため、判決が確定**した。

4　妥当である　　そのとおりである。**ヘイトスピーチ解消法**は、基本的施策と

して、相談体制の整備、教育の充実等、啓発活動等を定めるにとどまっている。

5　妥当である　そのとおりである。2024 年 4 月 1 日から、**事業者による合理的配慮の提供が義務化**される。

問題53　**正解** 4　**日本の社会保障、社会福祉**　ランク **A**

1　妥当でない　社会保障制度は、社会保険、公的扶助、社会福祉、保健医療・公衆衛生からなっている。しかし、これらの財源は、2023 年度予算ベースにおいて、保険料が 59.3％、租税を含む公費が 40.7％であり、**財源の全額が租税でまかなわれてはいない。**

2　妥当でない　「ゆりかごから墓場まで（From the Cradle to the Grave）」のスローガンが提唱されたのは、イギリスの経済学者であるウィリアム・ヘンリー・ベヴァリッジが、**イギリス政府**に提出した**ベヴァリッジ報告**（『社会保険および関連サービス』）においてである。

3　妥当でない　生活保護の種類は、医療扶助、介護扶助、出産扶助に**限定されておらず**、ほかに、生活扶助、住宅扶助、教育扶助、生業扶助、葬祭扶助も行われている。

4　妥当である　そのとおりである。1983 年より 75 歳以上の高齢者の医療保険は、**老人保健法**に基づいて行われてきたが、高齢化の進展に伴う財政負担の増加に、従来の老人保健制度の枠内では対処することが困難となった。そこで、2008 年度より、さらなる財政負担抑制を目的として**後期高齢者医療制度**が始まり、従来の老人保健法は全面改正され、名称も**「高齢者の医療の確保に関する法律」**と改められた。

5　妥当でない　児童手当の支給対象は、**中学校卒業まで**（15 歳の誕生日後の最初の 3 月 31 日まで）の児童を養育している方とされている。

問題54　**正解** 4　**日本における行政のデジタル化**　ランク **B**

ア　妥当である　RPA（Robotic Process Automation「ロボットによる業務自動化」）は、これまで人間が行ってきた定型的なパソコン操作をソフトウェアのロボットにより自動化することにより、従来よりも少ない人数で生産力を高めるための手段である。

イ　妥当でない　**ガバメントクラウド**とは、政府共通のクラウドサービスの利用環境である。クラウドサービスの利点を最大限に活用することで、迅速、柔軟、かつセキュアでコスト効率の高いシステムを構築可能とし、利用者にとって利便性の高いサービスをいち早く提供し改善していくことを目指すものである。そして、地方公共団体でも同様の利点を享受できるように検討が進められている。

ウ　妥当である　**eLTAX**（エルタックス「地方税ポータルシステム」）とは、地方税における手続を、インターネットを利用して電子的に行うシステムである。eLTAX は、地方公共団体が共同で運営するシステムであり、電子的な一つの窓口によるそれぞれの地方公共団体への地方税の申告、申請、納税などの手続が実現されている。一方、国税に関する各種の申告、納税、申請、届出等の手続について、インターネット等を利用して電子的に手続が行えるシステムは、e-Tax という別のシステムとなっている。

エ　妥当である　**LGWAN**（Local Government Wide Area Network「総合行政ネットワーク」）とは、地方公共団体の組織内ネットワークを相互に接続し、地方公共団体間のコミュニケーションの円滑化、情報の共有による情報の高度利用を図ることを目的とする、高度なセキュリティを維持した行政専用のネットワークである。LGWAN の運営方針として、常に高い機密を保つためのセキュリティ対策を講ずるとされ（地方公共団体情報システム機構総合行政ネットワーク基本規程11条1項）、また、LGWAN では、基本的なアプリケーションとして、電子メール送受信機能及び掲示板機能等を提供するとされている（3条2項）。

オ　妥当でない　**オープンデータ**とは、国、地方公共団体及び事業者が保有する官民データのうち、国民誰もがインターネット等を通じて容易に利用（加工、編集、再配布等）できるよう、①営利目的、非営利目的を問わず二次利用可能なルールが適用されたもの、②機械判読に適したもの、③無償で利用できるもの、以上のいずれの項目にも該当する形で公開されたデータである。したがって、自治体が保有する情報もオープンデータ化の対象とされている。

情報通信・個人情報保護

問題55	正解 4	情報通信用語	ランク B

1　妥当である　「リスクウェア」の定義については、本記述のとおりである。これは、リスク（risk）とソフトウェア（software）をあわせた造語である。

2　妥当である　「ランサムウェア」の定義については、本記述のとおりである。要求に従って金銭を支払っても復旧されない可能性があることや、金銭を支払

うことで犯罪者に利益供与を行ったと見なされてしまうこともあるため、支払に応じることは推奨されていない。

3 妥当である 「フリースウェア」の定義については、本記述のとおりである。「fleece」は英語で「金を巻き上げる」という意味があることから、このような名称が付けられた。

4 妥当でない 「ファームウェア」とは、ハードウェアの基本的な制御のために、コンピュータなど機器に組み込まれたソフトウェアのことをいう。コンピュータなどの機器に固定的に搭載され、あまり変更が加えられないことから、ハードウェアとソフトウェアの中間的な存在としてファームウェアと呼ばれている。これはコンピュータや周辺機器、家電製品等に搭載されており、内蔵された記憶装置やメモリなどに記憶される。パソコンの BIOS もファームウェアの一種である。

5 妥当である 「クリッパー・マルウェア」の定義については、本記述のとおりである。なお、マルウェアとは、「Malicious Software」（悪意のあるソフトウェア）の略であり、様々な脆弱性や情報を利用して攻撃をするソフトウェア（コード）の総称である。

情報通信・個人情報保護

| 問題56 | 正解 5 | インターネットと広告 | ランク A |

空欄には「広告」が当てはまる

　グーグルは、G メールの提供を始めた 2004 年当初から、メール内容を分析して「ターゲティング広告」の精度向上に活用してきたが、**プライバシーの侵害**などを懸念する声が出ていた。また、ビーコン（Beacon）とは、フェイスブックの新しい広告機能であるが、「詐欺的」「プライバシーの侵害」との非難の声が挙がり、Facebook の最高経営責任者（CEO）Mark Zuckerberg 氏が正式に非を認めることとなった。

情報通信・個人情報保護

| 問題57 | 正解 1 | 個人情報 | ランク B |

ア 妥当である 「モザイク・アプローチ」の定義については、本記述のとおりである。個人情報保護法では、モザイク・アプローチについて、生存する個人に関する情報であって、「他の情報と容易に照合することができ、それにより特定の個人を識別することができることとなるもの」も、同法の「個人情報」に該当するこ

とを規定している（2条1項1号）。

イ　妥当である　　GDPR は、保護の対象について、生存する個人に関する情報に限定されるものと解釈している。もっとも、加盟国が独自に適用範囲を死者にまで拡大することを妨げるものではなく、加盟国の中には、死者の権利に関する規定が整備されている国もある。

ウ　妥当でない　　センシティブインフォメーションについて、日本の個人情報保護法では、「本人の人種、信条、社会的身分、病歴、犯罪の経歴、犯罪により害を被った事実その他本人に対する不当な差別、偏見その他の不利益が生じないようにその取扱いに特に配慮を要するものとして政令で定める記述等が含まれる個人情報」を、「要配慮個人情報」として定義している（2条3項）。他方、諸外国のセンシティブインフォメーションの内容をみると、例えばイギリスの法律では、「人種的・民族的出自、政治的意見……」と定義されているのに対して、フランスの法律では、「人種・民族的起源、政治的、哲学的又は宗教的意見……」と定義されている。このように、センシティブインフォメーションの内容については、各国において相違がみられる。

エ　妥当でない　　法改正により、**個人情報保護法と行政機関個人情報保護法は一元化されたが**、改正後の個人情報保護法に規定される規律は、**公的部門と民間部門について、全く同一となったわけではない**。すなわち、同法では、第4章において「個人情報取扱事業者等の義務等」に関する規定が置かれ、第5章において「行政機関等の義務等」に関する規定が置かれている。

文章理解

| 問題58 | 正解 2 | 短文挿入 | ランク A |

Ⅰ　イ　　空欄Ⅰのある第2段落では、陸上での食物連鎖について記述されている。空欄Ⅰの前では、植物を食べる草食の動物がいて、草食動物を食べる肉食の動物がいると記述されている。空欄Ⅰはこれに続く文であり、空欄Ⅰに入る文として妥当なものは、人間は植物も肉も食べる雑食性の動物という内容のイである。

Ⅱ　ア　　第3段落第1文で、海の中へと話題が転換され、続く第2文では、海の中の食物連鎖のイメージ、すなわち、海の中の食物連鎖は大きな魚は小さな魚を食べ、小さな魚は更に小さな魚を食べると記述されている。そして、空欄Ⅱの後の文で、陸上では草食の生き物がたくさんいて、それを食べる肉食の生き物が少ないことが「食物連鎖のバランス」と記述されている。以上の空欄Ⅱの前後の内容から、空欄Ⅱに入る文として妥当なものを検討すると、海の中の食物連鎖に対するイ

メージ、すなわち、「みんな肉食になってしまう」という内容のアが妥当である。

Ⅲ　エ　　空欄Ⅱの解説で記述したとおり、草食の生き物がたくさんいて、それを食べる肉食の生き物が少ないことが食物連鎖のバランスと筆者は述べている。さらに、第3段落では、海の中での食物連鎖を支える草食の生き物についての考察が続き、海草などの植物を食べる生き物がいるが、それは陸地に近い浅い部分だけで、広い外洋に出れば海草は生えていないと記述されている。そして、空欄Ⅲの後の一文に、「プランクトンである。」とある。この一文は、外洋も含めて海全体に存在している草食の生き物のことである。以上の空欄Ⅲの前後の内容から、空欄Ⅲに入る文として妥当なものは、海に存在する植物性の食べ物の存在を示唆するエである。

Ⅳ　ウ　　第4段落の空欄Ⅳの前の2つの文には、植物プランクトンは海の生態系を支えているが、太陽の光で光合成を行うため、海面近くに暮らしていることが記述されている。これに続く空欄Ⅳに入る文として妥当なものは、海面近くに豊かな生態系が形成されることを述べているウである。

Ⅴ　オ　　空欄Ⅴの直前の文である第4段落の最終文では、海面から深くなると生物の種類は少なくなってしまうと、海の深い部分に関する内容に話題が転換されている。そして、空欄Ⅴの後の文章で、太陽の光が届かない暗闇にどうしてたくさんの生命が存在するのだろうと記述されている。以上の空欄Ⅴの前後の内容から、空欄Ⅴに入る文として妥当なものは、水深数千メートルの深い海の底に豊かな生態系があることを述べているオである。

文章理解

問題59　**正解**　**1**　　　　　　　　空欄補充　　　　　　　ランク
A

Ⅰ　「曖昧模糊」　　空欄Ⅰには、第1段落で述べられている「日本の将来への大きなリスク」として挙げられた、「相互依存と対立回避」、「人間としての『いい加減さ』」、「危機感、厳しさのなさ」と同義となるすべての物事に対する対応の様子を表現するものとして妥当な四字熟語が入る。そこで、「物事がぼんやりしていて、はっきりしないさま」を表現する「曖昧模糊」が入るのが妥当である。なお、「無知蒙昧」は「知識がないこと。無知」、「五里霧中」は「現在の状態がわからず、見通しや方針の全く立たないことのたとえ」を意味する四字熟語である。

Ⅱ　「設備投資」　　第2段落に「日本は量から質へ転換しなければならない。」とあり、空欄Ⅱの後の第4段落では、「質で勝負するには、設備ではなく人間の頭脳に投資して生産性を上げるしかない。」とある。そして、空欄Ⅱには、昭和で終わ

った量の時代の生産性を上げる方法を意味する語句が入るのが妥当である。以上より、「設備投資」が入るのが妥当である。

Ⅲ　「斬新」　空欄Ⅲのある第5段落のテーマとなっている最先端技術・先端技術の特徴を表す言葉として、「斬新」が入るのが妥当である。

Ⅳ　「商品化」　空欄Ⅳには、「実用化」、人と社会に有用な「モノ」の開発、すなわち、「用途開発力」と同義の語句として、技術を商売の品物とする「商品化」が入るのが妥当である。

Ⅴ　「知的財産」　空欄Ⅴには、特許などを意味する「知的財産」が入るのが妥当である。

文章理解

問題60　**正解**　1　　　　短文挿入　　　ランク **A**

1　妥当である　空欄の後の第7段落で、「その練習方法は……たまたまその先生に合っていただけなのかもしれません。いまの中学生や高校生には通用しないかもしれない……」との記述がある。また、空欄に入る運動部の顧問の先生（監督）が発言した文章から読み取れる思考につき、第8段落では、「一般化のワナ」すなわち「自分が経験したことを、まるですべての人にも当てはまることであるかのように、過度に一般化してしまう思考のワナ」と述べている。したがって、空欄には、①その練習方法が顧問の先生（監督）に合っており成果を出せたこと、②一般化のワナにより、顧問の先生（監督）は自分に合っていたその練習方法が生徒にも合うものと考え生徒に薦める内容の文章が入ると考えるのが妥当である。肢1は上述の①と②のいずれも満たす内容であり、空欄に入る文章として妥当である。

2　妥当でない　先生（監督）はその練習方法で成果を出しておらず、また、一般化のワナによりその練習方法を推奨しているわけではないから選択肢1の解説中で述べた①と②のいずれも満たさず妥当でない。

3　妥当でない　選択肢2と同様に、選択肢1の解説中で述べた①と②のいずれも満たさず妥当でない。

4　妥当でない　選択肢2と同様に、選択肢1の解説中で述べた①と②のいずれも満たさず妥当でない。

5　妥当でない　選択肢2と同様に、選択肢1の解説中で述べた①と②のいずれも満たさず妥当でない。

解　答　一　覧

分野	科目	問題番号	正解	分野	科目	問題番号	正解
法令等	基礎法学	問題1	1	法令等	民法	問題31	5
		問題2	5			問題32	4
	憲法	問題3	2			問題33	4
		問題4	3			問題34	4
		問題5	3			問題35	3
		問題6	2		商法	問題36	5
		問題7	2			問題37	5
	行政法	問題8	3			問題38	2
		問題9	3			問題39	3
		問題10	3			問題40	5
		問題11	2		憲法（多肢選択式）	問題41	解答・解説参照
		問題12	5		行政法（多肢選択式）	問題42	
		問題13	1			問題43	
		問題14	2		行政法（記述式）	問題44	
		問題15	3		民法（記述式）	問題45	
		問題16	4			問題46	
		問題17	2	一般知識等	政治・経済・社会	問題47	2
		問題18	2			問題48	5
		問題19	3			問題49	3
		問題20	5			問題50	5
		問題21	1			問題51	1
		問題22	1			問題52	2
		問題23	4			問題53	4
		問題24	4		情報通信・個人情報保護	問題54	4
		問題25	3			問題55	4
		問題26	5			問題56	5
		問題27	4			問題57	1
	民法	問題28	2		文章理解	問題58	2
		問題29	5			問題59	1
		問題30	5			問題60	1

■ 編者紹介

伊藤塾（いとうじゅく）

　毎年、行政書士、司法書士、司法試験など法律科目のある資格試験や公務員試験の合格者を多数輩出している受験指導校。社会に貢献できる人材育成を目指し、司法試験の合格実績のみならず、合格後を見据えた受験指導には定評がある。1995年5月3日憲法記念日に、法人名を「株式会社 法学館」とし設立。憲法の心と真髄をあまねく伝えること、また、一人一票を実現し、日本を真の民主主義国家にするための活動を行っている。
（一人一票実現国民会議：https://www2.ippyo.org/）

伊藤塾　〒150-0031　東京都渋谷区桜丘町 17-5
　　　　　https://www.itojuku.co.jp/

■正誤に関するお問い合わせ
　万一誤りと疑われる箇所がございましたら、まずは弊社ウェブサイト［https://bookplus.nikkei.com/catalog/］で本書名を入力・検索いただき、正誤情報をご確認の上、下記までお問い合わせください。
　https://nkbp.jp/booksQA
※正誤のお問い合わせ以外の書籍に関する解説や受験指導は、一切行っておりません。
※電話でのお問い合わせは受け付けておりません。
※回答は、土日祝日を除く平日にさせていただきます。お問い合わせの内容によっては、回答までに数日ないしはそれ以上の期間をいただく場合があります。
※本書は2024年度試験受験用のため、**お問い合わせ期限は2024年10月30日（水）**までとさせていただきます。

うかる！ 行政書士 総合問題集 2024年度版

2024 年 1 月 22 日　1 刷
2024 年 7 月 3 日　2 刷

編　者　　伊藤塾
　　　　　　　Ⓒ Ito-juku, 2024
発行者　　中川ヒロミ
発　行　　株式会社日経 BP
　　　　　日本経済新聞出版
発　売　　株式会社日経 BP マーケティング
　　　　　〒 105-8308　東京都港区虎ノ門 4-3-12
装　丁　　斉藤 よしのぶ
印刷・製本　シナノ印刷
ISBN978-4-296-11918-9
Printed in Japan